6·25전쟁과 미국 선교사

6·25전쟁과 미국 선교사

2023년 6월 20일 초판 인쇄
2023년 6월 25일 초판 발행

기획 서울신학대학교 현대기독교역사연구소
지은이 카이 인 앨리슨 헤이가
옮긴이 박상명
감수 박명수
펴낸이 이찬규
펴낸곳 북코리아
등록번호 제03-01240호
주소 13209 경기도 성남시 중원구 사기막골로 45번길 14
우림라이온스밸리2차 A동 1007호
전화 02-704-7840
팩스 02-704-7848
이메일 ibookorea@naver.com
홈페이지 www.북코리아.kr
ISBN 978-89-6324-342-9 (93910)

값 35,000원

* 이 책의 번역은 삼송참좋은교회(담임목사 나대현)의 재정적인 후원으로 이루어졌습니다.

6·25전쟁과 미국 선교사

서울신학대학교 현대기독교역사연구소 기획
카이 인 앨리슨 헤이가 지음
박상명 옮김 / 박명수 감수

An Overlooked Dimension of the Korean War

북코리아

발간사

저희 현대기독교역사연구소는 한국연구재단의 대학중점연구소 사업을 지원받아, "해방 이후 한국사회의 변화와 기독교"라는 제목으로 2019년 5월 20일에 국제학술대회를 개최했습니다. 이때 카이 인 앨리슨 헤이가 박사는 "모두가 한국을 위하여: 한국전쟁 시기 미국인 선교사들과 그들의 한국지원"이라는 제목의 논문을 발표했습니다. 그 논문은 참석한 모든 사람들뿐만 아니라, 이제까지 6·25전쟁에 대한 편견에 사로잡혀 있었던 사람들에게 입체적이며 균형 있는 시각을 제시했습니다. 그러나 국제학술대회라는 제한적인 형식으로는 헤이가 박사의 폭넓은 연구를 소개하기에는 부족했습니다. 그래서 당시 소장이던 박명수 교수님은 헤이가 박사의 학위논문 전체를 한국에 소개하면 좋겠다는 의견을 제시했고, 그 열매가 이렇게 번역서로 나오게 되었습니다.

헤이가 박사의 학위논문은 6·25전쟁의 여러 이야기 가운데 잊혔던 이야기들을 추적하여 복원하고 있습니다. 이는 6·25전쟁에 대하여 이념적인 입장에서 접근했던 이제까지의 시각을 내려놓고, 철저히 구체적인 사료에 입각하여 균형 잡힌 서술을 하겠다는 입장을 취하는 것입니다. 그래서 논문은 일제강점기와 미군정기에 수많은 역할을 담당했던 기독교인들에 대한 이야기가 6·25전쟁과 함께 사라지고 말았다는 현상에 대한 문제제기에서 시작합니다. 6·25전쟁을 정치·군사·경제 등의 주제로 추적하면서 시야에서 놓쳐버린 선교사들과 기독교인들의 비정부활동을 선명하게 드러내면서 6·25전쟁의 새로운 모습을 드러내고 있습니다. 그래서 이 책은 선교사들과 기독교인들의 활동을 통해, 6·25전쟁이 세계 기독교(World Christianity)라는 틀에서 해석될 수 있으며, 그런 점에서 문화사를 통한 선교 역사에도 기여하고 있습니다.

헤이가 박사의 논문이 완역될 수 있도록 꼼꼼히 번역을 맡은 박상명 전도사님과 일체의 행정업무를 담당한 류호준 목사님 그리고 박명수 교수님의 의지와 열정이 없었다면 이 출판은 불가능했을 것입니다. 무엇보다도 헤이가 박사님이 자신의 옥고를 한국어로 번역할 수 있도록 허락해 주셨으며, 특별히 삼송참좋은교회(나대현 목사님)에서 후원을 하셔서 이 모든 일이 가능했습니다. 모두에게 진심으로 감사를 드립니다.

박창훈

현대기독교역사연구소 소장
서울신학대학교 교수

추천 및 감수의 말

헤이가 박사의 『6·25전쟁과 미국 선교사』를 기쁜 마음으로 한국의 역사가들과 기독교인들에게 추천하고자 한다. 6·25전쟁은 한국 사회뿐만 아니라 한국 기독교에 있어서도 결정적으로 중요한 사건이다. 그럼에도 불구하고 여기에 대한 충분한 연구가 진척되지 못했다. 이런 차제에 헤이가 박사의 6·25전쟁과 선교사에 관한 연구를 한국말로 번역해서 한국 독자들에게 소개하게 되어서 매우 기쁘게 생각한다.

6·25전쟁은 한국사에서 매우 중요한 사건이다. 1948년 건국된 대한민국은 북한의 남침으로 인해서 그 존립이 위태롭게 되었다. 그러나 이 전쟁을 이겨냄으로 대한민국은 뿌리를 내리게 되었다. 한국 기독교는 이런 국가적인 위기 가운데서 대한민국을 지키기 위해서 노력했다.

6·25전쟁은 한국 기독교 역사에서도 가장 중요한 사건이라고 말할 수 있다. 북한 공산주의자들은 기독교를 자신들의 주요 적 가운데 하나라고 생각하고 공격했고, 그 결과 한국 기독교는 수많은 생명을 잃었고, 교회는 파괴되었다. 하지만 이런 가운데 한국 기독교는 선교사들과 함께 대한민국과 한국인들의 영혼을 구하는 데 앞장섰다. 6·25전쟁 이후 한국 기독교가 급성장한 것은 결국 이런 노력을 사람들이 인정했기 때문이다.

헤이가 박사의 이 책은 6·25전쟁 가운데 선교사들의 역할을 집중적으로 조명한 연구서다. 우선 이 책은 미국 기독교가 개항기부터 한국 사회에 미친 영향을 연구하고, 이것을 중심으로 해방 이후 남북한 사회를 설명하고 있다. 특별히 미군정 시기 선교사들의 역할을 집중적으로 조명하고 있다.

이 책의 가장 중요한 부분은 6·25전쟁의 시작부터 끝까지 선교사들이 어떤 역할을 했는지에 대한 설명이다. 저자는 미 국무성과 미국 선교부의 방대한 자료를 이용하여 6·25전쟁과 미국 선교사들의 관계를 매우 자세하고 흥미롭게 설명하고 있다. 특별히 이 책은 6·25전쟁에서 덜레스 장관의 역할과 전쟁 포로 문제에 있어서 미국 선교사들의 역할, 그리고 한미조약을 맺는 데 있어서 기독교의 역할을 잘 설명하고 있다. 나는 이 연구가 한국기독교사만이 아니라 한국사 자체에도 큰 영향을 미칠 수 있다고 생각한다.

외국인이 한국을 연구하는 것은 쉽지 않다. 이 책은 중국인 헤이가가 미국의 입장에서 한국에 대해 쓴 논문이므로 그가 한국을 바로 이해하는 데 여러 가지 제약이 있을 수 있다. 또한 이 논문은 오래 전에 작성되었기 때문에 최신의 연구결과를 반영하지 못하고 있다. 그래서 〔감수자의 각주〕라는 설명을 통해서 이런 부분을 보완하려고 했다. 이 책을 읽는 데 도움이 되기를 바란다.

이 책의 번역은 삼송참좋은교회(담임목사 나대현)의 재정적인 후원으로 이루어졌다. 한국교회와 사회에 바른 역사를 전해야 한다는 나 목사님의 소망에 조금이라도 보답했으면 한다. 또한 박상명 선생은 여러 가지 어려운 상황 속에서도 최선을 다해 완벽한 번역을 하려고 노력했고, 이렇게 책으로 출판하게 되었다. 그의 앞날에 하나님의 축복이 함께하기를 기도한다. 어려운 상황 가운데서도 이 책의 출판을 맡아 주신 북코리아의 이찬규 사장님께도 감사드린다.

이 번역서는 현대기독교역사연구소가 한국연구재단의 후원을 받아 지난 6년 동안 진행한 "해방 이후 한국사회의 변화와 기독교의 역할"이라는 프로젝트를 마감하면서 출판하게 되었다. 그동안 이 프로젝트를 위해서 지원해 주신 여러분께 진심으로 감사드린다.

박명수

현대기독교역사연구소 명예소장
서울신학대학교 명예교수

역자 서문

저자 카이 인 앨리슨 헤이가(Kai Yin Allison Haga, 중국명 希家玹)는 1972년 중국 광저우 태생으로, 1995년 홍콩대학교 미국학 학사를 취득한 뒤 홍콩 최초로 미 국무부의 풀브라이트 장학금을 받아 미국 유학길에 올랐다. 1997년 윌리엄 앤 메리대학교(College of William and Mary) 미국학 석사, 2007년 동대학교 역사학 박사 학위를 취득했다. 2008년 타이완의 국립순얏센대학교(National Sun Yat-Sen University, 國立中山大學) 겸임교수(Adjunct Professor)에 임용되었고, 2014년부터 동 대학교 사회과학대 부교수(full-time Assistant Professor)로 활동하고 있다.

이 책은 헤이가 교수의 박사학위 논문, "6·25전쟁의 간과된 측면: 한국의 민족주의 발흥과 반식민주의, 그리고 마침내 발생한 내전에서 기독교와 미국 선교사들의 역할, 1884-1953"(An Overlooked Dimension of the Korean War: The Role of Christianity and American Missionaries in the Rise of Korean Nationalism, Anti-Colonialism, and Eventual Civil War, 1884-1953)을 번역한 것으로서, 6·25전쟁 기간 동안 활약한 미국 선교사들의 이야기를 주된 주제로 삼고 있다. 그러나 그 배경을 설명하기 위해서 한국의 근현대사부터 거슬러 올라갔고, 해방 이후 남북한 상황에 대한 비교적 자세한 연구 분석 또한 실어 놓았다. 그래서 이 책은 기독교가 한국의 근현대사에 미친 영향을 종합적으로 살펴볼 수 있는 개괄서의 역할도 담당한다.

저자는 중국 출신으로서 한국에 관한 전문적인 학술논문을 미국에서 영어로 작성해야 했기 때문에, 연구 과정에서 크고 작은 많은 어려움들을 겪어야만 했다. 예나 지금이나 한국 관련 영문 학술자료들은 턱없이 부족한 상황인 데다가, 당시는 인터넷상에서 얻을 수 있는 정보 역시 더욱 제한되었던 시절이었다. 이 어렵고 외로운 10년간의 연구 기간 동안 저자는 최선을 다해 자료들을 수집하고 연구하면서 자신과의 씨름을 중도에 포기하지 않았다. 그녀는 미국의 여러 문서보관소들에 깊이 묻혀있었던 희귀 영어 원자료들을 다수 발견해내어 한국 학자들이 그동안 미처 착수하지 못했던 연구 분야를 치밀하게 파고들었다. 한국어가 서툴었지만, 한국을 방문하여 한국 학자들을 직접 만나 조언을 구하고, 주변인들의 도움을 받아서 여러 자료들을 차근차근 조사했다.

역자는 번역 과정 내내 이러한 저자의 수고와 열정을 고스란히 느끼면서 감탄을 금치 못했다. 그리하여 저자를 도우려는 마음이 우러나왔고, 정확하고 수준 있는 번역을 추구하며 미력한 힘과 노력을 다했다. 물론 그럼에도 불구하고 번역에 부족한 부분이 여전히 남아있다. 여러 번 퇴고를 했지만, 할 때마다 고칠 것이 나오는 게 신기할 정도이다. 출판된 이후에도 역자의 눈은 물론 독자들의 눈에 번역상의 오류가 계속 발견되리라 짐작된다.

외국 학자로서 저자가 한국사의 지엽적인 부분에 익숙하지 않은 것들이 약간 있었는데, 역자가 저자의 동의를 구한 뒤 일부는 번역 과정에서 직접 수정했고, 일부는 역자 주를 통해 보충 설명을 덧붙였다. 영어로 표기된 한국의 인명과 지명, 전문용어 등을 다시 한글로 옮기는 과정에서 정확한 한국어 명칭이 확인되지 않은 경우 영어 표기를 병기했다. 외국인의 이름은 자국 발음에 따라 표기했고, 책에 처음 소개되는 경우 원어명을 병기했다. 다만 중국인명은 학계의 관례에 따라 신해혁명 이전의 경우 한국식 한자 발음을 적었다. 이 책의 핵심 주제인 "Korean War"는 현재 중·고교 교과서의 표기법에 따라 "6·25전쟁"으로 번역했다. 그리고 저자의 원서는 2007년에 발표된 것이라서 서언과 결언 부분에 최근의 상황이 반영되지 않아 시기적으로 어색한 서술들이 포함되어 있었다. 그리하여 서언은 저자가 다시 작성한 개정본을 번역했고, 결언은 그 경우가 양해될 수준이라고 판단되어 원문 그대로 번역했다.

특히 이 책에서 "종교"로 번역된 많은 경우는 "기독교"를 지칭하고 있음을 독자들께 미리 알려드리고자 한다. 미국 학계에서 "종교"(religion)라는 단어는 오랫동안 기독교를 가리켜왔다. 근래에 종교와 기독교의 용어를 서로 분리하기 시작했지만, 여전히 종교라는 단어는 기독교를 의미하는 경우가 다분하다. 저자 역시 이러한 미국 학계의 흐름에 따라 기독교를 뜻하는 용어로서 종교라는 단어를 자주 사용했다.

그런데 이러한 서구식 종교 개념은 오랜 다종교 문화를 가진 한국 사회에서 혼동을 일으킬 소지가 많다. 본 역서는 최대한 원문 그대로 번역하되, 글의 흐름상 한국 독자가 오해할 소지가 클 경우 "종교"를 "기독교"로 몇 군데 치환했음을 알린다.

끝으로 번역 중에 만나게 된 난제들을 친절하고 상세하게 감수해주신 서울신학대학교 박명수 명예교수님께 깊은 감사를 드린다. 그리고 논문 절반가량의 초벌 번역을 담당해 준 최현정 씨와 본 역서의 출판을 기획한 현대기독교역사연구소, 재정 후원을 해주신 삼송참좋은교회에도 감사를 드린다.

박상명

한국어판 서문

한국 독자들에게 밝히는 한국 기독교와 나의 특별한 인연

저는 2007년 박사학위를 받고 곧바로 타이완에 건너온 뒤에도 제 박사논문을 마음으로부터 계속 내려놓지 못했습니다. 많은 사람들, 특히 한국분들이 이 글을 읽게 될 수 있을 때에야 비로소 논문의 역할이 완성된다는 생각에서였습니다. 그래서 한국어 번역에 도움을 주신 박명수 교수님과 번역팀에 깊은 감사를 드립니다.

이 책은 6·25전쟁의 제대로 알려지지 못한 면들을 강조하고 있어서 독자 여러분께 유익하고 때론 감동을 주는 정보를 제공하게 되리라고 믿습니다. 저의 경우, 전쟁에 미친 기독교의 영향을 연구함으로써 역사를 바라보는 시각이 크게 바뀌게 되었습니다. 세계의 역사, 동아시아의 역사, 한국 교회의 역사, 한국 선교사들의 업적에 대한 이해가 깊어졌고, 이로써 개인적으로 영적인 거듭남과 역사학자로서 전문성의 신장을 이루게 되었습니다. 저는 이 연구에서 기독교인들이 전쟁에 기여했던 중요한 공헌들을 밝혀낸 것이 역사 연구 분야에도 다소간 이바지하리라 생각합니다.

이 서문의 내용을 구상하고 있을 때, 제가 어떻게 한국과 관련된 연구 주제를 채택하고 논문을 진행하게 됐는지 저의 개인적인 이야기를 나누어볼 것을 제안받았습니다. 비록 이 연구가 신앙에 관한 것은 아닙니다만, 제가 출석하던 교회에서 한국 기독교인들을 만난 뒤 처음으로 이 주제에 대해 관심을 가졌던 것은 사실입니다. 그때 저는 6·25전쟁 이후 남한의 재건 시기에 한국 교회가 어떻게 성장하게 됐는지 듣게 되었습니다. 저는 홍콩대학교 재학 시절 교회에 처음 나가기 시작했는데, 그곳에서 특히 한국인 평신도 선교사 앤젤라 김(張愛慶)의 영향을 받았습니다. 그녀는 대학생성경읽기선교회(UBF)에서 홍콩으로 파송 받은 분이었습니다.

저는 교회에 출석한 지 얼마 지나지 않아서 홍콩대학교 미국학 전공을 마친 유일한 학부생으로 졸업했고, 그 후 풀브라이트 장학금을 받아 미국에서 공부할 수 있게 되었습니다. 미국에 가기 전 UBF 연희 지부에서 주최하는 성경 콘퍼런스에 참석하기 위해 한국을 처음으로 방문했습니다. UBF는 1960년대에 한국 이창우 전도사님과 미국 남장로교의 새라 베리(Sarah Barry) 선교사님이 공동 설립했습니다. 1955년 9월 광주로 온 배리 선교사님은 6·25전쟁 기간 한국인들이 겪은 고통에 대한 많은 보도를 접하고서 한국행을 결정했다고 합니다. 배리 선교사님은 저를 개인적으로 알게 되셨고, 제 논문을 읽으신 뒤 이 연구가 출판되기를 바란다고 말씀해주셨습니다. 저를 위해 기도로 후원해 주신 선교사님께 감사를 표합니다.

성경 콘퍼런스로 서울에 머무는 동안 저는 한국 교회의 열정과 열심, 그리고 많은 십자가들이 밤하늘을 비추는 기독교화된 한국의 모습에 깊은 인상을 받았습니다. 저는 무슨 이유로 한국에서 기독교가 번영하게 됐는지 궁금했습니다. 왜 중국이나 일본, 홍콩이 아닌 한국이 세계 복음화의 도구로 택함을 받았을까? 서울을 떠난 지 한참이 지나도 이런 의문들이 제 머릿속에서 계속 맴돌았습니다.

1998년 박사과정 수업을 모두 마치고 윌리엄 앤 메리대학교(College of William and Mary) Ph. D. 종합시험에 합격한 저는 본래 미국의 중국 선교 활동에 대한 논문을 쓰려고 했습니다. 그런데 선교사 관련 논문을 수집하던 중 1992년 발표된 대니얼 M. 데이비스(Daniel M. Davis)의 "한국의 산 위에 동네 세우기: 헨리 G. 아펜젤러의 사역"(Building a City on a Hill in Korea: The Work of Henry G. Appenzeller)이라는 연구를 우연히 발견했습니다. 이 논문은 한국에서 이루어진 미국의 선교 사역에 대한 저의 관심을 불러일으켰습니다. 저는 제 자신은 물론이고 미국, 홍콩, 한국의 교회 친구들이 사실은 백 년 전 한국에 선교사들을 보내면서 미국 교회가 바쳤던 기도의 결실을 지금 달게 받고 있음을 깨닫게 되었습니다.

한국의 변혁은 이 초기 선교사들로부터 시작하여 알려지지 않은 의인들의 희생과 수고가 더해진 결과입니다. 세상에서 인정받지 못했던 여러 비국가 행위자(non-state actor)들은 목숨을 걸고 한국을 위해 헌신했고, 그들은 적은 수에도 불구하고 우리의 예상을 훨씬 더 뛰어넘는 엄청난 영향력을 발휘했습니다. 저는 이 연구를 계기로 『6·25전쟁 백과사전: 정치, 사회, 군사 역사』(*The Encyclopedia of the Korean War: A Political, Social, and Military History*)에 이들 미국 선교 사역자들과 구호 역사의 아홉 가지 항목을 기고할 기회를 얻게 되었습니다. 이 백과사전은 2010년 ABC-CLIO에서 출판한 스펜스 C. 터커(Spence C. Tucker) 교수님의 두 번째 편집본입니다. 그 이후로 2012년 밴더빌트대학교 출판부(Vanderbilt University Press)에서 출판한 필립 E. 뮐렌벡(Philip E. Muehlenbeck) 교수님의 편집본, 『종교와 냉전: 범세계적인 시각』(*Religion and Cold War: A Global Perspective*)의 한 챕터를 기고하기도 했습니다. 아마도 이 원고를 통해서 한국 및 미국의 학자들과 교회 역사학자들이 저의 연구에 관심을 갖게 되었던 것 같습니다.

2019년 서울신학대학교 국제학술대회에서 박명수 교수님이 저를 한국으로 초청하여 제 논문 내용을 발표할 수 있도록 해주셨습니다. 이번 한국어판 출간은 박명수 교수님과 박상명 씨가 이끄는 번역팀이 제 연구의 출처와 내용을 검증했을 뿐만 아니라 제 글의 오류도 바로잡아준 노력의 결과입니다. 한국 교회사에 대한 박명수 교수님의 통찰력과 박상명 씨의 노고는 제 작품의 질을 크게 향상시켰습니다. 박상명 씨와 번역팀이 이번 일에 헌신해 준 것에 대해 저는 영원히 감사할 것입니다.

그리고 2015년 타이완 과학기술부 국립과학기술위원회에서 연구비를 지원받았는데(MOST 104-2410-H-110-013), 그 덕분에 관련 연구를 갱신하고 한국에도 방문하여 6·25전쟁의 유산에 대한 연구를 더 진행할 수 있었습니다. 그 결과 이번 번역서에서 새롭게 보강된 서언을 실을 수 있었습니다. 2016년 여름 광주로 연구여행을 갔을 때 저를 반겨주신 광신대학교 역사신학과 정준기 교수님께 감사의 인사를 전하고 싶습니다. 교수님이 해주신 격려 또한 저에게 큰 힘이 되었습니다.

아시아 태평양 지역을 연구하는 학자로서, 이 책이 한국에서 기독교의 역할에 대한 이해를 높이는 데 도움이 될 수 있기를 바랍니다. 이 연구가 번역되어 한국분들에게 전해질 수 있어서 기쁩니다. 제가 아는 바는 한정적이고 이 책의 모든 부족한 부분은 저의 책임이므로, 저의 연구에 대한 독자 여러분의 응답과 비평을 환영합니다. 저는 앞으로도 중국, 타이완, 한국, 일본 등 동아시아에서 전후 수십 년 동안 이루어졌던 선교활동과 교회 성장에 대한 연구를 계속 확장해나가기를 바라고 있습니다.

카이 인 앨리슨 헤이가

감사의 글

이 논문은 교수님들과 가족들, 친구들이 계속해서 영감과 지지와 격려를 보내 준 덕분에 완성될 수 있었다. 나의 미국 대외관계 분야 연구를 격려해주시고, 은퇴 후에도 내 연구 프로젝트를 지도해주신 에드워드 크랩폴(Edward Crapol) 교수님께 깊은 감사를 드린다. 교수님의 인내심과 자신감, 끊임없는 격려 덕분에 나는 전문 역사학자의 길을 갈 수 있는 힘을 얻게 되었다. 크랩폴 지도 교수님이 나의 저술에 해주신 비평 때문에 나는 스스로의 연구에 대해 더욱 비판적으로 숙고하게 되었고, 학문적 관심 영역을 넓혀서 한미 관계에 대한 새로운 지식 체계를 습득할 수 있었다. 그리고 본 연구가 한국사 분야에 기여하는 바에 대해 크레이그 캐닝(Craig Canning) 교수님이 의견을 주시고 열의를 보이신 것은 수년간 고독한 연구를 해왔던 나에게 큰 위안이 되었다. 캐닝 교수님이 내 원고를 꼼꼼히 읽으신 뒤 통찰력 있는 논평을 해주신 덕분에 동아시아 속 한국의 입장 및 주변국들과의 외교 관계에 대한 이해가 더욱 깊어지게 되었다. 또한 내가 여름 학기 시작 전에 논문 변론을 할 수 있도록 내 논문 초안을 읽고 비판해주신 에드워드 프랫(Edward Pratt) 교수님께도 감사의 뜻을 전해드린다.

홍콩대학교 학부 시절 나의 멘토이셨던 프리실라 로버츠(Priscilla Roberts) 교수님이 해주신 논평은 이 논문을 더욱 짜임새 있게 해주었다. 로버츠 교수님을 나의 박사논문의 외부 심사위원으로 모시게 된 것을 대단한 영광으로 생각한다. 나는 한국 교수님들로부터도 큰 도움을 받았다. 연세대학교 유영익 교수님과 목원대학교 김홍수 교수님이 내 초고를 읽어주시고 원고의 질적 향상을 위해 소중한 의견을 주셨다. 또한 연세대학교 교수님 세 분의 친절에 대해서도 깊은 감사를 표한다. 연구를 위한 두 번의 방한 때 김정주 교수님은 나에게 변함없는 격려와 응원을 해주셨다. 서정민 교수님은 유용한 자료를 찾는 데 도움을 주시고, 한국의 교회 역사학자분들께 나를 소개해주셨다. 호러스 H. 언더우드(Horace H. Underwood, 한국명 원한광) 박사님은 내 요청에 따라 리처드 언더우드(Richard Underwood)의 미발표 회고록까지 내주셨다.

2000년 여름과 2002년 가을에 나에게 연구비를 제공했던 학장 여름 연구 기금(Provost's Summer Research Fund) 측에 감사를 전한다. 그 덕분에 나는 미국의 주요 교회 기록보관소들과 대통령 기록보관소들을 찾아가 자료 조사를 할 수 있었다. 리브스 국제문제연구소(The Reves Center for International Studies)에서도 해외여행비를 지원해줘서 내가 한국에서 연구할 수 있도록 해주었다. 미국 북장로교 세계사역부 책임자인 매리앤 맥클루어(Marian McClure) 박사님에게도 특별한 감사를 전한다. 박사님은 내게 장로교 역사학회의 140번과 197번 기록물들을 이용할 수 있는 특별 권한을 부여해주었다. 이외에도 나는 여러 기록보관소의 관계자분들에게 감사를 드린다. 장로교 역사학회의 낸시 J. 테일러(Nancy J. Taylor)와 직원, 연합감리교회 기록보관소의 데일 패터슨(Dale Patterson)과 직원, 해리 S. 트루먼 도서관의 데니스 E. 빌거(Dennis E. Bilger)와 직원, 드와이트 D. 아이젠하워 도서관의 토마스 W. 브래니거(Thomas W. Branigar)와 직원, 실리 G. 머드 사본도서관(Seeley G. Mudd Manuscript Library)의 낸시 M. 셰이더(Nancy M. Shader)와 직원, 연세대학교 도서관 특별관의 김명주와 직원, 메릴랜드대학교 맥켈딘(McKeldin) 도서관 정부 문서 부서의 애슐리 에클런드(Ashley Ecklundand)와 직원, 그리고 칼리지 파크의 국립문서보관소, 노퍽의 맥아더 기념관, 서울 국회도서관의 직원들도 유용한 문서들을 찾을 수 있도록 나에게 도움을 주었다.

역사학계에서뿐만 아니라 친구들과 가족들로부터도 많은 도움을 받았다. 그리고 연구 여행 중에 새로운 친구들을 사귀게 되었는데, 그들 중에서 먼저 한국 방문 연구 기간 동안 도움을 준 이들에게 감사의 말을 전하고 싶다. 한국어 실력이 일천했던 나는 이 친구들의 번역 도움을 크게 의지해야 했다. 류철, 허영주, 서세정, 허숙하, 정주혜는 나를 위해 많은 유용한 한국 학술 출판물들과 신문 기사들을 모두 자발적으로 번역해 주었다. 김메리, 정소연, 장유미는 기록보관소들에서 한국어 문서 검색을 도와주었다. 또한 한국에 있는 동안 UBF 연희 지부 담당목자인 김다윗 목사님이 내게 해주셨던 환대와 격려에도 감사를 표한다.

미국에서도 많은 친구들이 나를 응원해주었다. 조이스 왕(Joyce Wang), 카일 창

(Kyle Chang), 크리스티 팡(Christy Fang)은 나에게 논문을 쓸 수 있는 조용한 장소를 여러 번 제공해주었다. 메릴랜드의 조 파크(Joe Park)와 펜실베이니아 주립대학교 이리(Erie) 캠퍼스의 저술지원센터(Writing Resource Center)의 패트릭(Patrick), 케이티(Katie), 서브리나(Sabrina)는 내 원고의 여러 챕터들의 후기 교정 작업을 도와주었다. 또한 워싱턴 대학교성경협력교회(University Bible Fellowship Church of Washington)의 많은 분들이 나에게 정신적인 격려와 지지를 보내주셨다.

특히 우리 가족의 사랑과 희생에 감사를 표한다. 내 능력을 믿고서 기다려준 남편 스티브(Steve)는 이 연구에 뒤따르는 어려움들을 인내할 수 있도록 나에게 큰 힘을 주었다. 또한 내 논문의 대부분을 교정해주고, 글의 구성과 문체에 대해 논평을 해줌으로써 내게 너무나도 귀중한 도움을 주었다. 그리고 이 힘든 작업을 수년간 해왔던 나에게 항상 사랑과 격려를 보내주셨던 시부모님(Donald and Jo Marie Haga)께도 감사드린다. 내가 필라델피아의 장로교 기록보관소에서 연구하는 몇 달 동안 모모(Momo) 시할머님 아티 코놀리(Arthie Conoly)께서 나를 정성껏 돌봐주셨던 것은 정말 큰 축복이었다. 그리고 마지막으로, 미국 박사 공부를 결정한 나를 지지해주고, 이 논문을 쓸 수 있도록 재정적 지원을 해주신 나의 아버지 리쥔취엔(李钧铨)과 어머니 장시우쩐(张秀珍) 의학박사님께 깊은 감사를 드린다.

카이 인 앨리슨 헤이가

목차

발간사 5
추천 및 감수의 말 7
역자 서문 9
한국어판 서문: 12
한국 독자들에게 밝히는 한국 기독교와 나의 특별한 인연
감사의 글 15

서언 '잊힌 전쟁'의 잊힌 영웅들 25

제1부 한국 기독교와 6·25전쟁 이전의 한미관계

제1장 기독교와 한국 근대 민족주의의 발흥 39
한국과 동아시아의 인접 국가들 40
일본에 의한 조선의 문호 개방 53
개신교 선교사들의 초기 한국 활동 60
국내의 불만과 외세의 개입 68
기독교와 한국의 독립투쟁 78

제2장 북한의 종교적인 요소들 116
식민지 시대의 가장 암울한 시기(1931~1945) 117
북한의 해방 130
해방 후 북한에서 종교 단체와 공산주의가 벌인 정치 경쟁 136
공산 혁명에 대한 종교계의 저항 157

제3장 남한의 종교적인 요소들 169
미군정의 구성에 기여한 조지 Z. 윌리엄스의 역할 170
미국 선교사와 그들의 미군정 내 영향력 180
남한 교회들의 상황 191
이승만과 단독 정부 구성 203

제4장 종교적 반공주의와 미국의 외교 정책 220
미국의 승리 1945-1948 222
핵 공포와 종교 부흥 246
남한에 대한 미국의 정책 264

제2부 6·25전쟁 중 한국 기독교와 한미관계

제5장 6·25전쟁의 발발 281
남한에 대한 비밀 군사 공격 계획 282
전쟁 직전 남한의 부흥 297
전쟁의 발발과 초기 대응 309

제6장 전쟁터의 선교사들과 기독교인들 328
전장에 남은 선교사들 328
피난민 문제와 기독교 구호 활동 337
서울의 함락과 수복 356

제7장 점령과 철수 384
북한 점령 385
선교사들과 하트브레이크 작전 397
철수 작전을 통한 역설적 승리 419

제8장 휴전 회담과 전쟁 포로 논란 433
휴전 협정 테이블로 가는 길 434
전쟁 포로 문제에 관여하는 기독교 454
휴전 협정의 최종 결론 484

결언 503

참고문헌 525

표 목차

표 1.1 • 동아시아 및 동남아시아에서의 해외 선교 활동 재정(감리교회) 88
표 1.2 • 한국과 일본의 기독교 개종자 총인원 비교 88
표 1.3 • 개신교 기독교의 성장(1905~1907) 89
표 1.4 • 한국(1912)과 일본(1918)에서의 감리교 선교 비교 89
표 1.5 • 장로교회 수(1910) 90
표 1.6 • 한국 기독교 기본 통계(1941) 92
표 1.7 • 근대 학교 개수(1910) 93
표 1.8 • 서울 거주 서양인 수(1894) 96
표 1.9 • 독립선언서 서명자(1919. 3. 1) 104
표 1.10 • 1919년 3·1운동 때 체포된 사람들의 종교 분포 108
표 1.11 • 1919년 독립운동 전후 장로교회의 성장 109
표 1.12 • 한국 기독교 신자 수 113

표 2.1 • 1939년 선교단체들의 활동 관련 통계(선교단체협의회) 121
표 2.2 • 한일합병 당시 한국 기독교 현황 121
표 2.3 • 1941년 한국 내 외국인 비율 122
표 2.4 • 종교 조직 신자 인원 보고(1911~1944) 138
표 2.5 • 1939-1941년 한국의 종교와 신자 현황 138
표 2.6 • 청우당의 도별 분포 139
표 2.7 • 북한과 남한의 인구 분포(1941) 141
표 2.8 • 한국의 주요 기독교 교회들(1941) 142
표 2.9 • 1940년 장로교 지부 통계 142
표 2.10 • 1925년 일반 농민과 교인의 지역별(35개 마을) 토지 소유 비교 145
표 2.11 • 남한 지역 내 인구 증가 상황(1946, 1948) 160
표 2.12 • 1925년 지역별 마을의 교회 신자 인구 비율(25개 사례) 164

표 3.1 • 미군정과 대한민국 제1공화국 내 기독교인 비율(1946~1948) 179
표 3.2 • 남한 지역 내 인구 증가 상황(1946~1948) 188
표 3.3 • 남한 주요 도시들의 인구 증가 및 1947년 식량배급 지정점포 관련 자료 188
표 3.4 • 총선거 기간 남한 내 시민 봉기 발생 수치(1948. 5. 1~15) 199

표 4.1 • 빌리 그레이엄 전도 집회 자료(1947~1954) 250
표 4.2 • 종교 단체 - 교회 회원 수(1926~1956) 259
표 4.3 • 종교 단체 - 신자 수 및 교회 수(1947~1953) 259
표 4.4 • 종교 단체 - 성장률(1947~1953) 260

표 5.1 • 남한 주요 도시들의 인구(1941~1947) 300
표 5.2 • 구국복음전도운동 관련 통계 자료(1950. 4~5) 304
표 5.3 • 남한에 잔류한 남장로회 선교사들 316
표 5.4 • 북한에게 포로로 붙잡힌 외국 민간인들(1950~1953) 318

표 6.1 • 유엔을 통해 배분된 미국 교회 기부물품 354
표 6.2 • 한국 기독교세계봉사회(CWS) 집행위원회 355
표 6.3 • 남한에서 공산당에게 붙들린 기독교 목회자와 전도자 수 (1950~1951) 375
표 6.4 • 민간인의 전쟁 피해(1952. 6) 377
표 6.5 • 공산군의 침략 이후 교회의 파괴 현황(1952. 6. 20) 377

표 8.1 • 미국교회협의회 소속 교단 공식 회원 수 436
표 8.2 • 한국전쟁 중 미국인 사상자 수 439
표 8.3 • 한국전쟁 중 전쟁 관련 사상자 수 439
표 8.4 • 유엔군 병력(남한, 미국 제외) 439
표 8.5 • 포로들 배치 상황 458
표 8.6 • CI&E 주관 포로교육 활동(1952. 7. 4) 461
표 8.7 • 성찬식에 참여한 세례 수여자 및 교리 문답자 인원 465
표 8.8 • 거제도 내 개신교인 북한 포로 인원 465
표 8.9 • 예배에 참석한 제주도의 중국인 포로 수(1952. 5) 467
표 8.10 • 유엔 보호 구금하의 전쟁포로 인원 수 470

표 8.11 • 2차 포로 심사 결과(1952. 4. 13) 472
표 8.12 • 1953년 7월 31일 포로들과 중국인들의 재배치 상황 472
표 8.13 • 1954년 1월 비송환 포로들(공산주의자) 재배치 상황 473
표 8.14 • 비송환자 수용소 탈옥 사건 상황 492
표 8.15 • 대전환 작전하에 유엔사 통제로 반환된 포로들(1953. 9) 496
표 8.16 • 대전환 작전하에 공산주의 통제로 반환된 포로들(1953. 9) 497
표 8.17 • 1954년 1월 비송환 포로들(유엔사 측) 재배치 상황 497

서언: '잊힌 전쟁'의 잊힌 영웅들

6·25전쟁은 미국의 베트남전 개입 논란에 가려져서 한때 '잊힌 전쟁'으로 통했지만, 더 이상은 잊힌 전쟁이 아니다. 2009년도에 출판된 키스 D. 맥팔랜드(Keith D. McFarland)의 저서 『6·25전쟁: 관련 참고문헌 및 주해』(*Korean War: An Annotated Bibliography*)는 6·25전쟁에 관해 영어로 작성된 가장 중요한 서적, 기사, 문서들 2,600건을 요약해 놓은 모음집이다.[1] 맥팔랜드는 이 책에서 전쟁의 기원, 관련국들의 정치 및 군사적 역할, 군사 작전과 전투, 전쟁의 군사 및 외교적 측면들 등, 6·25전쟁과 관련된 핵심 주제들을 다루고 있다. 그러나 방대한 그의 설명들 중에서 선교사와 관련된 언급은 개인적인 이야기 여덟 개뿐이다. 이조차도 선교사들에 대한 구체적인 논의를 담은 완결된 책이나 특집 기사는 찾아볼 수 없다. 선교사들의 이야기는 숨겨지고 잊힌 채 빛을 보지 못하고 있다.

나는 2000년부터 6·25전쟁에 관련한 선교사들의 활동을 조사하기 시작했는데, 당시 대부분의 출판물들은 6·25전쟁 이전과 휴전 이후의 선교 활동들을 다루었고, 6·25전쟁 중의 선교 활동에 대한 것은 하나도 없었다. 심지어 교회 역사가들도 전쟁 중에 이루어진 선교 활동의 전반적인 영향을 종합적으로 평가한 연구를 내놓지 못했다. 또한 6·25전쟁사 및 냉전사 분야에서도 종교로서 기독교의 영향력을 연구한 바가 없었다. 당시 뛰어난 연구자인 윌리엄 인보든(William Inboden)을 제외하고는 냉전 시대 미국 외교 관계에 종교가 끼친 영향을 연구하려는 학자는 거의 없었다.

---

1 Keith D. McFarland, *The Korean War: An Annotated Bibliography* (New York: Routledge, 2010).

활용할 수 있는 출판 자료가 얼마 없었고, 나의 한국사 이해도 상당히 부족한 상태에서 나는 먼저 정말 기초적인 질문들에 대한 답을 찾기 시작했다. 불교 국가였던 한국이 어떻게 세계에서 가장 기독교화 된 나라들 중 하나로 바뀌었는가? 기독교와 그 영향력은 시간이 지남에 따라 어떻게 발전했는가? 전환점은 언제였는가? 누가 이 과정에 관여했는가? 어째서 그리고 어떻게? 약 6년 동안 한정된 재정과 자원을 가지고 미국과 한국을 오가며 10곳 이상의 주요 기록 보관소(정부, 대통령, 교회), 박물관, 도서관을 방문했고, 이로써 6·25전쟁 이전과 전쟁 당시 한국 내 미국 선교사들의 활동에 대한 종합적인 역사적 설명을 도출해내고자 했다.

인보든이 2008년 그의 저서 『종교와 미국 외교 정책, 1945-1960: 봉쇄의 정신』(*Religion and American Foreign Policy, 1945-1960: Soul of Containment*)을 완성하여 출판할 무렵, 나 역시 "6·25전쟁의 간과된 측면: 한국의 민족주의 발흥과 반식민주의, 그리고 마침내 발생한 내전에서 기독교와 미국 선교사들의 역할, 1884-1953"(An Overlooked Dimension of the Korean War: The Role of Christianity and American Missionaries in the Rise of Korean Nationalism, Anti-Colonialism, and Eventual Civil War, 1884-1953, 본 역서의 원제목 - 역자 주)이라는 제목의 박사논문을 2007년 완성했다. 인보든의 책과 필자의 논문 사이에는 한 가지 중요한 연관성이 있다. 우리는 모두 종교가 미국 냉전 이데올로기에 중요한 역할을 했고, 트루먼 행정부의 외교 정책 전망에 영향을 주었다는 데 동의한다. 인보든은 설득력 있는 사례를 통해 "냉전의 원인과 형세를 결정하는 데 종교가 두드러진 요소"였음을 보여주었다.[2] 출판된 그의 책은 트루먼 대통령의 종교적 신념과 미국 냉전 봉쇄 정책의 종교적 측면에 대한 필자의 논문 일부 내용과 일치한다. 인보든은 이 책에서 중국을 구하려는 미국의 노력을 사례 연구 주제로 잡았는데, 아쉽게도 한국에 대해서는 거의 언급하지 않았다.

내가 연구를 통해 발견한 것은 한국 기독교의 이야기였다. 중국에서는 미국 개신교 선교사들, 가톨릭 선교사들, 교회들이 미국 정부와 함께 많은 노력을 기울였음에도 불구하고 중국 내전의 결과를 바꿀 수가 없었던 데 반해, 한국에서는 그들의

---

2 William Inboden, *Religion and American Foreign Policy, 1945-1960: The Soul of Containment* (Cambridge: Cambridge University Press, 2008), 9.

노력이 큰 성공을 거두었다. 중국이 넘어가고 곧이어 6·25전쟁이 발발한 것은 미국의 선교사 파견 교회들에게 한국이 동아시아 대륙을 위한 기독교 최후의 보루로 보이게끔 했다. 미국이 한국에서 경찰국 역할을 하게 되자 기독교인들의 노력, 특히 미국 선교사와 교회들은 미국 본토에 지대한 영향을 끼치게 되었다. 선교사들의 참전과 비국가적 구호 활동은 전시와 전후 한국 교회의 생존을 견인했을 뿐만 아니라 한국 기독교가 휴전 이후에도 지속적으로 확장하는 토대를 마련했다. 그들의 성과와 성공 덕분에 종교의 자유라는 개념은 미국 냉전 이데올로기에서 더욱 중요한 위치를 차지하게 되었다. 이처럼 필자의 연구는 냉전의 역사에서 종교가 왜 중요한지를 증명하는 또 다른 강력한 사례를 제시하여 인보든의 연구를 보완하고, 남한에서 기독교가 성공한 배경에 대해서도 적절한 설명을 제공하고 있다. 또한 한국 안팎에서 활동한 미국 선교사들과 그 지지자들에 대해 종합적인 연구 결과를 제시하고, 그들이 이데올로기 경쟁에서 어떤 위치를 갖고 있었으며 군사 작전 및 대피, 민간인 문제, 남한 정부, 포로수용소, 휴전 협상에서 어떠한 역할을 했는지를 평가함으로써 한국전쟁 역사학을 보완하는 데 기여할 수 있다.

— 기독교의 영향에 초점을 둔 간략한 한국전쟁사

지난 60년 동안 6·25전쟁 사학자들은 주로 전쟁의 정치·군사·외교적 측면에 관심을 집중했다. 주된 쟁점들은 누가 전쟁을 시작했는지, 왜 미국이 개입했는지, 왜 미국은 38선을 넘었는지, 왜 중국이 참전했는지 등에 관한 것이었다. 브루스 커밍스(Bruce Cumings)가 이끄는 수정론자들은 이 전쟁이 사실상 내전 또는 내부적인 혁명이었고, 남한의 정치권력을 놓고 좌우익이 불가피하게 벌였던 잔인한 투쟁이라고 주장하면서 갈등의 국내적인 측면을 지적했다. 그는 미국이 전쟁을 한국의 내부적인 투쟁으로 인정하지 않는 것과 세계 시장경제체제를 더욱 부양하고 확장하려는 것을 모두 비판했다.[3] 그러나 에릭 반 리(Erik van Ree)는 소련이 북한 지역을 직접 통

3 Bruce Cumings, *The Origins of the Korean War, Vol. 2, The Roaring of the Cataract, 1947-1950* (Princeton University Press, 1990).

제했고 김일성이 이끄는 공산주의 정부가 수립되는 데 현저한 역할을 했다고 지적하면서 커밍스의 주장에 반박했다. 더 나아가 반 리는 기독교 민족주의자들이 소련의 계획 달성을 지연시킨 주된 장애물이었음을 밝혀냈다.[4]

이러한 반 리의 주장은 2003년 찰스 K. 암스트롱(Charles K. Armstrong)의 북한 관련 저서에서도 찾아볼 수 있다. 암스트롱의 세심한 조사와 자세한 설명에 따르면, 식민지 시대와 소련 점령기 이전에도 38선 이북에서 종교적 영향력이 강력했음은 자명한 사실이었다.[5] 사실 반 리와 암스트롱의 연구는 한국전쟁 발발 전 소련 점령에 대한 최고의 설명을 해주고 있다. 그런데 나의 북한 연구는 정부와 교회의 기록보관소 자료 및 인터뷰를 기반으로 한 것이기 때문에, 두 사람의 연구 결과들에 새로운 세부 사항을 채워준다. 또한 북한 기독교의 성장에 관한 추가적인 정보와 전쟁 이전 북녘에서의 공산 통치에 기독교가 강하게 저항했던 이유를 제공하기도 한다.

아울러 나의 작업이 북한 연구 분야에 주요하게 기여한 바는 1950년 10월부터 12월까지 짧은 유엔 점령 기간 동안 북한의 상황에 대해 매우 독창적인 서술을 했다는 점이다. 나는 전쟁 중 북한의 기독교인들이 유엔군에게 적극적으로 협력했다는 사실을 알아냈다. 유엔군이 북한에서 퇴각하자 북한 기독교인들은 그간 유엔 점령을 환영하고 선교사들과 관계를 맺었던 것 때문에 자신들의 목숨과 앞날을 몹시 걱정하게 되었다. 이는 왜 그토록 많은 사람들이 혹독한 겨울 날씨에 죽음을 무릅쓰고 도보와 배로 도망쳤는지를 부분적으로 설명해준다. 전체적으로 이 책에서는 김일성의 반기독교 정책에 대한 이해를 돕고, 왜 전쟁 전 북한 기독교인들이 제거 대상이 되었다가 휴전 체결 직후에는 조직적으로 말살되었는지를 보여준다.

한편, 전쟁 전과 전쟁 중 남한에서의 좌우 대결은 북한과 뒤바뀐 방향으로 벌어졌다. 커밍스의 연구 보고와 같이, 남한에서 좌파들은 정치적으로 활발히 활동했고 좌우 유혈 충돌도 발생했다. 의심할 바 없이 이러한 한국의 이념적 분열은 6·25전쟁 발발의 핵심 요인이었다. 그러나 우파를 부정적으로 보았던 커밍스의 수정주의

---

4 Erik Van Ree, *Socialism in One Zone: Stalin's Policy in Korea, 1945-1947* (Oxford: Berg Publishers Limited, 1989), 112.

5 Charles K. Armstrong, *The North Korean Revolution, 1945-1950* (Ithaca: Cornell University Press, 2003).

는 남한의 혼란과 폭력 사태에 대한 책임을 우파에게 돌리며 비난했다. 대다수 수정론자들의 남한에 대한 설명은 한국에서 실제로 벌어지는 일에 대한 균형 잡힌 분석을 제공하지 못한 지 오래였다. 그들은 좌파에게 지나치게 동조했고, 한국 정치 내에 지배적이었던 기독교인들의 영향력을 간과했다. 기독교인 피난민들의 북한 탈출은 남한의 근본주의를 촉진했고 좌파와 대결하던 우익 진영에 도덕적 명분을 더해주었다. 수정론자들은 일반적으로 이승만을 우파 최고의 악당으로 보았다. 그들은 이승만이 전쟁 이전 인기가 매우 높았음을 인식하지 못하고, 그가 북한 피난민들의 충성심을 독차지하게 된 배후의 현실적인 이유를 밝히지도 못했다. 이승만에 대한 편향적이고 부정적인 설명은 아마도 그의 권위주의적인 통솔 방식과 1960년 정부의 심각한 부패 혐의로 그가 실각했던 데에 원인이 있을 것이다.

한국의 역사학자들과 사회학자들은 한국의 국내 정치에 대해 보다 균형 잡힌 서술을 해왔다. 실례로 2003년 출판된 박정신의 저서 『한국 개신교와 정치』(*Protestantism and Politics in Korea*)는 대다수의 기독교인들이 이승만을 지지했다는 주장을 폈으며, 이를 뒷받침하기 위해 인상적인 통계 자료와 선거 결과를 제시했다. 그러나 박정신은 기독교계 내부의 여러 정치적 신념들과 성향들을 구분하지 않았기 때문에 남한 기독교인들이 전쟁 이전과 전쟁 중에 좌에서 우로 급격히 이동했던 원인을 가려내지 못했다.[6] 이 책에서 나는 월남한 피난민들이 남한에 끼친 영향을 더 상세히 분석했으며, 그들이 이승만의 정치 활동에 관여하고 선교사들과 교류했던 바들을 구체적으로 조사했다. 그리고 일제강점기 이후 한국 교회들을 계속 따라다녔던 부일협력의 문제와 이승만이 뛰어난 정치적 수완으로 자신을 지지하는 기독교계를 하나로 통합시켜갔던 과정 또한 분석했다. 내가 발견한 바는 북한의 피난민들이 남한 반공 정서의 불을 지핀 장본인이라는 사실이다. 그들의 존재와 증언들은 또한 미국의 반공산주의 종교 수사학에도 크게 기여했다.

1990년대 후반과 2000년대 초반 한국과 한국전쟁에 대한 더 많은 연구들이 나오게 되면서 전통주의와 수정주의 양 진영의 역사학자들은 한국 문제의 여러 측면

6 Chung-shin Park, *Protestantism and Politics in Korea* (Seattle, WA: University of Washington Press, 2003).

들을 보다 적극적으로 인식하고자 노력했다. 앨런 R. 밀레트(Allan R. Millett)가 2005년과 2010년 각각 저술한 『한국을 위한 전쟁 1945-1950: 불타는 집안』(*The War for Korea, 1945-1950: A House Burning*)과 『한국을 위한 전쟁 1950-1951: 그들은 북에서 왔다』(*The War for Korea, 1950-1951: They Came the North*)는 6·25전쟁의 성격을 새롭게 이해하려는 대표적인 시도들이다. 퇴역 대령이며 군사학자로서 이미 전쟁에 관한 여러 권의 책을 저술한 바 있던 밀레트는 다음과 같은 주장을 했다. "한국이 둘로 나뉜 것은 소련과 연합군이 일제 청산을 서두르다가 우발적으로 생겨난 산물일 수도 있다. 그러나 그것은 또한 식민지 경험의 잔해를 딛고 일본 제국주의를 모든 면에서 극복하고자 했던 현대 한국에게 서로 다른 두 정치적 비전들이 제시된 것이기도 했다."[7] 2005년 『불타는 집안』에서는 한국의 독립운동 초기부터 식민지 시대, 6·25전쟁 발발 이전까지 선교사들의 역할이 인정되었지만, 2010년 『그들은 북에서 왔다』는 선교사들의 이야기가 대폭 축소되어 언더우드 가문만 짧게 언급되었다.[8]

이 책은 특히 한국의 물리적 분단 이전에 식민지 기간 동안 있었던 '분단의 세월'을 논한다는 측면에서 밀레트와 견해를 같이한다. 밀레트가 1919년부터 1945년까지 기독교의 발전을 추적했던 바는 필자의 연구를 기본적으로 뒷받침해주고 있다. 그러나 우리 두 사람의 설명에는 주된 차이점이 있는데, 바로 6·25전쟁을 묘사하는 방식이다. 밀레트의 두 책들은 전쟁의 정치적·군사적·외교적 세부 사항들을 밝혀내는 작업에 많은 힘을 기울였다. 물론 전쟁이 시작되면서 미군 병사들은 점점 더 많이 한국에 다시 들어오게 되었고, 이에 따라 민간 활동은 당연히 군사 활동에 자리를 내주어야 했다. 또한 군사 작전과 전투의 이야기들은 읽기에 흥미진진하고 전쟁의 과정을 생동감 있게 전달하는 데 결정적 역할을 했다.

그러나 밀레트는 자신이 책 전반부에 언급했던 선교사들과 교회들에 대해서는 석연치 않은 질문을 던진다. 그들에게 대체 무슨 일이 생겼던 것인가? 전쟁이 터지자 모두 떠나버렸나? 공산군에게 점령되는 한국의 운명에 순응하여 일본 내 대피소

---

7 Allan R. Millett, *The War for Korea, 1945-1950: A House Burning* (Lawrence: University Press of Kansas, 2005), 5.

8 Allan R. Millett, *The War for Korea, 1950-1951: They Came from the North* (Lawrence: University Press of Kansas, 2010), 28, 254, 461-463.

에 조용히 앉아 있었나? 만약 그대로 주저앉지 않으려고 했다면 그들은 무슨 일을 할 수 있었나? 밀레트의 설명에 따르면, 전쟁 발발 직후 선교사들은 그냥 사라져버렸고, 그들이 떠난 자리를 군인들이 메꾸는 것처럼 보인다. 그리고 밀레트의 책들은 군대에 대한 서술이 주를 이룬다. 그러나 전쟁, 고통, 용기를 이야기할 때, 꼭 최전방에 있는 군인들의 것만 다루어져야 하는가? 한국의 이야기는 반드시 워싱턴, 뉴욕, 모스크바의 의사결정자들과 외교관들에 집중해서 분석해야 하는 것일까? 피난민들은? 미국의 국내 상황은? 보통의 미국인들은 전쟁과 미국의 개입에 대해서 어떻게 생각했던가? 포로수용소 안에 있었던 또 다른 전투들은? 실상을 말하자면, 선교사들은 어디에나 있었다. 그들은 한국에서 싸운 군인들보다 극히 적은 인원이었지만, 그들의 영향력은 그 수에 비해 훨씬 더 컸다. 그러므로 선교사들이 벌였던 비국가적 행위들의 엄청난 이야기들에 대해 6·25전쟁 역사 분야에서 별도의 서술이 되어야 함이 마땅하다.

— 비국가 행위자로서의 선교사

전쟁은 일반적으로 국가와 비국가 행위자들이 긴밀하게 협력하는 시기이며, 이것은 마땅히 미국의 외교와 군 역사에 포함되어야 한다. 6·25전쟁 중 국가와 비국가 행위자들이 연합하여 긴밀히 협력했던 이야기들은 참으로 흥미롭다. 이러한 접근법으로 외교 관계를 연구하는 것은 동아시아 역사학자 존 K. 페어뱅크(John K. Fairbank)로부터 시작되었다. 페어뱅크는 6·25전쟁 당시 미국 정부에게 아시아에서의 외교 정책 목표 달성을 위해 비국가 행위자들을 최대한 활용해야 한다고 조언한 인물이다.[9] 문화사학자들은 경제, 사회, 정치, 학문, 종교, 미학의 여섯 가지 부문에서 사람들의 활동을 조사한다. 필립 웨스트(Philip West), 스티븐 I. 르바인(Steven I. Levine), 재키 힐츠(Jackie Hiltz)가 공동 편집하여 1998년 출판된 한 모음집에서는 아시아에서 미국이 치렀던 전쟁들을 다루고 있는데, 전쟁의 인간적인 측면을 강조하면

9 John K. Fairbank, "The Problem of Revolutionary Asia," *Foreign Affairs* 29 (October 1950): 101-113.

서 아시아에서 전쟁을 경험했던 사람들의 이야기들과 추억들을 수집하려고 했다.[10] 한국의 경우는 전쟁으로 파괴된 정도가 부문별로 각기 다르고, 전후 재건의 방면도 여럿이었기 때문에 6·25전쟁 연구에서 문화적 접근법을 사용하는 것이 매우 적절함을 유념해야 한다. 물질적인 파괴와 환경 파괴 외에도, 한국의 전통적인 경제, 사회, 종교 질서들이 전쟁으로 인해 파괴되었다. 그리하여 전쟁이 끝나자마자 새로운 질서가 생겨나기 시작했다.

슬프게도 대부분의 한국 교회 역사가들은 20세기 초반 선교사들의 활동과 6·25전쟁이 한국 교회사에 미친 영향을 살펴보았을 뿐,[11] 6·25전쟁과 관련된 구체적인 사안들을 실제적으로 기술한 학술지 논문들은 정말 소수에 불과하다.[12] 더군다나 초기 선교운동에 대한 논의에서 일반 역사가와 교회 역사가들은 모두 미국의 선교운동을 상당히 부정적으로 바라보았다. 이들 선교사들이 외국 땅에서 중산층의 호화로운 생활을 하면서 토착 신앙과 문화를 파괴할 것을 설교하고, 현지인들에게 자신들의 견해와 가치 체계를 강요하는 '문화 제국주의자들'이라는 것이다. 일부 학자들은 심지어 선교사들의 동기와 선교 뒤에 숨겨진 죄들을 비난하는데, 상업 활동으로 이익을 얻고, 미국의 경제적 이익을 늘리는 사업체들과 결탁하고, 현지 지도자

---

10 Philip West, Steven I. Levine, and Jackie Hiltz, ed., *America's Wars in Asia: A Cultural Approach to History and Memory* (Armonk, NY: M. E. Sharpe Inc., 1998).

11 K. Kale Yu, "American Missionaries and the Korean Independence Movement in the Early 20th Century," *International Journal of Korean Studies* XV (Fall 2011): 171-186; Dae Young Ryu, "The Origin and Characteristics of Evangelical Protestantism in Korea at the Turn of the Twentieth Century," *Church History* 77 (June, 2008): 371-398; Akifumi Nagata, "American Missionaries in Korea and U.S.-Japan Relations 1910-1920," *The Japanese Journal of American Studies* 16 (2005): 159-179; Jung Young Lee, "The American Missionary Movement in Korea, 1882-1945: Its Contributions and American Diplomacy," *Missiology: An International Review* XI (October 1983): 387-420; Dae Young Ryu, "Religion Meets Politics: The Korean Royal Family and American Protestant Missionaries in Late Joseon Korea," *Journal of Church and State* 55 (2011): 113-133.

12 Ji-Il Tark, "The Korean War and the Rise of Christian New Religious Movements in Korea," 『한국기독교신학논총』 45 (2006): 157-179; 성백걸, "류형기의 한국전쟁 인식과 교회복구、구호활동," 『한국기독교와 역사』 15 (2001): 43-78; 윤정란, "한국전쟁 구호물자와 서북출신 월남기독교인들의 세력화," 『숭실사학』 34 (2015): 295-340; 윤정란, "한국전쟁기 염산면 기독교인 학살의 원인과 성격," 『한국기독교와 역사』 20 (2004): 119-150; 윤정란, "한국 전쟁과 염산면 기독교 순교비의 사회,종교적 역할," 『호남문화연구』 35 (2004): 73-107.

들에게 교회 운영을 맡기지 않고서 권력을 유지했다는 것이다.[13]

물론 이러한 혐의점들 속에는 일부 맞는 사실도 있어서 전부 다 반박하기는 어렵겠지만, 선교사들이 당시 상황과 필요에 따라 내렸던 선택과 결정을 이해하고, 장기적인 측면에서 선교사들의 활동이 끼친 영향을 평가하는 것이 중요하다. 해방 후부터 6·25전쟁과 재건 기간을 거치기까지 그들이 줄곧 해왔던 활동을 조사해본다면 한국 개신교회와 선교계가 맺었던 유용한 동반자 관계를 새롭게 조명할 수 있을 것이다. 전쟁 중에 형성된 이 특별한 파트너십은 결국 전 세계적인 기독교 네트워크로 급진전되었고, 그 결과 한국을 구한다는 초기 목적을 달성했을 뿐만 아니라 역으로 현대 미국에까지 예기치 못한 변화를 가져오는 성과를 거두었다.

21세기로 접어들면서 교회 역사가들은 6·25전쟁 동안의 선교 활동을 보다 자세히 살펴보기 시작했다. 2011년 김홍수의 "6·25전쟁(1950-1953)과 기독교"(The Korean War (1950-1953) and Christianity)는 2007년 나의 논문이 완성된 후에 발표되었다.[14] 그의 논문은 서구권 교회(서유럽과 미국)와 동구권 교회(동유럽과 중국) 간의 논쟁을 중점적으로 분석했고, 아울러 북한 기독교 교회들의 친미적 태도가 북한 공산 정권을 자극하여 교회들에 대한 반종교 운동이 강화되었던 과정을 설명했다. 비록 김일성의 반기독교 정책의 기원에 대해서는 여전히 논쟁의 여지가 있지만, 김홍수의 연구는 특히 미국 교회들과 선교사들, 한국 기독교인들이 이승만 정부를 지지하고 유엔의 6·25전쟁 개입에 찬성했던 것과 관련한 기독교의 영향력을 다루었다는 점에서 나의 연구와 맥락을 같이 한다. 그리고 2015년에 간행된 또 다른 한국 저서 『한국전쟁과 기독교』도 선교 활동과 관련하여 나의 본 논문을 인용하면서 남한의 구호 활동에 미국의 지원이 중요했음을 인정하고 있다.[15] 6·25전쟁의 다양한 측면을 조사한 다른 학술지 글들도 모두 나의 다른 논문 "난국에 대

13 Dae Young Ryu, "Understanding Early American Missionaries in Korea (1884-1910): Capitalist Middle-Class Values and the Weber Thesis," *Archives de sciences sociales des religions* 113 (2001): 93-117.

14 Heung Soo Kim, "The Korean War (1950-1953) and Christianity: Pro-American Activities of the Christian Churches and the North Korean Reactions," *Journal of Contextual Theology* 16 (2011): 135-157.

15 윤정란, 『한국전쟁과 기독교』 (파주: 한울아카데미, 2015).

처하기: 6·25전쟁 동안 공산주의에 저항했던 미국인 선교사들과 한국인 목사들의 역할"(Rising to Occasion: The Role of American Missionaries and Korean Pastors in Resisting Communism throughout the Korean War)을 인용했는데, 이 논문은 필립 E. 뮬렌벡(Philip E. Muehlenbeck)의 편집으로 2012년에 출판된 『종교와 냉전』(*Religion and the Cold War*)에 실린 것이다.[16]

나의 논문이 이 책에 실려 출판되기 전까지 영어로 된 연구가 부족했던 것은 전쟁 중에 교회들 대다수가 파괴되고 수많은 귀중한 문서들이 유실되어 한국에서 정보와 문서들을 찾는 것이 어려웠기 때문이다. 그래서 나는 미국의 교회 기록 보관소들을 꼼꼼히 조사하여 전쟁과 관련된 귀중한 편지, 보고서, 신문 기사들을 찾았고, 이로써 전쟁 중 미국 선교사들의 활동에 대한 자세한 이야기를 정리할 수 있었다. 그 밖에 다른 귀중한 자료들은 한국 기독교 지도자들의 회고에서, 그리고 전쟁, 화염, 파괴의 공포를 뚫고 생존한 사람들의 이야기에서 얻은 것이다. 예를 들어 2010년 한경직 목사 자서전은 전쟁 중과 전쟁 후 남한의 기독교 전파 및 한경직 목사의 사역을 이해하는 데 도움이 된다.[17]

선교사들과 한국 개신교에 관한 가장 최근의 출판물은 2017년 1월에 발간된 윌리엄 유(William Yoo)의 저서이다. 그의 책 『미국 선교사, 한국 개신교, 그리고 세계 기독교의 변화된 모습, 1884-1965』(*American Missionaries, Korean Protestants, and the Changing Shape of World Christianity, 1884-1965*)는 한국과 미국에서 미국인 선교사들과 한국 개신교인들이 서로 주고받았던 상호 작용과 갈등, 불일치를 다루고 있다.[18] 양측

---

16 Kai Yin Allison Haga, "Rising to the Occasion: The Role of American Missionaries and Korean Pastors in Resisting Communism throughout the Korean War," *Religion and the Cold War*, ed. Philip E. Muehlenbeck (Vanderbilt University Press, 2012), 110; Franklin Rausch, "All Man, All Priest: Father Emil Kapaun, Religion, Masculinity, and the Korean War," *Journal of Korean Religions* 6 (October 2015): 61-92; Jenell Johnson, "The Limits of Persuasion: Rhetoric and Resistance in the Last Battle of the Korean War," *Quarterly Journal of Speech* 100 (3): 323-247; Vladimir Tikhonov, "South Korea's Christian Military Chaplaincy in the Korean War – religion as ideology?" *The Asia-Pacific Journal* 11 (May 2013): 1-16.

17 Eun-seop Kim, ed., *Kyung-Chik Han Collection 1: Biographies 1* (Seoul: Kyung-Chik Han Foundation, 2010).

18 William Yoo, *American Missionaries, Korean Protestants, and the Changing Shape of World Christianity, 1884-1965* (Oxon, UK: Routledge, 2017).

은 "문화 간 종교 전달의 복잡한 과정"을 겪어야 했는데, 이는 "계속되는 협상, 반대, 뒤엉킨 상호 관계, 예기치 못한 반전으로 가득 찬" 것이었다.[19] 윌리엄 유는 선교사, 이민자, 목회자, 외교관, 국제결혼 부부 사이에서 일어난 "여러 방향의 교류들"을 보여준다. 이들이 참여했던 세계적인 기독교 운동은 쌍방 모두에게 중요한 의미를 지니고, 도전이 되며, 유익했다.[20] 그는 또한 다른 역사학자들이 관측해왔던바, 한국에 대한 미국인들의 이미지가 기독교 선교사와 군인들이 묘사했던 대로 전쟁으로 피폐하고 궁핍한 모습이 주를 이루었음을 지적했다.[21] 이러한 관측은 한미 간 문화 교류에서 선교사의 영향이 얼마나 컸는지를 보여주는 증거이기도 하다.

한국의 사회문화적 변화에 기여한 요소들을 충분히 탐구하기 위해 나는 전쟁 연구에 이러한 문화적인 접근법을 취했다. 선교사, 교회 지도자, 한국 기독교인이라는 비국가 행위자들이 전쟁 수행 전반에 기여한 바들을 기술하고 분석하는 데 집중했던 것이다. 전통적인 연구법은 군사적·정치적 요소들에 초점을 맞추는 데 반해, 문화적 접근법은 기독교와 정치, 기독교와 외교 정책, 기독교와 반공 이데올로기 간의 관계를 조사하는 것이 가능하게 된다.

전쟁으로 폐허가 된 한반도는 인구의 대다수가 식량, 거처, 의복이 부족했다. 이로 인해 6·25전쟁은 선교 활동을 확대할 수 있는 전례 없는 기회가 되기도 했다. 선교사들이 시작한 구호 활동은 한국과 한국인들에 대한 미국인들의 인식 및 기독교와 교회들에 대한 한국인들의 인식을 형성하는 데에 중요한 역할을 했다.

당시 한국은 전쟁과 재난으로 인해 전통적인 신념들이 약화되었을 뿐만 아니라 가부장제에 기반한 기존의 경제·사회 구조 역시 붕괴되었다. 사찰이 파괴됐고, 마을이 황폐해졌고, 아버지와 장성한 아들들이 군대에 징집됐고, 대부분의 사람들이 고향의 터전을 잃었다. 한국 정부는 피난민 모두를 즉각 구호할 만한 힘이 없었고, 친족들이 줄 수 있는 도움도 엄청난 긴급 상황들 앞에서 금방 바닥났다. 전통 종교들과 그 조직 또한 한국인들에게 갑작스레 닥친 경제적·사회적·정신적 격변을 대

19 Ibid.

20 Ibid.

21 Ibid.

처해줄 수 없었다. 그 결과 1950년대 내내 공백이 존재했는데, 이 위험한 고비 동안 경험 많은 미국 선교사들과 잘 정립된 기독교 기관들이 한국에서 활동하면서 국가와 비국가 행위자 간 협력을 용이하게 하는 여러 방편들을 제공한 것은 중대한 의의를 지녔다. 냉전이라는 국제적 상황하에 형성된 이 긴밀한 협력 관계는 전후에도 오랫동안 지속되면서 남한에서 기독교가 폭발적으로 성장하는 확실한 동력이 되었다.

한편 미국에서 한국전쟁은 공산주의의 아시아 확장을 억지하려는 미국의 의지와 한국에 대한 미국의 온정적 시각을 강화하는 역할을 했다. 일레인 H. 김(Elaine H. Kim)이 지적한 바와 같이, 군인들과 선교사들이 그려낸 "창녀와 거지, 그리고 고아들, 그들 중 다수는 혼혈아"[22]로 가득 찬 한국의 이미지는 한국을 구하려는 미국인들의 감상적인 노력들이 분출되도록 했다.

이 책의 처음 몇 장에서는 한국 기독교의 역사적 발전을 추적한다. 한국과 미국 양쪽에서 엄중한 반공 이데올로기가 발생하고 형성되는 데 있어서 종교의 역할과 영향력을 살펴보고, 이로써 종교가 한국과 미국 지도자들의 의사 결정에 어떤 영향을 미쳤는지 밝힐 것이다. 이 책의 후반부에서는 한국의 전쟁 지역과 미국의 정책 결정 일선에서 전쟁의 진행에 관여했던 비국가 행위자들의 행보들을 추적한다. 초점은 군인이 아니라 민간인, 즉 국가 행위자가 아닌 비국가 행위자에게 있기 때문에 이러한 분석은 한국전쟁 연구에서 매우 혁신적이고 독창적인 위치를 가진다.

---

22 Elaine H. Kim, "Myth, Memory, and Desire: Homeland and History in Contemporary Korean American Writing and Visual Art," *Holding Their Own: Perspectives on the Multi-Ethnic Literatures of the United States*, ed. Dorothea Fischer-Heike Raphel-Hernandez (Tubingen: Stauffenburg-Verlag, 2000), 80.

제1부

한국 기독교와 6·25전쟁 이전의 한미관계

제1장 기독교와 한국 근대 민족주의의 발흥

역사학자 월터 B. 정(Walter B. Jung)은 자신의 저서 『국가 건설: 한국의 지정학적 역사』(*Nation Building: The Geopolitical History of Korea*)에서 다음과 같이 지적했다. "(해방 후 건국) 초기 단계에서 한국이 국가 정체성을 수호하기 위해 위태로운 노력을 해야 했고, 그러다가 냉전이 시작되자 결국 두 나라로 분단되었던 이유를 이해하려면 관련된 지정학적 역학 관계에 대한 분석이 충분히 뒷받침되어야만 한다."[1] 그렇다면 지정학적 상황은 기독교, 한국 민족주의의 발흥, 한국전쟁이라는 변인들에 어떤 영향을 미쳤던 것일까? 이 복잡한 관계를 풀어내기 위해서는 세 가지 측면에서의 분석 작업이 필요하다.

첫 번째 지정학적 고려 사항은 한국과 주변국들의 관계이다. 한국의 지리적 위치는 주변 국가들, 특히 중국과 일본에게 중요한 전략적 가치를 지니고 있는데, 한국을 장악하는 것이 곧 자국의 안보를 강화하고 그들의 지배력을 더욱 확장할 수 있는 발판을 마련해주기 때문이다. 그리하여 한국은 생존을 위해서 수 세기 동안 이러한 주변 강대국들과 균형을 유지해왔다. 조선 후기 한국과 이웃 나라들 사이의 협력과 갈등의 역사는 이러한 지정학적 상황을 잘 반영하고 있다.

두 번째 지정학적인 측면은 한국과 서구의 관계이다. 한국은 다른 여러 동아시아의 국가들과 달리 서구의 산업화된 나라들의 관심을 단번에 잡아끌지 못했다. 한

---

1 Walter B. Jung, *Nation Building: The Geopolitical History of Korea* (Lanham, MD: University Press of America, Inc., 1998), v.

국은 서구 제국주의 패권세력의 식민지가 된 적이 한 번도 없었다. 그렇지만 유럽과 미국의 강대국들은 자국의 정치·경제·문화적 이익에 부합할 수 있는 한국의 가치를 점차 인식하기 시작했다. 그리하여 서구의 강대국들은 정치적 영향력을 키우고 무역을 확대하려는 야망과 자국 선교사들 및 난파 선원들을 보호하려는 책임감을 이유로 한국의 해안에 더 많은 서양의 포함(gunboat)들을 보냈다. 그뿐만 아니라 이전부터 이들이 동아시아에 취했던 제국주의적 접근은 이 지역 전체에 지정학적인 불안정을 확산시켜갔다. 즉, 서구가 중국에 부과한 불평등 조약의 체제는 청나라의 쇠퇴를 이끌었고, 중국 다음으로 한국 역시 일본을 비롯한 다른 나라들을 저지할 수 있는 능력을 잃어갔던 것이다.

세 번째 지정학적인 측면은 한국의 내부적인 상황이다. 외세의 침략이 더욱 거세어지고 나라의 독립마저 위태로워지자, 한국인들 사이에는 새로운 민족주의적 감정들이 꿈틀거렸다. 이처럼 한국이 예측할 수 없는 변화의 소용돌이 속에 접어들었을 때, 최초의 미국 선교사들이 그 땅을 찾아왔다. 그리고 그들의 활동은 한국의 변화 속도를 높이는 촉매제 역할을 했을 뿐만 아니라 자신들의 신념에 따라 변화의 방향까지도 조정하는 항해사 역할을 했다. 한국에 대한 그들의 비전은 한국 사회의 장기적인 발전에 영향을 미쳤고, 기독교는 한국을 통치하려는 자라면 그 누구라도 무시할 수 없을 만큼 중요한 정치적·이념적 세력으로 부상했다.

한국과 동아시아의 인접 국가들

아시아 대륙의 동쪽 끝에 위치한 남북한은 현재 압록강과 두만강을 경계로 중국과 러시아를 북서쪽에 접하고 있고, 남동쪽으로는 대한해협으로 알려진 112마일의 바다를 사이에 두고 일본의 섬들과 접해 있다. 그러나 한국은 과거 대부분의 역사 동안 러시아와 국경을 맞대지 않았었다. 이 국경은 1860년 신설된 것으로서, 중국이 베이징 조약에 따라 우수리강 동쪽 해역을 러시아 황제에게 양도함으로써 정해졌다. 이로써 러시아인들은 두만강까지 진출하여 블라디보스토크에 해군 기지를 건설하는 것이 비로소 가능해졌다. 그러나 한국이 러시아 및 서구의 열강들과 접촉하기 전까지 한반도의 안정과 발전에 영향을 끼쳤던 주요 세력은 중국과 일본이었다.

— 조선 시대 이전 한국의 중국 및 일본과의 관계

20세기 초 다수의 서구 관측자들은 한국을 중국에게 조공을 바치는 약한 나라, 또는 강력한 인접국들에게 희생당하는 가난한 나라 정도로 인식했었다. 그러나 한국과 일본의 역사학자들은 최근의 연구를 통해서 한국이 자체적으로 높은 수준의 문명을 유지했었음을 밝혀냈다. 기술적 성취와 문화적 유산의 몇몇 분야에서 한국은 중국과 완전히 구별되며 독립적이었다. 또한 한국은 인접국들로부터 항시 지배를 받기는커녕, 일본 고대사에서 야요이 문화의 발전과 야마토 정권의 성립에 지대한 영향을 끼치기도 했다.[2] 한국은 오랜 역사 기간 동안 대부분 독립국의 지위를 유지했을 뿐만 아니라 자국의 정체성과 문화, 언어, 관습들까지도 보존했다. 이러한 한 민족으로서의 정체성은 인접국들의 틈 속에서 한국이 국가적인 결속을 계속 유지할 수 있었던 강한 원동력이었다.

중국의 한족 및 동북아시아의 다른 강력한 부족 집단들과 접촉했던 기나긴 역사 속에서 한국은 중국의 정치적 공세와 영토 확장에 성공적으로 저항해왔다. 기원전 108년 중국 한(漢) 무제가 한반도 북부에 한사군(漢四郡)을 세웠던 짧은 시기를 제외하고는 한국인들은 계속 한반도 전역을 다스려왔다. 한국은 힘든 투쟁들을 거쳐서 자국의 독립을 쟁취했다. 서기 598년 한국에 쳐들어온 중국 수 양제의 100만 군사들을 몰살시켰고, 당나라 황제들의 거듭되는 침략 역시 모두 무찔렀다.

그러나 1234년 몽골의 강력한 침략만큼은 한국의 군대가 막아내지 못했다. 쿠빌라이 칸(1215-1294)은 결국 고려를 복속시켰고, 1274년과 1281년 일본 정복 원정에 참가할 것을 한국에게 강요했다. 그러나 해전 경험이 없었던 몽골군은 두 차례 원정에서 모두 실패하고 말았다. 그 뒤 300여 년이 지난 1592년에는 일본의 무장 도

2 Kenneth B. Lee, *Korea and East Asia: The Story of a Phoenix* (Westport, CT: Praeger, 1997), 23-36.

요토미 히데요시(1536-1598)가 중국 점령 계획의 일환으로 조선 침공을 결정했다. 그는 독실한 일본 천주교 신자인 고니시 유키나가[3](1555-1600)의 휘하에 15만 명의 병력을 집결시키고, 해협을 건너 부산을 기습 공격하게 했다. 고니시의 군대 중에는 1만 8천 명가량의 천주교인 전사들도 포함되어 있었다. 스페인 성직자인 그레고리오 데 세스페데스(Father Gregorio de Cespedes)도 종군 신부로 파견되었다.[4] 전쟁 발발 20일 만에 수도가 함락되었고, 조선 국왕은 평양으로 피란길에 올랐다가 북쪽 국경 도시인 의주로까지 몽진했다.

조선의 해군은 초기의 패전들과 큰 손실에도 불구하고 이순신 장군의 지휘 아래 전열을 가다듬고, 조선에 파병된 일본 부대와 일본 본토 간의 해상 보급로를 차단하면서 제해권을 확보했다. 그리고 한국의 민병대도 중국의 지원에 힘입어 6년간 게릴라전을 벌이다가 1598년 일본군을 본국으로 격퇴하는 데 마침내 성공했다.[5] 1598년 히데요시가 사망하면서 전쟁은 끝났지만, 그가 벌인 침략 전쟁은 한반도를 완전히 황폐화시켰고, 한국인들에게 엄청난 고통을 안겨주었다. 조선 왕조는 이후 오랜 쇠퇴의 길을 걷기 시작했다. 그리고 얼마 지나지 않아 북방에서 홍기한 청나라가 조선을 침략하기에 이른다. 당시 조선은 그들을 막아낼 힘이 거의 없었기 때문에 1637년 중국 명나라와의 관계를 단절하고 청나라를 따르기로 선택했다.

— 조선의 외교

잠재적 적국들인 중국과 일본 사이에서 조선은 생존을 위한 외교 정책을 펼쳤다. 중국에게는 사대(事大, 큰 나라를 섬김)를, 일본에게는 교린(交隣, 이웃 나라와 교류함)을 행한 것이다.[6] 조선은 중국을 상대할 때에는 일본을 대항할 비공식적 방어 동맹

---

3 고니시 유키나가는 스페인의 예수회 소속인 그레고리오 데 세스페데스를 일본 천주교도 병사들을 위한 종군 신부로 데리고 갔다. Ibid., 109.

4 W. J. Kang, "Early Korean Contact with Christianity and Korean Response: An Historical Introduction," in *Korea's Response to the West,* ed. Yung-Hwan Jo (Kalamazoo, MI: The Korea Research and Publications, Inc., 1971), 43.

5 Lee, *Korea and East Asia*, 98-107.

6 Takemichi Hara, "Korea, China, and Western Barbarians: Diplomacy in Early Nineteenth-

을 맺기 위해 조공을 바쳤다. 그리고 일본을 상대할 때에는 대등하고 의례적인 관계를 노련하게 구축했다. 조선은 때때로 에도(도쿄)에 '통신사'를 파견했고, 무역항들을 지정하여 무역 활동을 신중하게 통제했다.[7] 일본 역사학자 다케미치 하라(Takemichi Hara)에 따르면 조선 정부는 조선 왕조 내내 한국과 중국, 일본과의 비공식적인 "교류 활동을 모두 금지"하려고 했는데, 이는 국가 존립을 위협할 수 있는 접촉을 최소화하고 평화를 유지하기 위한 목적에서였다.[8] 그리하여 조선은 '은둔의 왕국'이라는 별칭을 얻게 될 만큼 엄격한 외교 정책을 시작했다.

조선 국왕은 조공 체제의 전통에 따라 1년에 한 번 중국에 조공을 보냈는데, 금·인삼·청자 등 한국 최고의 토속 상품들을 중국 황제에게 보내야 했다. 그리고 그 대가로 많은 양의 중국 물품들이 황제의 '선물들'로서 조선 국왕에게 다시 전해졌다. 이런 식으로 매년 행해지는 물물교환을 역사학자들은 양국 정부의 통제하에 진행된 상호 무역 활동이라고 보았다.[9] 조선과 중국 간의 조공 관계는 양국의 잠재적인 공동의 적들을 방어하기 위한 정치적·군사적 동맹의 역할을 했다. 이 체제에서 조선은 완전한 독립을 누렸을 뿐만 아니라 자국의 안보와 경제를 강화해갔다.

— 조공사절을 통해 한국에 들어온 기독교

조선 정부는 '은둔의 왕국'이 되려고 노력했지만 외부의 영향들을 완전히 차단하지는 못했다. 중국에 조공 사절단으로 파견된 한국인들은 귀국할 때 중국의 물품뿐만 아니라 새로운 사상들도 함께 들여왔다. 조선의 지도자들은 외국인들의 접근을 막음으로써 국가의 평화와 안보를 유지하려고 했으나, 조선 사절단은 일단 중국 땅을 밟게 되면 조정의 통제를 벗어났고, 베이징에 머무는 몇 달 동안 서점으로 몰

Century Korea," *Modern Asian Studies* 32 (May 1998): 392.

7 Ibid.

8 Ibid.

9 Warren I. Cohen, *East Asia At the Center: Four Thousand Years of Engagement with the World* (New York: Columbia University Press, 2000).

려가서 중국의 최신 출판물들을 찾았다.[10] 이들은 또한 예수회 사제들이 살고 있는 난탕(南堂, 1650년 북경에 지어진 최초의 천주교회당 - 역자 주)도 방문했다. 이곳에서 예수회 사제들은 청나라 정부의 천문학 부서 책임자들로 일하고 있었는데, 이 천주교 사제들이 한국인들에게 중국어로 인쇄된 과학적이고 종교적인 자료들("천국의 주님"에 관한 책들)을 건네곤 했다.[11] 그러므로 난탕은 한국인 방문객들에게 신비로운 서구 세계를 엿볼 수 있는 작은 창구 역할을 했다.

사절단이 이 모든 자료들을 가지고 한국에 돌아오게 되면 실학파에 속한 소수의 관리들과 학자들이 큰 관심을 가지고 그것들을 읽었다.[12] 이들 관리들 중 몇몇은 조공 사절단 소속으로서 중국의 문학과 언어에 능통한 전문가들이었다. 이러한 서적들을 통해 천주교는 조선 최초의 개종자인 이승훈을 얻게 되었다. 이승훈은 조공 사절단 내 고위 인사의 아들이었다.[13] 그리고 1794년 베이징 주교가 중국인 천주교 신부인 주문모(周文謨)를 조선으로 파송했을 때 이미 4천 명의 개종자가 그의 도착을 간절히 기다리고 있었다.[14]

그러나 천주교는 개종자들과 한국 전통 사회 간에 새로운 사회적 갈등을 야기하게 되었다. 한국의 천주교도들은 조상 숭배의 관행을 폐지하라고 지시를 받았는데,[15] 이것은 기독교가 갖는 체제 전복적인 위험성으로 인식되었고, 보수적인 관료들과 기득권층에서는 천주교에 대한 반감이 일어나기 시작했다.

---

10 Kang, "Early Korean Contact with Christianity and Korean Response: An Historical Introduction," 43; Hara, "Korea, China, and Western Barbarians: Diplomacy in Early Nineteenth-Century Korea," 393.

11 Kang, "Early Korean Contact with Christianity and Korean Response: An Historical Introduction," 43; Hara, "Korea, China, and Western Barbarians: Diplomacy in Early Nineteenth-Century Korea," 393.

12 Hara, "Korea, China, and Western Barbarians: Diplomacy in Early Nineteenth-Century Korea," 393.

13 Kang, "Early Korean Contact with Christianity and Korean Response: An Historical Introduction," 44.

14 Hara, "Korea, China, and Western Barbarians: Diplomacy in Early Nineteenth-Century Korea," 393-394.

15 Kang, "Early Korean Contact with Christianity and Korean Response: An Historical Introduction," 44.

— 신유박해

한국 천주교회는 몇 년 뒤 조선 조정에서 벌어진 정치적 권력 투쟁에 휘말리면서 갑작스럽게 성장을 멈추게 되었다. 천주교 개종자들 중에는 정조(재위 1776~1800)가 고위 관료로 등용했던 사람들도 있었는데, 1800년 정조가 승하하자 그들의 정적들이 공격의 빌미를 찾기 시작했다. 당시 어린 순조를 대신하여 섭정을 하던 정순왕후 역시 자신의 정치권력을 강화할 기회를 보고 있었는데, 그녀는 개인적으로도 천주교를 싫어하는 인물이었다. 그리하여 1801년 신유(辛酉)년에 정순왕후는 "사악한 가르침(邪學)"을 고집하는 자들을 말살하라는 칙령을 내렸다. 이에 중국인 신부가 박해를 막아보려고 자수하자 조선 정부는 청나라 조정의 허가 없이 즉시 그를 참수했다.

이에 더하여 젊은 천주교인 학자 황사영의 소지품에서 베이징 주교에게 보낼 밀서가 발견되자 정순왕후와 그녀의 지지자들의 분노는 더욱 거세졌다. 얇은 비단 조각에 적힌 편지에는 한국 천주교인들에 대한 박해, 조선 조정 내부의 권력 투쟁, 기회주의적인 관료들이 한국인 개종자들을 희생시킨 것, 중국인 사제를 부당하게 처형한 사건, 그리고 외국의 개입으로 끔찍한 박해가 끝나길 바라는 그의 열망이 적혀 있었다. 한국 천주교 신자들을 보호하기 위해 중국이 한국을 합병해 주기를 요청하고, 유럽의 군함들도 보내주기를 제안하는 황서영의 서신 내용은 조선 조정이 천주교인들을 반역죄로 기소한 것이 옳았음을 증명해주었을 뿐만 아니라 그들이 두려워했던 기독교의 체제 전복적 성격을 확인시켜주기도 했다.[16]

정순왕후는 중국인 사제를 성급히 처형한 것에 대한 외교적 문제를 피하고, 기독교와 관련된 것들을 모조리 말살할 권한을 확보하기 위해 청나라 황제에게 왜곡된 내용의 보고서를 보내 중국인 사제의 죽음을 설명했다. 이 소식을 들은 청나라 황제는 조선의 젊은 국왕이 악한 무리들을 제거하려고 노력한 것을 높이 평가했지만, 한국 천주교의 근원이 중국이라는 사실은 인정하지 않았다. 그리고 그는 국경의 관리들에게 한국 천주교인 도피자들을 모두 한국으로 돌려보내라고 명령했다.

16 Hara, "Korea, China, and Western Barbarians: Diplomacy in Early Nineteenth-Century Korea," 396-397.

— 프랑스 사제들의 처형으로 인한 외교적 위기

신유박해에도 불구하고 한국의 천주교는 완전히 멸절되지 않았고, 20년 만에 다시 세력을 얻게 되었다. 여기에는 조선의 국경 통제가 완벽히 이루어지지 않았던 점과 중국 황제가 중국 천주교의 한국 교류를 차단하는 데 어떠한 도움도 주지 않았던 점이 주요하게 작용했다. 이렇게 한국 천주교가 정부의 가혹한 처분에도 불구하고 결국 살아남아서 성공을 이룬 것은 이후 서구 가톨릭교회들의 관심을 끌었고, 1830년대에는 프랑스 사제들이 한국에 들어오기 시작했다. 그들은 한국의 의복으로 변장하고 중국 국경을 넘어오거나 고깃배를 타고 한국 연안에 도착했다.[17] 자끄-노레 샤스똥(Jacques-Honore Chastan) 신부, 피에르-필리베르 모방(Pierre-Philibert Maubant) 신부, 로헝-조제프-마리 앙베흐(Laurent-Joseph-Marie Imbert) 주교가 그들이었다. 그러나 그들은 조선 정부에 발견된 즉시 관아에서 처형되었다.[18]

그런데 이 천주교 사제들이 한국에 들어오던 무렵부터 '이상한' 배들이 한국 해안에서 점점 더 자주 목격되었다. 그중에는 동인도 회사 소속의 로드 앰허스트(*Lord Amherst*)호와 같이 무역을 위해 온 선박도 있었고, 영국 배인 알체스트(*Alceste*)호 및 라이라(*Lyra*)호의 경우처럼 식량과 물을 요청하기도 했다. 이러한 경우 한국인들은 낯선 배들의 무역 요구를 정중히 거절하는 한편, 원조 요청에 대해서는 우호적으로 응해주었다. 그러나 1840년대부터 상황이 바뀌기 시작했다. 이는 1839년 조선 정부가 세 명의 가톨릭 사제들을 처형하고, 뒤이어 제1차 아편전쟁(1840~1842)이 종결된 것이 그 계기가 되었다.[19] 한국은 청나라 정부가 첫 번째 불평등 조약인 난징 조약

---

17 Kang, "Early Korean Contact with Christianity and Korean Response: An Historical Introduction," 45.

18 Hara, "Korea, China, and Western Barbarians: Diplomacy in Early Nineteenth-Century Korea," 401.

19 제1차 아편전쟁은 1840년 영국 무역업자들의 불법 아편 거래를 제지하기 위해 청나라 정부가 아편을 몰수하고 폐기하는 과정에서 비롯됐다. 영국 정부는 임칙서(林則徐)가 아편 300만 파운드를 없앤 것에 보복하고자 대규모 병력과 군함들을 보냈다. 임칙서는 초반에 광저우를 방어하는 데 성공했지만, 영국은 북쪽으로 이동하여 다른 해안 도시들을 마음껏 공격했다. 그 뒤 추가 병력을 투입하여 광저우를 끝내 점령한 영국군은 양쯔강을 거슬러 올라갔고, 청나라 정부의 세금 바지선을 나포하여 중국 황실 수입에 위협을 가하는 동시에 내륙의 안보까지 위태롭게 했다. 물질적인 손해와 체면 상실을 우려했던 만주 정부는 영국과의 강화를 도모했고, 1842년 난징조약을 체결했다.

(1842)을 체결함으로써 중국이 영국에게 굴욕적으로 패배하는 것을 목격했다. 중국은 영국의 요구에 따라서 막대한 배상금을 지불하고, 개항장을 늘리고, 영국인의 치외 법권을 인정하고, 최혜국 지위를 보장하고, 관세를 고정하고, 홍콩을 할양하고, 선교사들의 중국 내륙 선교를 허가해야만 했다. 난징 조약 이후 한국에는 공격적인 성향의 함장들이 지휘하는 적대적인 군함들이 찾아와서 무역과 포교 활동을 위해 문호를 개방할 것을 요구해왔다.

외국의 추가적인 침해를 우려했던 조선 정부는 1845년 서구 열강들의 조선 해역 항해를 막아줄 것을 청나라 정부에 요청했고, 청 조정도 조선을 지원하고자 노력했다. 그러나 성과는 별로 없었다. 1846년 프랑스 제독 세실(Cécille)은 세 척의 군함을 이끌고 조선으로 와서 프랑스 사제 세 명의 처형에 대해 의문을 제기하는 서신을 제출했다. 그리고 답변을 얻기 위해 1년 안에 돌아오겠다고 약속하고 떠났다.[20]

1847년 라피에흐(Lapierre) 함장이 지휘하는 두 척의 프랑스 군함이 조선에 다시 돌아왔는데, 인천에 도착하기도 전에 두 척 모두 남서부 해안 근처에서 좌초했다. 라피에흐는 조선 측에 도움을 요청했고, 조선 정부는 즉각 비공식 답변을 준비했다. 여기에는 프랑스 사제들을 처형한 이유가 설명되어 있었고, 서구의 나라들과 무역을 몹시 꺼리는 조선의 입장도 밝혀져 있었다. 그러나 라피에흐가 있었던 곳에 그 문서가 도착했을 때에는 프랑스 선원들이 영국 배에 의해 구조되어 상하이로 떠나간 후였다. 할 수 없이 조선 정부는 청나라 조정에 보고서를 제출했고 그들의 비공식 서신을 라피에흐에게 보내달라고 요청했다.[21]

---

20 이 사건은 조선 조정에 심각한 외교적 고민을 낳았다. 조선은 프랑스 사제 3명의 죽음을 중국 조정에 보고한 바 없었는데, 이러한 상황에서 중국과 조공 관계에 있는 조선이 세실 제독의 요구에 즉각 답할 수 없었기 때문이었다.

21 광동(廣東)의 지사(governor-general) 치잉(Qiying)은 조선 조정의 요청대로 이 문서를 프랑스인들에게 전달하기는 했다. 그러나 그는 자신의 생각과 음률에 따라 문장을 의역했기 때문에 한국인들의 정확한 어조와 정책적 이유를 제대로 반영해내지 못했다. 설상가상으로, 청나라 정부는 더 이상의 충돌을 피하기 위해 프랑스인들을 정중히 대하라는 치잉의 권고를 조선 정부에 알리지 못했다. 그리하여 한국인들은 1866년에 프랑스 및 다른 외국 군함들이 다시 출현했을 때 새로운 대치 상황을 대처할만한 외교적 준비가 미흡할 수밖에 없었다. Hara, "Korea, China, and Western Barbarians: Diplomacy in Early Nineteenth-Century Korea," 409-414.

— 흥선대원군의 배외주의와 쇄국정책

1850년대 후반 중국이 외세의 침략을 겪게 되자, 그동안 서구의 침입자들에 대항하여 자국을 지키던 한국의 입지가 더욱 위태롭게 되었다. 제2차 아편전쟁(1856~1860)[22]의 결과를 지켜본 한국인들은 낙담했고, 자국의 안보를 더욱 걱정하게 되었다. 1860년 베이징 조약에서 청나라 정부는 만주 동쪽의 연안 지방부터 현재의 블라디보스토크까지를 러시아에 양도하는 것에 합의했다. 이 땅은 과거 한국인들과 같은 조상을 가졌던 부여, 고구려, 발해가 지배했던 곳이다. 1388년 원나라가 멸망한 후 한국인들은 이 지역을 다시 점령하려 했지만, 명나라 세력이 자기들 땅이라고 주장하며 차지해버렸다. 그러므로 청나라 정부가 러시아에게 이 지역을 내어준 것은 조상의 땅을 되찾으려는 한국인들의 희망을 앗아갔을 뿐만 아니라, 서구 강대국인 러시아를 한국의 국경과 바로 맞닿게 하는 결과를 초래했다. 러시아 군함들이 해안선을 조사하기 위해 한국 해안에 나타나기 시작하자 조선 조정은 국가의 안보 문제를 심각하게 우려하게 되었다.

한편 1863년 초에는 조선의 젊은 국왕인 철종이 후계자를 남기지 않고 사망했다. 철종의 친척이었던 어린 나이의 고종이 왕위를 이었고, 그의 아버지 흥선대원군은 섭정으로 나라를 다스렸다. 흥선대원군은 청나라의 만주족이 외국인들에게 너무 많은 양보를 했으며 중국의 권력이 쇠퇴하고 있다고 판단했다. 그리하여 그는 외세의 침탈에 강경히 맞서기로 결심했고, 중앙정부의 권력 강화를 목표로 야심차면서도 대단히 보수적인 개혁을 시작했다. 그의 전략 중 하나는 천주교 탄압을 재개함으로써 쇄국정책을 강화하는 것이었다. 이 당시 한국 천주교는 20년 만에 개종자가 1

---

22 제2차 아편전쟁은 애로호 사건(Arrow War)으로도 알려져 있다. 영국에 등록된 중국인 소유의 상선인 애로(Arrow)호의 승무원들이 체포된 것을 계기로 발발했다. 영국은 이 사건을 빌미로 광저우를 공격했고, 중국에서의 이익을 확대하는 방향으로 새로운 조약을 맺으려 했다. 양국은 1858년 톈진 조약에 서명하기로 합의하면서 잠시 휴전했으나, 중국 관리들이 약속했던 영국의 베이징 대사관 설치를 방해하면서 서로 간의 적대감이 점화되었다. 영국과 프랑스의 연합군은 베이징에 들어가 황제의 여름 궁전을 완전히 불태웠고, 청 정부는 1860년 마침내 톈진 조약을 비준했다. 이 조약은 현재 베이징 조약이라 불리는데, 중국은 이 조약에 따라 개항장을 늘리고, 지우룽(九龍)반도를 양도하고, 막대한 배상금을 지불하고, 베이징에 외국 대사관들의 설립을 허가하고, 외국인들의 양쯔강 자유 항해를 허용해야 했다. 베이징 조약 이후 다른 외국 강대국들도 중국 내 자국의 이익과 활동을 늘리기 위해 자신들과도 조약을 체결해줄 것을 중국 측에 압박했다.

만 8천 명에 이를 정도로 빠르게 성장세를 회복하고 있었다.[23]

그러던 중 1866년 초 한국은 국가적 위기에 직면했는데, 러시아 군함 한 척이 원산에 나타나 교역권을 요구하고, 이를 거부한다면 자신들은 북방의 국경을 넘을 태세를 갖췄다며 협박을 해 온 것이다. 한국은 중국과 조공 관계를 이유로 청나라 정부에 이 문제를 미루었지만 사안은 심각했다. 흥선대원군은 러시아의 요구를 저지할 효과적인 방법을 찾아내길 절박하게 원했다.

이때 천주교 신자들은 이 위기를 자신들에게 유리하게 이용함으로써 또 다른 박해를 피해보고자 했다. 조정 관리 중에 천주교 신자였던 남종삼과 영향력 있는 천주교 평신도인 김면호가 흥선대원군에게 영국 및 프랑스와 동맹을 맺는 데 도움을 줄 수 있는 프랑스 선교사들이 있음을 알린 것이었다.[24] 처음에 대원군이 이 제안에 관심을 가졌다는 소문이 있었으나, 중국을 불쾌하게 할 우려가 있고, 마침 러시아 군함이 스스로 물러났기 때문에 그 계획은 무산되었다.[25]

— 프랑스 군함의 강화도 점령 시도

천주교 측에서 한국 내에 외국인 사제들이 있다고 밝힌 일은 그들의 의도와 다르게 끔찍한 결과를 불러왔다. 흥선대원군이 베이징으로 보냈던 특사단은 귀국 후 청나라 정부가 모든 유럽인을 죽일 계획이라는 잘못된 보고를 올렸다.[26] 그러자 흥선대원군은 프랑스 사제들이 국내 어딘가에 숨어있음을 알아내고 그들을 추적하기 시작했다. 그 결과 한 달 안에 아홉 명의 프랑스 사제들과 40여 명의 한국인 개종자들이 체포되어 처형되었고, 그 외의 사람들은 생존을 위해 숨거나 도주했다. 이 숙청

---

23 Frederick Nelson, *Korea and the Old Orders in Eastern Asia* (Baton Rouge, LA: Louisiana State University Press, 1946), 115.

24 Kang, "Early Korean Contact with Christianity and Korean Response: An Historical Introduction," 46.

25 Ibid.; Hara, "Korea, China, and Western Barbarians: Diplomacy in Early Nineteenth-Century Korea," 417.

26 Kang, "Early Korean Contact with Christianity and Korean Response: An Historical Introduction," 46.

소식은 세 명의 외국인 생존자 중 한 명인 펠릭스 클레흐 리델(Felix Clair Ridel) 신부를 통해 중국 톈진에 있는 프랑스 아시아 함대 사령관인 피에흐 구스타브 로즈(Pierre Gustave Roze) 제독에게 전해졌다.[27]

이에 로즈 제독은 1866년 9월 18일 한국을 겨냥한 공식적인 군사 작전을 수립하기 위해 사전 조사 여행을 떠났다. 앙리 드 벨로네(Henri de Bellonet) 프랑스 대리 공사가 청나라 정부에 이 계획을 알린 후에 로즈 제독은 약 600명의 병력과 7척의 프랑스 군함을 이끌고 10월 16일 강화도에 도착했다. 이들 일행 중에는 안내를 맡은 세 명의 한국 천주교 신자들도 포함되어 있었다.[28] 한강 하구에 위치한 강화도는 서울 방위에 중요한 섬으로서, 몽골 침입 당시 고려 왕의 피난지가 되기도 했었는데, 이곳에 두 척의 프랑스 군함인 라 디훌드(*la Deroulede*)호와 따흐디프(*Tardif*)호가 도착하여 한강을 따라 올라감으로써 서울의 방위는 위태로워졌다.[29]

조선 정부는 이러한 상황 전개에 충격을 받았고, 프랑스인들에게 대항할 결심을 강력하게 피력한 서한을 청나라 조정에 보냈다. 그러자 중국 관리들은 한국이 쉽게 패배할 것이라고 추측했는데, 놀랍게도 전쟁은 예기치 못한 국면을 맞았다. 로즈 제독이 비록 강화도를 점령했지만, 프랑스 정부가 한국과의 전투에 추가 병력을 투입하기를 거부했기 때문에 그는 이 섬을 계속 지킬 만한 인력이 없었다.[30] 그래서 로즈 제독은 결국 강화도에서 철수하는 선택을 했다.

그렇지만 프랑스군이 곱게 물러간 것은 아니었다. 강화도에서 자신들의 불만과 화를 쏟아냈던 프랑스 군대는 많은 무고한 민간인들을 살해했고, 한국의 국보들을

---

27 프랑스인들은 이 문제를 베이징에 있는 앙리 드 벨로네 프랑스 관리와 상의한 후, 청나라 조정의 외무부서인 총리아문(總理衙門)에 분노의 편지를 보냈다. 한국을 공격하고, 필요시 한국 국왕을 없애겠다고 위협하는 내용이었다. 그러나 중국인들은 한국을 개방하고 외국 선교사들에게 여권을 발급하라는 프랑스의 압력을 거부했고, 이에 프랑스인들은 전쟁을 벌이기로 결정했다. Hara, "Korea, China, and Western Barbarians: Diplomacy in Early Nineteenth-Century Korea," 418.

28 Nelson, *Korea and the Old Orders in Eastern Asia,* 117. 그리고 Soo Bock Choi, "Korea's response to America and France in the decade of the Taewongun, 1864-1873," in *Korea's Response to the West*, 110

29 Choi, "Korea's response to America and France in the decade of the Taewongun, 1864-1873," 110-111.

30 Lawrence H. Battistini, "The Korean Problem in the Nineteenth Century," *Monumenta Nipponica* 8 (1952): 48.

약탈해갔다. 프랑스 함대의 철수로 인해 대원군은 안타깝게도 안보에 대해 잘못된 판단을 하게 되었다. 그는 자신의 쇄국정책과 공격적인 접근이 외세 침략을 저지하는 바른 방법이라고 생각하기에 이르렀다. 또한 이 사건은 모든 서양인들과 한국 천주교 개종자들에 대한 혐오심을 불러일으켰다. 그리하여 이후 4년간 약 8천 명의 한국인 천주교 신자들이 참수형에 처해졌다.[31]

— 제너럴 셔먼호의 비극

한국과 프랑스 간의 충돌이 있기 전, 미국 상선 제너럴 셔먼(*General Sherman*)호가 대동강에 출현하는 일이 발생했다. 영국인 선장의 지휘 하에 평양을 향해 가고 있었던 제너럴 셔먼호는 선원 대부분이 말레이 및 중국 사람들이었다.[32] 그리고 스코틀랜드 출신 로버트 J. 토마스(Robert J. Thomas) 선교사도 통역관 자격으로 승선하고 있었다. 무역을 위한 상품을 싣고 있었던 이 배는 한국의 기후와 바다 사정에 익숙지 않았던 선원들 때문에 대동강의 범람한 물에 휩쓸려 평양 인근의 모래톱에 좌초되었다. 식량은 떨어지고 있었고 외국인과 접촉을 금하는 엄격한 칙령 하에 현지인의 도움을 받을 수도 없었기 때문에, 선원들은 생존을 위해서 인근 마을을 습격하기에 이르렀다. 그러나 선원들의 그러한 행동은 마을 주민들의 분노를 일으켰고, 제너럴 셔먼호를 해적선으로 오해하게 했다. 성난 군중은 배를 불태우고 선원 모두를 살해했다.[33]

---

31 Ibid., 46.

32 Patricia Buckley Ebrey, Anne Walthall, and James B. Palais, *East Asia: A Cultural, Social, and Political History* (Boston, MA: Houghton Mifflin Company, 2006), 437.

33 100여 년 뒤 김일성은 자신의 증조부가 이 배를 공격한 무리 중 한 명이었다고 주장했다. 김일성은 이 사건을 자신의 자서전인 『세기와 더불어』에 기록했다. *With the Century*, Vol. 1 (North Korea: Korean Friendship Association, 2003), 10, http://www.korea-dpr.com/library/202.pdf; Bradley K. Martin, *Under the Loving Care of the Fatherly Leader: North Korea and the Kim Dynasty* (New York: Thomas Dunne Books, 2004), 13. (저자는 김일성의 자서전에 근거해서 위와 같은 주장을 하지만 김일성의 자서전은 역사적인 자료로서 적당하지 않다. 그 당시의 문헌을 보면 제너럴 셔먼호는 처음에 평양인들의 환영을 받으며 복음을 전했으나 나중에 조선 정부와 제너럴 셔먼호가 마찰하게 되었을 때 평양의 일반 대중은 조선 정부와 함께 제너럴 셔먼호를 공격하였다. 일반적으로 한국의 역사가들은 김일성의 증조부가 제너럴 셔먼호 공격에 가담했다는 것

이 불행한 사건은 미국에 있어서 프랑스군과 힘을 합쳐 한국을 공격할 좋은 명분이 될 수 있었다. 그러나 윌리엄 H. 수어드(William H. Seward) 미 국무장관은 이 위기를 평화적으로 해결하기로 결정했다. 앤슨 벌링게임(Anson Burlingame) 주중미국공사는 중국 조정에 이 문제를 논의했지만, 중국은 조선의 내정에 간섭하지 않겠다는 이유로 답변을 주지 않았다.[34] 이에 미국은 로버트 W. 슈펠트(Robert W. Shufeldt)가 지휘하는 와추셋(*U.S.S. Wachusett*)호와 뒤이어 존 C. 페비거(John C. Febiger)가 이끄는 셰난도아(*Shenandoah*)호를 한국으로 보냈다. 이 두 군함은 제너럴 셔먼호 사건의 진상을 조사하기 위해 파견되었으며, 서울로 향하는 강줄기들을 파악하여 추가적으로 필요할 수 있는 군사 행동을 준비하고자 했다.

그리고 1871년에 미국 정부는 특별 조사단을 한국에 파견했는데, 향후 좌초된 배의 선원들을 보호할 수 있도록 한국과 조약을 체결하기 위함이었다. 신임 주중미국공사인 프레드릭 F. 로우(Frederick F. Low)가 수장을 맡았고, 미 함대 사령관인 존 로저스(John Rogers) 제독이 그를 지원했다. 조사단은 대포 85문 및 병력 1,230명과 함께 기함 콜로라도(*Colorado*)호, 소형 호위함 알레스카(*Alaska*)호와 베니샤(*Benicia*)호, 포함 모노카시(*Monocacy*)호와 팔로스(*Palos*)호를 대동했고,[35] 한국인 천주교 신자 5명을 길잡이로 삼았다.

로우 공사는 협상을 진행할 상대로 고위급 관료를 보내줄 것을 조선 정부에 요구했다. 그러나 조선 관리들은 흥선대원군이 평화를 원하나 어떤 조약도 맺을 의사가 없다는 메시지를 전달해왔고, 이에 미국인들은 포함 두 척을 서울로 보내며 압력을 가했다.[36] 그러자 강화도의 조선 군대가 미 군함들을 포격하기 시작했다.

로우 공사는 강화도에 있는 모든 요새들을 파괴하여 압박의 수위를 높이기로 했다. 그는 무력시위를 통해 두려움과 경외심을 심어줌으로써 자신의 입지를 다지려고 생각했다. 그러나 이와는 반대로 흥선대원군은 전 국민의 지지를 힘입어 새로

은 사실이 아닌 것으로 생각한다. - 감수자 주)

34 Nelson, *Korea and the Old Orders in Eastern Asia*, 120.

35 Choi, "Korea's response to America and France in the decade of the Taewongun, 1864-1873," 118.

36 당시 미국의 와추셋호는 황해도 해안, 셰난도아호는 대동강 유역에서 활동했으므로 서울로 가는 강줄기를 파악했다는 것은 사실과 다르다고 본다. - 감수자 주

운 반외세 칙령을 선포해버렸다. 반기독교 정서가 또 다시 한반도 전역을 휩쓸었고, 더 많은 천주교 신자들이 참수당했다. 이렇게 협상이 파국에 이르자 로우 공사는 자신의 조사단 규모로 서울을 기습하기에는 역부족이라고 판단한 끝에 결국 철수를 결정했다.[37] 흥선대원군의 고립정책은 또 한 번 승리를 거두었고, 조선의 문호는 그 이후 5년 이상 굳게 닫혀버렸다.

일본에 의한 조선의 문호 개방

서구 세력이 군함들을 앞세워서 한국을 위협하여 무역과 포교를 위한 문호를 개방하도록 하는 일에 실패한 반면, 일본은 스스로 나서서 서구와 우호 및 무역 조약을 맺으려 했다. 처음에는 일본도 한국처럼 서구 무역상들에게 문을 닫아걸었고, 오직 네덜란드 상인들만 받아주었다. 그러나 에도 시대 말미인 1853년 매튜 C. 페리(Matthew C. Perry) 제독의 미국 원정대가 찾아와서 서구 대포의 위력을 보여주자, 이를 목격한 일본은 고립정책을 포기하고 미국과의 첫 조약인 가나가와 조약(Treaty of Kanagawa, 1854)을 맺었고, 이후 1858년에는 미국과 첫 통상 조약을 체결했다.

— 메이지 유신과 영토 확장

일본의 문호 개방은 에도 막부(1603-1867)의 몰락을 재촉했고, 일본의 정치·경제·사회의 근본적인 변화를 초래했다. 메이지 유신(1868)에서 비롯된 진보적 개혁 운동은 일본 정부와 사회를 서서히 변혁시켜갔다. 일본의 새 정부는 중앙권력을 확장하기 위한 효과적인 방법을 고안해냈다. 설득과 위협을 통해 정부는 다이묘로부터 봉건 토지들을 평화적으로 환수할 수 있었고, 서양을 모델로 한 급진적인 개혁들에 중앙 정부의 자금이 조달되도록 새로운 과세 체계를 확립했다. 메이지 유신에는

37 Ibid., 119-127.

서구 산업 기술, 사법 제도, 헌법 이론을 적절하게 적용하려는 열정적인 노력이 담겨 있었다.

폐쇄적인 사회였던 과거 역사에도 불구하고 일본은 서구와의 교류와 그들에 대한 동경을 계기로 제국주의 및 영토 확장을 옹호하는 입장이 되었다. '적자생존'이라는 다윈의 사상은 일본의 외교 정책을 근본적으로 변화시켰다. 서구 제국주의자들이 강력한 함포를 사용하여 일본에 불평등 조약을 부과했기 때문에, 일본인들은 그들 또한 강력한 포함을 만들고 강한 군대를 설립해서 그 굴레를 떨쳐버리기를 열망했다. 그렇게 된다면 그들은 적들을 저지할 수 있을 뿐만 아니라 자신보다 약한 이웃 나라들을 정복할 수도 있었다.

메이지 유신을 진행한 수십 년 동안 일본 정부는 자국의 국경을 안전하게 지키고 영토 확장을 위한 군사력을 강화하는 조치를 점차적으로 취해나갔다. 1860년 러시아가 중국의 동만주 일대인 연해주부터 블라디보스토크까지 점령하자, 일본은 즉시 인근 사할린과 쿠릴 열도에 관한 이권에 위협을 느꼈다. 그리하여 일본은 북쪽 국경을 보호하기 위해 러시아와 상트페테르부르크 조약(1875)을 체결하며 이 문제를 해결했다. 일본이 사할린을 포기하는 대신 러시아는 쿠릴 열도에 대한 일본의 권리를 침범하지 않기로 한 것이다. 그 이전인 1869년에는 일본 정부가 에조 공화국(홋카이도)에 남아있던 도쿠가와 충성파를 모두 제거했고, 1886년까지 3개의 현을 세워서 홋카이도 전역을 장악했다. 그 후 남쪽 국경 지대에 관심을 돌려서 1879년 류큐 왕국을 합병했다. 일본의 서쪽과 남쪽에 위치한 한국과 타이완은 일본 영토 확장의 다음 대상지가 되었다.[38]

— 일본의 함포 외교

흥선대원군의 권세 아래 조선 정부는 일본이 서구와 타협한 것을 비겁하다고 여기고, 유럽의 사상들을 즉각 수용하는 일본의 태도를 경멸했다. 메이지 유신 이후 일본은 조선에 여러 번 사절단을 보내면서(1868, 1867, 1871) 양국 관계의 회복을 희망

38 Ebrey, Walthall, and Palais, *East Asia: A Cultural, Social, and Political History*, 416-426.

했지만, 조선 조정은 일본 대표들을 맞이하기를 거부하고 모욕까지 주었다.[39] 이에 대해 과격파들은 조선 침공을 주장하고 나섰으나, 일본 정부는 즉각적인 보복을 하는 대신 적당한 때를 기다리기로 결정했다.

일본이 노렸던 기회는 1875년 찾아왔다. 일본의 포함 운요(*Unyo*)호가 한국 해안을 탐사하던 중 강화도 근처에서 조선 수군에게 포격당한 것이다. 이에 대응하여 일본은 조선 측 공격 요새를 파괴했고, 조선과의 전쟁을 요구하는 대중 여론을 일으켰다. 구로다 기요타카 장군과 이노우에 가오루 백작이 일본의 포함들을 앞세워서 강화도를 장악하고 서울의 안전을 위협하는 사이,[40] 일본의 외교관 모리 아리노리는 청나라 정부와 협상을 벌였다. 그는 조선이 일본의 사절단을 계속 거부하는 것과 운요호를 부당하게 공격한 것에 대해 항의했다. 모리는 청 정부에게 보낸 문서에서 조선이 일본의 우호조약에 대한 요구를 거절한다면 "헤아릴 수 없는 큰 재난"으로 고통받게 될 것이라 협박했다.[41]

사실 이러한 일본의 외교술에는 두 가지 목적이 있었는데, 첫째, 중국을 속여서 한국에 문호를 개방하도록 압력을 넣게 하는 것이었고, 둘째, 한국을 방어하려는 중국의 의지를 조심스럽게 확인하는 것이었다. 중국은 한국에 대한 종주권을 포기한 적은 없었지만 한국의 내정을 지시하거나 한국의 방위에 대한 의지를 밝히기는 꺼려했다. 이러한 중국의 모호한 태도는 일본인들에게 호재가 되었다. 모리는 중국이 한국에 대해 특별한 우위를 점했다고 입 발린 말로 중국인들을 속였지만, 일본의 진짜 속내는 일본의 정치적·경제적 영향력을 한국에서 확장하는 데 있었다. 청나라 정부의 외교를 담당했던 이홍장(李鴻章)은 일본의 본심을 알아채지 못했고, 조선 조정에게 일본의 사절단을 받아들일 것을 지시했다.[42]

두 번째 조선 정복 전쟁을 외치는 일본의 여론 앞에서, 그리고 일본의 새 군함들과 그들의 노련한 외교 전술 앞에서 한국은 일본의 요구들에 응하는 것 외에 다른

39 Battistini, "The Korean Problem in the Nineteenth Century," 49.

40 일본 원정단은 군함 3척과 800명의 병력으로 1875년 12월 강화도 점령에 성공했다. Carter J. Eckert et al, *Korea Old and New: A History* (Seoul: Ilchokak Publishers, 1990), 200.

41 Nelson, *Korea and the Old Orders in Eastern Asia*, 127-128.

42 Ibid., 129-130.

대안이 거의 없었다. 중국의 보호 없이는 취약했고, 과거 히데요시의 침략이 초래한 참상을 여전히 기억하고 있었던 한국은 일본을 두려워할 충분한 이유가 있었다. 조선의 전통적 외교 전략이었던 사대교린 정책은 사실상 붕괴 직전이 되었다. 중국을 섬기는 것만으로는 더 이상 한국의 독립을 보장할 수 없었다.

일본의 대표들이 1876년 2월 6일 서울에 도착했을 때, 그들은 조선 조정으로부터 보다 우호적인 환대를 받게 되었다. 고종의 정비인 명성황후는 흥선대원군을 축출하고 조정의 실권을 거머쥐었다. 한국은 새로운 조약을 맺을 준비가 되어 있었고, 한 달 내에 강화도 조약이 체결됐다. 한국은 일본과 국교를 수립하고 통상 및 외국인 주둔을 위해 3개의 항구를 개방하며 일본인에게 치외 법권을 부여하는 데 합의했다. 이 조약은 또한 일본 선박이 한국 연안을 마음대로 탐사하도록 허용했고 한국에 있는 일본 상인들에게 특별한 경제적 특권을 제공했다. 1880년 일본은 서울에 공사관을 설치했다.

그러나 강화도 조약의 가장 중요한 요소는 일본이 한국을 일본과 '동일한 주권'을 향유하는 독립국가로 인정했다는 점이다. 이는 일본이 한국을 중국의 속국으로 인식하기를 중단했음을 의미했다. 이 조약은 일본이 한국을 중국의 종주권으로부터 분리시키고 그 대신 한국을 자신들의 영향력 아래에 두는 길을 닦아놓았다.

— 강화도 조약에 대한 중국의 반응

1876년 강화도 조약은 청나라의 여러 관료들을 놀라게 했다. 이홍장은 한국에 대한 일본의 진짜 의도를 우려했다. 중국의 이러한 걱정은 1879년 일본이 류큐국(오키나와)을 합병하면서 더욱 커졌다. 류큐국은 중국과 일본 양국의 조공국이었는데, 일본이 이렇듯 중국의 속국 하나를 삼킬 수 있다면 다른 나라에게 그러지 않을 것이란 법이 없었다. 확장 정책을 펼치는 일본에게 한국은 분명 지리상 탐나는 곳에 있었다. 한국은 중국에게도 심리적이고 정치적인 가치가 컸는데, 1863년 안남이 프랑스의 손에 넘어간 이후 한국은 당시까지 중국의 마지막 남은 조공국이었기 때문이다. 한국을 잃는 것은 청나라의 저물어가는 위신에 최후의 일격을 가하는 일이었

다.[43]

중국은 한국에 대한 일본의 급속한 영향력 확대를 무력화하고 병합을 방지할 대책을 모색하기 시작했다. 이홍장의 해법은 '이이제이'(以夷制夷)였다. 만일 강대국인 두 나라가 서로 힘겨루기를 한다면, 이는 상호 견제의 효과를 불러올 것이었다. 그러므로 일본에 대항하기 위해서는 서양의 강대국 하나를 한국으로 끌어들여야만 했다. 어떤 나라를 택할지 고민하던 이홍장은 미국으로 결정했다. 미국은 동아시아에서 영토 확장에 대한 관심을 거의 보이지 않았기 때문이었다.

— 로버트 W. 슈펠트 제독과 그의 조약

1871년 미국의 한국 원정은 비록 실패로 끝났지만, 이는 미국이 한국과 협정을 맺을 의사가 있음을 보여주었다. 일본이 강화도 조약 체결에 성공하자 일부 미국 관리들은 한국과 재차 협상을 시도해볼 생각을 하게 되었다. 윌리엄 맥스웰 에버츠(William Maxwell Evarts) 미 국무장관은 그 가능성을 알아보고자 슈펠트 제독을 파견했다. 슈펠트는 우선 일본 정부와 접촉해서 한미 간 조약을 도울 만한 '거중 조정'(good office, 국제적 분쟁 해결을 제3국이 돕는 일 - 역자 주)의 의사가 일본에게 있는지 타진했다. 일본은 이를 당연히 거절했는데, 한중 관계를 제외하면 한국에서 독점권을 행사하던 일본이 자신들의 영향력을 서구 열강과 나누고 싶지 않았기 때문이다. 같은 논리로 중국은 미국을 기꺼이 도우려 했다. 미국이 일본에게 거절당했다는 소식을 들은 이홍장은 즉시 슈펠트 제독을 톈진으로 초청했다. 그는 제독에게 조선 정부가 미국과 협상하도록 설득하겠다고 약속했다.[44]

1882년 초 이홍장은 미국과 조약을 체결하도록 조선 조정에게 강력히 권했다. 이번 조약을 통해 이홍장은 미국이 조선을 중국의 속국으로 공식 인정하도록 유도하려고 했다. 슈펠트 는 조약에 이 단어를 기입하기는 거부했지만,[45] 조선이 중국에

43 Ibid., 135.

44 Ibid., 138.

45 슈펠트가 이 제안을 거절한 이유는 슈펠트 자신과 신임 주중미국공사 존 러셀 영(John Russell Young) 두 사람 모두 이것이 자칫 조선에 대한 중국의 이권을 지키는 일에 미국이 끌려들어가게

의존하는 관계이므로 조약 체결을 위해 중국의 도움을 요청했었음을 밝히는 서신을 쓰겠다고 확실히 약속했다. 슈펠트는 또한 조약이 중국의 동의를 얻어 체결되었음을 언급한 조선 국왕의 편지를 미국 대통령에 보내는 것에도 동의했다.[46] 외세의 종교 및 문화적 영향력이 조선에 확산되는 것을 염려했던 이홍장은 "교회가 설립되어선 안 된다"는 조항을 조약에 추가할 것을 요구했으나 미국 대표는 그의 제안을 거부했다.[47] 이로 인해 '조미수호통상조약(朝美修好通商條約)'이 톈진에서 마침내 체결되었을 때, 반종교 조항은 생략되었다.[48]

이 조약은 역사적으로나 정치적으로 중요한 의의를 갖는다. 한국이 서구 국가와 맺은 최초의 조약일 뿐만 아니라 한국의 독립을 지키기 위해 미국의 도움을 받으려는 최초의 시도였기 때문이다. 조약 제1조는 다음의 사항을 명시했다. "미합중국 대통령과 조선 국왕, 그리고 양국의 시민들과 신민 간에 영원한 평화와 우정이 있을 것이다. 만약 어느 한편 정부가 제3국으로부터 부당하거나 강압적인 처우를 받는다면 다른 편 정부는 상황을 숙지한 후 원만한 합의를 이끌어내어 그 우의를 표시하기 위해 거중 조정을 힘써 행할 것이다."[49]

넓은 의미에서 이 조항은 미국이 한국을 중국의 종속국이 아닌 독립국으로 인정했음을 의미할 수 있다. 고종이 아서(Arthur) 대통령에게 보낸 서한에는 조선이 중국의 종속국임에도 불구하고 왕은 항상 대내외 문제에 대한 완전한 주권을 갖고 있었기 때문에 조선 정부는 국제법에 따라 조약의 규정들을 철저히 이행할 것이라고 명시되어 있다.[50]

될 가능성을 우려했기 때문이다. Ibid., 144.

46 Battistini, "The Korean Problem in the Nineteenth Century," 52.

47 Kyong-man Hong, "Formation of Korean Protestantism and Its Political Nature," *Korean Journal* 23 (1983): 19. ('불립교당(不立教堂)', 즉 교회를 세우지 못한다는 조항은 본래 조선이 요구했던 것인데, 이러한 조선의 주장이 조미조약 체결을 어렵게 할 수 있다고 생각했던 이홍장은 조선의 요구를 거부하는 한편, 조미조약에 종교에 관한 항목 자체를 삭제함으로써 조선 정부가 기독교 선교를 수용했다는 비난을 피할 수 있도록 했다. - 감수자 주)

48 Allen D. Clark, *A History of the Church in Korea* (Seoul: The Christian Literature Society of Korea, 1971), 71-72.

49 U.S. Department of State, *Treaties and Conventions Concluded Between the USA and Other Powers* (Washington, D.C.: Government Printing Office, 1889), 216.

50 Battistini, "The Korean Problem in the Nineteenth Century," 53.

한국과 미국의 공식적인 관계는 조선 국왕이 전권대신 민영익, 부대신 홍영식을 필두로 8명의 보빙사절을 미국에 파견하면서 급진전되었다. 이 사절단은 양국의 공적 유대를 강화하는 것 외에도 미국인 자문가들과 교사들을 구하고, 차관을 얻는 임무를 띠고 있었다. 사절단의 일원인 유길준은 미국에 남아서 메사추세츠주의 한 대학예비고등학교(Governor Dummer Academy)에서 수학했다. 사절단 중 일부는 귀국 후 서구 모델을 기반으로 한 급진적 개혁의 옹호자가 되었다.[51]

역사학자 월터 B. 정에 따르면, 한미조약은 "당시의 전형적인 조약으로서, 양국은 외교관을 상호 교환하고, 무역항에 영사관을 설치하며, 상호 대등한 입장에서 대우할 것을 동의했다."[52] 정의 표현을 빌리면 한미조약은 또한 "한국과 유사한 조약관계를 맺으려는 다른 서구 열강에게 좋은 선례가 되었다."[53] 그리하여 한국은 다른 서구 국가들과 비슷한 형태의 조약을 맺었다. 1883년 영국과 독일, 1884년 이탈리아와 러시아, 1886년 프랑스, 1889년 오스트리아-헝가리와 조약을 체결했다. 이들 강대국들은 모두 한국을 독립국으로 인정하는 데 합의했다.

최초의 한미조약은, 비록 우호적이고 관대한 용어들이 사용되긴 했지만, 여전히 서구 제국주의 국가와 약소국 사이에 맺어진 '불평등' 조약이었다. 외국인들은 치외 법권의 보호를 받았고, 조선 조정으로부터 경제적 혜택을 받기를 기대했다. 이러한 외세의 잠식이 결국 한국의 주권을 침해할 것이고, 높은 수준의 국가적인 개혁 없이는 기존의 경제·정치·사회 문제들이 더욱 악화될 것이라는 사실은 불 보듯 뻔했다.

이러한 변화를 두고 조선의 조정은 의견이 크게 갈라졌다. 대부분의 지도자들은 한국이 자체적인 개혁과 근대화를 추진하지 않으면 생존하지 못할 것이라고 주장했다. 그러나 문제는 한국이 어떤 개혁 모델을 따라야 할 지였다. 일부는 일본의 모델을 보았고,[54] 일부는 중국을 보았고, 다른 이들은 미국을 바라보았다.

---

51 Eckert et al, *Korea Old and New: A History*, 204.

52 Jung, *Nation Building: The Geopolitical History of Korea*, 150.

53 Ibid.

54 여기서 '보다'라는 표현을 사용한 것은 일본을 방문했던 한국의 많은 진보주의자들이 메이지 유신을 보고 깊은 감명을 받았기 때문이다. 최초의 정치 쿠데타는 1884년 친일 진보 개혁가들이 시작했는데(대부분 양반 계급의 젊은 학생들이었음), 이 개혁은 그들이 2년간 일본에서 보고 배

한국이 서구에게 마지못해 문호를 개방하자, 그들이 두려워했었던 사회 불안정의 현상들이 대거 나타나게 되었고, 급진적인 정치·경제·사회적 변화가 진행되었다. 옛 한국은 물러나는 중이었고 새로운 한국의 형태는 아직 명확하지 않았다. 정쟁이 극에 달하고, 외교 분쟁이 빈번하고, 조선의 주변국들이 서로 심각한 군사 대결을 벌이는 격동의 시기가 도래했고, 이때 외교관과 선교사 같은 외국인들은 조선의 몰락을 단순히 목격했던 것이 아니라, 국가를 휩쓸고 있는 변화들에 직간접적으로 기여했다.

개신교 선교사들의 초기 한국 활동

한미조약의 체결로 외국인의 한국 내 거주가 허용됐지만, 선교 활동이 합법화된 것은 아니었다. 외국 종교에 대한 불신을 비롯한 반(反)외국주의는 한반도 전역에서 위세를 떨치고 있었다. 공개적인 포교 활동이 여전히 금지되어 있었기 때문에 미국 교회들은 직접 전도 대신 의료 및 교육 사업을 시작하기로 했다. 미국인들은 선교사를 파송하기 전에 먼저 학교 설립과 의료 활동에 대한 조선 국왕의 승인을 먼저 얻어냈다.

— 미국 개신교 선교사의 한국 입국

1884년 미국 장로교 해외선교부는 첫 파송 선교사인 호러스 N. 알렌(Horace N. Allen) 박사를 서울로 보냈다. 중국에서 의료 선교를 하던 알렌은 본부의 지시에 따라 9월 20일 인천에 도착했다. 그는 장로교단의 지원을 받는 선교사였지만, 서울의 미국공사관 소속 의사라는 공식 직함(공식 급여는 없음)도 갖고 있었다. 알렌은 자신의 외

운 내용의 직접적인 결과였다. Se Eung Oh, *Dr. Philip Jaisohn's Reform Movement 1896-1898: A Critical Appraisal of the Independence Club* (Lanham, MD: University Press of America, Inc., 1995), 5.

교적 지위와 인맥 덕분에 종교 박해를 피했고, 서울에서 합법적으로 활동하며 영향력을 행사할 수 있었다. 당시 유일한 서양 의사였던 알렌은 이 유서 깊은 도시인 서울에서 기이한 질병에 자주 시달리던 대부분의 외국인 거주자들로부터 따뜻한 환영을 받았다.[55] 이를 계기로 알렌 박사는 외교계와 재계의 많은 인사들과 친구가 되었다.

알렌이 도착한 지 1년 후에 미국의 해외선교부 여러 곳에서 안수 받은 목회자들과 의료인들을 서울로 보내기 시작했다. 북장로교에서는 호러스 G. 언더우드(Horace G. Underwood) 목사와 존 W. 헤론(John W. Heron) 박사가, 북감리교에서는 헨리 G. 아펜젤러(Henry G. Appenzeller) 박사 부부 및 W. B. 스크랜튼(W. B. Scranton) 박사 부부와 메리 F. 스크랜튼(Mary F. Scranton) 부인이 한국에 도착했다. 그들은 병원을 개업하고, 학교를 짓고, 교회를 세우는 일을 차근차근 진행했다. 이 두 교단은 한국의 복음 전도 활동을 위해 서로 긴밀히 협력했다. 그리고 이들 외에도 다른 여러 교단에서 추후 10년 동안 한국에 선교사를 파송했는데, 1889년 호주 장로교와 캐나다 침례교에서, 1890년 영국 성공회에서, 1892년 미국 남장로교에서, 1893년 캐나다 장로교에서, 그리고 1896년 미국 남감리교에서 선교사를 보냈다.

— 선교사들과 조선 왕실

논란의 여지없이, 서울에서 미국 선교 사업이 성공을 거둔 데에는 의료 봉사가 핵심적인 역할을 했다. (한국인들이 보기에) 알렌 박사의 '요술' 치료가 명성황후의 조카인 민영익을 살려내자, 의료 선교사들은 이 은둔의 왕국 내 다른 모든 외국인들보다 우월한 위치에 서게 되었다. 1882년 조선 대표로서 워싱턴을 방문한 적 있었던 민영익은 친일 성향의 진보 개혁파가 일으킨 쿠데타 때 심각한 부상을 입었다.[56] 알렌 박사가 그의 목숨을 구하자 알렌과 서양 의술에 대한 명성이 서울의 조선 최고

---

55 In Soo Kim, *Protestants and the Formation of Modern Korean Nationalism, 1885-1920* (New York: Peter Lang, 1996), 18.

56 Horace N. Allen, *Things Korea: A Collection of Sketches and Anecdotes, Missionary and Diplomatic* (New York: Fleming and H. Revell, 1890), 70.

권력자들 사이에서 자자했다.

이후 알렌 박사와 그의 동료 선교사들은 왕실의 신뢰할 수 있는 친구가 되었고, 그에 따라 서울에 있는 모든 미국 선교사들의 입장이 나아졌다. 왕실 의사로 고용된 알렌 박사는 벼슬을 얻어서 필요시 언제든 궁궐을 출입하며 왕과 그의 가족을 치료하게 되었다. 알렌 박사가 서양식 병원을 요청하자 국왕은 필요한 모든 것을 지원해 주고 병원 이름을 제중원(濟衆院)이라 지었다.[57] 고종은 이후 감리교에도 허가를 내주고, 두 번째 병원 이름을 시병원(施病院)이라 했다. 장로교 의료 선교사였던 릴리아스 호튼(Lillias Horton) 박사는 명성황후의 개인 주치의가 되었다.

선교사의 수가 늘면서, 왕실과 선교사 간의 관계도 깊어졌다. 특히 알렌 박사는 곧 서울에서 가장 영향력 있는 외국인 중 한 사람이 되었다.[58] 비록 그의 정치적 관점은 대부분의 다른 선교사들 및 워싱턴의 미국 관료들과 달랐지만, 조선 조정에 대한 알렌의 개인적인 영향력은 한미 간 외교 관계 및 경제 교류를 촉진했다.[59]

— 선교사들의 교육적 공헌

선교사들은 의료 봉사활동뿐만 아니라 학교를 설립하여 한국인들을 가르침으로써 간접적으로 선교 활동을 펼쳤다. 왕의 인가를 얻은 최초의 학교는 배재학당(培材學堂)으로, 1886년 아펜젤러 목사가 세웠다. 곧이어 여학생을 위한 학교가 메리 F.

57 Kim, *Protestants and the Formation of Modem Korean Nationalism*, 19-20.

58 그 후 20년간 한국에서 봉사했던 알렌 박사는 의료 선교사로 시작하여 왕의 비공식 고문이 되었다. 1887년 주미한국공사의 고문이 되어 워싱턴에서 한국을 위해 일했다. 1889년 한국으로 돌아온 후, 이듬해 주한미국공사관의 서기관으로 임명됐고, 1897년 여름 주한미국공사로 승진했다. 최종석은 알렌을 1890년부터 1905년까지 한미관계에 가장 많은 개입을 했던 제일 중요한 인물로 묘사했다. Jongsuk Chay, *Diplomacy of Asymmetry: Korean American Relations to 1910* (Honolulu, HI: University of Hawaii Press, 1990), 119.

59 알렌 박사는 미국이 한국을 구할 수 있는 국가라고 믿었고, 공식적인 한미동맹이 양국에게 이익이 될 것이라 보았다. 그는 한국 국왕에게 몇몇 중요한 채굴권과 건설권을 미국 회사들에 줄 것을 건의했다. Fred Harvey Harrington, *God, Mammon and the Japanese: Dr. Horace N. Allen and Korean-American Relations, 1884-1905* (Madison, WI: The University of Wisconsin Press, 1944).

스크랜튼 부인에 의해 설립되었는데, 이 학교는 훗날 이화여자대학교가 되었다.[60] 서울의 장로교 및 다른 선교회에서도 곧 감리교의 모범을 따라 자체적인 학교들과 신학교들, 그리고 결국에는 대학들을 세웠다. 장로교와 감리교는 한국에서 가장 유력한 개신교 교단들이 되었다.[61] 1886년에 미션 스쿨은 두 군데였는데, 1910년에 미국인 선교사들이 운영하는 학교는 모두 1,623개에 달했고 등록된 학생만 13만 명이 넘었다. 미국인이 설립한 이러한 학교들은 외국인이 설립한 전체 미션 스쿨의 93%를 차지했다.[62] 사실, 미국 선교사들은 교회를 짓는 것보다 더 빠른 속도로 학교를 세워갔다.[63]

기독교 교육은 점차 한국 청년들의 마음속에 미국의 이상들을 심어주는 효율적

---

60 김활란과 임영신을 포함한 몇몇 유명한 여성 민족주의자들이 이화여자대학교를 졸업했다. 두 사람 모두 감리교 신자였고, 이승만의 지지자였다.

61 영국 성공회는 1880년 첫 번째 복음전도자인 일본인 개종자를 한국에 보냈지만, 최초의 영국인 선교사 찰스 존 코프(Charles John Corfe) 주교를 파송한 것은 그 뒤로 10년이 지나서였다. 그는 일부 천주교 사제들과 수녀들의 도움을 받아 교육보다는 의료 활동에 집중했고, 7년 만에 첫 한국인 개종자를 얻었다. 코프 주교가 한국에 온 것은 장로교 선교사보다 불과 몇 년 늦었지만, 성공회는 현지 사역자를 배출하는 데 실패했다. 한국어에 숙달하지 못하고 거친 환경에 적응하지 못했던 코프 주교와 성공회 선교사들은 점차 한국에서 물러났다. 일제 강점기 동안에는 어느 정도 성장했고 서울에 아름다운 성당도 지었지만, 성공회는 한국 기독교 사회에 미미한 영향을 미쳤을 뿐이었다. 제2차 대전이 발발하자 영국인 사제들은 철수했고, 현지인 지도자와 재정이 부족했던 교회는 어려움을 겪었다. 종전 후 소수의 성공회 선교사들이 돌아왔지만, 전쟁으로 피폐해진 영국 또한 한국을 도울 자금이 부족했고, 이후 한국전쟁과 국가재건 기간에도 내내 그러했다. 1956년 존 달리(John Daly) 신임 주교가 현지 교회를 위한 자립 및 자치 정책을 전면적으로 채택하면서 변화가 일어났다. 그때부터 성공회는 한국에서의 영향력을 확대하기 시작했다. John B. Whelan, "The Anglican Church in Korea," *International Review of Missions* 49 (April 1960): 157-163.

62 Chay, *Diplomacy of Asymmetry*, 6. 다른 자료들에서는 755개(표 1.7 참조), 또는 778개(Kim, *Protestants and the Formation of Modern Korean Nationalism*, 65 참조)로 수치가 축소되어 기록되었다. 이에 반해 최종석이 제시한 수치는 한국 자료에 근거한 것으로서, 이것을 내가 직접 확인하지 못했으나 신뢰할 만하다고 여겨진다. 왜냐하면 한국 교육학자들이 시행한 새로운 연구에서 미션 스쿨이 아닌 사립학교들 중에서도 실제로는 교회나 선교단체와 관련된 기독교인이 개별적으로 소유한 경우가 있음을 밝혀냈기 때문이다. Park, *Protestantism and Politics in Korea*, 122.

63 당시 한국에는 약 687개의 장로교회와 359개의 감리교회 및 채플(원시적 형태의 교회)이 있었다. 장로교회에 대한 정보의 출처는 Park, *Protestantism and Politics in Korea*, 33. 감리교회에 대한 정보의 출처는 "Korea Conference 1910," *Annual Report of the Board of Foreign Missions of the Methodist Episcopal Church: Korea Mission 1884-1943* (Seoul: The Institute for Korean Church History, 2001): 380-381.

인 수단으로 발전해갔다.[64] 미션 스쿨은 기독교 교리를 가르칠 뿐 아니라 과학, 수학, 영어, 인문학 등의 서구식 일반 교육도 학생들에게 제공했다. 1910년 한국의 학교들 중 최소 3분의 1이 외국 선교사에 의해 운영되고 있었다. 심지어 일제의 실제적인 식민 통치 기간이 20년을 넘어섰던 1929년에도 여전히 기독교 학교들은 한국의 전체 고등학생 중 3분의 1을 배출했다.[65] 역사학자 최종석은 "초등부터 대학 교육까지 아울렀던 이 학교들은 한국인들에게 서구의 문화를 소개해 주었을 뿐 아니라 추후 한국 사회 전 영역에서 중요한 역할을 하게 되는 젊은 애국자들을 양성했다"고 지적했다.[66]

더욱이 이들 미션 스쿨은 기존의 양반 계급이 통제했던 전통적인 유교 교육 시스템에 직접적인 도전이 되었다. 조선 왕조의 출발부터 신유교[67]는 한국의 공식적인 이념이었고, 일반적으로 한국인들은 중국인들보다 더 강력하게 유교적 가르침을 지켰다.[68] 대부분의 양반 출신 학자들은 정부의 과거시험에 합격한 후 유리한 공직을 얻기 위해 유교 학교에서 교육을 받았다.

그러므로 1890년 이전까지만 해도 한국 아이들이 갈 수 있는 유일한 학교는 마을에 있는 남자 중심의 서당이었다. 그곳에서 남자 아이들은 훈장의 지도 아래 한문 쓰기와 유교 경전을 공부했다. 학생들은 초등 교과서인 소학부터 암기해야 했고, 이렇게 실력을 늘려서 결국 유교 학자가 되려고 했다.[69] 1905년 경상남도 태생인 홍을

64 Daniel M. Davis, "The Impact of Christianity upon Korea, 1884-1910: Six Key American and Korean Figures," *Journal of Church and State* 36 (1994): 795-820. 데이비스의 연구는 주로 헨리 G. 아펜젤러와 한국 내 기독교 교육의 영향력에 대한 것이었다.

65 C. A. Sauer, "Korea Conference," (1929) *Annual Report of the Board of Foreign Missions of the Methodist Episcopal Church: Korea Mission 1884-1943* (Seoul: The Institute for Korean Church History, 2001): 823.

66 Chay, *Diplomacy of Asymmetry*, 3.

67 신유교는 주희의 유교를 뜻한다.

68 주자학은 중국 송나라 때 주희(1130-1200)가 발전시킨 유교이다. 주희의 유교는 이후 원나라 때 유교의 민족주의적, 반외세적 요소를 억압하려는 몽골 통치자들에 의해 완전히 왜곡되었다. 그들은 유교의 가족주의적 요소와 제례의 형식주의를 강조함으로써 중국인을 몽골의 통제 하에 두려고 했다. Thomas Hosuck Kang, "Changes in the North Korean Personality From Confucian to Communist," *The Politics of North Korea*, ed. Jae Kyu Park and Jung Gun Kim (Seoul: The Institute for Far Eastern Studies Kyungnam University, 1979), 68.

69 Ibid., 91.

수는 "이런 책에 실린 것은 온통 중국의 역사, 시, 군인과 예술가들에 대한 얘기뿐"이라고 평했다.[70] 교육 내용과 교수법은 한국의 최상류층들이 중국에 더욱 친근감을 느끼고, 정치 경제, 사회 체제를 전복할 만한 변화들은 거부하도록 만들었다. 일본이 한국에서 교육 활동을 시작한 것은 20세기 이후부터이기 때문에, 기존의 교육 제도를 처음으로 크게 위협했던 것은 서양식 미션 스쿨이었다. 후에 일본인들이 한국의 식민 교육 제도를 전면적으로 통제하고 일본어 교육을 강제하려 할 때, 미션 스쿨은 그들에게 계속적인 걸림돌이 되었다.

이 세 종류의 교육 제도를 비교해 본다면, 전통적인 유교 학교는 중국의 언어와 문화를 강조했고, 일본 학교는 1910년 이후 일본의 언어와 문화를 강조했던 반면, 미국식 미션 스쿨은 미국의 언어와 문화에 초점을 맞추지 않았다. 물론 이 과목들도 교육되었지만, 그와 같은 분량으로 한국의 언어와 문화가 학생들에게 교육되었다. 미션 스쿨만 유일하게 한국 역사를 가르쳤고 한글을 사용했다.[71] 한글은 세종대왕과 한국의 학자들이 1443년에 창제한 한국의 문자였다. 세계에서 가장 완벽한 소리글자 중 하나로서, 배우기가 매우 쉬웠다.[72]

문자로서 우수한 기능을 갖추었고 잠재적인 이점이 많았음에도 불구하고 한글은 양반 식자층들에게 결코 환영받지 못했다. 한문학자로서 자신들의 우월한 입지를 양반들이 더 중시했기 때문이었다.[73] 누구든지 한글을 배울 수 있다면 양반이 특별해질 이유가 무엇이겠는가? 그러므로 서당의 훈장들은 한글 사용을 권장하지 않았고, 그 결과 조선 시대 문맹률은 상당히 높았다.

선교사들은 교육과 복음 전도에 한글이 큰 도움이 될 것임을 내다보았고, 그

---

70 Hildi Kang, *Under the Black Umbrella: Voices from Colonial Korea, 1910-1945* (Ithaca, NY: Cornell University Press, 2001), 37. (일제 시대를 살았던 한국인들의 실제 증언을 실은 본서는 한국어로 다시 번역되어 『검은 우산 아래에서』라는 이름으로 출판되었다. 이 인용문은 역자가 『검은 우산 아래에서』 (서울: 산처럼, 2021), 85-86에서 발췌했다.)

71 한글은 언문으로도 알려져 있다. 미션 스쿨은 양반을 위해 한자도 가르쳐서 미션 스쿨 졸업생들이 유교 학자들에게 무시당하지 않도록 했다. 또한 당시 전통적인 유명 한국 학자들이 쓴 글들을 이해하기 위해서 한자를 충분히 알아야 될 필요성도 있었다.

72 Clark, *A History of the Church in Korea*, 13-14.

73 공식 문서들과 기타 수준 높은 문서들에서 한자를 사용하는 일은 한글 사용보다 훨씬 더 보편적이었다. 한글은 삼류 소설들에나 사용되는 문자였다. Ibid., 14-15.

리하여 미션 스쿨과 출판물들에 한글을 널리 사용했다. 그 과정은 언더우드 목사가 한국 원어민 교사인 송순용에게 한글을 배우면서 시작됐다. 언더우드는 학습 방법을 체계화한 뒤, 1890년 한국어에 관한 두 권의 중요한 책들인 『선영문법』(鮮英文法, *Korean Spoken Language*)과 『영선자전』(英鮮字典, *English Korean Dictionary*)을 영어로 집필하여 발간했다.[74] 이 책들은 표준 문법과 용어를 수록함으로써 한국인들이 한국어를 통일하고 표준화하는 데 도움이 되었고, 한국 원어민들과 외국인들 모두에게 중요한 학습 교재가 되었다. 이 체계로 공부하면 한국 학생들은 2주 만에 한글을 뗄 수 있었다. 몇몇 아이들은 교재를 집으로 가져가서 부모와 형제들에게 한글을 읽고 쓰는 법을 가르쳤다. 이런 식으로 서민들의 식자력은 점차 향상되었다. 이것은 기독교 선교가 한국 사회에 기여한 바 중 가장 독특한 것으로서, 한국의 경험이 다른 아시아 국가들의 경우와 구별되는 지점이었다.

미션 스쿨이 제공한 수업은 국내외 정세 변화에 대응할 수 있도록 학생들을 준비시켰다. 미션 스쿨 학생들은 최소 세 개의 문자 언어들을 배워야 했는데, 한글, 한문, 영어였다. 또한 학생들은 자국의 역사를 공부해서 자신들의 역사적·문화적 뿌리에 대한 기본적 지식을 갖추도록 장려받았다.[75] 처음에 양반들은 이 수업의 학문적 가치가 부족하다며 비판했다. 그러나 한국의 고유 역사를 공부함으로써 차츰 민족적 자각이 일어나게 되었다. 서당이 중국에 대한 동경을 일으켜서 학생들이 중국식 사고방식에 더 친숙해지도록 했듯이, 미션 스쿨은 서양 문화를 가르쳐서 학생들이 미국에 더 친숙해지도록 했다. 그러나 동시에 한국어와 한국 역사를 강조함으로써 학생들이 더 넓은 영역의 지식을 접하면서도 한국의 유산 또한 보존하도록 격려했다.[76]

74 Lillias H. Underwood, *Underwood of Korea* (Seoul: Yonsei University Press, 1983), 94-95.

75 일본인들이 한국을 점령한 이후 학생들은 한글 사용을 중단하고 일본어를 사용하도록 강요받았다. 식민 정부는 한국의 역사와 문화 수업을 금지함으로써 한국의 국가 정체성을 뿌리 뽑고 한국인들을 충실한 일본 국민으로 만들고자 했다.

76 Kim, *Protestants and the Formation of Modern Korean Nationalism, 1885-1920*, 68-69.

— 선교 출판물들의 영향

한글이 한국의 청년들과 교회 신자들 중에서 점점 더 널리 사용되면서, 한글로 기록된 출판물에 대한 수요도 꾸준히 늘어났다. 처음에 한글은 기독교인들만 주로 사용했었는데, 이는 한국어 성경과 종교 서적, 미션 스쿨의 교과서가 대부분 한국어로 쓰였기 때문이었다.[77] 그러다가 미국서 귀국한 기독교인 개혁가 서재필이 1896년 한국 최초의 신문인 『독립신문』을 한글로 발간하면서 상황이 바뀌기 시작했다.[78]

선교사들은 자신들의 종교적 신념과 서구의 이상을 전파하기 위해 자체적인 종교·학술 출판사업을 의욕적으로 시작했다. 실례로 아펜젤러 목사는 삼문출판사를 세우고, 배재학당 학생들이 그곳에서 일하며 숙소비와 식비, 등록금을 마련하도록 했다.[79] 이후 1895년에 아펜젤러는 미국 출판업자 프랭클린 올링거(Franklin Ohlinger)가 창간해 출판했던 『코리안 리파지토리』(*Korean Repository*) 잡지를 또한 인수했다. 아펜젤러는 이 잡지에 자신의 사설을 3개 국어(영어, 한글, 중국어)로 실었다. 이에 더해 감리교 신자들은 자체 서점인 감리교 서점(The Methodist Book Corner)을 운영하기도 했다.

장로교 선교부의 언더우드 목사 역시 자신의 신문인 『예수교 회보』(*Christian News*)를 발간하고, 여기에 순수 한글 기사만 게재했다. 부인 릴리아스 언더우드(Lillias Underwood)는 『예수교 회보』를 발행하는 남편의 동기를 다음과 같이 묘사했다.

> 기독교 교회에 조언과 위로를 전하기 위해, 노동자와 지주에게, 그리고 시골과 도시의 한국인들에게 자신의 분야와 재정에 관계된 실제적인 기독교를 제시해주기 위해, … 그들에게 먼 곳의 일들을 전해주었고 … 외딴 지방의 관리들에게도 전해주었고 … 외국의 소식 및 흥미롭고 도움이 될 만한 주제의 기사들을 실었다. 이로써 농부는 다른 나라에서 목화와 담배를 재배하는 이야기, 토질을 향상시키는 방법들, 단순하지만 개선된 농기구에 대한 설명들을 (신문에서) 찾아냈다. 상인은 특별 기고문에서 상업에 관한 소식과 글들을 찾아냈다.[80]

---

77 Clark, *A History of the Church in Korea*, 15.

78 Ibid.; Oh, *Dr. Philip Jaisohn's Reform Movement 1896-1898*, 19-20.

79 Daniel M. Davis, "Henry Gerhard Appenzeller: His Contribution to Korean Independence, Democracy, and Modernization," *Tongbang hakchi* 57 (1988): 211.

80 Underwood, *Underwood of Korea*, 168.

번역된 서양의 자료들은 이러한 종교 출판물들을 통해 한국인들의 마음과 영혼에 닿을 수 있었다. 이 자료들은 비기독교인들 사이에서도 인기가 많았기 때문에 그 수요가 매우 컸다. 그래서 출판물 한 부를 두고 수백 명의 한국 사람들이 돌려가며 읽었을 것으로 추정된다.[81]

이러한 문서들이 기독교 교육을 위한 전달 수단으로 활용되면서, 국내외 현안들에 대한 한국인들의 관심사와 의견이 점차로 형성되었다. 또한 선교사들은 영어권 독자들을 위해서도 한국에 관한 수많은 책들과 기사들을 만들어냈다.[82] 이 자료들은 한국과 서구 간의 경제적·종교적·문화적 교류 증진을 위해 한국 관련 정보를 제공하는 중요한 출처가 되었다.

국내의 불만과 외세의 개입

선교사들이 한국 전통 사회에 적극적으로 변화를 불러오는 동안, 한국 정치에 대한 외세의 개입도 더욱 강화되었다. 1876년 강화도 조약이 체결되자마자 문제들이 생겨났는데, 종주권에 도전하는 일본을 견제하기 위해 청나라 정부가 조선 조정에 대한 통제권을 확대하기로 결정했기 때문이었다. 중국의 이러한 움직임은 결국 일본과 직접적인 충돌을 가져왔다.

---

81 Kim, *Prostestants and the Formation of Modern Korean Nationalism, 1885-1920*, 73-74.

82 예를 들어 영국의 독립 선교사 제임스 스카스 게일(James Scarth Gale)은 주한 미국 장로교 선교회의 재정 지원을 받아서 한국의 언어, 역사, 문화에 관한 다양한 책을 저술했다. 그의 대표 저서로 『전환기의 한국』(*Korea in Transition*, 1909)과 『한국인의 역사』(*History of the Korean People*, 1927)를 꼽을 수 있다. 이 책들은 한국의 역사와 문화를 학문적으로 연구한 것이다. 한국에 관한 호러스 N. 알렌 박사의 유명 저서들로는 『한국 이야기』(*Korean Tales*, 1889), 『외교사연표』(*A Chronological Index of the Foreign Relations of Korea from the Beginning of the Christian Era to the Twentieth Century*, 1900), 『조선견문기』(*Things Korean: A Collection of Sketches and Anecdotes, Missionary and Diplomatic*, 1890)가 있다. 기독교 교육자이자 고종의 측근 고문이었던 호머 B. 헐버트(Homer B. Hulbert) 박사는 『대한제국 멸망사』(*The Passing of Korea*, 1906)를 써서 한국이 일본 제국주의자들에게 독립을 빼앗긴 것을 애도했다.

— 조선 조정에서의 권력 투쟁

1873년부터 권좌에서 물러나 있던 흥선대원군은 1881년 정계 복귀를 계획했다. 흥선대원군의 지도력을 기대했던 쇄국파는 외세의 침략에 대한 국왕의 수용적인 태도에 분노했다. 흥선대원군은 이들의 불만을 이용해서 일부 고관들의 정치적 지지를 얻었다. 그는 며느리인 명성황후에게 큰 영향을 받고 있는 자신의 아들 고종을 폐위시키고, 그 대신 자신의 다른 아들을 왕위에 올리기 위해 쿠데타를 모의했다. 그러나 이 계획은 발각되었고, 그와 공모했던 자들은 모두 숙청되었다. 왕의 아버지라는 이유만으로 흥선대원군만 홀로 처벌을 면했다.[83]

그로부터 얼마 되지 않은 1882년 중엽, 대원군은 또 다른 기회를 포착했다. 불만에 찬 조선 군인들이 정부를 상대로 폭동을 일으킨 것이었다(임오군란 - 역자 주). 군인들은 1년간 봉급을 받지 못했는데, 이는 왕비의 가족인 민씨 일가의 부패한 관료들 때문이었다. 대원군은 은밀히 반란군을 지원했고, 자신의 심복을 보내 이들을 지휘하도록 했다. 군인들은 정부 무기고에서 무기들을 탈취한 뒤 다른 반란군들이 수감되어 있는 감옥을 공격했다. 그 후 군인들은 일본 공사관을 파괴하기 위해 돌아섰고 명성황후를 살해하려고 시도했다. 반란군이 궁궐에 들이닥치자 흥선대원군은 다시 정권을 잡았고 자기 아들의 개혁을 모두 무효화하려고 했다. 그러나 대원군의 승리는 그리 오래 가지 못했다. 일본 측이 더 많은 군함들과 군대를 이끌고 와서 폭동으로 인한 모든 피해를 배상해 줄 것을 요구했기 때문이었다.

— 중국의 개입

일본의 이러한 대응을 지켜본 청나라 정부는 일본의 조선 점령이 임박했다는 두려움을 갖게 되었다. 톈진에 있는 고종의 특사들로부터 승인을 얻은 청나라는 오장경(吳長慶) 장군 휘하의 병력 4,500명을 파견했다. 이는 1636년 이후 중국이 한국 문제에 군사적으로 개입한 최초의 일이었다. 오 장군은 흥선대원군을 생포한 후 그를 톈진으로 유배했고, 그 사이 숨어있었던 명성황후는 재빨리 권력을 되찾았다. 당

83 Eckert et al, *Korea Old and New: A History,* 205.

시 일본은 국내 재정 상황의 어려움으로 중국에 맞설 준비가 되지 않았기 때문에 일본 군함들은 포격을 보류했다. 그러나 일본은 공사관이 입은 피해에 대한 보상과 함께 새로운 조약을 요구하고 나섰고, 조선 조정은 전쟁을 피할 목적으로 이에 동의했다. 그리하여 제물포 조약(1882)이 체결되었고, 이로써 서울의 일본 공사관 내 경비병 주둔이 허용되었다.

일단 한국에 들어선 중국군은 다시 한국을 떠날 생각을 하지 않았다. 오 장군의 참모장이자 한국 군사 문제 부책임자였던 원세개(袁世凱) 사령관은 명성황후 및 그 추종 세력들과 손을 잡고 서울 최고의 권력자로 부상해가고 있었다. 그는 조선 조정에 압력을 넣어서 중국 상인들에게 새로운 사업 권한을 부여하도록 했고, 이로써 중국 상인들은 한국 전역에서 자유롭게 여행하고 사업할 수 있게 되었다. 중국의 정치적 지원을 힘입은 보수 관료들은 많은 친일 진보 개혁 프로그램을 저지하는 데 성공했다. 원세개는 거의 10년 동안 서울을 다스리면서 자신의 권력을 사용하여 한국 내 일본의 독점적 무역 지위를 최소화했다.

한국에 거주하는 일본인들이 한국 내 중국의 정치적 영향력과 경제력이 커지는 것을 목도하는 가운데, 일본 정부는 중국에 도전해서 자국의 동북아시아 지배권을 주장할 적기를 노리고 있었다. 일본은 진보적 한국인들의 반중 정서를 조장함으로써 자신들을 한국 독립의 진정한 수호자이자 한국 개혁 운동의 모델로 내세웠다. 1885년 안남을 두고 중국과 프랑스가 충돌한 것을 틈타 일본의 관리들은 톈진에서 중국과의 조약 체결을 밀어붙였다. 이 조약으로 중일 양국 모두 한국에서 군대를 철수하기로 했고, 한국 내 소요 진압을 위해 병력 투입이 또 다시 필요할 경우 사전에 상대국에 고지하기로 합의했다.[84]

— 동학운동과 중일전쟁(1894~1895)

일본은 10년간 국론 분열로 어려움을 겪었고 그 후 10년은 경제를 안정시키고 국경을 확보하는 데 힘을 썼다. 그러고 나서 일본은 마침내 중국에 맞설 준비가 되

84 Ibid., 172.

었다. 한국 역사상 최대 규모의 반란인 동학란이 1894년 터지자 일본에게 기회가 찾아왔다. 동학은 원래 천주교에 대한 반감이 강했던 종교 운동이었다. 창시자 최제우는 1860년 계시를 받고서 기이한 질병이 신기하게 나았다고 주장했다. 그는 자신의 종교를 천도교라 이름하고 설파했는데, 사람들이 이를 천주교와 혼동하자 서학의 반대말인 동학으로 개명했다. 그는 설교할 때마다 기독교를 맹렬히 비난했는데, 아이러니하게도 최제우는 흥선대원군이 천주교 신자들을 전국적으로 숙청할 시기에 기독교인이라는 죄명으로 1864년 처형되었다.[85]

그러나 최제우의 가르침은 그의 어린 친척인 최시형에게 전수되었고, 이후 10년간 동학이 인기를 얻게 되었다. "모든 사람은 평등하다"라는 동학의 사상은 정부의 부패와 사회적 불평등에 지친 많은 사람들을 끌어들였다. 1870년대에는 동학 신자들이 주기적인 봉기를 일으켰고, 작은 종파였던 것이 강력한 종교로 성장하여 1892년부터 전라도 삼례와 충청도 보은에서 대규모 비폭력 시위를 계획할 정도가 되었다. 시위를 통해 신자들은 창시자인 최제우에 대한 유죄 판결을 철회하고, 예배의 자유를 허용하고, 부패를 종식시키고, 외세 개입을 물리칠 것을 정부에 요구했다.

반란이 경상도부터 북쪽 지역까지 확산되자, 서울에서도 위협을 느꼈다.[86] 자신의 군대의 힘도 믿지 못했던 고종은 왕권을 잃을 것을 우려하여 중국에 도움을 요청했다. 그러나 정부에서 동학 지도자들과 협상을 진행하여 이들의 신앙을 용인할 것을 약속하고, 동학군들이 전라도에 자치기구들을 설치하는 것을 허용하자, 위기감은 빠르게 사그라들었다.

이렇게 봉기는 끝났지만, 고종의 성급한 지원 요청의 여파는 이제 막 시작되고 있었다. 조선의 지원 요청이 이홍장에게 도달하자마자, 그는 일본 정부에 알리지 않고서 한국으로 1,500명의 중국군을 파병했다. 그의 행동은 일본에게 중국을 상대로 전쟁을 일으킬 구실을 주었다. 조선은 중국과 일본 양측에 군대 철수를 요구했으나 모두 무시당했고, 일본군은 조선을 반란 세력으로부터 보호한다는 구실로 서울의 궁궐을 포위했다. 그 후 일본군은 북쪽의 중국군을 공격하고 군함들을 보내 중국 해

85 R. Pierce Beaver, "Chondogyo and Korea," *Journal of Bible and Religion* 30 (April 1962): 116.
86 Ibid., 117.

군과 교전했다.

서울의 정치적 혼란과 한국을 지배하려는 일본의 야욕에 두려움을 느낀 동학도들은 다시 무기를 들었다. 이번 봉기는 일본 침입자를 한국에서 쫓아내고 조정 내 친일 관료를 제거하는 데 그 목적을 두었다. 그러나 일본군의 도움으로 조선 군대는 성공적으로 반란군을 진압했다. 생존한 동학도들에 의하면, 동학의 핵심 지도자들을 포함하여 약 40만 명의 한국인들이 반란 봉기 중 살해되었다.[87]

전쟁과 반란의 혼돈은 1년간 지속되었다. 중국과의 대결에서 승리한 일본은 시모노세키 조약(1895)의 가혹한 조항들을 청나라 정부에 들이댔다. 중국은 조선의 완전한 독립을 인정하고 조선과의 모든 조공 관계를 부인해야만 했다. 또한 일본은 중국에게 막대한 배상금을 지불할 것과 랴오둥반도 및 타이완을 할양할 것을 요구했다. 시모노세키 조약을 통해서 일본은 19세기 중반 중국에게 불평등 조약을 강요하는 서구 열강의 대열에 합류하게 됐다. 일본의 승리는 청나라 제국의 몰락을 앞당겼다.

일본은 중국군 및 동학군과 싸우는 중에도 조선 조정을 장악하여 한국의 민심과 무관한 진보적인 개혁을 시행하도록 고종을 압박했다. 대부분 민씨 일가에 속했던 친중 관료들은 이러한 요구에 저항하려고 했다. 그러자 일본은 명성황후를 시해하고 1895년 흥선대원군을 복귀시켰다. 자기 궁궐에 감금된 고종은 아버지의 뜻과 일본 대신의 자비에 자신의 운명이 달린 처지가 되었다. 한국이 심각한 국내적 혼란과 정치적 불안정으로 진통을 겪는 동안, 명성황후의 충신들은 고종을 구하려는 시도를 거듭했다.

— 혼란 속에 증대되는 러시아의 영향력

러시아는 동북아시아에 대한 자체적인 구상을 갖고서 이 지역 내 일본의 움직임을 예의주시하고 있었다. 그러던 중 러시아는 1891년 모스크바와 블라디보스토크를 잇는 시베리아 횡단철도 건설을 시작했다. 그리고 1895년에는 러시아 제국의

87 Ibid.; Eckert et al, *Korea Old and New: A History*, 221

니콜라이 황태자가 한국의 남동 지역이나 랴오둥반도에 부동항을 설치할 의사를 밝혔다. 이로써 한국에 대한 러시아와 일본의 이해관계가 본격적으로 충돌하게 되었다.[88] 러시아는 일본이 시모노세키 조약을 근거로 영토 확보를 주장하는 것을 그저 좌시하려고만 하지 않았다. 프랑스 및 독일과 손을 잡은 러시아는 일본에게 랴오둥반도를 중국에 돌려줄 것을 권고했다.[89]

러시아와의 군사적 충돌을 꺼렸던 일본 지도자들은 분노를 속으로 삼키면서 랴오둥반도를 포기했다. 그리고 자신들의 한국 지배에 대해 러시아가 문제 삼을 것을 두려워하여 38선을 따라 한반도를 두 개의 보호국으로 나누자고 제안했다.[90] 그러나 한반도 전체를 욕심내던 러시아는 일본의 이 제안을 거절했다. 또한 러시아는 1896년 청나라 정부와 비밀 협약을 맺고 랴오둥반도 남단에 위치한 부동의 항구도시인 뤼순 일대를 25년간 임대했다. 시베리아 횡단철도는 블라디보스토크와 뤼순을 잇는 만주 철도와 연결되기 때문에, 이번 비밀 합의는 동북아시아에서 러시아의 입지를 탄탄히 하는 계기가 되었다. 러시아 관료들은 일단 만주를 지배한다면 한국 전체도 쉽게 얻을 수 있을 것이라고 계산했다.

러시아가 일본의 한국 지배에 처음으로 직접 도전한 것은 1896년 말이었다. 이 무렵 한국에서는 일본이 조선 조정을 지배하고 명성황후를 시해한 데 대해 강력한 반일 감정이 일어나고 있었다. 궁궐에 갇혀서 아버지의 꼭두각시 노릇만 해야 하던 고종은 이 화려한 새장에서 탈출하여 통치권을 되찾기를 바라고 있었다. 그러나 그는 자신의 지지자들과 직접 접촉할 수 없었다. 이때 고종과 직접 만날 수 있는 예외적인 사람들이 있었는데, 바로 의료 선교사들이었다. 선교사들은 특별한 지위 덕분에 궁궐에 자유로이 드나들 수 있었다.

이 선교사들은 전에 명성황후에 대항하는 쿠데타가 일어났을 때 고종의 안위를 걱정하는 그들의 마음을 행동으로 옮긴 바 있었다. 그 당시 세 명의 미국 선교사들이 왕과 세자의 목숨을 구하기 위해 궁궐로 달려갔었고, 고종의 둘째 아들은 언더우

---

88 Harrington, *God Mammon and the Japanese*, 283

89 Charles A. Fisher, "The Role of Korea in the Far East," *The Geographical Journal 120* (September 1954): 286.

90 Ibid., 287.

드 목사의 집으로 피신했었다.[91] 고종은 자신의 아버지로부터 독살당할 것을 우려하여 유럽 공사관의 부인들이나 선교사들이 준비해준 음식 외에는 아무것도 먹지 않았다.[92]

그 후 1896년 2월, 당시 미국 공사관 서기관이었던 알렌 박사의 주도 아래 고종과 세자는 잡부와 궁녀로 위장하여 궁궐을 탈출한 뒤 러시아 공사관으로 도망쳤다.[93] 그리고 약 1년간 고종은 러시아 공사관에 머물면서 나라를 다스렸고, 알렌 박사가 최고 자문관이 되었다. 이 결정적인 시기에 서구인들, 특히 미국인들은 큰 경제적 혜택을 받았다. 한국 내 미국의 경제적 이권 확장을 위해서 노력했던 알렌은 본국으로부터 외교관으로서의 공로를 인정받았고, 1897년 새로 선출된 윌리엄 맥킨리(William McKinley) 대통령은 알렌 박사를 주한미국공사로 임명했다.

— 독립 협회 운동(1896~1898)

한편, 한국인 관리 윤치호와 서재필이 미국서 교육을 받고 한국으로 돌아왔다. 기독교 신자였던 두 사람은 왕의 승인을 받아 한국의 개혁을 단행했는데, 이는 독립 협회 운동으로도 알려졌다.[94] 독립 협회는 한국의 독립을 고취하기 위해 상징적인 활동을 펼쳤는데, 예를 들면 옛 중국대사관 터에는 독립관이라는 대회의장을 짓고, 중국 사신을 영접하던 문에는 독립문을 세웠다.

그러나 독립 협회 운동은 서재필의 정치력 부족 탓에 짧게 끝났다. 조선 조정에

---

91 Kim, *Protestants and the Formation of Modern Korean Nationalism, 1885-1920*, 55-56.

92 Ibid.; Harrington, *God, Mammon and the Japanese,* 275-276.

93 Harrington, *God, Mammon and the Japanese,* 288-289.

94 윤치호(1865-1946)와 서재필(1878-1938)은 대표적인 기독교인 관료로 개혁을 추진했다. 기독교로 개종하기 이전에 두 사람은 지체 높은 양반 가문에서 태어나 어릴 때부터 전통적인 유교 교육을 받고 자랐다. 두 사람은 국가에서 선발되어 일본 유학을 떠나게 되면서 친일 개혁주의자가 되었다. 1885년 민씨 가문에 대항하는 쿠데타가 실패로 끝나자 이들은 해외로 도망쳤다. 이후 윤치호와 서재필은 미국 교회의 도움을 받아 미국 교육을 받았다. 둘은 학문적으로 매우 우수했고 신실한 기독교인이 되었다. 서재필의 내용은 Oh, *Dr. Philip Jaisohn's Reform Movement 1896-1898*, 5-12. 윤치호의 내용은 Chi-ho Yun, *Yun Chi-ho's letters* (Seoul: Yonsei University Press, date of publication unknown).

는 여전히 많은 보수 세력들이 있었고, 급진적인 변화에 대한 저항이 강했는데, 서재필은 이들 보수 세력들과 친교를 맺거나 그들의 이해를 구하려 들지 않았다. 반부패 운동, 교육 개혁, 수송 체계 개선, 경제 발전, 입헌 군주제 제정 등 그의 개혁안은 국가를 좀먹는 수많은 병폐들을 겨냥했지만, 동시에 기득권자의 이권 역시 위협했다. 심지어 고종조차 서재필의 개혁이 혁명을 부추기고 자신의 황권을 공격할 것을 두려워했다. 그리하여 1898년 고종은 결국 독립 협회를 해산하고 회원들을 구속할 것을 명령했다.

비록 독립 협회 운동이 갑자기 종결되고 회원들은 흩어졌지만, 독립의 정신은 이후 40년간 한국의 안팎에서 이어져갔다. 독립 협회는 반러시아 정서를 일으키는 일에도 중요한 역할을 했다. 그런데 사실 러시아 정부는 당시 한국 합병에 대한 강한 의지가 없었다. 1897년 새로 부임한 알렉세이 슈페이에르(Alexey Shpeyer) 주한 러시아 공사가 팽창주의자들을 규합하여 압력을 행사했을 때에도 러시아 정부는 별다른 행동을 취하지 않았다. 그래서 러시아는 뤼순에 부동항을 얻게 되자 곧바로 일본과 화해하고 한국에 대한 일본의 특별한 지위를 인정하고자 했다.

1898년 독립 협회 활동으로 러시아에 대한 한국인들의 반감이 고조되자, 러시아는 자발적으로 한국에서 병력을 철수하고 모든 경제 활동을 중지했으며 슈페이에르 공사를 교체했다.[95] 이렇듯 러시아의 정책 노선이 바뀌고 흥선대원군도 사망하게 되자 고종은 마침내 자신의 궁으로 돌아올 수 있었다. 그는 조선의 독립을 상징하기 위해 스스로를 조선의 황제라 칭했다.

— 영일동맹(1902)과 러일전쟁(1904~1905)

그러나 러시아의 퇴진이 일본과의 임박한 충돌을 막지는 못했다. 한국을 사이에 둔 러일 간 경쟁은 1900년 의화단운동 발발 이후 더욱 격화되었다. 러시아는 이 기회를 틈타서 만주에 대규모 병력을 보냈고, 반란이 진압된 이후에도 병력 철수를 거부했다. 이 상황에 영국이 경악하자 일본은 양국의 갈등을 이용하여 1902년 영국

95 Harrington, *God, Mammon and the Japanese*, 300-301.

과 비밀 군사 동맹을 맺었다.[96]

영국과의 동맹으로 힘을 얻은 일본은 러시아를 상대로 강경한 입장을 취하고 나섰다. 러시아가 만주에서 떠나야 한다고 주장한 것이다. 이러한 일본의 요구를 러시아가 거부했을 뿐만 아니라 오히려 한국에 다시 진출하려는 의욕까지 내비치자 일본은 마침내 러시아와의 전쟁을 선택했다. 1904년 2월 일본은 뤼순의 아서(Arthur)항에 있는 러시아의 요새를 기습 공격했다. 이 사건에 대해 한국은 중립을 선언했다. 그러나 일본은 막무가내로 한국에 군대를 보냈고, 러시아와의 전쟁 기간 동안 한반도 전역의 전략적 요충지들을 점거할 수 있도록 한국 측에 협정을 강요했다.

1년간의 전쟁 끝에 일본은 러시아 세력을 제압해버렸다. 서양인들, 특히 시어도어 루스벨트(Theodore Roosevelt) 미국 대통령은 일본의 국력에 크게 놀랐다. 루스벨트는 1905년 7월 가쓰라-태프트 협약으로 알려진 밀약을 일본과 체결했다. 이 밀약에서 일본은 필리핀에 대한 미국의 지배를 인정하고 그 대가로 미국은 일본의 한국 지배를 묵인해주기로 했다. 그 후 루스벨트는 러일전쟁에 개입하여 일본의 요청에 따라 평화 협정을 중재했다. 그해 9월 포츠머스 조약이 체결되면서 러시아는 만주에서 철수하고, 아서항 조차권을 일본에 넘겨주고, 사할린섬 남쪽 절반을 일본에 양도하는 데 합의했다.

그러나 일본이 이번 전쟁에서 획득한 가장 큰 이익은 러시아 점령지들의 탈취가 아닌 한국에 대한 막강한 패권을 확보한 것에 있었다. 일본은 한국 전역에 군대를 주둔시키고 서울에 통감부를 설치함으로써 한국의 식민화에 필요한 중대 절차를 밟아나갔다. 고종 황제가 수차례 도움을 요청하려 여러 명의 밀사들을 파견했음에도 미국 정부는 가쓰라-태프트 협약[97]에 따라 어떠한 개입도 하지 않았다. 알렌 공사와 몇몇 미국 선교사들은 이러한 자국의 행보에 크게 실망했다. 알렌은 미국의 무

96 일본은 중국에 대한 영국의 권리와 이익을 인정하고, 영국은 한국에 대한 일본의 특별한 이익을 인정했다. 양국은 어느 한편이 제3국과 전쟁할 시 다른 편이 돕는 것으로 합의했다. Eckert et al., *Korea Old and New: A History*, 237.

97 원래는 가쓰라-태프트 협약(agreement)이 아니라 가쓰라-태프트 비망록(memorandum)이다. 협약은 양국이 전권 대표를 파견하여 맺은 정식 조약인데, 이 경우 가쓰라와 태프트는 서로 대화하고 메모를 남겼을 뿐이다. 이 비망록에는 미국이 필리핀을, 일본이 조선을 지배한다는 서로의 입장이 적혀있다. 미국학계에서는 이것을 협약, 혹은 밀약으로 보는 견해를 지지하지 않고 있다. - 감수자 주

대응과 친일적인 태도에 대해 강하게 항의했고, 루스벨트 대통령은 그를 공사 직위에서 해임했다.

— 한국의 식민지화

1905년 한국 측에 보호 조약 체결을 강요했던 일본은 한국을 보호국으로 선포했고, 이에 대해 국제 사회는 어떤 반대도 표명하지 않았다. 1907년 또 다른 조약을 한국에 강제했던 일본은 통감부에 한국의 모든 내정 권한을 넘길 것과 한국의 방위군을 해산할 것을 요구했다. 이 조약으로 일본은 한국의 중앙 행정부과 사법 제도를 재편성할 권한을 확보했다. 이전에 한국 정부의 자문관으로 활동했던 일본인들은 이제 각 부처의 차관이 되어서 정부의 모든 주요 분야를 서서히 차지해갔다. 실례로 재정, 법무, 농상공업 부처에는 일본인 관료들이 한국인들보다 더 많았다.[98] 1910년 일본은 결국 한일병합조약을 통해서 한국을 공식적으로 합병했다. 그리하여 조선 왕조는 518년 만에 막을 내렸고, 한국은 일본의 식민지가 되었다. 일본은 데라우치 마사타케를 초대 조선 총독으로 임명했다. 그는 1910년부터 1916년까지 한국을 철권 통치했다.

— 한일합병과 한국 민족주의의 성장

1905년부터 지속된 일본의 강압적인 행보는 한국인들의 민족주의적 반발을 강하게 불러일으켰다. 일본 군대가 모든 평화적 시위들을 진압하고 나서자 급진 세력들은 시골에서 의병을 조직했다. 1907년 한국 군대가 해산되면서 한국의 저항은 잠시 동안 더욱 거세졌다.[99] 그러나 한국은 아직 일본의 잔인성을 제대로 경험하지 못한 상태였다. 초기에 산발적으로 일어났던 봉기는 우월한 장비로 무장한 일본 경찰에 의해 신속하게 진압됐다. 일본 식민 정부는 실직한 한국 병사들 중 일부를 일본

---

98 C. I. Eugene Kim, "Japanese Rule in Korea 1905-1910: A Case Study," *Proceedings of the American Philosophical Society* 106 (15 February 1962): 54.

99 Ibid., 57-58.

이 통제하는 경찰과 헌병대에 편입시켜서 그들의 불만을 진정시킬 수 있었다.[100] 그 결과, 폭동은 1908년 1,450건에서 1910년 147건으로 크게 감소했다.[101]

일본의 지배가 본격화되자 한국인들은 자유와 권리를 대거 박탈당했다. 일본 식민 정부는 한국 농민들로부터 조직적으로 농토를 갈취한 뒤, 땅과 일자리를 찾아 해협을 건너 온 일본 군주들에게 넘겼다. 식민지 정부는 정치 결사와 집회의 권리를 금지했고, 대부분의 한국 신문들을 폐간했다. 그러나 이러한 일본의 압제 속에서도 기독교는 놀라운 성장을 경험했을 뿐 아니라 민족주의적인 희망의 등불로 떠오르고 있었다.

기독교와 한국의 독립투쟁

몇몇 미국 선교사들은 1885년부터 1910년 한일병합에 이르기까지 한국에 대한 일본의 영향력이 증대하는 것을 심히 우려했지만, 이러한 역사적 전개는 예상치 못한 긍정적인 영향을 단기적으로 한국 교회에 끼치게 되었다. 기독교를 적대시했던 전통적인 반외세 정서가 반일 감정으로 치환된 것이었다. 많은 한국인들에게 기독교는 제국주의와 상관없는 것이 되었고, 도리어 한국의 민족주의와 동일하게 여겨지기 시작했다. 이 과정은 선교사들의 교육 활동을 통해 시작됐다. 명성황후 시해 사건 이후 선교사들이 고종과 세자를 보호하려 나서면서 반일 감정이 있는 한국인들은 선교사들을 더욱 신임하게 되었고, 심지어 한국 독립을 위한 투사들로 인식하게 되었다.

한국 민족주의의 대표적인 역사가 이정식은 이에 대해 다음과 같이 평했다. "일본의 한국 정복과 통치는 한국 민족주의를 일깨우고 지속시키는 동력이었다. 일본은 한국 민족주의에게 국민의 적이라는 부정적이면서도 가장 강력한 상징을 제공했

100 Ibid., 58.

101 David Brudnoy, "Japan's Experiment in Korea," *Monumenta Nipponica* 25 (1970): 160.

다."[102] 이정식은 또한 이 과정에서 기독교가 끼친 영향력을 이렇게 인정했다. "상당수의 구세대 지도자들이 선교사들과 긴밀히 접촉하면서 본인의 사고방식과 행동을 바꿔나갔다. 기독교적 사상과 함께 선교사들은 자유로운 서구식 사고를 들여왔고, 그 바탕 위에서 한국 민족주의의 많은 부분이 성장할 수 있었다. 교회는 영적 지도자들뿐만 아니라 개혁가들과 교육가들도 배출해냈다."[103] 일본이 한국을 공식적으로 병합할 무렵, 기독교는 일본의 식민 통치에 직접적으로 도전하는 역동적인 이념적·정치적·사회적·종교적 세력으로 부상했다.

— 미국인 선교사와 한국인 민족주의자

미션 스쿨을 통한 기독교 교육은 한국 청년들의 문해력 수준을 향상시켰을 뿐만 아니라 서구의 원칙과 기독교 신앙을 기꺼이 받아들이는 한국의 민족주의 세대를 길러냈다. 특히 미국 출신 선교사들은 한국 개신교 발전의 중추가 되었다. 한일합병이 이루어진 1910년에는 한국에 총 207명의 개신교 선교사들이 있었는데, 그중 157명이 미국인이었다. 그리고 1,700개 이상의 교회에 약 16만 명의 신자가 출석하고 있었고, 1,600개 이상의 미션 스쿨에서 약 13만 명의 학생이 공부하고 있었다.[104]

교육 사업에 관여한 선교사들은 학생들이 서구식 모델에 따라 한국을 근대화하는 차세대 리더로 성장해 주기를 꿈꾸었다.[105] 미션 스쿨은 학생들에게 다양한 방과 후 활동을 통해서 서구식 민주주의에 참여할 수 있는 실제적인 훈련장이 되어주었다. 학생들은 자치 조직에서 선거를 실시하고, 그룹 토의와 토론 활동을 통해 자유롭

---

102 Chong-sik Lee, *The Politics of Korean Nationalism* (Berkeley, CA: University of California Press, 1963), 275.

103 Ibid., 277.

104 당시 한국에 47명의 천주교 선교사들이 있었지만 그중 미국인은 한 명뿐이었다. 천주교는 150여개의 성당과 38,000명의 신자를 보유했다. 또한 73개의 학교를 운영했고, 778명의 학생이 있었다. Takayoshi Matsuo and S. Takiguchi, "The Japanese Protestants in Korea, Part One: The Missionary Activity of the Japan Congregational Church in Korea," *Modern Asian Studies* 13 (1979): 419.

105 Davis, "Henry Gerhard Appenzeller: His Contribution to Korean Independence, Democracy, and Modernization," 225.

게 의견을 표현하도록 권장되었다.[106] 이런 방식으로 미션 스쿨 교사들은 학생들이 독립, 민주주의, 근대화를 배우도록 이끌었고, 학생들은 미국식 원칙과 기독교 신념, 서구식 생활방식을 옹호하게 되었다.

실례로 헨리 아펜젤러 목사는 미국 민주주의의 영향력과 보호 아래 한국을 독립된 기독교 국가로 변혁하기를, 그래서 한국이 다른 아시아 국가들이 따라갈 뛰어난 본보기가 되기를 강렬히 희망했다.[107] 아펜젤러의 생애와 업적을 폭넓게 연구한 역사학자 대니얼 데이비스(Daniel Davis)에 따르면, 아펜젤러는 미국 이데올로기의 대담한 옹호자였기 때문에 "미국 사회의 모습에 맞춰서 한국을 개혁하기 위해 노력했다. … 19세기 당시 미국의 현실이 아닌, 미국에 대한 복음주의 개신교의 비전에 따라서였다."[108] 그의 부인 엘라 아펜젤러(Ella Appenzeller) 역시 자신의 남편이 한국 기독교 지도자들에게 한국에 대한 미국 개신교의 비전과 한국 독립사상을 갖도록 훈련시키려 했다고 밝혔다.[109] 아펜젤러의 학교인 배재학당은 기독교 개혁가들의 중요한 회의 장소이자, 미래의 한국 정치 지도자들을 양산하는 터전이 되었다.

예를 들어 남한의 초대 대통령인 이승만(1875-1965)은 배재학당 학생 시절 아펜젤러와 교류하면서 특별한 영향을 받았다. 아펜젤러의 이상은 이승만의 마음에 깊이 심겨져서 무럭무럭 자라났다. 학당 공부와 함께 수업료 및 생활비 마련을 위한 일을 병행하던 와중에도 이승만은 한국 독립에 대한 의견을 개진하는 토론 동아리인 협성회에 적극적으로 참여했다. 그의 가장 유명한 연설 중 하나는 졸업생 대표로 발표했던 "한국의 독립"(The Independence of Korea)으로서, 1897년 6월 졸업식에서 교사들과 동료 학생들 앞에서 영어로 연설한 것이었다.[110]

그러나 이승만은 졸업 후 곧이어 한국 정부에 체포되어 투옥되었는데, 정치범

---

106 Ibid., 221.

107 Daniel M. Davis, "Building a City on a Hill in Korea: The Work of Henry G. Appenzeller," *Church History* 61 (1992): 422.

108 Davis, "Henry Gerhard Appenzeller: His Contribution to Korean Independence, Democracy, and Modernization," 198-199.

109 Ibid., 211.

110 Ibid., 218.

석방을 요구했다는 죄목이었다.[111] 감옥에서 이승만은 영국 출신 독립 선교사인 제임스 S. 게일(James S. Gale) 목사의 도움을 받아 기독교로 개종했다. 개종 직후 이승만은 옥중에서 전도 활동을 벌여 40명 이상의 죄수들을 개종시켰다.[112] 그는 자신이 창간한 일간지인 『제국신문』에 사설을 게재하는 일도 지속했는데, 이 신문은 학생과 지식인뿐만 아니라 왕가에서도 널리 읽혔다.[113] 또한 이승만은 감옥에서 한국 독립을 위한 자신의 개략적인 계획을 담은 저서인 『독립정신』을 집필했다. 당시 이승만의 정치사상에는 다섯 가지 주요 요소가 있었다.

첫째, 자신도 양반 출신이었지만 이승만은 한국 조정의 부패와 양반 계급의 무지를 비판했다. 그는 양반들이 자신의 정치적·경제적·사회적 이득을 위해 평민들을 착취하고 노예로 삼았다고 꼬집었다. 이승만은 친중, 친러 관료들을 싫어했는데, 진보적 개혁가들이 한국의 근대화를 위해서 1884년부터 추진해온 다양한 노력들을 그들이 좌절시켰기 때문이었다.[114]

둘째, 이승만은 한국인들이 스스로를 개혁하고 단결해 국가를 구해내야 한다고 주장하면서, 한국을 태풍의 한복판에서 침몰하는 배로 비유했다.[115] 그가 믿기로, 교육은 국가를 변혁하는 핵심 수단이었다. 미국의 정치적 장점과 경제적 번영에 대한 이승만의 과장된 설명은 미국을 지상 낙원으로 깊이 흠모했던 그의 속내를 보여주었다.[116] 이런 맥락에서 이승만이 미국 유학을 강력히 원했던 것이나, 무조건적은 아닐지라도 미국의 가치와 원리를 새로운 한국에 도입하고자 했던 것은 놀라운 일이

---

111 Robert T. Oliver, *A History of the Korean People in Modern Times: 1800 to the Present* (Newark, DE: University of Delaware Press, 1993), 86. (로버트 T. 올리버의 책은 이승만이 옥중에서 사설을 게재한 일간지를 『매일신문』으로 기재했으나, 저자와의 협의 하에 다음의 한국 자료를 참조하여 『제국신문』으로 정정함. http://encykorea.aks.ac.kr/Contents/Item/E0044938 - 역자 주)

112 Ibid., 60.

113 고종의 부인이자 황태자 이은의 어머니인 귀비 엄씨는 이승만의 열렬한 독자였다. Robert T. Oliver, *Syngman Rhee: The Man Behind the Myth* (New York: Dodd Mead and Company, 1954), 54, 59-60.

114 Syngman Rhee, *The Spirit of Independence: A Primer of Korean Modernization and Reform* translated by Han-kyo Kim (Honolulu, HI: University of Hawaii Press, 2001), 8.

115 Ibid., 32-33.

116 Ibid., 20.

아니다.[117]

셋째, 이승만은 한국의 독립이 고립을 뜻하지 않음을 잘 알고 있었다.[118] 한국은 우방이 필요했다. 그런데 아시아의 인접국들이 모두 신뢰할 만한 것은 아니었다. 이승만은 러시아의 의도를 깊이 불신하고 있었고, 이를 자신의 저서에 표현해두었다. 그는 표트르 대제 이후 제정 러시아의 침략 활동을 설명하면서, 만주와 북한 지역에서 러시아군이 행한 야만적인 행위들을 상세히 묘사했다. 이로써 이승만은 러시아의 한국 진출에 대해 부정적인 견해를 피력했다.[119] 한국의 또 다른 이웃 나라인 일본에 대해서 이승만은 그들의 근대화 성공과 근면한 정신을 높이 사기는 했지만, 지도자들의 의도에 대해서는 우려의 목소리를 냈다.[120] 그리고 서구 열강들 중에서는 영국의 입헌 군주제가 한국에 가장 적합한 제도일 것이라고 시사했다.[121] 그럼에도 불구하고 결국 한국인들에게 이로운 것은 바로 미국의 원리들과 가치들이었다. 그래서 그는 미국 국민과의 긴밀한 친선관계가 절실히 필요하다고 판단했다. 이승만의 이러한 친미적 태도는 그가 직접 목격하고 경험한바, 한국에 있는 외국 선교사들의 자선 활동에 의해 형성된 것이었다.[122]

넷째, 이승만은 외교의 유용성을 굳게 믿었다. 그의 설명에 따르면, "나라가 고립되어 있으면 강대국으로부터 침략 받을 위험이 커지기 때문에 여러 나라가 긴밀한 협력관계를 유지하여 어느 나라도 약한 나라라고 하여 함부로 침략하지 못하도록 해야 한다."[123] 특히 이승만은 미국의 정치적 지원을 얻는 일이 한국의 독립을 크게 앞당길 것이라고 보았다.[124] 이러한 이유 때문에 이승만은 자신의 노력에 대한 별다른 결실이 맺어지지 못할지라도 추후 30년간 워싱턴 정계에서 한국 독립을 위해

---

117 Ibid., 9.

118 Ibid., 54-58, 253-255.

119 Ibid., 10.

120 Ibid., 10-11.

121 Ibid., 9.

122 Ibid., 257-258.

123 Ibid., 264. (이 인용문은 이승만의 『독립정신』 원본을 현대 한국어로 풀어쓴 개정판에서 역자가 발췌한 것이다. 이승만, 『독립정신』, 김충남·김효선 옮김 (서울: 동서문화사, 2020), 254.)

124 Ibid., 265.

미국 지도자들에게 로비 활동을 펼치는 것을 지치지 않고 계속해갈 수 있었다.

마지막으로, 이승만은 자신의 기독교 신앙을 당당하게 드러내면서 정치·경제 및 사회 개혁을 성공적으로 이루기 위해서는 새로운 한국에게 기독교의 토대가 필수적이라는 깊은 신념을 표명했다. 그는 저서에서 자기 민족에게 전하는 마지막 말을 이렇게 남겼다.

> 지금 우리나라가 쓰러진 데서 일어나려 하며 썩은 곳에서 싹을 틔우고자 애쓰고 있는데, 기독교를 근본으로 삼지 않고는 온 세계와 접촉할지라도 참된 이익을 얻지 못할 것이다. 신학문을 아무리 열심히 배워도 그 효력을 얻지 못할 것이며, 외교를 위해 아무리 힘써도 돈독한 관계로 발전하지 못할 것이다. 나라의 주권을 소중히 여겨도 서양의 앞선 나라들과 대등한 지위에 이르지 못할 것이며, 도덕적 의무를 존중해도 사회기풍이 한결같지 않을 것이며, 자유를 소중히 여겨도 자유의 한계를 몰라 어려움에 직면할 것이다. 그러므로 우리가 기독교를 모든 일의 근원으로 삼아 자기 자신보다 다른 사람을 위해 일하는 자가 되어 나라를 한마음으로 받들어 우리나라를 영국과 미국처럼 동등한 수준에 이를 수 있도록 최선을 다해야 할 것이다.[125]

이처럼 이승만이 직접 천명한 그의 깊은 종교적 신념은 한국의 해방 이후, 특히 그가 자신의 신념을 실현할 수 있는 한국 최고 정치인의 자리에 올랐을 때, 이승만의 정치적 입장과 국내 정책, 외교 전략을 분석하는 데 있어서 결코 간과되어선 안 될 요소이다.[126]

---

125 Ibid., 282-283. 이탤릭체 부분은 내용을 강조하기 위한 것임. (인용문 출처는 이승만, 위의 책, 274, 275.)

126 이승만(1875-1965)은 한국 근대사에서 가장 논란이 많은 인물이다. 그의 생전에도 한국인과 미국인들 가운데는 그를 사랑하여 전심으로 도우려 하는 사람들이 있는가 하면, 이승만을 미워하여 정계에서 좇아내려는 사람들도 있었다. 그는 매우 고집이 세고 불화를 일으키는 인물이었기 때문에 그의 사후에도 수년간 많은 논쟁을 불러일으켰다. 양측의 연구 모두 여러 요인들로 인해 편향된 면모를 보였다. 정한경(Henry Chung), 로버트 올리버(Robert Oliver), 임영신(Louise Yim)과 같이 그와 함께 일하고 그를 위한 글을 쓴 사람들은 인간적인 충성심과 개인적인 열정으로 치우쳤을 수 있다. 멀리서 그를 관찰했던 서구와 외국의 연구자들은 종교적 차이, 문화적 오해, 또는 언어와 세대 간극으로 인해 제대로 이해하지 못한 측면이 일정 부분 있었다. 그의 저서 『독립정신』을 예로 들자면, 한국어 능력에 한계가 있는 외국 연구자들은 말할 것도 없고, 현대 한국인 독

1904년 이승만은 왕의 사면을 받고 감옥에서 석방되었다. 그 후 고종은 그를 미국에 밀사로 파견했는데, 한미수호조약의 '거중 조정' 조항을 근거로 한국의 독립을 위한 미국의 원조를 요청하기 위해서였다. 일본의 보호국이 되기 바로 전날 한국을 출발한 이승만은 일본을 거쳐 미국으로 향했다.[127] 29세의 이승만은 공식 지위도, 자금도 없이 조국을 구하겠다는 일념으로 대양을 건넜다. 그의 여비는 미국 선교사들과 교회 목회자들, 한국 기독교인들이 후원했고, 워싱턴으로 가는 길에 만났던 미국 기독교인들도 자금을 보태 주었다.[128]

주한미국공사를 지냈던 아칸소 주 상원의원 휴 A. 딘스모어(Hugh A. Dinsmore)의 도움으로 이승만은 존 헤이(John Hay) 국무장관을 만날 수 있었다. 이승만의 호소를 들은 헤이 장관은 한미조약 준수를 위해 할 수 있는 모든 조치를 취하겠다고 약속했지만, 얼마 후 그가 사망하게 되어 이승만의 노력은 수포로 돌아갔다.[129] 그 후 이승만은 주미한국공사관의 김윤정에게 배신을 당했는데, 김윤정이 일본에게 이미 포섭당한 첩자였기 때문이다. 그리고 이승만을 정성껏 맞이했었던 윌리엄 하워드 태프트(William Howard Taft) 전쟁부 장관은 그 뒤로 일본과 밀약을 맺는 장본인이 되어 한국의 운명을 결정지었다. 그리하여 이승만의 활동은 결국 실패로 끝났다. 일본이 마침내 조선을 병합하자 이승만은 워싱턴에서 정치적 망명자가 되었다. 이승만은 조국이 없는 처지였지만, 미국 교회와 한국 교회의 도움으로 국제 관계학 석사와 박사 학위를 취득했다.

안창호(1878-1938)는 언더우드가 경영하는 구세학당에서 3년간 수학하면서 기독교인이 되었고, 일제 강점기 한국과 해외에서 명망 높은 민족주의 지도자로 성장한 인물이었다. 1899년 독립 협회 운동이 종료되자 안창호는 출신지인 평안남도 강서로 가서 최초의 한국인 소유 근대식 남녀공학 사립학교인 점진학교(漸進學校)를

자들조차 이해하기 어려울 정도의 옛날 한국어로 쓰였다. 그리하여 외국 연구자들 중에 이 책을 실제로 읽은 사람은 매우 드물었는데, 그럼에도 그들은 스스로를 '전문가'라 여기며 이승만에 대한 섣부른 판단을 내렸다. 한편 한국의 작가들은 자신의 이념적 견해차, 정치적 불만, 개인적인 기억들 때문에 그들의 분석이 편견에서 자유롭지 못했다.

127 Oliver, *Syngman Rhee*, 75.

128 Ibid., 76-80.

129 Ibid., 81-83.

설립했다. 안창호는 한국이 완전한 독립을 얻기 위해서는 지도력을 갖춘 한국의 새로운 세대가 준비되어야 한다고 믿었다.[130] 학교 이름에는 효과적인 교육을 통해 점진적인 사회 변화를 일으키겠다는 그의 정치 철학이 반영되었다.

1902년 안창호는 부인 이혜련과 미국으로 이주하여 캘리포니아 한인 이민자들을 이끄는 유력한 민족주의 지도자가 되었다. 그는 캘리포니아 과수원에서 농장 일꾼으로 일하는 동안 샌프란시스코에서 사회 개혁 운동을 시작하여 한인들로 하여금 미국에서 존경받는 공동체를 형성하도록 지도했다. 1907년 귀국한 안창호는 민족주의 단체인 신민회(新民會)를 결성했는데, 회원의 대다수는 서북 출신 개신교도들이었다. 그들의 목표는 효과적인 교육을 통해 새로운 세대의 한국 애국자들을 배출하는 것이었다.

교육을 통해 한국을 일으키겠다는 안창호의 주된 근거는 사실 그의 신앙에 뿌리를 두고 있었다. 안창호도 이승만처럼 기독교로 개종해서 장로교 신자가 되었다.[131] 그는 개인의 혁신이 국가 혁신의 토대가 된다고 믿었다. 자신이 발행하는 『공립신보』에 1907년 쓴 안창호의 글은 "하나님께서 유대인들의 권리를 빼앗아서 다른 이들에게 넘겨주신 것은 그들에게 악행이 가득하고 모든 선함이 결여되어서라고 예수님은 유대인들에게 말씀하셨다. 그리고 이것은 분명 오늘날 한국에도 적용된다"고 설명한다.[132] 그의 기독교적 신념에서 바라봤을 때, 한국 민족은 충분히 선하지 않았고, 변화되어야 했다. 안창호는 전국적인 기독교 교육을 통해 개개인의 변혁을 이루는 것이 가장 좋은 방법이라고 생각했다. 개인의 발전과 개혁을 통해서 국가적 부흥을 이루려는 그의 이상은 19세기 후반 서구 사상가들 사이에서 유행하던 공리

---

130 Oliver, *A History of the Korean People in Modern Times*, 127. (로버트 T. 올리버의 책은 안창호가 이승만과 마찬가지로 배재학당 재학 중 아펜젤러의 영향을 받은 것으로 기록했으나, 저자와의 협의하에 다음의 한국 자료를 참조하여 안창호가 언더우드가 설립한 구세학당에서 수학하며 기독교인이 된 것으로 내용을 정정함. http://encykorea.aks.ac.kr/Contents/Item/E0035050 - 역자 주)

131 평양 장로교회는 대한제국과 일제 강점기 시대에 걸쳐 매우 강력한 영향력을 끼쳤다. 한국 개신교회의 급속한 성장은 평양에서 복음전도 활동이 성공한 것과 깊은 연관이 있다. Roy E. Shearer, "The Evangelical Missionary's Role in Church Growth in Korea," *International Review of Missions* 54 (1965): 465.

132 Kenneth M. Wells, *New God, New Nation: Protestants and Self-Reconstruction Nationalism in Korea 1896-1937* (Honolulu, HI: University of Hawaii Press, 1990), 41.

주의와 개신교 신앙이 결합된 산물이었다.[133]

안창호는 작가이자 유창한 연설가로서, 많은 청중의 마음을 사로잡고 열렬한 지지자들을 끌어모았다.[134] 60년 인생 동안 그는 수없이 많은 연설을 했고 만주와 일본, 중국, 미국을 종횡무진하며 활동했다. 그는 많은 단체들을 설립해서 자신의 정치철학을 전파하고 추종자들을 얻어나갔다. 신민회 외에도 흥사단(興士團)라는 기독교 정치단체를 설립했는데, 흥사단은 평양을 기반으로 미국과 중국, 만주, 한국에서 폭넓은 지지층을 확보했던 영향력 있는 단체였다.[135] 이동휘, 이갑, 양기택과 같은 그의 동료들은 대부분 기독교인이거나 교육자였다. 안창호의 정치사상은 비기독교 지식인들에게까지 영향을 주었는데, 민족주의 작가 이광수와 교육가 김성수가 대표적이었다. 두 사람 모두 문화 민족주의 사상을 옹호하고 대변하는 활동을 꾸준히 펼쳤다.

이승만과 안창호의 신념은 한국 민족주의에 깊은 영향을 미쳤다. 친구이자 정치적 라이벌이 될 운명이었던 두 사람은 한국 독립의 대의를 구분 짓는 두 가지 주요 저항 방식을 주도했다. 두 사람 다 교육의 중요성을 믿었지만, 이승만이 워싱턴에서 외교적인 인정을 얻는 것에 주력했다면, 안창호는 한국이 스스로 준비되지 않다면 누군가 한국에게 독립을 '승인'해 주는 일은 없다고 판단하여, 두 사람의 입장에 간극에 있었다. 당시 많은 서구인들이 보기에 한국은 자치를 할 준비가 안 되어 있었고, 이러한 이유로 안창호는 교육과 산업 발전을 통해 점진적 변화를 장려하는 편이 더 유용할 것이라고 생각했다.[136] 한국에서 활동한 일본 첩자들의 보고에 따르면, 안창호는 연설 도중 이런 발언을 했었다. "만일 우리가 기독교를 믿는다면, 하늘 아래 진짜 적은 우리에게 없습니다. … 나라의 독립은 여러분에게 달린 것이지, 외국인들이 보호해줘서 되는 게 아닙니다. 하나님 한 분만 우리의 보호자이십니다."[137] 안

---

133 Ibid., 41.

134 김일성은 안창호가 연설을 하러 마을에 왔다는 소식을 듣고 친구들과 함께 몹시 들떠했던 일화를 자신의 회고록에 기록했다. 김일성은 당시 만주에서 중학교를 다니던 학생이었다. Kim Il-sung, *With the Century*, Vol. 1, (Pyongyang: Pyongyang's Foreign Languages Publishing House, 1994), 112.

135 Wells, *New God, New Nation*, 129; Oliver, *A History of the Korean People in Modem Times*, 127.

136 Ibid., 132.

137 Ibid., 66.

창호의 가르침은 두 가지로 해석이 가능한데, 한국인들이 스스로 잘 무장하고 일본보다 나아지든가(일본과의 긍정적이고 유익한 협력을 배제하지는 않음), 아니면 기독교의 하나님을 믿고 자기 계발을 하여 조국의 구원과 궁극적인 독립을 얻어야 한다는 의미였다. 나중에 한국이 해방되었을 때 안창호의 추종자들은, 비록 그중 일부가 친일협력자로 낙인찍혔지만, 이념 경쟁을 벌였던 한국의 여러 정치 파벌들 중에서 중요한 계파로 계속 인정받으며 활동했다.

이승만과 안창호 외에도 김규식, 조만식, 길선주, 윤치호, 임영신, 김활란과 같은 유명한 민족주의자들 및 기독교 교육가들의 활약과 경험을 살펴볼 때, 한국의 정치적·사회적·문화적 급변 상황에서 기독교가 얼마나 결정적인 역할을 했는지 알 수 있다. 한국에 대한 일본의 침략이 심화됨에 따라 한국의 정체성에 대한 새로운 인식과 더불어 개인적·국가적 구원에 대한 새로운 절박함이 생겨났다.

한국은 서구 국가의 식민 지배를 받지 않았기 때문에 한국의 민족주의는 다른 아시아 국가들에서 나타나는 반서구적 경향을 결코 보이지 않았다. 미션 스쿨은 한국의 청년들에게 민족의식을 기를 수 있는 임시 피난처가 되어 주었고, 교회는 민족 구원의 메시지를 전파할 수 있는 편리한 장소이자 항일 민족주의자들의 밀회 장소로서 역할을 했다. 한국 기독교회의 성장은 식민지화 과정에 대한 불만과 밀접하게 연관되어 있었으며, 추후 1919년의 역사적인 3·1운동을 계획하고 실행하는 데 기독교인들이 앞장설 수 있는 길을 닦았다.

— 한국 개신교회의 급속한 성장

더 많은 수의 미국 선교사들이 파견되고, 더 많은 자금이 투입되었던 다른 아시아 국가들과 비교했을 때(감리교회의 경우는 표 1.1 참조), 한국에서의 선교는 부족한 자원에도 불구하고 엄청난 성공을 거둔 경우였다.[138]

예를 들어 1898년 한반도에 있는 전체 한국 개신교 개종자는 약 5천 명에 불과

138 『세계선교보고』(*Missionary Review of the World*)의 자료에 따르면, 1900년 미국 선교사 총수의 0.9%만이 한국에서 활동했다. Chay, *Diplomacy of Asymmetry*, 5.

표 1.1 • 동아시아 및 동남아시아에서의 해외 선교 활동 재정(감리교회)

(단위: 달러)

국가명	1891년	1894년	1897년	1900년	1903년	1906년	1907년	1908년*
중국	108,519	118,711	114,011	119,376	126,630	142,750	150,550	157,550
인도	114,000	117,537	133,058	144,241	149,589	175,200	182,900	188,806
일본	61,666	54,408	48,576	49,739	54,000	59,300	62,500	62,500
한국	15,924	15,967	14,285	16,911	23,000	26,940	28,465	28,465
말레이시아	7,250	8,889	9,378	10,500	11,981	16,580	21,380	21,380
필리핀	–	–	–	–	14,000	21,350	23,650	25,630
전체 해외 선교	566,347	592,940	586,800	629,625	683,942	777,275	820,000	소실**

* 1909년 자료는 사용 불가.

** 불완전한 자료.

출처: *Annual Report of the Board of Foreign Missions of the Methodist Episcopal Church: Korea Mission 1884-1943* (Seoul: 한국기독교역사연구소 The Institute for Korean Church History, 2001).

표 1.2 • 한국과 일본의 기독교 개종자 총인원 비교

(단위: 명, %)

국가명	1887년	1898년	1887년부터 1898년까지 증가율	1907년	1898년부터 1907년까지 증가율
일본	20,000	41,000	105	50,000	22
한국	20	5,000	24,900	41,000	720

출처: Jongsuk Chay, *Diplomacy of Asymmetry: Korean American Relations to 1910* (Honolulu, HI: University of Hawaii Press, 1990), 5.

했는데, 이는 일본의 4만 1천 명에 비하면 미미한 숫자였다. 그러나 10년 후인 1907년 한국 기독교인 수는 4만 1천 명에 이른 데 비해, 일본은 1만 명도 늘지 못했다. 한국 교회는 720% 성장률을 기록한 반면, 일본은 훨씬 많은 선교사와 미국 교회의 재정 후원이 있었음에도 불구하고 22% 증가에 그쳤다(표 1.2 참조).

결정적 시기였던 1905년과 1907년 전체 기독교 교회들의 상황에 관한 언더우드 목사의 자료를 살펴보면, 정치적 고통과 교회 성장의 상관관계가 확연히 드러난다. 일본은 1905년부터 한국 식민화를 시작했고, 그 후 2년 만에 한국 기독교 교회들은 두 배로 증가해서 약 642개가 됐다. 특히 자국의 생존이 일본인들로부터 위협을 받고 있던 시기에 한국인들은 어느 때보다 더욱 기독교에 관심을 보였다(표 1.3 참

표 1.3 • 개신교 기독교의 성장(1905~1907)

(단위: 개, 명, %)

연도	교회	지부	세례 신도	새신자
1905년	321	470	9,761	30,136
1907년	642	1,047	18,964	99,300
증가율	200	222.30	194.20	329.50

출처: Horace G. Underwood, *The Call of Korea* (New York: Fleming H. Revell, 1908), 146-148; Chung-shin Park, *Protestantism and Politics in Korea* (Seattle and London: University of Washington Press, 2003): 29.

표 1.4 • 한국(1912)과 일본(1918)에서의 감리교 선교 비교

(단위: 명, 개)

구분	1903년 한국	1907년 한국	1912년 한국*	1918년 일본
선교사	39	42	64	113
안수받은 설교자	4	6	30	145
전도사 (한국의 안수받지 않은 설교자)	15	29	269	111
전도부인	알려지지 않음	알려지지 않음	26	85
교회(한국의 교회와 채플)	67	219	437	298
등록 신자	1,616	3,885	10,507	15,852
상주 인원	알려지지 않음	알려지지 않음	알려지지 않음	8,608
새신자	5,299	19,570	15,618	알려지지 않음
기타 신자	알려지지 않음	16,518	21,119	알려지지 않음

* 1918년 자료는 사용 불가.

출처: 한국 감리교회 자료는 "Foreign Missions Report: Korea Conference (1912)," *Annual Report of the Board of Foreign Missions of the Methodist Episcopal Church: Korea Mission 1884-1943* (Seoul: 한국기독교역사연구소 The Institute for Korean Church History, 2001): 430-433. 일본 감리교회 자료는 Bishop Herbert Welch, "Seoul Area - Japan and Korea," (1921), ibid., 655.

조). 감리교 선교 역시 한국이 일본보다 외국 선교사도 더 적고 자원도 부족했지만 빠른 속도로 성장하고 있었다(표 1.4 참조).

1907년 4만 1천 명의 한국 기독교인들이 전국에 분산되어 있지 않고 평양과 같은 특정 주요 도시들과 젊은 지식인 지도자들과 같은 특정 주요 계층에 고도로 집중되어 있다는 점에 주목해야 한다. 몇몇 지역의 경우 전체 인구수 대비 기독교인의

표 1.5 • 장로교회 수(1910)

(단위: 개, %)

도	교회 수	비율	주요 도시
서울	11	1.6	-
함경도	31	4.5	함흥
평안도	260	37.8	평양
황해도	103	15	해주
경기도	56	8.2	서울
충청도	25	3.7	대구
전라도	76	11	광주
경상도	125	18.2	부산
합계	687	100	-

출처: Park, *Protestantism and Politics in Korea*, 33.

비율이 예상보다 훨씬 높았다. 예컨대 1910년 한국 장로교회의 분포를 보면, 평안도와 황해도는 남쪽 지방에 비해 인구밀도가 낮았지만 교회 밀집도는 가장 높았다. 한국 전체 장로교회의 약 53%가 이 지역에 모여 있었다. 대구가 위치한 경상도는 전국에서 두 번째로 교회가 많은 지역으로서, 서울과 경기도 교회 수의 두 배에 달했다(표 1.5 참조).

도시 단위로 자세히 관찰해보면, 평양시의 경우 교회 집중 현상이 더욱 뚜렷해진다. 고구려의 옛 수도였던 평양은 지리상 만주의 정치 및 경제와 긴밀히 관련되어 있었다. 평양 사람들은 1895년 이전까지 외국인에게 매우 적대적이었으나,[139] 1894~1895년 청일전쟁의 참화에서 살아남은 자들은 그 뒤부터 외국인 선교사들을 보다 수용적으로 대하게 되었다.[140] 그 결과 교회는 1896년 기독교 개종자가 약 80

139 1893년 장로교 선교사들은 "집 한 채를 구매하는 데 성공했다. 그러나 들어가서 살려고 하자 당국이 그들을 쫓아내고 몇몇 현지 기독교인들을 감옥에 보냈다"고 진술했다. "Soldier of the Cross in Korea," Presbyterian Church Archive, Record Group 360, Folder: Samuel A. Moffett - Presbyterian Historical Society, Philadelphia.

140 Alan Carter Covell, "Korean Conversion to Christianity," *Asian & Pacific Quarterly of Cultural and Social Affairs* 19 (1987): 32-33.

명뿐이었던 데에서 1906년 출석 신자가 약 1만 4천 명에 달할 정도로 성장했다. 당시 평양 인구가 약 4만 2천 명이었음을 감안할 때, 평양시 전체 인구의 3분의 1가량이 주일예배에 참석했던 셈이다.[141]

또 다른 예로, 인구 약 2만 명의 평북 정주 또한 평양 못지않은 교인 수를 자랑했다.[142] 정주의 교회 사역자들이 주장한 이 수치가 실제로 맞는지 확인하기는 어려워도, 기독교의 영향력이 특히 북쪽 지방에서 기대치를 훨씬 초과하는 수준이었음은 분명하다. 그래서 장로교 해외선교부 총무인 로버트 스피어(Robert Speer)는 이러한 상황에 대해 다음과 같이 발언했다. "북쪽 지방에 교회가 퍼져나가고 침투해가는 양상은 세계 어느 곳에서도 찾아볼 수 없었던 것입니다. 교회들은 사람들로 붐비고, 기회는 무궁무진합니다."[143]

1910년 한일병합 이후 일본 식민지 정부가 한국 교회의 성장을 억제하려고 시도했으나, 북쪽 지방의 교회들은 계속해서 커나갔다. 일반적으로 정치 중심지인 서울에서 멀어질수록 기독교의 영향력이 더욱 강했다. 서울이 한국의 정치 수도로 기능했다면, 평양은 한국의 기독교 수도로 성장하고 있었다.[144] 1934년 평양과 그 인근 지역에 장로교회 25개와 감리교회 8개가 있었고, 서북 지방에만 1천 개의 장로교회와 10만 명 이상의 기독교인이 있었다.[145] 교회 통계에 따르면 제2차 대전 발발 직전 한국 교회의 총 신자 수는 세례 교인만 약 42만 명으로 추산되었다.[146] 총독부의 통계 자료 역시 이 수치와 거의 일치한다(표 1.6 참조).[147] 서북 지방의 평안남도, 평안북

141 Wanne J. Joe, *A Cultural History of Modern Korea: A History of Korean Civilization* (Elizabeth, NJ & Seoul: Hollym, 2000), 538.

142 Ibid.

143 Martha Huntley, *Caring, Growing, Changing* (New York: Friendship Press, 1984), 121.

144 1907년 한 일본 학자는 평양이 기독교의 "온상"이며, 최소 인구의 절반이 기독교인으로 추산된다고 보았다(다소 과장됨). Wells, *New God, New Nation*, 65.

145 감리교의 정보는 현재 이용이 불가하다. 장로교의 정보는 William N. Blair, "Samuel A. Moffett: On His Seventieth Birthday," *The Presbyterian* (1934): 6, cutting found in Presbyterian Church Archives, Record Group 360, Folder: Samuel A. Moffett - Presbyterian Historical Society, Philadelphia.

146 "Samuel Austin Moffett, D.D." Presbyterian Church Archives, Record Group 360, Folder: Samuel A. Moffett - Presbyterian Historical Society, Philadelphia.

147 일본의 통계 자료는 총독부가 포괄적인 인구 조사로 확보한 수치이므로 보다 정확할 것이다.

표 1.6 • 한국 기독교 기본 통계(1941)

(단위: 개, 명)

교파	교회 수	사역자 수	신자 수
천주교회	499	320	109,210
러시아정교회	6	5	115
조선예수교장로회	3,348	3,075	262,075
기독교조선감리회	876	295	50,286
성공회	136	104	7,738
제칠일안식일예수재림교회	185	80	4,510
동양선교회성결교회	205	221	9,169
구세군	140	156	4,876
조선선교회	15	14	518
기독교오순절교회	4	4	80
기독교회	6	6	285
일본기독교회	53	63	5,381
플리머드형제파	2	3	98
조선기독교회	30	8	1.415
조선회중기독교회	26	26	550
하나님의교회	14	14	968
그리스도의교회	13	5	140
조선기독교회	8	5	알려지지않음
조선예수교회	8	5	알려지지않음
기독교조선복음교회	19	7	422
그리스도의교회	19	19	알려지지않음
일본일치교회	1	알려지지않음	알려지지않음
나사렛교회	3	3	86
예수교순복음교회	1	1	106
동아기독교회	30	32	1,311
합계	5,640	4,471	459,339

출처: "The List of Worship & Religions in Korea" By the Training Dept., Education Bureau of the Governor General of Chosen, December, 1941, pp. 55-57 recorded in "Statistics - Japan & Korea" / General Headquarters, Supreme Commander for the Allies Powers, Box#5780, RG331 GHQ/SCAP records, CIE ©, National Archives and Records Administration, Washington National Records Center.

도, 황해도에 전체 기독교 인구의 약 4분의 1이 밀집되어 있었다.

여기서 유의해야 할 점은 이 교인 명부 자료는 세례를 받고 교회 정식 회원으로 등록된 사람들만 포함했다는 것이다. 교회에 정기적으로 출석하더라도 예비 신자나 구도자들은 대개 명부에 포함되지 않았다. 그렇지만 이들도 역시 교회에서 영향을 받은 사람들이거나 자신들의 정치적 또는 사회적 목적을 위해 편리하게 모임을 갖는 장소로 교회를 활용하는 사람들이었다. 빠르게 성장하는 교회의 특성상, 이미 꽉 찬 일정 때문에 교회 사역자가 이러한 신자들을 훈련하는 것이 분명 어려웠을 것이다. 또한 교인 명부 자료는 등록된 성인만 포함시켰던 것에 반해, 한국 인구조사 자료에는 어린이도 포함되어 있었다. 그러므로 기독교 부모가 양육한 자녀들의 수까지 제대로 합산된다면 인구 대비 기독교인의 비율은 훨씬 더 높아질 것이다. 그래서 만약 미션 스쿨의 학생들도 포함된다면, 특히 기독교인 지도자들이 운영하는 매우 평판 좋은 미션 스쿨과 사립학교가 있는 지역의 경우에는, 기독교 교회와 연계된 사람들의 수치가 훨씬 더 높게 나타날 것이다(표 1.7 참조).

표 1.7 • 근대 학교 개수(1910)

(단위: 개, %)

구분	학교 수	비율
공립학교	80	3.60
준공립학교	73	3.30
소계	153	6.90
사립학교	*1,325	59.30
종교 관련 사립학교	755	33.80
소계	2,080	93.10
합계	2,233	100

출처: Park, *Protestantism and Politics in Korea*, 122.

— 빠른 성장의 이유

어떻게 한국 교회는 이처럼 빠른 속도로 성장했는가? 그 영적인 원인 이외에도, 위의 자료를 통해 두 가지 부가 설명이 가능하다. 첫째, 선교 인력 및 자금이 부족했던 것이 오히려 역설적인 결과를 낳았다고 보는 것이다. 추가적인 인력과 자금 지원 요청에 대해 본국의 교단 본부가 더디게 응답함을 경험했던 장로교 선교사들은 한국 기독교인들에게 자력 운영, 자진 전도, 자주 치리를 권장하는 새로운 방법을 도입했다.[148] 이로써 한국 기독교인들은 복음 전도의 일에서 더 많은 책임과 기회들을 부여받았다. 그런데 이 새로운 정책의 긍정적 효과는 예상치 못한 데서 발생했다. 일제 강점기부터 한국전쟁 기간까지 한국에서 사역했던 장로교 선교사 아치벌드 캠벨(Archibald Campbell) 목사는 다음과 같이 발언했다.

> 백만 명이 구주께로 와서 그분을 마음에 영접했던 것은 외국 선교사들의 전도로 된 것이 아니었다. 그런 경우는 소수에 그쳤다. 거의 대다수는 동포들의 입술을 통해 복음을 들었다. 이야기는 입술에서 귀로, 마음에서 마음으로 흘러간다.[149]

이러한 전도 방식 덕분에 외국 선교사와 비개종자들 간에 직접적인 사회적 또는 문화적 충돌이 거의 생기지 않았다. 감리교는 초기에 장로교와 비슷한 규모로 선교사들을 한국으로 파송했지만 자체 전도 방식을 도입하지 않았던 탓에 장로교와 같은 수준의 성장을 경험하지 못했다는 점에 주목해야 할 것이다.

더욱이 자체 전도 방식은 교회 지도부의 자기결정권을 보존함으로써 개별 지도자들이 일제의 식민정책에 저항하는 독립운동에 적극 나설 수 있도록 했다. 연합장로교선교회(United Presbyterian Mission) 부대표였던 앨런 D. 클라크(Allen D. Clark) 목사는 한국의 개신교 활동에 대해 1962년 다음과 같은 분석을 내렸다.

---

148 네비우스 선교정책으로 알려진 이 방법은 중국 산동에서 활동하던 존 L. 네비우스(John L. Nevius, 1829-1893) 박사가 고안한 것이다. 중국과 일본에서는 인기가 없었는데, 1890년 네비우스 박사가 한국을 방문한 이후 한국에서 크게 성공했다. 네비우스 정책은 고군분투하던 한국교회가 자생적인 방법으로 성장하도록 돕는 실용적 방법이 되었다.

149 Archibald Campbell, *The Christ of the Korean Heart* (Columbus, OH: Falco Publishers, 1954), 12.

이들 한국 교회가 외국으로부터 통제되거나 자금을 조달받는다는 생각은 상당히 잘못된 것이다. 50년 가까이 어떤 외국 선교사도 한국 장로교회의 교단장이 되지 않았으며, 다른 교단들의 경우 역시 마찬가지이다. 한국 교회는 자체적으로 운영되고 활동했다.[150]

클라크 목사의 의견에 대해 건국대학교 총장을 역임한 바 있는 정대위(David Chung) 교수 역시 강력히 동의했다. 정 교수는 "한국 현대사에 있어서 기독교 교회를 세우는 일은 외국인 선교사와 기관이 아닌 한국 기독교인이 주도적인 역할을 했다"고 주장했다.[151]

선교 활동이 성공한 두 번째 이유는 당시 정치적인 상황에서 찾을 수 있을 것이다. 한국 교회의 가장 이례적인 성장은 1905년부터 1907년 사이에 일어났는데, 이때는 한국이 일본의 보호국이 되어 주권을 상실한 때였다. 중국과 인도의 경우에는 주권 상실로 인해 반외세 감정이 커지면서 원주민들이 외국 선교사들을 격렬하게 배척하고 나섰지만, 한국은 그렇지 않았다. 외국인에 대한 집단적인 폭력 행위는 거의 나타나지 않았고, 사람들은 서양인들의 존재에 대해서도 관대했다.[152] 이는 한국인들이 미국이나 다른 서구 국가가 아닌 일본을 그들의 주적으로 인식했기 때문이다.

외교사학자 최종석에 따르면, 한국은 미국과 처음 수교한 이후 미국에 대해 대체로 우호적인 시각을 갖고 있었다.[153] 미국 외교관 및 사업가과 함께 선교사들이 이러한 좋은 이미지를 구축하는 데 기여했다.[154] 1898년 서울에는 총 118명의 서양인이 거주하고 있었는데, 이 중 35명이 선교사였다(표 1.8 참조).[155] 이 선교사들은 한국

---

150 Allen D. Clark, "Protestant Work in Korea," *Korea Journal* 2 (1962): 9.

151 David Chung, "Christianity in Modern Korea," *Koreana Quarterly* 5 (1963): 138.

152 몇몇 선교사들에 대한 개인적인 공격은 있었지만, 일반적으로 사람들은 해외 선교사들을 상당히 존경했다. 1949년 에설 언더우드(Ethel Underwood)의 경우를 제외하고, 한국에서 공격을 받아 사망한 선교사는 한 명도 없었다. 언더우드는 두 명의 총기 소지자에 의해 살해당했는데, 사실 범인들이 노렸던 대상은 언더우드가 아닌 그녀의 여성 방문객 중 한 명이었다.

153 Chay, *Diplomacy of Asymmetry*, 14.

154 Ibid.

155 Samuel H. Moffett, "The Westerner," *First Encounters: Korea 1880-1910* ed. Peter A. Underwood

표 1.8 • 서울 거주 서양인 수(1894)

(단위: 명, %)

직업	인원수	비율
외교관	14	12
사업가	69	58
선교사	35	30
합계	118	100

출처: Samuel H. Moffett, "The Westerner," 36.

사회 곳곳에서 열심히 활동했다. 도시와 시골을 오가면서 마을을 방문하여 설교하고 교육했으며, 전단지를 나눠주거나 책을 판매했다. 양반가의 몇몇 여성들은 선교사의 집에 초대되어 그들과 교제했다.[156] 이처럼 비공식적이지만 개별적인 접촉은 교회가 성장세를 지속하는 데 매우 중요한 역할을 했다.

1905년 일본이 한국을 보호국으로 선언하고 미국이 한국의 지원 요청을 거부했을 당시 한국인들 사이에서 미국의 이미지가 자칫 실추되었을 수 있었다. 그럼에도 불구하고 교인 수는 줄어들지 않았고 오히려 실제 교회 출석 인원이 꾸준히 늘어났다. 여기에는 네 가지 기본적인 이유가 있었다.

첫째, 기독교 신앙을 받아들이는 것 자체가 전통적인 조선 왕조의 부패에 저항하는 혁명적 행위이자 일제 식민 통치를 거부하는 행위였다. 일반적으로 중국과 한국의 진보적인 개혁가들은 유교가 나약함과 부패의 근원이라는 데 동의했다. 두 나라 모두에서 소외되고 젊고 교육받은 엘리트들과 평민들이 옛 유교 제도와 왕실의 폐습에 맞서 일어나기 시작했다. 한국의 교회들은 신자들에게 조상숭배, 축첩, 음주, 흡연, 도박 등의 옛 생활을 확실하게 단절해야 한다고 주장했다.[157] 교회는 좌절한 일부 한국 청년 엘리트들의 정신을 새롭게 하고, 그들의 도덕성을 높여주었다. 교회

(Seoul: Dragon's Eye Graphics, 1982), 36.

156 Donald N. Clark, *Living Dangerously in Korea: The Western Experience 1900-1950* (Norwalk, CT: EastBridge, 2003), 20-26; Martha Huntley, "Presbyterian Women's Work and Rights in the Korean Mission," *Journal of Presbyterian History* 65 (Spring 1987): 37-48.

157 Park, *Protestantism and Politics in Korea*, 120

를 더욱 매력적으로 만든 요소는 교회 내부의 강력한 반일 감정이었다. 실례로 1905년 식민지 수탈이 심해지고 일본이 한국을 보호국으로 삼는 굴욕적인 조약을 공식적으로 체결하려고 하자, 장로교회의 한국인 지도자들은 추수감사절 이후 한국의 각 교회에서 7일 동안 집회를 열어서 이 조약에 항의할 것을 주장했다. 1906년 조약이 체결되자 국가를 위한 기도회가 전국으로 퍼져나갔다.[158]

둘째, 1905년 보호국 조약을 계기로 한국 신자들과 외국 선교사들의 관계에 틈이 생기고 불평·불만·불신이 싹텄는데, 여러 교단의 선교사들이 함께 기도하여 교회들과 연합하기로 결정하자 상황이 변하기 시작했다. 그들의 노력은 1907년 대부흥을 가져올 부흥회의 물결이 생겨나게 했다. 이 부흥의 흐름은 평양 장로교회에서 열린 연례 성경공부 모임에서 시작됐고, 곧이어 다른 도시와 지역으로, 한 교단에서 다른 교단으로 퍼져나갔다. 이 부흥은 어떤 인간적 계획이나 통제 없이 전국적으로 확산된 전례 없는 현상이었기 때문에 교회 지도자들은 이것을 한국 교회를 다시 태어나게 하는 성령의 역사로 여겼다.[159] 대부흥의 실제적 결과 중 하나는 부흥을 경험한 각 개인이 영적 성장에 집중하면서 선교사들에게 분노했던 것을 회개한 일이었다.[160] 이런 방법으로 한국 교회는 외국 선교사들과 평화로운 협력 관계를 유지하고 연합을 지켜냈다.

셋째, 교회는 위로와 영감, 화합을 일으키는 원천이자 독립투쟁을 위한 비밀 회합 장소의 역할까지 했다. 조선 후기 개혁 운동가인 최명식은 한국 사회에서 기독교 교회의 중요성을 다음과 같이 설명했다.

> 안악 지역에서 신문화운동을 대표하는 단체를 꼽자면 안악 교회가 운영하는 초등학교가 유일하다 … 사실 한국인들이 서양의 신문화를 접할 수 있는 곳은 기독교 교회들밖에 없었고, 그래서 교회는 사람들이 쉽게 모여 회합을 가질 수 있는 장소가 되었다.[161]

---

158 Kim, *Protestants and the Formation of Modern Korean Nationalism, 1885-1920*, 36-37.

159 Clark, *A History of the Church in Korea*, 154-168.

160 Huntley, *Caring, Growing, Changing*, 130-150.

161 Park, *Protestantism and Politics in Korea*, 122.

한국이 일본의 보호국이 된 직후 한국 기독교인들은 "국권회복운동" 또는 "애국계몽운동"으로 불리는 민족주의 운동을 전개했다. 이 운동은 한국인들의 정치의식을 일깨우는 데 그 목표를 두었는데, 이는 한국 기독교인들이 독립운동의 성공을 위해서 대중의 지지가 필요하다고 판단했기 때문이었다.[162] 한국 민족주의자들은 항일 활동을 함께 모의할 장소로 교회들을 활용했다.

심지어 김일성조차도 일제 강점기 독립정신을 길러나가는 데 교회 생활이 중요했음을 인정했다. 해방 후 북한 공산주의 수령으로 등극한 김일성은 자신의 자서전에서 어린 시절 교회 활동이 얼마나 중요했는지 역설했다. 외할아버지 강돈욱은 평안남도 대동군 평양 장로교회의 장로이자[163] 창덕학교 교장이었고,[164] 아버지 김형직은 평양 숭실학교 출신이었다.[165] 부모가 일본의 박해를 피해 만주로 이주하면서 온 가족이 매주 일요일마다 성실하게 교회에 다녔다. 포평교회는 그의 아버지에게 민족주의 동지들을 만날 수 있는 가장 좋은 곳이었고,[166] 그의 어머니에게는 집안 살림의 노역을 쉬게 하는 곳이었다.[167] 김일성은 비록 신자가 아니었지만 교회에서 영감과 우정을 얻었고, 손정도 목사의 도움도 받았다. 손 목사는 지린(吉林)의 한인 교회에서 목회했는데, 김일성은 지린에서 1925년부터 1927년까지 중학교를 다녔다.[168]

부모의 신앙에 대한 김일성의 생각이 옳든 그르든 상관없이, 자서전에 실린 그의 설명은 지하 항일 활동과 한국 독립운동을 위해서 기독교 교회가 얼마나 중요했

---

162 Takayoshi Matsuo and S. Takiguchi, "The Japanese Protestants in Korea, Part One: The Missionary Activity of the Japan Congregational Church in Korea," *Modem Asian Studies* 13 (1979): 420.

163 Yong-ho Choe, "Christian Background in the Early Life of Kim Il-song," *Asian Survey* 26 (October 1986): 1087.

164 Kim, *With the Century*, Vol. l, 52-53. 김일성은 그 학교가 비교적 유명한 사립학교였다고 기록했다. 약 200명의 학생들이 있었는데, 당시로서는 작은 규모의 학교가 아니었다.

165 숭실학교는 평양의 유명한 기독교 학교로서 중등과정에서 시작하여 고등과정의 대학부로 확장했다. 1908년에는 숭실대학이 대한제국의 인가를 받았다. 개신교의 자기개조 민족주의의 이상을 따랐으며, 많은 정치 활동가들이 이 학교를 졸업했다. 입학은 기독교인들에게만 허가되었고, 모든 학생들은 성경 공부 수업에 참석해야 했다. Choe, "Christian Background of the Early Life of Kim Il-sung," 1086.

166 Kim, *With the Century*, Vol. l, 45.

167 Ibid., 65.

168 Ibid., 190-191.

는지를 드러냈다. 지역 교회들은 시대에 환멸을 느낀 한국인들이 편하게 모여서 민족 역사상 가장 암울한 시기에 사명감과 방향성을 찾을 수 있는 장소가 되었다.[169] 교회는 지하 항일 활동에 최적화된 장소이자 연결망이었다. 일제 지배하의 한국부터 만주, 중국 본토, 러시아, 미국에 이르기까지 한국인이 사는 곳이면 어디든 기독교인들은 한국의 독립을 되찾기 위한 길고 고통스러운 투쟁을 지지하고 지탱해주는 주요 집단이 되었다.[170]

대규모 항일 운동이 일어나기 이전부터 기독교인들은 개별적으로 항일 투쟁 활동을 벌여 투사로 떠올랐다. 예를 들어 감리교 신자였던 전명운과 장인환은 1908년 로스앤젤레스에서 이토 히로부미의 외국 고문이었던 친일파 더럼 화이트 스티븐스(Durham White Stevens)를 저격했다. 1년 후에는 하얼빈에서 천주교인 안중근과 개신교인 우연준이 메이지 유신과 한국 식민화를 추진한 이토 히로부미를 암살했다.[171] 이러한 폭력 행위가 일반 대중들의 칭송을 받고 독립의 사기를 고취시키기는 했지만, 기독교 민족주의 지도자들은 그것이 장기적으로는 식민주의에 대항하는 효과적인 방법이 아니며 기독교 정신과도 맞지 않음을 잘 알고 있었다. 그 대신 그들은 평화적 수단을 통해 독립을 이루기를 희망했다.

비폭력을 옹호한 가장 유명한 목회자는 평양 장로교회의 길선주 목사였다. 그는 이후 1919년 3·1운동의 민족대표 33인 중 한 사람이 된 인물이다.[172] 그의 신학은 일종의 메시아적 민족주의로서, 교회와 개별 기독교인들이 국가를 불행과 고통에서 구하러 온 "특별한 집단"이라고 믿었다. 길선주 목사는 한국이 독립을 되찾을 유일한 길은 온 나라가 복음화 되는 것이라고 주장했다.[173] 그는 출애굽의 옛 이야기와 이스라엘 민족의 역사를 자주 인용했다. 강대국들에 둘러싸여 있던 이스라엘을 본보기로 들면서, 한국 민족도 그와 같이 하나님께서 구해주실 것이라고 설득한 것

---

169 Park, *Protestantism and Politics in Korea*, 121.

170 더 자세한 정보는 Wi Jo Kang, *Christ and Caesar in Modern Korea: A History of Christianity and Politics* (New York: State University of New York Press, 1997), 37.

171 Ibid., 38-42.

172 Kim, *Protestants and the Formation of Modem Korean Nationalism*, 109.

173 Ibid., 112-113.

이다. 그는 폭력을 통한 국권 회복 대신 하나님의 뜻과 영적인 재건의 중요성을 믿었기 때문에 독립을 되찾는 투쟁에서 비폭력 저항이라는 기독교 원칙을 중요한 청사진으로 제시했다.

이런 식으로 길선주는 기독교 신앙이 한국 민족과 한국 국가에 속한 존재라는 것을 한국 청중에게 능숙하게 각인시켰다. 기독교는 더 이상 서구의 전유물이 될 수 없었다.[174] 그의 설교는 식민지 시절 한국 기독교인들에게 매우 유명해서 '조선 신학'으로 널리 알려졌다.[175] 사람들은 복음의 메시지가 자기 민족의 이야기와 바로 연결되어 있고, 또한 조국 구원과 자유를 열망하는 자신들의 소원과도 직결되어 있음을 깨닫고서 자연스럽게 기독교의 가르침에 이끌렸다.[176] 동학운동 참가자, 독립 협회 회원, 실패한 개혁주의자, 전직 군인 등, 그동안 절망에 빠져있던 많은 사람들이 이제 나라를 위해 무언가 할 수 있다는 희망을 품고서 1907년부터 교회로 모여들었다.[177] 그 결과 교회는 "민족주의 운동과 국가 구원을 위한 구심점"이 되었다.[178]

넷째, 한국 교회에 대한 일본의 가혹한 정책도 기독교와 한국의 대의를 동일시하는 현상을 촉진했고, 이는 한국 독립운동의 큰 동력이 되었다. 한국 지도자들은 대부분의 지역 교회에서 지도적 역할을 맡았는데, 그들의 설교에 담긴 민족주의적 어조는 일본 정부를 거슬리게 했다.[179] 또한 선교사들을 통한 교회와 외국 간의 교류, 특히 미국과의 관계는 일본 관리들의 걱정거리였다. 무엇보다도 전국 대회들[180]과

---

174 Wells, *New God, New Nation*, 37.

175 Kim, *Protestants and the Formation of Modern Korean Nationalism, 1885-1920,* 123.

176 Kyong Bae Min, "On the Question of Understanding Korean Churches," *The Northeast Asia Journal of Theology* 24-25 (1980): 123.

177 Kim, *Protestants and the Formation of Modern Korean Nationalism*, 1885-1920, 129.

178 Min, "On the Question of Understanding Korean Churches," 126.

179 선교사들은 일반적으로 이러한 경향을 부정적으로 인식했고, 정치성을 줄일 것을 교회에 지시함으로써 상황에 대처하려고 했다. 그들의 노력은 교회의 질서를 유지하는 데는 성공했지만 개별 기독교인들과 그들의 개인적인 신념을 통제하는 데는 효과적이지 못했다. Yang, *Reformed Social Ethics and the Korean Church*, 112-115.

180 감리교와 장로교 모두 자체적인 전국 단위 대회들이 있었다. 선교사들과 한국 목회자들이 매년 함께 모여서(더 자주 모이는 경우도 있음) 교회의 안건에 관해 토론했다. 한국 기독교 교회들의 80% 이상을 차지했던 장로교의 경우, 개교회들이 지역 단위로 모일 수 있는 주요 지방 노회가 여러 군데 있었다. 권위적인 정부라면 이렇듯 직접적인 통제를 받지 않는 조직들을 용인하기 어려웠다. 기독교 교회로부터 식민지 정부가 느꼈던 잠재적인 위협감을 1945년 공산주의자들도 동일

같은 조직구조와 효율적인 초교파적 협력의 역사[181]를 가진 한국 교회는 식민 정부의 권위주의적 통제에 잠재적인 위협으로 간주되었는데, 이를 통해서 교회가 항일 인사들을 숨겨주고 항일 활동을 위한 지하 네트워크의 역할을 할 수 있기 때문이었다. 1911년 한국인의 암살 기도를 피했던 데라우치 마사타케 총독은 1913년 12월 도쿄에서 일본인 청중에게 이렇게 말했다. "조선에서 제일 권력 있는 곳은 예수교입니다. 그러므로 우리 총독부는 조선의 예수교인들을 특별히 주의해야 합니다."[182]

그 결과 일본 정부는 한국 교회의 실효성을 약화시키는 여러 방법들을 고안해 냈다. 새로운 법을 만들어서 미션 스쿨의 교육 과정을 제한하고 종교 수업을 금지시켰다. 또한 모든 공식적인 교회 모임에 경찰이 참석해야 했다. 기독교계가 계속 확대되자 일제는 데라우치 총독의 암살 미수를 구실로 기독교인 지도자들을 대거 체포했다. 여기에는 서울 YMCA 창립 멤버인 윤치호와 신민회 회원이자 교육자였던 김구도 포함되었다.[183] 이 일은 훗날 1911년부터 1913년까지 지속되었던 105인 사건의 서막을 알렸다.[184] 심지어 미국 선교사들까지도 재판에 끌려갔다. 결국 157명이 재판을 받게 되었는데, 그중 22명만이 비기독교인이었다. 음모를 주도한 혐의로 기소된 윤치호를 포함하여 총 105명이 유죄 판결을 받았다.[185] 선교사들과 한국 기독교인들, 일본인 변호사들, 심지어 일본인 주민들과 경찰까지도 이 재판은 공정하지 않으며 오히려 기독교인들을 위협하고 교회를 죽이려는 일본의 시도일 뿐이라고

하게 느꼈다.

181 한국에서 선교 활동을 시작한 이래로 외국 선교사들은 교파와 상관없이 협동해서 일하는 것에 성공했다. 서로 다른 장로교 선교회들(미국 북부, 미국 남부, 캐나다, 호주)은 하나의 한국 장로교회를 세우는 데 힘을 합치기로 합의했다. 감리교 역시 같은 일을 추진했다. 이에 더하여 장로교와 감리교는 활동 지역을 나누어서 서로 사역이 겹치지 않게 하여 건강하지 않은 경쟁 구도를 피하는 데 합의했다.

182 『신한민보』, 1914년 2월 26일자. Wells, *New God, New Nation*, 77에서 재인용.

183 Oliver, *A History of the Korean People in Modern Times*, 127-128.

184 평안북도의 핵심 지역이었던 선천에는 8,000명의 주민 중 절반 이상이 기독교인이었는데, 5명의 목사와 신성학교의 학생 및 교사들을 포함하여 80명이 넘는 사람들이 체포되었다. 평양과 서울 등 기독교인들의 영향력이 큰 도시들에서는 더 많은 수의 기독교인들이 체포됐다.

185 윤치호가 지목된 것은 그에게 죄가 있어서가 아니라 그가 총독부에서 일하기를 거부했기 때문이었다. Wells, *New God, New Nation*, 76, 78.

입을 모았다.[186] 그럼에도 이러한 일본의 노력은 교회를 약화시키는 데 실패했다. 그 대신 "일본인의 제일 성가셔하는 것은 한국의 예수교인이요 한인의 제일 희망되는 것은 예수교회의 확장이라"는 일반적인 믿음이 강화되었고, 이로써 기독교 운동이 더욱 발전하게 되었다.[187]

— 일제 식민 통치와 한국의 불만

1910년부터 1919년까지 일본의 가혹한 통치는 한국인들에게 깊은 원한을 샀다. 민족주의적 반일 감정은 교육받은 식자층에서 시작되어 일반 대중에게로 확산됐다. 이들은 모두 일본의 압제 속에서 조직적인 경제적·사회적 수탈이 점증하는 것을 쓰라리게 경험해야 했다. 한국에 거주하는 일본인들은 현지 한국인보다 더 많은 권리와 특혜를 누렸고, 더 높은 급여를 받았고, 더 나은 학교를 다녔고, 더 큰 집에 살았고, 더 큰 땅을 소유했다. 1914년에는 한국 농민의 76%가 소작농이 되었다.[188] 한국 사람들은 자신들이 자기들 땅에서 '2등 시민'이 되어버렸고, 자기들의 오랜 역사와 문화가 식민정부에 의해 체계적으로 파괴되고 있음을 깨달았다. 그리하여 총독부에 대한 증오와 국가의 독립에 대한 열망이 격화되었다.[189] 그러나 경찰의 엄격한 감시 때문에 대부분의 항일 활동은 지하로 잠입했다. 한국 민족주의자들은 식민지의 굴레에서 벗어나기 위해 온 나라를 동원할 수 있는 적절한 기회를 기다리고 있었다.

그러던 중 1919년 1월 고종이 갑자기 사망했다. 그가 일본인들에게 자살을 강요당했다는 소문이 전국에 퍼졌다. 비록 그는 백성들 사이에서 인기 있는 인물은 결코 아니었고, 황실의 몰락을 개인적으로 애도하는 사람도 거의 없었지만 그의 죽음은 반일 감정에 새로운 흐름을 일으켰다. 민족주의 지도자들은 이 기회를 이용하여

---

186 Ibid., 76.

187 조덕린, "한국 현시 정황," 『신한민보』, 1915년 9월 16일자. Wells, *New God, New Nation*, 77에서 재인용.

188 Brudnoy, "Japan's Experiment in Korea," 168.

189 Ibid.

일본 통치에 대항하는 전국적인 봉기의 필요성을 대중에게 호소했다. 이 운동은 여러 민족주의 단체들이 공동으로 기획한 것으로, 김성수, 송진우, 현상윤이 이끄는 중앙학교 그룹(비기독교인)과 손병희, 권동진, 최린, 오세창이 이끄는 천도교가 주된 세력이었다.[190] 봉기 날짜는 장례일인 3월 4일로 정해졌다. 일본 경찰이 여행을 철저히 통제했지만, 장례식에는 사람들이 큰 의심을 받지 않고 돌아다니며 모임을 할 수 있기 때문이었다.[191] 이후 봉기의 주최자들은 소동이 일어난다는 소문이 경찰에 누설되어 날짜를 3월 1일로 변경했다.

대중의 지지를 극대화하고 외국으로부터 공감과 인정을 얻기 위해 민족주의자들은 모든 종교 단체, 특히 기독교인들의 참여를 강력히 촉구했다.[192] 그들의 목표는 독립을 이루려는 한국의 뜻에 대해 국제 사회가 관심을 갖게 하는 것이었는데, 미국 및 여러 서구 국가들이 민족자결주의를 이행해주기를 희망하며 세운 목표였다. 민족자결주의는 우드로우 윌슨(Woodrow Wilson) 대통령이 당시 파리강화회의의 14개조 평화 원칙에 포함시킨 상태였다.

— 기독교인의 3·1운동 참여

처음에 기독교 민족주의자들은 자체 계획이 따로 있었고, 일반 대중과 함께 봉기하는 것은 자신들이 전적으로 통제할 수 없기 때문에 참여를 주저했다. 그러나 일반 지도자들은 모든 종교 단체들과 동맹을 맺기를 간절히 바랐다. 종교 단체들이 합류해야 이 운동이 더욱 강력한 정신적 기조를 얻게 되고, 국제적 인정을 받을 만한 고상한 도덕적 기반을 갖게 된다고 보았기 때문이다. 그들은 특히 기독교인들의 참여를 중요하게 생각했는데, 교회의 조직망 및 외국과의 연계를 통해 국내외적인 정당성을 확보하고자 함이었다. 그래서 비기독교인 민족주의 지도자들은 기독교인들

---

190 Choong Soon Kim, *A Korean Nationalist Entrepreneur: A Life History of Kim Songsu, 1891-1955* (Albany, NY: SUNY Press, 1998), 50-53.

191 Carlton Waldo Kendall, *The Truth About Korea* (San Francisco, CA: The Korean National Association, 1919), 26.

192 Ibid.; Hong, "Formation of Korean Protestantism and Its Political Nature," 25.

의 신뢰와 지지를 얻기 위해서 비폭력을 원칙으로 하는 데 동의했다.

일반 지도자들이 비폭력 원칙을 승인하자, 기독교 단체들은 교회나 선교사의 공식적인 동의를 얻지 않고 개별적으로 운동에 가담하기 시작했다. 이 부름에 가장 먼저 응답한 기독교 목회자는 평북 정주 오산학교의 설립자이자 당시 가장 존경받고 영향력 있던 기독교 지도자 중 한 명인 이승훈이었다.[193] 그 밖의 기독교 지도자로는 훗날 이승만 휘하에서 부통령을 역임한 함태영, 한국 YMCA 간사 박희도, 연희전문 학생 대표 김원벽과 이갑성 등이 참여했다. 그러자 이 운동은 모든 반일 민족주의자들이 연합하여 이루어낸 결과물이 되었다.

준비부터 봉기 당일까지 교회의 역할은 매우 중요했고 기독교인의 참여가 두드러졌다. 한국 전역의 교회에서 비밀리에 준비 모임이 조직되었다. 기독교인들은 다가올 봉기의 소식을 듣고 비폭력 원칙을 준수할 것을 교육받았다. 소문은 교회의 연결망을 통해 급속도로 퍼져나갔다.

3월 1일, 전국 각지에서 한국인들이 독립선언서를 낭독했다. 이 선언서는 거사 전날 밤 여러 종교단체 및 지하 애국단체 소속 33명의 지도자들이 서명한 것이었다. 이 33명의 서명자들 중 16명은 길선주, 김병조, 유여대, 정춘수 등 당대 유명한 목회자였다(표 1.9 참고).[194] 그들 중에 장로교인은 7명, 북감리교인은 6명, 남감리교인은 3명이었다. 민족대표 중에 천주교 신자는 없었는데, 교황이 알 수 없는 이유로 한국

표 1.9 • 독립선언서 서명자(1919. 3. 1)

(단위: 명)

종파	서명자 수	예
천도교도	15	최남선, 손병희
기독교도	16	이승훈, 길선주, 김병조, 유여대
불교도	2	한용운, 백용성

출처: Wanne J. Joe, *A Cultural History of Modem Korea: A History of Korean Civilization* (Elizabeth, NJ & Seoul: Hollyn, 2000), 808.

193 Kim, *A Korean Nationalist Entrepreneur*, 53.

194 Hong, "Formation of Korean Protestantism and Its Political Nature," 26.

천주교회에 이 운동에 참여하지 말 것을 명령했기 때문이었다.[195]

거리에는 손수 만든 태극기가 휘날렸고, 주요 도시와 마을마다 수백, 수천 명의 시위대가 "만세", "대한독립만세" 등의 구호를 외쳤다. 그날 한국은 국가의 독립을 위한 그들의 열망이 소수만의 것이 아니라 한반도 전역을 관통하는 보편적인 정서임을 전 세계에 보여주었다.

교회는 독립선언서 사본과 태극기를 배포하고 사람을 동원하는 일에 가장 효과적인 통로가 되었다.[196] 서울에서는 승동교회와 정동교회가 학생 대표들의 모임 장소로 사용됐다. 교회가 후원하는 학교들은 "시위의 원천"이 됐다.[197] 전국적으로 미션 스쿨과 교회 건물은 독립선언식이 열리는 장소로 활용됐다. 한국 기독교인들의 정치 개입을 동조하지 않았던 한 미국 선교사는 당시 교회가 맡았던 역할을 다음과 같이 설명했다.

> 이른바 기독교 수도로 불리는 평양에서 작년 3월 1일 저자는 우연히 그곳에 있었다. 주요 교회마다 고종을 위한 추도 예배를 드리기로 경찰의 허락을 받아둔 상태였다. 추도 예배 말미에 독립선언서가 교회 안에서 낭독됐고, 첫 번째 "만세" 소리가 들렸다. 내가 3월 2일 방문한 진남포에선 매 시간마다 군중들이 교회에 모여 거리 시위에 나갔다.[198]

비록 그는 부정적인 입장이었지만, 이러한 그의 언급은 당시 교회들이 이 대중 운동의 구심점 역할을 했음을 보여주었다.

---

195 Matsuo and Takiguchi, "The Japanese Protestants in Korea, Part One: The Missionary Activity of the Japan Congregational Church in Korea," 586.

196 Kim, *Protestants and the Formation of Modern Korean Nationalism, 1885-1920*, 135.

197 Matsuo and Takiguchi, "The Japanese Protestants in Korea, Part One: The Missionary Activity of the Japan Congregational Church in Korea," 583-584.

198 D. Frank Herron Smith, *The Other Side of the Korean Question* (Seoul: Seoul Press, 1920), 6.

— 일본의 잔인한 진압

경찰은 3·1운동의 규모와 범위를 보고 경악했다. 한국인 경찰들 일부는 군중에게 너무 감동받은 나머지 제복을 벗고 시위에 합류하기도 했다. 사태를 즉각 수습하기 위해 일본 경찰은 검과 소총으로 무장한 수백 명의 헌병대까지 동원해서 시위대를 해산시키고 주동자들을 체포했다. 그러나 이 방법으로도 사람들이 모이는 것을 막지 못하자 군 병력이 투입되어 평화로운 시위대를 향해 발포했다. 노인과 여성, 어린이들은 소총의 개머리판에 맞아 쓰러졌다. 외국인들이 주변에 없었던 일부 외딴 도시들에서는 헌병들이 탄약이 소진될 때까지 사람들에게 발포했다. 경찰의 보복으로 인해 수많은 사람들이 시위 당일부터 며칠 동안 죽어나갔다. 외국인들은 봉기 후 처음 3개월 동안 5만 명 이상의 한국인이 사망하거나 부상을 당했다고 추정했다.[199]

일본 당국이 기독교에 대한 혐오감을 드러낸 특별한 사례 하나로서 제암리 사건을 들 수 있다. 서울에서 45마일 정도 떨어진 제암리 지역에서 일본군은 마을의 모든 기독교인에게 지역 교회로 모이라는 명령을 내렸다. 사람들이 모이자 군인들이 즉시 총을 쏘았고, 35명의 남성들이 그 자리에서 사망했다. 이 사건은 영국과 미국의 영사관 요원들의 조사를 통해 확인되었고, 하세가와 총독도 이 사실을 인정했다.[200] 비슷한 사건이 수원에서도 일어났는데, 일본군은 한 마을의 모든 주민을 교회에 가두고 불을 질렀고, 도망치는 사람들을 향해 총을 쐈다.[201] 기독교인을 향한 광범위한 공격은 한반도 전역에서 보고되었다. 일부 지역에서는 기독교인들이 공개적으로 십자가형을 당하기도 했다. 극도로 끔찍한 방법의 공격들이 선교사들과 다른 외국인들에 의해 목격되고, 기록되고, 보고되었다.[202]

3·1운동이 일어난 지 4개월 만에 한국 장로교에서만 2,486명의 신자를 잃었다. 그들 중 41명의 교회 지도자들이 봉기 중에 살해됐고 6명 이상은 옥중에서 고문으

---

199 Kendall, *The Truth About Korea*, 33. 이 추정 수치는 한국 역사학자들의 것과도 상응한다. 그리고 Brudnoy, "Japan's Experiment in Korea," 170.

200 Kendall, *The Truth About Korea*, 31-32.

201 Brudnoy, "Japan's Experiment in Korea," 171.

202 Ibid.; Moffett, "Missionaries Contributed to Korea," *D.R.P.: The Official Bulletin of the Democratic Republican Party* 10-11 (November 1975): 19-20.

로 사망했다. 총 12개소의 교회가 완전히 파괴됐다.[203] 최종적으로 134명의 장로교 목사들과 장로들이 목숨을 잃었다. 감리교 선교사들은 그들의 손실을 다음과 같이 묘사했다.

> 지방회를 열 시기가 되자, 한국인 목사 중 한 명이 "금년 우리 지방회 개최를 위한 최적의 장소는 감옥일 것 같다"고 말했다. 이 말은 우리 목사님들, 지역 설교자들, 권사, 집사, 구역장, 주간학교 교사, 주일학교 사역자 등 160명의 사람들이 독립운동에 참여했다는 이유로 투옥된 현실을 빗댄 발언이었다. … 회의에서 임명된 11명 회원 중 8명이 수감됐고, 1명은 건강이 악화되어 쉬어야만 했다. 금년에 우리는 2명의 회원으로 마감한다. 평양에서는 5개 교회가 6명의 안수 받은 목사를 지원하고 있었다. 그들도 모두 감옥으로 보내졌다. …[204]

체포된 시위자 19,525명 중 기독교인은 교파를 망라하여 총 3,428명이었고, 이는 체포된 사람의 약 18%에 해당했다(표 1.10 참고). 또 다른 자료에 따르면 수감자 수는 9,458명이고 그중 2,987명이 기독교인이며, 이는 전체의 22%였다.[205] 당시 기독교인이 1919년 전체 인구 1,600만 명 가운데 1.3%에 불과한 약 20만 명이었음을 감안하면 놀라운 수치이다.

기독교인들이 종교 단체 차원에서 조직적으로 이 운동에 참여한 것은 아니었다. 그러나 47개의 교회가 불타고, 수백 명의 기독교인들이 시위 중 사망하고, 여성들을 포함한 수천 명이 투옥되어 고문을 받은 것을 온 나라가 지켜보았을 만큼, 교회가 3·1운동에서 감당했던 두드러진 역할은 여실히 증명되었다.[206] 기독교 신앙은

---

203 The Commission on Relations with the Orient of the Federal Council of the Churches of Christ in America. *The Korean Situation: Authentic Accounts of Recent Events by Eye Witnesses* (New York: The Commission on Relations with the Orient of the Federal Council of the Churches of Christ in America, 1919), 8-9.

204 Korea Conference: P'yongyang District (1919) *Annual Report of the Board of Foreign Missions of the Methodist Episcopal Church: Korea Mission 1884-1943* (Seoul: The Institute for Korean Church History, 2001), 602.

205 이만열, 『한국 기독교와 민족의식』, (서울: 지식산업사, 1991), 349.

206 민경배, 『한국기독교회사』, (서울: 대한기독교출판사, 1982), 311-313.

표 1.10 • 1919년 3·1운동 때 체포된 사람들의 종교 분포

(단위: 명, %)

교파	남자	여자	합계	비율
천도교도	2,268	15	2,283	11.69
시천교	14	0	14	0.07
불교도	220	0	220	1.13
유교도	346	0	346	1.77
감리교도	518	42	560	2.87
장로교도	2,254	232	2,486	12.74
회중교도	7	0	7	0.04
기타 개신교도	286	34	320	1.64
천주교도	54	1	55	0.28
기타 종교	21	0	21	0.11
종교 없음	9,255	49	9,304	47.65
알려지지 않음	3,809	98	3,907	20.01
합계	19,054	471	19,525	100

출처: Korean Government-General, Governor's Office, *Chosen no dokuritsu shiso oyobi undo* [The Korean Independence Thought and Movement] (Seoul, 1924), pp. 98-106.; Chong-sik Lee, The Politics of Korean Nationalism, 115-118.

3·1운동을 뒷받침한 강력한 이데올로기였다. 많은 사람들은 이 운동이 하나님의 도우심으로 계획되었다고 믿었고, 그렇기 때문에 그들은 죽는 한이 있어도 멈출 수가 없었다. 신앙으로 뒷받침된 애국심과 종교의 자유에 대한 열망은 기독교인들이 시위에 참여하게 된 두 가지 주된 이유였다.[207]

인명과 재산 손실로 교회가 받은 타격이 너무도 커서 한동안 포교 활동이 대부분 중단되어야 할 정도였다. 그럼에도 불구하고 소란이 잠잠해진 이듬해부터 교인 수가 다시 증가하기 시작했고, 1921년에는 1919년 이전 수준으로 돌아왔다(표 1.11 참고). 미션 스쿨 학생 중에 시위 참가자가 많았기 때문에 많은 학생들이 경찰의 강도

---

207 Matsuo and Takiguchi, "The Japanese Protestants in Korea, Part One: The Missionary Activity of the Japan Congregational Church in Korea," 585.

표 1.11 • 1919년 독립운동 전후 장로교회의 성장

(단위: 개, 명)

연도	교회	신설 교회 수	신자 수
1917년	1,648	52	149,526
1918년	1,778	102	160,919
1919년	1,705	115	144,062
1920년	1,738	184	153,915
1921년	1,879	267	179,158

출처: Park, *Protestantism and Politics in Korea*, 36.

높은 압력과 감시로 인해 곧 체포되거나 학교를 중퇴했다. 이에 반해 한국 천주교회는 다른 교파들만큼 경찰의 괴롭힘을 당하지 않았고 신자 수가 지속적으로 증가했다.[208]

3·1운동의 또 다른 중요한 측면은 독립운동에 기여한 여성 기독교인들의 활약상이었다. 체포된 여성 471명 중 309명이 기독교인으로 전체의 약 66%에 달했다(표 1.10 참고). 나중에 이승만의 충직한 지지자가 되는 여성 감리교인 임영신은 현지 시위를 조직한 핵심 인물들 중 한 명이었다. 그녀는 몇 달 동안 투옥되었다가 이후 42개월의 가택연금을 선고받았다.[209] 대다수 한국 여성들이 그저 집안에 갇혀 살아야 했던 시대에, 기독교는 한국 사회에서 여성의 전통적인 역할에 대해 처음으로 중대한 도전을 했다. 그리하여 여성들이 지하 항일활동에 참여하는 것이 곧 유행하게 되었다. 이 여성 단체들 중 가장 유명한 것은 송죽회로서, 기독교 여성들이 민족주의자들의 지하 네트워크를 이끌었다.[210]

수천 명이 목숨을 잃을 만큼 엄청난 희생이 있었지만, 이 평화 시위는 미국 대중의 무관심 속에 사실상 잊히고 있었다. 평화 시위의 폭력 진압에 관한 보고서를 선교사들이 개별적으로 미국 교회들에 보냈지만, 미국 교회 지도자들 사이에 강력

208 Ibid., 420.

209 Louis Yim, *My Forty Year Fight for Korea* (Seoul: International Culture Research Center Chungang University, 1951), 107-117.

210 평양 숭의여학교의 교사 및 학생 출신 유명 여성 지도자들이 활동했다. 황애덕, 김경희, 이효덕, 안정석, 박현숙, 이마대, 채광덕, 송복신, 황신덕 등이 조직했다.

한 친일 정서가 이미 형성된 상태에서 미국 교회들은 한국 독립을 지지하기를 거부했다. 그나마 미국 정부는 일본 정부의 탄압을 중단시키기 위한 어설픈 노력을 하기는 했다.

한편 선교사들은 이러한 유례없는 민족주의적 정치운동을 목격하고 이에 대해 매우 공감했다. 그러나 그들은 그러한 자신의 생각을 자유롭게 표현하지는 못했고, 자신들의 3·1운동 관여가 일본 정부를 자극하여 한국 선교 활동에 지장이 될까 봐 두려워했다. 선교사들이 공개적으로 한국 민족주의자들 편에 서기를 주저했던 것, 미국 교회 공동체가 3·1운동에 제대로 반응하지 못하거나 미국 정부에게 일제의 박해를 확실히 저지하도록 압박하지 못했던 것은 미국 교회의 무능함을 드러내는 사례가 되었고, 오래도록 기억될 만한 일이었다. 당시에는 그 중요성을 인식하는 미국인들이 거의 없었다. 그러나 추후 한국이 공산주의와 투쟁해야 할 때가 오자, 미국 교회 지도자들과 선교사들은 자신들과 미국 정부가 이전과 같은 '실수들'을 반복하지 않겠노라 굳게 결의했다.[211]

식민지 시기 미국 선교사들이 한국에 미친 영향에 대해서 상반된 반응이 존재했다. 일각에서는 한국 기독교인들이 일본 정부에 순응하도록 해서 일본 식민지 정부를 도왔다고 비난했다.[212] 그러나 역으로, 선교사들의 존재가 일본의 만행을 억제하여 한국 교회를 도왔다는 정반대의 해석도 가능하다. 1919년 3월부터 시행된 극심한 탄압 정책으로 교회가 가혹한 시련을 겪고 있을 때 선교사들은 더 이상 불필요한 인명 및 재산 손실이 생기는 것을 막았다.[213] 사실 미국 선교사들이 직접 나서서 3·1운동을 시작하거나 참여한 것이 아니기 때문에 일본에게는 그들을 기소할 만한 구실이 전혀 없었다. 그래서 선교사들은 일본 정부와 막후 협상을 하면서 한국 내

---

211 '실수들'이라는 단어는 1947년 1월에 열린 북미 해외선교대회(Foreign Mission Conference of North America)에서 채택된 결의안에서 사용된 것이다. 이 결의안에 대해 보도한 기사는 *The Voice of Korea* 6 (15 February 1947): 1. 이 자료의 위치는 Vertical File: Truman Subject File - Religion, Truman Library.

212 Joe, *A Cultural History of Modern Korea*, 555-563.

213 여기서 나는 선교사들의 입장에 대한 도덕적 판단을 내리지 않았다. 다만 식민지 시기 그들의 견해의 배경만 제시할 뿐이다. 이로써 전후 한미관계와 한국 국내정치에 미친 선교사들의 잠재적 영향력을 조명하고자 한다.

선교 활동을 지속할 수 있었다. 그 결과 미국 선교사들은 한국 기독교가 살아남아서 1920년대 내내 꾸준히 성장하도록 도울 수 있었다. 이처럼 기독교 교회들이 존속하는 것은, 비록 선교사들이 의도한 바는 아니었지만, 일본 식민독재정부에 끊임없는 위협과 도전을 안겨주었다.

— 기독교와 문화 민족주의자들

3·1운동 이후의 독립 투쟁은 여러 민족주의 파벌들의 일시적인 연합이 와해되는 양상을 보였다. 기독교 평신도들이 다수였던 문화 민족주의자들은 한국 내 독립투쟁을 주도하기 시작했고, 급진주의자들은 일본 경찰의 심한 탄압을 받거나 해외로 도피하여 생존 또는 추종자 모집을 도모했다. 이 세력들은 한국 민족주의를 대표하는 경쟁자가 되어서 정반대의 투쟁 노선을 걸었다. 식민지 시대의 남은 기간 동안이 두 집단은 일본의 감시 속에 살아남기 위해 고군분투했고, 한국 내외의 애국자들 중에서 지지자를 얻기 위해 경쟁했다.

독립운동을 잔인하게 탄압한 것으로 한국 내 평판이 나빠진 일본 정부는 문화통치라는 새로운 정책을 도입했다. 이는 한국 민족주의자들을 달래고 국제 사회를 안심시키기 위해 한국인들에게 더 많은 자유를 허용하는 정책이었다. 새로 부임한 총독인 사이토 마코토 제독은 한국의 정치·사회 지도자들과 화해를 모색했다. 총독부는 한국인들에게 엄격한 정부의 검열을 조건으로 신문 발행을 허용했고, 철저한 경찰의 감시 아래 집회 개최도 허용했다. 또한 한국 투자자들과 실업가들에게 대출을 제공했는데, 다만 현지 원자재를 사용하는 소규모 산업에 국한되었다.[214] 그 밖에도 사이토 총독은 한국 아동을 위한 학교를 추가로 설립하고, 공직에서 봉급 차별을 없애고, 태형을 폐지하기로 합의했다. 그러나 이 약속은 지켜지지 않았다. 한국인에 대한 태형과 차별은 식민지 기간 내내 지속되었으며, 한국 아동을 위한 학교는 일본의 경우와 비교할 만한 수준이 못되었다.[215]

---

214 Brudnoy, "Japan's Experiment in Korea," 176.

215 Ibid., 175-176.

총독부는 사회적·정치적 통제를 줄이는 데는 합의했지만 기독교 교회에 대한 통제는 더욱 강화했다. 표면적으로는 선교사들을 진정시키기 위해 미션 스쿨의 종교 교육을 허용하고 교회 신축 요건을 완화시키기는 등 선교사들에게 일부 양보했지만, 속으로는 기독교 공동체를 크게 업신여겼다. 사이토 총독 치하에서 기독교인에 대한 박해와 잔혹행위가 그치기는 했지만, 일본 경찰의 감시는 전방위로 확대되었다. 한 선교사는 다음과 같이 보고했다.

> 경찰들은 교회와 학교의 예배에 참석해서 사람들의 언행을 규제해야 한다고 툭하면 고집을 부립니다. 그들은 학교 복도를 자주 오가면서 온갖 구실을 대고 학생들을 체포해 갑니다. 그들은 모든 출판물을 검열하고 교회 주간 신문에 실린 기사에도 종종 반대합니다.[216]

일본의 정책은 기독교 교회가 또다시 반일 감정의 온상이 되는 것을 막는 것이었다. 1930년대 일본이 동아시아 정복 전쟁을 준비하기 시작하면서 이러한 정책은 더욱 강경해졌다.

교회를 계속 약하게 만들기 위해서 총독부는 기독교인들에게 경제적인 차별을 가했다. 일본인 지주가 한국의 농지를 인수할 때 기독교인 소작농은 쫓겨나고 그 땅을 경작할 권리는 비기독교인 소작농에게 돌아가는 일들이 빈번했다. 이처럼 교회에 필요한 경제적 지원을 간접적으로 차단하는 방식으로 총독부는 기독교 교회의 장기적인 성장을 방해하는 데 성공했다. 평양 초기 선교 개척자의 아들인 새뮤얼 H. 마펫(Samuel H. Moffett)에 따르면, "1927년 한국 교회의 지출 내역에 관한 연구는 교회가 교역자들에게 적절한 수입의 절반만 지불하고 있다는 결론을 내렸다".[217] 교회에는 자격을 갖춘 지도자들을 양성하고 보유할 만한 충분한 자원이 없었기 때문에 식민 통치 후반기 대부분의 지역 교회들은 성장이 저해되었다(표 1.12 참조).

성과 없이 인간적 고통만 커졌던 상황 또한 교회 지도자들과 기독교인 지식인

---

216 Harry A. Rhodes, *History of the Korean Mission Presbyterian Church, 1884-1934* (Seoul: Chosen Mission Presbyterian Church U.S.A., 1934), 503.

217 Samuel H. Moffett, "Missionaries Contributed to Korea," 72.

표 1.12 • 한국 기독교 신자 수

(단위: 명)

연도	신자 수	비고
1937년	374,085	중일전쟁
1939년	370,462	신사참배 강화
1941년	332,607*	선교사의 투옥 및 강제 추방
1943년	208,758	

* 표 1.6과 비교했을 때, 이 표의 수치가 훨씬 적은데, 이는 출처가 다르기 때문이다. 일본 측 자료는 비활동 회원을 포함한 데 반해, 교회 측 자료는 실제 출석자들만 반영했을 수 있다. 즉, 신사참배를 거부한 일부 기독교인이 스스로, 또는 강제로 교회를 떠나게 된 것이다.

출처: Park, *Protestantism and Politics in Korea*, 36.

들에게 중대한 심적 변화를 일으키게 했다. 그들은 독립운동에서 보다 보수적인 역할을 자처했다. 일본의 폭정이 심해지자 미국 선교사들과 한국 목사들은 방향을 수정하여 신자들이 평화적인 저항의 길을 가도록 이끌었고, 식민지 당국과의 직접적인 충돌을 피하고자 했다. 그들은 교육과 산업 발전의 중요성을 주창했는데, 그 결과 대부분의 한국 교회는 점진주의자들의 문화적 민족주의 접근법을 채택하게 되었다. 목회자들은 설교에 대한 책임에 집중했고, 기독교인 장로들은 각자 사회적 개선의 책임을 떠맡았다.

결과적으로 문화 민족주의는 1919년부터 1945년까지의 식민지 기간 동안 더 많은 국내 추종자들을 얻었다. 비록 일제가 정한 범주 안에서만 활동해야 했지만, 기독교 학교들과 소규모 사업체들이 한국 전역에서 생겨났다. 이제 한국에 남기로 결정한 사람은 그 누구든 순응하든지 투옥당하든지 어려운 선택을 해야만 했다. 1939년부터 1961년까지 이화여자대학교 총장을 역임했던 김활란 박사는 한국 지도자들 중에 부일협력자와 비협력자를 구분하기는 어렵다고 설명했는데, 생존과 교육 사업 수행을 위해서 모두들 어떤 식으로든 타협해야만 했다는 것이다. 이러한 상황은 김성수에게도 적용되었다. 교육적·경제적 수단을 통해서 한국의 경제를 세우려고 했던 그는[218] 한국전쟁 이후 가장 유명하고 영향력 있는 문화 민족주의자가 되었다.

218 Kim, *A Korean Nationalist Entrepreneur*, 117-120

한국이 일본의 속국이 된 것은 조선 후기 조정이 부패와 권력투쟁에 젖어서 쇠락했던 탓이었다. 훌륭한 정치 지도력과 정책 결정력이 결여되었기 때문에 개혁의 시도들은 대부분 시작하자마자 실패했다. 외세의 침략으로 청나라가 쇠퇴하자 한국의 운명은 이웃 나라들의 손에 맡겨졌다. 외국 사제들과 현지 기독교인들에 대한 한국의 적대적인 행동들은 서구 열강의 관심을 불러일으켰고, 그들의 많은 군함들이 한국의 해안에 찾아오게 했다. 그러나 마침내 이 지역의 안정을 근본적으로 파괴하고 한국 땅에 전쟁을 일으켰던 나라는 국력이 신장되어 영토 확장의 야망을 품었던 일본이었다. 서방 강대국들, 특히 미국이 일본을 제지하기를 거부했을 뿐만 아니라 일본의 한국 지배를 합의해주자 한국이 국가로서 생존할 수 있는 가망은 거의 사라져 버렸다.

미국 정부는 한국 방어에 거의 관심이 없었고, 한국에 있던 대부분의 미국 기업들은 일본의 한국 침략이 진행되자 점차로 일본인들에게 사업을 넘겨주었다. 그런데 한국에 남아있기로 결정한 소수의 미국인들이 있었다. 바로 선교사들이었다. 그들은 일본 식민지 정부의 적대적인 간섭이 계속됨에도 불구하고 한국이라는 비옥한 영적 토양을 포기하지 않고 종교 활동을 이어갔다. 수십 년의 힘든 세월 동안 선교사들은 기독교인 개개인의 항일 활동을 지원하지는 않았어도 한국 기독교 교회를 묵묵히 뒷받침했다. 선교사들은 종교적 자유와 해방이라는 더 위대한 대의를 위해 싸웠고, 그들의 영향력은 대도시들로부터 북쪽 가장 외진 마을에 이르기까지 한반도 전역에 미쳤다.

일제 강점기 30년 동안 한미 간 공식적인 외교관계는 없었지만 한국인과 미국인 사이에는 비공식적인 관계가 계속 활발하게 이루어졌다. 선교사들의 후원으로 한국 학생들은 미국과 캐나다로 가서 고등 교육을 받고, 귀국 후에는 나라를 위해 봉사했다. 이처럼 종교를 통해 식민지 한반도와 서구 세계가 연결되는 통로가 열렸으며, 서구 민주주의 모델을 기반으로 한 국가 발전의 비전이 한국인들의 미래를 위한 희망적 대안으로 뿌리내리기 시작했다.

선교사들의 활동은 미국과 미국인들에 대한 한국의 인식에 영향을 주었을 뿐만 아니라 한국인들이 자기 자신과 조국을 바라보는 시각에도 영향을 주었다. 일부 학생들은 선교사들에게서 배운 것을 확대하여 개인 구원의 종교적 메시지를 정치적인 설교로 전환시켰고, 이로써 동족에게 영감을 불어넣었다. 미국 선교사들의 그늘에서 지내며 성장한 기독교 민족주의자들은 현대 한국을 좌우하는 유력한 정치인들이 되었다.

그러므로 한국인들에게 개인과 국가의 구원이라는 약속을 깊이 심어준 장본인은 바로 선교사들이었다. 모두는 아닐지라도 최소한 일부 선교사들이 그러했다. 그들이 약속했던 것으로 말미암아 한국인들은 미국에 대한 커다란 기대감을 갖고서 미국의 도움을 끈질기게 요청하게 되었다.[219] 또한 고군분투하는 한국이라는 나라에 결정적인 변화를 일으킨 것도 선교사들이 행한 복음주의적 가르침, 교육 사업, 의료 활동 전반이었다. 의심의 여지없이 서양의 교육은 암울한 식민지 시대의 한국인들에게 새로운 이해와 희망을 주었다.

219 이 부분에 대한 명확한 설명은 Harrington, *God, Mammon and the Japanese*와 Kim, *Protestants and the Formation of Modem Korean Nationalism, 1885-1920*을 참조할 것. 해링턴은 알렌이 어떻게 한국의 국왕에게 미국의 원조 가능성을 확언했는지 분석했고, 김인수는 호러스 언더우드가 한국 독립의 대의에 대한 미국의 지지를 긍정적으로 확신했음을 제시했다. 알렌과 언더우드는 모두 선교부의 입장보다는 각자의 소신에 따라 발언했다.

제2장 북한의 종교적인 요소들

민족주의는 많은 한국인들을 고무시켜서 일제 식민 통치에 저항하도록 도움을 주었지만, 3·1운동이 실패하고 일본의 새로운 '문화 통치' 정책이 이어지자 한국 민족주의자들 내부에서는 심각한 의견 충돌이 일어났다. 급진주의자와 점진주의자 간의 분열은 향후 한국 정치 발전에 악영향을 끼쳤다. 점진주의자들은 한국 내에서 더 많은 영향력과 권력을 가졌던 반면, 급진주의자들은 정치적 암살과 중국 및 만주의 일본군에 대항한 무장 투쟁으로 명성을 얻었다. 국가의 해방과 발전 방식을 두고 이처럼 의견이 갈라진 것은 일제강점 종식 이후 한국 민족주의자들이 서로 갈등하게 되는 원인이 되었고, 한국의 정치와 외교 정책의 발전에도 악영향을 주었다.

좌우 진영의 경쟁은 1945년에 시작된 것이 아니었다. 그것은 문화 민족주의자들이 급진적인 공산주의 민족주의자들로부터 도전을 받으면서 식민지 시대 전반에 걸쳐 심화된 것이었다. 이 논쟁은 몇몇 야심찬 정치인들 간의 부분적인 차이나 권력 다툼을 넘어선 것이었고, 그 핵심에는 양립할 수 없는 두 철학 간의 충돌이 존재했다. 그것은 한국의 미래를 인도할 비전을 두고 벌어진 투쟁으로서, 공산주의 독재를 달성하는 급진적인 혁명을 할 것인가, 아니면 기독교의 영향을 받은 민주주의로 점진적인 변화를 할 것인가의 문제였다.[1] 그러던 중 1945년 8월 이데올로기 경쟁을

1 존 페어뱅크(John K. Fairbank)는 민족주의의 여러 종류들을 요약하여 보수적 민족주의와 개혁-혁명적 민족주의의 두 가지 주요 범주로 크게 나누었다. John K. Fairbank, "The Problem of Revolutionary Asia," *Foreign Affairs* 29 (October 1950): 107. 페어뱅크는 동아시아의 일반적인 상황을 언급하면서도 한국의 사례를 특히 주의 깊게 분석했다. 한국은 이러한 두 개의 범주로 설명하기엔 너무 복잡한 정치적 지형도를 지니고 있었다. 한국의 우파에는 변화를 희생시키면서 자

벌이는 두 강대국에 의해 나라가 둘로 갈라진 것은 이 분열과 갈등을 결정적으로 키워 놓았다. 공산주의자들은 소련의 지원을 얻으려 했던 반면, 기독교 민족주의자들은 미국과의 동맹을 원했다.

북한 지역은 기독교가 대중의 마음을 강력히 붙들고 있던 곳으로서, 점진주의자와 급진주의자 간 충돌이 1945년 해방 후 첫 세 달 동안에도 극심했다. 제2차 세계대전 후 북한의 정치 투쟁을 분석하기 위해서는 먼저 일제 강점기의 마지막 10년, 특히 기독교 교회에 대한 일본의 정책을 이해하는 것이 중요하다. 일본의 박해에서 살아남은 기독교 민족주의자들은 공산주의의 북한 지배를 가로막는 주된 정치적 장애물이었다. 그리하여 공산당 정부는 북한의 토착 종교들을 통제하려고 시도할 때 기독교 집단을 지목하여 더 가혹한 대우를 했다.[2] 기독교와 공산당 세력이 정치적으로 경쟁을 벌이며 노골적으로 대립했던 것은 해방 이후부터 6·25 이전까지 한국 정치가 양극화되는 것에 중대한 영향을 미쳤다.

식민지 시대의 가장 암울한 시기(1931~1945)

일본의 문화 통치 정책은 1930년대 도쿄 수뇌부가 침략 전쟁을 확대하면서 막을 내렸다. 러일 전쟁이 끝난 후부터 관동군으로 알려졌던 일본군은 새로 획득한 일본의 철도 이권을 보호하기 위해 만주에 주둔해왔다. 관동군은 일본 팽창주의자들 중 과격파들로부터 통제받고 있었는데, 이들은 중국 정복 전쟁을 일으키려고 혈안이 되어 있었다. 1931년 9월 18일 두 명의 과격파 일본 장교들인 이타가키 세이시로 대좌와 이시와라 간지 중좌가 무크덴(만주어 이름, 선양(瀋陽)으로도 불림 - 역자 주) 근처의 일

신들의 권력을 지키고자 하는 보수주의자들뿐만 아니라 긍정적인 정치·사회·경제의 변화를 위해 좌파 의제의 일부 요소들을 수용했던 기독교인들과 여타의 개혁주의자들도 포함되어 있었다. 이러한 집단들이 일시적으로 동맹을 맺는 것은 그들의 이해관계가 다를지라도 공산주의에 의해 똑같이 위협을 받았을 때 가능했다.

2 U.S. State Department, *North Korea: A Case Study in the Techniques of Take Over* (Washington D.C.: U.S. Government Printing Office, 1961), 96.

본 남만주 철도 구간 하나를 폭파시켰다. 이 사건은 장쉐량(張學良) 휘하의 중국군과 관동군 간의 갈등을 촉발시켰다(일본은 선로 폭파를 중국 소행이라고 트집을 잡았음 - 역자 주). 일본은 이 위기를 틈타 철도를 '보호'한다는 명분을 내세워 1만 명의 병력을 무크덴으로 보냈다. 그러나 중국군은 이에 대해 강력히 저항하지 않았고, 그리하여 일본은 만주 지역을 손쉽게 점령한 뒤 만주국이라는 괴뢰 정권을 세웠다.

만주사변 이후 일본의 팽창을 위해 조선이 더 큰 역할을 맡아야 한다는 정치적 압력이 거세졌다. 그 결과, 한반도 통제를 강화하기 위한 전체주의적 조치가 취해졌고, 이로써 전쟁의 노력을 위협할 만한 국내의 반대와 외국의 영향력들을 사전에 모두 억제하고자 했다. 1931년 사이토 마코토의 후임으로 우가키 가즈시게 장군이 조선 총독으로 부임했다. 새로운 식민지 정부는 반대 세력을 무자비하게 탄압하면서 국가를 군비 체제로 재돌입시켰다. 이후 1936년에는 전쟁 옹호주의자인 미나미 지로 장군이 우가키의 후임으로 오면서 더욱 가혹한 통치가 시행되었다. 일본은 중국을 상대로 전쟁을 준비하고 있었다.

— 전면적인 한국의 '일본화'

한국은 일본과 만주를 잇는 관문으로서, 일본의 아시아 대륙 침공에 없어서는 안 될 거점이었다. 중일전쟁은 1937년 7월 마르코 폴로 다리에서 일본군과 중국군이 격돌함으로써 본격적으로 시작되었다. 일본이 전쟁 물자 생산을 늘려가자 한국의 공장들은 전시 체제의 핵심 요소로 신속하게 전환되었고, 한국의 천연자원들은 일본군 지원을 위해 공출되었다. 일본은 평양, 함흥, 원산에 군수 공장들을 세웠고, 장시간 공장들을 가동할 만큼 충분한 에너지를 확보하고자 북한 지역에 수력 발전소를 설치했다. 여기서 생산된 전력은 한반도 전역과 만주 지역까지 공급되었다. 남한에서는 한국의 가장 비옥한 농지를 점령하여 이 지역의 쌀을 일본 본토와 일본군에 조달했고, 그 대신 만주의 보리와 밀을 수입해서 한국인들에게 주었다. 일제는 또 한국 청년들을 일본군에 징집하고, 어린 여성들은 일본 군인들의 '위안부'로 삼았다.[3] 철도는 부산에서 만주까지 병력과 전쟁 물자를 수송하는 데 사용되었다.

그러나 경제적·군사적 동원만으로는 성에 차지 않았던 일본 정부는 한국을 전쟁의 필수 파트너로 철저히 변화시키기를 원했고, 모든 한국인들이 일본 제국에 완전히 동화되기를 요구했다. 한국 민족을 '일본화'시키는 전면적인 계획이 시행된 것이었다. 총독부는 한국인들에게 창씨개명을 요구하고 한국어의 공공 사용을 금지시켰다. 학교에서는 일본 역사만 가르쳤고, 일본어만 사용할 수 있었다.

일왕을 숭배하는 민족 종교인 신도(神道)가 1930년대부터 한국 전역에 강요되었다. 학생들은 정기적으로 신사참배를 요구받았는데, 신사는 각 도시와 군, 마을에 세워졌다. 처음에 일본 당국은 선전 활동을 신중히 계획하면서, '국가'로서 신도와 '종파'로서 신도를 구별하여 교회 측에 혼동을 주려고 했다. 그들은 국가 신도가 단순한 애국 의식에 불과하다고 주장하면서 교회 활동에 간섭하지 않을 것을 약속했다. 그러나 일본인들은 나중에 요구 사항들을 늘려가며 필요한 모든 수단을 동원하여 신도를 강요하려고 했다. 모든 기독교 교회와 불교 사찰에 일본 신사가 세워졌다.[4] 경찰은 또 '가미다나'라 불리는 개별 가정용 신사를 한국인들의 집집마다 설치하도록 명령했다. 교회에서는 근무 시간 전이나 후에만 기독교 예배가 허용되었다.

— 한국 기독교에 미친 미국 선교사들의 영향

한국의 대다수 종교 단체들은 신사참배를 심각한 문제로 여기지 않았지만, 기독교인들은 우상숭배를 죄악시하는 성경의 주된 가르침 때문에 단호하게 거부했다. 외국 선교사들은 이 같은 논쟁의 한가운데에 놓이게 되었다. 문화 정책 초기에는 일본 정부가 어느 정도 종교적 자유를 보장했기 때문에 신도가 크게 문제되지 않았다. 그러나 신도 의식이 일왕을 향한 충성심을 가늠하는 척도가 되면서부터 이 문제는

---

3 위안부는 일본에 의해 강제 징집되어 전선의 병사들을 위한 성노예로 일하게 된 어린 여성을 가리킨다. 대다수는 일본인과 한국인이었으며 중국인과 대만인도 있었고, 다른 일본 점령 식민지 출신 여성들도 존재했다.

4 일본의 영향을 일찍부터 받아왔던 불교의 사찰들에는 그 이전부터 신사가 세워져 있었다. - 감수자 주

심각한 정치적 의미를 갖게 되었다. 일본 군국주의자들은 외국 종교의 영향이 전쟁에 대한 지지를 약화시킬 것을 우려했고, 그리하여 모든 기독교 기관들에게 신도 의식을 수행함으로써 충성심과 애국심을 보이라고 압박했다.

한국 기독교인에게 미치는 외국의 영향력을 일본이 두려워했던 것은 그럴 만한 이유가 있었다. 1931년 무렵에는 외국 선교사들이 한반도에 성공적이고 영향력 있는 선교 단체들을 세워 놓은 상황이었다. 프랑스 가톨릭의 거점은 서울과 대구에 있었다. 1909년에 한국에 들어온 독일 베네딕토회는 1921년부터 원산과 함경도를 거쳐 간도와 하바롭스크 지역을 아우르면서 동북 지역에서의 활동에 주력하기 시작했다. 미국 가톨릭 선교사들(메리놀 외방전교회)은 1923년이 되어서야 한국에 도착했는데 서북 지방에서 주로 활동했다.[5] 1941년 무렵 이들의 가장 성공적인 선교 지역은 압록강 근처의 의주와 가까운 도시인 영유(Yŏngyu)였다.[6] 성골롬반외방선교회는 1930년대 초에 한국에 왔다. 총 4개의 가톨릭 선교단체들이 1939년까지 14만 명 이상의 개종자를 얻었다(표 2.1 참고).

가톨릭은 개신교보다 100년 앞서 한국 선교를 시작했지만, 개신교는 이미 1910년에 선교사, 개종자, 선교기관의 수치 면에서 가톨릭을 앞질렀다. 당시 외국 선교사의 80% 이상이 개신교 소속이었고 이들은 모든 선교 지역의 약 90%, 모든 선교 병원의 91%, 모든 미션 스쿨의 95%를 관장했다(표 2.2 참조). 최초의 미국 메리놀 선교사인 패트릭 번(Patrick Byrne) 신부가 평양에 도착했을 때 그는 북한 지역 개신교회들의 성공에 충격을 받았고, "평양은 미국을 비롯한 내가 가본 어떤 곳보다 가장 기독교적인 도시다"라고 외쳤다.[7]

사실상 미국 선교사들은 한국 개신교계 내에서 가장 영향력이 컸다. 1910년 전체 개신교 선교사의 75% 이상이 미국 출신이었고, 그들은 대부분의 미션 스쿨들과 병원을 관할했다(표 2.2 참조). 20여 년 후인 1939년에도 미국인들은 여전히 모든 개

---

5 Donald N. Clark, *Christianity in Modern Korea* (Lanham, MD: University Press of America, 1986), 11.

6 Donald N. Clark, *Living Dangerously in Korea: The Western Experience 1900-1950* (Norwalk, CT: EastBridge, 2003), 140.

7 Ibid., 137-138.

표 2.1 • 1939년 선교단체들의 활동 관련 통계(선교단체협의회)

(단위: 명)

선교	총 선교사 수	총 신자 수
그리스도의 교회 선교부	4	330
영국 국교회 선교부	14	6,102
감리교 선교회	108	28,439
동양선교회	4	7,195
호주 장로교 선교부	29	19,435
미국 북장로교 선교부	118	120,560
미국 남장로교 선교부	66	21,980
캐나다 연합교회 선교부	38	17,508
구세군	16	18,002
제7일 안식교 선교부	19	7,288
로마 가톨릭 총합(4개 선교부)	278	141,243
합계	694	388,082

출처: Rev. Edward Adam, "Information of Christian Work in Korea, October 12, 1945," Presbyterian Church Archives, Record Group 140, Folder 29 - Presbyterian Historical Society, Philadelphia.

표 2.2 • 한일합병 당시 한국 기독교 현황

(단위: 개, 명)

구분	장로교	감리교	새 종파	천주교	정교회	합계
선교 지역	1,211	402	168	149	4	1,934
(교회당)	456	131	101	47	3	738
선교사	125	69	13	46	1	254
(미국인)	86	64	7	1	0	158
한국인 목회자	1,317	625	179	197	8	2,326
신자	115,072	37,620	7,897	38,197	188	198,974
일본인	39	0	108	192	0	339
학교	1,193	430	42	73	0	1,738
학생	102,113	29,285	782	778	0	132,958
병원	6	3	2	1	0	12

출처: Takakyoshi Matsuo, "The Japanese Protestants in Korea, Part One: The Missionary Activity of the Japan Congregational Church in Korea," S. Takiguchu 옮김, *Modem Asian Studies* 13 (1979), 419.

표 2.3 • 1941년 한국 내 외국인 비율

(단위: 명, %)

구분	인원수	비율
일본인	717,011	2.90
외국인	73,823	0.30
한국인	23,913,063	96.80
총 인구	24,703,897	100

주: 정확한 자료는 아님, 대략적인 수치임.
출처: 『미군정기정보자료집: CIC(방첩대) 보고서 1945.9-1949.1』, 1: 213.

신교 선교사의 76% 이상을 차지했고, 외국 선교단체들의 보호를 받는 72% 이상의 한국 개신교 신자들에게 영향력을 미쳤다(표 2.1 참조).

그중에서도 장로교 선교사들이 가장 성공적이었다. 한국에는 6개의 주요 개신교 선교부가 있었는데, 그중 4개가 장로교로서 미국 북장로교, 미국 남장로교, 캐나다 장로교, 호주 장로교가 있었다. 북장로교에서 한반도 전역에 10개의 지부를 세웠고, 남장로교에서는 전라도에만 4개의 지부를 두었다.[8] 모두 합쳐서 미국 장로교 선교사들은 70% 이상의 장로교회들에게 영향력을 끼쳤고, 그 휘하 회원들은 20만 명이 넘었다. 또한 미국 감리교 선교사들은 800개 이상의 교회와 5만 명 이상의 회원이 있었다. 미국의 또 다른 종파들인 제칠일안식일예수재림교와 성결교에는 총 390개의 교회와 약 1만 2천 명의 회원이 있었다(표 1.6 참고).

프랑스 가톨릭을 제외한 외국 출신 선교사들은 한국 기독교인들에게 부분적인 영향을 주는 것에 그쳤다. 미국 선교사들과 긴밀히 협력하는 가운데, 캐나다 장로교 선교부는 함경도 지방에 집중했고, 호주 장로교 선교부는 경상남도 부산에 거점을 두었다. 1939년에 38명의 캐나다 선교사가 북쪽 지역의 1만 7천 명의 신자를 목회했고, 29명의 호주 선교사가 남쪽 지역의 1만 9천 명의 신자를 목회했다. 영국 성공회 선교부는 1910년에 136개의 교회와 약 7천 명의 회원이 있었으나, 1939년에는 4명의 선교사가 6천 명의 개종자들을 목회하는 데 그쳤다. 구세군은 1910년 140개

---

8 1929년 전라도에서 남장로교는 10,809명의 세례교인이 있었다. George Thompson Brown, *Mission to Korea* (USA: Board of World Mission, Presbyterian Church U.S., 1962), 134.

의 센터와 4,876명의 회원이 있었고 1939년에는 회원 수가 1만 8천 명까지 증가했다(표 2.1 및 2.2 참조). 그리스 정교회는 1941년 6개 교회와 115명의 회원이 있었는데, 대부분 백인 러시아인이었다(표 1.6 참조). 이들의 교세를 모두 합해도 미국 선교 단체의 작은 부분에 지나지 않았다.

— 신사참배 논쟁

일본에서는 외국인 선교사들이 '국가 신도'라는 발상에 이의를 제기하지 않았는데, 이는 일본의 민족주의적 정서를 표현하는 한 방식이었기 때문이다. 선교사들은 유교의 충효사상을 받아들였던 것처럼 실용적인 이유로 신도를 수용했다. 그러나 한국의 경우는 전혀 달랐다. 선교사들, 교회 지도자들, 한국인 신자들은 신도의 예배의식을 두고 심각하게 분열되었다. 한국 천주교에서는 일본 천주교의 선례를 본받아 신사참배를 애국 의식이라고 해석한 공식 입장을 내놓았다. 그러나 존 모리스(John Morris) 신부 등 몇몇 사제들이 개인적으로 이 방침의 수용을 거부했고,[9] 이에 모리스는 면직되었다. 천주교와 마찬가지로, 치열한 논쟁 끝에 감리교 선교사들과 한국 감리교회는 식민지 정부의 강력한 정치적 압력에 굴복했다. 제칠일안식일예수재림교회와 회중교회 역시 일본 당국의 강압 아래 비저항적인 접근법을 따랐다.

전체 개신교인의 78% 이상이 속해 있던 장로교(표 2.8 참조)는, 그만큼 논쟁의 규모도 훨씬 컸으며 저항도 훨씬 강력했다. 미국 장로교 선교사들이 대부분의 미션 스쿨을 관할하고 많은 교회에 영향력을 행사했기 때문에 이 문제에 대한 그들의 의견은 비기독교인을 포함한 많은 사람들에게 큰 영향을 미쳤다. 주로 장로교 평양 선교부와 남장로교 선교부 소속의 선교사들이 기독교인의 신사참배에 반대하고 나섰는데, 새뮤얼 A. 마펫(Samuel A. Moffett) 목사, 오토 드캠프(Otto DeCamp) 목사, 드윗 라우(DeWitt Lowe) 박사, 조지 맥큔(George McCune) 박사 등이었다.[10] 맥큔 박사의 주장

---

9 Clark, *Living Dangerously in Korea*, 213.

10 Brown, *Mission to Korea*, 149-152.

은 "너는 나 외에는 다른 신들을 네게 두지 말라"는 십계명에 기초한 것이었다.[11] 이러한 그의 의견은 북한 지역의 장로교 선교부에서 학생들에게 신사참배를 참여시키는 대신, 학교 폐쇄를 결정하도록 이끌었다. 그 결과, 맥큔 박사의 지도 아래 평양의 유명한 숭실대학(Union Christian College로도 알려짐)이 1938년 자진 폐교했다. 남장로교 선교부 역시 일본 당국이 학생들에게 신사참배를 강요할 경우 모든 미션 스쿨을 폐쇄하기로 결정했다.[12]

그러나 그 외의 선교사들, 특히 서울의 선교사들은 자신들의 기관을 보존하려는 바람에서 신사참배에 보다 실용적인 관점을 취했다. 호러스 H. 언더우드(Horace H. Underwood, 한국명 원한경, Horace G. Underwood의 독자 - 역자 주) 박사의 경우 "가이사의 것은 가이사에게"에 기초한 주장을 펼쳤다.[13] 그는 신사참배를 시민의 정치적인 의무로서 반드시 존중받아야 되는 것이라고 보았다. 이러한 그의 입장은 교육을 중시하고 미션 스쿨을 유지하고자 하는 남한의 기독교 단체들로부터 많은 지지를 받았고, 또한 뉴욕의 장로교 해외선교위원회가 한국의 기독교 기관들을 계속 지원하기로 결정하는 데 영향을 미쳤다. 뉴욕 본부는 미션 스쿨의 문을 닫겠다는 한국 장로교 선교부의 결정을 번복하고, 필요시 학교 소유권을 한국인에게 이양할 것을 선교사들에게 지시했다. 그 결과 비선교 경영자들에게 이전되었던 미션 스쿨들은 1945년까지 운영이 지속되었다.[14]

개별 교회가 어떻게 대응할 지는 각 교단의 한국 교회 지도자들이 최종적으로 결정해야만 했다. 오랜 논의를 거친 장로교는 강력한 정부의 압력 앞에 언더우드의 논리에 따라 회유적인 접근 방식을 채택하기로 했다. 총회는 신사참배가 애국적인 행위일 뿐 종교적인 것이 아니라고 발표했다.[15]

---

11 Horace G. Underwood, *Korea in War, Revolution and Peace: The Recollections of Horace G. Underwood*, ed. Michael J. Devine (Seoul: Yonsei University Press, 2001), 64.

12 Brown, *Mission to Korea*, 156.

13 두 선교사 그룹 간 논쟁은 다음의 자료에 실렸다. "A Debate," *The Presbyterian Tribune*, 20 January 1938; Brown, *Mission to Korea*, 64.

14 Underwood, *Korea in War, Revolution and Peace*, 63-65.

15 Chung-Shin Park, *Protestantism and Politics in Korea* (Seattle, WA: University of Washington Press, 2003), 155.

물론 총회의 결정이 모든 장로교 목회자나 교인들의 신념을 대변한 것은 아니었다. 평양 장로회 신학교 출신의 많은 목회자들이 총회의 결정에 반대했고, 많은 기독교인들이 저항의 의미로 교회를 떠났다.[16] 일본 경찰은 신사참배를 반대하는 대다수의 교회 지도자들을 체포했다. 북한 지역에서 개신교 목사의 40%가 투옥되었다. 신사참배를 반대한 가장 유명한 목사는 평양 산정현 교회의 주기철 목사와 순천 나환자촌의 손양원 목사였다. 신사참배를 반대한 선교사들 역시 처벌을 피해갈 수 없었다. 드캠프 목사와 라우 박사가 교회와 기독교인 가정에서 신사를 철거하자, 그들도 체포되어 재판을 받고 징역형을 선고받았다. 그들은 얼마 후 한국에서 추방되었다.

결국, 교회 1,200개소가 문을 닫고, 대부분 북한 출신의 교회 지도자들 약 3천명이 신사참배를 반대한다는 이유로 투옥되었다. 이들 모두는 일본 경찰에 의해 잔혹한 고문을 받았다.[17] 그들 중에서 주기철 목사를 포함한 약 50명의 목회자들이 해방 이전에 순교자로 사망했다.[18] 이 수감자들의 종교적 열정은 민족주의적 광신주의로 이어지기도 했다. 그들은 신도를 거부하는 것이 일왕을 거부하는 것이라고 생각했다. 감옥에서의 수년간 지속된 학대는 이 기독교인들의 결의를 더욱 단련시켰다. 해방 이후 교회 지도자들과 평신도들이 감옥에서 풀려났을 때, 그들은 어떤 타협에도 굴하지 않는 철저한 반일, 반공주의자로 세상에 나왔다. 그들은 또한 한국인들의 존경을 받았으며, 용감하고 원칙적이며 타협하지 않은 민족주의자로 인정받았다. 그들은 기독교인과 비기독교인 모두로부터 엄청난 대중적 지지를 얻었고, 많은 경우 국가 지도자가 되었다.

일부 미국 선교사들의 저항적인 입장은 일본 정부가 한국 교회에 엄격한 제재를 가하도록 부추겼다. 먼저 일본 정부는 일본 교회가 모든 한국 교회와 기독교 기관들을 통제할 것을 명령했다.[19] 예를 들어 한국 YMCA는 일본 YMCA와의 합병을

---

16 Edward Adams, "Report on Korea," 15 January 1946, Presbyterian Church Archives, Record Group 140, Box 16, Folder 29 - Presbyterian Historical Society, Philadelphia.

17 Ibid.; Park, *Protestantism and Politics in Korea*, 156.

18 Chu, Kwang-jo, *More Than Conquerors* (Seoul: Daesung.com, 2006), 121-127.

19 Seijiro Niwa, "The Federated Union of Japanese and Korean Churches in the Peninsula," *The Korean Mission Field*, (August 1940). 이 자료는 다음 논문에서 인용됐다. Yoko Okuyama, "Helen Kim's Life and Thought Under the Japanese Colonialism, 1918-1945" (MA Thesis: Yonsei

강요받았고, 이로 인해 국제 YMCA는 한국 대표들의 YMCA 국제회의 참석 허가를 거부했다. 이러한 제재는 점차 모든 기독교 교단으로 확대되어, 한국 지부들을 해외 기관들로부터 고립시켰다. 1939년에 한국 장로교회가 일본의 개혁장로교회와 병합되었고, 이듬해에는 한국 감리교회가 일본 감리교회와 병합되었다.[20]

둘째로 일본은 한국 기독교인들과 외국인 선교사들 사이에 개인적인 교류까지도 세심하게 규제했다. 선교사들은 지역 교회 기관들에서 물러날 것을 요구받았고, 대중 전도집회를 이끌거나 교회에서 연설하는 것이 금지되었다. 압박은 계속해서 심해졌고, 일본 경찰은 마침내 선교사들이 참석하는 모든 교회 모임을 중단시키기에 이르렀다. 심지어 숙박업주들에게 선교사를 손님으로 받지 말라는 지시까지 내렸다. 이런 식으로 식민지 당국은 1940년 6월까지 선교사들의 모든 전도 활동을 축소시키는 데 성공했다.[21]

— 미일 관계의 악화

한편, 일본의 중국 침략은 국제사회의 우려를 불러일으켰다. 중국 국민정부의 수도인 난징이 함락되었을 때, 선교사들과 기자들은 민간인을 상대로 한 일본군의 반인륜적인 만행을 전 세계에 고발했다. 미국의 여론은 일본에게 등을 돌렸고, 1938년 미국 정부도 일본에 대한 전쟁 물자 금수 조치를 내렸다. 1940년 9월 일본이 독일 및 이탈리아와 삼국 상호방위조약을 체결하자 미국과 일본 간의 긴장은 더욱 고조되었다. 이에 대응하여 미국은 일본에 고철과 강철에 대한 금수 조치를 내렸다.

미국 선교사들은 일본 정부에 기꺼이 타협하고자 해도 결국 한국에서 추방되는 것을 피할 수 없음을 깨닫기 시작했다. 식민지 경찰은 모든 외국인에 대한 전면적인 감시를 시작했다. 모든 외국인은 잠재적인 스파이로 간주되었기 때문에 한국 기독교인들은 선교사들과 어떤 접촉도 하지 말라는 명령을 받았다. 미일 관계가 악화되

University, 1989), 40-41.

20 "Korea Report, 1943," *Annual Report of the Board of Foreign Missions of the Methodist Episcopal Church: Korea Mission 1884-1943* (Seoul: The Institute of Korean Church History, 2001), 890.

21 Brown, *Mission to Korea*, 159-160.

자 게일로드 마쉬(Gaylord Marsh) 주한미국총영사는 모든 미국 시민들에게 한국을 떠날 것을 권고했다. 미국 정부는 자국민 대피를 위한 특별 수송 지원에 나섰다.[22] 많은 선교사들이 이러한 적대적 환경에서 선교가 더 이상 불가능할 것이라고 판단하여 출국을 결심했다. 1940년 11월 16일 S. S. 마리포사(*S.S. Mariposa*)호는 대부분 선교사와 그 자녀들인 219명의 미국인들을 데리고 미국에 돌아갔다.[23] 영국 역시 미국의 선례를 따라서 캐나다인과 호주인을 포함한 자국민들을 철수시켰다.[24] 그리하여 한국의 선교사 공동체는 주요 도시들에 열두 가정만 남았을 정도로 축소되었다.[25]

얼마 지나지 않아 1941년 12월 8일 진주만 공습이 진행됐고, 한국에 남아있던 모든 외국인들과 선교사들이 체포되었다. 그들 중에는 남장로교 선교 법인 수장인 존 밴 네스트 탤미지(John Van Neste Talmage) 박사가 있었다. 그는 특정 지도를 소지한 혐의로 121일 동안 수감되었는데, 사실 그 지도는 당국에 이미 등록된 것이었다. 그를 투옥한 진짜 목적은 선교회의 여러 자산들을 넘기도록 그를 압박하는 데 있었다. 탤미지 박사는 고문과 추가적인 투옥의 위협을 받음에도 불구하고 거부 의사를 밝혔고, 결국 한국에서 추방되었다.[26]

한편, 일본 경찰은 장로교 선교부를 첩보 단체로 몰아세우려고 노력했다. 그들은 선교부의 주축 멤버였던 프레드릭 S. 밀러(Frederick S. Miller) 박사, 에드윈 W. 쿤스(Edwin W. Koons) 박사, 래이프 O. 라이너(Ralph O. Reiner)를 고문하고 거짓 자백을 종용했다.[27] 그러나 선교사들은 이에 응하지 않았다. 1942년 5월 31일, 5개월간의 투옥 끝에 일본 당국은 이들을 고베로 이송했고, 거기서 다시 모든 외국인들을 집결시킨 뒤 두 척의 배에 각각 실어 미국과 유럽으로 송환했다.[28]

---

22 Ibid., 161.

23 Ibid.

24 Clark, *Living Dangerously in Korea*, 252.

25 7명의 남장로교 선교사가 남기로 결정했다. 그들은 윌슨(Wilson) 박사 부부, 탤미지(Talmage) 박사 부부, J. C. 크레인(J. C. Crane) 박사, 메리 도슨(Mary Dodson), 플로렌스 루트(Florence Root)였다. Brown, *Mission to Korea*, 162.

26 Ibid., 162-164.

27 Underwood, *Korea in War, Revolution, and Peace*, 81-82.

28 Ibid., 84-86.

— 일제에 협력한 기독교인들

외국인 선교사들이 떠나간 후 한국 교회는 또 다른 도전에 맞닥뜨렸다. 미일 간 전쟁이 발발하자 일본 당국은 모든 기독교인들이 식민지 정부에 반대할 것이라 당연히 가정하고, 교회들에 대한 통제를 강화하기 시작했다.[29] 교회 예배는 1주일에 한 번으로 대폭 축소되었고, 그것도 주로 저녁에 예배를 해야 했다. 기독교인들이 일요일에도 일하도록 요구받았기 때문이었다. 목회자들은 국방 사업장에서 육체노동을 강요받았다. 교회 예배는 검열되었고, 예배 의식 중에 신도의 요소가 포함되어야 했다. 많은 기독교 학교들이 문을 닫거나 경영권을 비기독교인에게 넘겨야 했고, 어떤 학교에서도 종교 교육을 계속할 수 없었다. 일본은 또한 기독교서회와 영국 및 해외 성서공회 운영을 중단시킴으로써 어떤 기독교 서적도 더 이상 출판되지 못하게 했다. 소수의 예외를 제외하고 대부분의 신학교와 성경학교도 폐쇄되었다.[30]

1945년 6월 일본 당국은 모든 개신교 교단들을 모두 통폐합하여 일본기독교조선교단이라는 새로운 연합체를 결성하도록 새로운 명령을 내렸고, 이로써 개신교회들을 일제의 완벽한 통제 아래 두고자 했다.[31] 소집된 대표들은 새 교회의 관리자인 '통리'(統理)를 선출하게 되었으나, 그 결과는 결코 공개되지 않았다. 그 대신 총독부는 김관식 목사를 통리로 임명했다. 이러한 진행과정의 부당성에 항의한 목회자들과 평신도들은 자신들의 교회나 기관에서 숙청되었다. 한국 기독교 교회 중 3분의 1 가량이 문을 닫았고, 교회 건물들은 정부에 인수되어서 민간 및 군사 목적으로 사용되었다.[32]

한국 교회들에 대한 일본의 적대적인 정책은 기독교계 내부의 심각한 분열과 상처를 남겼다. 한국 식민지 역사상 가장 암울했던 시기에 교회와 학교를 계속 운영하기로 결정했던 몇몇 목회자들과 평신도들은 일제에 타협하는 것 외에 선택의 여지가 없었다.

---

29 Adams, "Report on Korea," 2.

30 "Survey 1947: Korea Mission, Presbyterian Church, USA," Presbyterian Church Archives, Record Group 140, Box 16, Folder 34 - Presbyterian Historical Society, Philadelphia.

31 "Korea Report, 1942," *Annual Report of the Board of Foreign Missions of the Methodist Episcopal Church: Korea Mission 1884-1943* (Seoul: The Institute of Korean Church History, 2001), 878.

32 Adams, "Report on Korea," 2.

예를 들어, 한국에서 가장 영향력 있는 여성 중 한 명이었던 당시 이화여대 총장 김활란 박사는 학교에서 일본 정부 요원들과 함께 일하며 정부 정책을 지지하는 친일 기사를 써야 했다. 일각에서는 그녀가 마을에서 친일 연설을 했고, 심지어 전쟁터의 군인들을 위한 매춘부 모집까지 도왔다고 비난했다.[33] 그녀가 일제에 협력했던 이유가 무엇이든지 간에, 김 박사의 노력은 그다지 긍정적인 결과를 얻지 못했다. 정상적인 학업 과정은 결국 일본 정부에 의해 중단되었고, 이화의 여학생들은 전쟁 선전원으로 마을에 보내져서 일본인들이 전쟁에서 승리하도록 돕기 위해 한국인들이 무엇을 해야 하는지 연설했다.[34]

가장 지독한 사례는 해방 후 조선신학교 교장이 되었던 송창근 박사의 경우였다. 송 박사는 신학교를 계속 운영하기 위해서 정부를 대표하여 연설하는 등, 일본의 정책을 적극적으로 지지했다. 심지어 그는 일본 신사에서 사제로 활동하며, 일본 사제처럼 정결 의식까지 치렀다. 많은 사람들은 그를 기독교인 중 최악의 부일협력자라고 비난했다.[35]

많은 기독교 지도자들이 식민지 정부에 협력하겠다는 의사를 보였음에도 불구하고 한국 기독교인을 향한 일본의 불신은 변하지 않았다. 일본 당국은 기독교인들의 감춰진 친미적 성향 때문에 미국의 침략으로부터 한반도를 방어하려는 자신들의 노력이 좌절될 것을 우려했다. 그래서 그들은 1945년 8월 17일 기독교 지도자들을 처형할 계획을 세우고 그 명단을 작성했다. 다행히도 집행일 이전에 해방이 먼저 왔고, 명단의 기독교 지도자들은 목숨을 건졌다.

---

33 Okuyama, "Helen Kim's Life and Thought Under the Japanese Colonialism, 1918-1945," 45-46. 김활란 박사는 자신의 자서전에 이화여대에서 친일 연설을 한 바 있음을 고백했으나, 친일 기사에 대해서는 언급하지 않았다. Helen Kim, *Grace Sufficient* (Nashville: The Upper Room, 1964), 101.

34 Okuyama, "Helen Kim's Life and Thought Under the Japanese Colonialism, 1918-1945," 48.

35 Letter from Fran Kinsler to John Smith, 19 March 1949, Presbyterian Church Archives, Record Group 140, Box 18, Folder 15 - Presbyterian Historical Society, Philadelphia.

북한의 해방

태평양 전쟁은 해리 트루먼(Harry Truman) 미국 대통령이 1945년 8월 6일과 9일 히로시마와 나가사키에 원자 폭탄을 투하할 것을 명령한 뒤 빠르게 종결되었다. 일본 정부는 무조건적인 항복만큼은 피하고자 했으나 소련이 8월 8일 일본에게 선전포고를 하면서 모든 희망이 사라져버렸다.[36] 이 두 가지 결정적인 요인으로 말미암아 히로히토 일왕은 1945년 8월 15일 종전 결정을 발표했다. 이는 40년간 일본의 식민 통치를 받은 한국에게 희소식이 아닐 수 없었다. 그럼에도 불구하고 많은 한국인들이 실망하게 된 것은 해방 직후 그들의 조국이 분단되었을 뿐만 아니라 또 다른 두 강대국들에 의해 다시금 강제 점령되었다는 소식 때문이었다.

— 분계선을 긋다

38선을 기준으로 한국을 분할한 것은 본래 일본의 항복 후 미국과 소련 간 군사 협정에서 합의된 결정이었다. 1945년 8월 15일 트루먼 대통령은 38도선 이북 지역의 일본군은 소련군에 항복하고 이남 지역의 일본군은 미군에 항복하라는 내용의 일반 명령 1호 초안을 이오시프 스탈린 서기장에게 전보로 보냈다. 스탈린은 트루먼의 제안을 이의 없이 수용했고, 그 결과 38선을 따라 분계선이 그어졌다. 이러한 이상하고 독단적인 합의는 지금까지도 많은 한국인에게 고통을 안겨주고 있다. 트루먼은 왜 이 경계선을 제안했으며 스탈린은 왜 이것을 수용했는가?

트루먼은 몇 년 후 자신의 결정에 대해 "일본의 항복을 받아들일 책임을 편리하게 배분한 것"일 뿐이라고 기술했다.[37] 그러나 역사학자들은 트루먼의 진짜 의도는 소련의 한반도 전체 점령을 막기 위한 것이리라 의심해왔다.[38] 한국의 정치·경제·

---

36 소련의 중립을 지속시키기 위해 일본이 기울인 상당한 노력에 대해서는 다음의 자료가 자세한 분석을 제공하고 있다. Tsuyoshi Hasegawa, *Racing the Enemy: Stalin, Truman, and the Surrender of Japan* (Cambridge, MA: The Belknap Press of Harvard University Press, 2005).

37 Harry S. Truman, *Memoirs of Harry Truman, Vol.l: Years of Decisions* (Garden City, NY: Doubleday, 1955), 444-445.

38 Erik van Ree, *Socialism in One Zone: Stalin's Policy in Korea, 1945-1947* (Oxford, New York &

문화의 중심지인 서울을 미국의 손 안에 두는 것은 한국의 정치 발전을 주도하려는 미국의 입지를 공고히 했다. 또한 미국은 한반도의 남부 지역을 확보함으로써 소련이 쓰가루 해협을 통제하지 못하도록 했다. 이 해협은 잠수함 이동에 중요한 항로로서, 혼슈와 홋카이도 사이에 위치해 있다.

그럼에도 불구하고 당시 육군 대령이었던 딘 러스크(Dean Rusk)의 1990년 회고록에 따르면, 분계선은 "매우 급하게" 그리고 "엄청난 압박 속에서" 결정되었다고 한다.

> 매우 급하게 그리고 엄청난 압박 속에서 일하면서 우리는 막중한 임무를 수행했다: 그것은 바로 미국 점령 지역을 선정하는 일이었다. 틱〔Tic, 찰스 본스틸 3세(Charles H. Bonesteel III)〕과 나는 둘 다 한국 전문가가 아니었지만, 수도 서울은 미국의 영역이어야 할 것 같았다. 우리는 또 미군이 점령지가 아주 넓은 것에 반대함을 알고 있었다. 내셔널 지오그래픽 지도를 이용해서 서울 바로 위 북쪽에 활용하기 편리한 분할선이 있는지 찾아봤지만, 자연 지형으로 만들어진 선은 찾을 수 없었다. 우리는 그 대신 38선을 보았고 그것을 추천하기로 결정했다.…[39]

러스크의 증언은 역사학자들로 하여금 미국이 남한 점령 문제를 얼마나 진지하게 대했는지 의문을 품게 했다. 분명히 당시 워싱턴은 유럽과 아시아 지역의 수많은 전후 처리 문제로 집중력이 분산되어 있었고, 태평양 지역 미군은 거의 2천만 명의 인구가 사는 땅을 점령할 준비가 제대로 되어있지 않았다.

소련의 동기는 더욱 불분명했다. 역사학자들은 소련이 미국을 쉽게 앞질러서 서울을 먼저 점령할 것처럼 보였는데 왜 이오시프 스탈린은 미국이 붉은 군대(소련군 - 역자 주)의 진격을 저지하는 것에 즉시 동의했는지 의아해했다. 한 가지 가능한 설명은 스탈린이 한국에 대한 미국의 요구를 들어준다면 미국도 소련 군대가 일본 홋카이도 북쪽 지역을 점령하도록 허용할 것으로 기대했다는 것이다.[40] 비록 미국이

Munich: Berg Publishers Limited, 1989), 63; Hasegawa, *Racing the Enemy*, 252.

39 Dean Rusk, *As I Saw It* (New York: Penguin Book, 1990), 124, 167.

40 러시아의 동기에 대한 자세한 설명은 다음을 참조할 것. Van Ree, *Socialism in One Zone*, 63.

그러한 약속을 한 적은 결코 없지만, 이것은 1945년 8월 러시아의 동기를 설명하는 그럴듯한 가설이었다.

그렇지만 러시아가 38선에 대한 약속을 지키려는 것이 미국의 한국 정책에 러시아가 전적으로 협력하겠음을 반드시 의미하지는 않았다. 한국은 미국보다 소련에게 훨씬 더 중요한 전략적 가치를 지니고 있었다. 먼저 한국은 러시아의 뒷문 역할을 할 수 있었다. 더욱이 만일 소련이 한반도 전역으로 영향력을 확대할 수 있다면, 전후 중국의 정치 및 군사 발전에 더욱 강력한 영향을 미치게 될 것이었다. 또한 미국의 일본 지배에 맞설 수 있는 더 좋은 입지를 구축하는 일이기도 했다.

— 소련의 38선 이북 지역 점령

일본의 무조건적 항복 소식이 전해지자, 트루먼 대통령은 태평양 지역 미군 사령관들에게 일본군에 대한 공격 작전들을 중단하라고 명령했다. 그러나 소련은 모든 전선에서 일본군을 향한 공세를 멈추지 않았다. 러시아 군대들은 만주, 한국, 쿠릴 열도에서 계속 진격하여 얄타 회담서 약속된 모든 영토를 차지하고자 했다.[41] 1945년 8월 16일 소련군은 아직 한반도의 어떤 영토도 점령하지 못했는데, 일본군이 여러 전략적 요충지에서 붉은 군대의 진격에 계속 저항하고 있었기 때문이었다.[42] 관동군은 8월 18일까지도 일본 본토로부터의 공격 중지 명령을 받지 못했다. 소련과 일본은 8월 19일이 되어서야 휴전 협정을 맺었다.

한국 땅에 들어선 소련군 병력 대부분은 곧바로 38선을 경비하는 데에 투입되었다. 남쪽으로 가는 길은 대부분 개방되었지만, 북으로 향하는 움직임은 엄중한 감시를 받았다. 남북 간의 자연스러운 정보 교류와 교통 흐름이 점차 중단되었다. 그러다가 소련군이 국경을 봉쇄하자 북한 지역과 서울 간의 교류는 완전히 단절되었다. 이로써 38선을 넘는 일은 점점 더 어렵고 위험한 일이 되었다.

분계선이 생겨나자 남북한의 한국인들은 즉각적으로 생활에 큰 타격을 받았다.

---

41 Hasegawa, *Racing the Enemy*, 253.

42 일본군은 일왕으로부터 공식 명령을 받기 전이었기 때문에 1945년 8월 16일에도 계속 전쟁을 이어갔다. Van Ree, *Socialism in One Zone*, 62-64

한국인들은 공통의 언어와 문화, 관습을 지닌 단일 민족으로서, 남북한은 경제적으로 상호 의존했다. 북한은 남한의 식량, 특히 쌀이 필요했다. 남한의 공장은 북한의 전기가 필요했고, 농부들은 북한의 비료가 필요했다. 그런데 하룻밤 사이에 나라를 인위적으로 갈라놓은 경계선이 생기면서 엄청난 물류 문제와 극심한 혼란이 야기되었다. 서울을 비롯한 남한 지역으로 공급되던 전기는 이제 북한 지역의 러시아 손에 넘어갔다. 한편 북한에는 10만 명의 소련군이 유입되고 이들 대부분이 점령지에 계속 주둔하면서, 곧바로 식량난이 발생했다.

문제는 비단 경제 부분에 국한되지 않았다. 서울은 오랫동안 한국 정치 활동의 중심지로 기능한 도시였다. 역사적으로 서울을 지배한 자가 대부분 나라를 지배했다. 여운형, 송진우, 박헌영 등 국내 최고 정치 활동가들은 대개 서울에 거주했다. 같은 이유로 심지어 좌익의 본거지도 남한에 있었다. 북한을 서울과 단절시킴으로 붉은 군대는 북한에 갑작스러운 권력 공백을 만들었고, 이 공백은 서울의 어떤 지도자도 채울 수가 없었다.

— 북한의 조선건국준비위원회를 장악한 기독교 세력

러시아군이 8월 11일부터 24일까지 평양으로 진격할 무렵, 총독부는 일본 민간인들의 생명을 보호하고 과도기 동안 평화와 질서를 유지할 방법을 강구하고 있었다. 일본 본토에서 곧 연합군에 항복할 것임을 알게 된 북한의 일본 관료들은 평양의 저명한 기독교 민족주의자 조만식과 접촉하여 북한 지역의 치안 관리를 맡기고자 했다. 항일 민족주의자 사이에서 조만식의 높은 평판은 두말할 나위 없었다. 미 국무부의 설명에 따르면, 조만식은 신간회(新幹會)라는 연합 민족주의 단체를 설립했는데, 해방 이전 이 단체는 북한에서 가장 강력한 정치적 추종자들을 확보했고, 전 회원 수가 3만 명에 달했다.[43]

---

43 미 정부 문서는 신간회를 "건국협회"(National Foundation Association)로 번역했다. State Department, *North Korea: A Case Study in the Techniques of Takeover*, 13. (저자의 이 기술은 미 국무부의 문서 내용을 따른 것이다. 그러나 한국 측 자료에 따르면 신간회는 1927년에 서울에서 만들어진 좌우합작 민족운동으로서, 조만식은 여기에 평양지부장으로 참여하였다. 조만식은 조선물산장려회 설립자로 더욱 유명하다. - 감수자 주)

남한에서 일본인들은 유명 교육가이자 문화 민족주의자인 송진우에게 접근했다. 그러나 조만식이 제안을 수락했던 것과 달리 송진우는 이를 거절했고, 여운형이 송진우를 대체했다. 여운형은 배재학당(미국 감리교 선교사가 세운 최초의 미션 스쿨)에 입학했다가 예배 불참을 이유로 징계를 받자 학교를 자퇴했다. 1908년 미국 장로교 선교사인 찰스 A. 클라크(Charles A. Clarke) 목사로부터 세례를 받은 뒤 서울의 승동 교회에서 2년간 전도사로 일했고, 1911년부터 이듬해까지 평양 장로교 신학교에서 신학을 공부했다. 안창호처럼 여운형도 교육과 군사적 준비의 필요성을 모두 옹호했다. 그는 상하이 대한민국 임시정부의 주요 인사였고,[44] 좌파 성향의 온건파이기 때문에 좌파-민족주의 연합에 이상적인 인물이었다.[45] 1945년 9월 6일 여운형의 지도 아래 "조선인민공화국"이 서울에서 선포되었다.

여운형이 남한에서 지하의 좌우익 세력들을 모두 규합하여 조선건국준비위원회(건준) 산하 임시동맹을 결성하는 동안, 조만식 또한 북한에서 거의 동시에 같은 활동을 펼치고 있었다. 1945년 8월 17일 조만식은 평양에서 지방 위원회를 조직하고, 서울의 건준과 제휴했다. 그리하여 남북한의 건준은 양측 모두 걸출한 기독교 평신도 지도자가 수장이 되었다. 또한 남북한의 건준에서 기독교인 대표들이 대거 배출되었고, 거의 모든 지방회에서 기독교인들이 공산주의자들보다 수적으로 우세했다.

그렇지만 공산주의자들과 그들의 좌익 동맹들은 상대적으로 남한에 집중되어 있었고, 민족주의자들은 북한 지역에서 가장 우세했다.[46] 그리하여 지방 위원회들과 건준의 지도부는 각 지역 좌파와 우파의 정치력에 비례하여 정해졌다. 조만식이 가장 많은 지지를 받았던 평안남도에서는 공산주의자들이 지방 위원회를 통제하는 데 어려움을 겪었다. 실례로, 조만식의 위원회 위원 20명 중에서 공산주의자는 단 두 명뿐이었다. 이와 마찬가지로 함경도를 제외한 북한 지역의 모든 건준 지부들은 기

---

44 대한민국 임시정부는 1919년 4월 상하이에서 약 1천 명의 한국 민족주의자들에 의해 세워졌다. 이승만이 임시정부의 국무총리로, 김규식이 외무총장으로 선임되었다. 이들 중 가장 알려진 지도자로는 이동휘, 안창호, 여운형, 김구가 있다. 김구를 중심으로 임시정부는 일본 지도자를 대상으로 한 의열투쟁 활동으로 명성을 얻었다.

45 이화랑, "여운형은 누구였는가?" http://www.kimsoft.com/2002/mongyang.htm.

46 Charles K. Armstrong, *The North Korean Revolution, 1945-1950* (Ithaca, NY: Cornell University Press, 2003), 50-51.

독교인들의 관할 아래 있었다. 윤하영 목사, 한경직 목사와 같은 유력한 지역 목회자들과 3·1운동 이후 일제에 의해 투옥되었던 저명한 기독교 민족주의 지도자들이 북한 지역 건준을 주도했다. 북한의 모든 지역 위원회들에 공산주의자와 기타 좌파들이 있기는 했지만, 이들은 대개 소수였고 영향력이 적은 편이었다. 그러자 붉은 군대는 공산주의의 정치적 위상을 높이기 위해 진군하는 마을마다 지역 건준 지부에게 더 많은 공산주의자들을 위원으로 영입하여 재편할 것을 강요했고, 그 이름 또한 남한에서는 사용하지 않는 용어인 인민정치위원회로 개칭했다.[47]

건준 지부에서 기독교의 영향력은 너무 강력해서 공산주의자들은 건준을 이용하여 자신들의 계획을 밀어붙일 수 없었다. 이때 소비에트 군대는 두 가지 선택을 할 수 있었는데, 건준이 계속 기능하도록 허용하거나 아니면 즉시 독자적인 정치 체제를 출범시키는 것이었다. 소련 지도자들은 첫 번째 안을 선택했다. 그들이 이용할 만한 국민적인 인물이 공산주의자들 중에서는 거의 찾아볼 수 없었기 때문에 소련은 조만식과 기꺼이 협력하고자 했다. 공산주의자들은 이를 통해 시간을 벌어서 그동안 자체적인 네트워크를 구축하고 권력 체제를 철저히 장악하기를 꾀했다.[48] 이러한 상황 하에 조만식은 해방 직후 평안남도 인민정치위원회를 이끌었고,[49] 나중에는 소련의 지원 아래 북조선5도행정국의 위원장을 맡았다(이에 대한 반론은 각주의 역자 설

47 Ree, *Socialism in One Zone*, 93-95. (당시 북한 지역에서 자생적으로 결성되었던 지방 위원회들은 "자치위원회" 또는 "건국준비위원회"로 불렸던 반면, 나중에 소련의 강요로 재편된 조직은 "인민정치위원회"라고 불렸다. 그리고 "인민정치위원회"는 시간이 지남에 따라 단순하게 "인민위원회"로 불리게 되었다. 박명수, "해방 직후 신의주 기독교인들과 공산주의자들의 건국투쟁," 『숭실사학』 43 (2019): 256, 266, 271. - 역자 주)

48 대부분의 유명한 공산주의자 지도자는 남한에 있었고, 조선공산당 본부가 서울에 있었다. 김일성은 1945년 9월까지 돌아오지 않았다.

49 사실 소련의 지도자들은 조만식에게 그의 위원회에 더 많은 공산주의자들을 영입하도록 강요했다. 미군 방첩대(CIC) 문서에 따르면, "1945년 8월 27일 소련군은 38선 이북 지역의 최대 도시인 평양에 진군했다. 그들은 이미 기독교인, 사업가, 교육자들이 주축을 이루어 건국준비위원회를 세웠음을 발견했다. 위원장은 조만식으로 장로교 목사였다. 같은 날 소련은 한국에 정부를 이양하려 한다는 정보를 위원회에 전하면서, 이 위원회가 본래의 소속 회원을 제외한 15명의 건준 위원과 15명의 공산당 위원으로 구성되기를 희망한다는 뜻을 밝혔다. 이 요청에 응한 결과로 조만식은 새로운 위원회인 인민정치위원회의 위원장이 되었다." "Weekly Information Bulletin#20," 4 September 1947, 『美軍政期情報資料集: CIC(방첩대) 보고서 1945.9-1949.1』 (춘천: 한림대학교 아시아문화연구소, 1995), 2: 381.

명을 참조할 것).[50]

해방 후 북한에서 종교 단체와 공산주의가 벌인 정치 경쟁

『북조선 탄생』(*The North Korean Revolution, 1945-1950,* 2003)의 저자 찰스 K. 암스트롱(Charles K. Armstrong)에 따르면, 기독교와 천도교(동학운동 출신) 같은 종교 집단은 북한에서 강력한 영향력을 행사했고, 그리하여 공산당과 정치적 주도권을 놓고 경쟁했다.[51] 비록 이 두 집단의 인원수는 전체 한국 인구의 4% 미만이었으나, 그들의 정치적 영향력은 한국의 민족주의자들 중에서 강력하게 유지되고 있었다.

한국에서 가장 일반적인 종교 관습이 조상숭배였던 것은 사실이지만, 이는 전국 단위가 아닌 각 지역의 문중별로 행해졌기 때문에 한국의 독립을 지원할 만한 전국적인 정치 세력을 창출해내지는 못했다. 중국의 경우와 마찬가지로 한국의 조상숭배는 유교와 불교의 직접적인 영향을 받은 것이었으나, 이들 두 종교는 강력한 조직 구조와 외국과의 연계를 갖고 있지 않았다.[52] 일제 강점기 동안 한국에서 이 종교들의 정치적 영향력은 감소하고 있었고, 기독교와 천도교 같은 구세주를 바라는 종교들이 대중들의 지지를 얻게 되었다.

천도교의 세력 기반이 농촌, 특히 함경도 지역의 가난한 농민들에게 있었다면, 기독교의 영향력은 도시 지역들과 지식인들, 특히 평안도 지역에서 더욱 컸다. 해방 이후 두 집단은 모두 평화적 수단과 폭력적 수단까지 활용하여 소련에 영향을 받은

50 역자는 이 주장에 대한 반론이 있음을 저자에게 알렸고, 저자의 동의 하에 이를 추가적으로 기재하고자 한다. 역사학자 박명수에 따르면, 조만식은 북한에 독자적인 중앙기관인 북조선5도행정국을 설립하려는 소련의 시도가 조국 분단의 단초로 작용될 수 있다고 판단하여 위원장 수락을 끝까지 거부했었다. 박명수, 『조만식과 해방 후 한국정치』 (성남: 북코리아, 2015), 87-92, 320-321, 326.

51 동학은 동쪽의 학문을 뜻한다. Armstrong, *The North Korean Revolution*, 14-15.

52 State Department, *North Korea: A Case Study in the Techniques of Take Over*, 96.

공산주의 혁명에 저항했다.[53] 본 절에서는 공산당이 정권을 장악하는 1946년 2월 이전까지 종교 집단들과 공산주의자들이 벌였던 정치적 경쟁을 다루고자 한다.

— 농촌 지역에서 강력했던 천도교의 영향력

천도교는 조선 후기에 일어난 동학농민운동에 뿌리를 둔 종교였다. 민족주의자로서 충칭 임시정부의 주석이었던 김구는 천주교로 개종하기 이전, 동학 운동의 일원이기도 했었다.[54] 중국 정부의 도움으로 조선 정부는 1895년 동학 반란 진압에 성공했고, 많은 동학교도들은 북쪽 지역으로 이주했다. 동학 제3대 교주인 손병희는 일본으로 망명했다가 1905년에 돌아와서 동학을 천도교로 개칭하고, 본래 이름인 동학은 그들의 경전에서 창도자의 교리를 지칭할 때 사용되었다.[55]

손병희의 지도 아래 천도교는 빠르게 교세를 확장했다. 각 도와 군에 예배처를 마련했고, 학교들을 설립하는 데 우선적으로 힘썼다. 당시 천도교의 가장 강력한 근거지는 평안도 일대였다.[56] 1919년 천도교 신자들이 3·1운동에 적극적으로 참가하고 손병희가 독립선언서의 첫 번째 서명자가 되자 일본 당국은 손병희를 체포했다. 일본의 통계에 의하면 1920년 천도교 신자는 약 11만 1천 명으로 조사되었다(표 2.4 참조). 그러나 비밀 조직의 특성상 공식적인 수치보다 실제 인원이 훨씬 많아서 약 3백만 명에 달했다.[57] 1920년대 천도교는 북한 지역에서 30개 이상의 학교를 설립했고, 농민, 상인, 여성, 청소년, 심지어 어린이들을 대상으로 활발하게 조직을 구성했다.[58] 손병희가 투옥된 후에는 새로운 지도자인 이돈화가 이 일을 계속해갔다.[59]

---

53 Armstrong, *The North Korean Revolution*, 115, 119.

54 Kim Ku, *Packpom Ilchi: The Autobiography of Kim Ku*, translated, annotated and introduced by Jongsoo Lee (Lanham, MD: University Press of America, 2000).

55 R. Pierce Beaver, "Chondogyo and Korea," *Journal of Bible and Religion* 30 (April 1962): 117.

56 Songbo Kim, "The Decision and Development Process of North Korean Land Reform" (미출판 원고), 11; Armstrong, *The North Korean Revolution*, 15.

57 Wi Jo Kang, *Religion and Politics in Korea under the Japanese Rule* (Lewiston, N Y : Edwin Mellen Press, 1987), 70-73.

58 Ibid., 73; Armstrong, *The North Korean Revolution*, 126.

59 Armstrong, *The North Korean Revolution*, 127.

표 2.4 • 종교 조직 신자 인원 보고(1911~1944)

(단위: 명, %)

종교	1911년	1928년	1939년	1944년	1944년 비율
불교	340,000	270,000	194,000	187,000	20.10
기독교	**201,000**	**340,000**	**500,000**	**621,000**	**66.63**
천도교	109,000	111,000	80,000	72,000	7.70
기타	119,000	83,000	50,000	52,000	5.60
합계	769,000	804,000	824,000	932,000	100
인구 비율	5.70	4.30	3.80	3.70	

출처: Office of the Overseas Minister, Takumu tokei, 1939의 1911년, 1928년, 1939년 수치; 1944년도 수치는 Annual Report on the Administration of Chosen 1944; Joungwon Kim, Divided Korea: The Politics of Development, 1945-1972 (Cambridge, MA: Harvard University Press, 1976), 21.

표 2.5 • 1939-1941년 한국의 종교와 신자 현황

(단위: 개, 명, %)

종교	교회/사찰	종사자	전체 신자 수	비율
기독교	**5,640**	**4,471**	**459,339****	**33.5**
일본 불교	1,560	1,733	339,512*	24.8
종교 신도	324	710	93,110*	6.8
국가 신도	73	157	등록 신자 없음	해당 없음
한국 불교	1,727	6,639	196,135	14.3
토가쿠 Togaku	973	알려지지 않음	117,585	8.6
훈치 Hunchi	1,091	알려지지 않음	137,807	10
불교	26	알려지지 않음	23,054	1.7
샤머니즘	29	알려지지 않음	4,707	0.3
유교	자료 소실	자료 소실	자료 소실	해당 없음
합계	11,443	13,710	1,371,249	100

* 이 신자들은 대부분 한국 내 일본인이었다. 두 집단이 합계에서 빠지면, 938,627명이고, 이는 표 2.6의 합계와 유사하다.

** 기독교인의 비율은 만일 일본인 집단을 계산에서 제외한다면 전체 종교 인구의 49%만큼 높아질 수 있다.

출처: "The List of Worship & Religions in Korea" By the Training Dept., Education Bureau of the Governor General of Chosen, December, 1941, pp.55-57 recorded in "Statistics - Japan & Korea" / General Headquarters, Supreme Commander for the Allies Powers, Box#5780, RG331 GHQ/SCAP records, CIE ©, National Archives and Records administration, Washington National Records Center.

천도교의 종교적인 가르침은 처음부터 줄곧 강력한 정치적 요소를 포함하고 있었다. 천도교는 사회적 평등주의의 신념을 일으킨 인내천(人乃天, "사람이 곧 하늘이다") 사상을 주창했는데, 이는 한국의 전통적인 계급의식과 위계질서에 도전하는 상당히 급진적인 것이었다. 천도교는 또한 "개벽"(開闢)을 강조했다.[60] 개인에게는 종교적 계몽이 필요했고, 국가는 독립이 필요했으며, 한국 사회는 모든 사람이 자신의 잠재력을 최대한 발휘할 수 있는 새로운 사회 질서가 필요했다.[61] "새로운 민주주의"에 대한 그들의 비전은 봉건주의 타파, 식민주의 종식, "반동적 전체주의" 철폐, 단결한 노동 대중의 지도력 증진에 있었다.[62]

천도교 신자들은 대부분 강성 민족주의자들이었기 때문에, 1923년 정치적 계파 조직으로서 청년단체 '청우당'(靑友黨)을 결성하여 교육, 개혁, 교리 지도 사업을 수행했다. 청우당은 한국 전역에 지부를 갖고 있었지만 지지자 대다수를 북한 지역에서 모집했다(표 2.6 참조). 그들의 종교 출판물인 『개벽』은 1920년대 초 주요 문학잡

표 2.6 • 청우당의 도별 분포

(단위: 명)

남한 지역		북한 지역	
경기도	103	강원도	13
충청북도	0	황해도	79
충청남도	15	평안남도	815
전라북도	23	평안북도	1,668
전라남도	0	항경남도	1,400
경상북도	21	함경북도	54
경상남도	56		
합계	**218**	**합계**	**4,017**

출처: Charles K. Armstrong, *The North Korean Revolution 1945-1950* (Ithaca, NY and London: Cornell University Press, 2003), 15.

60 Ibid., 128.

61 Ibid.

62 Ibid.

지였다. 그리하여 일본 식민지 정부는 천도교를 '유사 종교'로 간주하고 일제 치세의 큰 위협 요소로 인식했다. 일제는 3·1운동 개입에 대한 보복으로 모든 천도교 계열 학교들을 강제 폐쇄했다.[63]

1931년 청우당이 제2차 3·1운동을 조직하려 시도하자, 총독부는 청우당원들을 체포하기 위한 대대적인 작전을 펼쳤다. 1930년대 내내 일본 경찰이 천도교 활동을 효과적으로 단속하면서 청우당은 지하로 내몰리게 되었다. 천도교의 공식 신자 수는 점차 줄어들었고, 1944년 서울의 중앙 본부가 총독부에 의해 일본군 군복을 제조하는 공장으로 전환된 후에는 신도 수가 약 7만 2천 명 수준으로 감소했다(표 2.4 참조).[64]

그럼에도 불구하고 천도교는 농촌 지역, 특히 평안북도와 함경남도에서 여전히 인기가 있었다. 평안도 지역의 추종자들은 조선농민사(朝鮮農民社)를 조직하고 일본 식민지 당국에 대한 농민 저항을 주도했다. 그들은 총독부가 모든 지하 정치 집단에 대한 통제를 강화하고 나서자, 적색농민조합(赤色農民組合運動)의 항일 좌파 세력과 협력하기로 했다. 그러나 좌파들은 천도교 신자들을 혁명가가 아닌 '개혁가'로 여기고, 조선농민사에 신뢰를 주지 않았다. 농촌 지역에서 천도교가 공산주의보다 더욱 강력한 기반과 깊은 역사적 뿌리를 갖고 있었기 때문에 해방 이후 청우당은 권력을 위해 다투는 주요 정치 세력이 되었다.[65]

— 기독교인과 공산주의자 간의 근본적인 갈등

천도교가 농촌 지역에서 강력한 영향력을 가진 국지적인 종교 단체였다면, 기독교는 전국적인 종교 조직으로서 도시에서와 엘리트 지식인들 중에서 두드러진 입지를 누렸다. 비록 기독교인들이 대체로 한 명의 지도자나 특정 정당을 지지하지 않고 서로 다른 정치적 견해들을 수용하는 편이어서 정치 조직처럼 효율적으로 일하

---

63 Beaver, "Chondogyo and Korea," 118.

64 Ibid., 127.

65 Armstrong, *The North Korean Revolution*, 15

기는 어려웠지만, 그럼에도 불구하고 기독교계는 북한 지역에서 상당히 체계적인 조직을 갖추고 있었다. 특히 북한 기독교 공동체가 지니고 있었던 독특한 다섯 가지 특징들은 소련 점령군들에게 많은 고민거리를 안겨주었다.

첫째, 불교, 기독교, 천도교의 주요 종교 조직들 중에서 기독교는 1944년 한국에서 가장 많은 공식 회원을 보유하고 있었고(표 2.4 참조), 이들은 특히 북한 지역에 밀집해 있었다. 1941년 북한 인구는 약 930만 명으로, 전체 한국 인구의 약 37.6%에 해당했다(표 2.7 참조).

다시 말해, 과반수를 훌쩍 넘는 사람들이 남한에 살고 있었다. 그러나 기독교 인구 분포는 이와 정반대였다. 북한에만 2천 개가 넘는 교회가 있었고, 등록 교인은 약 30만 명에 달했다(표 2.8과 비교).[66]

평안남도, 평안북도, 황해도의 3개 도에서만 약 1천 개의 교회가 있었고, 한반도 전체 기독교 인구의 약 4분의 1이 이곳에 모여 있었다.[67] 1944년 H. A. 로즈(H. A. Rhodes) 박사가 전체 인구 중 장로교인의 비율에 관해 조사한 바에 따르면, 평양, 선

표 2.7 • 북한과 남한의 인구 분포(1941)

(단위: 명, %)

구분	인구	비율
남한	15,408,237*	62.40
북한	9,295,659*	37.60
한국인 총인구	23,913,063	100

* 정확한 자료는 아님, 대략적인 수치임.

출처: 『미군정기정보자료집: CIC(방첩대) 보고서(1945.9-1949.1)』, 1: 213.

66 "The List of Worship & Religions in Korea" by the Training Dept., Education Bureau of the Governor General of Choson, December, 1941, pp.55-57 recorded in "Statistics - Japan & Korea" / General Headquarters, Supreme Commander for the Allied Powers, Box#5780, RG331 GHQ/SCAP records, CIE ©, National Archives and Records Administration, Washington National Records Center. 북한의 공식 교회 신자 수는, 북한의 5개 장로교단들의 보고에 따르면 30만 명에 달했다. Allen D. Clark, *History of the Korean Church* (Unpublished manuscript), 14, Presbyterian Church Archive - Presbyterian Historical Society, Philadelphia.

67 William N. Blair, "Samuel A. Moffett: On His Seventieth Birthday," *The Presbyterian* (1934): 6. 이 자료는 다음의 출처에서 발견되었다. Presbyterian Church Archives, Record Group 360, Folder: Samuel A. Moffett - Presbyterian Historical Society, Philadelphia.

표 2.8 • 한국의 주요 기독교 교회들(1941)

(단위: 개, 명)

교파	교회 수	사역자 수	신자 수
로마 가톨릭*	499	320	109,210
한국 장로교*	3,348	3,075	262,075
감리교	876	295	50,286
성공회	136	104	7,738
제7일 안식교	185	80	4,510
성결교	205	221	9,169
합계	5,249	4,094	442,988

* 신자들의 대부분은 북한 사람이었다.

출처: "The List of Worship & Religions in Korea" By the Training Dept., Education Bureau of the Governor General of Chosen, December, 1941, pp. 55-57 recorded in "Statistics - Japan & Korea" / General Headquarters, Supreme Commander for the Allies Powers, Box#5780, RG331 GHQ/SCAP records, CIE ©, National Archives and Records Administration, Washington National Records Center.

표 2.9 • 1940년 장로교 지부* 통계

(단위: %)

지부	해당 지역 전체 인구 대비 장로교인 비율	지부	해당 지역 전체 인구 대비 장로교인 비율
선천(북한)**	1:13	만주	1:60
재령(북한)	1:28	안동(남한)	1:68
평양(북한)	1:28	대구(남한)**	1:77
강계(북한)	1:34	청주(남한)	1:100
부산(남한)	1:38	서울(남한)**	해당 사항 없음

* 이 지부들은 미국 장로교에서 운영했다.

** 이 지부에는 천주교 신자도 상당수 존재했다. 만일 천주교가 포함됐다면, 예를 들어 대구의 경우는 1:13이 된다.

출처: H. A. Rhodes' presentation "Survey of the Stations" during the Korean Consultative Conference (September 20-22, 1944), Presbyterian Church Archives, Record Group 140, Box 16, Folder 30 - Presbyterian Historical Society, Philadelphia.

천(신의주와 의주 근처), 재령(사리원 근처) 등의 북한 지부들에서 가장 높은 비율이 나왔다(표 2.9 참조). 만약 다른 개신교단과 천주교 인구를 포함한다면, 이 지역의 전체 인

구 중 기독교인의 비율은 훨씬 더 높을 것이다.[68]

예를 들어, 평양에는 신학교 두 곳, 기독교 대학 한 곳, 기술 대학 두 곳과 종합 병원 여럿이 있었다. 400개의 교회와 150명의 안수 받은 목회자가 평양과 그 인근 지역을 책임지고 있었다.[69] 『타임』지는 약 5만 명의 기독교인이 평양에 거주하며, 이는 전체 인구의 약 17%에 이른다고 1950년 11월 보도했다.[70] 평양의 장로교 선교 지부는 선교사와 현지 기독교인 인원수에 있어서 전 세계 미국 장로교 지부들 중 가장 큰 규모였다.[71] 이들 기독교 기관들은 도시 생활에 영향력을 끼쳤다. 식민지 시대 내내 외국인 선교사와 교회 목사, 장로, 기독교 평신도들은 초등학교부터 고등학교에 이르는 수많은 미션 스쿨들을 운영했다. 분명 기독교인들은 동아시아 사회에서 특별히 명예로운 분야인 의료 및 교육에서 독보적인 역할을 수행했다.[72] 그런데 기독교 공동체는 공산주의 이데올로기나 그 지도자들에 대한 지지가 적은 편이어서, 이러한 기독교인들이 북한의 주요 도시들마다 밀집해 있는 것은 공산 혁명에 있어 큰 걸림돌이 되었다.

둘째, 한국의 기독교계는 역사적으로 친미적 성격을 띠고 있었고, 일반 대중이 친미 감정을 갖도록 간접적인 역할을 했다. 대부분의 교회 신자, 미션 스쿨 졸업생, 병원 환자들은 미국 및 캐나다 선교사와 어느 정도 교류가 있었다. 신자 및 비신자를 막론하고 많은 젊은이들이 선교사들의 인도주의적 활동과 사회봉사를 통해 기독교의 유익을 알았고, 미국인들을 자신들의 교사나 의사로 인식했다. 이들은 훗날 미국이나 캐나다에서 공부할 수 있기를 희망했다.[73] 이러한 친미 감정은 서울이나 다

---

68 Dr. H. A. Rhodes' presentation "Survey of the Stations" during the Korea Consultative Conference (September 22-24, 1944), Presbyterian Church Archives, Record Group 140, Box 16, Folder 30 - Presbyterian Historical Society, Philadelphia.

69 Rhodes' presentation, "Survey of the Stations."

70 "Carrots and Radishes," *TIME*, 13 November 1950.

71 Ibid.; Roy E. Shearer, "The Evangelistic Missionary's Role in Church Growth in Korea," *The International Review of Missions* 54 (1965): 465.

72 1930년대에 새뮤얼 A. 마펫(Samuel A. Moffett) 목사는 조선총독부로부터 한국의 교육에 헌신한 공로를 인정받았다. William N. Blair, "Samuel A. Moffett: On His Seventieth Birthday," *The Presbyterian* (1934), 이 신문 기사는 다음의 출처에서 발견 됨. Presbyterian Church Archives, Record Group 360, Folder: Samuel A. Moffett - Presbyterian Historical Society, Philadelphia.

73 이러한 열망은 기독교 신자들에게만 국한되지 않았고 비기독교인들에게까지 영향을 미쳤다. 노

른 대도시들보다 평양에서 유독 강했다. 그리하여 북한의 도시들이 소련군의 손에 넘어가자 북한 주민들은 깊은 두려움과 실망을 느꼈다. 기독교 민족주의자들과 자본주의자들은 자치권 확보와 궁극적인 독립의 성취를 위해 함께 협력하며 열정적인 노력을 기울였다.

셋째, 특정 지역 사회에 기독교 인구가 집중된 것은 그들이 힘을 합쳐 소련 정책에 저항하는 것을 가능케 했다. 기독교인들이 지역 건국준비위원회에 미쳤던 큰 영향력은 그들이 가진 정치적 힘의 실제를 보여주었다. 일제 강점기 신사참배를 거부한 북한 교회 지도자들의 결의 역시 기독교 단체를 탄압하려는 공산주의자들에게는 그리 좋은 징조가 못되었다. 박해와 투옥의 세월을 통해 교훈을 익힌 기독교 지도자들은 공산주의 혁명에 궁극적인 위협을 주는 실질적인 장애물이 될 것이었다. 이러한 잠재적인 문제를 예견했던 공산당 정부는 기독교 영향력을 억제하는 점진적인 정책을 결정하는 한편, 혁명적인 개혁과 통제의 강화를 서서히 추진해나갔다.

넷째, 러시아가 더욱 골치 아파했던 문제는 북한 지역에서 기독교가 가장 강력했던 반면 공산당의 영향력은 가장 약했다는 점이었다. 조선공산당은 인구 대부분이 토지가 없는 농민들이었던 남한에 본부를 두고 있었다. 이는 공산당이 땅 없는 농노들에게 더 나은 대안을 제시했기 때문이다. 한편 북한의 농촌은 남한보다 소작권 문제가 덜한 편이었다. 북한의 농지는 대체로 상업용 쌀 경작에 썩 적합하지 못해 북한 주민들이 일본 투자자들로부터 시달림을 덜 받았던 것도 그 부분적인 이유가 되었다.

에드먼드 드 슈바이니츠 브러너(Edmund de Schweinitz Brunner) 박사의 1925년 조사에 따르면,[74] 농장을 소유한 한국인 가정의 비율은 한국의 다른 지역들보다 북한

금석은 회고록에서 자신은 기독교인은 아니었지만 자신과 학교 친구들 역시 미국에서 공부하고 싶어 했다고 말했다. Kum-sok No, *A MiG-15 to Freedom: Memoir of the Wartime North Korean Defector Who First Delivered the Secret Fighter Jet to the Americans in 1953* (Jefferson, NC: McFarland & Company, Inc., Publishers, 1996); Hildi Kang, *Under the Black Umbrella: Voices from Colonial Korea 1910-1945* (Ithaca, NY: Cornell University Press, 2001), 15, 77.

74 비록 에드먼드 드 슈바이니츠 브러너가 조사한 한국의 마을은 35개뿐이었지만, 그가 선정한 곳들은 각 지역의 전형적인 특징을 지닌 마을이었다. 이 조사는 *The Jerusalem Meeting of the International Missionary Council* (24 March - 8 April 1928)에 실렸고, 미국 국무부 또한 이 연구의 사본을 수령했다. 브러너의 연구 결과는 기독교 인구에 대한 데이터를 제공함으로써 농

표 2.10 • 1925년 일반 농민과 교인의 지역별(35개 마을) 토지 소유 비교

(단위: 개, %)

지역	마을 수	비기독교인 가정		기독교인 가정	
		가정 수	경작지 소유율	가정 수	경작지 소유율
북부	10	1,336	33.4	120	37.5
중부	12	1,085	24.9	211	11.0
남부	13	1,487	16.5	281	18.8

출처: Edmund deSchweinitz Brunner, Ph.D. "The Christian Mission in Relation to Rural Problems," *The Jerusalem Meeting of the International Missionary Council (March 24 - April 8, 1928)*, 52. Records of the U.S. Department of State relating to internal affairs of Korea (Chosen), 1910-1929, RG 59, National Archives and Records Administration.

에서 월등히 높았다. 특히 북한의 기독교인 가정은 주변의 비기독교인들에 비해 토지 소유 비율이 높았다(표 2.10 참조).[75] 북한의 모든 기독교인 농민들이 자영농이라서 반동적인 정책을 지지했다고 단정하기는 어렵겠지만, 표 2.10의 자료에 따르면 이 지역의 기독교인 농민들이 다른 농민들보다 약간 더 잘 살았고, 그래서 급진적인 토지 개혁에 대해 다소 미온적이었다. 게다가 공산당의 토지 개혁 제도가 실시된다면 기독교인들이 공산주의 정책에 희생될 가능성이 높았다. 교회가 소유했던 많은 토지들은 당연히 문제가 될 것이고, 기독교인 토지 소유주 또한 기독교계를 약화시키려는 공산당의 계획에 따라 특별히 표적이 될 수 있었다.

촌 생활에 있어서 기독교인과 비기독교인의 상대적인 차이점을 수치화하여 보여주었다는 것에 그 가치가 있다. 브러너의 데이터는 이후 역사학자들이 수행한 다른 연구들과 매우 유사했다. Gi-wook Shin, *Peasant Protest and Social Change in Colonial Korea* (Seattle, WA: University of Washington Press, 1996), 202. 그리고 다음의 논문을 참조할 것. 김성보, "北韓의 土地改革과 農業協同化" (석사학위논문, 연세대학교, 1996), 35.

75 1925년 조사(표 2.12와 2.10)는 식민지 시대의 일반적인 농촌 상황을 보여주었다. 일본 통치 후 20년 동안 농촌에서 도시로의 이주가 발생하고 소작율이 증가한 것이 확실하다. 이는 일제의 정책 때문에 일어난 현상인데, 특히 토지가 더 비옥하고 벼농사에 더 적합한 남부의 기독교인 마을들에서 두드러진다. 일본 정부가 기독교인을 표적으로 삼고 교회의 영향력을 약화시키기 위해 강제로 또는 거짓 누명을 씌워서 그들의 땅을 빼앗았기 때문에 남부 지방 기독교인 농부들이 땅을 잃는 경우가 더 많았다. 1925년(3·1운동 5년 후)의 통계에서 볼 수 있듯이, 북부 지방의 기독교인 가정은 여전히 해당 지역 전체 평균보다 높은 비율로 토지를 소유하고 있었는데, 이에 반해 수도 서울이 위치한 중부 지방에서는 기독교인들의 토지 소유 비율이 전체 평균보다 훨씬 낮았다. 그리하여 북부 지방은 1945년까지도 자신의 땅을 경작한 가정의 비율이 여전히 상대적으로 더 높았다.

공산주의자들은 함경도에서 더 큰 성공을 거두었는데, 역설적이게도 함경도는 한국 전체에서 소작율이 가장 낮은 곳이었다. 함경북도 농민의 50% 이상이 자영농이었고, 함경남도는 32%로서 두 번째로 자영농 비율이 높았다.[76] 그러므로 이곳에서 공산주의가 인기를 얻게 된 주된 이유는 토지 개혁의 공약 때문이 아니라 함경도가 식민지 세력의 중심지였던 평양과 서울에서 더 멀고 오히려 러시아 및 만주 국경과 인접했으며, 당시 기독교 및 천도교 인구가 가장 적은 지역이었기 때문이었다. 기독교와 천도교 신자가 집중된 평안도에서는 공산주의에 대한 저항이 심했다. 만일 공산주의자들이 평양에서 정치적 중심지를 장악하고자 한다면, 그들은 먼저 평안도 내 종교적 영향력부터 무력화시켜 놓아야, 그 다음으로 도시들과 농촌에 대한 확고한 통제를 이룰 수 있었다.

다섯째, 문화 민족주의자 집단 내에서 기독교인 지도자들 개개인의 위상이 높았던 것은 기독교인들과 다른 비종교 우파들, 특히 지주, 교육자, 자본가들과의 자연스러운 연합을 만들어냈다. 미션 스쿨 졸업생은 전체 한국 고등학생 중 약 3분의 1을 차지했고, 기독교인들은 교회와 학교를 통한 복음 전도에 열심인 것으로 정평이 나 있었기 때문에, 기독교 교육은 청년들의 마음과 지성, 영혼을 사로잡는 일을 두고 공산주의와 직접적인 경쟁을 펼쳤다.

— 조만식의 부상

소련은 북한에서 부인할 수 없는 인기를 누리고 있었던 조만식과 협력하기를 적극적으로 원했다. 조만식은 평양에서 명망 있는 기독교 보수주의자였고, 그의 명성은 식민지 시대 내내 기독교인들 중에서 자자했다. 그는 1921년 평양 YMCA의 총무로 임명되었고, 또한 유명한 산정현 교회의 장로가 되었다. 산정현 교회는 주기철 목사가 신사참배 거부로 경찰에 체포되기 전에 목회했던 곳이었다. 주기철 목사의 투옥 기간에 조만식은 총독부의 명령에 불응하면서 주 목사의 가족을 계속해서 부양했다.

76 김성보, "北韓의 土地改革과 農業協同化," 35; Armstrong, *The North Korean Revolution*, 14.

조만식은 기독교 교육자로서도 한국에서 명망이 높았다. 일본 메이지대학을 졸업한 뒤 교편을 잡았고, 1915년에는 유명한 오산학교의 교장이 되었다.[77] 조만식은 3·1운동에 가담한 혐의로 1년간 옥고를 치렀고, 출소 후에도 계속해서 '비폭력'을 통한 저항을 주창하여 '조선의 간디'라는 별명을 얻었다.

그 후부터 조만식은 다른 문화 민족주의자들과 함께 교육과 토착 경제 생산을 장려하고 나섰다. 그러나 일제의 압박 속에서 다른 보수 민족주의자들과 마찬가지로 조만식은 1943년 말 학생들이 일본의 전쟁에 자원하도록 독려하는 학병권유문을 공개적으로 발표해야만 했다. 이는 민족주의자로서 조만식의 명성에 약간의 손상을 입혔다.[78] 그럼에도 불구하고 조만식은 연합군에 의해 한국이 해방되었을 때 북한에서 가장 존경받는 비공산주의 지도자로 남아 있었다.[79] 한국에서 그의 명성은 남한의 민족주의자들인 이승만, 여운형, 김구, 김규식 등에 비견할 정도였다. 1945년 8월부터 12월까지 조만식은 민족 진영과 공산 진영이 연합하는 일에 수장을 맡았다. 기독교인과 비기독교인 모두에서 높은 인기를 누렸던 조만식은 북한을 위한 이상적인 지도자로 부상했다.

— 민족주의자와 공산주의자의 연합

조만식과 견줄 만큼 걸출한 민족주의 인물이 없었던 소련 측은 북한에서 정치력을 확보하고자 점진적이고 회유적인 접근 방식을 취했고, 공산주의자와 보수주의자 간의 공개적인 대립을 막았다. 당시 현준혁과 오기섭이 이끄는 조선공산당 국내파는 조만식을 국가적 상징이자 최고지도자로 세우기를 희망하며 그를 지지했다.[80] 모든 소련군 사령관들은 러시아 병사들이 현지 공산주의 급진파들의 요구를 따르지 못하도록 금지하라는 명령을 받았는데, 이것은 지역 불안이나 무장 봉기의 가능성

---

77 오산학교는 이승훈이 설립한 유명한 교육기관이었다.

78 Armstrong, *The North Korean Revolution*, 55.

79 Bruce Cumings, *The Origins of the Korean War: Liberation and the Emergence of Separate Regimes 1945-1947* (Princeton, NJ: Princeton University Press, 1981), 402.

80 Chong-sik Lee, "Politics in North Korea: Pre-Korean War Stage," *The China Quarterly* 4 (April-June 1963): 6.

을 제한하려는 조치였다.[81]

한편, 러시아 점령군은 점차적으로 모든 건국준비위원회들을 재조직했고, 이 지역 건준들의 회원 중 적어도 절반을 공산주의자들로 구성하고자 했다. 소비에트 군대는 여러 도시들을 다니면서 모든 기업, 철도, 라디오 방송국, 은행 및 기타 중요 경제 시설들을 인수했다. 이 모든 시설들은 일제 소유였었기 때문에 그들의 처사에 대한 반발은 거의 없었다. 소련군은 식량 공급을 확보한 뒤 현지 치안 부대를 장악하기 위한 작업에 나섰다. 러시아인들은 각 도의 경찰서들마다 공산주의자 '적위대'를 배치했다(해방 직후 자생된 북한 치안무장단체들 중 하나. 민족주의 계열의 자위대, 국내파 공산주의자들의 치안대, 소련군의 적위대, 3계파가 대표적임 - 역자 주). 친미주의자와 반공주의자가 경찰서라는 매우 중요한 단위 조직에 뿌리를 내릴 것을 우려했기 때문이었다.[82]

러시아 지도자들은 대외적으로 "한국 혁명의 단계는 부르주아 민주주의 혁명의 단계"라고 선언하고, 광범위한 연립 정부를 꾸리려고 했다.[83] 그러나 비밀리에 그들은 우파 세력을 약화시키고 자신들의 힘을 점차로 키우기 위해 부단히 노력하면서 적절한 공격 시기를 엿보고 있었다. 이 전통적인 공산주의 정치 책략은 매우 효과적이었다. 소련은 해방을 빌미로 그들의 장기적인 실제 계획들을 성공적으로 감춘 채 군사 부문의 통제력을 강화해나갔다.

한국의 공산주의자들 중에는 4개의 서로 다른 분파가 있었다. 국내파 1개 외에 3개의 다른 파벌들이 있었는데, 김일성이 이끄는 갑산파, 김두봉의 연안파, 소련 태생의 허가이가 이끄는 소련파였다. 러시아인들은 한국의 통치자로 누구를 지지해줄 것인지 확실히 결정하지 못하고 있었다. 김일성과 그의 빨치산 부대원 60명이 1945년 9월에 돌아왔고, 연안파의 김두봉, 무정, 최창익이 한 달 뒤 도착했다. 소련파는 한국인들의 직접적인 지지를 가장 적게 받을 것이기 때문에, 정치적 경쟁은 주로 국내파, 갑산파, 연안파들 중에서 벌어졌다. 그러나 실질적으로는 소련파의 지지를 얻는 쪽이 정치적 우세를 확보할 수 있는 구조였다.

---

81 소련군은 현지 급진주의자들의 토지 재분배 요구들을 대체로 수용하는 편이었다. 이는 우파 인사들의 많은 불만과 사회적 불안을 야기했다. Ree, *Socialism in One Zone*, 100-101

82 Ibid., 94-96.

83 Ibid., 99.

가장 유력한 분파는 갑산파인 것으로 보였다. 김일성은 만주에서 게릴라 투쟁을 벌인 경험이 있었고, 소련 및 중국 공산당과 비공식적인 교류도 갖고 있었다. 그리고 평양의 기독교 가정 출신인 점은 그에게 더할 나위 없는 정치적 자산이 되었다. 그리하여 김일성은 민족주의-공산주의 연합 전선을 준비하는데 공산주의 측 대표로서 이상적인 인물이자 향후 조만식을 대체할 자로 인식되었다.[84]

김일성의 명성을 높이려는 소련의 의도가 엿보인 첫 번째 징후는 러시아인들이 준비한 성대한 환영 행사였다. 10월 3일 테렌티 슈티코브(Terentii Shtykov) 장군은 김일성을 조만식에게 데리고 가서 이 젊은 민족주의자를 한국인들에게 소개해달라고 부탁했다. 1945년 10월 14일 "김일성 장군" 귀국 환영식에서 조만식은 7만 명의 대중에게 김일성을 전설적인 항일 영웅으로 소개했다.[85] 그러나 그날 군중 속의 많은 사람들은 김일성의 젊은 용모와 김성주라는 수상한 본명 때문에 그의 정체를 의심했다. 그가 사기꾼이라는 소문이 한반도 전역에 퍼졌다. 김일성은 북한에서 지지기반을 구축하기 위해 시간이 더 필요했고, 조선노동당 내 세력 확보를 위해서 다른 공산당 분파들과 경쟁을 벌여가야 했다.

당시 러시아인들은 북한의 우파들이 자체적인 정당을 조직하고 종교 활동을 지속하는 것을 허용하는 등, 어느 정도 한국의 정치적 자치권을 인정해주고 있었기 때문에 좌파와 우파 간의 연합이 가능할 것으로 보였다. 9월과 10월 초, 평양의 소련군 최고사령부와 김일성을 포함한 공산당 지도부는 인민위원회 내 비공산주의 위원들에게 정당을 설립하여 지지자들을 동원할 것을 촉구했다.[86]

— 조만식의 주요 정치사상

조만식이 우파 정당을 조직하려 하자 각계각층의 지지자들이 그에게 모여들었다. 조만식은 기독교인들뿐만 아니라 비기독교인들, 특히 교육을 많이 받은 엘리트

---

84 Armstrong, *The North Korean Revolution*, 121.

85 Cumings, *The Origins of the Korean War*, 401.

86 "Weekly Information Bulletin#20," 4 September 1947, 『美軍政期情報資料集: CIC(방첩대) 보고서 1945.9-1949.1』, 2: 381.

들과 자산가 계층으로부터 확고한 지지를 받았다. 좌파 출신의 공산주의자들과 우파 출신의 부일협력자들 모두 평안남도 인민정치위원회와 북조선5도행정국에서 조만식과 함께 기꺼이 일하고자 했다. 조만식은 그의 전국적인 명성과 온건한 정치적 기반을 바탕으로 다양한 지지층들을 결집시켰고, 소련의 지원까지 받았다.

그는 국가 전체의 복지를 증강하고 사회 엘리트들과 연합을 유지하는 것을 중시했다. 그리하여 조만식은 비록 개인적으로는 '민족 반역자들'에게서 참정권을 비롯한 여러 정치적·경제적·사회적 특권들을 박탈해야 한다고 생각했지만, 모든 부일협력자의 즉각적인 사임을 원하지 않았다. 그는 많은 과거 친일파들을 자신의 추종자로 끌어들이는 화해의 인물에 더 가까웠다. 이 부분에 있어서 조만식의 생각은 부일협력자 문제에 대한 이승만의 고민과 크게 다르지 않았다. 이승만 역시 평화로운 과도기의 필요성을 주장했다.

조만식의 토지 개혁 사상도 다소 온건했다. 그는 임대 제도의 개선을 지지했지만 전면적인 폐지는 지지하지 않았다. 그는 토지 소유자에게 보상 없이 땅을 몰수하는 급진적인 토지 개혁을 지지하지 않았다. 그는 사회 정의를 주창했지만, 토지 소유주들의 필요와 권리를 소홀히 하지는 않았다. 예를 들어 공산주의자들이 '3-7'제를 제안한 바 있었는데, 소출의 70%는 소작인에게 주고 30%는 지주에게 주는 지세(地貰) 제도였다. 조만식은 이것이 지주들에게 너무 가혹하다고 여기고 '3-7'제에 격렬히 반대했다. 그 대신 지주가 소출의 40%를 가져가는 '4-6' 분배 제도를 제안했다. 그러나 조만식의 반대 입장에도 불구하고 평남인민위원회는 1945년 9월 27일 '3-7'제를 채택했다.[87] 조만식은 자본가들과 지주들의 이익을 옹호하는 일에 자주 나섰기 때문에 우파와 중도파들 사이에서 매우 인기 있는 인물이 되었다.

그럼에도 불구하고 소련은 조만식이 논란의 여지가 적은 인물이라는 이유로 그를 연립 정부의 지도자로 세우고자 했다. 어쩌면 조만식의 지도 아래 동유럽과 비슷한 연립 정부가 구성되어 38선 분단 문제를 해결하고 한국의 궁극적인 독립을 이룰 수 있었을지도 모른다. 소련 당국의 '촉구'가 있은 후, 조만식과 이윤영 목사는 1945년 11월 4일 조선민주당을 창당했다. 조선민주당은 금세 30만 명의 당원을 모집하

87 Armstrong, *The North Korean Revolution*, 121.

며 급속히 성장했고, 1945년 11월 지역 인민위원회 선거에서 그 위력을 보여주었다.[88] 1946년 초에는 당원이 50만 명으로 늘어났다. 그러자 김일성은 3명의 공작원을 보내어 민주당 간부로 자리 잡게 했는데, 그중 한 명이 김책이었다.[89]

조선민주당은 문화 민족주의자들의 정당으로서, 민족 단결, 애국, 독립을 정당 이념으로 채택했다. 또한 북한에서 『평북민보』, 『황해민보』, 『강원민보』의 3개 신문을 발행했다.[90] 조선민주당은 약자의 이익만이 아니라 국가 전체의 복지 증진을 지지했다. 모든 사회 엘리트들의 단결에 각별한 관심을 기울였고, '민족 반역자들'을 제외한 모든 사람의 언론의 자유와 보통선거권을 지지했다. 조만식이 그러했던 것처럼 조선민주당은 소작제 개선과 노동 개혁을 주창했다. 그리고 교육이 문화 강국을 만드는 열쇠라고 믿었다. 조선민주당의 정치적 강령은 공산주의자 및 사회주의자, 러시아인들로부터 대체로 용인되었는데, 이들 모두가 당시 한국의 발전 단계에 이러한 강령이 적합하다고 보았기 때문이었다.[91]

그러나 조만식은 북한의 대표 지도자처럼 보이기만 했을 뿐, 실권이 거의 없었다. 그는 단지 명목상 최고 권위자였고, 지역 인민정치위원회들과 경찰력까지 장악한 것은 러시아인들이었다. 그럼에도 불구하고 그들이 이 연립 정부 구성에서 간과한 것이 있었는데, 조만식이 자신의 정치 생명보다 한국인들의 이익과 조국의 독립에 더욱 충성한다는 점이었다. 조선민주당과 러시아 점령군은 몇 주 후부터 갈등이 심해지기 시작했는데, 이 무렵 식량 조달이라는 명목으로 한국 농민에게서 곡물을 빼앗는 붉은 군대의 정책에 조만식이 반대하고 나섰기 때문이었다.[92] 기독교계와 공산주의 당국 사이에 흐르는 긴장이 연립 정부 해체에 불을 붙였다.

---

88 Ibid., 122.

89 State Department, *North Korea: A Case Study in the Techniques of Take Over*, 14.

90 Park, *Protestantism and Politics in Korea*, 16.

91 Armstrong, *The North Korean Revolution*, 12

92 "Weekly Information Bulletin#20," 4 September 1947, 『美軍政期情報資料集: CIC(방첩대) 보고서 1945.9-1949.1』, 2: 381. 그리고 Ree, *Socialism in One Zone*, 117. 소련 주둔 후 첫 8개월 동안 심각한 식량난이 발생했다. 나라가 분단된 데다가 1945년 가을에 소련 주둔군이 가축들을 대량 도살함으로써 경제가 붕괴되었다.

— 기독교인과 공산주의자 간 대규모 충돌

기독교인들과 붉은 군대 사이의 첫 번째 대규모 충돌은 1945년 11월 중순, 기독교인들이 밀집한 지역인 평안북도에서 발생했다. 신의주는 기독교인들이 건준을 주도하던 곳이었는데, 이 도시에서 두 명의 장로교 목회자인 윤하영 목사와 한경직 목사가 1945년 9월 기독교사회민주당을 창당했다.[93] 해방 후 한반도 전체에서 최초로 조직된 정당이었고, 조선민주당 창당보다 두 달 앞섰던 것으로 보인다. 이 정당의 강령은 민주주의를 촉진하고 기독교 이상에 따라 나라를 개혁하는 것이었다. 이후 더 많은 지지자들을 모으기 위해 사회민주당이라 개칭했다.[94] 이 정당은 교회를 경로로 해서 대부분 조직됐다. 한국교회사학자 앨런 클라크(Allen Clark)에 따르면 "각 구역마다 교회를 중심으로 지부가 조직되었고, 소련이 크게 우려할 정도로 매우 강력해졌다."[95] 사회민주당은 조만식의 조선민주당과 비슷했지만 종교적 의미가 더 강했다. 조선민주당과 경쟁하기를 원치 않았던 사회민주당은 조만식을 공개적으로 지지하고 평안남도에 정치 기반을 둔 조선민주당과 긴밀히 협력했다.

사회민주당과 소련 점령군 사이의 갈등은 9월 창당 직후부터 생기기 시작했다. 소련의 지도부에서 사회민주당의 영향력이 커지는 걸 두려워했기 때문이었다. 평안북도에는 충성된 공산주의자가 부족했기 때문에 붉은 군대는 멀리 떨어진 함경도의

---

93 당시 이승만은 한국에 들어오기 위해 필요한 여권을 기다리며 여전히 워싱턴에 머물고 있었다. 김일성은 9월 19일 원산에 도착했지만, 1945년 10월 14일이 되어서야 대중 앞에 모습을 드러냈다. 이때 조만식은 러시아의 치스티코프(Chistiakov) 장군 주선 하에 김일성을 대중에게 소개했다.

94 역자는 이 부분에 대한 이견을 저자의 동의를 얻어 추가적으로 소개하고자 한다. 역사학자 박명수에 따르면, 지금껏 많은 저서들에서 한경직이 기독교사회민주당을 설립했다고 기록했는데, 이는 김양선의 『한국기독교해방 10년사』(1956)를 근거한 것으로, 한경직과 그의 동료들이 처음에는 기독교사회민주당이라고 했으나 후에는 좀 더 많은 사람들 포섭하기 위해 사회민주당이라고 바꾸었다는 것이다. 그러나 박명수는 다음의 네 가지 이유를 근거로 사회민주당은 개칭된 것이 아니라 처음부터 그 이름이었음을 주장하고 있다. 첫째, 윤하영과 한경직이 1945년 9월 26일 연합군사령관에게 보낸 청원서에도 사회민주당이라고 되어 있다. 둘째, 1945년 12월 25일자로 보고된 붉은 군대 총정치국장 슈킨 대장이 보고한 북한 정세보고서에도 사회민주당이라고 설명하고 있다. 셋째, 한경직도 자신의 모든 기록에서 단지 사회민주당이라고 말하고 있다. 넷째, 한경직과 함께 월남했던 김치선도 사회민주당이라고 말하고 있다. 박명수, "해방 직후 신의주 기독교인들과 공산주의자들의 건국투쟁," 278-79.

95 Allen D. Clark, *A History of the Church in Korea* (Seoul: The Christian Literature Society of Korea, 1971), 240.

공산주의자들을 추가로 이주시켰다. 그리하여 대부분 학식이 낮은 농민과 노동자로 구성된 비기독교인 지역 거주자들을 만들어냈다.[96]

장원봉이 이끄는 사회민주당 지부 집행위원회가 1945년 11월 16일 용암포에 모였을 때, 학생 대표들은 붉은 군대의 폭력적인 통제에 반대의 목소리를 높였다.[97] 공산당에 선동된 지역 공장 노동자들이 회의장을 습격했고, 이로 인해 교회 장로 한 명이 구타를 당해 사망하고 부상자가 여러 명 나왔다. 폭도들은 회의가 열리고 있던 교회 건물을 부수고, 사회민주당 집행위원들의 가택들을 대부분 손상시켰다.[98] 주로 기독교인이었던 현지 고등학생들은 공산주의자들이 폭력을 휘두르는 것을 보고 사회민주당 간부들을 보호하기 위해 들고 일어섰다. 학생들이 현장에 도착하자마자 학생들과 공산주의자들 간에 싸움이 벌어졌고, 부상자들이 속출했다. 그러나 이것은 대규모 학생 봉기의 서막에 지나지 않았다.

며칠 뒤인 1945년 11월 23일, 교회와 연계된 현지 고등학교 세 곳의 학생 대표들이 약 5천 명에 달하는 신의주의 기독교인 고등학생들을 규합하여 대규모 시위에 나섰다. 3·1운동의 정신으로 공산당 당국에 저항하기 위해서였다. 이들은 세 그룹으로 나뉘어 신의주 공산군 사령부, 평안북도 인민위원회 사무소, 신의주 경찰서를 향하여 평화롭게 행진했다.[99] 그러나 사회 불안이 확산될 것을 우려했던 러시아군은 기관총을 사용하여 시위를 즉각 진압했다. 그 결과 23명의 학생이 사망하고 약 700명이 부상당했으며 1천 명 이상이 체포되었다.[100] 그중 약 200명의 학생들은 시베리아의 강제노동수용소에 유배되었다.[101]

러시아군은 모든 학생 시위에 대해 경고령을 내렸고, 사회민주당의 모든 집행

---

96 Ibid.

97 소련군에 대해 북한 지역 주민들이 품은 노여움은 주로 소련 군인들이 도처에서 성범죄를 벌이고, 각 지역에 비축해 놓은 식량을 과다하게 징발하고, 공장 및 은행을 약탈한 것 때문이었다. Ree, *Socialism in One Zone*, 118.

98 Clark, *A History of the Church in Korea*, 240; Clark, *History of the Korean Church*, 12-13.

99 이성재, "解放以後 北韓基督教會와 共産政權과의 關係에 대한 硏究" (석사학위논문, 연세대학교, 1992), 39-40.

100 Ibid., 40; Ree, *Socialism in One Zone*, 117.

101 신의주 반공학생의거는 1940년대에 두 번째로 유명했던 시위로서, 북한 기독교의 영향력과 북한 내 기독교와 공산주의 간의 정치적·사회적 갈등을 보여준 사건이었다. Ibid., 40.

위원회 당원들을 구속하기 시작했다. 창당인인 윤하영 목사와 한경직 목사는 이미 남쪽으로 떠났기 때문에 숙청을 피했다. 사회민주당에 대한 공산당의 적대와 탄압은 기독교인들의 대규모 월남을 촉발하는 계기가 되었다. 그 후 러시아인들은 교회들에 대한 통제를 강화하고, 일제 강점기에 일본인들이 했던 것과 같이 각 교회마다 스파이를 배치하여 잠재적인 반공 활동을 포착하려고 했다. 기독교 가정 출신임은 정치적으로 "신뢰할 수 없는" 조건으로 공표되었다.[102] 그해 겨울과 이듬해 봄까지 공산주의 세력과 민족주의 반군 사이에 더 많은 충돌이 일어났다.[103]

— 조만식의 모스크바 협정 반대

1945년 12월 모스크바에서 열린 3국 외상 회의는 한국의 분단 문제를 해결했을 수도 있었을 중대한 외교 행사였다. 3개 강대국들은 그들의 전시 동맹국들을 구해내고 전후 국제 문제 협력의 가능성을 확보하기 위해 진정한 노력을 기울이고자 했다. 미국, 영국, 소련의 외무장관들은 12월 16일 모스크바에 모여 미해결된 전시 계획들의 여러 주요 쟁점들을 논의했다. 그리고 한국은 그들의 주된 관심사들 중 하나였다.

회담에서 미국은 4개국이 한국을 신탁 통치 하는 계획을 제안한 반면, 소련은 한국의 빠른 독립을 원한다고 표명했다. 그러나 소련이 진정으로 바란 것은 '우호적인 독립국가' 한국으로서, 한국 정부를 친소련 지도자들이 장악하는 것이었다. 그러나 미국 또한 한국의 정치발전에 더 강한 영향력을 행사하기 위해 신탁 통치 주장을 굽히지 않았다. 그리하여 양측은 결국 미소공동위원회를 결성하여 한국의 임시정부 수립을 지원하기로 합의했다. 새로 들어설 한국 정부는 미소공동위원회와 협의해서 향후 최대 5년간 4개국(미국, 영국, 소련, 중국 - 역자 주)의 한국 신탁 통치를 위한 구체적인 준비 사항을 결정해야 했다. 모스크바 협정의 최종 합의문은 미소공동위원회와 한국의 새 임시정부가 이 계획을 철회하는 데 모두 동의할 경우, 신탁 통치가 필

102 State Department, *North Korea: A Case Study in the Techniques of Take Over*, 97.

103 Ree, *Socialism in One Zone*, 117.

요하지 않을 수 있다는 여지를 남겼다.[104] 합의문은 또한 미국과 소련이 한반도 분할 점령의 종식을 위해 협력할 것임을 암시했다.[105]

그러나 모스크바 협정에 대한 한국인들의 반응은 남북한 모두 대체로 부정적이었다. 공산주의자를 포함한 대부분의 한국 사람들은 자국에 대한 열강들의 모든 결정에 분개했는데, 이는 '신탁 통치'(trusteeship)라는 단어가 한국어의 '보호국'으로 종종 잘못 번역됐기 때문이다. 이 단어는 한국이 1905년부터 1910년 사이에 일본의 보호국이 되었다가 결국에는 독립을 상실했던 옛 기억을 불러일으켰다. 이에 따라 러시아인들은 점령지 주민들의 저항을 누그러뜨리기 위해 한국인들에게 '신탁 통치'의 개념을 설명해주는 대대적인 사업을 벌였다. '신탁 통치'라는 단어를 '후견인 제도'로 번역함으로써 불쾌한 과거와의 연결을 끊어 놓았다. 소련 관리들은 또한 새로운 한국 정부가 신탁 통치 이전에 먼저 세워질 것임을 강조하면서, 한국인들은 빠른 독립을 보장받기 위해서라도 이 계획을 지지해야 한다고 주장했다.

그러나 조만식과 조선민주당은 신탁 통치를 단호히 반대했다. 1945년 12월 28일 신탁 통치 계획이 남북한에서 공식 발표되자 조만식은 즉시 반대 의사를 밝혔다. 인민위원회 회의에 참석한 대표자들이 신탁 통치 계획에 대한 찬반 투표를 진행했을 때도 공산주의자 회원은 찬탁인 반면, 조만식과 그의 지지자들은 반탁에 투표했다. 그들은 용어가 어떻게 번역되었든지 간에 신탁 통치를 조금이라도 받아들였다가는 즉각적인 독립의 가능성이 희박해질 것이라고 믿었다. 즉, 반탁에 대한 그들의 굳은 결의는 신탁 통치 계획 자체와는 상관없이, 외국의 한국 문제 개입에 대한 반발에서 비롯된 것이었다. 대부분 문화 민족주의자들이었던 조만식과 지지자들은 해외 열강이 신탁 통치를 고려한다는 것조차 모욕이라고 여겼다. 그들은 자치 정부를 운영할 수 있는 자신들의 능력을 믿었고, 다른 외세의 동의를 필요로 하지 않았다. 그리하여 조만식과 조선민주당 당원들 여러 명은 신탁 통치에 저항하는 의미로 평남인민정치위원회 직책에서 사임했다.

모스크바 협정에 반대하는 조만식의 항의는 러시아인들을 매우 놀라게 했다.

---

104 Cumings, *The Origins of the Korean War*, 217.

105 Ibid.

조만식이 사임한 후 소련 관리들은 그의 생각을 바꿔보려고 그를 설득했지만, 조만식은 거절했다.[106] 어떤 방법에도 그의 반탁 의지가 꺾이지 않자, 1946년 1월 5일 소련 당국은 마침내 "보호 구금"을 결정하고, 조만식을 평양의 고급 호텔인 고려 호텔에 가두었다.[107] 소련군 장성들을 비롯하여 김일성, 여운형과 같은 공산주의자들 및 좌파들이 조만식 곁에 모여들어 모스크바 협정에 찬성하도록 설득하고, 그를 북한의 국가 원수로 삼겠다고 약속했다는 많은 증언들이 있다. 만일 조만식이 제안을 수락했다면, 역사의 흐름은 달라졌을지도 모른다.

그런데 여기서 중요한 핵심은 조만식이 소련 측의 제안을 수용했느냐가 아니라 그들의 제안 자체에 있었다. 소련의 장성들과 김일성은 조만식의 협조 없이도 북한 지역을 완전히 장악할 수 있다는 자신감이 아직 부족했음을 보여주고 있기 때문이다. 결국 공산당이 북한 전 지역을 점령하기는 했지만, 손실이 없었던 것은 아니었다. 공개적인 대립은 소련이 가장 원하지 않는 것이었는데, 특히 시기적으로 미국의 여론이 북한 교회 탄압에 민감할 수 있기 때문이었다. 그들은 3.1운동과 같은 대규모 봉기가 일어날 소지를 주고 싶지 않았고, 내부적으로 조용히 정리될 수 있도록 연립 정부가 최대한 오래 추진되기를 원했다.

러시아인들이 조만식의 저항을 다루는 방식은 이러한 그들의 속내를 뒷받침했다. 그들은 신탁 통치에 반대하는 거의 모든 사람들을 시베리아로 보내버렸지만 조만식에게는 그렇게 하지 않았다. 그저 평양 최고의 호텔에 구금시켰을 뿐이다. 확실히 북한에서 조만식의 영향력이 강력했기 때문에 그를 처형하는 것은 너무나 위험했다. 아마도 러시아인들은 조만식이 나중에 마음을 바꿀 수 있을 것이고, 그렇게 되면 북한을 진정시키고 남한의 지지를 얻는 데 그를 이용할 수 있으리라 믿었던 것 같다. 실제로 조만식이 공개적으로 신탁 통치를 반대하자, 남한에서 그의 명성은 쇠퇴하기는커녕 오히려 더 높아지고 있었다. 그리하여 조만식은 향후 정치적 교섭을 할 만한 가치를 여전히 지니고 있었다.

또한 조만식은 진정한 국민적 인물이라는 점에서 여느 우파 인사들과 달랐다.

---

106 Armstrong, *The North Korean Revolution*, 123.

107 Cumings, *The Origins of the Korean War*, 217.

남한의 이승만, 여운형과 마찬가지로 그의 이름은 전 국민에게 상징적인 영향력을 가졌다. 조만식을 죽이거나 시베리아로 보내는 것은 정치적 위험이 너무 컸다. 이를 기화로 반공 우파들이 전국적인 반소비에트 봉기를 선동하여 아직 미약한 북한 내 공산주의 입지를 위태롭게 할 수도 있었다. 우파들이 대중 운동을 일으킬 명분이 없도록 조만식을 '가택 구금'하는 편이 더 나았다.

1946년부터 1950년까지 많은 사람들이 조만식에게 반탁을 철회하고 모스크바 협정을 지지하도록 설득하려 했다. 그렇지만 정치인이라기보다 민족주의자였던 조만식은 흔들리지 않았다. 그의 반탁 입장은 여론의 흐름과도 같았기 때문에, 조만식의 결의는 그의 인기를 높여주었고 많은 사람들이 나서서 그를 살려달라고 청원했다.[108] 조만식의 개인적인 매력도 있겠지만, 이를 넘어서서 그는 북한의 기독교인들과 그들의 우익 동맹들의 전체 세력을 상징하는 인물이었다. 소련과 한국의 공산주의자들은 바로 이 점을 두려워했다.

공산 혁명에 대한 종교계의 저항

조만식의 실각으로 우익과 연립 정부를 맺으려는 소련의 시도는 끝이 났다. 북조선 5도행정국은 해산되었고, 김일성을 위원장으로 하는 새로운 정치 조직인 북조선임시인민위원회가 출범했다.[109] 이는 북한의 5개 도를 관장하는 평양의 중앙 정부가 되었다.

---

108 이승만 정부는 유죄판결 받은 공산주의자 스파이 두 명과 조만식을 맞바꾸고자 했다. 그러나 이 시도는 6·25전쟁의 발발로 중단되었다. 1959년 소련으로 도피한 북한 공산당 관료 출신 백기룡(Pak Kiryong)에 따르면, 1950년 10월 평양으로 유엔군이 진군하자 공산주의자들이 북쪽으로 달아나기 전 조만식과 그의 모든 가족을 처형했다. Armstrong, *The North Korean Revolution*, 123. (조만식의 큰아들 조연명은 1946년 초 월남했고, 그의 차남 조연창과 사위 강의홍은 그를 보필하다가 6·25전쟁 직전에 구속된 후 살해되었다고 전해진다. 부인 전선애와 어린 두 아들 조연홍, 조연수는 1946년 가을 월남하였다. - 감수자의 주)

109 1946년 2월 북조선임시인민위원회는 이후 1947년 2월에 북조선인민위원회로 개칭했다.

우익에 대한 조직적인 숙청이 조선민주당에서 먼저 시작되었고, 이어서 다른 단체들에도 숙청이 이루어졌다. 1946년 2월 평양에서 조선민주당 대의원 총회가 소집되었을 때,[110] 당에서는 과거 소련에서 활동했으며 김일성의 측근인 최용건을 새로운 당수로 선출할 수밖에 없었다. 숙청이 시작되자 조선민주당의 많은 기독교인들과 우파들은 남한으로 '탈출'하는 피난민 대열에 합류했고, 여기에는 조만식의 아들 한 명과 부당수인 이윤영도 있었다.[111]

북조선임시인민위원회는 토지 개혁, 새로운 노동 규제, 남녀평등 합법화, 주요 산업의 국유화 등 일련의 개혁 조치들을 시작했다. 공산당 당국은 또한 노동 조건을 개선하고 사회 보험을 제공하며 교육·문화·보건 시설을 확충하는 법안을 통과시켰다.[112] 공산당의 영향력을 확대하기 위해 북조선임시인민위원회는 전통적으로 한국 사회의 소외 계층이었던 빈농, 노동자, 여성, 청년 계층을 동원했다.

1946년 3월 시작된 토지 개혁 사업은 땅이 없는 소작농들을 지지층으로 끌어들이기 위한 핵심 정책이었다. 임시인민위원회는 토지 몰수 명령을 내렸는데, 그 대상은 일본인, 알려진 친일파, 5정보(1만 5천 평 – 역자 주) 이상의 땅 소유주, 부재지주, 종교 단체의 토지들이었다. 그리고 몰수한 땅을 농업 노동자, 땅 없는 소작농, 5정보 미만의 땅을 소유한 소농민에게 분배했다. 그 결과 약 100만 정보의 토지가 몰수되어 70만 가구에 재분배되었고,[113] 농업 인구의 약 70%가 개혁의 혜택을 받았다. 국영 농민 은행에서는 농부들이 종자, 비료, 장비를 구입할 수 있도록 대출을 제공했다.

공산주의자들은 토지 개혁이 무혈 개혁이었다고 선전했지만, 실상은 달랐다. 평안남도 우익들이 토지 재분배에 저항하여 곳곳에서 폭동을 일으켰다. 이러한 지역 반란을 진압하기 위해 임시인민위원회의 요청으로 러시아 군인들이 소집되었

---

110 "Weekly Information Bulletin#20," 4 September 1947, 『美軍政期情報資料集: CIC(방첩대) 보고서 1945.9-1949.1』, 2: 382.

111 이윤영 목사는 남한에서도 활발한 정치 활동을 펼쳤다. 이승만의 요청으로 이윤영은 1948월 5월 31일 제헌국회 첫 회의에서 대표 기도자로 나섰다. Nak Heong Yang, *Reformed Social Ethics and the Korean Church* (New York: Peter Lang Publishing, Inc., 1997), 136.

112 State Department, *North Korea: A Case Study in the Techniques of Take Over*, 16.

113 Armstrong, *The North Korean Revolution*, 76.

다.[114] 대다수의 지주들은 영영 땅 없이 살 것을 감수하면서 북한을 떠나 남으로 향했다.[115] 1946년 3월 31일 토지 재분배가 완료되자 토지 없는 농민들과 도시 노동자들 사이에서 공산주의의 인기가 높아지기 시작했고, 우파들의 정치적·사회적 세력은 계속 쇠퇴했다.

많은 좌파들은 북한의 혁명이 성공적이라고 보았는데, 이는 저항이 비교적 적었고 대중의 관심이 높았다는 이유에서였다. 그러나 이것을 진정한 성공으로 단정하기 어려운 것은 당시 공산주의의 인기가 그저 극렬 반대자들을 구속하거나 남으로 추방시켜서 얻어낸 단순한 결과였기 때문이다. 공산주의자들은 약 2백만 명의 사람들이 남한으로 옮겨간 것에도 크게 개의치 않았다. 오히려 잉여 인구가 제거되어서 북한에서는 식량 수요가 줄어들고, 38선 이남에서는 정치적·경제적·사회적 혼란이 가중되었으므로(표 2.11 참조), 공산주의자들에게 일거양득의 현명한 정치 전략이 되었다.

실제로 토지 개혁은 개별 농민에게 혜택을 주기보다 국가의 경제력을 더 키운 셈이었는데, 공산당 당국이 농민들의 작물에 사실상 50%의 세금을 부과했기 때문이다.[116] 이후에는 농민들이 예상 목표치를 달성하지 못할 경우 소출의 75%를 국가에 양도해야 했다. 토지 개혁은 식량난을 해결하지도 못했고, 북한 농민들의 삶을 개선하지도 못했다. 공산당 당국은 식량 부족 문제를 해결하기 위해 배급제를 도입했다. 자유 시장 없이 식량 배급을 실시함으로써 공산당 당국은 도시 주민들을 더 강력하게 정치적으로 통제할 수 있었다. 정부가 정치적으로 대항하는 자들에게는 식량을 주지 않고, 충성스러운 지지자들에게는 양질의 식량을 제공할 수 있었기 때문이다.[117]

---

114 Ree, *Socialism in One Zone*, 153

115 Mun Woong Lee, *Rural North Korea under Communism: A Study of Sociocultural Change* (Houston, TX: Rice University, 1976), 20.

116 Armstrong, T*he North Korean Revolution*, 143.

117 Ibid., 144.

표 2.11 • 남한 지역 내 인구 증가 상황(1946, 1948)

(단위: 명)

인구 증가 경로	1946년	1948년
기존 인구(1944년 5월)	15,879,110	19,369,270
일본에서 귀환한 인구 수	898,219	212,980
타 지역들에서 귀환한 인구 수	85,529	21,318
북한에서 이주한 인구 수(기록상)	401,685	468,589
자연 증가 인구 수(대략)	650,000	400,000
중간 합계	17,914,543	20,472,157
집계되지 않은 유입 인구 수(추정)*	1,454,727	430,000
총합계	19,369,270	20,902,157
비자연 증가 인구 수 합계**	2,840,160	1,132,887

* 이들은 북한과 일본에서 건너온 미집계 피난민들로 추정된다.

** 1946년부터 1948년까지 비자연 증가 인구 수 합계는 3,973,047명이다.

출처: "Food Report for South Korea as of March 1948," Food Supplies, Korea 1945-1948, RG 59, Records of the US Dept of State relating to internal affairs of Korea, 1945-1949, File 895, National Archives and Records Administration (NARA).

— 공산주의자의 정치적 통제에 대한 기독교의 반대

조만식의 체포와 사회민주당의 붕괴는 북한의 많은 교회 지도자들을 분노케 했다. 이들은 소련이 그들에게 정치적 자유를 부여할 의사가 없음을 잘 알고 있었다. 3·1절 기념식이 몇 주 앞으로 다가오자 교회 지도자들은 이 기회를 통해 교회 신도들을 동원하여 저항의 목소리를 내고자 했다. 조만식의 실권 이전에는 소련 당국이 교회의 3·1절 기념행사 참석에 대해 아무런 반대를 하지 않았었다. 그러나 2월 임시인민위원회는 느닷없이 3·1독립운동 기념식에 모든 교회의 참석을 금지하고 모든 국민은 공산주의자들이 조직한 인민회의에 참석해야 한다는 명령을 내렸다.[118]

그러나 이러한 명령에도 불구하고 성직자들은 자체적인 종교 행사를 기획하여 3·1운동으로 목숨을 잃은 열사들을 위한 기념예배를 드리기로 했다. 평양시교역자

118 이성재, "解放以後 北韓基督教會와 共產政權과의 關係에 대한 研究", 43-44.

회는 2월 21일 서문밖교회에 모여,[119] 3·1절 기념예배를 결정했다. 공산당 당국은 즉시 목회자들에게 계획을 철회할 것을 요구했지만 목회자들은 이를 거부했다. 그러나 경찰이 출동하여 평양시 교회 지도자들 60명을 체포했다. 가까스로 체포를 피한 소수의 사람들은 원래 계획대로 여러 장소에서 기념예배를 진행했다.[120] 1946년 3월 1일 오전 10시, 약 1만 명의 사람들이 평양시의 3·1운동 본거지인 장대현 장로교회에 모여 추모예배를 드렸다. 공산당 당국은 무장한 사람들로 교회를 포위했지만, 수천 명의 기독교인 청년들이 참석했기 때문에 황은균 목사가 설교를 마칠 때까지 예배를 방해하지 못하고 기다렸다 설교가 끝난 후 사람들이 한국의 독립을 위해 기도하려고 머리를 숙이자 경찰이 곧바로 들이닥쳤고 모든 청중 앞에서 목사를 연행해갔다.[121]

황은균 목사가 체포되었지만 기독교인들이 계획한 프로그램은 계속 진행되었다. 기독교인 5천 여 명이 뛰쳐나와서 기독교 깃발과 태극기를 흔들며 그 유명한 구호인 "독립 만세!"를 외쳤다. 그런 뒤 찬송가 〈믿는 사람들은 군병 같으니〉를 부르면서 소련군 사령부를 향해 행진했다. 이들은 공산당 경찰과 적위대를 보고서는 기독교 깃발을 흔들면서 "종교의 자유, 정부의 종교 탄압 절대 반대"를 외쳤다.[122]

이 행진은 많은 평양 시민의 이목을 끌어서 그들의 자발적인 시위 참여를 야기했다. 시위대가 평양 기차역에 도착했을 때, 그곳에는 김일성이 개최한 공산당 측 3·1절 기념식이 진행되고 있었다. 두 집단은 서로 대치했고, 김일성의 기념식은 급작스럽게 종료됐다. 이와 비슷한 기독교인들과 공산주의자들 간의 충돌이 북한의 도시들 곳곳에서 발생했다. 실례로, 신의주와 멀지 않은 국경 근처 도시들인 평안북도 용천과 의주는 개신교 및 천주교 신자 비율이 매우 높았는데(표 2.9 참조), 공산당 당국과 기독교 공동체 간의 대립이 특히 심했다. 그 결과 많은 교회가 파괴되고 사

---

119 역자는 본래 원서에 기재된 명칭인 "서문교회"(Sŏmun Church)를 저자의 동의하에 수정하여 "서문밖교회"로 표기했다. 이와 관련된 내용은 다음의 논문을 참조할 것. 박명수, "해방 후 북한의 3·1절과 기독교," 『영산신학저널』 48 (2019): 54-55.

120 Clark, *History of the Korean Church*, 12-13.

121 Ibid., 13.

122 Ibid.

람들이 대거 체포되었다.[123]

김일성을 더욱 당황시킨 것은 3.1절 기념식 연설 도중 몇 명의 암살자들이 수류탄으로 그를 죽이려고 했던 일이었다.[124] 이 두 사건을 종합적으로 판단한 김일성은 기독교 교회들이 그를 제거하고 북한의 공산주의 혁명을 그르치기 위해서 남쪽 우익 세력들과 공모하고 있다는 결론을 내렸다. 그 결과 김일성은 교회를 완전히 장악하고 북한 사회의 모든 반공적이며 반동적인 요소들을 근절할 결심을 더욱 굳히게 되었다.

3·1절 행사가 얼마 지나지 않은 1946년 3월 17일, 의주 노회장인 김관주 목사가 기독교인 모임을 소집했다. 그는 북한 기독교인들에게 남한에 공동 성명서를 보내서 소련 점령 지역에서 일어나는 공산주의자들의 만행을 남한에 알리자고 제안했다. 이 계획은 김일성에 의해 발각되었고, 경찰이 즉시 김 목사와 관련자들을 체포했다.[125]

— 공산주의자들의 기독교 교회 통제

이러한 일련의 사건들은 교회에 대한 김일성의 분노를 촉발시켰다. 그 결과 공산 당국은 기독교 교회의 영향력을 조직적으로 해체할 구상을 세웠다. 먼저 그들은 모든 중요 행사 날짜를 의도적으로 일요일로 정하고, 교회 건물에서 정치 강연회를 열어서 모든 기독교인에게 필수적으로 참석할 것을 요구했다. 가장 심각한 갈등은 1946년 11월 3일 일요일 선거를 두고 터져 나왔다. 당국은 모든 사람들이 나와서 투표할 것을 요구했다. 투표를 원치 않는 기독교인들은 이 조치를 종교 자유에 대한 직접적인 위협으로 인식했다. 교회 지도자들은 마침내 공산주의자들의 무리한 요구에 넌더리가 났고, 함께 단결하여 저항의 목소리를 냈다. 북한 5도연합노회는 다음

---

123 Ibid.

124 이 사건에 대해 암살단 중 한 명이 기록을 남겼다. 김인호, 『사선을 넘어 새희망 새세계로』 (서울: 생각하는백성, 1999). 그리고 이성재의 논문을 참조할 것. "解放以後 北韓基督教會와 共產政權과의 關係에 대한 研究", 39-40.

125 Clark, *History of the Korean Church*, 13.

과 같이 선언했다.

> 우리의 2천 개 교회와 30만 명 기독교인들은, 신앙의 수호와 교회의 발전을 위해, 교회의 통치와 기독교인의 생활의 주관자들로서 다음의 다섯 가지 원칙을 승인했으며, 이 원칙들을 인민위원회에 전달하고자 하니, 그들의 친절한 협조를 바란다. 1) 안식일을 거룩하게 지키는 것은 교회의 생명이므로 주일에 예배 이외의 일에는 참석하지 말아야 한다. 2) 정부와 종교는 분리되어야 한다. 3) 교회 건물에서 신을 공경하는 것은 교회의 마땅한 본분이므로 교회 건물을 예배 이외의 용도로 사용하는 것을 금한다. 4) 교회 사역자가 정계에 진출할 경우 반드시 교회의 직책을 사임해야 한다. 5) 교회는 종교와 집회의 자유를 지지한다.[126]

이들은 일요일 선거에 반대하고 공산당의 명령에 불복함으로써 새로운 공산 정권과 거리를 두려는 자신들의 바람을 드러냈다.

기독교 공동체의 단결을 약화시키기 위해 공산주의자들은 분열과 정복 전략을 적용했다. 김일성의 지시에 따라 기독교도연맹으로 알려진 별도의 친정권 기독교 단체를 만들고, 김일성의 친척이자 평양에서 목사를 했었던 강양욱을 수장으로 세웠다. 이 단체는 영향력이 큰 장로교단을 비롯하여 여타의 교단들로부터 교인들을 떼어놓기 위해 고안되었다. 처음에는 별다른 성과가 없었지만, 유명한 중국 선교사인 박상순 목사와 은퇴한 전도자인 김익두 목사가 연맹에 합류하면서 일부 기독교인들이 공산당의 박해를 두려워하며 따르기 시작했다.

아마도 기독교 공동체가 공산주의 통제에 대항한 최후의 대규모 조직적 저항은 1946년 11월 3일 선거일이었을 것이다.[127] 평안남북도 대부분의 교회들은 김일성의 지시에도 불구하고 선거 참여를 거부했다.[128] 기독교인들은 교회를 가득 메우고 하루 종일 떠나지 않았다. 다른 도들에서는 공산주의자들이 기독교인의 집으로 찾아

---

126 Ibid., 14.

127 북한에서 공산당이 권력을 공고히 한 후, 그때까지 남아있던 기독교인들이 어떤 운명을 맞았는지는 거의 알려진 바가 없다. 6·25전쟁 동안 피난민들이 전한 내용과 북한 기독교인들이 개별적으로 증언한 것에 따르면, 잔류한 목회자들 대부분은 체포되거나 공산주의자로 전향했다.

128 Clark, *History of the Korean Church*, 14.

가 아침에 투표할 것을 요청했다. 그들이 말을 듣지 않자 경찰은 예배가 끝날 때까지 기다렸다가 교인들에게 투표를 강요했다. 일부 지역에서는 선거를 월요일 아침까지 연장해서 기독교인들이 투표하지 않을 명분을 없애려고 했다.[129]

선거는 대중의 지지라는 환상을 만들어내는 동시에 정적들을 뿌리 뽑는 효과적인 수단이었다. 사람들은 공산주의 후보에게 투표할 수도 있고, 아니면 불길한 색깔인 "검은색 상자"에 투표용지를 넣어서 반대 투표를 할 수도 있었다. 그러나 모든 투표용지에 일련번호가 적혀 있고, 공산당 경비대들이 예의 주시했기 때문에 반공 투표를 숨길 방법은 없었다.[130] 이러한 위험에도 불구하고, 4,516,120명의 합법적인 유권자들 가운데 약 2만 5천 명이 투표를 거부했고, 131,757명은 공산주의자에 반대표를 던졌다.[131] 그리하여 실제로 공산주의에 저항한 투표자들은 156,692명으로, 전체 합법적 유권자의 약 3.5%에 달했다(표 2.12 참조). 검은색 상자에 투표하거나 투표

표 2.12 • 1925년* 지역별 마을의 교회 신자 인구 비율(25개 사례)

(단위: 명, %)

지역	총 마을 인구 수	거주민 교회 신자 수	교회 인구 비율
북쪽	2,370	817	34.5
중앙	5,599	1,120	20.0
남쪽	10,226	1,278	12.5

* 1945년 자료는 사용 불가.

출처: Edmund deSchweinitz Brunner, Ph.D. "The Christian Mission in Relation to Rural Problems," The Jerusalem Meeting of the International Missionary Council (March 24 - April 8,1928), 52. Records of the U.S. Department of State relating to internal affairs of Korea (Chosen), 1910-1929, RG 59, National Archives and Records Administration.

129 이성재, "解放以後 北韓基督教會와 共産政權과의 關係에 대한 研究", 49.

130 Buk Lee, "Report on North Korea," 『美軍政期情報資料集: 질레트(F. E. Gillette) 보고서, 전범대 재판기록 1946-1948』 (춘천: 한림대학교 아시아문화연구소, 1996), 1: 23-24; Van Ree, *Socialism in One Zone*, 158. 저자가 2004년 6월 직접 인터뷰했던 북한 출신 정확실(Chung Hwak-sil)과 정춘섭(Jeong Chun-seop)도 이와 비슷한 상황을 증언했다.

131 공산당 당국은 선거에 '두 상자 제도'를 도입했다. 각 유권자는 후보자의 이름이 적힌 투표지를 받은 뒤, 흰색 상자(찬성) 또는 검은색 상자(반대)에 넣어야 했다. 이 선거는 기본적인 선택권이 없었기 때문에 민주적이라고 보기 어려웠다. 후보자는 대부분 공산주의자이거나 친공산주의자였다. 공산당 후보자들을 반대하는 사람들은 공산당 경비대가 보는 앞에서 '검은색 상자'에 투표지를 넣는 매우 대담한 시도를 해야 했다.

소 출석을 거부하는 것은 자신의 목숨을 거는 일과도 같았다. 남한의 반공 출판사인 '이북'(Yi Puk)의 보고서에는, 이듬해인 1947년 3월 재선거를 앞두고 "민주청년동맹(Democratic Young Men's Alliance)과 노동자연맹(Laborer's Union) 회원들이 검은색 상자에 투표한 자들을 대대적으로 색출하여 학살을 자행했다"는 기록이 있다.[132]

게다가 11월 선거 이후부터 반대 정당을 조직하려는 어떤 시도에도 즉시 경찰이 출동했다. 가장 잘 알려진 사례는 김화식 목사가 주도한 기독교자유당의 경우였다. 사회민주당처럼 기독교자유당도 1945년 9월경 조직 활동을 시작했으나, 조만식의 지도 아래 조선민주당이 설립되면서 대부분의 관심이 조선민주당으로 쏠렸고, 김화식 목사와 그의 지지자들은 창당을 포기했다. 그러나 국제 정세가 새로운 방향으로 전환되면서 김화식 목사가 다시 움직이기 시작했다. 1947년 9월 한반도 분단 문제 해결을 위한 미소공동위원회가 결렬되자 미국은 한국의 상황을 유엔 총회에 회부했다. 미국의 계획은 한국을 두 영역으로 나누어서 각각 선거를 진행하는 것이었다. 두 달간의 논쟁과 토론 끝에 유엔 총회는 미국이 주도한 계획을 채택했는데, 유엔한국임시위원단(UNTCOK)을 설립하여 한국 상황을 조사하고 미군 점령 지역에서 치러질 선거를 감독하는 것이었다.[133]

국가가 영구 분단될 것을 두려워했던 북한 기독교 민주주의 잔존 세력들은 이러한 추세를 되돌리기 위해 또다시 나서려고 했다. 유엔 결의안 소식이 11월 김화식 목사와 그의 지지자들에게 전해졌을 때, 그들은 이 상황이 자신들에게 유리하게 돌아가기를 희망하면서 한반도 전역에서의 총선을 준비할 새로운 정당을 결성하려고 서둘렀다. 그러나 기독교자유당의 설립 출범식이 있기 전날, 공산 경찰이 김화식 목사와 40여 명의 당 지도부를 체포했다. 이들 중 대다수는 감옥에서 죽거나 영원히 사라져버렸다.[134]

공산 지배에 대한 북한 기독교 지도자들의 저항은 기독교 공동체에 막대한 피

132 Buk Lee, "Report on North Korea," 『美軍政期情報資料集: 질레트(F. E. Gillette) 보고서, 전범대 재판기록 1946-1948』, 1:24.

133 Jon Halliday, "The United Nations and Korea," *Without Parallel: The American-Korean Relationship Since 1945*, ed. Frank Baldwin (Toronto: Random House, Inc., 1973, 1974), 112-117.

134 이성재, "解放以後 北韓基督教會와 共産政權과의 關係에 대한 研究", 41.

해를 입혔다. 김일성은 기독교도연맹을 통해 목회자 및 평신도에 대한 탄압을 강화했다. 1948년부터 모든 기독교 사역자들은 연맹에 가입하는 것이 '필수'가 되었다. 연맹 가입을 거부한 대부분의 유명 목회자들과 장로들은 한 명씩 체포되거나 실종되었고, 경찰에 잡히기 전 남한으로 도주한 이들도 있었다.[135] 그 결과 장로와 평신도를 제외한 총 212명의 목사들이 6·25전쟁 발발 이전에 목숨을 잃었다.[136] 공산당 당국은 개신교 신학교 두 군데를 강제로 통합하고 등록 학생 수를 120명으로 제한했다. 이로써 기독교 공동체의 잠재적인 지도자들의 싹을 없애서 그들로 하여금 다시는 정부에 저항하지 못하도록 만들려고 했다.[137]

기독교 공동체에 대한 공산당의 가혹한 정책 때문에 많은 기독교인들이 뿌리 뽑힌 난민이 되어 낯선 남한에서 타향살이를 했다. 남쪽으로 탈출한 기독교인의 실제 숫자는 알려져 있지 않지만, 10만 명을 넘을 것으로 추정된다. 이 피난민 중 대다수는 목사, 평신도, 교회 사역자, 교육가, 지주, 학생, 사업가들이었다. 그들은 남한의 반공주의에 새로운 정치적·사회적·종교적 에너지를 공급하는 역할을 했다.

— 천도교의 마지막 저항

천도교 신자들이 조직한 청우당은 농촌에서 공산주의의 지배를 반대하고 나섰던 위협적인 경쟁 세력이었다. 소련군의 점령 후 첫 18개월간 기독교인들이 여러 도시에서 공산주의자들과 충돌하고 있을 때는 오히려 청우당이 시골에서 조용히 있을 수 있었다. 토지 개혁과 같은 사회 문제에 대해 청우당의 입장이 공산주의자들과 상당히 유사했기 때문이다. 그러나 1947년 후반 공산당이 청우당의 영향력을 축소하려는 시도를 벌이면서 갈등이 생겨나기 시작했다. 그리고 진정한 농촌 개조와 공산당의 통제가 실패했음을 몇몇 천도교 신자들이 확실하게 알게 되면서 양측의 간격

---

135 Clark, *A History of the Church in Korea*, 243-244.

136 1940년 남한에는 장로교단 5개에 약 109명의 목사가 있었다. 그런데 1947년에는 약 179명으로 70명가량이 늘어났는데, 이는 북한에서 피난 온 장로교 목사들이었다. 1950년까지 212명의 북한 목사들이 사망한 점을 고려해볼 때, 북한 성직자들 대부분이 숙청되거나 도망쳤다고 추측할 수 있다.

137 이성재, "解放以後 北韓基督敎會와 共産政權과의 關係에 대한 研究", 58-60.

은 더 벌어졌다.

천도교가 계속 성장하여 농민들 사이에서 추종자들을 끌어들이자 공산당 당국은 경악했다. 1947년 중반 천도교는 북한에서 169만 명의 신도를 확보했다.[138] 1948년 3월 청우당은 국가의 통일과 독립을 옹호하고 전국 총선거를 지지하기 위한 '제2의 3·1운동'을 전개했다. 청우당은 농민들의 권리가 국가보다 우선하며, 대중은 국가의 착취와 정부의 통제로부터 자유로워야 한다고 믿었다. 이 때문에 청우당의 운동은 공산 당국의 의심을 불러일으켰고, 많은 천도교 신자들이 경찰에 체포되었다. 김일성은 1948년 3월 조선노동당대회의 연설에서 청우당 농민들 중의 "반동분자들"을 비난했다.[139] 청우당 지도자들은 자신들의 정치적 미래를 염려하게 되었고, 다시는 공산주의자들의 심기를 건드릴 만한 어떠한 발언이나 행동도 하지 않으려 했다. 김달현의 지휘 아래 청우당은 입장을 바꿔 유엔한국임시위원단을 맹렬히 비난하고, 미국과 남한의 '반동분자들'이 한국의 분단을 영속화하고 있다고 규탄했다. 그 후 청우당은 북한 공산당 정부의 정치 지도자들에게 완전히 복종했다.[140]

해방 후 북한에서 종교는 중요한 정치적 요소였다. 천도교와 기독교는 모두 대중적인 인기가 높았다. 천도교는 주로 농민들로부터 지지를 받았지만 기독교는 도시에서와 교육받은 엘리트들 사이에서 인기가 있었다. 해방 직후 즉각적인 공산당 독재가 불가능했던 것은 이들 종교 집단의 영향력 때문이었다. 그러므로 민족 진영과 공산 진영의 연합이 바람직은 하지만, 반드시 이루어질 수 있는 것은 아니었다. 조만식의 부상과 쇠락은 북한에서의 이러한 연합이 시도되고 실패하는 과정을 모두 보여주었다. 한반도의 분할, 기독교인과 공산당 당국 간의 충돌, 북한 기독교인의 탈출

---

138 Armstrong, *The Korean Revolution*, 128.

139 Ibid., 133.

140 Ibid.

행렬은 남한에게도 동일하게 중요한 영향을 미쳤다. 피난민 문제는 이미 혼란스럽고 격앙된 남한 사회에 부담을 가중시키는 결과를 낳았고, 이후 남한의 정치·경제·사회·이념·종교 상황을 더욱 복잡하게 만들었다,

일반적으로 한국인들은 미국의 민주주의를 매우 제한적으로 이해했다. 그럼에도 불구하고 많은 한국인들은 교회나 교회의 공공 봉사 활동 때문에 미국에 대한 호의적인 견해를 갖고 있었다. 이는 60년을 거슬러 오르는 양국의 '특별한 관계'를 통해서 가능한 일이었다. 한국인 중에서도 특히 기독교인들은 미국과 가장 강한 유대관계를 갖고 있었고, 미국의 자유와 삶의 방식을 가장 열렬히 추종했다. 그들에게 있어서 종교적 자유를 수호하는 일은 미국식 민주주의를 이루기 위한 투쟁의 일부가 되었다. 200만 명의 피난민들이 공통적으로 갖는 특징은 많지 않을 것이다. 그들은 사회경제적 배경이 제각기 다르고, 종교적인 이유뿐만 아니라 다양한 사정으로 북한을 떠나야 했다. 그러나 그들은 한 가지 공통된 신념을 갖고 있었는데, 그것은 공산주의에 대한 두려움, 아니면 차라리 증오였다.

남한으로 유입된 피난민 200만 명은 남한 전체 인구의 약 10% 정도 규모로서, 남한의 분열 상황을 극적으로 치닫게 했다. 북한 피난민들 중에는 저명한 기독교 목회자, 장로, 교육받은 평신도들이 있었고, 이들은 남한의 정치·종교·사회 영역에서 중요한 세력으로 부상하게 된다. 그 결과 북한 출신 피난민들의 지지를 얻을 수 있는 남한 지도자는 자신의 정치적 경쟁자들을 능가할 만큼 충분한 정치력을 얻게 될 것이었다.

제3장 남한의 종교적인 요소들

남한으로 내려온 북한 피난민들은 북한과 매우 다른 남한의 현실을 목도하게 되었다. 미국이 점령한 남한 지역은 군대의 숫자도 적었고,[1] 사람들의 정치적인 지식도 부족했고,[2] 북한 주둔 소련군의 무자비한 만행[3] 같은 것도 없었다. 그러나 그 대신, 테러리스트들의 활동, 정치적 암살, 파업, 게릴라 공격, 정치적 봉기, 반정부 시위 등과 같은 문제들이 남한을 뒤흔들고 있었다. 그뿐만 아니라 만주, 중국, 일본, 북한에서 사람들이 들어와서 심각한 물자 부족 현상이 생겨났다. 이들을 위한 대량 구호활동이 있었지만 기초 생필품만 겨우 공급하는 수준이었기 때문에 피난민들은 열악한 생활환경 속에서 고통을 받았다.

그럼에도 불구하고 북쪽에서 온 많은 피난민들에게 남한의 바람은 신선한 숨결과도 같았다. 남한의 체제는 북한에서 가장 많이 핍박받았던 기독교인들과 교육자들, 지주들, 친일 협력자들로부터 특히 환영받았다. 미국의 지배 아래에서 기독교인들과 친일협력자들은 미국 군사정부(이하 미군정) 내 큰 세력을 차지한 주요 그룹들이

---

1 1945년 9월 13일 하지 장군이 도쿄의 맥아더 장군에게 보낸 보고서에 따르면, 주한미군의 병력 수는 소련이 북한에 보낸 것보다 훨씬 적었다. "Conditions in Korea," 13 September 1945, 『美軍政期情報資料集: 하지(John R. Hodge) 문서집 1945.6-1948.8』 (춘천: 한림대학교 아시아문화연구소, 1995), 3; 6.

2 대부분의 역사학자들은 미군이 남한 점령 임무를 수행하기 위한 준비가 부족했고 관련 정보도 별로 없었다는 것에 대체로 동의하고 있다.

3 점령 초기 단계에서 소련 군대가 행한 무자비함에 대해 에릭 밴 리가 서술한 바 있다. Erik van Ree, *Socialism in One Zone: Stalin's Policy in Korea, 1945-1947* (Oxford: Berg Publishers Limited, 1989).

되었다. 기독교인들은 자유롭게 설교할 수 있었고, 외국 선교사들도 한국으로 돌아와 미군정을 위해 일하고 있었고, 기독교 지도자들은, 극좌파는 제외하더라도, 좌파와 우파의 모든 정치적 스펙트럼에서 골고루 출현했다. 그렇다면 미군정은 왜 기독교인들과 친일협력자들을 선호했던 것인가?

미국 점령의 모든 측면을 다루는 것은 본 장의 범위를 훨씬 벗어날 뿐만 아니라, 이미 여러 책들에서 이 주제를 다룬 바 있다.[4] 그리하여 이번 장은 기독교인들이 미군정 하에서 어떻게 세력을 얻게 되었는지, 그리고 급진적인 반공주의가 출현하는 데 기독교가 어떠한 중요한 역할을 했는지를[5] 중점적으로 규명하기 위해서 그동안 숨겨져 있던 열쇠와 같은 사실들을 찾는 것에 초점을 맞추고자 한다.

미군정의 구성에 기여한 조지 Z. 윌리엄스의 역할

1945년 8월 16일 한반도에 군사분계선이 그어지자마자, 워싱턴 행정부는 즉각 더글라스 맥아더 장군에게 미국의 한국 점령 소식을 알렸다. 그러나 과연 누가 맥아더 장군의 파견을 받고서 한국을 책임지러 갈 것인가? 적합한 인물로 거론되었던 몇 명의 후보들 중에 최고의 적임자는 당시 10군단 사령관인 조세프 W. 스틸웰(Joseph W. Stilwell) 장군이었다. 극동 지역에 대한 경험이 많았던 그는 제2차 세계대전 기간에

4 이 주제에 대해 가장 종합적으로 연구한 바는 6·25전쟁의 기원에 관해 브루스 커밍스(Bruce Cumings)가 저술한 두 권의 연구서이다. 바니 B. C. 오(Bonnie B. C. Oh)의 문서모음집, *Korea Under the American Military Government 1945-1948*은 미군정의 특정 측면에 대한 흥미로운 분석을 제공한다. 최종석(Jongsuk Chay)의 *Unequal Partners in Peace and War*는 6·25전쟁 전부터 전쟁 기간 동안 한미 양국 관계에 대한 확실한 개요를 제공한다. 로버트 T. 올리버(Robert T. Oliver)의 *Syngman Rhee and American Involvement in Korea 1942-1960*은 이승만과 미국 정부의 관계를 심층적으로 조사한 친이승만 연구서이다.

5 박정신의 *Protestantism and Politics in Korea*는 중요한 개괄서이지만 한국 기독교와 미국 선교사, 미군정과의 관계에 대한 깊이 있는 연구는 아니다. 한국에서 사역한 선교사들에 대한 연구인 도널드 N. 클라크(Donald N. Clark)의 *Living Dangerously in Korea: The Western Experience 1900-1950*은 몇 가지 중요한 세부 사항을 제공하지만, 이 세 주요 집단들의 상호 연관성에 대해서는 어떠한 설명도 하지 않고 있다.

중국 공산주의자들 및 민족주의자들 양측과 모두 협업한 바 있었기 때문이었다. 그러나 장제스(蔣介石)는 스틸웰을 극도로 싫어했었는데, 1942년부터 1944년까지 중국-인도-버마 전역(戰域)에서 두 사람이 함께 일할 때, 스틸웰이 장제스 정부에 대해 혹독한 비판을 했기 때문이었다. 맥아더 장군은 장제스의 강력한 반대 때문에 스틸웰을 한국으로 보내지 않았다.[6] 스틸웰 이외에 거론된 또 다른 인물은 앨버트 C. 웨더마이어(Albert C. Wedemeyer) 중장으로서, 당시 중국에 있는 모든 미군들을 지휘하는 사령관의 자리에 있었다. 그는 중국 시안에서 한국의 '광복군'을 훈련시켰던 바가 있었기 때문에 한국 민족주의자들에게도 널리 알려져 있었다.[7] 만약 그가 한국 점령을 맡게 된다면 중국에 있었던 한국의 민족주의자들, 특히 충칭에 있는 임시정부 인사들로부터 폭넓은 지지를 받았을 것이다. 그럼에도 불구하고 웨더마이어는 한국으로 파견되지 않았다. 그가 중국의 사안들에 지나치게 깊이 관여되었던 것도 이유였지만, 당시 한국과 너무 멀리 떨어져 있는 것도 문제가 되었다. 그래서 결국 그 임무는 존 R. 하지(John R. Hodge) 장군에게 부여되었다. 이유는 간단했다. 당시 그가 지리적으로 한국과 가장 가까운 곳에 있었기 때문이다.

— 하지 장군과 윌리엄스 해군 중령

맥아더 장군의 명령이 하달됐을 때 하지 장군은 오키나와에 있었다. 그는 가능한 한 빨리 자신의 부대를 인천항으로 이동시켜야 했다. 하지는 훌륭한 군인이자 용감한 지휘관이었지만, 그는 아시아에 대해 아는 것이 별로 없었다. 또한 워싱턴 행정부나 맥아더 장군도 그에게 큰 도움을 주지 않았다. 그는 남한 지역에 군사정부를 어떻게 세워야 하는지 지침을 거의 받지 못했고, 병력도 거의 없었으며, 통역사조차 없었다. 하지의 첫 번째 정치 고문은 H. 메럴 베닝호프(Merrell Benninghoff)라는 국무부 하급 관리였는데, 한국에 대해 아는 것이 거의 없어서 정치 고문으로서 권위

6 Bruce Cumings, *The Origins of the Korean War: Liberation and the Emergence of Separate Regimes 1945-1947* (Princeton, NJ: Princeton University Press, 1981), 123.

7 Henry Chung, *Korea and the United States Through War and Peace: 1943-1960* (Seoul: Yonsei University Press, 2000), 99-100.

가 없었다.[8] 하지 장군 스스로도 한국의 사안들에 대해 무지했기 때문에 그는 개인적으로 자문을 구할 전문가를 필요로 했고, 이는 조지 Z. 윌리엄스(George Z. Williams) 중령이 활약할 수 있는 길을 열어주었다. 주한 감리교 선교사였던 프랭크 윌리엄스(Frank Williams) 목사의 아들이었던 그는 미국의 한국 점령 첫 석 달 동안 하지의 믿음직한 개인 고문이 되었다.

인천 출생인 조지 Z. 윌리엄스는 한국에서 15년을 살았다. 그가 처음부터 하지 장군의 한국 점령군 부대에 배치되었던 것은 아니었다. 윌리엄스는 제2차 세계 대전 기간에 호주 브리즈번의 미 해군기지에 있는 한 대형병원에서 연구부서의 장으로 근무했었고, 1945년에는 함대 외과의 보조(Assistant Fleet Surgeon)라는 새로운 임무를 부여받아 미군들을 위한 의료 상륙 작전을 담당했다. 그러다가 미군의 남한 점령 계획을 듣고서 윌리엄스는 그 즉시 전출을 신청했지만, 그의 신청은 토마스 C. 킨케이드(Thomas C. Kinkaid) 해군 중장에 의해 두 번이나 반려되었다. 제7함대 사령관이었던 킨케이드가 윌리엄스를 자신의 배에 붙들어두고 싶어 했기 때문이다.

그러나 윌리엄스를 곁에 두려는 킨케이드의 고집에도 불구하고, 우연처럼 보이는 운명에 따라 윌리엄스는 결국 미군정과 연을 맺게 되었다. 제7함대가 1945년 9월 8일 하지 장군과 그의 부대를 인천으로 호송하는 일에 배치받았던 것이다. 당시 인천항에서는 세 명의 한국 대표들이 하지 장군을 기다리고 있었는데, 이들과 의사소통을 할 수 있었던 미국인은 한국말을 유창하게 구사하는 윌리엄스가 유일했다.[9] 윌리엄스는 이번 기회를 놓치지 않고 하지 장군에게 직접 자신의 문제를 호소했다. 그리하여 하지는 즉시 윌리엄스를 자신의 개인 정치 고문으로 데려갔다. 윌리엄스는

---

8 미국 역시 한국의 국내 정치에 도움이 될 만한 좋은 구상이 전혀 없었다. 국무부 관리들이 받았던 보고서들의 대부분은 기본적으로 신뢰할 수 없거나 정치적 성향성에 따라 치우쳐진 것들이었다. Cumings, *The Origins of the Korean War*, 129.; James I. Matray, "Hodge Podge: American Occupation Policy in Korea, 1945-1948," *Korean Studies* 19 (1995): 20. 더 심각한 문제는 베닝호프가 국무부 하급 관리였기 때문에 그에게는 권위 있는 발언권이 없었다는 점이다. 그래서 하지 장군은 "미래 전망에 대해 발언할 권한이 있는 워싱턴 관리들을 〔자신의〕 참모진으로 배치시켜줄 것"을 요청했다. "Conditions in Korea" 13 September 1945, 『美軍政期情報資料集: 하지(John R. Hodge) 문서집 1945.6-1948.8』, 3: 8.

9 이 세 명의 한국인들은 조선건국준비위원회(Committee for Preparation of Korean Independence)의 대표들이었다. Jongsuk Chay, *Unequal Partners In Peace and War: The Republic of Korea and the United States, 1948-1953* (Westport, CT: Praeger Publisher, 2002), 40.

임시직이었지만 이 직책을 맡아서 약 3개월 동안 임무를 수행했다. 비록 미 국무부에서 정치 고문으로 파견해 준 베닝호프가 이미 있었을지라도, 하지는 윌리엄스를 베닝호프와 똑같은 직책에 앉혔다. 그 이유는 윌리엄스가 한국어로 자유롭게 의사소통할 수 있었을 뿐만 아니라 자신의 종교적인 인맥들을 바탕으로 한국인들과 어우러질 수 있었기 때문이었다.[10]

— 윌리엄스 중령의 책임

하지 장군은 윌리엄스에게 세 가지 임무를 맡겼는데, 그중 하나는 한국의 정치 상황에 대해 조언하는 일이었고, 둘째로는 미군정에서 일할 한국인들을 고용하는 일이었고, 셋째로는 한국 지도자들에게 미군정의 입장을 전달하는 일이었다.[11] 이러한 과제들 하나하나가 초기 미군정 형성에 지대한 중요성을 갖게 될 것이었다. 하지는 이 세 가지 중대한 임무들을 단 하나의 보직에서 처리하도록 통합한 뒤, 그 자리에 급하게 뽑은 개인 한 사람을 앉힌 것이다. 이로써 하지는 의도치 않게 윌리엄스를 미군정 내 최고의 권력자요 가장 영향력 있는 인물로 만들어버렸다. 적어도 제일 중요했던 첫 한 달 동안은 그러했다.[12]

---

10 1945년 9월 8일, 윌리엄스가 세 명의 대표를 만나 장군의 말을 전한 직후, 그들은 윌리엄스를 데리고 마을을 돌아다니며 그에게 저녁을 먹였다. 윌리엄스가 배에 돌아왔을 때, 그는 자신이 '조사'한 바를 장군에게 다시 보고했다. 그리고 그날 밤 해군 제독은 윌리엄스에게 하지 장군을 위해 일하라고 전갈을 보냈다. "Notes on address by Commander George Tsur Williams to Korea secretaries and missionaries in the Methodist Chapel, 30 January 1946," Presbyterian Church Archives, Record Group 140, Box 16, Folder 29: 1, Presbyterian Historical Society, Philadelphia, Pennsylvania. (이 문서는 교회기록보관소에서 찾은 문서 중 가장 흥미로운 것이다. 감리교 지도자들에게 보내는 메시지인데도 불구하고 이 문건을 장로교 기록보관소에서 찾아낸 것이다. 문서 상단에 "극비 - 인용할 수 없음"으로 표시되어 있었다. 그것은 조지 Z. 윌리엄스 대령의 사적인 진술서였으며, 한국 선교에 깊은 관심을 가진 교회 지도자들이 비밀리에 회람하던 것이었다. 이 문서는 교회기록보관소에 묻혀 있었고 외교 역사가들은 일반적으로 이용할 수 없었으므로, 나는 이 자료를 면밀히 살펴보는 것이 중요하다고 생각한다. 왜냐하면 윌리엄스는 미국 점령 초기 몇 개월 동안 영향력 있는 역할을 담당했던 인물이기 때문이다. 이 문서는 윌리엄스의 속마음, 좌절, 그리고 분단된 한국의 미래 발전에 대한 '예언'까지 고스란히 보여주고 있다.)

11 Ibid.

12 미국 정부가 한국 점령에 대한 명확하거나 상세한 지침을 전혀 내리지 않았다는 점에 주목할 필요가 있다. 이는 윌리엄스가 미군정 고문으로 첫 3개월 동안 담당했던 역할의 중요성을 더욱 높였

그러나 윌리엄스는 의학 전문가였을 뿐, 숙련된 통역가가 아니었으며 정통한 정치 자문가도 아니었다. 따라서 그의 견해가 반드시 워싱턴 행정부의 입장에 따라 조율되었던 것은 아니었고, 교묘한 한국 정치인들의 조종에 대처하기에도 그는 너무 어수룩했다. 또한 그의 종교적 배경과 교회와의 관계 때문에 윌리엄스는 기독교 단체들, 교육받은 엘리트들, 선교 단체들의 의견과 요구들에 더욱 귀 기울이게 되었다. 그가 한국의 엘리트들과 폭넓게 접촉했고 하지 장군과도 자유롭게 대면할 수 있었던 것은 한국의 우파, 특히 기독교 엘리트들이 미군정을 어떻게 장악하게 되었는지를 이해할 수 있는 열쇠로 보인다.[13]

윌리엄스의 첫 번째 임무는 한국 대중의 의견과 정치적 성향을 되도록 많이 파악해서 하지 장군에게 알리는 것이었다. 그렇다면 그는 어떤 내용으로 하지에게 보고했을까? 첫째, 윌리엄스는 자신의 보고에서 송진우, 김구, 이승만과 같은 보수주의자들과 기독교 엘리트들에 대한 개인적인 편향성을 확실하게 드러냈다. 특히 그는 한국 지도자들 중에서 송진우를 제일 좋아했다. 송진우는 일제 식민지 시절 유명한 문화 민족주의자였고 당시에는 한국민주당의 지도자로 있었다. 윌리엄스는 송진우를 확고한 반공산주의자이자 민주주의를 지향하는 보수주의자로 보았다. 그는 한국민주당 사람들이 뛰어나고 신뢰할 만한 한국 지도자들이라고 생각했다. 이는 미군정이 자신들의 행정부에 많은 한국민주당원들을 고용한 이유였을 것으로 보인다. 미군이 도착한 이래로 한국민주당은 줄곧 이승만과 김구의 귀국을 지지해왔고, 중국 충칭에 기반을 둔 한국 임시정부가 인정받을 수 있도록 로비 활동을 벌였다. 송진우와 그의 동료들은 윌리엄스에게 유엔이 기꺼이 인정해준다면 이승만과 김구는

다. 준비 부족과 자격을 갖춘 인력의 부재 때문에 하지의 미군정은 한국 점령 초기 적지 않은 어려움을 겪어야 했다. Matray, "Hodge Podge: American Occupation Policy in Korea, 1945-1948," 21.

13 조지 Z. 윌리엄스를 정확히 평가하기란 어려운 일이다. 그에 관해 이용 가능한 정보가 많지 않기 때문이다. 미 국무부는 그에 대한 사전 정보도 없고, 직속 관할 부서도 아닌 상태에서 갑자기 그를 정치 고문으로 채용했기 때문에 미 국무부의 파일에는 그에 관한 몇몇 서류 자료만 있을 뿐이다. 윌리엄스는 자신의 업무를 도쿄의 미 육군 본부에 보고해야 될 공식적인 의무도 없었기 때문에 군 파일에도 활용할 자료가 많지 않다. 그러나 실상 윌리엄스는 1945년 9월부터 1946년 1월까지 하지 장군의 최측근에서 그의 지대한 주목을 받는 인물이었다. 미군정에서 그는 모든 현장을 다니며 매우 활동적으로 일했다. 그러나 불행하게도 정부기록보관소에서 그에 대한 정보는 찾을 수가 없었다.

한국인들로부터 "90%의 지지"를 받을 것이라고 열심히 설득했다.[14] 그러자 윌리엄스의 조언을 따랐던 것으로 보이는 하지 장군은 곧이어 더글라스 맥아더 장군에게 이승만을 미국에서 한국으로 귀국시킬 것을 촉구했고, 가능하다면 충칭 정부를 "일제 식민지배 시절 명목상 최고 기관의 역할을 했으며, 연합국의 후원을 받았던 임시정부로서" 인정해줄 것을 부탁했다.[15]

그러나 문제는 윌리엄스가 이 인물들에 대해 실제로 아는 바가 거의 없었다는 것이었다. 송진우, 이승만, 김구의 이름은 한국인들 사이에서 정말로 유명했지만,[16] 이들이 반드시 미국의 한국 점령에 이익을 줄 수 있는 최고의 인물이라고 확언할 수는 없었다. 그리고 실제로 뒤이은 역사를 살펴보면 이승만과 김구는 장차 그 어떤 사람보다도 미군정에 더 많은 문제들과 골칫거리들을 안기게 될 인물이었다. 1946년 초 이승만과 김구가 벌였던 신탁 통치 반대 운동은 미군정에게 엄청난 어려움을 주었고,[17] 1946년 초 김구의 미군정 전복 시도는 미군정의 합법성을 약화시켰다. 이렇게 우익 인사들은 좌익 인사들 못지않게 많은 문제를 일으켰으며, 미국의 한국 점령을 더욱 힘들게 했던 것으로 보인다. 사실 미 국무부는 이승만과 김구 모두를 신뢰하지 않았고, 심지어 이승만의 여권 발급을 거부함으로써 그의 귀국을 막기까지 했다. 그럼에도 불구하고 하지와 맥아더는 고집을 부렸고, 그 결과로 미 육군성은 국무부를 경유치 않고 이승만을 전용기에 실어서 한국으로 데려왔다. 이 조치는 미군

---

14 "Notes on address by Commander George Tsur Williams to Korea secretaries and missionaries in the Methodist Chapel, 30 January 1946," 2-5. 커밍스에 따르면 한국민주당은 조선인민공화국의 영향력을 견제하기 위해 임시정부의 귀국을 끊임없이 요구했다. 그리하여 이 두 자칭 정부는 미국 점령 첫해 대중의 지지와 정치적 정당성을 확보하기 위해 치열한 경쟁을 벌였다. (1945년 9월 6일 여운형 계열이 조선인민공화국 성립을 선포하자, 이에 맞서 송진우 계열이 임정봉대론을 주장하고 나섰음 - 역자 주)

15 그러나 하지 자신은 임시정부의 넓은 사상적 스펙트럼 때문에 모든 한국인들이 임정을 반기는 것은 아님을 알고 있었다. 그래서 하지는 임정 요인들이 개인 자격으로 귀국하는 것만 허락하고 미국 정부의 승인 없이 임정을 인정하는 일은 하지 않았다. "Conditions in Korea" 13 September 1945, 『美軍政期情報資料集: 하지(John R. Hodge) 문서집 1945.6-1948.8』, 3: 6-8.

16 이들의 이름은 모두 조선인민공화국 내각 명단에 올라갔지만, 당사자들은 이에 동의한 바 없었다. Cumings, *The Origins of the Korean War*, 87.

17 신탁 통치 논쟁에 관해서는 다음 자료를 참고할 것. Sang-Yong Choi, "Trusteeship Debate and the Korean Cold War," *Korea Under the American Military Government 1945-1948*, ed. Bonnie B.C. Oh (Westport, CT: Praeger Publishers, 2002), 13-39.

정 기간 내내 하지와 미 국무부 사이에 계속되었던 갈등을 촉발시킨 계기가 되었다.

윌리엄스가 하지에게 보고한 내용의 두 번째 특징은 그가 좌파, 특히 공산주의자들을 신뢰하지 않았다는 점이다. 여운형이 한국인들에게서 전반적인 인기를 얻고 있었지만, 윌리엄스는 여운형의 조선인민당이 실제로는 공산주의자들에 의해 통제되고 있다고 우려했다.[18] 미국 점령 첫 두 달 동안 진행되었던 것으로 보이는 윌리엄스의 정치 조사에 따르면, 조선공산당은 미국이 한국에 상륙했을 당시 겨우 300명의 당원밖에 없었으며, 공산주의자들에 대한 총 지지도는 남한 인구의 5%였을 뿐이었다. 윌리엄스는 또한 공산주의 지도자인 박헌영이 누구인지 한국 사람들은 아무도 모르기 때문에 그가 정치적으로 중요하지 않다고 주장했다. 그러나 다른 한편으로 윌리엄스는 박헌영이 모스크바를 방문했던 유일한 한국 대표였음을 인식하고 있었고, 조선인민당을 진짜 통제하는 것은 러시아이며 박헌영은 그 꼭두각시일 것이라고 의심했다.[19] 그리고 윌리엄스는 조선인민당[20]을 실제적으로 운영하는 인물은 여운형이 아닌 박헌영이라는 것을 크게 우려했다. 윌리엄스는 좌파들이 정치적으로 미미한 세력이며 오직 소련의 대리인에게만 매우 개방적인 태도를 취한다고 믿었기 때문에 그들에게 어떠한 자문이나 공공 임무를 부탁할 마음이 없었다. 이러한 윌리엄스의 조사 보고는 하지 장군이 처음에 조선인민당과 긴밀히 협력하기를 거부했던 이유를 대체로 설명해 주고 있다.[21]

미군정 내 고위직에 한국 엘리트들을 고용해야 할 임무도 맡고 있었던 윌리엄스는 친일 협력자들을 기용했던 것 외에도 새로이 많은 보수주의 인물들을 미군정 안에 자연스럽게 들였다. 역사학자 브루스 커밍스에 따르면 미군정은 1945년 9월부터 12월까지 약 7만 5천 명의 한국인들을 고용하거나 그들과 협력 관계를 유지했는

18 "Notes on address by Commander George Tsur Williams to Korea secretaries and missionaries in the Methodist Chapel, 30 January 1946," 4-6.

19 Ibid., 5. 여운형도 젊은 시절 실제로 모스크바를 방문한 적이 있었다. 여운형은 러시아에 다녀온 뒤로 충성스러운 사회주의자가 되었다. Wha Rang Lee, "Who Was Yo Un-hyung?" http://www.kimsoft.com/2002/mongyang.htm.

20 하지 장군의 명령 때문에 조선인민공화국은 미군정의 탄압을 피하기 위해 조선인민당으로 당명을 바꿀 수밖에 없었다.

21 1946년 워싱턴 측은 하지 장군에게 좌우합작을 도출해내라고 압력을 가했고, 이에 하지는 여운형과 협력하기로 합의를 보았다. 그러나 이러한 시도는 너무 늦은 감이 있었다.

데, 이 남성들 중 대부분은 한국민주당에 소속된 사람들이었다.[22] 그리하여 한국의 유명한 여성 민족주의자인 임영신[23]은 미국이 친일파 "매국노들"을 고용하는 엄청난 실수를 저지르는 것을 목도하고서 이에 항의하기 위해 서둘러 미군정 관리들을 찾아갔다. 그러나 관계자는 그녀에게 미국 점령군 내에 한국어를 할 줄 아는 사람이 단 한 명뿐이기 때문에 미국인들은 누가 친일협력자이고 누가 아닌지를 구별할 방법이 없었다고 대답했다.[24]

윌리엄스는 사실 일본의 공포 정치하에서 일하며 살아왔던 한국인들에게 상당히 동정적이었다. 친일협력자로 고발당한 어떤 이들은 윌리엄스에게 자신들이 어떻게 일본인들을 속이면서 '일본의 전쟁 노력을 방해해왔었는지' 설명해 보였는데, 이때 윌리엄스는 그들로부터 큰 감화를 받고서 그 내용을 누군가 책으로 써주기를 희망한 적도 있었다.[25] 이러한 친일협력자들에 대한 그의 긍정적인 견해 때문에 윌리엄스는 그들을 해고하지 않고 군사 정부에 계속 기용해왔던 것으로 보인다. 윌리엄스의 1차 조사 결과, 그는 "한국인들이 전쟁에 관한 모든 일에 협력하도록 강요받았었다"는 사실을 발견했고, 단순히 일본인을 위해 일했다는 이유만으로 그들을 배제하는 것은 부당하다고 판단했다.[26] 그렇게 되면 미군정에서 일할 만한 사람이 남아있지 않을 것이다.

대부분의 미국 선교사들은 윌리엄스의 말에 동의했다. 예를 들어 식민지 시절 한국에 살았던 호러스 G. 언더우드는 이 사안의 어려움을 이해하고서 상황을 잘 설명해주었다. 특히 교육 분야에서 그가 경험했던 바에 따르면, 한국 학교들에 있었던 대부분의 친일협력자들은 실제로 '좋은 사람들'이었지만 그들이 35년간의 일본 점

---

22 Cumings, *The Origins of the Korean War*, 156.

23 임영신(Louise Yim)은 이화여자대학교를 졸업하고 "Korean Buddhists Are Turning to the Christian Faith"(한국 불교 신자들이 기독교 신앙으로 전향하고 있다)라는 제목의 논문으로 남가주대학교에서 석사 학위를 받았다. 그녀는 1932년에 한국으로 돌아와 서울에 새로운 여자 대학을 짓기 시작했다. 그녀는 항일 지하 조직에서 잘 알려진 인물이었고, 이승만 박사의 충실한 지지자였다.

24 Louise Yim, *My Forty Year Fight for Korea* (Seoul: Chungang University Press, 1951), 242.

25 "Notes on address by Commander George Tsur Williams to Korea secretaries and missionaries in the Methodist Chapel, 30 January 1946," 3.

26 Ibid.

령에서 살아남기 위해서는 그들에게 다른 선택의 여지가 없었다는 것이다. 최상류층에서부터 하층민에 이르기까지 일본에게 협력해야 하는 것은 기본적으로 피할 수 없는 일이었다.[27]

— 남한 기독교의 영향력 증가

미군의 남한 해방은 한국 기독교인들에게 권력을 잡을 수 있는 기회를 제공했다. 미국인들은 학식 있고 영어를 구사할 수 있는 인재들을 찾고 있었기 때문에 미션 스쿨에서 수학하고 선교사들과 가까이 일해보았던 기독교인들이 미군정에 취직하는 것은 상대적으로 쉬운 일이었다. 그리하여 미군정의 고위직에 오른 한국인 50명 중에서 35명은 연희전문학교 교수들과 졸업생들, 목회자들, 교회 평신도들이었다.[28] 그뿐만 아니라 일제 식민지 시절 미국 의료 선교사들로부터 개인적으로 훈련받았던 여섯 명의 한국인 의사들은 미군정에서 부국장들로 임명되었다.[29] 남조선과도입법의원 및 직선제의 제헌국회 중에서도 기독교인들의 비율이 높았지만 미군정 행정부에서의 비율이 특별히 더 높았다(표 3.1 참조).

실제로 하지 장군이 윌리엄스에게 군사정부를 위한 행정고문(National Advisory Council)을 구성하라고 지시했을 때, 하지는 기독교인들을 선호하는 자신의 뜻을 내비쳤다. 하지 장군은 위원회가 "친일파가 아닌 인물들로서 변호사 2명, 은행원 2명, 농업인들 약간 명, 성공한 사업가 2명, 의사 1명, 개신교회 대표 2명, 천주교인 1명, 유교도 1명, 불교도 1명, 주요 정당인 인민당과 한민당에서 각 1명"으로 구성되기를 원했다.[30] 당시 기독교인이 전체 인구의 3%도 안 되었던 점을 감안한다면, 5명의 종

---

27 Horace G. Underwood, *Korea in War, Revolution and Peace: The Recollections of Horace G. Underwood* (Seoul: Yonsei University Press, 2001), 106.

28 Edward Adams, "Report on Korea," 15 January 1946, p.3, Presbyterian Church Archives, Record Group 140, Box 16, Folder 29 - Presbyterian Historical Society, Philadelphia; Arthur J. Moore, *The Church Cradled in Conflict: A Report of an Episcopal Visit to Korea in 1946* (New York: The Methodist Church, 1946), 8.

29 R. Manton Wilson, "Dear Friends" letter, 23 January 1946, Presbyterian Church (U.S.), Department of History, Montreat, North Carolina.

30 "Notes on address by Commander George Tsur Williams to Korea secretaries and missionaries

표 3.1 • 미군정과 대한민국 제1공화국 내 기독교인 비율(1946~1948)

(단위: 명, %)

분야	총 인원	기독교인	비율
미군정(고위직)	50	35	70.00
국가자문위원회	11	6	54.50
남조선과도입법의원*	90	21	23.30
제헌국회**	190	38	20.00

* 절반은 선출직, 절반은 임명직

** 100% 선출직

출처: 국가자문위원회 관련 참조 - Park, *Protestantism and Politics in Korea*, 168. 기타 자료 참조 - Rhodes and Campbell, *History of the Korean Mission: Presbyterian Church in the U.S.A.*, Vol. 2, 1939-1959, 380-381.

교인 대표들 중에서 3명을 기독교 계열로 할 것을 요구했던 것은 이례적인 일이었다. 윌리엄스는 하지의 지시에 따라 행정고문이 될 인물들을 찾았는데, 친일파가 아닌 목사들을 즉시 섭외하지 못하여 개신교 대표 두 명만 제외하고 위원회를 구성했다. 그들 대부분은 기독교 평신도들이었고, 윌리엄스는 이를 "기독교인 행정고문"이라고 불렀다.[31]

그리고 하지 장군은 윌리엄스에게 미군정 내의 가장 중요한 직책 중 하나인 한국 경찰의 수장이 될 인물을 찾아달라고 요청했다. 그리하여 윌리엄스는 송진우에게 도움을 청했고, 반공주의자로서 반공을 실행할 용기를 갖고서 경찰을 운영할 사람을 찾아줄 것을 그에게 지시했다.[32] 다음 날 송진우는 윌리엄스에게 유명한 기독교 민족주의자이며 열정적인 한국민주당 당원인 조병옥을 데리고 왔다.[33] 조병옥의 항일 운동과 미국에서 교육받았던 경력들은 미군정의 자격조건들에 부합했고, 윌리

---

in theMethodist Chapel, January 30, 1946," 6.

31 Ibid. 최종적으로 김성수, 김용무, 송진우, 이용설, 김용순, 오영수, 강병순, 윤기익이 위원회에 참여했다. 여운형은 위원직을 사퇴했고, 조만식은 북한에 있어서 참석이 불가능했다. Cumings, *The Origins of the Korean War*, 147.

32 Cumings, *The Origins of the Korean War*, 158.

33 조병옥은 연희전문학교에서 공부한 뒤 컬럼비아대학교에서 Ph.D. 학위를 받았다. 귀국해서는 YMCA 활동가로 일했다. 그는 일제강점기 시절 항일 활동을 벌인 혐의로 체포된 적이 있다. Ibid., 501. (조병옥은 일제 때 항일활동 때문에 두 번 수감되었었음 - 역자 주)

엄스는 1945년 10월 조병옥을 경무부장으로 즉시 임명하도록 하지 장군을 설득했다.[34] 경찰력을 통제하는 인물이 누가 되든지 간에 그 임명된 자는 결국 미군정 통치 지역의 정치·사회 발전의 미래를 좌지우지하게 될 것이었다. 그래서 경찰의 수장이 된 조병옥에 힘입어 우파 인사들과 기독교인들은 더욱더 권력을 얻어갔고, 남한 내 입지가 한층 확고해져갔다.

더 많은 기독교 목회자들과 평신도들이 영향력 있는 자리에 오르면서 기독교 공동체의 정치적·사회적 지위는 즉각적으로 상승했다. 기독교인들은 박해받던 식민지 시절을 벗어나서 해방된 남한 지역의 새로운 지배층이 되었다. 이것은 우연히 생겨난 결과가 아니었다. 일제 강점기의 지난 40년간 미국이 한국에서 힘써왔던 선교활동과 또한 미국이 패권국가로 부상하게 된 것이 함께 작용하여 이루어진 자연스러운 결과였다.

미국 선교사와 그들의 미군정 내 영향력

남한에 미국의 군사정부가 수립된 것은 미국 선교사들의 한국 귀환을 앞당기는 계기가 되었고, 또한 한국에서 그들의 영향력을 다시 확립할 수 있는 전례 없는 기회가 되었다. 비록 미군정과 선교사들이 추구하는 목표는 완전히 달랐지만, 각자의 목표를 이루기 위해 그들은 서로를 필요로 했다. 미군정은 훈련된 일꾼들이 절실하게 필요했고, 선교사들은 한국 입국 비자를 간절히 원했던 것이다. 선교사들에게 직접적인 정치권력이나 정책을 입안할 권한이 있었던 것은 아니었지만, 장차 그들은 한편으로는 미군 장성들에게, 다른 한편으로는 한국 지도자들에게 놀랄 만큼 강한 영향력을 행사하게 되는 존재들이었다.

---

34 Ibid., 158.

— 한국으로의 귀환 준비

1942년 일본에 의해 한국에서 강제로 쫓겨났던 선교사들은 한반도를 위한 평화의 대사로서 한국에 돌아가기를 고대하고 있었다. 1943년 뉴욕에서 초교파적으로 열린 한국지역대회의 참석자들은 한국의 독립에 대한 자신들의 염원을 표현했다.[35] 처음에 그들은 아시아 지역 내 러시아와 중국의 영향력이 증대하는 것에 대해 낙관적인 전망을 하면서, "일본의 쇠락"으로 인해 중국과 다른 아시아 국가들의 복음화를 위한 더 큰 자유가 확보되기를 희망했다. 그들은 선교사들이 활동의 제약 없이 기독교 이상을 발전시킬 수 있도록 종교적 자유가 확보되어야 한다고 주장했다.[36]

비슷한 시기에 기독교인친한회와 같은 종교적 정치행동 단체들은 선교사들이 한국의 정치에 관여해야 한다고 주장하기 시작했다. 그 대표들은 미국과 캐나다의 교회들에게 촉구하기를 "동맹국들, 특히 미국이 한국의 독립을 즉시 인정하도록 [교회들이] 연합해서 동맹국들을 설득하는 노력을 해야 하며, 이는 동맹국들이 유럽 국가들의 임시정부들을 계속 인정해왔고, 그 공인된 대표들을 통해서 그 임시정부들을 상대해 왔던 것처럼, 워싱턴에 한국의 공인 대표를 두는 방법으로 이루어져야 한다"고 주장했다.[37]

식민지 한국이 장차 어떠한 미래를 맞이하게 될지를 구상하고 있었던 일부 교회 운동가들은 앞으로 한반도가 혼란에 빠질 것이고 많은 이념들이 서로 경쟁하는 상태가 될 것임을, 크게는 민주주의와 공산주의 양자 대결이 될 것임을 예상하고 있었다. 왕정의 과거 역사가 있었지만 지금은 왕이 없고 40년 동안 자치 정부가 없었

35 "Letter by the Board to members of the Sub-Committee on Korea," 26 April 1943, Presbyterian Church Archives, Record Group 140, Box 16, Folder 19 - Presbyterian Historical Society, Philadelphia.

36 J. L. Hooper, "Basic Issues Confronting Postwar Missions," Presbyterian Church Archives, Record Group 140, Box 16, Folder 30: Korean Consultative Conference, 1944-Presbyterian Historical Society, Philadelphia.

37 O. R. Avison, "Note on objections some missionaries and some Board Secretaries make to joining in a movement to urge the United States of America to declare the immediate independence of Korea," 18 November 1943, Presbyterian Church Archives, Record Group 140, Box 16, Folder 29 - Presbyterian Historical Society, Philadelphia.

던 한국은 세계대전이 끝나면 권력 공백의 상태가 될 것이었다. 한국에는 잘 훈련된 기독교 지도자들이 많이 있었기 때문에 선교사들은 기독교 엘리트들이 이 새로운 나라를 친미로 이끌어서 미국의 이상, 즉 민주주의와 종교의 자유의 방향으로 인도할 것을 기대했다. 그러므로 선교사들의 역할은 한국인 기독교 지도자들을 돕고 교회의 영향력을 확장하는 데 집중될 것이었다.[38] 물론 모든 선교사들이 그러한 정치적 사고를 하거나 정치에 관여했던 것은 아니었다. 그러나 어떤 선교사들이나 어떤 교인도 공산주의 한국이 가져올 종교적인 격변으로부터 완전히 동떨어져 있을 수는 없었다. 그러므로 이와 같은 정치적 구상은 장차 선교사들 개개인과 한국의 우익 인사들이 서로 연대하게 될 조짐을 태평양 전쟁이 끝나기도 전에 보여주고 있었다.

— 선교사의 귀환

마침내 제2차 세계대전이 끝나고 미국이 남한을 점령하자 미국 선교사들의 사기가 크게 진작되었다. 그들은 미국 정부가 자신들의 대의에 호의적일 것이며, 한국으로 귀환하는 길을 조속히 열어주고, 한국을 발전시키기 위해 자신들과 함께 일할 것이라 기대했다. 한국 기독교인들도 비슷한 기대감들을 갖고 있었다. 전쟁이 끝나자마자 한국 교회들은 미국에 있는 교단 본부 선교국들에 연락을 취하여 선교사들을 보내줄 것을 여러 차례 요청했다. 실례로, 한국 기독교인들의 일반적인 의견을 대표해서 윤하영[39] 목사와 한경직 목사는 1946년 초 미국 장로교에 편지를 보내, 그들이 "선교사들을 기다리고" 있으며 "그리스도의 확실한 토대 위에" 새로운 한국을 세우기를 희망한다고 의견을 표명했다.[40]

---

38 Ibid.

39 신의주 제일장로교회 목사였던 윤하영은 조선기독교사회민주당 공동창당자였다. 그가 남한으로 탈출하자 미군정은 그를 충청북도 군수로 임명했다. Harry A. Rhodes and Archibald Campbell, *History of the Korean Mission Presbyterian Church in the USA* Vol.2 1935-1959 (New York: Commission on Ecumencal Mission and Relations, The United Presbyterian Church in the U.S.A., 1964), 88.

40 Edward Adams, "Report on Korea," 15 January 1946, p.5, Presbyterian Church Archives, Record Group 140, Box 16, Folder 29 - Presbyterian Historical Society, Philadelphia.

한국인 목회자들과 평신도들도 비슷한 내용의 요청을 개인적으로 미국 교단 본부에 보냈다. 이같이 선교사를 파송해달라는 한국인들의 요청이 쇄도하자 이에 감동을 받고 한껏 고무된 미국의 교회 지도자들은 곧바로 행동에 나서기 시작했다. 1945년 11월 미국 북장로교 해외선교국은 미국이 한국에 대한 단기 신탁 통치를 실시하여 한국에게 정부 및 민간 경로들을 통한 정치적 지원과 경제적 원조를 제공할 수 있기를 희망한다고 일찌감치 뜻을 밝혔다.[41] 아울러 선교국은 한국이 정치적·경제적 안정과 독립을 얻고 한국인들의 완전한 종교적 자유가 확보되도록 미국 정부에 로비하기 위해 초교파적으로 협력하는 전략을 채택했다.[42] 그리고 미국 북장로교는 종교적인 영향력을 극대화하기 위해 선교사들이 "적십자사, 해외구호재활사업국(Office of Foreign Relief and Rehabilitation Operations, 약칭 OFRRO, 유엔 산하기관 중 하나 - 역자 주), 또는 기타 정부 기관"에 참여하기를 독려했다.[43]

이러한 종교 기관들의 압력에도 불구하고 국무부는 안보 문제를 이유로 선교사들을 한국에 다시 보내기를 주저했다. 그러자 선교사들은 미 육군으로 눈을 돌렸고, 결과는 성공적이었다. 그때 미 육군은 한국 점령 업무의 효율성을 위해서 한국 사회에 대한 전문지식을 갖춘 사람들이 되도록 많이 필요하다는 사실을 인식하고 있었다. 그리하여 미 육군성은 선교사들이 한국에 "도착해서 곧바로 군의 구호 프로그램에 협조한다면" 그들을 후원하겠다는 의사를 밝혀왔다.[44] 비록 선교사들이 군대와 연계해서 일을 해야겠지만, "그들은 정규 업무시간 외에는 자유롭게 기독교 단체들과 접촉할 수 있을 예정이었다."[45] 하지 장군도 1946년 초 한국을 방문한 감리교 아서 J. 무어(Arthur J. Moore) 감독에게 선교사들이 미군정을 위해 한국에 와서 일하는

41 J. L. H. "Reports From Korea," 6 November 1945, Presbyterian Church Archives, RG 140, Box 16, Folder 29 - Presbyterian Historical Society, Philadelphia.

42 Ibid.

43 Charles W. Iglehart, "Some Notes on Post-war Relief and Reconstruction," 28 September 1943, Presbyterian Church Archives, Record Group 140, Box 16, Folder 19 - Presbyterian Historical Society, Philadelphia.

44 John Hooper, "Letter from the Board to the Korea Mission," 22 October 1945, Presbyterian Church Archives, Record Group 140, Box 2, Folder 28 - Presbyterian Historical Society, Philadelphia.

45 Ibid.

것을 환영한다고 개인적으로 확언해주었다.[46] 그리하여 국무부 때문에 한국행 길이 막혔던 선교사들은 미군정을 통하는 것이 한국 땅에 다시 발을 디딜 수 있는 유일한 방법이라고 여겼다. 결과적으로 국무부의 머뭇거림과 방해는 오히려 선교사들의 정치적 영향력을 확실하게 늘려 놓게 되었는데, 그들이 미군정 내 많은 관직에서 제대로 자리를 잡게 되었기 때문이었다.

한국에 가장 먼저 귀환한 선교사들은 이미 군대에 소속되어 있었던 인물들이었다. 윌리엄스와 마찬가지로 그들은 근무지를 한국으로 전환해줄 것을 요청했다. 첫 번째 귀환 행렬의 주인공들은 의사인 호러스 H. 언더우드(Horace H. Underwood), 호러스 G. 언더우드(Horace G. Underwood) 대위, 리처드 언더우드(Richard Underwood) 중위, 고든 에비슨 주니어(Gordon Avison, Jr.), 파크 L. 거딘(Park L. Gerdine), 찰스 K. 번하이설(Charles K. Bemheisel)이었다.[47] 이들은 모두 한국 태생의 선교사 자녀들이었다.[48] 그들의 군대 내 지위, 지역적 인맥, 언어 구사 능력들은 점령군에게 매우 유용하게 활용되었다.

실례로 리처드 언더우드 중위는 제2차 세계 대전 종전 직전 18세의 육군 장교로서 전략사무국(OSS) 훈련을 받았었는데, 앞으로 한국에서 정보 요원으로 일하기 위함이었다. 그는 자신의 큰형과 아버지보다도 더 먼저 한국으로 돌아온 언더우드 가문의 첫 번째 사람이 되었다.[49] 서울에 도착하자마자 그는 유창한 한국어 실력 때

---

46 다음은 하지 장군이 국무부에 보냈던 전보 메시지다. "선교사들에 대한 본 본부의 정책은 다음과 같이 개정되었습니다. 기존에 한국에 있었던 각 종교 교단은 각 기관이 한국에서 보유했던 인원을 초과하지 않고서 기존 선교사들을 파견할 수 있습니다. 상업적 수송 수단이 이용 가능해질 때까지는 정부의 한국행 수송 수단을 이용하는 것이 필요합니다. 지방의 수송 수단과 주거 시설들은 극히 적습니다. 군사 정부는 식량을 조달하고 주택을 찾는 일에 도움을 줄 수 있습니다. 그러나 선교사들은 생활 여건이 매우 좋지 않음을 각자 알고 있어야 하며, 이 이유로 선교사 선발은 남성으로 제한되어야 합니다. 현재로서는 가족을 위한 시설은 없습니다. 본 본부는 선교사들이 미국을 출발하기 전에 개별적으로 그들을 승인할 기회를 갖기 원합니다." Moore, *The Church Cradled in Conflict*, 20-21.

47 고든 에비슨 주니어, 파크 L. 거딘, 찰스 K. 번하이설의 군 계급은 확인되지 않았다.

48 Edward Adams, "Report on Korea," 15 January 1946, p. 3, Presbyterian Church Archives, Record Group 140, Box 16, Folder 29 - Presbyterian Historical Society, Philadelphia.

49 회고록에 따르면 이승만 박사는 리처드 언더우드에게 자신과 함께 맥아더 장군이 준비한 전용기를 타고 괌에서 도쿄까지 비행할 수 있도록 허락했다. Richard F. Underwood, "Memories and Thoughts," (unpublished manuscript, 2002), 42.

문에 즉시 재산관리부서로 발령을 받았다. 그 후 1946년 봄에는 평양에 있는 미국 연락 팀으로 보내졌다. 알려진 바로는 연락사무소장의 기사로 임명되어 있었지만 그의 진짜 임무는 정보 수집이었다. 그런데 그가 어디서 친미 정보원 조직을 찾을 수 있겠는가? 당연히 그는 자신의 교회 인맥들을 이용했다. 평양의 한 지역 장로교회와 접촉한 그는 언더우드 3세라는 가문 배경과 자신의 선교사 자격 덕분에 그들의 신뢰를 얻어냈다. 교회 신도들은 그에게 북한에 있는 러시아 군인들과 공산주의 정부에 대한 귀중한 정보를 제공해주었다.[50]

리처드 언더우드의 아버지인 호러스 H. 언더우드는 한국 선교사로 파송된 최초의 장로교 목사인 호러스 G. 언더우드(호러스 그랜트 언더우드 1세, 손자인 호러스 그랜트 언더우드 대위와 이름이 같으며 1916년 사망했다. - 역자 주)의 외아들이었고 직업이 의사였는데, 54세의 나이에 미군정 소속 민간인 관리 자격으로 서울에 돌아왔다. 그 또한 태평양 전쟁 당시 미국 정부를 위해 아시아 지역에서 첩보 활동을 수행했으며, 아들 리처드가 서울에 온 뒤인 1945년 10월에 아들과 비슷한 임무를 다시 배정받아서 서울에 도착했다.[51]

한편 호러스 G. 언더우드 대위는 일본어와 한국어를 모두 유창하게 구사했기 때문에 미 해군에서 복무하면서 일본 점령 작전에 참여하고 있었다. 이후 1946년 초 서울로 전출되어 국립서울대학교의 조직개편을 담당하는 직으로 배치되었다.[52] 그는 "대학의 신임 총장으로 임명된 해리 B. 엔스테드(Harry B. Ansted) 박사 및 미군정이라는 한편과 한국인 교수진 및 학생들이라는 다른 한편의 중간에서 일하는 유일

---

50 Ibid., 56-58. 그 교회 신도들이 리처드 언더우드에게 어떤 정보를 제공했는지 정확히 확인하기는 어렵다. 그러나 그가 평양에 머물렀던 시기는 토지개혁 시행 직후였다. 당시 모든 교회 농지는 공산주의자들에 의해 몰수되어 토지가 없는 농민들에게 재분배되었고, 이 때문에 우익 인사들, 특히 교회 지도자들 사이에 반공 정서가 고조됐던 것이 분명했다.

51 그들의 귀환에 관한 세부 사항은 찾을 수 없었다. 다만 리처드 언더우드가 자신의 아버지에 대해 언급했던 기록 덕분에 호러스 H. 언더우드가 미 육군에 소속되어 있었음은 알 수가 있다. "54세의 나이에도 불구하고 내 아버지는 육군 민간부(Department of the Army Civilian, DAC) 소속으로 중국을 가는 것에 서명했다. 그곳에서 아버지는 비밀리에 한미 문제들과 관련하여 일하게 될 예정이었다." Underwood, "Memories and Thoughts," 37.

52 그가 전출된 정확한 날자는 알려지지 않았다. Underwood, *Korea in War, Revolution and Peace,* 103.

한 2개 국어 구사자였다."[53] 언더우드 중위는 1947년 8월까지 미군정에 머물렀다.

이들 선교사 '자녀들' 외에 다른 민간 선교사들도 미군정을 통해 한국으로 가는 길을 찾았다. 맥아더 장군은 기독교와 민주주의 간에 관련성이 있다고 생각했기 때문에 추가로 20명의 미국 남성 선교사들(개신교 10명, 가톨릭 10명)의 한국 귀환을 허가하고, 미군정의 공공 보건복지 부서에서 일하도록 했다.[54] 이에 더하여 덱스터 N. 러츠(Dexter N. Lutz)와 프랭크 윌리엄스(Frank Williams, 조지 윌리엄스의 아버지) 목사는 미군정의 농업 부문 고문이 되었고, 의사 존 D. 비거(John D. Bigger)와 의사 로이 K. 스미스(Roy K. Smith)는 의료 고문으로 일했고, 의사 R. 맨튼 윌슨(R. Manton Wilson)은 나환자 의료 서비스를 담당했고, 엘라 샤록스(Ella Sharrocks) 양과 이디스 마이어스(Eith Myers) 양은 간호사로 일했다. 미군정은 한국의 사정들을 이해하기 위해 이들 "한국의 옛 친구들"에 크게 의존했다. 실례로 매주 금요일 아침 10시에 미군정 국장인 아처 러취(Archer Lerch) 장군은 이 선교사들을 만나서 그들의 조언을 듣곤 했다.[55] 선교사와 미군정의 협력이 갖게 될 잠재적인 이익을 내다보았던 러츠는 미군정을 위해 일할 더 많은 선교사들을 파견해줄 것을 장로교 해외선교국에 촉구했다. 왜냐하면 그들은 한국에서 기독교적 개혁 프로그램들을 실행할 수 있는 권력과 자원들을 더욱 많이 얻을 수 있기 때문이었다.[56]

미국 선교사들은 군정과 협력함으로써 한국의 근대화와 발전에 더욱 큰 영향력을 발휘했다. 그들은 나중에 돌아온 다른 나라 선교사들보다 한국의 교육, 사회사업, 농업 부문에서 더 큰 활약을 했으며, 종교의 자유와 기독교 확장의 측면에서도 당연히 우세를 점했다.[57] 예를 들어 미국 천주교 선교사들은 한국 천주교회를 이끄는 일에 프랑스인들을 대신하고 나섰다. 패트릭 번(Patrick Byrne) 주교는 1920년대에 평양에서 활동을 시작했던 초기 미국 메리놀회(Maryknoll) 선교사들 중 한 명이었는데,

---

53 Ibid., 103.

54 Clark, *Living Dangerously in Korea*, 294.

55 Rhodes and Campbell, *History of the Korean Mission*, 379-380.

56 Dexter N. Lutz, letter written from Seoul to Dr. Hooper, 7 May 1946, Presbyterian Church Archives, Record Group 140, Box 16, Folder 29 - Presbyterian Historical Society, Philadelphia.

57 미국인이 아닌 민간 선교사들이 한국에 가장 먼저 온 시기는 1946년 6월이었다. 이는 미국 선교사들보다 6개월에서 1년 정도 늦은 것이었다. Clark, *Living Dangerously in Korea*, 295.

1948년 교황청으로부터 주한교황청 사절로 임명을 받았다.[58]

미국의 선교 사역들은 복음 전파뿐만 아니라 근대화 및 민주화의 성격을 항상 포함하고 있었다. 일본의 식민 지배 아래에서 자신들의 개혁 프로그램 진행에 큰 어려움을 겪으면서 오랫동안 보람도 없이 일해 왔었던 선교사들은 미국의 한국 점령을 계기로 그간의 정체를 뚫어 냈다. 그들이 미군정에서 직책을 맡게 되고 군대로부터 지원받는 일은 마치 꿈이 이루어진 것과 같았다. 그들은 미국의 이상과 기독교의 이상을 바탕으로 미래의 한국 정부를 건설하는 일에 대해 마음이 부풀었고 기대에 찼다.

— 선교사들과 북한 피난민의 유입

1946년 초 엄청난 수의 피난민들이 남한으로 유입된 것은 미군정에 심각한 문제들을 새롭게 안겼다. 90만 명가량의 한국인들이 일본에서 송환되었고 401,685명이 38선 이북에서부터 이주해 온 것으로 기록되었다. 그러나 집계되지 않은 유입 인구들이 약 145만 명이나 더 있었다(표 3.2 참조). 이 사람들 중에는 북한에서 내려온 기독교인들과 목회자들이 포함되어 있었다.[59] 이 피난민의 대부분은 대도시들에 정착했는데, 특히 타 지방에 친척들이 없었던 북한 출신들 대다수가 서울에 머물렀다(표 3.2, 3.3 참조).

이러한 난민들을 돌보는 일은 미군정에게 큰 골칫거리가 되었다. 식량, 주택, 의류, 일자리 공급이 모두 부족했고, 전염병 유행의 가능성도 높았다.

이 극빈자들을 불쌍하게 여긴 선교사들은 이들을 돕는 것이 대규모 복음 전도를 가능케 할 기회가 된다는 것 또한 인식했다. 그리하여 선교사들과 기독교 교회들은 이 수백만 명의 사람들을 돌보는 엄청난 부담을 떠안았다. 선교사의 집들, 특히 언더우드 가문 소유의 큰 집은 비공식적인 구호 센터 및 창고의 역할을 했다. 미션스쿨들과 지역 교회들도 민간 구호 활동의 구심점들이 되었다. 실례로, 에설 언더우

58 Ibid., 349.

59 William A. Linton, "Dear Friends" letter, 4 October 1947, Presbyterian Church (U.S.), Department of History, Montreat, North Carolina.

표 3.2 • 남한 지역 내 인구 증가 상황(1946~1948)

(단위: 명)

인구 증가 경로	1946년	1948년
기존 인구(1944년 5월)	15,879,110	19,369,270
일본에서 귀환한 인구 수	898,219	212,980
타 지역에서귀환한 인구 수	85,529	21,318
북한에서 이주한 인구 수(기록상)	401,685	468,589
자연 증가 인구 수(대략)	650,000	400,000
중간 합계	17,914,543	20,472,157
집계되지 않은 유입 인구 수(추정)*	1,454,727	430,000
총합계	19,369,270	20,902,157
비자연 증가 인구 수합계**	2,840,160	1,132,887

* 이들은 북한과 일본에서 건너온 미집계 피난민들로 추정된다.

** 1946년부터 1948년까지 비자연 증가 인구 수 합계는 3,973,047명이다.

출처: "Food Report for South Korea as of March 1948," Food Supplies, Korea 1945-1948, RG 59, Records of the US Dept of State relating to internal affairs of Korea, 1945-1949, File 895, National Archives and Records Administration (NARA).

표 3.3 • 남한 주요 도시들의 인구 증가 및 1947년 식량배급 지정점포 관련 자료

(단위: 명, 개, %)

도시	1941년 인구 수	1947년 인구 수	1941~1947년 순인구 증가	식량배급 점포 수	점포당 평균배급인원	인구증가율
서울	935,464	1,141,766	206,302*	194	5,885	22
부산	249,734	400,156	150,422*	59	6,782	60
대구	178,923	269,113	90,190	45	5,980	50
인천	171,165	215,784	44,619	54	3,996	26
광주	64,520	100,451	35,931	8	12,556	56
대전	45,541	96,207	50,666	40	2,405	111
개성	72,062	87,173	15,111	22	3,962	21
전주	47,230	83,333	36,103	11	7,576	76
포항	자료 없음	45,147	자료 없음	8	5,643	자료 없음
수원	자료 없음	42,173	자료 없음	50	843	자료 없음

* 서울은 북한 피난민들로 인해 인구가 순증가했고, 부산은 일본 귀환자로 인해 증가했다.

출처: 1941년 자료는 『미군정기정보자료집: CIC(방첩대) 보고서(1945.9-1949.1)』, 1: 218을 참조했고, 1947년 자료는 다음을 참조했음. "Food Distribution In South Korea," Ibid.

드(Ethel Underwood, 의사 호러스 H. 언더우드의 부인)는 여러 교회들에서 자원 봉사 여성들을 모집하여 구호활동을 벌였는데, 언더우드 집 한 곳에서 1년에 6만 명의 사람들에게 옷을 공급할 정도였다.[60] 남한에 생긴 이 광범위한 종교 구호 네트워크들은 피난민에게 기독교의 존재감과 이미지를 높이는 특별한 계기가 되었다. 또한 몇몇 기독교인 피난민들은 교회 네트워크와 기독교 인맥들을 통해 미군정에서 일자리를 얻어서 생존뿐만 아니라 신분 상승의 기회까지 얻을 수 있었다.[61]

1947년 장로교 한국 선교부가 조사한 바에 따르면 1946년부터 1947년까지 남한에서 교회 출석자들의 수가 눈에 띄게 증가했다. 사람들은 기독교의 메시지 듣기를 몹시 바라는 것 같았다.[62] 북한 사람들이 대거 남쪽으로 이주했기 때문에 남한에 거주한다고 보고된 목회자들의 수도 빠르게 증가했다. 장로교회의 경우 1941년 남한에 109명의 목회자가 거주했지만, 1947년에는 179명으로 늘어나서 64%의 증가율을 보였다. 이는 북한으로부터 기독교 목회자들이 유입된 직접적인 결과였다.[63] 그리고 남한의 많은 도시들에서 새로운 피난민 교회들이 생겨나기 시작했다. 한 때 일본인 거주지들에 있었던 일본인 교회들은 한국인들이 차지했다. 심지어는 일본 신사가 교회로 바뀌는 경우도 있었다.

— 기독교인들의 급진적 반공주의의 대두

북한은 전체 인구 대비 기독교인의 비율과 복음주의적인 열성의 측면에서 항상 한국 기독교의 중심이 되어왔다. 그러나 공산당 당국으로부터 박해받게 된 북한 기독교인들은 남한의 종교의 자유를 갈망했고, 이들이 난민이 되어 남한에 대거 모이

60 Underwood, *Korea in War, Revolution and Peace*, 110–111.

61 미국 선교사들은 미국 관리들을 초대해서 친교를 맺는 일을 지속해왔기 때문에, 기독교인들이 교회 지도자들과 선교사들로부터 추천받아 미군정에서 일할 수 있는 허가를 얻는 것이 더 쉬웠다. Anna McQueen, "Dear Friends" letter, 26 November 1948, Presbyterian Church (U.S.), Department of History, Montreat, North Carolina.

62 "Survey 1947, Korea Mission, Presbyterian Church, U.S.A.," p. 4, Presbyterian Church Archives, Record Group 140, Box 16, Folder 34 - Presbyterian Historical Society, Philadelphia.

63 "Survey 1947, Korea Mission, Presbyterian Church, U.S.A.," pp. 2–3, Presbyterian Church Archives, Record Group 140, Box 16, Folder 34 - Presbyterian Historical Society, Philadelphia.

게 되자 남한의 교회에는 급진적인 반공주의의 열기가 새롭게 일어나기 시작했다.

광주에서 활동했던 미국인 선교사 매 B. 녹스(Maie B. Knox)는 태평양 건너 자신의 친구들에게 쓴 편지에서 한국 기독교인들 가운데 반공주의의 정서가 고조되는 상황을 다음과 같이 기술했다.

> 피난민들이 계속 북한에서 남한으로 쏟아져 들어오고 있어요. 그들은 당연히 궁핍한 처지입니다. 모든 것을 공산주의자들 손에 남기고 떠나왔기 때문에 처음부터 다시 시작해야 해요. 고향을 떠나는 것은 매우 위험한 일이라서 아기들과 노인들은 노중에 죽기도 합니다. 하지만 그들은 공산주의의 통치 아래서는 살 수가 없다고 말을 해요. 정말 많은 훌륭한 장로교인들이 서울로 몰려들었어요. 60개의 교회들이 최근 들어 새롭게 세워졌어요. 그래서 지금 서울에는 83개의 장로교 교회가 있습니다.[64]

반공의 메시지가 강한 교회들에는 피난민 출신의 교인들이 더욱 빠르게 모여들었다. 그러한 교회들 중 가장 유명한 곳은 한경직 목사가 이끄는 서울 영락교회였다. 그는 북한에서 사회민주당 대표를 지냈었던 인물이다. 영락교회는 1949년까지 교인 수가 3천 명을 넘어섰는데, 대부분 평안북도 신의주 출신의 피난민들이었다.[65]

피난민들과 긴밀히 접촉했던 선교사들도 북한의 사정을 잘 알게 되었다. 녹스 선교사가 고향에 보낸 편지들에는 북한 피난민의 이야기도 소개되어 있었다. 그녀의 한국 친구인 김현정 목사는 녹스가 교육을 지원해주었던 인물인데, 그는 단지 "복음의 성직자라는 이유로" 러시아 점령군에 의해 투옥되어 고문당했음을 녹스에게 말해주었다. 그는 러시아인들을 돼지로 묘사하면서 그들이 "한국 사람들을 공산주의로 끌어들이기 위해" 거짓말을 퍼뜨렸다고 확신했다.[66] 이렇게 희생자들이 직접 증언하는 똑같은 유형의 공포스러운 이야기들은 구호 사역자들의 귀에 반복적으로

64 Maie Borden Knox, "Dear Friends across the Pacific" letter, 7 March 1949, Presbyterian Church (U.S.), Department of History, Montreat, North Carolina.

65 Clark, *Living Dangerously in Korea*, 303.

66 Maie Borden Knox, "Dear Friends" letter, 14 January 1948, Presbyterian Church (U.S.), Department of History, Montreat, North Carolina.

들어가면서 두려움을 일으켰고, 반러시아 및 반공산주의의 정서는 기독교인들과 선교사들 가운데 강렬해져갔다. 많은 사람들은 소련과 38선 이북의 공산당 정권을 당대에 "가장 강력한 반기독교 세력들"로 간주했다.[67] 그들은 한국이 공산주의자들의 통제 아래 놓이게 되는 것을 원하지 않았다. 그들의 눈에는 한국의 구원이 동양 전역의 구원을 상징하는 것으로 보였기 때문이었다.[68]

피난민들과 교류를 통해서 많은 선교사들과 교회 지도자들은 공산주의에 대한 기독교적인 시각을 근본적으로 조정하게 되었고, 우익으로 전향하여 정치적 의식을 더욱 높여갔다. 그들이 한국의 독립을 지지하고 통일을 바랐던 것은 사실이지만, 그보다 그들이 더욱 갈망했던 것은 미국의 모델을 바탕으로 자유롭고 민주적인 정부가 수립되는 것이었다.[69] 남한에서는 1947년까지 좌익과 우익의 경쟁이 심화되어 지독한 권력투쟁으로 확대되었는데, 여기에 선교사들과 기독교 공동체 역시 같이 얽히게 되어 남한의 단독정권 수립에 중대한 역할을 하게 되었다.

남한 교회들의 상황

제2차 세계대전 종전 직전에 한국 교회는 해체되었다. 당시 서울의 교회 공동체에서 지도적 위치에 있던 사람들은 누구나 일본 식민지 정부의 압력에 굴복해야만 했다. 이는 서울에 있던 선교사들 중에서 보다 진보적인 시각을 갖고 있던 자들이 일본의 요구에 협조할 것을 부추긴 탓도 있었고, 서울 시민들에 대한 일본 경찰의 통제가 강화된 탓도 있었다.[70] 그러나 해방 이후 일본에 협력했던 성직자들은 모두 불

---

67 Marion E. Hartness, letter to Dr. J. L. Hooper, 2 February 1946, Presbyterian Church Archives, Record Group 140, Box 16, Folder 29 - Presbyterian Historical Society, Philadelphia.

68 Ibid.

69 "Churches Demand Immediate Freedom for Korea: Separate Government Idea Oppose," *The Voice of Korea 6* (15 February 1947): 1. 이 출판물은 트루먼 도서관 내 종교 부문 세로형 서류 캐비닛에서 발견되었다.

70 Helen Kim, *Grace Sufficient: The Story of Helen Kim by Herself*, ed. J. Manning Potts (Nashville,

명예스럽게 되었다. 반대로 수감생활의 고통 속에서 살아남은 성직자들은 교회 공동체의 현 지도자들에 대항하여 일어섰다. 이들은 기존의 총회 참여를 거부하고 그 대신 자신들만의 자체 조직을 꾸렸다. 결국 기독교 공동체는 친일 논란 때문에 해방 초기 크게 분열되었고, 한국 기독교인들 중에 4개의 파벌이 생겨났다.

— 비타협자들

제일 크고 영향력 있는 집단은 일본에 반대했던 성직자들과 그들의 추종자들이 이끌었던 그룹이었다. 그들은 일본의 요구에 굴하지 않아서 박해와 망명, 투옥의 고통을 당해야 했던 사람들이었다. 이 생존자들은 해방 이후 순식간에 유명 인사가 되었는데, 그들의 용기와 애국심 때문에 기독교인들과 비기독교인들 모두로부터 존경받았다. 이 집단에서 가장 유명한 성직자는 전 사회민주당 총재요 북에서 피난 온 한경직 목사와 순천 나환자촌의 손양원 목사였다. 미군정 통치 기간 동안 이 그룹의 사람들은 친일 협력자들에 대해 가감 없는 비판을 가했고, 이러한 비판은 교회 안에서뿐만 아니라 전국에서 이루어졌다. 그들은 이전에 일제에 타협했던 자들에게 공개 회개와 영적 갱생을 요구했다.

비타협자들이 이끄는 집단은 1945년부터 1950년까지 그 수가 급격히 증가하면서 남한 교회의 구성과 이념을 영원히 바꾸어 놓았다. 그들의 인원 수는 주로 북한 피난민 유입 때문에 늘어났다. 북한에는 비타협자들이 남한보다 더 많았고, 그들은 공산 정권 아래에서 또다시 박해받고 남으로 피난할 경향이 더 많았기 때문이다.[71] 40여 년의 일본의 압제에 굴복하기를 거부했었던 그들이 소련의 요구에 갑자기 굽실거릴 리 만무했다. 그 결과 한국의 보수적인 교회가 갖는 모든 특징들이 남한 지역에 집중되어 나타나기 시작했다.

TN: The Upper Room, 1964):103-105.

71 북한 지역에서 일제의 종교정책에 협력했었던 성직자들은 남한으로 피난할 가능성이 적었다. 그들의 범죄 혐의는 순전히 종교적인 것이어서 공산주의자들이 그들을 추적하지 않았기 때문이다. 그 대신 그들은 정부가 후원하는 교회에 참여하도록 권장되었고, 공산 치하에서 새로운 종교적 권위를 누렸다. 실제로 일제 때 타협했던 많은 자들이 북한의 공식 교회에 참여했는데, 그 뒤 그들은 점차 종교 분야에서 사라져갔다.

일단 남한으로 내려온 비타협자 출신의 성직자들은 강경한 반공주의 운동가들로 변모했다. 1948년 무렵에 그들은 약 10만 명에 달하는 월남 기독교 피난민들을 호령하는 강력한 정치적·사회적·종교적 세력으로 성장했다. 당시 남한에 피난 온 북한 출신 기독교인들 중 약 7만 명은 서울과 그 주변 지역에 집중적으로 거주했는데,[72] 서울은 오랫동안 한국에서 가장 중요한 도시의 위상을 누려온 지역이었다. 그래서 서울을 지배하는 자는 국가 전체의 정치적 방향을 통솔할 수 있었다. 그런데 북한 기독교인들이 대거 서울로 유입해온 후, 그들은 다른 우익 세력들과 함께 우파적 이상에 맞춰서 서울의 정치·사회·종교의 지형을 급속도로 변화시켜갔다. 종교의 자유, 숭고한 애국애족 정신, 카리스마적인 지도력을 앞세운 기독교인들의 연설은 우익 진영에게 대중적 인기를 북돋우어주고, 더욱 인간적이며 호소력 있는 면면을 더해주었다.

방첩대(the Counter Intelligence Corps, 약칭 CIC)가 수집한 자료에 따르면, 많은 기독교인들이 포함되어 있었던 북한 피난민들은 서북청년단과 같은 우익 청년 단체들을 주로 지원했다.[73] 종교의 자유를 찾아 북에서 막 피난을 나온 이 기독교인들은, 비록 통일을 열망하고 고향으로 돌아갈 기회를 얻기를 간절히 바랐지만, 공산주의 체제 아래에서 통일이 될 가능성을 두려워했다. 이 북한 출신들은 북한 공산주의자들이나 남한의 좌익 인사들과 타협하기를 모색하는 정치인들을 지지하려 들지 않았다. 또한 그들은 교회 안에서 그런 견해가 있는 것 역시 용납하려고 하지 않았다.

이 그룹의 인원 수는 월남 기독교인들로 인해 증가했을 뿐만 아니라 비기독교 피난민들을 대상으로 한 부흥회와 복음전도 활동을 통해서도 늘어났다. 그리하여 규모가 커지고 권력이 늘어나자 이 집단은 교회 내 좌파 세력을 비판하고 그들에게 물리적인 공격까지 가했다. 월남 기독교인들이 품은 열정과 그들이 북에서 겪었던 참혹한 박해의 이야기들은 많은 남한 기독교인들까지 피난민들이 벌이는 반공 운동

---

72 Petition from the Association of Christians from North Korea, 14 September 1948, Presbyterian Church Archives, Record Group 140, Box 16, Folder 29 - Presbyterian Historical Society, Philadelphia.

73 『美軍政期情報資料集: CIC(방첩대) 보고서 1945.9-1949.1』(춘천: 한림대학교 아시아문화연구소, 1995), 1: 469-494.

에 참여하도록 자극했고, 그 결과 남한 토박이 기독교인들도 덩달아 단호한 반공산주의자가 되어갔다. 그뿐만 아니라 진보적인 태도를 거부하지 않은 약간 명의 교회 지도자들은 각 교파 내 권력의 자리에서 점차 밀려났다. 북한 출신들의 이러한 정치적·종교적 압력 행사는 남한 교회에 지대한 영향을 미쳤고, 그 결과 세계 교회가 사회 복음에 사로잡혀 있는 동안에도 한국 교회는 1945년부터 1950년까지 엄청난 우파 활동으로 요동하게 되었다.[74]

— 타협자들과 협력자들

두 번째 규모의 성직자 집단은 일제에 타협했던 자들과 적극 협력했던 자들로 구성되어 있었다. 이 두 부류는 비슷해 보이지만 꼭 같지는 않았다. 일부 성직자들은 죽음에 대한 두려움이나 기성 교회를 구하려는 개인적인 바람 때문에 일본인들의 요구에 타협했었는데, 그들은 자신들의 정당함을 내세우고 개인적인 변호를 하기 위해 "권위에 복종"하라는 성경의 원칙을 근거로 꼽았다.[75] 이 타협자들은 식민지 시대 때 개인적인 권력이나 부를 얻지 못하고, 다른 사람들처럼 생계가 어려웠을 수 있었다. 그들은 자신들이 오해받고 있다고 느꼈고, 비타협자들과 화해하고 그들로부터 받아들여지기를 희망했다. 이 집단은 당시 기독교 성직자들의 대다수를 대표했을 것이다.

한편, 개인적인 부와 권력을 얻기 위해 타협은 물론 일본에게 적극 협력하여 일본 신도를 전파했었던 기독교 성직자들도 일부 있었다. 이들은 비록 전자의 경우와 함께 동시대 사람들로부터 '협력자들'이라는 동일한 비난을 받았지만, 이 두 부류가 저지른 범행이나 죄의 본질이 매우 달랐기 때문에 그들이 맞이한 최후 역시 매우 달

---

74 Chung-shin Park, *Protestantism and Politics in Korea* (Seattle, WA: University of Washington Press, 2003), 169-170.

75 선교사들의 공동체도 신사참배 문제로 분열되었다. 모든 선교사들이 신사에서 절하기를 동의했던 것은 아니었다. 실제로 조지 맥퀸 박사, 오토 드캠프 목사, 드윗 로우 박사 등 대부분의 선교사들이 신사에 절을 하지 않아서 일본인에 의해 즉각 체포됐다. 그러나 호러스 H. 언더우드는 교회가 가혹한 통치자와 마주했을 때 그에게 순응하는 것이 올바른 길이라고 생각했다. Underwood, *Korea in War, Revolution and Peace*, 65.

랐다.

일본이 패망한 후 두 집단 모두는 일제에 협력한 죄를 심문받았다. 정인과 목사,[76] 송창근 박사,[77] 박영출 목사[78]와 같은 유명한 친일 협력자들은 한국 법원으로부터 유죄 판결을 받은 후(이 내용은 저자가 프랜시스 킨슬러 목사의 편지를 근거로 서술한 것이다. 그러나 실제로 종교지도자들이 친일협력을 이유로 법원의 유죄 판결을 받았었는지 여부는 불분명하다. - 역자 주) 종교적 지위를 박탈당했다.[79] 교회의 보수주의자들은 타협자들이 교회 안에 신사를 들여놓아 복음의 메시지까지 기꺼이 희생시키려 했다는 것에 괴로워했다. 김관식 목사,[80] 정인과 목사와 같은 타협자들은 조국을 배반하지는 않았지만 일본의 지시 아래 기독교 교파 통합 기구를 조직하고 지원한 바 있었기 때문에 심각한 비난들을 받아야만 했다. 그러나 그들은 기독교 공동체 내에서 살아남아 자신의 영향력을 유지하기 위해 애를 썼다.

북한 출신 비타협자들과 남한의 타협자들 사이에 논쟁과 권력 다툼이 지속됨에 따라 기독교 공동체는 해방 초기 다소 불안정한 상태였다.[81] 그러나 새롭게 형성된 보수주의의 영향으로, 교회 내의 일제 비타협자들은 그래도 교회 밖의 민족주의자들보다는 일제에 협력했던 교회의 형제들을 용서하는 것에 더욱 준비되어 있었다. 용서는 결국 기독교의 핵심 교훈이기 때문이었다. 특히 선교사들은 한국인들이 과거를 뒤로하고 미래에 집중할 수 있기를 바라면서 교회 지도자들 간에 화해가 이루어지도록 노력했다. 진정성 있는 회개와 영적 부흥회들이 산불처럼 남한을 휩쓸면서 교회의 상황은 호전되기 시작했다. 일제에 타협했었던 자들은 그들의 지위를 유지하는 것이 허용되었고, 부일 협력했던 자들은 법원에서 유죄 판결을 받지 않는 한

---

76 정인과 목사는 윤치동(Yunchi Dong)에 있는 한국 교회의 목사였다. 그는 일제 강점기 한국장로교회의 핵심 지도자였다. Rhodes and Campbell, *History of the Korea Mission*, 259.

77 송창근 박사는 조선신학교 교장을 역임했다. 제2장을 참조할 것.

78 박영출 목사는 숭덕학사를 설립한 인물이었다. 그들은 모두 일본 군국주의 정책에 충성스러운 지지를 보냈던 친일 교역자들이었다. Francis Kinsler, "Dear John", 19 March 1949, Presbyterian Church Archives, RG 140, Box 18, Folder 15 - Presbyterian Historical Society, Philadelphia.

79 Letter from Fran to John Smith, 19 March 1949, Presbyterian Church Archives, Record Group 140, Box 18, Folder 15 - Presbyterian Historical Society, Philadelphia.

80 제2장을 참조할 것.

81 선교사들은 미군정 점령 첫 두 해 동안 교회의 비참한 상황을 끊임없이 보고했다.

일반적으로 교회에 다시 받아들여졌다.

"적의 적은 친구다"라는 오랜 격언은 남한의 해방 정국에 그대로 적용되었다. 남한에서 공산주의의 체제 전복 활동이 빈번하게 일어나면서 위기가 고조되자, 반공주의의 기치 아래 기독교인들은 서둘러 화해를 했고, 북한 출신들과 남한 타협자 출신들은 함께 힘을 합쳐서 다른 우파들과 임시로 동맹을 맺게 되었다. 일제와의 유대로 오명을 쓰게 된 사람들의 경우와 같이 기독교인 협력자 출신들도 대개 한국민주당의 확고한 지지자들이 되었다. 한국민주당은 친일협력자들, 지주들, 자본가들을 보호하는 일에 힘쓰면서 경제적인 이유로 반공주의를 강하게 내세웠다. 그리하여 이 두 번째 집단의 기독교인들은 비록 내부적으로 여러 다른 동기들이 존재했을지라도 그 반공의 기세만큼은 첫 번째 집단만큼 강렬했다. 그리고 기독교인들과 비기독교인들이 한국민주당 안에서 연합하게 되자 이를 계기로 여러 개의 우익 청년단체들이 결성되었다. 그중 대한연민독립청년단(*Taehan yonmin doklip ch'ongnyondan*)이란 단체는 최후 생존을 위해서 좌익 인사들과 타협할 것을 권하는 한국민주당 후보들을 지지해주지 않았다.[82]

— 교육받은 엘리트들과 교회 평신도들

성직자들과 마찬가지로 교육받은 엘리트들과 교회 평신도들 또한 일제 강점기 시절 어려운 선택을 해야만 했다. 마음속에는 반일 감정이 있지만 그들은 자신들의 학교, 병원, 교회, 또는 기타 기관들을 존속시키기 위해 마지못해 수동적인 협조를 할 수밖에 없었다. 많은 남한 교회 평신도들이 이 범주에 속했다. 이들 상류층들과 지식인층들은 학교 교장, 대학 총장, 변호사, 판사 등의 직책을 갖고 있었다.[83] 일본의 체제 안에서 일하기 위해 한국인들은 타협을 해야 했지만, 그중 많은 사람들은

82 『美軍政期情報資料集: CIC(방첩대) 보고서 1945.9-1949.1』(춘천: 한림대학교 아시아문화연구소, 1995), 1: 469-494.

83 가장 대표적인 인물들로는 이화여대 총장 김활란(영문명 Helen Kim) 박사, 중앙여자대학 총장 임영신(영문명 Louise Yim), 조선기독교대학(현 연세대학교) 총장 백낙준 박사(영문명 George Paik)가 있다. 그들은 자신들이 잘못을 행했다고 믿지 않았다. 그 대신 그들은 식민지 시대에 한국의 교육 및 경제 발전에 중대한 기여를 했다고 믿었다.

궁극적으로 자신이 한국의 독립을 위해 노력해온 것이라고 인식했다. 이렇게 점진주의를 표방했던 엘리트들은 자신들에게 붙여진 '협력자'라는 꼬리표에 반발하면서 이 용어의 명확한 정의를 놓고 변론했고, 자신들이 했던 일을 두고 기독교 공동체는 물론 일반 대중에게서도 인정받으려고 했다. 실례로 1948년 8월 하지 장군을 위한 송별회 자리에서 김활란 박사는 "친일협력자들이 강요에 의해 협조해야만 했던 사정을 고려해줄 것을 국회에 요청했다."[84]

이들 중 많은 지식인들은 미군정에서 고문이나 관리자로 일하면서 정부 안팎의 선교사들과 긴밀한 관계를 유지했다. 이 지식인들의 정치적·사회적 이상의 뿌리는 1900년대 초반 국가의 점진적 변혁을 믿으면서 급진적인 개혁들을 거부했던 문화적 민족주의자들에게로 거슬러 올라간다. 이러한 이상에 따라 이들 기독교 개혁가들은 미군정의 지원 아래 교육 개선, 자발적인 토지 개혁, 그리고 국제 무역 재건을 위한 개혁 프로그램들을 고안했다. 미국 이사회에 보낸 서한에서 백낙준 박사(영문명 George L. Paik)는 한국 기독교 엘리트들의 정치적 성향을 다음과 같이 표현했다.

> 일본인들이 한국인들을 노예로 삼았던 것은 영원히 사라졌다. 한국인의 마음은 미국적인 것들에 대해 수용적이다. 전반적인 질서가 확립되면 종교적 부흥이 올 가능성이 크다. 해방된 대한민국은 자주적인 국가가 되기 위해 물리적인 강인함도 필요하겠지만, 그것보다 국가의 영혼을 만드는 것이 제일 우선되는 과제이다. 동양의 중심부에 기독교 국가를 만드는 것에는 온갖 종류의 건설적인 작업들이 필요하다. 그런데 이를 가능케 하는 기회의 문이 한국에게 지금 활짝 열려 있다. 한국이 기독교화되는 것은 동양 전체의 복음화를 위한 최고의 투자가 될 것이다.[85]

그들이 구상한 새로운 한국은 기독교적이며, 미국 지향적이고, 민주주의가 실행되는 나라였다. 그리고 이는 이승만이 자신의 저서인 『독립정신』에서 제시했던 것과

---

84 Robert T. Oliver, *Syngman Rhee and American Involvement in Korea, 1942-1960: A Personal Narrative* (Seoul: Panmun Book Company Ltd., 1978), 192.

85 Edward Adams, "Report on Korea," 15 January 1946, Presbyterian Church Archives, RG 140, Box 16, Folder 29 - Presbyterian Historical Society, Philadelphia.

거의 동일했다.[86]

이들 기독교 점진주의자들이 추구했던 것과 모든 것이 정반대인 공산주의 측은 급진적 개혁을 통해 무신론적이고 비민주적인 국가를 수립하고자 했다. 이것은 기독교 점진주의자들에게 엄청난 딜레마를 안겨주었다. 그들은 한편으로 공산주의를 두려워했지만, 다른 한편으로는 전쟁 대신 평화를 원했기 때문이다. 그래서 그들은 평화적이고 민주적인 수단을 통해 통일을 이루기를 선호했고, 그것이 아니라면 현재의 상태를 유지하여 통일의 가능성을 배제하려고 했다. 그렇지만 공산주의자들이 폭력과 전쟁으로 나라를 위협한다면 점진주의자들은 결국 평화가 붕괴되는 것에 대항하여 일어나야 했다. 그리하여 정치적 기민함과 영향력 있는 지위를 갖고 있던 이 엘리트들은 자신들의 지지를 받을 만한 정치인들에게 중요한 동맹이 되어주고자 했다.

— 일반적인 교회 신도들

기독교 인구의 대다수는 일반 교회 신도들이었다. 이 두루뭉술한 집단에는 다양한 정치적 성향을 가진 사람들이 포함되어 있긴 했지만, 그래도 특정 부분에 있어서 그들에 대한 일반화는 가능하다. 1945년 남한 교회 신도들은 정치적으로 온건한 입장이거나 심지어 중도 좌파인 경우도 있었다. 그들은 평화 통일과 민주주의, 종교의 자유, 토지 개혁을 지지했다. 그러나 불과 몇 년 만에 그들은 점점 더 우파 성향을 띠게 되었다. 그 주요한 이유는 북한 피난민들이 끼친 영향 때문이었다. 북한에서 그들이 당했던 박해의 이야기들은 교회 신도들을 우파 쪽으로 더욱 향하게 했다.

남한 교회 신도들의 의견 변화에는 그들 스스로 남한에서 겪었던 사건들 역시 마찬가지로 중요하게 작용했다. 1948년 초부터 우익 인사들에 대한 폭력이 거세지기 시작했고, 기독교 신자들과 마을들은 자신들의 종교적 신념 때문에 테러리스트와 공산주의 게릴라 폭동들의 분명한 표적이 되었다. 이러한 정당한 이유 없는 공격들은 비조직적인 개별 기독교 가정들을 더욱 더 강경한 반공 진영으로 몰아넣었다.

---

86 이 책의 제1장을 참조할 것.

표 3.4 • 총선거 기간 남한 내 시민 봉기 발생 수치(1948. 5. 1~15)

(단위: 건)

살해된 우파 인사들	59	불에 탄 우파 인사 가정	20	파출소에 대한 공격	22
살해된 좌파 인사들	43	폭탄 맞은 우파 인사 가정	6	투표소에 대한 공격	36
살해된 경찰	6	공격당한 우파 인사 가정	13	공격당한 시청의 면사무소	4
합계	162	합계	39	공격당한 기독교회들*	2
부상당한 우파 인사들	25	공격당한 좌파 인사 가정	3	불에 탄 선교사 가정**	1
부상당한 좌파 인사들	10			공격당한 미군 버스***	1
부상당한 경찰	15				
합계	50				
체포된 폭도들	211				

* 개성에서 한 곳, 강경에서 한 곳.

** 가톨릭 선교사 한 가정이 춘천에 있었음.

*** 서울의 미군 버스 한 대.

출처: 조셉 허킨스 중령의 보고서, 『미군정기정보자료집: CIC(방첩대) 보고서 1945.9-1949.1』

실례로 5·10 총선거를 앞두고 있었던 1948년 5월 첫째 주 동안, 총 162명이 내전으로 사망했다(표 3.4 참조).

이 폭력 사태로 개성과 강경의 2개 교회가 파괴되었고 춘천에 천주교 선교사의 집 한 채가 불탔다. 몇 달 후 1948년 10월 여수 반란 때는 반군들이 마을 한 곳에서만 적어도 25채의 기독교인 집들을 불태웠다.[87] 당시 손양원 목사의 10대 아들 2명이 살해된 사건은 널리 알려져 있는데, 이들은 순천의 한 고등학교에서 기독 학생 지도자로 유명했던 인물들로서 이 폭동 때 변을 당했다.[88] 남한 정부에 의해 마침내 반란이 진압되었을 때, 좌익과 우익 모두를 포함하여 천 명 이상의 민간인이 목숨을 잃었다.[89] 이때 기독교인들의 피해도 컸다. 순천과 여수의 도시들에서 82호 이상의

87 Florence E. Root, "Dear Friends" letter, 14 October - 26 November 1948, Presbyterian Church (U.S.), Department of History, Montreat, North Carolina.

88 Ibid.

89 실제 민간인 사상자 수는 정확히 집계되기 어려웠다. 리처드 언더우드는 약 1천 명이라고 주장했고, 브루스 커밍스는 순천에서만 최소 500명의 민간인이 사망했다고 말한다. Cumings, *The Origins of the Korean War* Vol.2 (Seoul: Yuksabipyungsa, 2002), 266.

기독교인 가정들의 가옥이 퇴각하는 반란군에 의해 전소되어 사람들이 집을 잃고 길거리에 나앉았다.[90]

여수 폭동 직후, 광주의 선교사 부부인 매와 로버트 녹스(Maie and Robert Knox)는 미국인 친구들에게 보낸 편지에서 다음과 같이 보고했다.

> 광주는 이 지방의 수도로서 계속 삼엄하게 경비되고 있습니다. 한국 군대는 경계 태세를 지속하는 중이고, 많은 자원병들이 경계근무 훈련을 받고 있습니다. 저희들은 지금까지 별 문제 없이 지내고 있습니다. 그러나 공산주의자들은 산속에 살면서 마을들을 급습하는 방식으로 시골에서 활발히 활동하고 있습니다. 그들은 일전에 로버트의 교회들 중 한 곳에서 소중한 한국인 조수 한 명에게 총격을 가했습니다. 그가 기독교인이기 때문이었습니다. 그들은 기독교인들과 선교사들을 모두 죽이겠다고 위협하지만, 지금껏 제지를 받아와서 (한국) 기독교인들 몇 명만 죽이고, 선교사들은 아직 죽이지 못했습니다. … 이곳 지방의 새로운 도지사는 장로교 목사인데 그는 공산주의의 위협을 진압하기 위해 전력을 다하고 있는 것 같습니다. 그는 도시 보호를 위해 남성 시민들로 자원병 부대를 조직했습니다. 한편 광주에 있는 저희 7명의 선교사들은 공산주의자들이 들끓는 산간 지역을 밤에 피해 다니는 것 외에는 거의 아무 일도 없다는 듯이 저희의 일을 계속 해나가고 있습니다. …[91]

녹스 부부가 관찰한 바는 여수에서 일어나고 있던 일이 전국적으로 번지고 있음을 보여준다. 시골의 기독교인들은 그들의 계급적인 배경과 상관없이 반군들의 공격 대상으로 무조건 지목되었다. 그 주된 이유는 다른 시골 사람들에 비해 기독교인 농민들은 게릴라들을 지원하려는 의지가 떨어져서 공산주의자들이 그들을 민족의 배신자요 혁명의 적으로 여겼기 때문이다. 도시들의 불안정한 상황이 더 많은 주목을 받았긴 했지만, 공산주의자들이 자기들의 근거지로 삼고서 그들의 가장 깊은 흔적을 남겼던 곳은 도시가 아닌 시골이었다.

---

90 Louise B. Miller, "Dear Friends" letters, 5 December 1948, Presbyterian Church (U.S.) Department of History, Montreat, North Carolina.

91 Maie and Robert Knox, "Dear Friends of Ours" letter, 26 November 1948, Presbyterian Church (U.S.) Department of History, Montreat, North Carolina.

1948년 말 전라남도에서 게릴라들의 세력이 커져갔는데, 이 지방에서 도시보다 시골에서의 사망률이 더 높았고 재산 수탈도 더 심했다. 시골의 피해가 상대적으로 높았던 것은 반란군의 공격 때문이기도 했지만, 경찰의 대응 방법에도 그 원인이 있었다. 경찰이 요새화된 마을이나 도시로 많은 사람들을 이주시켰고, 이 과정에서 사람들은 자신의 재산 대부분을 남겨두고 떠나야 했기 때문이다. 남장로교 선교사 플로렌스 E. 루트(Florence E. Root) 양이 미국에 보낸 선교 편지에 따르면, 광주 근처 통복(Tongbok, 정확한 한국 지명이 확인되지 않아서 영문표기를 병기함 - 역자 주) 지역의 15개 마을 중 12개 마을이 파괴 조치 명령을 받았는데, 이는 그들의 재산이 침입자들의 손에 조금도 넘어가지 못하도록 하기 위함이었다.[92]

전라남도의 중심 도시인 광주는 시골에서 피난 온 사람들로 초만원이 되었다. 공산주의자들 때문에 이 사람들도 북한 피난민들과 똑같은 고통을 경험해야 했다. 궁핍하고 분노한 이 피난민들은 북에서 내려온 이들과 함께 각 도시들에서 강력한 반공 세력이 되었고, 산속에 숨겨져 있는 공산당 기지들을 소탕하려는 정부의 강경책을 지지하게 되었다.[93]

— 기독교인 피난민들의 공통점

모든 기독교인들이 출신 배경이 같거나 동일한 정치적 의견을 가진 것은 아니었다. 그들 중에는 피난민들, 친일 협력자들, 엘리트들, 일반적인 교회 신도들 등 다양한 그룹들이 있었다. 그럼에도 불구하고 거의 모든 한국 기독교인들에게 공통적으로 발견되는 세 가지의 특징이 있었다. 첫째, 그들은 대체로 미국 지향적이었다. 미국 선교사들과 좋은 경험을 했었던 그들은 선교사들의 공로 없이는 한국 기독교가 성장하지 못했을 것임을 알고 있었다. 둘째, 비록 그들의 의견이나 행동이 항상

---

92 Florence E. Root, "Dear Friends" letter, 13 October 1949, Presbyterian Church (U.S.), Department of History, Montreat, North Carolina.

93 전라남도 도지사인 이남규 목사는 게릴라들의 활동이 극심했던 광주에서 게릴라 소탕을 위한 새로운 방법들을 도입하여 지휘했다. Anna McQueen, "Dear Friends" letter, 26 November 1948, Presbyterian Church (U.S.) Department of History, Montreat, North Carolina.

일치했던 것은 아니지만, 그들은 정치적으로 적극적이었다. 셋째, 그들은 공산주의가 남한에 발을 딛지 못하게 하려고 했는데, 이는 자신들의 생존이라는 매우 강력한 동기에서 비롯되었다.

다른 모든 한국인들과 마찬가지로 기독교인들은 통일을 원했다. 그래서 북한의 교회를 되찾을 수 있기를 특별히 원했다. 그러나 많은 기독교인들에게 있어서 통일은 남한에서 누리는 종교의 자유를 보존하는 것보다 우선순위에서 밀렸다. 기독교인들은 그들 안에 다양한 교파별 차이와 분열이 있었음에도 불구하고 이 한 가지는 분명했다. 그들은 북한에 공동의 적이 있고, 이로 인해 기독교 공동체가 반공주의의 깃발 아래 하나로 뭉쳤다는 것이다.

그러므로 기독교 공동체가 평화와 질서를 회복하고픈 열망과 공산주의에 대한 두려움을 갖고서 다소 위압적인 지도자를 한 마음으로 환영했던 것은 그리 놀라운 일이 아니었다. 전라북도 전주에서 오랜 기간 선교했던 윌리엄 A. 린튼 목사는 한국의 기독교 교회들이 "공산주의에 맞서 기꺼이 저항하려고 하며, 미래에 닥칠 어떤 어려움이라도 직면하고자 한다"고 평했다.[94] 그리하여 기독교 공동체는 1947년 무렵 이승만, 김구, 김규식 등의 몇몇 유명한 기독교인 정치인들을 확고히 지지하기에 이르렀다. 대체로 많은 기독교인들이 유엔의 후원 아래 남한이 단독 정부를 수립하기를 원했다.[95] 1947년 말부터 1948년 5월까지 기독교인들은 공산주의의 흐름을 뒤바꿔 놓을 지도자를 찾고 있었는데, 그렇다고 자신들의 도덕적 원칙들에 현저히 위배될 만큼 노골적인 독재자를 지지할 수는 없었다. 그리하여 기독교 표심을 얻기를 바랐던 지도자는 폭력적인 공격을 자행하는 무장 우익세력을 암묵적으로 이용하면서도 스스로는 폭력 행위 혐의와 거리가 먼 것으로 상황을 조정할 만큼 기민하게 처세하는 인물이 되어야 했다.

---

94 William A. Linton, "Dear Friends" letter, 4 October 1947, Presbyterian Church (U.S.) Department of History, Montreat, North Carolina.

95 Ibid.

이승만과 단독 정부 구성

종교적인 요소는 남한의 정치에서 결정적인 요소로 급부상했다. 기독교가 중요한 반공 이념 세력이 된 것은 물론이고, 기독교 공동체 전체는 아예 우익 세력들의 중추가 되어버렸다. 1945년 말 남한에서는 네 명의 저명한 기독교인 지도자들이 출현하여 정치적 지배력을 놓고 다툼을 벌였다. 여운형, 김규식, 김구, 그리고 이승만이다. 그러나 오직 이승만이 최후 승자로 떠올랐다. 무슨 이유에서일까?

— 여운형의 인기 하락

여운형은 한반도가 연합국에 의해 해방되었을 때 한국에서 가장 인기 있었던 지도자였다. 일찍이 기독교 전도자로 활동하기도 했었고, 독립운동가로서 전국적인 명성을 누렸던 그는 자신이 상속받은 땅을 가난한 소작농들에게 나누어주는 희생적인 일을 한 바 있었다.[96] 1930년대에는 영향력 있는 기독교 사회주의자로 성장하여 한국의 좌익 인사들 사이에서 큰 인기를 누렸다. 1945년 9월 남한의 목회자들은 각 지역 건국준비위원회 지부에 몰려들었고, 여운형에게 확고한 지지를 보냈다. 같은 해 9월 6일 조선인민공화국이 조직되자 김창준 목사, 박성산 목사, 갈홍기 목사, 신홍우 목사 등 중도 및 좌파 교회 지도자들이 여운형의 뒤를 든든히 지켰다.[97]

그러나 1946년에 들어서 여운형은 좌익과 우익 모두로부터 공격을 받으며 정치적 입지가 약해져갔다. 하지 장군이 인민공화국을 인정하지 않고 여운형에게 그 명칭을 바꾸도록 강요하자 그의 인기가 줄어들기 시작한 것이다. 극우세력들은 여

---

96 Lee, "Who Was Yo Un-hyung?"

97 여운형은 초기에 기독교인이었으나 1930년대 이래로는 기독교인으로서 행동하지 않았다. 그가 1930년대 사회주의자인 것은 맞지만 기독교사회주의자인지는 불분명하다. 해방 후 많은 기독교 목사들이 건국준비위원회에 참여하였지만 그것이 여운형을 지지함을 뜻하지는 않았다. 여운형은 임시정부를 부정했던 반면, 기독교인들은 임시정부를 중심으로 건국하기를 원했다. 박명수, "해방 후 건국준비위원회와 기독교의 역할," 『대한민국 건국과 기독교』 (성남: 북코리아, 2014), 62-112. 해방 직후 한국 기독교인들은 여운형을 지지하지 않았고, 이승만, 김구, 김규식을 기독교 지도자로 인정했으나 점점 이승만을 유일한 지도자로 받아들였다. 박명수, "해방 공간의 우익 3영수(이승만, 김구, 김규식)와 기독교 세력," 『한국교회사학회지』 53 (2019). - 감수자의 주

운형의 기독교인 지지자들이 1946년 기독교민주연맹을 조직하는 것을 공격했는데, 서북청년회 소속 300여 명이 서울 YMCA 건물을 습격해 행사를 방해했다. 이때 사망자는 없었지만 대부분의 지도자들이 심하게 구타를 당했다.[98] 북한 출신 기독교인들은 여운형이 공산주의자들과 타협하려는 것을 특히 싫어했다. 기독교인들에 대한 공산당의 박해 이야기가 남한에 더 많이 퍼져갔고, 기독교 공동체는 더욱더 공산당과 타협하려 들지 않았다. 남한의 도시들에 더욱 많은 우익 인사들이 몰려들면서 좌익 성향의 성직자들의 영향력은 약화되었다.

공산주의자들에 대한 여운형의 온건한 태도는 결국 값비싼 대가를 치렀다. 1946년 말 박헌영 주도의 공산주의자들은 조선인민당 각층에 침투하는 데 성공했고 결국 당을 분열시켰다. 여운형의 당은 더 이상 유지될 수 없었고, 공산주의자들과 협력하려 했던 그의 진지한 시도는 아무런 결실을 맺지 못했다. 1947년 무렵 여운형은 미군정 관리들에게 극좌파와 극우파가 모두 자신을 죽이려 해서 자신이 위험에 처했다고 알렸는데, 하지 장군은 그럼에도 불구하고 여운형을 보호하는 어떤 조치도 해주지 않았다. 1947년 7월 19일 여운형은 자신의 차 안에서 우익 극단주의자들로부터 총격을 받았다. 총격을 가한 일당은 유용호, 김흥성, 김훈, 김영성, 한지근이었는데, 대부분은 북에서 온 피난민 출신들이었다. 유용호는 여운형이 나라를 분열시키게 될 좌우 합작의 주동자였기 때문에 그를 죽이려 했다고 말했고, 김흥성은 여운형이 북한으로 자주 여행을 다녀서 죽이려 했다고 말했다. 실제로 누가 명령을 내렸는지 정확한 근거는 없었지만, 가장 가능성 있는 인물로 장택상이 꼽힌다. 하지 장군은 이승만과 김구를 지목했지만, 그러한 혐의에 대한 확실한 증거는 아무 것도 없었다.[99]

— 중도파 기독교인 김규식

1947년 김규식은 기독교계의 지지를 얻는 데 있어서 여운형 보다 유리한 위치

98 Park, *Protestantism and Politics in Korea*, 169.

99 Lee, "Who Killed Yo Wun Hyung?"

에 있는 것 같았다. 고아였던 김규식은 호러스 G. 언더우드 목사에게 입양되어 길러졌고, 버지니아에 있는 로어노크 칼리지(Roanoke College)에서 수학하여 학위를 받았다. 그는 미국 교육을 받은 기독교인 지식인으로서 하지 장군의 전폭적인 신뢰와 지지를 받았으며, 미군정의 후원에 힘입어 남한에서 정치 스타로 떠오르고 있었다. 미국인 지도자들은 김규식이 보여준 협조적인 태도와 정치적으로 사심이 없는 모습 때문에 그를 흡족해 했다. 하지는 1946년 10월 김규식을 남조선과도입법의원 의장으로 임명했다. 입법의원은 선출직과 임명직 반반으로 구성된 입법기관으로서 총 90명의 대표가 있었다. 그러나 입법의원 선거가 모든 시민에게 개방된 것은 아니었고, "보수주의 대표단을 확보하기" 위해 납세자와 지주에게만 투표권이 주어졌다.[100] 그 결과 선출직 의원 중 대부분은 한국민주당 출신의 우익 인사들이었다.[101] 그리하여 하지는 입법의원의 균형을 잡을 목적으로 여운형, 김규식 등의 중도파와 좌파 인사 45명을 임명했다.

그렇다면 김규식은 왜 한국의 새로운 대통령이 되지 못했을까? 역사학자 바니 B. C. 오(Bonnie B. C. Oh)는 김규식이 자기 잇속만 차리는 정치인이 아니었고 평화통일을 위한 연합체 구성의 이상에 충실했었다고 지적한다.[102] 그러나 공산주의자들에 대한 순진한 태도와[103] 정치적 수완의 부족 때문에 그는 분단된 나라를 이끌어가기에는 부적합한 인물이었다.[104] 남한 단독 정부 수립을 강하게 반대했던 그는 대부분의 남한 기독교인들이 통일을 열망하면서도 공산주의자들과 손잡는 것은 철저히 거부했던 심리를 제대로 이해하지 못했다. 김규식의 정치 생명은 1948년 5월에 끝나고 마는데, 이는 그가 5월에 있을 국회의원 선거를 준비하는 대신 북한에서 열린 협

---

100 Cumings, *The Origins of the Korean War*, 260-261. (이러한 브루스 커밍스의 주장은 사실과 다르다. 조선과도입법의원 창설에 관한 미군정법령 118호에 의하면 먼저 리, 정에서 2명, 그들이 모여서 면, 읍, 구에서 2명, 그들이 모여서 군, 또는 부에서 대표 2명, 그들이 모여서 인구비례로 도 대표를 뽑도록 되어 있다. 그리고 모든 투표는 무기명 비밀로 해야 했다. - 감수자의 주)

101 당시 민선 입법의원은 독립촉성국민회가 17명, 한국민주당이 13명이었다. - 감수자의 주

102 Bonnie B. C. Oh, "Kim Kyu-sik and the Coalition Effort," *Korea Under the American Military Government 1945-1948*, ed. Bonnie B.C. Oh (Westport, CT: Praeger Publisher, 2002), 106-109.

103 김규식은 사실 사회주의에 동조했다. 그는 기독교 지식인들의 자유 진영을 대변했다.

104 Ibid., 120.

상에 참석하여 김일성을 만나기를 선택했기 때문이었다. 이 협상에 대한 정치적인 반발로 인하여 김규식은 얼마 지나지 않아 정계에서 완전히 물러났다.

— 암살당한 한국 암살단 대부

또 한 명의 저명한 한국 민족주의자인 김구도 북한에서 있었던 남북협상에 김규식과 함께 참석했었고, 이로 인해 그의 명성도 훼손되었다. 일제강점기 시절 정치적 암살과 테러 모의로 유명했던 김구는 도쿄에서 일왕을, 그리고 중국에서 일본인 관리들을 암살하려는 시도를 여러 차례 한 바 있었다. 이러한 활동을 바탕으로 그는 임시정부에서 지도적 위치를 얻었다. 김구는 그의 높은 명성 때문에 우익 인사들 중에서 이승만의 지도력에 도전할 수 있었던 유일한 민족주의 지도자로 평가받았다. 그러나 개신교 엘리트 계층들에서는, 그가 비록 감리교 신자였긴 해도,[105] 김규식과 이승만 정도의 영향력을 지니지는 못했다. 그럼에도 불구하고 김구는 임시정부의 추종자들로부터 충성스러운 지지를 받았고, 그간 정치적인 암살 사건들로 명성을 쌓았던 것에 대한 득을 보았다.

임시정부의 주석이었던 김구는 처음에 한국민주당으로부터 전폭적인 지지를 얻었다.[106] 그는 또한 대부분의 극우 테러 집단들을 통솔했다. 그러나 그와 한국민주당 지도자들의 관계는 점차 틀어지기 시작했는데, 친일협력자들에 대한 김구의 비판적인 견해 때문이었다.[107] 그는 능숙한 정치인이기보다 열정적인 민족주의자였던 것이다. 김구는 송진우의 암살을 지시했다는 의심도 받았다. 송진우가 모스크바 삼상 회의의 신탁 통치 결정에 지지를 표명한 뒤 곧바로 암살당했던 것은 김구의 지령에 의한 것이라는 의혹이었다. 그 밖에도 그의 행동은 한국민주당과의 관계를 계속 어그러지게 했고, 우익 인사들은 그에 대한 지지를 거둬들였다. 그뿐만 아니라 김구

105 김구는 중국에서 귀국한 다음에 남대문장로교회에 적을 두었다. - 감수자의 주

106 부유한 임시정부 당원들은 개인적으로 김구와 이승만 모두를 지지했고 망명 후 그들의 경제적 요구를 충족시키는 데 도움을 주었다.

107 Patrick D. Gardner, "Prerequisites of Power in Liberated Korea: The Political Relationship between Syngman Rhee and Kim Ku," (M. A. Thesis, Yonsei University, 2000): 36-37.

가 김일성 암살을 계획했다가 실패했다는 소문이 돌면서 공산주의자들 역시 그에 대한 애정을 갖지 않았다.

김구는 기독교계의 지지를 이끌어내는 데에도 적극적이지 않았는데, 그의 이러한 방침들은 이승만에 대항하려는 이념적 전투에서 그의 입지를 약화시켰다. 사실 그는 냉전 초기에 한국에서 벌어지는 정치 게임을 이해하고 국제 관계의 상황들을 파악할 만한 정치적 수완과 두뇌가 부족했다.[108] 그래서 신탁 통치 문제에 임할 때 김구는 반미적인 시각을 갖고 활동을 했으며, 이는 그가 미군정하에서 정치적으로 성장할 수 있는 기회들을 차단시켰다. 또한 영어를 자유롭게 구사하지 못하고 외국인들과 친분을 쌓는 데 서툴렀던 점도 김구가 국제적인 명성을 얻는 데 장애가 되었다. 그의 편협함은 결국 그의 정치적인 성공을 가로막았다.

설사 김구에게 공산주의자들과의 싸움을 주도할 만한 엄청난 잠재력이 있었다고 해도, 그는 반공의 대의를 전적으로 신봉하지 않았다는 점에서 한계가 있었다. 무엇보다 한국의 독립을 가장 염원했던 이상주의자로서 김구는 좌익 인사들과 협력하는 한이 있더라도 나라를 통일시키기를 간절히 바랐다.[109] 그리하여 그는 남한의 단독 정부 구성에 반대했고, 이에 김규식과 뜻을 같이하여 1948년 총선거에 참여하는 대신 두 사람이 같이 북한에 가서 김일성을 만나기를 선택했다.

한편, 미 국무부 정치 관측자인 조셉 제이콥(Joseph Jacob)은 그들이 단독 정부 수립을 거부하고 나선 데에 또 다른 정치적 동기가 작용했다고 판단했다.

> 표면적으로 김구와 김규식이 '한국의 통일'을 부르짖었지만, 그들이 남북협상을 제의하고, 또 평양의 방북 초청을 수락했던 근본적인 이유는 그들이 자신들에게 실질적인 추종자가 없다는 것(적어도 그들의 국회의원 당선이나 고위직 임명을 보장할 만큼 충분하지 않음)을 인식했기 때문이었다. 그래서 그들은 '게임을 하고 싶어하지 않았다.' 그들은 다른 곳에서 더 나은 전망을 찾기를 바랐다.[110]

---

108 Ibid., 106-107.

109 Ibid.

110 U.S. State Department, *Foreign Relation of the United States* (1948) Vol 6, *The Far East and Australasia* (Washington, D.C.: U.S. Government Printing Office, 1974): 1177-1178.

제이콥의 언급은 김구과 김규식이 모두 1948년 선거 이전부터 한국 정치에서 실제적으로 영향력을 상실하고 있었음을 보여주었다. 해방 정국 초기에는 두 사람이 여러 가지 정치적 유리함을 갖고 있었다. 특히 김구는 우파의 지지를 받았고, 김규식은 하지 장군의 지지를 받았었다. 그러나 그들은 이 이점을 바탕으로 자신들의 권력을 강화하는 데 성공하지 못했다. 그들은 공산주의자들에게 속아서 방북을 결정함으로써 공산당의 선전선동에 이용되었고, 그들의 북한 방문과 총선거를 지지하지 않는 듯한 결정들은 많은 기독교 지도자들뿐만 아니라 비기독교인 유권자들에게까지 실망을 안겨주었다.[111] 김규식이 한국 정계에서 결국 은퇴하고 김구는 남한에 대한 영향력을 현저히 상실해가는 동안, 서울에서는 이승만의 지도력 아래 대한민국이 수립되었다.

— 이승만의 미국 경험

자신의 경쟁자들과 달리, 이승만은 정치적 견해에 있어서 이상주의자라기보다 실용주의자에 가까웠다. 그의 전기 작가들 및 한국과 미국의 지지자들 그리고 역사학자들은 이승만에 대해 각자 매우 다른 생각을 하고 있었지만, 그들 대부분이 동의했던 것은 이승만이 서양에서의 오랜 경험을 통해 정치와 외교를 잘 이해했다는 점이었다. 기독교에 대한 그의 견해와 기독교인들과의 관계는 그의 정치 경력의 중추였다. 청년 시절 배재학당에서 교육받고 선교사들과 친밀한 교제를 나누었던 것 외에도, 이승만은 미국과 한국에서 학문을 수련하고 정치활동을 하는 데 있어서 기독교 네트워크를 적극 활용했다. 1910년대에 그는 한국의 YMCA 및 하와이의 미국감리교회 등과 같은 종교단체들에서 활동했다. 그러나 여성 교육에 관해 감리교 본부의 보수주의자들과 의견 충돌이 생기자 이승만은 하와이에 자신의 교회와 학교를 따로 세우기도 했다. 미국 내 여러 한인 급진 독립 단체들이 이승만을 반대하기도 했지만, 재미 한인 기독교인들과 그들의 자녀들은 이승만의 가장 충성스러운 지지자요 추종자가 되어주었다. 이들 중에는 이승만 정부 초대 외무부장관이 된 임병직

---

111 Oliver, *Syngman Rhee and American Involvement in Korea, 1942-1960*, 155.

과 정한경, 이원순 등이 있다. 이들의 충성심은 1960년 이승만의 정치 생명이 끝난 이후에도 사그라지지 않았다.[112]

이승만은 교육과 점진적인 변혁의 중요성을 표방한 문화 민족주의자의 이미지뿐만 아니라 미국과의 정치·경제·군사 동맹을 끈질기게 추구했던 친서방적 외교관의 이미지를 동시에 지니고 있었다. 제2차 세계대전 발발 전 그는 아시아에서 침략 행위를 벌여나가는 일본에 대해 지속적으로 경고함으로써 정치적인 예언자 역할을 했었지만, 워싱턴에서는 그의 경고를 무시해버렸다. 전쟁 중에는 이승만의 지도하에 워싱턴에서 임시정부를 대표하는 외교기관으로 활약했던 주미위원부(Korea Commission)가 한국 임시정부의 즉각적인 인정을 위해 로비를 벌였다. 이승만은 임시정부를 인정하게 되면 전후 한국을 안정시키고 한반도가 공산주의자들의 손에 넘어가는 것을 막는 데 도움이 될 것이라고 주장했다.[113] 그러나 이러한 그의 노력은 매우 제한적인 성과만을 거두었는데, 이는 한국인들 사이에서 임시정부의 정치적 대표성이 약하고 임시정부 지도부 내에 분열이 있다는 이유로 미국 측이 임시정부 인정을 거절했기 때문이었다.

미국에서 활동한 수십 년 동안 이승만이 반일을 외치고, 나중에는 반공의 입장까지 취했던 것은 대부분의 아시아 전문가들과 진보주의자들로부터 외면받았다. 그 대표적인 사람이 미 국무부의 앨저 히스(Alger Hiss)였다. 미 국무부는 이승만과 임시정부에 권고하기를 한길수와 같은 다른 한인 지도자들과 연합하라고 했지만, 한길수는 이승만이 일본과 공산주의의 첩자라고 지목했던 사람이었다. 이승만은 이 제안을 거절했는데, 공산주의자들과의 연합이 러시아인들을 한반도로 끌어들이게 될 것이고, 이는 결국 한국 독립의 궁극적인 목표를 위태롭게 할 것이라 믿었기 때문이었다.[114] 이렇듯 이승만이 한국 좌익들과의 협력을 거부함으로 인해 프랭클린 D. 루스벨트(Franklin D. Roosevelt) 행정부의 관리들은 이승만을 더욱 멀리하게 되었

112 하와이에 있는 이승만의 기독교인 지지자들은 그가 미국에서 망명 생활을 하는 마지막 몇 년 동안 거의 빈털터리가 되었을 때 그에게 거처를 제공하고, 옷을 입혀주고, 먹을 것을 주었다.

113 Jungmin Kuk, "Helping Syngman Rhee and the Republic of Korea: Robert T. Oliver's Publicity and Lobbying Efforts in the United States, 1942-1960," (M. A. Thesis, Yonsei University, 2000), 24.

114 Ibid., 31.

다.[115] 1945년 샌프란시스코에서 열린 유엔 회의에서 러시아 언론가인 에밀 구르베로(Emile Gourvereau)는 미국이 얄타 회담에서 한국을 소련에 넘겨주었다고 이승만에게 잘못된 정보를 알렸다. 그러자 이에 화가 난 이승만은 추가적인 조사를 하지 않은 채 미국의 정책을 비난하는 전단지를 배포했다. 이로 인해 미 국무부와 이승만과의 관계는 심하게 악화되었고, 미국 정부 내에 이승만의 지지자들은 극소수만 남게 되었다.[116]

그럼에도 불구하고 이승만이 이처럼 워싱턴에서 쓰라린 일들을 경험하고 국제 외교에 대해 깊은 식견을 길렀던 세월들은 그가 한국 정계에서 제1인자로 등극하는 데 밑거름이 되어주었다. 이승만과 워싱턴의 관계 역시 미·소 대립이 심화되고 반공 세력이 미국 정부에 뿌리내리면서 호전되기 시작했다. 비록 외교적인 인정을 받지는 못했지만 워싱턴에서 그가 기울였던 노력 덕분에 이승만은 한국의 독립을 위해서 투쟁한 전설적인 영웅이 되었다. 그의 이름은 한국에서 널리 알려지게 되었고, 좌파나 우파 모두 이승만의 지지와 인정을 얻고자 했다. 그러나 이승만은 정치적 우세를 점하기 위한 자신만의 계획이 따로 있었다. 이는 한국에서뿐만 아니라 미국에서도 정치적인 네트워크를 구축하는 것이었다.

— 워싱턴에서의 이승만의 홍보 활동

이승만은 중국이나 일본과 달리 한국은 미국 관리들의 주목을 거의 받지 못하고 있으며, 자신 또한 미 국무부에서 인기가 없다는 사실을 잘 알고 있었다. 그래서 그는 자신의 정적들과 경쟁자들을 꺾고 정치적 승리를 거두기 위해 가능한 모든 지지를 확보해야만 했다. 그래야 자신이 품었던 새로운 근대 한국 건설의 꿈을 이룰 수 있었다. 그리하여 이승만이 귀국 전후에 공들였던 첫 번째 일은 미국 내에 교회 지도자들과 긴밀한 교류를 유지하는 것이었다. 한국 선교사였던 에드워드 정킨

115 Ibid., 25.

116 Ibid., 29.

(Edward Junkin) 목사,[117] 미 상원 소속 프레드릭 브라운 해리스(Frederick Brown Harris) 목사 등이 이승만과 교류를 지속했다. 이승만은 한국 임시정부를 위해 로비 활동을 벌일 무렵에 워싱턴에 있는 프레드릭 브라운 해리스의 교회에 출석했는데,[118] 그 뒤 해리스 목사는 상원의 채플린이 되었고, 이승만의 한국 대통령 재임 기간 내내 그를 옹호하는 중요 인물이 되었다. 이승만은 또한 뉴욕의 프랜시스 카디널 스펠먼(Francis Cardinal Spellman) 주교와 긴밀한 교류를 지속했다. 이승만의 귀국에 앞서 스펠먼 주교는 무신론 공산주의 세력에 대항할 한국의 지도자를 세우기 위해 미국 가톨릭교회가 선택한 자라고 이승만을 칭송했다.[119]

이승만은 미국 정책 입안자들에게 여론이 미치는 영향력과 중요성을 잘 알고 있었다. 그리하여 그는 미국에서 자신에 대한 홍보를 늘리기 위해 가능한 한 많은 미국 동조자들을 모았다. 이로써 한국에 대한 미국의 관심을 불러일으키고 워싱턴에서 부정적으로 인식되던 자신의 이미지도 제고하려고 했다. 정킨 목사의 소개로 이승만은 1942년 펜실베이니아 버크넬 대학교(Bucknell University) 커뮤니케이션 전임교수인 로버트 T. 올리버(Robert T. Oliver) 박사를 만나 워싱턴에서 자신의 홍보를 도와달라고 부탁했다. 올리버 박사는 훌륭한 작가였을 뿐만 아니라 홍보활동 경력도 출중했다. 제2차 세계 대전 중에는 대학에 전시 휴가를 내고 워싱턴의 민방위국 부국장으로 일했는데, 그의 임무는 전쟁 지원을 위한 미국 시민들의 관심을 끌어낼 연설문을 쓰는 것이었다.[120] 올리버는 『워싱턴 포스트』(*Washington Post*)를 비롯한 여러 유명한 신문들 및 학술지들에도 자주 기고했다. 이러한 올리버 박사를 자신의

---

117 David Brickey Bloomer, "Syngman Rhee's Spokesman in the United States: Dr. Robert T. Oliver's Korean Lobby and Public Relations Efforts 1942-1948," (M. A. thesis, Yonsei University, 1996), 43.

118 역사학자 브루스 커밍스는 이승만이 해리스 교회에 출석한 것은 해리스가 상원의 채플린이었기 때문이라고 생각했다. 그러나 해리스 목사는 이승만이 한국으로도 돌아간 지 3년 후인 1949년 채플린으로 발탁됐다. Cumings, *The Origins of the Korean War,* 62, 64. 그리고 Joungwon Kim, *Divided Korea. The Politics of Development, 1945-1972* (Cambridge, MA: Harvard University Press, 1976), 36, 89.

119 Clark, *Living Dangerously in Korea*, 349.

120 Jungmin Kuk, "Helping Syngman Rhee and the Republic of Korea: Robert T. Oliver's Publicity and Lobbying Efforts in the United States, 1942-1960," (M.A. Thesis, Yonsei University, 2000), 15.

정치 고문이요 홍보 책임자로 얻게 된 것은 이승만에게 행운이었는데, 1942년부터 올리버는 한국을 위하는 가장 효과적이고 충실한 로비스트가 되어 주었기 때문이다. 그리고 올리버 외에도 이승만은 자신의 고문이자 기금 모금자로 활동한 제이 제롬 윌리엄스(Jay Jerome Williams)와 미 전략사무국(OSS) 소속의 프레스턴 M. 굿펠로우(Preston M. Goodfellow) 대령의 도움을 받았다. 굿펠로우 대령은 나중에 이승만이 군사 원조와 장비를 얻는 일을 돕기도 했다.

처음에 올리버 박사는 이승만을 돕는 일을 부업으로 했었지만, 이승만이 한국으로 떠난 후에는 한국을 대표하여 전임으로 홍보 활동을 시작했다. 이승만은 올리버의 홍보 활동이 "러시아인들을 한국에서 내보내는 데 도움이 될 유일한 일"이라고 생각했다.[121] 올리버의 홍보 목표는 미국인들이 한국에 대해 가지고 있었던 부정적인 이미지를 뒤집는 것이었다. 한국에 관한 올리버의 첫 번째 책인『한국: 잊힌 민족』(*Korea: Forgotten Nation*)이 1944년 출간되었는데, 이 책에서 그는 만약 미국이 일찌감치 한국인들을 훈련하여 참전시켰다면, 한국인 전사들이 태평양 전쟁에서 크게 기여했었을 것이라고 주장했다.[122] 올리버는 대중의 공감을 불러일으키기 위해 일제가 강점기 시절 한국 기독교와 서양 선교사들을 박해했던 내용을 묘사하는 데 책의 3분의 1을 할애했다. 그의 책은 미국에서 호평을 받았고, 출판되자마자 양장본과 문고본 모두 단기간에 매진되었다.[123] 올리버는 한국과 관련하여 면밀히 조사한 내용을 바탕으로 명문장의 글을 썼기 때문에 그의 저작들은 당시 한국과 미국 작가들의 글들 중에서 단연 눈에 띄었다.[124] 올리버는 자신의 홍보 작품들이 대단한 성공을 거두었으며, 특히 교회 신도들로부터 열광적인 반응을 얻었다고 이승만에게 보고했다.[125] 그리고 올리버는 1946년 말 해리스 목사와 긴밀히 협력하여 미국 정부에 한국의 필요를 알리는 로비를 벌였다.

---

121 Ibid., 34.

122 Robert T. Oliver, *Korea: Forgotten Nation* (Washington, D.C.: Public Affairs Press, 1944), 102.

123 Kuk, "Helping Syngman Rhee and the Republic of Korea: Robert T. Oliver's Publicity and Lobbying Efforts in the United States, 1942-1960," 23.

124 Ibid., 8.

125 Oliver, *Syngman Rhee and American Involvement in Korea*, 101-102.

— 이승만에 대한 한국인들의 정치적 지지

1945년 10월 이승만이 한국에 도착하자마자 한국민주당 및 인민공화국 양측에서 그에게 지도부 자리를 제안했다. 이승만은 올리버에게 편지를 보내 모든 정당이 자신을 굳건히 지지하고 있다고 자랑했다.[126] 그런데 놀랍게도 이승만은 두 제안 모두 받아들이지 않았다. 게다가 임시정부와의 인연에도 불구하고 김구 계열의 한국독립당을 조직하는 데에도 합류하지 않았다. 이승만이 이처럼 기존 정당들과 거리를 두었던 것은 그들이 자신의 명망 높은 이름을 빌려서 상징적인 수장의 역할만 부여할 뿐, 자신에게 실제적인 정치적 권력과 충실한 추종자들은 내어주지 않을 것을 알았기 때문이었다.

그 대신 이승만은 대한독립촉성국민회를 직접 조직하기 시작했다. 그는 한국교회 네트워크를 통해서 자신의 정치 조직을 구축해갔고, 한국 기독교인들을 만나서 민족 독립에 대한 자신의 이상을 '설교'했다. 그가 성경 구절을 인용하면서 자신의 건국 구상을 설파하는 모습은 마치 열정적인 설교자와 같았다. 그는 한국의 기독교인 엘리트들과 교제를 가졌는데, 특히 김활란 박사, 백낙준 박사, 임영신과 같은 중요한 교육자들과 어울렸다.[127] 이 지도자들은 이후 이승만의 대통령 임기 동안 그의 가장 충실한 지지자가 되어주었다. 이승만은 또한 허정, 임영신, 조병옥, 이기붕, 황성수와 같은 기독교인 인재들을 찾아내어 자신의 최측근 자문으로 삼았다.[128] 그 결과, 이승만의 독립촉성국민회는 여운형이 조직한 민주주의민족전선을 대항할 세력으로서 남한 전역에 지역 단체들을 조직하는 데 어느 정도 성공을 거두었다.[129]

— 남한에서의 이승만의 인기

한국에서 이승만의 인기가 어느 정도인지는 계속 심각한 논쟁거리가 되었었다.

---

126 Rhee's letter to Oliver, 21 October 1945. Kuk, "Helping Syngman Rhee and the Republic of Korea: Robert T. Oliver's Publicity and Lobbying Efforts in the United States, 1942-1960," 36.

127 Kim, *Grace Sufficient*; Yim, *My Forty Year Fight for Korea*.

128 Park, *Protestantism and Politics in Korea*, 170.

129 Allen R. Millett, *The War for Korea, 1945-1954: A House Burning* (Lawrence, KS: University Press of Kansas, 2005), 82.

미 국무부의 관리들은 이승만이 한국에 강력한 지지 기반을 갖고 있지 않다고 생각했다. 그러나 한국에 있는 사람들은 거의 모두가 그러한 미 국무부의 평가에 동의하지 않았다. 미군 점령 초기 조지 Z. 윌리엄스 중령은 김구가 끌었던 대중적인 인기만큼은 아니더라도 이승만 역시 인기가 있었다고 믿었다. 이승만이 식자층에서 인기가 있었던 것은 확실했다. 그러나 이보다 이승만이 더욱 정치적으로 유리했던 점은 그의 높은 명성과 더불어, 김구 및 김규식보다 나이가 많다는 사실이었다. 한국인들은 일반적으로 이승만을 '할아버지'로 여기는 경향이 있었는데, 한국에서 할아버지는 크게 존경받는 대상이었다. 1946년 중반 한국을 방문했던 올리버 박사는 웨인 가이신저(Wayne Geissinger) 소령과 경기도 군정 장관인 앤더슨 대령을 만나 대화를 나누었는데, 두 사람 모두 올리버에게 이승만의 엄청난 인기에 대해 이야기해주었다. 즉, 한국의 모든 정치인들 중에서 오직 이승만만 대중 앞에 모습을 드러낼 때마다 엄청난 군중을 끌어 모을 수 있다는 것이었다. 그리고 아무리 하지 장군이 이승만을 무시할 수 있다고 스스로 믿는다 해도, 이승만은 "한국의 강자"라고 말해주었다.[130]

그리고 올리버는 7월 8일 서울에서 미군정 홍보 책임자인 그린(Green) 대령을 만났는데, 그린 대령은 군이 실시한 여론조사에서 38도선 이하 지역의 국민 70%가 이승만을 지지한다고 올리버에게 말해주었다. 그러나 미군정은 이 같은 조사 결과를 공개하지 않았다. 그 대신 한국 군정 장관인 아처 러크(Archer Lerch) 장군은 그린 대령에게 이승만이 다수의 지지를 받지 못한 것처럼 조사 결과를 조작하라고 강요했다. 이는 신탁 통치에 반대하는 이승만의 강경한 태도를 견제하기 위함이었다. 이처럼 올리버 박사는 한국에 체류한 두 달 동안 이승만이 한국 사람들로부터 최고의 존경을 받고 있으며, 인기가 많은 대표라는 것을 직접 확인했다.[131]

올리버가 관찰한 바 외에도 방첩대(CIC)와 여러 선교사들의 보고서들 또한 이승만의 광범위한 인기를 증언하고 있다. 예를 들어 한국의 정치 정보 수집을 담당하는 미국의 한 정보관은, 자신은 이승만에게 감명을 받지 않았지만, 이승만이 "한국

130 Oliver, *Syngman Rhee and American Involvement in Korea 1942-1960*, 35.

131 Ibid., 38. 올리버의 기록은 다음의 자료에도 인용되어 있다. Bloomer, "Syngman Rhee's Spokesman in the United States: Dr. Robert T. Oliver's Korean lobby and public relations efforts, 1942-1948," 84-85.

의 시골 마을 사람들 중에서 가장 존경받고 존중받는 이름"이라고 보고했다. 1947년 이 정보관이 관찰한 바에 따르면, 이승만은 한국인들의 마음속에 "전설적인 영웅과 다소 비슷한 위치를 차지하고 있었다."[132] 미군정에서는 아무도 이승만의 권력이나 위상을 의심하지 않았고, 그들 중 일부는 심지어 이승만의 기민한 지도력 때문에 공산주의자들이 한반도 전체를 장악하는 것이 제지당했다고 평가하기까지 했다.[133]

— 기독교계에서 충성스러운 추종자들을 확보한 이승만

이승만은 그가 내세웠던 종교적·정치적 가치관과 비전 때문에 기독교인들 사이에서 특히 인기가 있었다. 그 이유는 세 가지인데, 첫째, 그는 한국 사회를 재건하는 데 있어서 기독교의 중요성을 이해했다. 1942년 초 그는 자신의 친구에게 쓴 글에서 한국은 "100만 명 이상의 기독교인"이 있으며, "동양에서 가장 위대한 기독교의 보루"라고 썼다.[134] 이승만은 한국의 미래 역할에 대해 유난히 낙관적인 시각을 가졌는데, 한국이 "장차 아시아로 향하는 항공의 관문"이 될 것이며, "공자의 교리와 그리스도의 가르침들이 녹아지는 도가니"가 될 것이라고 내다봤다.[135] 이승만이 한국 기독교인들의 지지를 얻기를 바랐던 것은 단순히 기민한 정치적 계산을 따른 것이 아니라 그의 진정한 개인적 신념에서 비롯된 것이었다. 그는 기독교 모델을 바탕으로 근대 한국을 건설해야 한다는 자신의 신념을 지금까지 한 번도 굽혀본 적이 없었다. 이는 조선 말 그가 감옥에 갇혔을 때 집필했던 『독립정신』에 분명하게 표현해냈던 생각이었다.[136] 실제로 그는 정치권력을 잡게 되면 곧바로 자신의 이상들을 실

132 Richard D. Robinson, "Korea - Betrayal of a Nation" Unpublished manuscript (1947), 121; Joungwon Kim, *Divided Korea*, 37.

133 Bloomer, "Syngman Rhee's Spokesmen in the United States: Dr. Robert T. Oliver's Korean Lobby and Public Relations Efforts, 1942-1948," 84.

134 "Letter from Syngman Rhee to Dr. Hoo," 5 December 1942, Political Affairs: Korean Independence Movement, 1941-1944, RG 59, Records of the US Dept of State relating to internal affairs of Korea, 1940-1944, File 895, National Archives and Records Administration (NARA).

135 Ibid.

136 Syngman Rhee, *The Spirit of Independence: A Primer of Korean Modernization and Reform,*

천에 옮길 작정이었다.

둘째, 이승만이 비록 많은 정치 관측가들로부터 극우주의자라는 평가를 받았었지만, 그의 정책은 다소 온건했고 심지어 좌파적인 성향까지 띠고 있었다. 그는 사회 정의 추구가 중요하다는 것을 이해하고 있었는데, 다만 급진적인 것보다는 점진적인 접근법을 선호했다. 이승만은 남조선과도입법의원에서 선출직 의원으로 일할 당시, 새로운 한국 정부를 수립한 뒤에 모든 친일 협력 사례들을 공정하고 정의롭게 검토해야 한다고 주장했다. 이는 그가 친일협력자들에 대한 비합리적인 증오를 용인하는 것이 한국 사회에 득보다 실을 가져다 줄 것이라고 믿었기 때문이다.[137] 이승만이 우파들로부터 지지를 얻은 배경에는 그가 토지개혁에 있어서 급진적인 것보다 점진적인 정책을 옹호했던 점이 있다. 그는 먼저 일본인의 소유였던 땅들을 토지 없는 농부들에게 팔고, 그 후 지주들에게 산업 투자에 대한 보상과 세금 공제를 제공하는 방식으로 토지 매각을 장려할 것을 주장했다.[138] 그리하여 한국민주당 당원들은 이승만의 확실한 신임을 받는 처지가 아닌 자들까지도 그를 지지하게 되었다.

셋째, 이승만은 "한국의 공산화를 저지하는 주역"이며, 자유롭고 독립된 한국이 탄생한다면 나라의 실권을 장악할 수 있는 인물로 칭송받고 있었다.[139] 이승만의 반공과 반탁의 정치적 입장은 분명하고 일관되었다. 그래서 기독교 비타협주의자들은 그의 분명한 견해를 통해 자신감을 얻었고, 친일협력자 출신들은 정치적으로나 물질적으로 자신들이 입을 수 있는 손해를 이승만이 보호해주기 바랐다. 그 결과 이승만은 남한의 우파들과 북한 피난민 출신들로부터 충성스러운 지지를 받게 되었고,

---

translated by Han-kyo Kim (Honolulu, HI: University of Hawaii Press, 2001), 282-283. 아울러 이 책의 제1장 또한 참조하라.

137 한국의 여론이 정의와 처벌을 선호했던 것과 달리 미국의 여론은 복수보다는 용서를 선호한다는 사실을 이승만은 알고 있었다. 그래서 그는 친일협력자 문제 해결에 있어서 중도적인 방법을 모색하고자 했었다. Oliver, *Syngman Rhee and American Involvement in Korea*, 153.

138 이승만은 옛 일본인 소유의 토지를 미군정이 매각하는 것을 지연시키고자 했다. 그는 새로운 한국 정부가 토지개혁 프로그램을 실행하기를 바랐다. 그러나 한국민주당의 반발로 토지개혁은 성공적으로 진행되지 못하다가 6·25전쟁의 발발을 계기로 비로소 농지개혁이 성공적으로 실행되었다. 그럼에도 불구하고 1947년부터 이승만이 보여주었던 온건한 태도는 대부분의 지주들로부터 지지를 받았다. Ibid., 53-154.

139 "Report on Korea," *The New York Times*, 10 November 1946, editorial section.

특히 구국청년연맹(National Salvation Young Men's Federation), 서북청년단(Northwest Young Men's Association), 대한청년단(Korean National Youth Corps)과 같은 호전적인 청년 단체들의 지지가 컸다.[140]

그가 가졌던 친미적 태도, 기독교 신앙, 교육에 대한 강조, 강경한 반공적 입장 때문에 이승만은 결국 기독교인 비타협자들, 식자층, 친일 협력자 출신들을 대변하는 최고의 후보로 부상했다. 이렇게 해서 이승만은 자신의 배후에 견고한 기독교 연합 세력을 결집시킬 수 있었고, 이에 더하여 대중의 강력한 지지까지 확보할 수 있었다. 그리고 마침내 1948년 선거일이 되자 대부분의 기독교 단체들은 기독교 통합 및 조기 독립의 명분을 내걸고 이승만과 그의 조직인 대한독립촉성국민회를 지지하기 위해 나섰다.[141]

— 1948년 5월 10일 선거

1947년 중반 제2차 미소공동위원회는 임시정부 수립을 위한 한국 내 협의대상자로서 여러 정치 그룹들 중 적합한 대표를 선정하는 문제를 두고서 입장 차이를 계속 좁히지 못했다. 결국 미국은 한국의 통일 문제를 유엔에 제출했고, 유엔은 남한 단독 선거 실시에 합의하여 유엔 한국임시위원회를 임명했다. 한국임시위원회의 책임은 1948년 5월에 있을 한국의 국회의원 선거를 감독하는 것이었다. 그리고 이 국회는 대한민국 헌법을 제정하고 남한을 위한 행정부를 설립하는 책임이 있었다.

기독교인이 전체 인구의 4% 미만이었던 나라에서 이루어진 1948년의 선거는 장차 수십 년간 기독교가 남한 정치에 미치게 될 강력한 영향력의 시작을 알렸다. 선거 날짜 자체가 앞으로의 상황을 보여주는 중요한 지표가 되었다. 원래 1948년 5월 9일 일요일로 예정되어 있던 것을 한국교회와 선교사들이 합심하여 날짜를 변경해 달라고 청원했던 것이다.[142] 하지 장군은 그들의 요구를 수락하여 선거일을 1948

---

140 『美軍政期情報資料集: CIC(방첩대) 보고서 1945.9-1949.1』 1: 469-494.

141 Park, *Protestantism and Politics in Korea*, 170.

142 미국 정통 장로교회(Orthodox Presbyterian Church) 소속 선교사인 브루스 F. 헌트(Bruce F. Hunt)는 윌리엄 F. 딘(William F. Dean) 장군에게 1948년 4월 2일 서한을 보내, 안식일을 거룩

년 5월 10일 월요일로 옮겼다. 선거는 대체로 성공적이었다. 남한의 전체 유권자 중 94%가 등록되었고 그중 91%가 투표에 참여했다.[143] 총 190명이 2년 임기의 국회의원으로 선출되었다. 그중에서 특히 기독교 후보들은 기독교 신자뿐만 아니라 비신자들에게도 모두 표를 받았다. 선출된 국회의원 중 38명이 기독교인이었으며, 이는 전체 190명의 20%에 해당한다(표 3.1 참조).

이승만은 제헌국회에서 한국의 초대 대통령으로 선출되었고, 1948년 8월 대한민국이 수립되었다. 이승만 정권은 대한민국 제1공화국으로 알려졌다. 이승만의 지도 아래 정부의 모든 모임들에서 기독교 방식의 의식이 유·불교의 전통과 일제 신도의 것들을 대체했다. 이승만은 대통령 취임식에서 성경에 손을 얹고 대통령 취임 선서를 했는데, 이는 한국 역사상 유례가 없는 일이었다. 제헌국회 출범 때는 이승만이 기독교 목사인 이윤영 의원의 감사 기도로 개원식을 시작하자고 제안했는데, 이에 대해 이의를 제기하는 사람은 아무도 없었다.[144] 기독교는 한국인들로부터 널리 존경을 받았고, 비기독교인들 대다수가 용인한 종교였다. 남한의 제1공화국은 한국 역사에 시작된 새로운 기독교의 힘을 나타내보였다. 이러한 시대가 도래한 것은 한국 기독교인들의 수가 많아서가 아니었고, 이 외국 종교가 가지는 정치적인 힘이 강했기 때문이었다. 기독교는 한국 엘리트들의 종교가 되었고, 기독교인들은 남한의 새로운 지배 계층으로 부각되기 시작했다. 그리고 이러한 경향은 6·25전쟁이 발발하면서 더욱 강화되었다.

하게 지키는 것이 기독교에 있어서 상징적인 의미를 갖고 있음을 설명하고 선거일을 변경해 줄 것을 요청했다. Letter from Bruce F. Hunt to General Wm F. Dean, 2 April 1948, 『美軍政期情報資料集: 질레트(F. E. Gillette) 보고서·전범대 재판기록 1946-1948』 (춘천: 한림대학교 아시아문화연구소, 1995), 2: 189-191.

143 Oliver, *Syngman Rhee and American Involvement in Korea*, 165.

144 Park, *Protestantism and Politics in Korea*, 173-174.

미국 선교사들과 그들의 자녀들이 해방자가 되어 남한에 다시 돌아온 것은 한국에 새로운 시대가 펼쳐지게 될 전조였다. 앞으로 남한은 북한과 완전히 다른 양상으로 정치·경제·사회·문화의 발전을 맞이하게 될 예정이었다. 이 시점에는 분단의 씨앗 또한 심겨지고 있었다. 기독교계의 정치적, 경제적, 사회적, 종교적 안녕이 미국의 선교사들 및 미군정과 밀접하게 연관되어 있었는데, 만약 이런 상태에서 공산주의 통일이 이루어진다면 무엇을 빼앗기게 될지 한국 기독교계가 스스로 깨닫기 시작해서였다.

남한에서나 북한에서나 외국 군대들이 도착하기 이전부터 이미 좌익과 우익의 연합이 광범위하게 이루어지고 있었다. 그들은 한국의 독립과 통일이라는 공통된 꿈을 공유하고 있었다. 북한에서는 조만식이, 남한에서는 여운형이 식민지였던 조국을 자유민주주의 국가로 탈바꿈시킬 최상의 공식을 제공할 것처럼 보였다. 그러나 두 초강대국의 개입이 모든 것을 바꾸었다. 조만식과 여운형의 온건한 비전들은 김일성과 이승만의 현실들로 대체되었다. 남한에서 승리를 거둔 이승만이 좌익들과 타협을 꺼렸던 것은 평화 통일을 거의 불가능하게 만들었다. 한반도에 두 개의 분리된 정권이 들어서면서 분단의 국면은 더욱 공고해졌고, 장차 있을 더 큰 갈등의 시한폭탄도 째깍거리기 시작했다.[145]

145 저자는 이 점에서 한국 진보주의 학자들의 견해를 그대로 받아들이고 있다. 그러나 실제로는 해방 직후부터 한반도에는 좌우의 갈등이 강하게 발생하고 있었다. 조만식은 서구식 민주주의를 원하고, 남한의 민족주의자들과 연대하기를 바랐지만, 여운형은 진보적 민주주의(자유민주주의를 비판하며 노동자와 농민이 주도해야 한다고 믿는 정치이념)를 수용하면서 박헌영과 연합하여 조선인민공화국을 만들었다. 박명수, 『건국투쟁』(파주: 백년동안, 2015). - 감수자의 주

제4장 종교적 반공주의와 미국의 외교 정책

앞의 세 장에서는 기독교가 한국의 민족주의와 해방 후 정치에 어떠한 영향을 미쳤는지를 조사했다. 이번 장은 지구 반대편으로 눈을 돌려서 기독교가 제2차 세계 대전 후 미국에 끼쳤던 영향력을 알아보고자 한다. 종교적인 요소들이 어떻게 미국 정치에 강력한 힘으로 작용했고 유용한 선전 도구로 활용됐는지, 그리고 한국이 어떻게 종교적 자유를 위한 투쟁의 상징이자 미국의 동아시아 반공 정책의 중심지가 되었는지도 함께 살펴보고자 한다.

외교 정책에 미친 종교의 영향은 수치화하기 어려운 개인적이고 제도적인 면들을 모두 지니고 있다. 1945년부터 1950년까지 미국 정부는 외교 업무 분야에서 종교인들과 밀접하게 협력하는 관계를 구축했다. 미 정부는 자신들의 정치적 의제를 알리는 일에 종교 지도자들과 종교 기관들의 지원을 요청했다. 한편, 교회 지도자들 또한 자신들의 이권을 보호하고 선교지에서 영향력을 확대하기 위해 정치인들에게 로비하기도 했다.

미국의 외교 수행에 미친 종교의 복합적인 영향을 설명하기 위해, 논의의 초점을 첫째로 해리 S. 트루먼 대통령에 맞출 것이고, 두 번째로 트루먼이 제2차 세계 대전 시기 펼쳤던 주요한 외교 정책들에 집중할 것이다. 비록 미국의 외교 정책이 결코 한 개인의 의지와 행동의 직접적인 산물은 아니겠지만, 백악관을 차지한 사람이 누구이든, 그의 성격과 종교적 신념, 정치 철학이 정책 결정 과정에 상당한 영향을 주었던 것 역시 사실이다. 물론 최종 결정은 대통령의 참모진과 여러 기관들이 복잡하게 상호 작용하여 얻어진 것이다. 그러나 미국 정부의 수장으로서 대통령은 자신의 정책을 미국인들에게 납득시킬 책임이 있다. 그리하여 당대의 지도자이자 시대의 일원으로서 트루먼 대통령의 면면과 그의 공적 연설은 냉전 초기 미국 주류 기독교의 정서를 이해하는 데 중요한 단서를 제공하고 있다. 이번 장의 목적은 트루먼이 마음으로부터 믿는 진정한 신자였는지 아니면 그저 대중의 지지를 얻으려고 종교적 수사를 활용했던 능숙한 정치인이었는지 밝히는 데 있지 않다. 그 대신, 냉전 형성 초기에 종교가 감당했던 극히 중대한 역할이 무엇이었는가를 탐색하고자 한다.[1]

세 번째 논의 대상은 원자 폭탄의 발명과 그 사용이 갖는 파급력에 관한 것이다. 핵 문제는 미국 정치·종교 지도자들 중에 심각한 논쟁과 도덕적 딜레마를 야기했을 뿐만 아니라 인류 문명의 궁극적인 파멸이라는 엄청난 두려움을 불러왔다. 원자 폭탄의 파괴성은 미국 기독교 발전에 상당한 영향력을 끼쳤다. 미국과 소련 간 핵 대결의 가능성은 많은 미국 정책 입안자들의 주된 고민거리였다. 또한 자국과 소련에 대한 미국 기독교인들의 인식을 바꾸고, 미국 내 반공 정서를 더욱 강하게 했다. 그리고 핵에 대한 공포가 어디서 비롯되었는지 파악하는 작업은 나중에 6·25전쟁 축소 방안이 쟁점화되는 것을 이해하는 데에도 필수적이다.

네 번째로, 한국과 관련된 미국의 국익에 대해서 종교 지도자들은 어떤 의견이었으며, 미국 교회들의 공식 입장은 무엇이었는지 논의하고자 한다. 종교적 반공주의의 부상, 한국에서의 선교활동 확대, 중국 내 기독교 선교활동 폐쇄 등의 여러 상황으로 말미암아 미국 교회 지도자들은 남한을 지원하는 일에 뜨거운 관심을 갖게 되었다. 그들은 기독교 출판물과 초교파적 대회들을 통해 한국의 종교적·정치적 자유를 지지한다는 목소리를 냈다. 그들은 서울에서 분투하고 있는 이승만 정권에게 미국이 경제적 지원을 해야 한다고 촉구하는 주도 세력이었다. 양국의 종교적 유대 관계가 깊어지는 것은 미국이 한국의 일에 계속 개입하게 되는 주요 원인이 되었다.

---

1 만일 트루먼 대통령이 노련한 정치인으로서 대중의 지지와 선거 당선을 목적으로 종교적인 척을 할 필요가 있었다면, 이는 미국 정치에서 종교가 담당한 핵심적인 역할을 분명하게 보여주는 예가 될 것이다. 반면에 그가 진정 자신의 생각을 표현하는 것을 부끄러워하지 않을 만큼 신실한 신자였다면, 종교는 그의 정책 결정에 훨씬 더 강력한 역할을 했었을 수 있다. 그러나 그의 종교적 수사가 당시 시대 정서에 반향을 일으키지 못했다면 그는 재선에 성공하지 못했을 것이다. 따라서 그의 개인적인 신념과 상관없이 트루먼의 발언은 당시 대중의 정서를 반영하고 있다고 보아야 한다. 트루먼이 했던 종교적 정당화 작업을 검토하는 일은 미국의 국내외 정책에 포함된 이러한 가치들의 본질을 밝히는 데 도움이 될 것이다.

미국의 승리 1945-1948

프랭클린 D. 루스벨트 대통령이 1945년 4월 12일 사망하자, 부통령 해리 S. 트루먼은 갑작스럽게 전쟁 중인 나라의 총사령관이 되어버렸다. 그날 트루먼은 자신이 장차 내릴 많은 결정들과 앞으로 펼쳐질 미래에 대한 불안을 일기에 고백해 놓았다.[2] 트루먼의 취임 이후 미국은 어떻게 세계대전을 끝낼 것인지와 더불어, 어떻게 평화의 길을 닦을 것인지에 대한 중대한 문제들을 맞닥뜨렸다. 많은 사람들이, 트루먼 자신조차도, 이렇게 엄청난 일은 미주리주 시골 출신에게 너무도 큰 과업이라고 생각했다. 미국 외교 정책 결정을 스스로의 판단에 따라 주도했던 루스벨트와 달리, 외교 문제에 관한 지식과 경험이 부족한 트루먼은 주변 조언자들에게 더욱 의존했다. 그 결과, 미국이 소련의 정치적·군사적 팽창에 맞서는 봉쇄 정책을 수립하는 데 있어서, 딘 G. 애치슨(Dean G. Acheson), W. 애버렐 해리먼(W. Averell Harriman), 로버트 A. 러빗(Robert A. Lovett), 존 J. 맥클로이(John J. McCloy), 조지 F. 케넌(George F. Kennan), 찰스 E. 볼른(Charles E. Bohlen)과 같은 관료들이 대통령에게 영향을 줄 수 있는 여지가 생겨났다. 백악관 재임 기간 동안 트루먼이 추진했던 외교 정책들은 줄곧 행정부에서 함께 만들어낸 결과물들이었다.[3] 그럼에도 불구하고 역사가들이 일반적으로 트루먼을 평가할 때, 연합군의 군사적 승리를 이끌었을 뿐만 아니라 새로운 세계 질서 재건을 위한 실용 정책을 펼친 강력한 지도자로 간주했다. 이러한 트루먼의 용기와 통치 방식은 그의 종교적인 배경 및 신념과 연결되어 있었다.

— 해리 트루먼의 종교적 신념

트루먼은 집권 당시 꾸준히 교회에 나가지는 않았지만 신앙심이 깊은 사람이었다. 그는 일생 동안 자신의 신앙에 깊이 헌신했고, "엄격한 침례교의 도덕규범을 따

2 Robert H. Ferrell, ed., *Off the Record: The Private Papers of Harry S. Truman* (New York: Harper & Row, Publishers, 1980), 16.

3 Walter Isaacson and Evan Thomas, *The Wise Men: Six Friends and the World They Made* (New York: Simon and Schuster, 1986), 26-27.

르며 살았다."[4] 독실한 침례교 신자인 어머니 마사 엘렌 트루먼(Martha Ellen Truman)의 종교적 영향을 강하게 받고 자라난 트루먼은 12세 때까지 성경을 두 번 읽었고, 십계명과 산상수훈에 담긴 도덕률에 깊은 감명을 받았다.[5] 그는 어릴 때 성직자가 되는 것도 고려했었지만, 그 일은 잘되지 않았다.[6] 대신에 그는 정치에 흥미를 느꼈고, 매우 성공한 상원 의원이 되었다. 의회에서 명성을 얻은 그는 결국 1944년 대통령 선거에서 루스벨트 대통령의 러닝메이트로 민주당의 공천을 받게 되었다. 백악관에 입성한 후에는 바쁜 일정 때문에 매주 일요일마다 교회에 가지는 못했지만 계속해서 성경을 읽고 스스로 해석했다.[7]

많은 사람들이 트루먼의 삶과 의사결정에 미친 종교의 중요성을 과소평가했는데, 그 이유는 그가 자신의 신앙생활을 언급하기를 즐겨하지 않았기 때문이다. 그는 종교를 "따라서 살 대상이지, 말하고 다닐 대상은 아니"라고 생각했다.[8] 트루먼이 워싱턴 D.C.에서 상원 의원으로 지낼 때 그의 신앙생활과 교회 출석에 관심을 갖는 사람은 거의 없었다. 그러나 대통령이 되자마자 그는 갑자기 전 세계가 자신을 지켜보고 있음을 알게 되었다. 트루먼은 그의 교회 출석이 너무 많은 소문과 국민적인 관심을 야기한다고 느꼈고, 특히 일부 종교 지도자들이 자신을 홍보에 이용한다는 생각이 들어서 실망했다.[9] 이러한 이유로 트루먼은 교회에 불규칙적으로 다니면서 출석을 사전에 알리지 않았고, 보통 조용히 "교회 뒷좌석에 살며시 앉았다"가 나옴으로써 "언론을 따돌렸다."[10]

트루먼은 침례교단 출신이었지만 그의 종교관은 에큐메니칼(초교파적 교회 일치

---

4 Andrew J. Dunar, *The Truman Scandals and the Politics of Morality* (Columbia, MO: University of Missouri Press, 1984), 2.

5 Ibid.

6 Dianne Kirby, "Harry Truman's Religious Legacy: The Holy Alliance, Containment and the Cold War," *Religion and the Cold War* (London: Palgrave Macmillan, 2003), 86.

7 Clark M. Clifford, "The Unique and Inspiring Leadership of President Truman," *Harry S. Truman: The Man From Independence*, ed. William F. Levantrosser (New York: Greenwood Press, 1986), 385.

8 Ibid.

9 Harry S. Truman, *Mr. Citizen* (New York: Popular Library, 1953), 97.

10 Truman's diary, 1 June 1945, *Off the Record*, 40-41.

운동 – 역자 주) 측으로 기울었다. 그의 부인과 딸은 성공회 소속이었다. 대통령으로서 트루먼은 모든 교파를 지지했고 타종교와의 평화를 도모했으며, 공직 인사 임명에 있어서 특정 종교에 대한 편애를 보이지 않았다.[11]

트루먼 대통령은 미국의 종교적 관용의 전통을 소중히 여겼기 때문에 미국 시민들을 위한 종교 생활의 중요성과 종교 자유의 권리를 강조했다.[12] 트루먼 대통령은 연방교회협의회(Federal Council of Churches of Christ)와 같은 에큐메니칼 종교 단체들을 존중하고 중시했다. 1908년 처음 설립된 연방교회협의회는 조직을 점차 확장하여 1949년에는 미국에서 남침례교를 제외한 3개의 동방정교회 교단들과 24개의 개신교 교단들의 지지를 받게 되었으며, 관련 회원이 2천 8백만 명에 달했다.[13] 연방교회협의회의 업무는 20개 이상의 위원회와 부서들에서 수행되었고, 교회 관련 모든 업무들을 다루었다. 연방교회협의회는 워싱턴의 유력한 교회 로비 단체들 중 하나였기 때문에 트루먼 대통령은 그들의 견해를 진지하게 수용했고, 국내외 정책에 대한 지지를 얻고자 그들과 우호적인 관계를 유지했다. 트루먼은 미국 대통령으로서 최초로 1946년 3월 6일 오하이오주 콜럼버스에서 열린 연방교회협의회 대회에서 연설했다.

트루먼의 종교적인 믿음은 그의 리더십 스타일에 영향을 주었고, 특히 그가 했던 몇몇 중대한 결정들에도 반영되었다. 전임 대통령들 대부분이 고학력, 특권층 출신이었던 것에 반해 트루먼은 변변치 않은 집안에서 자수성가한 인물이었다. 대학 학위조차 없었던 그는 아이비리그 졸업자들과 제2차 세계 대전 공훈 장군들 사이에 어우러져야 했고, 그와 동시에 세계 최고 직위에서 최고 의사결정 과정을 주도하는 지도력을 발휘해야 했다. 트루먼이 십 대 시절부터 자주 암송해 온 기도는 옳은 일을 해서 하나님을 기쁘시게 하려는 그의 내면의 열망을 부분적으로 보여주고 있다.

---

11 Merlin Gustafson, "Church, State, and the Cold War, 1945-1952," *Journal of Church and State* 8 (Winter 1966): 50.

12 Truman, *Mr. Citizen*, 98.

13 Luke Eugene Ebersole, *Church Lobbying in the Nation's Capital* (New York: The MacMillan Company, 1951), 43.

오! 전능하시고 영존하시는 하나님, 하늘과 땅과 우주의 창조주이시여, 제가 옳은 자가 되어 옳은 생각을 하고 옳은 행동을 하도록 도와주소서. 저로 하여금 모든 일에 진실하고 정직하고 고결하게 하여주소서. 올바름과 명예를 위해서 숙고하며 진솔하게 하시고, 제게 돌아올 보상을 생각지 않게 하소서. 동료들을 너그러이 대하고, 용서하고, 참아줄 수 있는 능력을 제게 주소서. 주께서 제게 그러하신 것처럼, 동료들의 동기와 약점을 양해할 수 있도록 저를 도와주소서! 아멘, 아멘, 아멘.[14]

트루먼이 나라를 이끌어야 하는 벅찬 과제에 직면했을 때, 그는 이 익숙한 기도를 기억했을 것이다. 신의 도움과 능력을 간구하는 그의 심정은 공식 석상에서도 드러난 바 있었는데, 트루먼이 미합중국 대통령으로서 처음으로 의회에서 연설할 때, 그는 백성들을 올바른 방향으로 통치할 수 있는 지혜와 능력을 구했던 솔로몬 왕의 기도를 인용했다.

그의 종교적인 신념들이 그의 정치적 행동과 통치 방식에 얼마나 깊은 영향을 주었는지 평가하기는 어려운 일이다. 그러나 미국 대통령직에 미친 종교적 영향력을 연구한 역사학자 멀른 거스탭슨(Merlin Gustafson)에 따르면, 트루먼의 정치 철학은 그의 종교 철학과 밀접하게 연결되어 있다.[15] 트루먼은 백악관에 있을 동안 해리 S. 트루먼이라는 개인이 아닌 미합중국의 대통령으로서 생각하고 행동하기를 추구했음을 거듭 입증해보였다. 그는 자신의 사적인 이익보다 국가 전체의 이익을 더 중시하는 것이 옳다고 생각했다.[16] 그러나 옳은 행동은 때때로 개인의 정치 경력 및 인기를 위태롭게 할 수도 있다. 실제로 트루먼은 백악관에 있을 동안 루스벨트에 비해 별로 인기가 없었고, 임기 중 그의 지지율은 매년 하락했다.[17] 그럼에도 불구하고 트루먼 행정부가 냉전 첫 10년 동안 소련에 대한 미국의 대응 방향을 설정할 때, 그는 자신의 몇몇 정책들에서 초당적인 정치적 지지를 결집할 수 있었다.

---

14 Ferrell, *Off the Record: The Private Papers of Harry S. Truman*, 188.

15 Merlin Gustafson, "The Religion of a President," *Journal of Church and State* 5 (Autumn 1968): 379.

16 Truman, *Mr. Citizen*, 263.

17 Sheldon Appleton, "Public Perceptions of Truman," *Harry S. Truman: The Man From Independence*, 169-184.

— 원자 폭탄 사용이 불러온 도덕적 재앙

트루먼은 백악관에 입성하자마자 오랫동안 계속된 일본과의 전쟁을 끝내야만 하는 상황에 맞닥뜨렸다. 파멸이 코앞이었지만 일본은 연합군의 일본 점령을 막고 코쿠타이(國体)를 보존하기 위해 연합군에 무조건 항복하기를 계속 거부했다. 코쿠타이는 "천황제의 정치적·정신적 본질을 상징하는 표현"으로서, 궁극적으로는 일본 황실의 고귀한 지위를 가리키는 것이었다.[18] 6월부터 7월까지 트루먼 행정부는 무조건적인 항복을 요구하는 연합군의 입장을 변경할 것인지를 두고 의견이 분분했다. 트루먼의 조언자들은 일본의 투지를 분쇄하고 그들을 철저히 무장해제하기 위해서 규슈 및 혼슈의 간토평야 침공이 필요하다고 지적하면서, 이로써 약 193,500명의 미국인 사상자가 나올 것이라고 추정했다.[19] 1945년 6월 17일 트루먼의 일기에는 딜레마에 처한 그의 심정이 이렇게 기록되어 있다. "나는 일본에 대한 전략을 결정해야만 한다. 제대로 일본을 침공할 것인가 아니면 폭격하고 봉쇄할 것인가? 지금까지 중에서 제일 어려운 결정이다. 하지만 모든 사실들이 취합되면 나는 해낼 수 있을 것이다."[20] 약 한 달 후인 1945년 7월 16일, 트루먼은 포츠담에서 처칠과 스탈린을 만나던 중 원자 폭탄 실험이 성공했다는 보고를 받았다.[21]

미국 대통령으로서 트루먼은 일본에 원자 폭탄을 사용할지를 결정할 최종적인 책임이 있었다. 트루먼은 원자 폭탄을 "세계 역사상 가장 끔직한 폭탄"으로 여겼다. 그러나 그는 미국이 그렇게 강력한 무기를 보유한 것은 신의 은총이라고 믿었고, 일본을 상대로 사용하기를 주저하지 않았다.[22] 그가 유일하게 걱정하며 신경 쓴 점은 이 폭탄이 "군사 목표물과 육군, 해군에게만 사용되고, 여성과 어린이들에게는 쓰

18 Tsuyoshi Hasegawa, *Racing the Enemy: Stalin, Truman, and the Surrender of Japan* (Cambridge, MA: The Belknap Press of Harvard University Press, 2005), 4.

19 Ibid., 103.

20 Ferrell, *Off the Record: The Private Papers of Harry S. Truman*, 47.

21 *Memoirs by Harry S. Truman: Year of Decisions* (Garden City, NY: Doubleday & Company, 1955), 415.

22 Harry S. Truman, Statement announcing the use of the A-Bomb at Hiroshima on 6 August 1945, U.S. President, *Public Papers of the Presidents of the United States: Harry S. Truman 1945* (Washington, D.C.:United States Government Printing Office, 1961), 197-199.

이지 않기"를 바랐던 것이었다.[23] 그는 일기에 이렇게 적었다. "비록 일본놈들이 야만적이고, 잔인하고, 무자비하고, 광적일지라도, 우리는 공공의 복리를 위하는 세계의 지도자로서 이 끔찍한 폭탄을 옛 수도나 새 수도에 떨어뜨릴 수 없다."[24] 7월 26일 연합군은 포츠담 선언을 통해 일본에 최후통첩을 보내면서 무조건적인 항복을 공개적으로 선언하라고 요구했다. 이때 트루먼은 미국 국민에게 이렇게 말했다. "만일 그들이 우리의 조건을 지금 받아들이지 않는다면, 그들은 이 지구상에서 한 번도 본 적 없는 파멸의 비가 하늘에서 내리는 것을 맞이할지도 모릅니다."[25] 일본이 따르기를 거부하자, 1945년 8월 6일 미국은 전투에 사용된 최초의 핵폭탄을 히로시마에 떨어뜨렸다. 3일 뒤인 8월 9일에는 나가사키에 또 다른 핵폭탄을 투하했다. 마침내 일본은 8월 15일 무조건 항복하는 것에 동의했다.

그러나 태평양전쟁을 끝내는 데에 트루먼이 원자 폭탄의 유용성을 과대평가했던 측면이 있다. 도쿄의 지도자들은 히로시마에 떨어진 원자 폭탄의 파괴력보다 8월 8일 일본에 전쟁을 선포한 소련의 적대적 행동에 더욱 동요하는 것 같았기 때문이다.[26] 또한 이 폭탄은 전후 합의를 처리할 때 러시아가 미국의 요구를 따르도록 두려움을 주지도 못했다. 오히려 스탈린의 태평양전쟁 합류를 재촉하고, 미국을 향한 그의 불신만 더욱 키우는 결과를 가져왔다. 마틴 J. 셔윈(Martin J. Sherwin)과 같은 역사가들은 일본에 대한 트루먼의 경직된 태도에 의문을 표하면서, 소련에게 숨겼던 트루먼의 "핵 외교"가 이후 냉전의 씨앗을 뿌린 것이라고 주장했다.[27]

처음에 미국 국민은 승리를 기뻐하며 원자 폭탄을 발명한 자국의 성과를 자랑스러워했다. 트루먼 대통령은 1945년 8월 19일 일요일을 공식적인 기도의 날로 선포하고 "미국 국민은, 모든 종교를 망라하여, 하나님께 감사를 드리는 데 하나가 될

---

23 Ibid.

24 Ferrell, *Off the Record: The Private Papers of Harry S. Truman*, 55-56.

25 Statement announcing the use of the A-Bomb at Hiroshima on August 6, 1945, U.S. President, *Public Papers of the Presidents of the United States: Harry S. Truman 1945*, 197-199.

26 이에 대한 최근의 해석은 다음을 참조할 것. Hasegawa, *Racing the Enemy: Stalin, Truman, and the Surrender of Japan*, 183-202.

27 Martin J. Sherwin, *A World Destroyed: Hiroshima and the Origins of the Arms Race* (New York: Vintage Books, 1987).

것을 주문했다."[28] 대부분의 미국 국민은 하나님께서 원자 폭탄을 미국의 적들에게 주지 않으셨기 때문에 자신들이 이를 바르게 사용해야 된다고 여기면서, 트루먼의 원자 폭탄 사용 결정을 굳게 지지했다. 플로리다의 한 시골 노인의 말로 "우리는 그것을 신의 이름과 그분의 목적으로 사용할 것"이고, 이는 세상을 "더는 전쟁이 없는" 곳으로 만드는 일이었다.[29] 문화사학자 존 파우섹(John Fousek)에 따르면, 미국이 그 폭탄을 갖게 되고 독일과 일본을 이긴 것은 많은 미국인들에게 "국가의 위대함"을 의미했고, 이는 결국 미국이 전 세계의 평화와 자유를 보장하는 책임도 떠맡게 됐음을 뜻했다.[30] 『타임』(*Time*), 『라이프』(*Life*), 『포춘』(*Fortune*)의 소유주인 헨리 루스(Henry R. Luce)의 말을 빌리자면, 추축국들(Axis Powers, 제2차 세계 대전 때 일본, 독일, 이탈리아를 지지하며 연합국과 대립한 나라들 – 역자 주)을 대항하여 미국의 리더십이 승리를 거두고 미국이 핵무기를 독점함으로써 "미국의 세기"가 도래한 것이었다.[31]

그러나 원자 폭탄으로 인한 파괴와 방사선 피해들의 참상이 미국 대중에게 보다 구체적으로 보고되기 시작하자 승리의 열기는 가라앉기 시작했다. 피폭 피해자들의 고통은 어떤 과학자와 정치 지도자도 이 폭탄을 사용하기 전에는 상상하지 못했던 것이었다. 사람들은 목적이 수단을 정당화할 수 있는지 의심을 품기 시작했다. 아이러니하게도 "폭정을 물리치기 위해서" 여성들과 아이들에게 비도덕적인 무기를 사용한 것에 대해 얼마나 무거운 죄책감을 가져야 하는지 사람들이 의문을 제기하기 시작했다. 히로시마와 나가사키의 참혹한 실상이 알려지면서, 많은 미국의 도덕주의자들과 평화주의자들은 대통령의 결정이 기독교 국가로서 미국의 도덕적 우월성을 훼손했다고 비난했다. 그리고 향후 핵무기 사용 문제를 두고 격렬한 논쟁과 깊은 우려가 야기되었다.

자유주의 개신교 출판물들이 특히나 대통령의 결정에 대해 비판적이었다.

---

28 "Proclamation 2660: Victory in the East – Day of Prayer," 16 August 1945, *Public Papers of the Presidents of the United States: Harry S. Truman 1945*, 223.

29 John Fousek, *To Lead the Free World: American Nationalism and the Cultural Roots of the Cold War* (Chapel Hill, NC: The University of North Carolina Press, 2000), 24.

30 Ibid., 62.

31 Michael H. Hunt, "East Asia in Henry Luce's 'American Century'," *Diplomatic History 23* (Spring 1999): 322.

1945년 8월 말 『더 크리스천 센추리』(*The Christian Century*)는 "일본의 두 도시에 원자 폭탄이 투하된 후 도덕적 지진과 같은 일이 일어났다"고 보도했다. "미국의 핵 잔혹 행위"라는 제목의 사설은 원자 폭탄 사용이 미국을 변명할 수 없는 도덕적 위기에 처하게 했다고 비난하면서,[32] 미국의 교회들을 향해 "미 정부의 이처럼 비인간적이고 무모한 처사로부터 스스로와 자신의 믿음을 분리하라"고 촉구했다.[33] 폭탄의 제조와 사용에 관여했던 사람들 또한 깊은 죄책감과 책임감에서 벗어날 수 없었다. 예를 들어 알베르트 아인슈타인(Albert Einstein)은 인생을 다시 살 수 있다면 물리학자보다는 배관공이나 행상인이 되는 편이 낫겠다고 말했다.[34] 비록 트루먼 자신은 일본에 폭탄을 사용한 것에 대해 어떠한 유감 표현도 하지 않았지만, 미국 정부 내에서도 많은 사람들이 괴로워했다.

미국 교회는 이 문제에 대한 의견이 갈렸다. 일부 가톨릭 성직자와 개신교 평신도 등은 신의 섭리로 미국이 폭탄을 갖게 되었다고 여기면서 대통령의 편을 들었다. 반면 자유주의 신학자와 지식인 등은 폭탄 사용을 비난했다. 이렇게 상반된 견해들은 각각의 방식으로 트루먼에게 영향을 미쳤을 것으로 보인다. 한편에서는 대통령이 바른 결정을 했다고 믿으면서 그를 격려한 반면, 다른 편에서는 많은 무고한 생명을 앗아갔고 전례 없는 고통을 남긴 원자 폭탄을 트루먼이 또다시 사용하지 못하도록 그를 단념시켰다.[35]

기독교 지식인들 또한 원자 폭탄의 발명과 사용으로 깊은 고민에 빠졌다. 1940년대 손꼽히는 기독교 신학자이자, 후에 국무부 정책기획실 고문으로도 활동했던 라인홀드 니버(Reinhold Niebuhr)는 처음에 일본 원자탄 폭격을 "말살과 방화의 폭격을 비롯한 전쟁 무기 사용의 절정"이라고 칭하며 정당화하려고 했다.[36] 그러나 불과

---

32 Leo Maley, III, "Hiroshima and Nagasaki: Memory (and Forgetting) in the Religious Press," *The Writing on the Cloud: America Culture Confronts the Atomic Bomb*, ed. Alison M. Scott and Christopher D. Geist (Lanham, MD: University Press of America, Inc., 1997), 183.

33 Ibid., 184.

34 Reinhold Niebuhr, "Einstein and the World Situation," *The Messenger* 19 (December 14, 1954): 6; Robert E. Williams, "Christian Realism and 'The Bomb': Reinhold Niebuhr on the Dilemma of the Nuclear Age," *Journal of Church and State* 28 (Spring 1986): 295.

35 Hasegawa, *Racing the Enemy: Stalin, Truman, and the Surrender of Japan*, 202.

36 Reinhold Niebuhr, "Our Relations to Japan," *Christianity and Crisis* 5 (September 17, 1945):

몇 주 후 그는 과학적 혁신이 인류에게 반드시 좋은 것만은 아니라면서 인류에 미칠 원자 폭탄의 잠재적인 위협에 대해 경고했다. 니버는 원자 폭탄이 악에 대한 선의 승리를 뜻하지 않는다고 생각했다.[37]

실제로 원자 폭탄의 파괴력은 미래의 희망을 과학에 두었던 사람들에게 심각한 의문점들을 제기했다. 자연을 정복하려는 인간의 탐구욕은 두려움과 떨림 속에 기세가 꺾여버렸다. 불타는 아마겟돈에 대한 성경의 예언이 이제 확실하게 실현된 것 같았다. 『라이프』의 한 사설은 모든 주요 전후 문제들이 원자 폭탄에 상징적으로 내재되어 있음을 시사했다. "식량, 러시아, 파업, 유엔, 식민지, 그리고 공공의 양심에 관한 모든 것들이 이 폭탄과 끊을 수 없이 엮여 있으면서, 이상주의와 극도의 공포 사이를 진자처럼 오가고 있다."[38]

많은 사람들은 다음 번 세계 대전이 아마도 전 지구를 파괴하는 핵전쟁이 될 것임을 상상하게 되었고, 이로써 미국의 정치·군사 지도자들은 핵 전멸에 대한 두려움을 널리 갖게 되었다. 이러한 위기 앞에서 미국의 정치·군사·종교 지도자들은 미국의 삶에 필요한 영적인 가치들을 되살려야 한다고 주장하기 시작했다. 오직 이것만이 영원한 파멸의 위험을 해결할 수 있다고 보았기 때문이었다. 일본에서 연합군 총사령관으로 있으면서 원자 폭탄의 파괴력을 생생하게 목격했던 더글라스 맥아더 장군은 일본이 항복한 직후 자신의 군대에게 이렇게 말했다. "우리에게 마지막 기회만 남았다. 만일 우리가 더 위대하고 공정한 체제를 고안해내지 못한다면, 아마겟돈이 우리 문 앞에 들이닥칠 것이다."[39] 맥아더는 이 문제의 유일한 해결책을 영적인

5; Willliams, "Christian Realism and 'The Bomb': Reinhold Niebuhr on the Dilemma of the Nuclear Age," 294.

37 니버가 다른 기독교윤리학자들과 같이 핵사용의 위험을 경고했던 것은 맞다. 그러나 그는 어떤 경우에도 핵사용은 금지되어야 한다고 말하지는 않았다. 니버는 미국의 핵무기 사용에 대해서 "전쟁을 빨리 끝내기 위한 폭탄의 최종적인 사용은 정당화되었을 것이다"라고 주장했으며, 그는 또한 핵무기를 사용하지 않음으로써 더 많은 인명 피해가 불가피해지는 상황에서는 폭탄을 사용해야만 했다고 말했다. William Inboden, *Religion and American Foreign Policy, 1945-1960: The Soul of Containment* (New York: Cambridge University Press, 2008), 35. - 감수자 주

38 Fousek, *To Lead the Free World*, 114.

39 Jerrold Lee Brooks, "In Search of Peace: Presbyterians in the Early Cold War Period, 1945-1953," *American Presbyterians* 70 (Winter 1992): 261.

데에서 찾았다. 적대적인 세상에서 인류의 생명을 보존해야 하는 어려운 현실에 맞서려면 인간은 먼저 영적인 구원을 받아야만 한다는 것이다.[40]

맥아더의 이러한 생각을 연방교회협의회(FCCC)의 독실한 평신도 활동가인 존 포스터 덜레스(John Foster Dulles) 또한 지지했다. 덜레스는 국가적인 "영적 부흥"을 촉구하면서, 미국 국민이 선조들의 신앙에 따라 자신의 삶을 재정립해야 한다고 외쳤다.[41] 1946년 6월 『라이프』는 덜레스의 글 두 편을 연재했는데, 소련의 외교 정책에 관한 것과 공산주의 침탈에 대항하는 단계적인 방책들에 대한 것이었다. 첫째로 그는 전통적인 미국의 "정치적이고 종교적인 믿음"이 국내의 문제들을 해결할 수 있으므로 미국의 영적 갱신이 필요하다고 촉구했다. 그는 또한 미국이 현 수준의 군사력을 유지하고, 대서양 헌장에 내포된 4대 자유와 정의의 개념들을 미국의 점령지들에서 증진하기를 촉구했다. 대서양 헌장은 1941년 루스벨트 대통령과 윈스턴 처칠(Winston Churchill) 수상이 정립한 제2차 세계 대전 이후 세계에 대한 비전이다.[42] 덜레스는 미국 국민들이 "세상에서 자유가 수호되도록 돕기 위해" 필요한 희생을 받아들일 준비가 되어야 한다고 경고했다.[43]

— 종교적 언어의 활용

미국의 외교 정책 수행에 있어서 대중을 설득하는 일에 종교적인 요소가 핵심적으로 사용되었다. 미국 대통령으로서 트루먼은 그의 각료들과 함께 미국의 외교 정책을 알리고 국민들을 설득할 책임이 있었다. 일반적으로 트루먼은 새로운 세계 질서와 관련된 일을 대중에게 호소할 때 종교적인 수사법을 필수적으로 사용했는데, 이를 통해 미국 대중이 일반적으로 공유하고 있는 공통의 신념과 가치를 강조함으로써 정치적 당파성을 효과적으로 해체할 수 있기 때문이었다.

---

40 Ibid., 262.

41 Mark G. Toulouse, "The Development of a Cold Warrior: John Foster Dulles and the Soviet Union, 1945-1952," *Journal of Presbyterian History* 63 (Fall 1985): 312.

42 Fousek, *To Lead the Free World*, 119.

43 Ibid.

이처럼 이용하기 편한 수사법을 제공하는 것 외에도, 종교는 그것을 훨씬 능가하는 또 다른 역할을 했을 가능성이 상당히 높다. 적어도 트루먼만큼은 외교 정책의 도덕적 당위성을 우선했는데, 이는 그의 고유한 이념과 '옳은 것을 실천'하겠다는 열정에서 비롯되었을 것이다. 그는 때때로 각료들의 조언을 거스르고 자신만의 결정을 내리기도 했다.

트루먼의 공식 연설들에는, 심지어 그가 직접 작성하지 않았지만 그 내용에 동의한 연설에서도, 그의 종교적 신념이 일관되게 나타나 있다.[44] 역사학자 거스텁슨에 따르면, 트루먼이 "성경 구절을 인용하고 세계 문제에 있어서 미국의 기독교적 사명을 언급한 것"은 당시의 시대정신에 부합했다.[45] 유엔 설립, 이스라엘 건국, 트루먼 독트린과 마셜 플랜 시행이라는 중차대한 3대 과제들은 트루먼이 자신의 외교 정책에 대한 대중의 지지를 얻기 위해 종교를 어떻게 활용했는지, 그리고 종교 사상이 그의 결정에 어떠한 영향을 주었는지를 나타내보였다.

— 유엔 창설

국제 연합(United Nations)을 세우자는 제안은 제2차 세계 대전 중인 1943년 모스크바, 카이로, 테헤란에서 열린 세 차례의 주요 정치 회의에서 비롯되었다. 이 국제기구 설립의 세부 사항들은 1944년 8월부터 10월까지 프랑스, 중화민국, 영국, 미국, 소비에트 연방의 대표가 모여 공동으로 마련했다. 미국 대통령으로서 트루먼의 역할은 미국의 대중이 국제적인 공동 안보를 위한 새로운 조직을 지지하고, 전후 세계를 이끄는 미국의 책임을 수용하도록 설득하는 것이었다.

트루먼이 유엔 창설을 위한 샌프란시스코 국제회의에서 1945년 4월 25일 했던 연설은 유엔이 새로운 세계 질서를 위해 "신의 인도하심"에 따라 만들어졌다는 그의 신념을 표출하고 있다.

---

44 Richard S. Kirkendall, ed., *Harry's Farewell: Interpreting and Teaching the Truman Presidency* (Columbia, MO: University of Missouri Press, 2004), 9.

45 Gustafson, "The Religion of a President," 380.

> 역사가 우리에게 던져 놓은 문제 앞에 우리는 신의 인도하심과 우호적인 협력, 성실한 노력을 통해 그 적절한 해답을 찾을 수 있다고 우리는 확신합니다. … 우리는 반드시 새로운 세계, 훨씬 더 나은 세계, 인간의 영원한 존엄성이 존중되는 세계를 건설해야만 합니다. 이 막중한 임무를 착수하려는 지금, 우리는 전능하신 신께 간청합니다. 이 순간의 도래를 위해 자기 목숨을 바친 자들에게 영구적인 기념비를 세워줄 수 있도록 신께서 우리를 인도해주시기를 말입니다. 신께서 그분의 의로운 평화의 길로 우리를 인도해주시기를 빕니다.[46]

트루먼의 이 표현은 자신의 생각뿐만 아니라 그가 믿는 미국인들의 대체적인 바람을 진실하게 나타낸 발언이었다. 트루먼 대통령은 다음과 같이 설명했다. "이 결정적 모임에서 우리의 유일한 목표는 구조를 세우는 것입니다. 우리는 반드시 미래의 평화를 가능하게 할 뿐만 아니라 확실하게 담보할 장치를 준비해야만 합니다. …"[47] 미국의 군사력에 의존하는 대신, 트루먼은 세계 평화를 지키기 위해 신이 부여한 장치이자 구조로서의 유엔을 구상했다. 그는 미국 국민들에게, 특히 종교 단체들에게 유엔 설립안을 제시하면서 유엔 헌장에 포함된 종교적 원칙들을 강조했다.

> 우리는 국제 연합 헌장에 종교의 핵심 정신을 담아내고자 노력했습니다. 침략의 종식, 평화 유지, 사회 정의 및 개인의 인권과 자유의 증진, 폭정과 전쟁을 대체하는 이성과 정의, 약소국 보호. 이러한 원칙들로 유엔 헌장의 틀이 구성된 것은 종교적 본질이라는 든든한 반석 위에서 이루어졌습니다.[48]

그는 미국인들이 유엔을 단지 또 하나의 세속적 조직이 아닌, 그들이 함께 공유하고 지지하는 종교적 원리들에 기반한 조직으로 여기기를 원했다. 즉, 트루먼은 유엔의 결성이 몇몇 국가 원수들의 정치적 계획일 뿐만 아니라 세계적인 민심에 대한 일반

---

46 Address to the United Nations Conference in San Francisco, 25 April 1945, *Public Papers of the Presidents of the United States: Harry S. Truman 1945*, 21-23.

47 Ibid.

48 Address in Columbus at a conference of the Federal Council of Churches on March 6, 1946. U.S. President, *Public Papers of the Presidents of the United States: Harry S. Truman 1946* (Washington, D.C.: United States Government Printing Office, 1962), 141-144.

적인 해답임을 국민들에게 확신시키고자 했다.[49]

— 이스라엘 국가의 승인

옳은 일을 한다는 트루먼 대통령의 확신은 때때로 각료들의 조언이나 당시 일반적인 여론에 반대되는 중대한 결정을 내리도록 그를 이끌었다. 팔레스타인에 유대인 국가를 건립한 일이 가장 좋은 예였다. 제2차 세계 대전 종전 후 미국 시온주의 비상위원회(American Zionist Emergency Council)의 시온주의 지도자들은 중동에 유대인 난민들의 조국을 건설하기 위해 치열한 로비 활동을 펼쳤다.[50] 이것은 매우 논란이 많고 복잡한 문제였다. 1917년 밸푸어 선언에 따라[51] 영국은 유대인들에게 팔레스타인 지역에 국가를 세워줄 것을 약속했다.[52] 전쟁 종료 후 연합국은 유럽에서 온 유대인 난민을 위해 팔레스타인이라 불리는 보호국을 세웠다. 이스라엘의 국가 인정 문제는 유대인들이 1948년 5월 14일 자신들의 독립을 발표겠다고 제안하면서 불거졌다. 이는 미국 내 심각한 갈등과 논쟁을 일으키는 불씨가 되었다.

조지 C. 마셜(George C. Marshall) 장군이 이끄는 국무부는 미국의 이스라엘 승인 연장을 강력히 반대했다. 미국이 전적으로 지원하지 않는 한, 신생 팔레스타인 보호국의 유대인들이 중동의 3천만 아랍인들로부터 스스로를 방어하는 것은 사실상 불가능하기 때문이었다. 마셜이 보기에 그것은 아랍 세계에서 미국의 이익과 군사적 입지를 위태롭게 하는 행위였다.[53] 그러나 트루먼 대통령은 정치적·경제적·군사적 이유가 아닌 종교적 이유 때문에 이스라엘을 승인하기 원했다. 트루먼은 백악관 내 그의 측근인 클라크 M. 클리퍼드(Clark M. Clifford)에게 자신은 유대 국가 건설을 돕

---

49 Arthur H. Darken, "The National Council of Churches and Our Foreign Policy," *Religion in Life* XXIV (Winter 1954-55): 121.

50 *Memoirs By Harry S. Truman: Year of Decisions*, 72.

51 Letter from Arthur James Balfour to Lord Rothschild, 2 November 1917, http://www.yale.edu/lawweb/avalon/mideast/balfour.htm.

52 *Memoirs By Harry S. Truman: Years of Decision*, 73.

53 Clark M. Clifford, *Oral History Interview with Clark M. Clifford* by Jerry N. Hess, 3 April 1971 in Washington, D.C., 97-98, Truman Library, http://www.trumanlibrary.org/hstpaper Aoreasub.htm.

기 위해서 "할 수 있는 모든 일을 하기로 결심했고" 이는 "유대인들이 조국을 갖게 되리라는 구약성경의 약속이 있기" 때문이라고 말했다.[54] 트루먼의 노력으로 미국 정부는 소련보다 바로 앞서서 이스라엘을 국가로 인정했다.[55]

유대인 대표가 트루먼의 지지에 감사를 표하러 왔을 때 대통령의 눈에 눈물이 가득 고였는데, 이는 트루먼이 반대를 무릅쓰고 옳은 일을 행했고, 하나님께서 예언의 성취를 위해 자신의 편에 서주셨다고 생각했기 때문이라고 클리퍼드는 전했다.[56] 클리퍼드는 이스라엘을 지지하는 트루먼의 진실한 노력을 거의 의심하지 않았지만, 일각에서는 트루먼이 유대인들을 도운 것이 1948년 대통령 선거에서 유대인 표를 더 얻기 위함이라고 믿었다. 당시 내무부 차관보인 C. 지라드 데이비드슨(C. Girard Davidson)는 후자의 의견을 지지하는 쪽이었다.[57] 그러나 유대인에 대한 트루먼의 우호적 태도는 또한 반유대주의 단체들의 많은 표를 잃게 했을 것이다. 요약하자면, 트루먼의 결정이 가져온 정치적 득실은 측정하기 어렵지만, 그 과정에서 종교적 요소가 중요하게 작용했음은 명백하다.

— 트루먼 독트린과 마셜 플랜

유럽의 정치적·경제적 안정은 미국의 또 다른 큰 관심사였다. 세계대전이 끝나자마자 소련은 동유럽에 대한 군사적 통제를 확대했다. 그리고 공산주의자들은 서유럽에서도 대중의 지지를 받으며 정치적 영향력을 확보하고 있었다. 더군다나 공산주의 봉기까지 일어나 발칸반도의 안정을 어지럽히자 힘이 약해졌던 대영제국은 그리스와 터키에서의 입지를 유지할 수 없게 되었다. 영국은 긴급하게 미국에 도움을 요청했고, 트루먼 대통령은 미국이 즉시 조치를 취하지 않으면 유럽 전체가 공

54 Clifford, "The Unique and Inspiring Leadership of President Truman," *Harry S. Truman: The Man From Independence*, 385.

55 Clifford, *Oral History Interview with Clark M. Clifford*, 102.

56 Clifford, "The Unique and Inspiring Leadership of President Truman," 385.

57 C. Girard Davidson, *Oral History Interview with C. Girard Davidson* by Jerry N. Hess, 17 July 1972 in Washington, D.C.: 65-66, Truman Library, http://www.trumanlibrary.org/hstpaper/koreasub.htm.

산화될 수 있음을 우려했다. 유럽의 안정과 경제 회복은 미국의 시장 경제에 대단히 중요했는데, 공산당이 지배하는 유럽은 미국 제품이 들어갈 문을 닫고 자유 무역을 위협할 것이기 때문이었다. 트루먼의 자문들은 그에게 공산주의의 팽창에 반대하여 분명한 입장을 취하고, 유럽 경제를 구해낼 중대한 조치들을 시행할 것을 제안했다.[58] 대통령은 이 제안의 필요성을 전적으로 확신했다.

그러나 이제 막 폭탄 투하로 전쟁을 끝낸 시점에서 미국인들이 독일의 재건을 수용하기란 쉽지 않은 일이었다. 4년간 희생해왔던 미국 국민들은 군대 동원 해제, 정부 예산 감축, 외국 문제 개입 축소를 원했다. 이런 상황에서 공산주의 확산 저지와 관련된 복잡한 경제적 논의는 충분히 이해되지 못할 수 있으므로 트루먼은 그 대신 종교적 황금률에 호소했다. 전국적으로 방송되는 연방교회협의회에서의 연설을 통해 트루먼은 미국 국민에게 "새로운 갈등, 새로운 테러, 새로운 파괴라는 많은 위협들에 휩싸인 세계를 구하"자고 요청했다. 국민들이 조금 더 희생하기를 바랐던 트루먼은 청중에게 이렇게 말했다. "여러분의 대통령으로서 다시 한 번 여러분께, 그리고 각지에 계신 모든 미국 국민들께 호소합니다. 유럽과 아시아, 아프리카에서 굶주리는 수백만 명을 구하는 일에 여러분의 몫을 담당하십시오. 이로써 하나님의 가르침에 대한 여러분의 믿음과 신념을 증명해 보이십시오. 적게 먹어서 음식을 나누어줍시다. 그래서 수백만 명이 기근으로 죽어가는 일을 막아봅시다. 여러분의 풍요를 덜어내서 다른 이들이 빵 한 조각을 얻게 합시다."[59] 1947년 연두교서(매년 1월 미 대통령이 의회에서 행하는 국정보고 - 역자 주)에서 트루먼은 소련의 방해로 유럽과 아시아의 평화 정착을 확보하는 데 어려움을 겪고 있으며, 미국의 힘을 유지하고 안보를 강화해야 할 필요성이 있다고 경고했다.

두 달 후에 발표된 트루먼 독트린에서 트루먼 대통령은 미국과 소련 간 이념 투쟁을 서로 다른 두 가지 삶의 방식의 경쟁으로 규정했다.[60] 이 전제하에 트루먼은 그

---

58 Isaacson and Thomas, *The Wise Men: Six Friends and the World They Made*, 17-19.

59 Address in Columbus at a Conference of the Federal Council of Churches, 6 March 1946. *Public Papers of the Presidents of the United States: Harry S. Truman 1945-1953*, Truman Library, http://www.trumanlibrary.org/publicpapers/index.php.

60 Special message to the Congress on Greece and Turkey: The Truman Doctrine, 12 March 1947. U.S. President. *Public Papers of the Presidents of the United States: Harry S. Truman 1947*

리스와 터키를 지원하고 유럽의 전후 복구를 위한 경제 원조를 제공하는 것이 미국식 삶의 방식을 장려하는 효과적인 방법이라고 주장했다. 이는 정치적 자유를 힘입어 독립 국가들이 자신들을 위한 삶의 방식을 선택하게 되며, 공산주의자들의 정치적 폭정 강요를 자유민들이 거부할 수 있기 때문이었다.[61] 그런데 미국식 삶의 방식은 물질적 풍요와 건전한 정치 제도뿐만 아니라 영적인 힘에 기반하고 있었다. 트루먼은 도덕적 원칙과 종교의 자유가 계도하지 않는 자본주의는 그 가치를 거의 상실하여 유물론적 공산주의와 크게 다르지 않다고 강조했다.[62]

트루먼 행정부는 유럽 경제를 되살리기 위한 포괄적인 경제 회복 프로그램을 고안했다. 이 계획은 국무장관인 조지 C. 마셜 장군의 이름을 붙여 마셜 플랜으로 알려졌다. 이 계획 이전에도 미국은 이미 유럽에 90억 달러를 지원했었으나, 그것으로는 불충분함이 입증되었다. 마셜 장군은 모든 유럽 국가들이 이 통합적인 노력에 동참할 것을 촉구했다. 패전한 적국인 서독 역시 이 계획에 포함될 것이었다. 미국 정부는 유럽의 재건에 돈을 쏟아부어서 유럽이 미국 주도의 자유 시장 경제 체제로 완전히 통합되기를 기대했다.

소련과 동유럽 국가들도 초청되었지만 자본주의의 영향을 두려워했던 그들은 계획에 참여하지 않았다. 당초 마셜 플랜은 서유럽 산업에 필요한 원자재를 동유럽이 공급하게 함으로써, 동유럽을 서방 세계에 의존하도록 만들고자 했다. 러시아인들은 이것을 동유럽에 대한 자신들의 지배를 무력화하려는 자본주의자들의 함정이라고 믿었다. 그래서 소련은 자체 재건 프로그램인 몰로토브 플랜을 세워 미국의 활동에 대응하고자 했다.

마셜 플랜에 대한 미국 국민과 의회의 지지를 확보하기 위해 트루먼 행정부는 대규모 홍보 캠페인을 벌였다. 정부는 재건 프로그램의 인도주의적 목적, 공산주의의 위협, 자유 시장 경제에 있어 유럽의 중요성 등을 강조함으로써 여론의 지원을 얻으려 했다. 정부를 돕기 위해 교회 지도자들 또한 동원되었는데, 그들은 마셜 플랜

(Washington, D.C.: United States Government Printing Office, 1963), 177-180.

61 Ibid.

62 Ibid.

이 원수를 사랑하라는 기독교 교리와 일치한다고 지적했다. 수개월에 걸친 논의와 토론 끝에 의회는 마셜 플랜 자금 지원을 위해 1948년 3월 경제 협력 법안을 통과시켰고, 미국 정부는 3년 동안 총 124억 달러를 유럽에 보냈다. 결과는 마셜 플랜이 복합적인 성공을 거둔 것으로 나타났다. 비록 인플레이션이 생겨나고 미국과 유럽 간 막대한 무역 적자가 해결되지는 못했으나, 마셜 플랜은 산업 생산을 일으키고 유럽 경제 성장을 촉진하는 데 확실한 성과를 거두었다. 그리고 유럽이 미국의 수출을 감당하게 되고 소련과의 정치적 경쟁에서도 미국 편에 서자, 미국 역시 경제적·정치적 이익을 얻게 되었다.

— 트루먼 대통령의 서구 기독교 동맹 구축 구상

유럽과 아시아에서 공산주의가 팽창하면서 가했던 위협은 1947년부터 1950년까지 미국 외교 정책을 형성하는 결정적 원인으로 작용했다. 공산주의의 위협을 무산시키고 그들을 이길 방법을 찾는 것은 미 외교 정책 입안자들의 주요 관심사가 되었다. 트루먼 대통령은 공산주의 확산 저지 방책으로서 경제력을 키우고 비공산주의 국가들과 정치적 동맹을 맺는 것 외에도 종교적 수단을 통해 반공 연합을 확대하기를 원했다. 외교 정책에 대한 그의 견해는 종교적 신념으로 물들어 있었다. 그는 기독교가 강력하게 존재하고 개인의 자유를 보장하는 민주적 정치 제도가 있는 국가는 공산주의 철학을 근본적으로 배척할 것이라고 믿었다.[63] 그래서 트루먼은 공산주의자들이 미국에 침투하는 것에 대해 특별히 우려하지 않았는데, 미국 국민들이 종교적인 신념과 민주적인 제도를 고수한다는 전제 하에서였다. 이를 위해 트루먼 대통령은 자신의 지위를 활용하여 예배를 장려하고 공산국가에서 기독교인들이 겪는 곤경을 널리 알릴 생각을 했다. 예를 들어 1948년의 연두교서에서 트루먼은 자유 추구에 대한 미국의 목표를 다음과 같이 규정했다.

> 우리의 첫 번째 목표는 우리 시민들의 필수적인 인권을 완전히 보장하는 일입니다.

---

63 Truman, *Mr. Citizen*, 98.

> 미국은 항상 인권에 깊은 관심을 가져 왔습니다. 종교의 자유, 언론의 자유, 사상의 자유는 이 땅에서 소중하게 여기는 현실입니다. 인권을 부정하는 일은 어떤 것이든 민주주의의 기본 신념과 각 개인의 가치에 대한 우리의 존중을 부정하는 것입니다.[64]

트루먼 대통령은 또한 미국 국민들이 종교 활동에 더 많은 시간을 할애하고 종교에 더 많은 관심을 기울여서 그들의 자유와 권리를 실제로 행사하기를 원했다. 세계가 미국의 지도력을 기대하는 상황에서, 트루먼은 "앞으로 몇 년 동안의 도전에 직면할 때 우리에게 확신을 주시는 하나님을 믿는 신앙에 우리 자신을 다시 헌신하는" 것이 미국의 책임이라고 주장했다.[65] 1년 뒤 라디오 연설에서 트루먼은 미국인들에게 예배에 참석하여 미국을 축복해주신 하나님께 감사할 것을 촉구했다. 미국과 달리 세계의 여러 곳에는 "박해가 무서워서 자신의 신앙을 공개적으로 고백하지 못하고 비밀리에 기도하는" 많은 사람들이 있기 때문이었다.[66]

그러나 자유를 추구한다는 트루먼의 생각에는 나름의 맹점이 있었다. 미국의 시민 인권 상황 자체가 좋지 못했기 때문이다. 뿌리 깊은 인종차별주의와 분리정책 때문에 1940년대 미국의 흑인들은 백인 미국인들이 누리는 자유를 동등하게 갖지 못했다. 인종차별주의는 미국의 명백한 약점이었고, 소련은 반미 선전에서 이 지점을 반복적으로 공격했다. 그렇다고 트루먼 대통령이 시민권 문제에 대해 아무런 노력도 하지 않은 것은 아니었다. 트루먼은 대통령의 권한을 이용하여 먼저 시민권 위원회를 구성했다. 그리고 위원회가 제출한 보고서인 『이 권리들을 보호하기 위해』(*To Secure These Rights*)에 기초하여 행정명령 제9980호를 내렸다. 이는 연방 정부에 공정 고용 실행 위원회(Fair Employment Practices Commission)를 설치하여 공무원 제도 내

---

64 Annual Message to the Congress on the State of the Union, 7 January 1948, U.S. President, *Public Papers of the Presidents of the United States: Harry S. Truman 1948* (Washington, D.C.: United States Government Printing Office, 1964), 3.

65 Ibid., 2-10.

66 Radio address as part of interdenominational program, "One Great Hour," 26 March 1949, U.S. President, *Public Papers of the Presidents of the United States: Harry S. Truman 1949* (Washington, D.C.: United States Government Printing Office, 1964), 187.

차별을 중단하려는 시도였다. 이후 트루먼은 또 다른 행정 명령 제9981호를 내려서 미군 내 인종차별의 철폐를 도모했다. 만약 입법을 통해 시민권 문제를 해결하려는 이러한 노력들을 의회 내 남부 출신 의원단이 막아서지 않았다면, 트루먼은 미국 흑인들의 자유를 보장하기 위해 더 많은 법을 시행했을지 모른다. 시대를 약간 앞서갔던 트루먼은 국내외 사안들을 처리함에 있어서 자유를 반드시 지키겠다는 스스로의 목표에 매우 성실하게 임했다.

트루먼은 해외 문제들 중에서 특히 종교의 자유를 누리지 못하는 사람들을 두고 마음 아파했다. 1949년 10월 트루먼 대통령은 한 서신에서 유럽 공산주의 국가에서의 정치적·종교적 박해에 관해 이렇게 적었다. "우리가 사는 세상에는 수백만 명의 사람들이 노예 생활을 하고 있습니다."[67] 한 달 뒤 그는 다른 행사에서 이 주제에 대해 이렇게 부연했다. "공산주의 세계의 남성들과 여성들이 종교적인 신념 때문에 조직적으로 박해를 받고 있으며, 종교를 국가의 도구로 만들려는 계획들이 진행되고 있습니다."[68] 트루먼은 미국인들이 그들에게 경제적 원조를 보낼 뿐만 아니라 "공동의 대의를 위한 형제애"를 보여줘야 한다고 주장했다.[69] 종교계에서 자신의 협력자들을 쉽게 찾을 것이라 여겼던 트루먼은 "이 상황에 부응할 수 있도록 세계의 도덕적인 세력들을 규합"할 수 있다고 믿었다.[70] 그는 아내인 베스 트루먼(Bess Truman)에게 만일 그가 "볼셰비키 유물론자들에 대항하여" 종교 지도자들을 결집해서 힘을 합친다면 미국은 공산주의와의 싸움에서 승리할 수 있다고 털어놓았다.[71]

그리하여 트루먼은 비공식 서구 기독교 동맹인 "종교와 도덕의 공동 전선"을 구축하여 유럽과 아시아의 공산주의 이념 확산에 맞서고자 했다.[72] 1948년에 그는

---

67 Harry Truman's letter to John L. Sullivan Accepting the Honorary Chairmanship of National Brotherhood Week, 5 October 1949, *Public Papers of the Presidents of the United States: Harry S. Truman 1949*, 499-500.

68 Address at a Luncheon of the National Conference of Christians and Jews, 11 November 1949, *Public Papers of the Presidents of the United States: Harry S. Truman 1949*, 561-563.

69 Ibid.

70 Ibid.

71 Kirby, "Harry Truman's Religious Legacy: The Holy Alliance, Containment and the Cold War," *Religion and the Cold War*, 91-92.

72 Truman, *Mr. Citizen*, 99.

"평화 증진을 위한 활력"을 일으키기를 바라면서, "전 세계 위대한 종교들의 지도자들과 추종자들의 적극적인 협력을 이끌어내기 위한" 노력을 시작했다."[73] 그의 첫 행보는 마이런 C. 테일러(Myron C. Taylor)를 그의 개인 특사 자격으로 바티칸에 보내어 교황과 비공식적인 외교 관계를 수립하는 것이었다. 개신교 단체들이 이를 비판했지만, 트루먼은 반공을 확고하게 표방하는 가톨릭교회와의 협력을 원했다. 그 뒤 트루먼 대통령은 감리교의 G. 브롬리 옥스넘(G. Bromley Oxnam) 감독, 침례교의 새뮤얼 맥크리 캘버트(Samuel McCrea Calvert) 박사 등의 개신교 지도자들을 개인적으로 접촉하여 초교파적인 강력한 동맹을 구축하는 일에 대한 그들의 지지를 얻고자 했다. 또한 이들 기독교 지도자 외에도 트루먼은 유대교 지도자들, 이슬람권의 영적 권위자들, 티베트의 달라이 라마와 같은 반공 불교 지도자들에게도 손을 내밀었다.[74] 이처럼 여러 종교의 대표자들이 함께 일하는 것은 일반적이지 않았지만, 트루먼은 "그들 모두의 공통의 적이 그들 모두를 파괴하려 한다는 점"을 이 종교 지도자들에게 납득시키려고 했다.[75]

— 친미 선전 확대를 위한 종교 단체와의 협력

트루먼이 자기 배후의 종교 세력들을 동원하여 종교적 동맹을 결성하게 된다면 이로써 그가 가장 큰 이득을 거둘 분야는 바로 선전 활동이었다. 소련이 확산시킨 반미 선전은 오랫동안 트루먼 대통령을 괴롭혀왔다. 그래서 그는 이런 글을 남기기도 했다. "선전은 우리 외교 관계의 최대의 적인 것 같다. 러시아인들은 우리에 대한 거짓말들을 퍼뜨린다. 우리의 신문들은 그러한 러시아인들의 저의를 미화하고 축소해서 전한다. 그리고 영국인들은 새빨간 거짓말을 하면서 우리 모두에 대해 거짓 선전을 퍼뜨린다."[76] 세 방면에서 선전 전쟁을 치르면서 울분에 차버렸던 트루먼은 그

73 Ibid.

74 Ibid., 100.

75 Kirby, "Harry Truman's Religious Legacy: The Holy Alliance, Containment and the Cold War," 77.

76 Ferrell, *Off the Record: The Private Papers of Harry S. Truman*, 45.

부정적 영향을 상쇄할 수 있는 도움을 필요로 했다. 트루먼이 대통령 재임 중 미국 언론과 관계가 좋지 않은 것은 하루 이틀 일이 아니었다. 트루먼 행정부에 대한 편향적 보도 때문에, 트루먼은 윌리엄 랜돌프 허스트(William Randolph Hearst)의 『로스엔젤레스 이그재미너』(*Los Angeles Examiner*)나 로버트 맥코닉(Robert R. McCormick) 대령의 『시카고 트리뷴』(*Chicago Tribune*), 조세프 패터슨(Joseph Patterson)의 『뉴욕 데일리 뉴스』(*New York Daily News*) 등의 신문들을 "사보타주(sabotage, 고의적인 태업 행위 - 역자 주) 언론"이라 이름 붙였다.[77] 그가 소련의 선전을 싫어한 것은 놀랍지 않지만, 트루먼의 속을 제일 뒤집어 놓았던 것은 뜻밖에도 영국이 벌인 일 때문이었다. 미국이 프랑스에 무기를 대여했던 것을 두고 영국이 자기들의 공을 내세우며 프랑스인들을 위해 공연을 했다는 소식이 트루먼에게 전해졌다.[78] 트루먼은 이 문제를 바로잡는 것을 자신의 임무라고 보았다. 비단 미국인뿐만 아니라 전 세계 사람들이 미국의 정치 체제 및 삶의 방식의 우월성을 제대로 평가하기 위해서는 그들이 사실을 바로 알고 있어야 하기 때문이었다. 진실이 전해지지 않는다면 결국 미국의 외교 정책이 타격받을 것이었다. 그리하여 트루먼의 냉전 외교 정책의 주된 목표는 반미 선전에 대응하면서 반공 선전을 퍼뜨리는 것이었다.[79]

정부의 선전 노력에 비판적인 미국 신문 편집자 협회(American Society of Newspaper Editors) 회원들에게 한 연설에서 트루먼은 냉전이 사람의 생각을 두고 벌이는 투쟁이라고 설명하면서 그들의 이해와 지원을 요청했다. "제국주의적 공산주의" 세력이 체계적인 계획에 따라 날조와 왜곡을 일삼아 선전 전쟁에서 이기고 있는 상황에서 미국이 진짜 이야기를 국민들에게 전달하는 것은 매우 중요했다. 그렇지 않으면 미국은 "사람의 생각을 차지하려는 전쟁에서 자동적으로 패배하게 될 것이었다."[80] 트루먼은 미국이 반드시 "노예제 선전에 대항하여 자유의 대의를 알리는 일에" 노력

---

77 Ibid., 47, 63, 192.

78 Ibid.

79 Walter L. Hixson, *Parting the Curtain: Propaganda, Culture, and the Cold War 1945-1961* (New York: St. Martin's Griffin, 1997), 14.

80 Address on Foreign Policy at a Luncheon of the American Society of Newspaper Editors, 20 April 1950, *Public Papers of the Presidents of the United States: Harry S. Truman 1950* (Washington, D.C.: United States Government Printing Office, 1965), 261-264.

을 강화해야 하고, 미국의 목소리가 "대규모 진실의 캠페인을 통해 전 세계에 들리도록" 해야 한다고 주장했다.[81] 1949년 3월 트루먼 대통령은 유럽, 아시아, 중동에서의 공산주의 활동을 저지하기 위해 확대된 선전 및 심리전 프로그램을 승인했다. "진실의 캠페인"으로 알려진 이 프로그램은 전 세계를 여러 지역으로 구분하여, 각 지역에 알맞은 반공 선전용 수단들을 고안했다.

진실의 캠페인은 종교의 자유를 중심 주제로 다루었다. 미국의 선전전을 돕기 위해 종교와 도덕의 공동 전선 측에서 취한 전략 중 하나는 미국에는 예배의 자유가 있지만 소련에는 국가가 강제한 무신론뿐임을 전 세계에 강조하는 것이었다. 미국의 삶의 방식을 돋보이게 하는 데에는 자본주의의 경제 논리보다 종교의 자유가 당연히 훨씬 더 매력적이었다. 트루먼은 예배의 자유가 있는 세상이 미국 외교 정책의 중요한 목표라고 분명히 언급했는데, 1950년 곤자가대학(Gonzaga University) 졸업식에서 다음과 같이 발언했다.

> 우리의 힘에 의미와 목적을 부여하는 것은 인류의 도덕적·종교적 신념뿐입니다. 평화를 위한 투쟁은 도덕적·윤리적 원칙들을 위한 투쟁입니다. 이러한 원칙들은 우리를 세계 곳곳의 종교인들과 연합하게 합니다. 그들도 우리처럼 사람들 중에 형제애가 증진되도록 노력하기 때문입니다. 우리는 어디에서든지 사람들이 똑바로, 두려움 없이 행하며 하나님의 일을 할 수 있도록 세상의 질서를 세우겠다는 분명한 목적을 세웠고, 확고한 의지도 있습니다. 우리는 이러한 목적과 의지를 국내외에서 우리가 하는 모든 일을 통해 반드시 입증해야 합니다.[82]

트루먼의 시각에서 종교의 자유라는 개념은 세계를 통합하는 강력한 힘일 뿐만 아니라 인류가 자신들의 영원한 사명을 완수하는 데 꼭 필요한 핵심 원칙이었다. 트루먼의 이러한 노력은 정치 지도자가 냉전의 승리를 위해 종교의 힘을 어떻게 활용하

---

81 Ibid.; Allan A. Needell, "'Truth Is Our Weapon': Project TROY, Political Warfare, and Government-Academic Relations in the National Security State," *Diplomatic History* 17 (Summer 1993): 404.

82 Address in Spokane at Gonzaga University, 11 May 1950, U.S. President, *Public Papers of the Presidents of the United States: Harry S. Truman 1950*, 375-377.

는지 보여주는 전형적인 사례였으며,[83] 공산주의자들은 악한 반면 미국인들은 종교적인 정의의 편에 있다는 도덕적 확신을 사람들에게 주입하려는 시도였다.[84]

철의 장막 뒤편 사람들을 대상으로 한 공식 선전 기구인 『미국의 소리』(*Voice of America*) 라디오 방송은 "소련의 독재는 종교를 적대시한다고 거듭 공격했으며, 스탈린을 사이비 신이라고 비난하고, 러시아 사람들이 모든 박해와 위협에도 불구하고 여전히 교회에 몰려든다고 주장했다."[85] 종교의 자유는 에드워드 배럿(Edward Barrett)의 지휘로 진행되는 『미국의 소리』의 반공 방송에서 주요 주제로 점차 자리를 잡았다. 배럿은 미 국무부 차관보로서 1950년부터 1952년까지 미국 공보원(US Information Service, USIS)를 이끈 인물이다.[86] 이 방송의 목적은 철의 장막 내부의 공산주의 정권을 약화시키고, 심리전 승리를 위해 망명을 장려하며 이를 이용하는 데 있었다.[87] 흥미로운 사실은 미국의 정교분리 원칙이 『미국의 소리』의 노골적인 종교 프로그램을 막지 않았다는 것인데, 이러한 방송이 공산 체제 와해를 위한 가장 효과적인 방법들 중 하나로서 확실하게 인정받았기 때문이다. 1949년 미국의 선전 공세 때문에 소련은 『미국의 소리』 러시아어 방송 전파를 방해하는 작업을 더욱 강화했다.

종교와 도덕의 공동 전선 측에서 미국의 선전 활동을 돕는 또 다른 방법은 교회 네트워크를 활용하여 친미 메시지를 전 세계에 확산시키는 것이었다. 미 정부는 종교 단체들과 다른 민간단체들 간의 소통을 장려했는데, 이 단체들이 "세계에 평화를 가져오려는 미국의 큰 뜻을 도울" 수 있을 것으로 대통령이 믿었기 때문이다.[88] 트루먼은 특히 친미적인 정보를 전파하는 가장 효과적인 방법으로서 선교사의 활동을 중시했다. 이 복음의 일꾼들은 미국에게 공격적인 의제가 없음을 다른 나라 사람들

---

83 Kirby, "Harry Truman's Religious Legacy: The Holy Alliance, Containment and the Cold War," 77.

84 Ibid.

85 Kirby, "Religion and the Cold War - An Introduction," *Religion and the Cold War*, 6.

86 Ibid.; Harriet Rasooli-Sa'eed, "The Iron Curtain is Not Soundproof," *Presbyterian Life*, 14 April 1951, 8-9.

87 Hixson, *Parting the Curtain: Propaganda, Culture, and the Cold War 1945-1961*, 14-15.

88 Ferrell, *Off the Record: The Private Papers of Harry S. Truman*, 44-45.

에게 알려주어 긍정적인 메시지를 전달할 수 있기 때문이었다.[89]

또한 미국은 반공 선전 활동의 확실한 성공을 위해 강경파 공산주의 지역들 내부에서 협력자들을 영입하고자 했다. 이 지역들은 미국의 민간 기관이나 공공 기관이 모두 효과적으로 활동할 수 없는 곳이었기 때문에, 미국은 내부 협력자들을 통해서 라디오 방송도 들어가지 못하는 외딴 지역들에 인쇄물들을 배포하고자 했다. 종교라는 공동의 대의를 앞세운 미국은 공산주의가 지배하는 지역에서도 귀중한 조력자들을 확보할 수 있었다. 실례로 동유럽의 가톨릭교회들은 친미 전단지와 읽을거리들이 유통되는 주요 통로가 됐다.[90] 그리하여 유럽, 중국, 북한의 많은 성직자들이 공산당 당국으로부터 미국 스파이로 기소되는 것은 그리 놀라운 일이 아니었다. 여기에 트루먼의 선전 노력까지 더해지자 공산주의자들은 기독교 교회들과 기관들, 기독교인들을 친미주의자들로 여기며 불신을 더욱 키워갔다. 그리하여 기독교인들은 공산 정권으로부터 조국과 정부에 대한 자신들의 충성심을 끊임없이 시험받아야 했다.

전반적으로 트루먼은 라인홀드 니버가 "미국인의 정신 속의 두터운 메시아 의식"이라 불렀던 것을 소유한 사람이었다.[91] 트루먼의 대통령 직무를 연구해온 역사학자 다이앤 커비(Dianne Kirby)에 따르면, 이러한 이상은 "정의로움으로 건국되었고 독특한 사명이 있는, 세계에서 특별한 도덕적 세력이라고 자부하는 한 나라의 지도자인 그에게 특별한 호소력을 지녔다."[92] 트루먼에게 있어서 종교란 개인적으로 영적 자양분을 얻는 방법일 뿐만 아니라 서구 세계가 공산주의 침탈에 맞서 싸우도록 인도하는 수단이었다.[93] 냉전의 본질은 더 이상 자신들의 세력 범위를 확장하려는 두 초강대국 간의 정치적·경제적·군사적 경쟁만이 아니었다. 종교적 신념은 미국 반공 이데올로기의 중요 요소가 되었을 뿐만 아니라 공산주의 확산에 대항하는 핵

89 Remarks to a group of Baptist Missionaries, 3 February 1950, *Public Papers of the Presidents of the United States: Harry S. Truman 1950*, 146.

90 Ibid., 17.

91 Kirby, "Harry Truman's Religious Legacy: The Holy Alliance, Containment and the Cold War," *Religion and the Cold War*, 86.

92 Ibid.

93 Ibid., 91-92.

심 전투 수단으로 사용되었다.[94]

핵 공포와 종교 부흥

미·소 경쟁은 유럽 및 아시아에서 벌어진 몇몇 굵직한 정치적 사건들 때문에 더욱 격화되었다. 첫 번째 사건은 1948년 6월 베를린 봉쇄였다. 이는 소련이 베를린 내 서방 관할 구역의 모든 물자 공급을 차단하고, 4대 강대국이 독일을 분할 통치하는 기존의 합의를 다시 논의하자고 요구하면서 시작되었다. 비록 미국이 통제 지역으로 필수 물자들을 계속 공수함으로써 이 위기를 성공적으로 대처했고, 소련 측에 비효율적인 봉쇄를 끝내도록 압박하고 나섰지만 이 사건은 많은 미국인과 유럽인들의 마음속에 장차 발생할지 모를 소련 침략에 대한 실제적인 공포를 심어주었다. 미국 국민들은 이번 사건을 계기로 서유럽 방어에 대한 미국의 가중된 책임을 받아들이게 되었다. 서유럽 국가들은 군사적 보호를 받기 위해 미국의 곁에 모여들었다. 미국은 전통적으로 유럽 국가들과 영구적인 군사 동맹을 맺는 일을 피해왔지만, 이번 소련의 봉쇄를 계기로 북대서양 조약기구(North Atlantic Treaty Organization, NATO) 창설을 서두르게 되었다. 나토는 회원국이 당한 공격에 집단적으로 대응할 것을 보장하는 군사 동맹이었다. 그러나 미국의 자신감은 두 가지 중대한 대사건이 발생하면서 곧 흔들리게 되었다. 바로 소련이 핵무기를 보유한 것과 중국 내전에서 중국 공산당이 국민당에 승리한 것이었다.

— 소련과의 핵전쟁에 대한 공포

대부분의 전문가들은 소련이 1955년경에야 독자적인 원자 폭탄을 만들 수 있을 것이라고 예측했지만, 소련은 이보다 훨씬 빠른 1949년 9월 핵무기 개발에 성공

94 Rasooli-Sa'eed, "The Iron Curtain is Not Soundproof," 8-9.

했다.[95] 핵 독점력을 상실한 미국은 소련의 핵 공격에 취약한 상태가 되었고, 트루먼 대통령은 미국 국민들에게 언제든지 만일의 사태에 대비할 것을 촉구했다. 또한 트루먼은 미국의 군사적 우위를 유지하기 위해 수소 폭탄 개발 제안을 받아들였다. 소련과의 핵전쟁 가능성은 유럽인들뿐 아니라 많은 미국인들을 공포에 떨게 했다.[96] 사람들은 소련이 이토록 빨리 핵무기 기술 격차를 좁혔다는 사실에 충격을 받았다. 그런데 이 때 러시아인들에게 핵 관련 기밀 정보를 넘겨준 소련 간첩들이 캐나다와 영국에서 체포되었다. 루스벨트 대통령 수행원으로 얄타 회담에 참석했었던 미 국무부 관리 앨저 히스(Alger Hiss)에 대한 위증 재판이 진행되면서, 미국 정부 내에 공산주의자들의 침투가 심각한 수준일 것이라는 공포감이 확산되었고, 깊은 배신감이 시대 전반에 걸쳐 팽배하게 되었다. 이에 더하여 장제스의 국민당이 마오쩌둥의 공산당에게 패배하고 장제스가 타이완으로 퇴각하자 많은 미국인들은 더욱 낙담하게 되었다. 도미노 이론의 논리에 따라 미국인들은 공산주의에 당할 다음 국가가 어디일지 걱정했다. 예리한 관찰자라면 한국을 가능성 있게 보았을 수 있다.

이 불안한 시기에 종교는 세계를 동요시키는 일련의 사건들을 위한 해답을 제시했다. 그리하여 몇몇 학자들은 종교가 "강력한 정치 세력"으로 성장할 것이라고 예상했다.[97] 괴로움에 휩싸인 사람들은 교회에 나갔고, 부흥회에도 참석했으며, 특히 종교 지도자들에게 지도와 조언을 구했다. 사실 1940년대와 1950년대에는 종교 지도자, 신학자, 목사, 선교사가 미국에서 상당히 높은 사회적 명성을 누리고 있었다. 문화사학자 스테판 휫필드(Stephan Whitfield)의 냉전 문화 연구에 따르면, "여론 조사원들이 '국가를 위해 가장 좋은 일을 하는' 집단이 어디인지 질문했을 때, 1942년에 종교지도자는 정부와 기업가에 이어 3위를 차지했고, 1947년에는 1위를 차지했다."[98] 성직자를 "가장 쓸모 있는 시민"으로 생각하는 대중의 비율은 1947년 32.6%

---

95 Isaacson and Thomas, *The Wise Men: Six Friends and the World they Made*, 16.

96 "Prepare to Meet Thy God!" *Revival of Our Time: The Story of Billy Graham Evangelistic Campaigns* (Wheaton, IL: Van Kampen Press, 1950), 126.

97 Peter J. Kuznick and James Gilbert, "U.S. Culture and the Cold War," *Rethinking Cold War Culture*, ed. Peter J. Kuznick and James Gilbert (Washington, D.C.: Smithsonian Institution Press, 2001), 10.

98 Stephen J. Whitfield, *The Culture of the Cold War* (Baltimore, MD: The Johns Hopkins

에서 1957년에는 46%로 늘어났다.[99] 휫필드가 보기에 "교회는 단연코 미국인들의 삶에서 가장 신뢰받는 기관이었다. 이는 학교와 라디오 방송국, 신문사, 정부를 앞서는 것이었다."[100] 1947년부터 대다수의 미국인들은 역사상 그 어느 때보다 국제적 사건들에 대한 종교적인 해석을 기꺼이 수용했다. 부흥이 계속되면서 미국 내 교회의 기반이 넓어졌고, 한국에서 활동하는 미국 선교사들이 미국의 여론에 미칠 수 있는 영향력도 절정에 달하고 있었다.

전후 재건과 평화 보존이라는 도전에 직면한 미국은 세속적인 영역에서부터 종교 분야에 이르기까지 전반적인 공감대가 형성되고 있었다. 동유럽에서의 미·소 경쟁이 치열해짐에 따라 많은 사람들이 불안한 세상에서 해답을 구하고자 성경을 읽었다. 기독교 지도자들은 시사 문제와 성경 예언 간의 연관성을 찾아냈다. 대부분의 주류 종교 단체들은 시대의 위기에 대해 초교파적인 에큐메니칼 접근 방식을 취했으며, "미국을 향한 현재의 위협을 깊이 있는 종교적·영적 갱신의 기회로 삼아야" 한다는 일반적인 신념을 공유했다.[101]

동유럽과 아시아에서 기독교인들이 박해받고 있다는 소식을 들은 많은 설교자들은 이러한 현상이 종말에 대한 전천년주의자들의 견해와 일치한다고 여겼다.[102] 아마겟돈이라는 성경 용어는 핵을 보유한 두 강대국의 충돌 가능성을 묘사할 때 자주 사용되었다. 역사가 레이먼드 F. 벌먼(Raymond F. Bulman)은 "이 상황에 대해 종교계가 공통적인 반응을 보인 것은 종말론적 부흥운동 정신이 교파를 막론하고 널리 확산되었음"을 뜻한다고 분석했다.[103] 예언적 믿음은 많은 미국인들이 현재의 사건을 이해하는 데 핵심적인 역할을 했다. 윌버 스미스(Wilbur Smith)의 『핵의 시대와 하

University Press, 1996), 83.

99 Ibid.

100 Ibid.

101 Raymond F. Bulman, "'Myth of Origin', Civil Religion and Presidential Politics," *Journal of Church and State* 33 (Summer 1991): 532.

102 Dean C. Curry, "Where Have All the Niebuhrs Gone? Evangelicals and the Marginalization of Religious Influence in American Public Life," *Journal of Church and State* 36 (Winter 1994): 104.

103 Bulman, "'Myth of Origin', Civil Religion and Presidential Politics," 531.

나님의 말씀』(*This Atomic Age and the Word of God*)과 같은 책은 종교계 독자와 일반 독자들 모두에서 인기가 있었다. 소련은 세대주의 작가들이 종말의 예언에서 주목하는 국가가 되었다. 예를 들어 헤롤드 J. 옥켄가(Herold J. Ockenga) 목사는 로즈볼 대회(Rose Bowl Rally, 4대 미식축구대회 - 역자 주)에서 이렇게 설교했다. "하나님은 우리를 심판하실 것입니다. 하나님은 소련의 250개 사단을 사용하셔서 우리를 채찍질하시고, 우리에게 고통을 주시고, 우리가 그분 앞에서 무릎 꿇고 회개하도록 몰아붙이실 것입니다."[104]

— 1949년 빌리 그레이엄의 종교 부흥

당시 미국의 반공산주의 정서를 가장 잘 포착한 설교자는 빌리 그레이엄(Billy Graham) 목사였다. 1947년 11월 샬럿 부흥회(Charlotte Revival)에서 당시 32세였던 이 젊은 전도자는 청중에게 공산주의자들이 도처에 있음을 경고했다.[105] 이 부흥 집회에는 약 4만 2천 명이 참석했다(표 4.1 참조). 그레이엄은 하나님의 심판과 공산주의의 발흥을 능숙하게 연결시켰다. 미국 국민들이 적들의 위반 행위를 인지하지 못하기 때문에 미국이 공격당할 위험에 노출된 것이었다. 그레이엄은 알코올 중독, 성적 부도덕, 우상숭배와 마찬가지로 공산주의가 기독교 세계를 파괴할 수 있다고 주장했다.

러시아가 핵폭탄을 터뜨렸다는 소식이 있은 지 이틀 뒤, 로스앤젤레스 집회 중이던 그레이엄은 만일 미국 국민이 그들의 죄 많은 생활 방식을 회개하길 거부한다면 그 도시는 곧 원자폭탄으로 파괴될 것인데, 이는 하나님께서 회개하지 않는 죄악의 도시를 용서하지 않으시기 때문이라고 청중에게 경고했다.[106] 그레이엄은 로스엔젤레스가 범한 죄들에는 강한 친공산주의 정서도 포함된다고 생각했다. 그래서 그는 "공산주의자로 불리는 제5열분자(배반자, 간첩 - 역자 주)가 미국의 어떤 도시보다

---

104 "The Christian Answer to Communism," *America's Hour of Decision: Featuring a Life Story of Billy Graham*, ed. Harold J. Ockenga (Wheaton, IL: VanKamper, 1951), 153.

105 Andrew J. Rotter, "Christians, Muslims, and Hindus: Religion and U.S.-South Asian Relations, 1947-1954," *Diplomatic History* 24 (Fall 2000): 596.

106 Marshall Frady, *Billy Graham: A Parable of American Righteousness* (Boston, MA: Little Brown and Company, 1979), 198; Whitfield, *The Culture of the Cold War*, 77.

표 4.1 • 빌리 그레이엄 전도 집회 자료(1947~1954)

(단위: 명)

집회명	장소	날짜	참석자	구도자
YFC Evangelistic Campaign	Grand Rapids, MI	1947/09/17-1947/09/21	30,000	500
Charlotte Revival	Charlotte, NC	1947/11/09-1947/11/23	42,000	1,200
Augusta Crusade	Augusta, GA	1947/10/03-1948/10/19	65,000	1,400
Christ for Greater Los Angeles	Los Angeles, CA	1949/09/25-1949/11/20	350,000	3,000*
Boston Crusade	Boston, MA	1949/12/31-1950/01/16	105,000	3,000
Columbia Crusade	Columbia, SC	1950/02/19-1950/03/12	190,000	12,000
New England Tour	-	1950/03/27-1950/04/23	160,000	6,000
Greater Portland Gospel Crusade	Portland, OR	1950/07/23-1950/09/04	520,000	9,000
BGEA INCORPORATED	Minneapolis, MN	1950/09/17	282,000	5,700
Atlanta Crusade	Atlanta, GA	1950/10/29-1950/12/03	500,000	8,000
Southern States tour	-	1951년 1-2월	125,000	-
Fort Worth Crusade	Fort Worth, TX	1951/02/24-1951/03/25	336,300	4,000
Great Shreveport-Booster Area Crusade	Shreveport, LA	1951/04/08-1951/04/29	223,000	5,446
Cincinnati raliies	Cincinnati, OH	1951/05/12-1951/05/13	21,000	-
Greater Memphis Evangelistic Campaign	Memphis, TN	1951/05/20-1951/06/20	317,700	4,648
Seattle Crusade	Seattle, WA	1951/08/29-1951/09/02	443,500	6,785
Christ for Hollywood	Hollywood, CA	1951/09/19-1951/10/06	135,000	2,120
Greensboro Crusade	Greensboro, NC	1951/10/14-1951/10/26	391,050	6,443
Raleigh rallies	Raliegh, NC	1951/11/16-1951/11/18	34,000	1,450
Washington D.C. Crusade	Washington, DC	1952/01/13-1952/02/18	307,000	6,244
Crusade	Houston, TX	1952/05/04-1952/06/08	362,500	7,754
Jackson Crusade	Jackson, MS	1952/06/15-1952/07/11	362,300	5,927
US cities tour	-	1952년 8월	126,000	-
Pittsburgh Crusade	Pittsburgh, PA	1952/09/07-1952/10/07	263,500	5,986
Albuquerque Crusade	Albuquerque, NM	1952/11/02-1952/12/02	133,030	3,011
Florida cities tour	-	1953년 1-2월	120,000	-

집회명	장소	날짜	참석자	구도자
Chattanooga Crusade	Chattanooga, TN	1953/03/15-1953/04/14	283,300	4,406
St. Louis Revival	St. Louis, MO	1953/04/16-1953/05/16	318,400	3,065
Dallas Crusades	Dallas, TX	1953/05/31-1953/06/28	513,000	5,869
West Texas tour	-	1953년 6-7월	77,000	-
Amarillo rally	Amarillo, TX	1953/06/30	20,000	600-800
Syracuse Crusade	Syracuse, NY	1953/08/02-1953/08/31	105,200	2,630
Detroit Crusade	Detroit, MI	1953/09/27-1953/11/01	363,030	6,980
Asheville Crusade	Ashevill, NC	1953/11/08-1953/11/22	112,100	2,653
London Crusade	London	1954/03/01-1954/05/22	2,047,333	38,447
European tour	-	1954/06/16-1954/06/30	303,800	-
Nashvill Crusade	Nashville, TN	1954/08/22-1954/09/19	652,000	9,067
New Orleans Crusade	New Orleans, LA	1954/10/03-1954/10/31	319,300	4,932

* 몇몇 다른 자료에서는 4,200명에서 6,000명까지 더 높은 수치를 제시함.
출처: The History of the Billy Graham Evangelical Association.

이곳 로스엔젤레스에 가장 많다는 사실을 여러분은 알고 계십니까?"라는 질문으로 자신이 심판을 경고한 이유를 설명해갔다.[107] 비록 그레이엄이 설교 중에 이 개략적인 주장을 뒷받침할 만한 어떠한 사례도 제시하지 않았지만, 미국인들은 그의 부름에 열정적으로 반응했다. 로스앤젤레스 집회는 빌리 그레이엄이 반세기가 넘도록 이끌었던 종교 집회의 시작을 알렸다.[108]

---

107 Ibid., 198.

108 결국 냉전 기간 동안 로스앤젤레스를 비롯한 어떤 미국 도시도 파괴되지 않았기 때문에 혹자는 빌리 그레이엄을 예언이 실현되지 않은 거짓 선지자로 규정지을지 모른다. 그러나 공정하게 말하자면, 그레이엄은 단순히 무슨 일이 일어날지가 아니라 사람들이 회개하지 않는다면 무슨 일이 일어날지를 예언한 것이었다. 복음 전도자로서 그레이엄은 다가올 심판에 대해 경고해야 될 책임을 느꼈다. 성경에는 회개의 부르심에 사람들이 응답했을 때 임박한 심판이 지연되거나 취소된 선례가 있었다. 창세기 18장 32절에서 하나님은 아브라함에게 소돔과 고모라에서 10명의 의인을 찾을 수 있다면 그 도시들을 멸하지 않겠다고 약속하셨다. 그러나 10명이 없어서 그 도시들은 파괴됐다. 또한 요나서에서 요나는 앗수르의 도시 니느웨의 멸망을 선포했는데, 니느웨 사람들이 요나의 말을 듣고 회개했고, "하나님은 그들이 자기들의 잘못을 뉘우치고 악한 길에서 돌아서는 것을 보시고 뜻을 돌이키셔서 그들에게 내리겠다고 선언하신 재앙을 내리지 않으셨다."(요나

그레이엄은 완전히 종교적이고 절대적인 용어를 사용하여 냉전을 선과 악, 신자와 불신자 간의 투쟁으로 정의했다. 그는 로스앤젤레스 시민들에게 다음과 같은 이유로 하나님의 부르심에 즉시 응답할 것을 촉구했다.

> 하나님께서는 우리에게 절박한 선택을 요구하십니다. 부흥과 심판 중 하나를 선택하라고 하시는 것입니다. 다른 대안은 없습니다! … 세계는 두 진영으로 나뉘었습니다! 한쪽에는 공산주의가 있고, 다른 쪽엔 소위 서구 문화라는 세계가 있습니다. 서구 문화의 열매가 기반한 곳은 성경이요, 하나님의 말씀이요, 17세기와 18세기의 부흥운동들입니다. 반면 공산주의는 하나님을 대적하고, 예수 그리스도를 대적하고, 성경을 대적하고, 모든 종교를 대적하는 전쟁을 선언했습니다! … 서구 세계가 예전 방식의 부흥을 하지 못한다면, 우리는 존속할 수 없습니다![109]

그레이엄은 청중의 불안은 곧 회개를 명령하는 신의 부르심이라고 주장하면서, 공산주의에 반대하여 하나님 편에 확실히 서는 선택을 할 것을 청중에게 강력하게 권고했다. 공산주의는 본질상 기독교와 완전히 상반되는데, 만일 미국인들이 그리스도에게로 돌아가 회개하기를 거부한다면 미국이란 나라는 건짐 받지 못하게 될 것이라고 그레이엄은 경고했다.[110] 기독교는 공산주의와 대립되는 것이었고, 더 나아가 미국과 전 세계를 위한 구원의 수단이었다. 그레이엄은 종교와 이데올로기 내지는 미국 국가주의의 구분을 뚜렷하게 하지 않았다.

반공에 입각한 빌리 그레이엄의 열정적인 복음주의 설교는 반공주의 출판업자인 윌리엄 랜돌프 허스트(William Randolph Hearst)의 관심을 끌었다. 허스트는 트루먼 대통령이 "최고의 정신적 매춘부"이자 "1등 호색가"로 간주한 인물이었다.[111]

서 3:10, 현대인의 성경) 그러나 나훔서에 보면 니느웨는 50년 후 새로운 세대가 이전의 악한 길로 돌아가자 결국 파괴됐다. 그러므로 성공적인 부흥은 예언이 얼마나 정확했느냐가 아니라 얼마나 많은 사람이 그 부름에 응답하고 고백했느냐에 따라 판가름 나는 것이었다. 이러한 이해는 냉전 시기 그레이엄의 부흥이 어떻게 시작되고 번성했는지를 설명하는 데 도움이 된다.

109 Frady, *Billy Graham: A Parable of American Righteousness*, 198.

110 Graham, "Will God Spare America?" *America's Hour of Decision: Featuring a Life Story of Billy Graham*, 116-126.

111 Monte M. Poen, '"Rose, File It': What Harry Truman's Unmailed Letters Tell Us About the

1949년 구 『로스엔젤레스 이그재미너』의 사진 편집자였던 돈 구드노(Don Goodenow)에 따르면, 허스트가 그에게 부탁하여 자신의 편집장들에게 "빌리 그레이엄의 집회들을 주목"할 것을 재촉하는 전신을 보냈다고 한다.[112] 그리하여 『이그재미너』 및 허스트의 다른 신문사들의 기자들과 사진사들이 그레이엄의 전도 집회를 취재하러 방문했다. 구드노는 로스엔젤레스 집회 기간 동안 매주 금요일 저녁에 설교하는 그레이엄의 사진들을 신문 전면에 배치했다. 독자들의 호의적인 편지가 『이그재미너』 편집부로 쏟아져 들어왔다. 그레이엄 전도 집회의 소식들은 전국적으로 보도되었고, 기자들은 그레이엄의 "카리스마"를 높이 평가하면서 그의 설교가 유창하고 강력하다고 칭찬했다.[113] 허스트의 지원 덕분에 그레이엄의 로스엔젤레스 전도 집회는 전국적인 관심을 끌게 되었다. 8주간의 부흥회가 끝날 무렵까지 약 35만 명이 집회에 참석했고 3천여 명이 앞으로 나와서 예수 그리스도를 믿기로 결정하거나 지역 교회에서 열심히 신앙생활 할 것을 다짐했다(표 4.1 참조). 『인디애나폴리스 스타』(*Indianapolis Star*) 1949년 11월 2일자 기사는 교회 신자들의 입을 빌려 빌리 그레이엄이 남부 캘리포니아 역사상 가장 위대한 종교 부흥을 시작했다고 보도했다.[114] 그레이엄이 LA에서 거둔 성공 스토리는 몇몇 사람들이 생각했던 것처럼 일회적으로 끝날 사건이 아니었다. 그것은 미국을 비롯한 세계 각지에 오랫동안 퍼져나갈 부흥의 시작을 알리는 일이었다.

약 한 달 뒤 그레이엄이 보스턴에서도 성공하자 많은 정치 지도자들이 그를 주목하기 시작했다. 그 뒤 그레이엄이 사우스캐롤라이나에서 한 달간 부흥회를 열었을 때(이번에는 19만 명이 참석했다. 표 4.1 참조), J. 스트롬 서먼드(J. Strom Thurmond) 주지사와 제임스 M. 번즈(James F. Byrnes) 전 국무장관이 전도 집회를 지지하기 위해 찾아왔다. 헨리 루스(Henry Luce) 또한 이 젊은 설교자에게 관심이 있었고, 그를 개인적으로 만나기 위해 비행기를 타고 왔다. 두 사람의 만남 이후 루스는 그레이엄 복음주의

Thirty Third President," *Harry S. Truman: The Man From Independence*, 372.

112 Patricia Daniels Cornell, *A Time For Remembering: The Story of Ruth Bell Graham* (San Francisco, CA: Harper & Row Publishers, 1983), 86.

113 Ibid.

114 Ibid.

운동의 열렬한 지지자가 되었다.[115] 1949년부터 1955년까지 그레이엄은 루스의 『타임』과 『라이프』 표지에 자주 등장하게 되었다. 빌리 그레이엄 전도 집회에 대한 언론의 적극적인 지지와 호의적인 보도로 인해 그는 1950년대 내내 영향력 있는 종교 인사로 유명세를 떨쳤다.

1950년 비서 한 명과 사무실 한 칸으로 시작한 빌리 그레이엄 전도 협회(Billy Graham Evangelical Association)는 약 8년 만에 200명의 직원과 미네아폴리스의 4층 건물을 본부로 둘만큼 급성장했다. 협회는 매주 1만여 달러의 우편 송금을 받았고, 매년 국내외 전도 집회에서 2백만 달러 이상을 모금하고 지출했다. 그레이엄의 설교를 방송하는 라디오 프로그램 "결단의 시간"(Hour of Decision)이 큰 인기를 얻었고, 1952년부터는 그의 텔레비전 프로그램까지 매주 방영되었다. 그레이엄이 작성하는 신문 칼럼은 미국 전역의 125개 신문에 실렸다.[116]

— 빌리 그레이엄의 정치적 영향력

대부분의 주류 교단들로부터 공개적인 지지를 받으며 미국 개신교의 대변인으로 부상한 빌리 그레이엄은 1950년대 가장 중요한 종교계 인물들 중 하나가 되었다. 그에게 "미국 개신교 교황"이라는 별칭이 붙었고,[117] 그의 반공 메시지는 종교계 전체에 울림을 주었다.[118] 그레이엄은 신학적으로 종교와 정부 정책을 결합하는 일을 매우 자주 했기 때문에 그는 당대의 핵심적인 '정치' 인사로도 손꼽힐 수 있을 것이다. 트루먼 대통령의 외교 정책과 국내 정책을 노골적으로 비판했던 그는 공산주의의 침투와 소련의 동아시아 확장에 대해 미국이 더욱 확고한 입장을 취해야 한다고 주장했다. 그의 복음주의 전도 집회와 반공주의 설교는 새로운 국가주의 성격의 종교적 열정을 불러일으켰고 소련에 대한 미국 대중의 인식을 여러 면에서 좌우지했다.

115 Whitfield, *The Culture of the Cold War*, 78.

116 Ibid., 79.

117 Harold Bloom, "The Preacher Billy Graham," *TIME* (6 July 1999), http://www.time.com/time/time100/heroes/profile/graham01.html.

118 James German, "Economy," *Themes in Religion and American Culture*, ed. Philip Goff and Paul Harvey (Chapel Hill, NC: The University of North Carolina Press, 2004): 287.

첫째, 그레이엄의 공산주의에 대한 부정적 인식은 미국의 반공 히스테리를 더욱 강화시켰다. "사탄의 종교"라는 제목의 설교에서 그레이엄은 사탄이 어떻게 공산주의자들을 통해 일하는지를 자신의 관점에서 다음과 같이 설명했다.

> 악마는 그들이 모신 신입니다. 마르크스는 그들의 예언자이며, 레닌은 그들의 성자요, 말렌코프는 대제사장입니다. 그들은 혁명이라는 자기들 종교를 제외하고, 다른 모든 이데올로기들에 대한 신봉을 거부합니다. 악마적인 영감을 받은 이 사람들은 사악한 방법을 동원하여 평화로운 세상을 그들이 믿는 죽음과 파멸의 교리로 바꾸려고 합니다. 너무나 광적이고 무자비한 이 루시퍼의 제자들은 30년 만에 수백만 명의 무고한 사람들을 학살했고, 그들의 교리를 땅 끝까지 전파하고자 총력을 기울이는 가운데 수백만 명을 더 죽이기 위해 준비된 무기들을 갖추고 전투 태세를 취하고 있습니다. 이 사탄의 종교가 지닌 불가사의한 힘은 대단히 강력하여, 어떤 미국 시민들은 배신자가 되어서 셀 수 없는 축복을 내려준 자비로운 조국 땅을 배반하고야 마는 것입니다.[119]

그레이엄이 보기에 공산주의는 사탄의 지배를 받고 있었다. 공산주의가 아시아와 유럽에서 전례 없는 인기를 얻는 것을 보고, 그레이엄은 악마들의 초자연적인 힘이 공산주의자들에게 지혜와 명철함을 주지 않고서는 공산주의가 그토록 빨리 확산될 수 없다고 확신했다.[120] 그레이엄은 공산주의 이념을 새로운 무신론적 종교라고 간주하면서, 악마가 하나님 없는 왕국을 지상에 건설하기 위해 이용하는 도구로 보았다. 그래서 그는 미국의 기독교인들에게 공산주의를 강력히 반대할 것을 독려했다.[121] 이러한 그레이엄의 설교는 트루먼 행정부를 고발했던 조세프 매카시(Joseph McCarthy) 상원 의원의 신뢰성을 높여주었다.

둘째, 그레이엄은 소련과의 화해 시도를 일체 반대하는 설교를 했다. 공산주의는 사탄의 통제를 받는 "적그리스도"였기 때문에, 그레이엄은 공산주의와 기독교 사이의 화해와 평화 공존은 거의 불가능하다고 주장했다. 그는 공산주의가 세계 정복

---

119 David Lockard, *The Unheard. Billy Graham* (Waco, TX: Word Books Publisher, 1971), 128.

120 Whitfield, *The Culture of the Cold War*, 81.

121 Lockard, *The Unheard Billy Graham*, 143-144.

의 정치적 야심을 품고 있으며, 무신론 사상과 혼합되어 있어서 전 세계의 자유를 심각하게 위협한다고 믿었다.[122] 그는 라디오 프로그램에서 관용을 반대하는 설교를 두 차례 했는데, 자유주의자들의 넓은 아량이 냉전 중인 국가의 생존을 위험에 처하게 한다고 주장했다. 1950년대 그의 설교는 한 번도 빠짐없이 공산주의의 악함을 언급했고, 설교 전체를 "기독교 미국과 무신론 러시아 간 목숨을 건 결투"를 묘사하는 데 할애했던 적도 여러 번 있었다.[123]

역사학자 앤드류 라터(Andrew Rotter)가 지적했듯이, 많은 미국인들에게 있어서 소련은 단순한 적이 아니라 적그리스도였고, "우리가 알고 있는 악마"였다.[124] 이러한 관점은 반대자를 다룰 때에 전혀 다른 '영적' 접근법을 제안하기 때문에 매우 중요한 의의를 갖는다. 성경은 기독교인들에게 원수를 사랑하되, "마귀를 대적하라"고,[125] 그리고 "마귀에게 틈을 주지 말라"고[126] 가르친다. 사랑에 대한 가르침은 전후 독일과 일본을 재건하는 명분이 됐다. 그러나 이와 같은 은혜는 "우리가 알고 있는 악마"에까지는 닿을 수는 없는데, 이는 그레이엄의 말대로 공산주의가 사탄의 최신판 종교였기 때문이다.[127] 기독교 사상은 소련에 대한 봉쇄 전략을 기획하고 공산주의 확산을 저지하려는 미국의 시도를 정당화하는 데 도움을 주었다.

그레이엄의 부흥 운동은 또한 종교를 공산주의에 대항하는 정치적 무기로 활용하도록 이끌었다. 그레이엄은 악마에게 사로잡힌 공산주의의 맹공에서 나라를 구할 수 있는 유일한 길은 "수백만 명의 미국인들이 지금 이 시간 예수 그리스도께로 돌아와서 그를 구세주로 받아들이게" 하는 일이라고 주장했다.[128] "이 종교적 부흥은 우리의 역사적 유산을 복원하고, 도덕적 체력과 의식을 고취하고, 우리 조국의 신

---

122 "Whither Bound?" *America's Hour of Decision: Featuring a Life Story of Billy Graham*, 140; Lockard, *The Unheard Billy Graham*, 141.

123 Whitfield, *The Culture of the Cold War*, 79-80.

124 Rotter, "Christian, Muslims, and Hindus: Religion and US-South Asian Relations, 1947-1954," 593-613; Kirby, "Religion and the Cold War — An Introduction," *Religion and the Cold War*, 4-5.

125 야고보서 4:7.

126 에베소서 4:27.

127 Whitfield, *The Culture of the Cold War*, 81.

128 Ibid.

성함을 되살리고, 자유의 방벽을 튼튼하게 할 수 있다"고 빌리 그레이엄은 선언했다.[129] 달리 말하면, 오직 기독교만이 이런 악마의 세력에 저항할 수 있고, 오직 부흥만이 미국이라는 나라를 살릴 수 있었다. 개인적 구원과 국가적 구원은 긴밀히 연결되어 있다는 것이 그레이엄의 신학이었다. 그는 청중에게 이렇게 권고했다. "만일 당신이 참된 애국자가 되고 싶다면 기독교인이 되십시오. 만일 당신이 충성된 미국인이 되고 싶다면, 충성된 기독교인이 되십시오."[130] 당시에는 좋은 기독교인일수록 공산주의자가 될 가능성은 낮아진다는 일반적인 인식이 있었다. 1949년 8월에 실시된 여론조사에 의하면, 응답자의 77%가 좋은 기독교인은 공산당원이 될 수 있다고 생각하지 않았다. 비록 그레이엄은 비기독교인들이 비애국적이라고 말하지는 않았지만, 그의 수사법은 비기독교인들이 공산주의의 거짓말과 속임수에 더 취약하다는 것을 암시했다.

의심할 바 없이 그레이엄의 반공 설교는 1950년대 종교계의 정서가 어떠했는지를 또렷하게 나타내주고 있다. 그러나 문화사학자 로버트 S. 엘우드(Robert S. Ellwood)에 따르면, "1950년대 부흥했던 종교는 대체로 국가주의적이었고, 공화국의 세계적 사명을 위해 일하는 영적 사제로서의 특징을 지녔음"을 더욱 중요하게 봐야 한다.[131] 그레이엄과 그의 설교는 냉전 초기에 형성되던 미국의 새로운 국가주의에 종교적 풍미를 듬뿍 추가했다. 그의 관점에서 볼 때, 미국 시민권자가 되거나 미국 여권을 소지하는 것만으로는 진정한 애국심의 증거가 될 수 없고, 근본주의의 성향을 가진 회심한 기독교인이 되어야만 미합중국에 대한 자신의 애국심을 증명할 수 있었다.

그레이엄이 종교적인 해결책을 주장하기는 했지만, 그는 또한 정부가 공산주의 확산 저지를 위해 확실한 입장을 취해야 한다고 강하게 요구했다. 예를 들어, 1952년 초 미국 국회의사당 앞에서 있었던 그의 역사적인 전도 집회에서 그레이엄은 다시 한 번 냉전을 공산주의와 기독교의 전투라고 분명하게 정의했다. 그는 미국인들

---

129 Billy Graham, "Our Greatest Secret Weapon," *American Magazine*, November 1954, 86-88.

130 Whitfield, *The Culture of the Cold War*, 81.

131 Robert S. Ellwood, *Fifties Spiritual Marketplace* (New Brunswick, NJ: Rutgers University Press, 1997), 18.

에게 "하나님께로 돌아가고, 예수 그리스도께로 돌아가고, 성경으로 돌아가라"고 촉구할 뿐 아니라, 미국은 "어떤 대가를 치르더라도 강력한 군사 방어력을 유지해야 한다"고 설교했다.[132] 역사학자 리 카니피(Lee Canipe)는 "미국인들이 '무신론자'로 알려진 세력과 이념 전쟁을 벌이는 데 있어서 종교적인 믿음은 그 자체로 국가의 안보와 민주주의 수호에 대단한 기여를 했다"고 설명했다.[133]

전체적으로 그레이엄의 설교는 미국의 삶, 미국의 국가주의, 미국의 외교 정책에서 종교가 갖는 가치를 재발견한 것이었다. 경제사학자 제임스 저먼(James German)에 따르면, 서구의 자본주의 세계는 기독교 없이는 제대로 기능할 수 없는 것이었다. 저먼의 설명에 의하면, "많은 미국인들이 생각하기를, 물질적 번영은 정치적 자유와 경제적 개인주의의 자연스러운 산물이며, 이는 본질적으로 인간에 대한 종교적 개념들에 그 뿌리를 두고 있었다."[134] 만일 어떤 자본주의 국가가 무신론적이고, "신이 인정한 도덕에 의해 제지되지 않는다면" 그 국가는 반대파들이 생겨나서 결국 공산주의의 손에 떨어질 것이다. 그리고 공산주의는 시민들의 재산과 권리, 자유를 모두 앗아갈 것이다.[135] 다시 말해, 종교는 미국식 삶의 방식을 지키고 시민들을 통합시키는 결정적인 요소였다.

종교사학자 리 카니피는 종교와 미국 반공주의의 관계를 이렇게 설명한다. "대부분의 미국인들에게 종교와 애국심(당시 반공주의와 사실상 동의어였음)은 동전의 양면과 같아보였다. '적색 공포'가 확산되면서 교회 출석률이 치솟았다. 종교가 갑자기 유행하게 되었다."[136] 통계에 따르면 냉전이 심화되면서 교인 수가 꾸준히 증가했다. 1940년에 교회나 회당에 공식 등록한 인원이 인구의 49%였는데, 1950년에는 57%

---

132 Transcript from "Graham's Historic Meeting On the Steps of the Capitol" (Minneapolis, MN: Billy Graham Evangelical Association, Inc., 1952).

133 Lee Canipe, "Under God and Anti-Communist: How the Pledge of Allegiance Got Religion in Cold War America," *Journal of Church and State* 45 (March 2003): 312.

134 German, "Economy," *Themes in Religion and American Culture*, 287.

135 Ibid.

136 Canipe, "Under God and Anti-Communist: How the Pledge of Allegiance Got Religion in Cold War America," 312.

표 4.2 • 종교 단체 - 교회 회원 수*(1926~1956)

(단위: 명, %)

구분	1926년	1940년	1950년	1955년	1956년
모든 개신교 단체	31,511,701	37,814,606	51,079,578	58,448,567	60,148,980
로마 가톨릭 교회	18,605,003	21,284,455	28,634,878	33,396,647	34,563,851
기타	4,459,642	5,402,533	7,116,034	8,317,315	8,512,123
총 신자 수	54,576,346	64,501,594	86,830,490	100,162,529	103,224,954
총 인구 비율	47	49	57	61	62
지역 교회 평균 인원	235	265	304	328	334

* 신자는 13세 이상부터.

출처: National Council of Churches of Christ in the United States of America; *Yearbook of American Churches*.

표 4.3 • 종교 단체 - 신자 수 및 교회 수*(1947~1953)

(단위: 명, 개)

연도	1947년		1950년		1953년	
종교 단체	신자	교회	신자	교회	신자	교회
로마 가톨릭 교회	25,286,178	14,523	28,635,000	15,533	31,476,261	20,618
동방 정교회	600,000	586	1,650,000	882	2,021,000	1,138
유대교 회중	4,641,000	3,728	5,000,000	3,728	5,000,000	3,990
5만 명 이상 "개신교" 단체	44,571,486	224,479	49,969,000	257,640	54,654,814	249,668
기타 단체	2,287,524	22,267	1,576,000	19,153	1,690,770	18,945
합계	77,386,188	265,583	86,830,000	281,511	94,842,845	294,359

* 신자는 13세 이상부터.

출처: *Yearbook of American Churches*, 1949, 1951, 1954.

까지 늘어났다(표 4.2, 4.3, 4.4 참조).[137]

빌리 그레이엄과 여타 복음 전도자들이 이끄는 종교 부흥 운동은 미국 국내 정치와 외교 사안들에 기독교가 더 큰 영향력을 미칠 수 있도록 길을 열었다. 더 많은

137 Leo P. Ribuffo, "God and Contemporary Politics," *Journal of American History* 80 (March 1993): 1517-1518. 리부포(Ribuffo)는 1950년에 55%라고 했지만, 『미국 교회 연보』(Yearbook of American Churches)는 더 높은 수치를 제시했다.

표 4.4 • 종교 단체 - 성장률(1947~1953)

(단위: %)

연도	1950년		1953년	
종교 단체	신자 수	교회	신자 수	교회
로마 가톨릭 교회	13.20	7.00	9.90	32.70
동방 정교회	175.00	50.50	22.50	29.00
유대교 회중	7.70	0.00	0.00	7.00
5만 명이상 "개신교" 단체	12.10	14.80	9.30	-3.10
기타 단체	-31.30	-14.00	7.30	-1.10
합계	**12.20**	**6.00**	**9.20**	**4.60**

출처: *Yearbook of American Churches*, 1949, 1951, 1954.

미국인들이 기독교에 귀의하면서 해외 선교에 대한 그들의 관심도 높아졌다. 선교사들은 자신들을 지원해 줄 고국의 성도들이 늘어난 것에 기뻐했다.

특히 그레이엄은 아내 루스 그레이엄(Ruth Graham)을 통해 한국 및 중국의 선교와 특별한 인연을 맺게 되었다. 루스는 중국 장쑤성 북부에서 선교사로 활동한 넬슨 벨 박사와 버지니아 벨 부부의 딸이었다. 루스가 장쑤성에서 중학교 과정을 마쳤을 때, 벨 부부는 루스를 평양 외국인 학교에 등록시키기로 했는데, 그곳은 학업 과정이 엄격하고 성경을 하나님의 권위 있는 말씀으로 인정하는 학교였다.[138] 1932년 가족과 떠난 루스는 '한국 기독교의 수도'인 평양에서 2년간 살면서 다른 선교사 자녀들과 친구가 되었다. 그들 중 몇몇은 한국 선교사 자녀들로서 제2차 세계 대전 후 한국에 다시 돌아왔고, 6·25전쟁 때는 미국과 남한의 군인들과 함께 전쟁에 나가 싸웠다.

루스와 결혼한 뒤 그레이엄은 선교 사역을 적극적으로 후원하게 되었다. 그의 가족은 중국과 한국에서 돌아온 선교사들과 긴밀한 관계를 유지했다. 그리하여 그레이엄은 중국과 한국에서 공산주의자들이 정권을 잡은 뒤 기독교인들을 어떻게 대하는지 잘 알고 있었다. 이 때문에 그는 전 세계를 지배하려는 사탄의 계획에 대한

138 Cornwell, *A Time for Remembering*, 28.

자신의 확신을 더욱 확고히 하게 되었다. 그가 비록 민주당원으로 등록하기는 했어도, 그레이엄은 장제스를 열렬히 지지하고 미국 정부가 타이완과 남한이 함락되지 않도록 막아야 한다고 강력히 주장했다.

— 가톨릭교회의 반공산주의 정서

종교계 지도자들 중에 반공주의가 팽배했던 것은 비단 미국 개신교에만 국한된 현상이 아니었다. 미국 가톨릭교도들은 훨씬 더 노골적으로 공산주의의 확산을 반대하고 나섰다. 그들의 이러한 입장은 가톨릭 신학상의 이유와 더불어 동유럽 가톨릭교회의 손실 경험 때문에 나타난 결과였다. 교황 비오 11세(Pius XI)는 다음과 같이 경고했다. "공산주의가 인간의 자유를 빼앗고, 인간의 모든 존엄성을 강탈한다. … 집단 내에서 개인의 어떤 권리도 인정하지 않으며, 인간 인격에 부여된 어떤 자연권도 부인한다. 인간은 공산주의 체제에서 단순한 톱니바퀴에 불과할 뿐이다."[139] 공산주의와 대척점에 선 가톨릭교회는 인간 자유의 수호자로 나섰는데, "가톨릭의 가르침에서 모든 인간의 자유와 모든 개인의 권리는 초월적인 질서에 근거하기" 때문이었다.[140] 그리하여 가톨릭과 공산주의 간 갈등은 불가피했다.

이러한 주장들은, 역사학자 로버트 L. 프랭크(Robert L. Frank)가 관찰한 바와 같이, "냉전을 언급할 때 가톨릭이 주로 사용하는 수사법"이 되었다.[141] 공산주의의 침투와 음모에 대한 두려움으로 인해 많은 명목상의 가톨릭 신자들이 가톨릭교회로 돌아갔고, 가톨릭 공동체 안에 종교 생활이 다시 강조되었다. 가톨릭 신자들은 일반적으로 자본주의를 싫어했지만 그들은 미국의 민주적인 가치들과 삶의 방식을 맹렬하게 옹호하는 사람들로 변화했다. 그들이 미국의 자본주의 체제를 신봉하게 된 것은 미국 문화에서 애국주의와 종교적 믿음이 융합되기 시작했음을 뜻하는 것이었다.

조지타운대학 국제학부(School of Foreign Service) 설립자인 에드먼드 A. 월시

139 Robert L. Frank, "Prelude to Cold War: American Catholics and Communism," *Journal of Church and State* 34 (Winter 1992): 47.

140 Ibid.

141 Ibid.

(Edmund A. Walsh) 신부는 미국 가톨릭에서 반공주의를 대표하는 인물이었다. 냉전 기간 동안 월시는 줄곧 소련을 나치 독일의 역할을 대체하는 "새로운 유럽의 패권국"으로 간주했다.[142] 1951년 베스트셀러가 된 그의 저서 『절대 제국』(*Total Empire*)은 냉전 초기 소련의 팽창을 지정학적 관점에서 분석한 책으로서,[143] 월시는 한국의 사례를 근거로 미국 정부가 군사력을 증강하는 데 확실한 입장을 취해야 한다고 강력하게 촉구했다. 그래야만 침략자가 "또 다른 참혹한 충돌을 일으킬 것을 두세 번 신중하게 생각"한다는 것이다.[144]

지정학적인 견해를 제시한 것 외에도 월시는 외교 정책 논의에 종교적인 요소를 주입시켰다. 미국 지도자들이 이념이나 실제적인 정치 목표가 소련의 팽창주의를 자극했는지 여부를 밝히고자 했을 때,[145] 그는 미국 정책 입안자들이 "한편은 영혼과 이상향, 다른 편은 무장한 유물론"이 서로 충돌한 상황을 직면하고 있다고 지적했다.[146] 월시는 서구에서 세속주의가 강성해진 것이 공산주의의 성장에 기여했다고 주장하면서, 그러므로 미국이 감행해야 될 진정한 도전은 미국의 유산에서 힘을 얻는 것과 "서구를 안정시킨 닻"이 되어준 "기독교 국가들에 맡겨진 영적 신앙"을 붙드는 것이라고 조언했다.[147]

월시는 외교 정책에 대한 조지 캐넌(George Kennan)의 현실주의적 접근법에 반대했다. 그는 미국이 외교 문제를 다룰 때는 도덕법을 철저히 지키는 일이 필수적이라고 주장했다.[148] 그런데 아이러니하게도 도덕법을 어떻게 정의할 것인가는 큰 문제였다. 사실 도덕법을 적용하는 문제는 도덕성 그 자체와는 거의 관련이 없었다. 실례로 캐넌은 현실주의자였지만 그는 도덕적인 이유로 핵폭탄 생산에 반대했는데, 핵

---

142 Patrick McNamara, *A Catholic Cold War: Edmund A. Walsh, S.J., and the Politics of American Anticommunism* (New York: Fordham University Press, 2005), 137.

143 Ibid., 135.

144 Ibid., 155.

145 Ibid., 135.

146 Edmund S. Walsh, 'The Spiritual Aspect of Foreign Policy," *Catholic Mind* 50 (June 1952): 641.

147 Ibid., 642.

148 McNamara, *A Catholic Cold War: Edmund A. Walsh, S.J., and the Politics of American Anticommunism*, 161.

폭탄을 대량학살과 자살의 도구로 생각했기 때문이다.[149] 반면 월시는 핵폭탄 생산을 지지했을 뿐 아니라 "선제공격"의 원칙을 고수했는데, 러시아 민간인들의 죽음은 "의도치 않았으나 유감스러운 결과"라고 믿었기 때문이었다.[150] 월시와 캐넌의 가장 큰 차이점은 월시가 외교 정책 결정 시 종교적인 견해를 포함시키려 했다면, 캐넌은 종교와 이데올로기의 어떤 개입도 철저히 반대했다는 데 있었다. 비록 외교 정책에 대한 월시의 의견들이 전체 가톨릭교회의 입장을 대표한 것은 아닐지라도, 그는 분명 미국 내 그의 동료 예수회 지식인들과 성직자들 다수를 대변하고 있었다.

현실주의자들은 외교 정책을 수립할 때 이데올로기의 영향을 최소화하기를 원했지만 1940년대와 1950년대에는 종교의 힘이 결코 무시할 수 없을 만큼 너무 강력했다. 종교는 미국 정치에 뚜렷한 흔적을 남겼다. 개신교의 근본주의자들과 복음전도자들에 합류한 가톨릭 신자들은 특히 효과적인 종교적 수사법과 주요 도시들에 긴밀히 연결된 정치 기구들을 통해서 정치적 주변부에서 중심지로 점차 이동했다. 〔이 과정은 결국 가톨릭 신자인 존 F. 케네디(John F. Kennedy)의 대통령 당선으로 완성되었다.〕 이들은 매카시즘이 휩쓸었던 10년 동안 많은 보수 정치인들을 지원하는 주동 세력이 되었다. 매카시즘은 가톨릭 신자였던 조세프 매카시 상원의원이 공직 분야에 있는 공산주의자를 근절하기 위해 시작한 활동으로서, 나중에는 연예 산업을 비롯한 미국 생활의 여러 분야들로 확대되었다. 그러나 병적인 과잉 대응이 문제시되면서 매카시즘은 현대판 마녀사냥쯤으로 전락하고 말았다. 저명한 동아시아 전문가들인 존 카터 빈센트(John Carter Vincent), 존 패이튼 데이비스(John Paton Davies), 존 스튜어트 서비스(John Stewart Service)와 같은 미 국무부 관리들도 매카시즘의 희생자가 되었다.

---

149 Isaacson and Thomas, *The Wise Men: Six Friends and the World they Made*, 488.

150 McNamara, *A Catholic Cold War: Edmund A. Walsh, S.J., and the Politics of American Anticommunism*, 152-153.

남한에 대한 미국의 정책

냉전이 심화되면서 한반도의 분단에 대한 미국인들의 우려도 커졌다. 1946년 8월 31일자 『새러데이 이브닝 포스트』(*Saturday Evening Post*)에는 헤롤드 노블(Harold Noble) 박사의 "우리의 가장 위험한 분계선"이란 제목의 특집 기사가 실렸다. 노블은 일제 강점기 평양에서 활동한 미국 선교사의 아들이자, 1946년 서울 주재 외신기자로 활동한 인물이었다. 이 기사에서 노블은 북한과 남한을 가르는 38선을 미국과 소련 사이의 가장 위험한 선으로 규정했다.[151] 그는 한반도를 점령한 두 강대국의 의도에 대해서는 동일하게 의심하면서도, 북한에 대한 소련의 통제는 비난했고 남한에 대한 미국의 호의는 높이 평가했다. 38선을 두고 흐르는 긴장감을 분석한 노블은 심지어 한국에 전쟁이 일어날 것까지 예측했다. 미국의 입장에서 볼 때 한국은 미·소의 이념적·정치적 경쟁이 격화될 수 있는 잠재적 분쟁 지역이었다.

— 한국에 대한 미국의 모호한 태도

악화되고 있는 한국의 상황에 대해 미국이 무엇을 해야 하는가? 당시 미국 정부가 운영하던 공산주의 반대 선전 프로그램인 진실의 캠페인은 남한을 "결정적인 변방 지역"의 일부로 인정하고 있었다.[152] 미국 선전 전문가들에게 한반도는 반공 및 친미 선전을 확산시키고, 잘하면 공산 세력을 후퇴시킬 수 있는 요충지로 간주되었다. 1947년부터 1949년까지 한국 문제에 대한 올바른 대처 방안을 모색하면서 미 국무부와 국방부 간에 내분이 있었다. 국무부의 존 카터 빈센트는 한국이 냉전의 상징이 되었다고 판단했다. 만일 미군이 남한에서 철수한다면 일본은 자국의 안보를 지켜주겠다는 미국의 약속을 의심할 수 있고, 그러면 자국 보호를 위해 소련과 협정을 맺으려 할 수도 있었다. 빈센트는 비슷한 맥락에서 미국의 계속적인 지원이 공산주의자들과 대결하고 있는 장제스에게 도움이 될 것이라고 주장했다. 당시 장제스

151 Fousek, *To Lead the Free World: American Nationalism and the Cultural Roots of the Cold War*, 117-118.

152 Hixson, *Parting the Curtain: Propaganda, Culture, and the Cold War 1945-1961*, 14-15.

의 난징 국민당 정부는 만주를 비롯한 중국의 여러 지역들을 점령한 공산당에 맞서서 고전하고 있었다.[153] 한국 문제에 주도적으로 나설 필요성을 인식한 미 국무부는 1947년 초 5명의 위원으로 구성된 부처 간 특별 한국 위원회를 만들었다. 위원회는 중요한 심리적 이유 때문에 미국 정부가 한국에 머물러야 한다고 제안했는데, "(미국이) 한국에서 사업을 계속하면서 남한에 실질적으로 전복을 견딜 만큼 생존 가능한 경제를 구축하려 한다는 것을 공산주의자들과 한국인들에게 보여주기 위해서"였다.[154]

한국 상황에 우려를 표하는 경고의 목소리도 있었다. 미시간 출신 공화당원이자 상원 외교위원회 위원장인 아서 밴덴버그(Arthur Vandenberg) 의원은 한국이 전략적으로 방어하기 어려운 상황이기는 하나, 미국은 한국에 피할 수 없는 의무가 있다고 주장했다.[155] 그는 트루먼 독트린의 원칙, 그리고 마셜 플랜의 프로그램들과 유사한 경제 정책들이 남한에도 확대 적용되어야 한다고 믿었다.[156] 이렇듯 공산주의 팽창으로부터 한국을 지켜내야 한다는 강한 정치적 의견과 한국을 동아시아 민주주의의 상징으로 만들려는 결의가 미국에 있었는데, 어째서 트루먼 행정부는 한국에 대한 명확한 약속을 하지 않고 대한민국의 방위를 철저히 하지 않았던 것일까?

미국 입장이 모호했던 데에는 기본적으로 두 가지 이유가 있었다. 첫째로 미국 정부가 남한의 이승만 대통령을 신뢰하지 않았기 때문이다. 미국 점령 기간 동안 이승만은 한국에서의 미군정 정책들에 노골적으로 반대했었다. 비록 그의 행정부는 매우 친미적이었지만, 이승만은 미국의 패권에 굴복할 마음이 없었다. 그 대신 이승만은 기어코 한반도를 통일하려는 자신의 계획을 지원해줄 것과 공산주의 지배로부터 한국을 계속 보호해줄 것을 미국에게 바랐다. 만일 미국이 그 당시 이승만과 군사 동맹을 맺었었다면, 많은 미국의 정책 입안자들은 이승만의 예측 불가능한 행동 때문에 미국이 소련과의 전쟁에 휘말리게 될 것을 걱정해야 했을 것이다.

---

153 Charles M. Dobbs, *The Unwanted Symbol: American Foreign Policy, the Cold War, and Korea, 1945-1950* (Kent, OH: Kent State University Press, 1981), 92.

154 Ibid., 92-93.

155 Ibid., 95-96.

156 Ibid.

사실 미 대통령과 미군은 러시아인들이 북한군에 강력한 무기들을 공급했음을 잘 알고 있었다. 그러나 이승만을 신뢰하지 못했던 트루먼 행정부는 남한과 영구적인 군사 협약을 맺기를 회피했다.[157] 미국은 심지어 탱크나 중포를 공급하지 않음으로써 남한군을 의도적으로 약하게 만들어서 이승만이 자체 병력만으로는 북진을 시도할 수 없게 했다.

이승만 정부에 대한 미 행정부의 불신과는 별도로, 미국이 모호한 정책을 펼친 또 다른 이유는 미군이 일본과 필리핀에 비해 남한의 전략적 중요성을 낮게 평가했던 데 있었다. 1948년 국방 예산이 대폭 삭감되자 미 국방부는 최대한 빨리 한국에서 철수하고 싶어했다. 국무부의 고집이 아니었다면 주한 미군은 1948년 8월 대한민국이 수립되자마자 한국을 떠났을 것이다. 미국의 아시아 전문가들 대다수는 중국과 일본에 더 많은 관심을 기울였다. 이들은 당시 진행 중이었던 중국 내전이 장차 어떻게 끝날지, 그리고 일본과의 평화 조약이 어떻게 결론지어질지에 다른 동아시아 국가들의 운명이 걸려있다고 보았다. 그 결과 미국은 중국, 일본, 필리핀에 큰 관심을 갖고서 많은 자원들을 소비했고, 이 국가들에 비해 한국의 중요도는 무척 소홀하게 다루었다.

— 한국에 대한 미국 교회들의 분명한 입장

미군이 한국에서 철수를 시도할 무렵, 미국 선교사들은 정반대로 한국에 가기를 열망했다. 미국의 모든 민간단체들 중에서 교회는 한국과 가장 강한 유대관계를 지녔고, 한국을 가장 잘 알고, 한국에 대한 관심이 제일 컸다. 교회가 미국 여론에 미치는 영향력은 미국의 국내외 정책을 분석하는 데 매우 중요한 요소가 되어왔다. 『냉전 오리엔탈리즘』(*Cold War Orientalism*)의 저자인 문화사학자 크리스티나 클라인(Christina Klein)은 냉전 시기 아시아에 대한 미국의 관심이 증가한 현상을 연구했고, 기독교 그리고 아시아에서 미국의 이미지, 이 두 요소의 연관성을 입증해냈다. 클라

157 Robert T. Oliver, *Syngman Rhee And American Involvement in Korea, 1942-1960* (Seoul: Panmun Book Company, 1978), 271-277.

인의 설명에 따르면, "개신교 선교 운동은 미국 중심의 국제주의를 장려했는데, 이는 미국의 가치들과 기관들을 알리고 미국의 노선에 따라 다른 나라들을 변화시키는 것을 기초로 했다. 처음에는 종교적인 개종을 통해, 나중에는 학교, 대학, 병원을 건설함으로써 이루어졌다."[158] 클라인은 "선교 운동은 교회 회중들과 정착지들을 연결하는 네트워크를 활용하여 세계적인 규모의 기관 인프라를 구축했다. 이것은 수백만의 미국인들, 특히 고립된 중서부 지역과 시골 마을 사람들까지도 자신들이 국제적인 일에 참여하고 있음을 알게 해주었다"고 지적했다.[159] 다시 말해, 종교적 신앙이 미국의 기독교인들과 아시아의 개종자들 간의 공통된 연대를 형성하는 데 결정적인 연결고리가 되었다. 클라인은 "이 기관들 덕분에 미국인들은 자신들이 아시아 및 아프리카 사람들에게 결속되어 있음을 느낄 수 있었다. 비록 그들을 갈라놓는 무수히 많은 차이점들이 존재하지만, 그들은 종교와 돈, 감정적 투자라는 끈을 통해 서로 연결된 것"이라고 주장했다.[160]

클라인의 연구는 환태평양 지역에 대한 미국의 관심이 지속되는 데 선교 운동이 중요한 역할을 했음을 보여주었다. 몇몇 국가들에서 미국 외교 기관이 점령 업무를 준비하지 못했을 때, 기독교 기관들과 대표자들이 그 필요를 채우기도 했다. 해방 이후 한국의 경우는 선교사들이 병원 및 고아원 운영과 같은 인도적 봉사활동과 구호물자 공급에 매우 적극적이었다. 이는 미국 교회가 한국에서의 선교 사역을 적극적으로 지원하고 있었다는 증거이기도 하다.

종교 네트워크를 통해 한국과 한국 교회들의 상황에 대한 소식이 미국 해안에서 해안으로, 북에서 남으로 퍼져나갔다. 심지어 제일 외딴 중서부 지역과 시골 동네의 교회 신자들까지도 종교 잡지들과 소책자, 돌림 서한 등을 통해 정보를 얻어서 어떤 식으로든 먼 나라 한국과 연결되었다. 언어 능력과 문화적 이해력을 갖춘 선교사들은 책, 소식지, 사진을 통해 영향력 있는 지식 생산자로 활동했다. 미국 교회가 배포한 글과 자료들 덕분에 미국 기독교인들은 한국에 더욱 관심을 가졌다. 미국 정

---

158 Christina Klein, *Cold War Orientalism: Asia in the Middlebrow Imagination, 1945-1961* (Berkeley, CA: University of California Press, 2003), 30.

159 Ibid.

160 Ibid.

부가 군사적인 측면에서 남한을 골칫거리로 여길 때, 미국 기독교 단체들은 한국의 미래를 도리어 긍정적인 시각으로 바라보았다.

미국 교회는 한국에 더 많은 선교사를 다시 파송하고자 했다. 그들의 엄청난 노력 끝에 주한 미국 선교사의 수는 1945년 12명에서 1949년 말 200명 이상으로 늘어났다. 유명한 성직자들 또한 한국에 방문하여 한국 교회들의 실정에 관한 뉴스와 보도를 미국에 전했다. 1946년 초 서울을 방문한 감리교 아서 J. 무어 감독은 미국 감리교회가 새로운 한국의 독립과 재건을 위해 헌신할 뜻을 여러 한국 교회들에게 재확인해주었다.[161] 소책자 형태로 발간된 그의 여행 보고서에서 무어 감독은 "만일 한국이 독립하지 않으면 동아시아와 세계 평화는 보장될 수 없다"는 장제스의 말을 인용했다.[162]

한국의 미래를 위해 미국이 헌신해야 한다고 강조한 것은 무어 감독뿐만이 아니었다. 1947년 1월 북미해외선교대회(Foreign Mission Conference)에서 채택된 결의안에 따르면, 미국과 캐나다의 개신교 지도자들은 "한국과 북미는 양국 기독교인들의 관계를 통해 오랜 시간 지속되어온 긴밀한 유대"가 있음을 인정했다.[163] 그리하여 북미해외선교대회는 지지자들에게 "우리의 한국 형제들은 오랫동안 기다려온 자유의 약속이 실현되기를 요구하고 있는데, 그들의 이 위대한 뜻에 지적이고 적극적인 관심"을 가져달라고 호소했다.[164] 결의안은 심지어 "한국 상황에 있어서 미국의 정책이 갖는 중요성"을 인정했고, "1905년 이래로 이와 관련하여 우리나라가 저지른 실수들을 부분적으로라도 시정할 것"을 미국에 호소했다.[165] 분명히 미국 개신교 교회들은 불확실성이 고조되는 당시 상황에서 한국을 두 번 실망시키지 말아야 한다는 데 동의했었다.

---

161 Arthur J. Moore, *The Church Cradled in Conflict: A Report of an Episcopal Visit to Korea in 1946* (New York: The Methodist Church, 1946), 3.

162 Ibid.

163 결의안은 다음의 자료에서 보도되었다. *The Voice of Korea* 6, 15 February 1947, 1. 이 잡지는 다음의 위치에서 발견되었다. Vertical File: Truman Subject File - Religion in the Truman Presidential Library.

164 Ibid.

165 Ibid.

종교 단체들은 자신들의 대의를 더욱 널리 알리기 위해 한국 정부에 기꺼이 홍보 수단을 제공했다. 로버트 T. 올리버(Robert T. Oliver) 박사는 1942년부터 1959년까지 이승만의 홍보 자문으로 있으면서 대다수의 개신교 단체들로부터 환영을 받았다. 그의 논문들이 종교 학회지에 게재되었고, 그는 교회 신자들을 대상으로 한 강연과 세미나에 연사로 초청되기도 했다. 올리버는 한국을 독립과 종교의 자유를 위해 투쟁하는 국가로서 노련하게 소개했다. 이러한 기회를 얻은 또 다른 기독교 인물로 이화여대 총장인 김활란(미국명 Helen Kim) 박사를 들 수 있다. 그녀는 미국 교계에 널리 알려진 인사로서, 미국 감리교 선교사인 매리언 래인 컨로우(Marion Lane Conrow)는 "많은 〔미국〕 사람들에게 한국은 헬렌 킴이고, 헬렌 킴은 한국이다. 한국이 이렇게 대표되는 것은 정말 행운이다!"[166]라고 그녀를 칭찬했다. 김활란 박사는 미국에서 매우 인기 있고 유명해서 "루스벨트 여사를 비롯한 여성 위인들과 함께 〔1949년〕 10월 15일 스미스대학교의 명예 학위를 받도록 초청"을 받기까지 했다.[167] 사실 미국 대중이 한국과 접촉한 것은 대부분 이러한 한국 기독교인들과 교회의 로비 활동을 통해서였다. 대부분의 한국 개신교회들은 미국 선교사들의 결실이었기 때문에 이승만의 지지자들은 미국 교회가 한국의 종교 자유 수호에 책임이 있음을 계속해서 상기시키고 강연했다.

남한에 새로운 공화국이 수립됐음에도 불구하고 한국의 정치적·경제적 상황이 개선될 기미가 보이지 않자, 선교사들은 고향 교회들에 긍정적인 보고를 계속 보냈다. 1948년 S. 드와이트(S. Dwight) 목사가 작성한 한 보고서에 따르면, 장로교 선교사들은 미국 교회들에게 더 많은 사역자들을 현장으로 보내달라고 촉구했을 뿐만 아니라 "새로운 한국"을 "동양의 국제 정치 무대에서 중심을 차지한" 나라로 묘사했다.[168] 1949년 남한의 정치적 발전을 지켜보았던 선교사들은 "새 정부의 관료가 된

---

166 Marion Lane Conrow, "Helen K. Kim, Ph.D. President of Ewha College," File Name: Conrow, Marion L. (1940-1949), Missionary Vol. 3, United Methodist Church Archives - GCAH, Madison, New Jersey.

167 Alice R. Appenzeller, "Letter IV from Seoul dated Nov. 12, 1949," File Name: Appenzeller, Alice R (1929-1949), Missionary Vol. 3, United Methodist Church Archives - GCAH, Madison, New Jersey.

168 Rev. S. Dwight, "Korea Mission," *Annual Report of the Executive Committee of Foreign Missions,*

많은 기독교인들이 두각을 나타내고" 교회들에는 동정심 많은 청중들이 가득 모인 것에 기뻐했다.[169] 선교사들은 미래를 낙관하면서 미국 교회가 더 많은 선교사를 파송해주기 원했다. 그렇지 않으면 그들은 "우상숭배나 공산주의 또는 유물론과의 전투에서 패배"하게 될 것이었다.[170]

1950년 4월호 『월드 아웃룩』(*World Outlook*)에 "한국은 어디로?"라는 제목의 토번 T. 브럼바(Thoburn T. Brumbaugh) 박사의 글이 실렸다. 브럼바 박사는 한국, 일본, 오키나와, 필리핀 선교를 감독하는 감리교 해외선교부 부총무였다. 이 글에서 브럼바는 한반도가 "공산주의와 기독교 민주주의 간의 쟁점이 극동 어느 곳보다 더욱 명확하게 규정된" 곳이라고 단언했다.[171] 미국 감리교회는 한국의 이데올로기 전쟁을 "민주주의 발전에 대한 소련의 개념과 기독교 개념 간의" 투쟁이라고 보았다.[172] 브럼바는 기독교가 남한 내 정치 투쟁의 "중대한 요인"일 것이라고 주장했다. 그는 감리교가 미국 최대 개신교 교단이므로, "감리교도들이 한국에서의 기독교 선교를 어떻게 바라보고 어떤 행동을 취할지"에 따라 한국이 공산주의로 갈지 기독교로 갈지가 결정된다고 독자들에게 전했다.[173]

감리교 선교사인 윌리엄 E. 쇼(William E. Shaw) 목사가 집필하고 미국 감리교회에서 발행한 소책자인 『갈림길에 선 한국』(*Korea at the Crossroads*)에 따르면, (한국에서) "만일 기독교적 가치인 민주주의가 승리한다면, 미국을 비롯한 모든 민주주의 국가들은 세계에서 가장 전략적인 지역에서 우방국을 얻게 될 것이며, 민주주의는 아시아의 심장부에 중요한 발판을 마련할 것이다."[174] 남한의 운명은 미국의 정책 및 "미

Presbyterian Church in the U.S. 1948 (Nashville, TN: Executive Committee of Foreign Missions, 1948), 78-79.

169 Rev. Joe B. Hopper, "Korea Mission," *Annual Report of the Executive Committee of Foreign Missions*, Presbyterian Church in the U.S. 1949 (Nashville, TN: Executive Committee of Foreign Missions, 1949), 86.

170 Ibid.

171 Thoburn T. Brumbaugh, "Which Way Korea?" *World Outlook*, April 1950,798.

172 Ibid., 798.

173 Ibid., 800.

174 William E. Shaw, *Korea At the Crossroads* (New York: The Methodist Church Editorial Department, 1950), 5.

국 기독교 세력"에 결속되어 있었다.[175] 쇼 목사는 "기독교는 이미 한국에서 가장 강력한 종교적 영향력을 지녔다"는 긍정적인 주장을 펼쳤는데, 이는 "일본의 신도가 신망을 잃어버렸고," (기독교 외에) "치열한 경쟁을 벌일 만큼 조직이 탄탄하며 대단한 종교가 없기" 때문이었다.[176] 그는 한국을 위해서 "무신론적 공산주의가 성공하지 못하도록" 그리고 "그리스도와 기독교 민주주의가 승리하도록" 기도하는 일에 미국 기독교인들을 결집시켰다.[177] 쇼의 이러한 발언은 그만한 근거가 있었다. 확실히 한국 사회에서 유교와 불교의 문화적·사회적 영향력은 여전히 강했지만, 전국적인 정치적 영향력에 있어서는 기독교가 주도권을 잡았는데, 이는 전통 종교들보다 상대적으로 적은 신도 수에도 불구하고 조직력과 지도력의 질적 수준이 높았기 때문이었다. 한국 사람들은 감화와 조언을 받기 위해 교육 수준이 높은 기독교 지도자들을 찾았다. 기독교 평신도들이 이끄는 정치 집단들은 한국에서 공산주의의 영향력에 효과적으로 도전할 수 있는 주요 세력이었다.

— "중국을 잃다"

1949년 10월 중화인민공화국의 수립은 아시아에서 미국의 전략을 근본적으로 바꾸어 놓았다. 중국 내전의 결과는 제2차 세계 대전 이후 중국의 정치적·경제적·종교적 발전을 몹시 바라왔던 많은 미국인들에게 좌절감을 안겨주었다. 중국 본토에서 공산당의 승리가 불가피해지자 미국 정부는 동아시아에서 가장 소중한 동맹국을 곧 잃게 될 것임을 인식했다. 그리하여 1949년 미국은 아시아에서 공산주의의 확산을 저지할 전략을 찾기 위해 필사적으로 나섰다.

미국의 여러 이익 단체들은 병들어버린 장제스 정권을 돕기 위해 더 많은 조치들이 취해지길 바랐다. 우선, 종교계는 중국을 잃을지도 모른다는 사실을 처참하게 여겼다. 그동안 교회들이 투자해온 선교사와 재정의 규모가 엄청났기 때문이었다.

---

175 Ibid., 6.

176 Ibid., 6.

177 Ibid., 6-7.

다른 한편으로 사업가들 또한 중국 시장을 잃는 것을 용납하기 어려웠다. 그리고 장제스가 로비 활동을 위해 미국에 보낸 중국 민족주의자들도 내전 결과에 개인적인 이해관계가 달려있었다. 미국에서 활동하는 이 중국 로비스트들은 몇몇 미국의 재계, 언론 및 여러 이익 집단과 함께 영향력 있는 "차이나로비"(China Lobby) 세력을 구축하고, 미국 의회 내 유력한 친중국 의원단과 제휴했다. 그들은 트루먼 행정부를 강력하게 비난하면서 타이완 장제스 총통에게 더 많은 재정적·군사적 지원을 하라며 압박을 가했다. 이들은 국민당의 민족주의자들을 지키는 것뿐만 아니라 가능하다면 중국 내 공산당 세력을 몰아내는 것까지 바랐다.

차이나로비의 어마어마한 정치적 압력에도 불구하고 트루먼 행정부는 중국 민족주의자들에 대한 계속적인 원조를 거부했다. 1949년 8월 미 국무부는 행정부의 입장을 정당화하기 위해 『중국 백서』(*The China White Paper*)로 알려진 1,000쪽 분량의 문서를 발표했다. 이 시점부터 트루먼은 봉쇄 전략에 따라 일본, 남한, 필리핀 등의 아시아 주변국들에게 힘을 실어주는 새로운 접근법을 취했다. 일본이 여전히 미군 점령하에 있던 상황에서 미국은 동아시아 내 자국의 전략적 입지를 지키기 위해 전쟁으로 피폐해진 일본 경제를 복구하는 신속하고 통합적인 재건 프로그램을 필요로 했다. 이를 위해 트루먼은 미국 대표단을 이끌고 일본과 평화 조약을 협상할 인물로 존 포스터 덜레스를 선택하는 현명한 결정을 했다. 공화당원이자 양당파적인 인물이었던 덜레스는 연방교회협의회(FCCC) 활동을 통해 종교계로부터 폭넓은 지지를 얻어왔다.

그런데 이와는 대조적으로, 이제 새로 생겨났고 내부적으로 불안정하며 잠재적으로도 골칫거리인 남한의 공화국을 어떻게 다룰지를 놓고 트루먼 내각 안에서 의견이 첨예하게 갈렸다. 군은 전면 철수를 원했으나 외교관들은 남한 내 미국의 영향력을 남겨두고 싶어했다. 이들은 도미노 효과로 인해 아시아에서 더 큰 손실이 날 것을 막고자 했다. 더욱 중요한 점은 경제학자들이 남한을 안정적인 민주적 자본주의 국가로 만드는 것이 일본 회복에 결정적 영향을 미칠 것이라고 주장했던 것이다.

— 한국 원조 법안

1949년 중엽, 트루먼 대통령은 단순히 기본적인 구호물자를 공급하는 것 대신 한국의 경제 회복을 지원할 것을 마음에 정했다. 그래서 그는 한국 원조 법안을 의회에 제출하기로 결정했다. 1949년 6월 7일 의회 연설 중 트루먼은 공산주의와의 전쟁에서 한국이 아시아 세계를 위한 미국의 이상과 원칙을 이행하는 중요한 본보기가 될 것임을 설명했다. 그는 한국의 궁극적인 생존이 "북아시아 사람들에게 등대"가 되어 줄 것이라고 선언했다.[178] 트루먼은 한국인들에게 자유를 향한 맹렬한 열정이 있음을 외쳤고, 일제강점기에 미국의 선교사들이 한국의 자유를 위한 투쟁에 어떠한 기여를 했었는지 의회의 청중에게 상기시켰다. 그는 또한 자신의 경제 원조 법안에 대한 지지를 얻기 위해서 장기간 형성되어온 종교적 관계를 통해 미국인들이 한국에 대해 가졌던 "동정심"에 호소했다.[179]

트루먼은 한국에 대한 경제 지원을 중단할 의사가 없었다. 미 행정부는 한국 경제 부양을 위한 종합 프로그램에 1억 5천만 달러를 투입할 것을 요청했다.[180] 트루먼 대통령은 한국 국민들의 발전을 미국의 동아시아 외교 정책의 목표와 동일시하기까지 했다. 미 의회에서 이 법안을 두고 공방을 벌일 때, 한국에 대한 경제 원조를 지지하는 측에서는 트루먼과 같은 맥락에서 주장을 펼치면서 미국이 한국 국민들에 대해 "도덕적 의무"와 "책임"이 있다고 선언했고, 한국은 아시아 대륙을 속박에서 막아줄 "최후의 거점" 또는 "발판"으로서의 가치를 지녔다고 강조했다.[181]

이러한 행보에도 불구하고 미국 정부는 사실 한국의 안보를 위해 완전히 전념할 준비가 되지 않았다. 1950년 1월 12일 애치슨 국무장관의 내셔널프레스클럽(National Press Club) 연설에 따르면 미국 정부는 일본과 필리핀 방어를 충실히 해낼 준비가 되어 있었다. 그러나 한국의 경우 애치슨은 미국에게 이해관계와 책임이 있

---

178 Message from U.S. President Truman to the Congress of the United States, Regarding Economic Assistance to the Republic of Korea, 7 June 1949, *Documents on Korean-American Relations 1943-1976*, ed. Se-jin Kim (Seoul: Research Center for Peace and Unification, 1976), 75.

179 Ibid., 73.

180 Jongsuk Chay, *Unequal Partners In Peace and War: The Republic of Korea and the United States, 1948-1953* (Westport, CT: Praeger Publishers, 2002), 140.

181 Ibid., 141-142.

음을 인정하면서도 능란하게 한국의 안보를 유엔의 책임하에 두었다.[182] 애치슨의 발언은 많은 사람들에게 트루먼 행정부가 한국을 포기했다는 잘못된 인상을 주었지만, 그는 연설 말미에 미 정부가 경제 원조를 제공함으로써 남한을 계속 지원할 의사가 있으며, "중도에 멈추고 모든 것을 폐기하는" 것은 "가장 유별난 패배주의적 행동이요 전적으로 미친 짓"이 될 것이라고 명확하게 밝혔다.[183]

— 미국의 지원을 호소하는 남한

한편, 한국의 행정부는 독단적으로 나라를 통일하려는 이승만의 과격한 정치 목표 때문에 미국 정부가 그를 신뢰하지 않음을 잘 알고 있었다. 그래서 한국은 미국의 지지를 얻기 위해 미국의 일반적인 여론에 영향을 주어야만 했다. 그러나 한국은 중국과 달리 미국에게 직접적인 경제적 이익이 될 만한 요소가 거의 없었다. 그저 일본의 경제 회복과 관련해서 어느 정도 도움이 될 뿐이었다. 한국의 전략적 입지는 일본만큼 중요하지 않았다. 그러므로 한국인들은 오직 미국의 도덕적 의무에만 호소할 수 있었다. 그러나 이러한 의무감은 그 자체로 미국 국민에게 부담이 될 수 있었으므로, 효과적인 선전 도구가 될 수 없었다.

그리하여 한국 정부는 미국 대중과의 종교적 연결성을 보여주고자 했고, 공산주의와 서구 세계 간의 이념 전쟁에서 한국이 담당하는 상징적 역할을 강조했다. 비록 한국은 기독교 국가도 아니었고 당시 기독교인 비율도 전체 인구의 3~4%에 불과했지만, 남한은 종교의 자유를 누리는 나라였다. 그래서 한국의 선전 자료들 역시 한국이 기독교 국가가 되어가는 과정에 있음을 강조하면서, 기독교의 형제애가 멀리 떨어진 두 나라를 하나로 묶어주기를 희망했다. 대부분의 미국 선교사들은 이러한 비전을 지지했고, 대한민국의 잠재력을 높이 샀으며, 고향에 있는 지지자들에게 계속해서 우호적인 보고서를 보냈다.

미국의 친한 감정을 고취하기 위해 한국기독교연합회(National Christian Council of

182 Thornton, *Odd Man Out*, 69.

183 Ibid., 71.

Korea, 1970년 한국기독교교회협의회로 개칭 - 역자 주)는 1949년 6월 23일 한국 전역에서 공개 시위를 진행했다. 서울에서만 5만 명이 넘는 기독교인들이 참가하여 "우리 기독교인들은 공산주의의 공격으로부터 조국을 지켜낼 것이다", "한국의 불안정은 세계 평화의 위협이다", "미국이 한국에서 민주주의를 수호하는 행동을 온 아시아가 지켜보고 있다", "세계의 교회들이 힘을 합쳐 한국 교회를 지키자" 등의 구호를 내세웠다. 그들은 성명서를 발표하여 기독교적 이상이 존재하는 환경에서만 민주주의 정부가 아시아에서 존속할 수 있다고 선언했다. 그들은 만일 기독교 세계가 남한을 보호하고 돕는 것을 거부한다면 아시아 전체를 잃게 될 것이라고 주장했다.[184]

미국의 보호를 바라는 한국인들의 열망은 그저 잘 기획된 선전 선동이 아니었다. 선교사들의 편지에 따르면 한국 기독교인들은 진심으로 공산주의의 침략을 두려워했다. 6·25전쟁 발발 2주 전 이승만은 미국 복음전도자이자 빌리 그레이엄의 가까운 친구인 밥 피어스(Bob Pierce) 박사를 만났다. 이승만은 피어스에게 한국의 모든 기독교인들은 자신들이 주요 표적이라는 것을 알고 있으며, 특히 남한 정부에 복무하는 사람들은 더욱 그러하다고 말해주었다. 이승만은 미국으로부터 군사적 보호를 받지 못한다면 남한 사람들이 자유를 누리며 살아갈 시간이 얼마 남지 않았음을 피어스 박사에게 확실히 알리고자 했다.[185]

대다수의 미국 종교 지도자들과 정치 지도자들은 종교적·전략적 측면 모두에서 한국이 갖는 중요성을 인식하고 있었다. 미국의 여론은 대체로 한국 원조 법안을 강력히 찬성했다. 그러나 트루먼이 장제스에게 경제적 원조를 주기를 원했던 공화당은 이 법안의 통과를 저지했다. 1950년 1월 19일 하원에서 법안이 부결되자 미국 언론은 이를 신랄하게 비판했다. 실례로 『뉴욕 타임즈』(*New York Times*)는 하원이 법안을 통과시키지 못한 것을 "실책"이자 시정되어야 할 "입법적인 요행"이라고 칭하고, 또한 친중국 의원단과 실패를 불러온 "쥐구멍"만한 좁은 안목을 비난했다.[186] 미 행

184 Marion Conrow, "Christian Rally, Seoul, Korea, 23 June 1949," File Name: Conrow, Marion L. (1946-1949), Missionary Vol. 3, United Methodist Church Archives - GCAH, Madison, New Jersey.

185 Franklin Graham, *Bob Pierce: This One Thing I Do* (USA: Samaritan's Purse, 1983), 146.

186 Chay, *Unequal Partners in Peace and War*, 142.

정부는 의회에서 법안이 빠르게 통과되기 위해 본래 예산에서 3천만 달러를 삭감하고 새로운 경제 원조 프로그램을 타이완으로 확대하는 수정안을 기꺼이 마련하고자 했다.

한국 원조 법안을 두고 일어난 일은 미국의 태도에 관한 중요한 사실을 드러냈다. 역사학자 찰스 돕스(Charles Dobbs)에 따르면, 이 법안은 미국이 6·25전쟁에 개입할 수 있는 길을 열어주었다.[187] 이제 한국은 트루먼의 아시아에 대한 관심 대상 2위로 올라섰다. 또한 이번 일은 미국 정치계에서 벌어졌던 경쟁을 반영하기도 했는데, 한국에 대한 도덕적 헌신을 지지하는 이상주의자와 한반도의 전략적 중요성을 부인하는 현실주의자 간의 갈등이었다.[188] 그리고 남한을 돕겠다는 명확한 목표에도 불구하고 트루먼 행정부가 취했던 모호한 태도는 미국 국회의원들에게 혼선을 주었다. 몇몇 의원들은 미 행정부가 이미 한국을 포기했다고 생각했다. 역사학자 최종석에 따르면, 더 중요한 점은 원조가 지연되면서 한국 경제가 타격을 입었고, 애초에 의도했던 목적이 무산되었으며, 또한 미국이 한국에게 약속한 것에 확실한 태도를 보이지 않는다는 공산주의자들의 믿음이 강화되었다는 데 있었다.[189]

행정부의 불분명한 태도는 또한 역사학자들로 하여금 한국 정책들에 내포된 미국의 의도를 의심하게 했다. 역사학자 리처드 C. 손튼(Richard C. Thornton)은 딘 애치슨 미 국무장관의 지시로 미 정부가 "호랑이를 잡으려 염소를 묶어두는" 전략을 취했다는 이론을 제시했다. 손튼에 따르면, 미국이 한국을 의도적으로 취약하게 해서 북한의 공격을 유도했고, 이로써 "미국은 공산주의 위협을 정당하게 막기 위해 '자유세계'를 동원해서 냉전의 확고한 대립 구도를 만들고자 했다."[190] 손튼의 이러한 주장은 대부분 정황 증거에 기반한 것으로서, 미국이 남한에게 공격용 무기뿐만 아니라 심지어 대전차포, 대전차 지뢰, 대공포, 해안 경비정과 같은 방어용 무기까지

187 Dobbs, *The Unwanted Symbol*, 537.

188 Chay, *Unequal Partners in Peace and War*, 145.

189 Ibid., 144.

190 Richard C. Thornton, *Odd Man Out: Truman, Stalin, Mao, and the Origins of the Korean War* (Washington, D.C.: Brassey's, 2000), 147.

지급하지 않았던 사실에 근거했다.[191] 손튼은 미국의 이러한 정책이 혼란을 야기하여 북한의 남침을 유도했다고 믿었다.

그러나 손튼의 해석은 워싱턴과 도쿄 모두에서 미군이 준비되지 않았던 점을 설명하기 어렵다. 만일 미국이 정말로 한국에 함정을 놓고 소련의 전쟁 개시를 유도했다면, 정보기관은 한반도를 면밀히 살피고 감시했었을 것이고, 미국은 적과 싸울 태세를 갖췄을 것이다. 그러나 사료의 증거는 이 주장이 사실과 달랐음을 시사하고 있다. 도쿄에 주둔하고 있던 미군은 훈련도 형편없고, 장비도 부실했다. 전쟁 첫 달에는 쓸 만한 대전차 무기도 없었다. 당시 일본에 있던 미 항공기와 운송 장비는 전쟁 수행을 지원하기에 충분하지 않았다. 이 같은 군사적 부족 상황을 설명하려면 손튼의 이론에서 국무부가 그들의 전략을 국방부와 공유하지 않았다는 가정을 해야 하는데, 이는 정치적으로 있을 수 없는 시나리오다.

남한에 대한 미국의 부족한 지원은 애치슨 측의 치밀한 책략이라기보다는 사려 깊지 못한 외교 정책의 결과였을 가능성이 더 높아 보인다. 미국의 모호한 입장으로 인해 북한은 미국이 한국에 거의 관심이 없다고 오판했다. 남한 방어를 위한 군사적 지원이 부족했던 것은 김일성의 자신감을 높여주었고, 그는 미국이 군대를 파견할 시간을 갖기 전에 자신이 먼저 군사 행동을 취하여 한국을 신속하게 통일할 수 있으리라 확신했다. 김일성은 이러한 정보들과 개인적인 정치적 야심에 이끌려서 이오시프 스탈린과 마오쩌둥에게 자신의 군사 통일 계획을 지원해주기를 촉구했다.[192]

제2차 세계 대전 종전부터 6·25전쟁 발발까지의 기간은 미국 종교 부흥의 여명기와 일치했다. 6·25전쟁의 종교적인 측면들을 이해하기 위해서는 먼저 전쟁 이전의 상황이 반드시 파악되어야 한다. 이 시기는 많은 사람들이 깊은 신앙심을 갖고 있고,

191 Ibid., 149.

192 Kathryn Weathersby, "New Findings on the Korean War," *Cold War International History Project Bulletin* 3 (Fall 1993): 1, 14-15.

세계에서 미국이 갖는 위상을 종교적인 용어로 설명하던 때였다. '시민 종교'라는 개념이 정치계에서도 빈번히 사용되었고, 지도자들은 공공연히 하나님을 언급하면서 기독교의 본질적 특성에 호소하고 종교의 자유라는 미덕을 선전했다.

트루먼 대통령은 미국 국민에게 자신의 정책을 발표할 때 종교적 개념과 수사법을 활용함으로써 국내외 정책에 대한 국민적인 지지를 얻고자 했다. 트루먼은 미국식 삶의 방식과 소련식 삶의 방식의 가장 큰 차이점은 종교라고 주장했다. 냉전은 신앙심 깊은 사람들과 신이 없는 사람들 간의 투쟁이었다. 1949년 무렵에는 종교의 자유가 트루먼 외교 정책의 주요 주제로 등장했고, 트루먼은 이 목표를 위해서 공산주의와 싸울 서구 기독교 동맹을 구축하고자 노력했다.

기독교 성직자들의 반공 설교는 종교와 공적인 일들을 직접적으로 연결시켰다. 이러한 신학은 6·25전쟁 발발 전부터, 그 이후에는 더더욱, 종교적 요인들이 외교 정책에 반영될 수 있는 통로를 열어 놓았다. 종교는 두렵고 급변하는 세계를 이해하는 방법을 제시했고, 미국인들의 뇌리에 냉전의 인식이 깊이 자리하도록 도왔다. 종교 단체들은 미국과 세계 곳곳에서 반공과 반공 선전에 협력하는 강력한 지지자들이었다. 미국 전체가 두려움에 사로잡혀 있을 때, 종교는 미국의 자신감과 국가적인 자부심을 다시 세우는 수단이 되어주었다.

종교는 한국과 미국 간에 공통의 유대관계를 형성했다. 선교적인 관심은 한국을 위한 경제적·정치적 지원을 불러일으켰다. 같은 기독교인으로서 느끼는 형제애는 개인적인 기부를 활발하게 했고, 정치적 성향에도 영향을 주어서 미국 정부로 하여금 한국의 이익을 위해 행동하도록 압력을 가하게 했다. 비록 다른 걱정거리들로 가득했던 워싱턴 사정 때문에 이러한 노력들은 6·25전쟁 이전까지 미국 정부의 강력한 저항에 부딪혔지만, 막상 전쟁이 발발하자 한국을 지원하자는 목소리에 귀를 기울이는 사람들이 워싱턴 정가에 금방 늘어났다.

제2부

6·25전쟁 중 한국 기독교와 한미관계

제5장

6·25전쟁의 발발

6·25전쟁은 한국의 국내 상황과 국제 상황이 맞물려 돌아간 끝에 시작된 전쟁이었다. 국내적으로는 남한과 북한이 각각 서울과 평양에서 별도의 국가를 수립함으로써 양측의 경쟁이 심화되는 상황이었고, 남한과 북한 모두 통일을 최고의 정치적 목표로 삼고 있었다. 그러나 그 어느 쪽도 각자 동맹하고 있는 초강대국의 전적인 지원을 확보하지 않고서는 섣부른 행동을 할 수 없는 처지였다. 그런데 이때 이승만은 군사적 공격에 필요한 미국의 물자 공급과 지원을 얻어내지 못했고, 이 때문에 그에게 아무리 훌륭한 군사 계획이 있을지라도 현실적으로 별 소용이 없었다. 반면 김일성은 이승만과 대조적으로 러시아 및 중국과 함께하는 운이 뒤따랐고, 결국 이오시프 스탈린과 마오쩌둥의 지지를 얻어냈다.

이번 장에서는 6·25전쟁 발발의 배경에 있는 종교적인 요인들을 살펴보고자 하는데, 특히 정치 지향적이었던 종교의 발전과정을 추적해보고자 한다. 이를 위해서 먼저 북한과 기타 공산주의 연합 세력이 마련했던 정치적 공작과 군사적 준비 상황을 살펴볼 것이고, 둘째로 북한이 공격을 개시했을 당시 남쪽의 상황과 남한 기독교계가 전쟁의 소문에 어떻게 반응했는지를 분석할 것이다. 세 번째로는 당시 미국 정책 입안자들이 어떤 시각을 가졌는지, 그리고 장차 국무장관이 될 존 포스터 덜레스와 여러 미국 교회들은 6·25전쟁 발발을 종교적인 맥락에서 어떻게 바라보았는지 설명하고자 한다.

남한에 대한 비밀 군사 공격 계획

냉전 국제 역사 프로젝트(*Cold War International History Project*, 1991년에 시작된 냉전 관련 연구 학술사업 - 역자 주)에 참여한 역사학자 캐서린 웨더스비(Kathryn Weathersby)는 당시 새로 공개된 러시아 문서들의 대부분을 번역하고 해석해냈는데, 그녀의 연구에 따르면 김일성은 1946년부터 1950년까지 모스크바에 48개의 메시지들을 보냈다. 그 내용은 대한민국에 군사적인 공격을 할 수 있도록 허락해 줄 것을 러시아인들에게 촉구하는 것들이었다.[1] 김일성이 통일을 원했던 것은 물론 자연스러운 일이겠지만, 그는 왜 유독 군사적인 접근만을 고집했던 것일까? 여기에는 세 가지 이유를 추정해볼 수 있다. 그중 한 가지는 김일성의 개인적인 야망이다. 즉, 김일성이 정복자의 영광을 원했다는 점이다. 또 다른 이유는 김일성이 전쟁을 통해 그의 정적들을 제거하려 했다는 점이다. 세 번째 이유는 김일성이 공산주의 동맹들의 지원을 확보하게 된다면 그에게 있어서 군사적 공격은 한반도를 통일하는 가장 빠르고 쉬운 확실한 수단으로 비춰졌으리라는 점이다.

— 김일성의 야망과 개인숭배

수정주의 역사학자들은 김일성을 공산주의자보다는 민족주의자로 설명하기를 오랫동안 해오면서, 김일성이 국가 통일을 염원했던 여러 사람들 중 한 명이었다고 주장했다. 그의 정치적 경쟁자들인 박헌영과 이승만도 통일을 원하기는 마찬가지였으며, 이들 역시 군사 정복의 방법을 고려했다는 것이다. 그러나 이러한 견해는 김일성의 개인적 야망이 어느 정도인지 제대로 이해하지 못해서 나온 것이다. 1945년부터 1950년까지 김일성은 김두봉, 김무정, 박헌영의 정치적인 도전에 맞서 자신의 입지를 강화하기 위해 세계 공산혁명을 이용했다. 남한에 있는 그의 반대자들이 어떻게 대응할지는 개의치 않고서, 김일성은 통일된 한국의 '최고 지도자'가 되기를 계획

1 Kathryn Weathersby, "The Cold War in Asia: New Russian Documents on the Korean War," *Cold War International History Project Bulletin* 6-7 (Winter 1995/1996): 30-35.

했다.

이러한 김일성의 계획에는 자신에 대한 개인숭배를 확립하려는 종교적인 측면이 포함되어 있었다. 비록 이론적으로 공산주의는 무신론이어야 하지만, 북한에서는 김일성의 개인적인 야심이 신격화되어야만 했다. 김일성 개인숭배 작업은 1946년 김일성이 기독교 지도자 조만식을 숙청한 직후에 시작되었다. 북한 노동당 창건대회 기간 동안 김일성은 "모든 한국 인민의 지도자," "나라의 영웅," "위대한 지도자" 등의 많은 존경스러운 칭호들로 추앙되었다.[2] 1947년 평양에 중앙역사박물관이 개원할 때에는 김일성의 갑산 지지자들이 316개의 물품들로 꾸며진 특별 전시실을 마련하여 그의 군사적 업적을 강조하려고 했는데, 이는 대일 항쟁을 전개한 게릴라 부대의 '장군'으로서 김일성의 군사적 지위를 부각시키기 위해서였다. 그리고 선전원들은 인민군의 창설을 김일성의 덕으로 돌렸는데, 이는 마오쩌둥의 가까운 동료이자 중국 공산군에서 용감하게 복무했던 김무정 장군과 같은 다른 유명한 공산주의 전사들보다 김일성을 더욱 높이려는 시도였다. 김일성은 스탈린이 하는 것처럼 군인 포즈를 취하기를 즐겨했던 한편, 군복 대신 회색 인민복을 착용하여 마오쩌둥과의 관련성을 보여줌으로써 두 공산주의 초강대국 지도자들의 이미지들을 자신에게 투영하려고 했다.[3]

김일성 개인숭배 프로그램은 다른 종교들과 이데올로기들을 섞어 놓은 것으로서, 기독교, 유교의 가족주의, 한국의 무속사상, 일본의 천황숭배, 스탈린주의가 같이 혼합된 형태였다.[4] 김일성은 자신의 가족들을 근면의 미덕과 민족주의적 충성심을 최고로 보여주는 고귀한 자들이라고 선전해서 한국 가정의 완벽한 본보기로 삼으려 했다.[5] 김일성은 자신의 고결한 아버지가 벌였던 민족주의적 항일혁명운동을

2 Charles K. Armstrong, *The North Korean Revolution, 1945-1950* (Ithaca, NY: Cornell University Press, 2003), 134.

3 Allan R. Millett, *The War for Korea, 1945-1950: A House Burning* (Lawrence, KS: University Press of Kansas, 2005), 176.

4 Armstrong, *The North Korean Revolution*, 223-224

5 Yong-ho Ch'oe, "Christian Background in the Early Life of Kim Il-song," *Asian Survey* 26 (Oct 1986): 1083-1085.

계승한 자로 스스로를 내세웠다.[6] 그리하여 김일성은 다른 민족주의 지도자들보다 상대적으로 어린 나이였음에도 불구하고 위대한 지도자 및 수령이라는 이미지를 구축해갈 수 있었다.[7] 1946년 북조선문학예술총동맹 수장이자 김일성 우상화 작업의 최고기획자인 소설가 한설야는 김일성을 "조국의 태양"으로 묘사했는데, 이 칭호는 일본 신도(神道)에서 일왕을 묘사하기 위해 사용되었던 것이었다.[8] 북한 공산주의 전기 작가 한재덕이 1947년 작성한 김일성 전기에는 김일성이 일본인들과 투쟁할 때면 마치 빛나는 별과 같았으며, 그가 한국으로 돌아온 것은 태양이 떠오르는 것과 같았다고 묘사되어 있다. 한재덕은 또한 기독교의 이미지를 차용해서, 김일성을 국가적인 구원을 위해 자신의 "고귀한 피"를 흘린 구세주로 묘사했다.[9]

그리고 김일성은 막시즘-레닌주의-스탈린주의를 '현지화'했는데, 이는 한국의 민간 신앙적인 측면을 결합시켜서 한국 대중에게 더욱 호소력 있게 전달되도록 개조한 것이었다.[10] 이 과정에서 유교의 가족주의 이미지들이 효과적이란 사실이 검증되었고, 전통적인 조상 숭배 문화를 대신하여 스탈린과 김일성이 한국을 위하는 온정적인 아버지와 같은 존재들로 제시되었다. 북한 전역의 관공서 및 우체국, 극장, 기타 공공건물에서 스탈린과 김일성의 초상들이 나란히 게시되었다. 심지어 예배당, 절, 성당과 같은 종교 건물들에도 스탈린과 김일성의 초상들이 게시되어야 했다.[11] 이것을 거부한 교회들이 생기는 것은 당연했다. 그러면 경찰은 그 교회들의 문

6 Armstrong, *The North Korean Revolution*, 223.

7 수령은 여운형, 조만식, 이승만, 박헌영과 같은 정치 지도자들을 매우 공손하게 부르는 한국식 용어다. 김일성에 대한 수령 칭호의 사용은 1948년 조선민주주의인민공화국이 결성되기 직전에 시작되었고 1960년대 중반 이후 김일성에 대한 주요 칭호가 되었다.

8 Armstrong, *The North Korean Revolution*, 223.

9 韓載德,『金日成 將軍 凱旋記』(平壤: 民主朝鮮社, 1947), 10. Armstrong, *The North Korean Revolution*, 223에서 재인용됨

10 Young-sook Kim Harvey, "The Korean Shaman and the Deaconess: Sisters in Different Guises," *Religion and Ritual in Korean Society*, ed. Laurel Kendall and Griffin Dix (Berkeley, CA: University of California Press, 1987), 156.

11 Letter from Harry Hill, 22 August 1950, Presbyterian Church Archives, Record Group 140, Box 18, Folder 14 - Presbyterian Historical Society, Philadelphia. 해리 힐 목사는 일제강점기에 평양에서 북장로교 선교사로 활동했었다. 이 정보는 그가 북한군 포로와 면담하는 과정에서 입수한 것이다.

을 닫고, 자산을 몰수하고, 지도자들을 체포했다.[12]

김일성은 자신의 우상화와 정치독재를 성공시키기 위해 기독교 교회들을 파괴하고 모든 종교인들의 반대를 잠재울 계획이었다.[13] 기독교인들과 천도교 추종자들, 불교도인들은 공산주의자들로부터 "반동분자들"로 규정되어 당국의 박해를 받았다.[14] 그중에서 천도교 신도들은 1948년 종단 지도부가 공산정권을 지지하기로 결정한 뒤 저항을 그쳤다. 반면 일부 기독교인들은 이승만의 고향인 황해도에서 지하교회를 조직하고 게릴라 활동에 참여하면서 대정부 투쟁을 계속했다.

한국 기독교는 미국, 캐나다, 프랑스와 같은 서구 국가들과 밀접한 관계를 맺고 있었기 때문에 공산당 당국은 기독교 신자들이 어떠한 정치적 성향을 갖고 있는지와 상관없이 그들을 신뢰하지 않았다. 북한 정부는 기독교 공동체의 영향력을 조직적으로 파괴하기 시작했다. 1947년부터 1950년까지 외국 선교사들이 세운 모든 교회는 "외국 원수의 재산"으로 간주되어 폐쇄되었다.[15] 공산당 정부와 관리들은 선교시설과 미션 스쿨 건물 대부분을 점령했다. 예를 들어 장로교 선교 기지로서 세계 최대 규모였던 평양의 장로교 선교국은 공산당 본부로 개조됐다.[16] 그리고 김일성의 개인 사무실도 미국인 선교사 마가렛 베스트(Margaret Best)가 이전에 자택으로 사용하던 집이었다.

그다음으로 김일성은 젊은이들을 공산주의로 전향시켜서 그들의 종교 단체 가입을 막으려 했다. 1953년 MIG-15 전투기를 몰고 남한으로 귀순한 북한의 비행기 조종사 노금석의 회고록에 따르면, 신은 존재하지 않으며 세계 공산주의의 승리는

---

12 Letter from Chaplain Harold Veolkel, 15 November 1950, Presbyterian Church Archives, Record Group 140, Box 18, Folder 15 - Presbyterian Historical Society, Philadelphia.

13 찰스 암스트롱에 따르면, 공산당에 대한 주요 반대는 기독교인들과 천도교인들에서 비롯되었다. 천도교의 권력 기반은 토지가 없는 대중에게 있었기 때문에 공산당의 토지 개혁이 천도교의 추종자들을 줄이는 데 거의 영향을 미치지 못했다. Armstrong, *The North Korean Revolution*, 125-131.

14 Ibid., 130-131.

15 Letter from Harry Hill, 22 August 1950, Presbyterian Church Archives, Record Group 140, Box 18, Folder 14 -Presbyterian Historical Society, Philadelphia.

16 A confidential letter from Chaplain Harold Voelkel from P'yongyang, 29 October 1950, *Documents of the WCC Library: The Korean War*, ed. Kim Heung Soo (Seoul: Institute of Korean Church History, 2003), 146-147.

어떤 종교적 믿음이나 미신과 상관없이 엄청난 양의 현대식 무기들로써 쟁취될 것이라고 학생들은 교육받았다.[17] 성경과 다른 종교 자료들의 판매는 금지되었고, 서점들에서는 공산주의 출판물과 러시아 자료들만이 판매되었다. 학교 관계자들은 기독교 집안 출신의 아이들을 괴롭혔다. 자연스럽게 많은 젊은이들이 부모님의 교회를 떠났고, 나이 든 신도들 다수가 박해를 피하기 위해 지하로 들어갔다.

정부는 또한 교회 지도부를 점차적으로 제거할 계획을 세웠다. 기독교 지도자들과 교육자들은 북한 비밀경찰에 의해 세 부류로 나뉘었는데, 첫째, 공개적으로 공산주의에 대항하는 자들, 둘째, 공산주의자들의 통치에 잠재적인 장애물이 될 자들, 셋째, 남한과 밀접한 관련이 있는 자들이었다. 정부가 주관하는 조선그리스도교연맹에 가입하기를 거부한 목사들은 체포되어 즉결 처형되었다.[18] 1950년 초 전쟁 준비가 한창일 무렵에는 종교 단체들에 대한 북한 당국의 통제가 더욱 강화되었다. 자신의 전쟁 계획 기밀이 남측에 새어나갈 것을 김일성이 우려했기 때문이었다. 그리고 남침 전날에는 경찰이 평소보다 훨씬 더 많은 목사들과 천주교 사제들을 체포해서 이들이 전쟁 개시를 방해하지 못하도록 했다.[19] 북한이 공격을 개시하여 전쟁이 시작되자 모든 종교 활동들은 강제로 중단되었다. 예배는 금지되었고, 종교적 모임도 허가되지 않았다. 심지어 공산당이 통제하고 있는 교회도 마찬가지였다. 경찰은 대부분의 교회들의 문을 잠가버렸다.[20]

— 군사적 정복을 이루려는 김일성의 정치적 의도

김일성은 남한에 기반을 둔 두 명의 정치적 라이벌이 있었는데, 바로 박헌영과 이승만이었다. 김일성은 전쟁을 통해 이 두 사람을 모두 제압하고 한반도 전체를 지배할 수 있을 것이라고 전망했다. 역사학자 로버트 시몬스(Robert Simmons)는 북한의

---

17 No Kum-sok, *A MiG-15 to Freedom* (Jefferson, NC: McFarland & Company, Inc., Publishers, 1996), 36. 노금석의 어머니는 독실한 가톨릭 신자였다.

18 이성재, "解放以後 北韓基督教會와 共産政權과의 關係에 대한 研究" (석사학위논문, 연세대학교, 1992), 70.

19 Ibid., 71.

20 Ibid.

내부 상황에 관한 자신의 연구서인 『불편한 동맹』(*Strained Alliance*, 1975)에서 남한 진격에 대한 김일성의 열망을 그가 박헌영과 벌였던 권력투쟁 탓으로 돌렸다.[21] 시몬스는 서울로 돌아가서 통일을 이루려 했던 박헌영이 김일성을 부추겨서 남한을 공격하게 했다고 주장했다.[22]

그러나 박헌영이 가했던 정치적 압박만으로 김일성이 단순하게 행동했을 가능성은 그리 높지 않다. 사실 김일성은 남한에서 박헌영이 가졌던 높은 영향력을 무효화하려는 의도가 있었다. 박헌영은 한국의 대부분의 공산주의자들로부터 충성스러운 지지를 받는 인물이었다. 그는 일제강점기 시절 한국 땅에서 공산주의 세력들을 이끌고 한국의 독립을 위해 일본에 저항했었고, 그 과정에서 엄청난 고통을 겪었다. 그리고 일본이 연합군에 항복한 후에는 서울로 올라와서 조선공산당의 재건에 주력했다. 충청도 태생으로서 주로 광주에서 활동했던 박헌영은 주요 권력 기반을 남한의 남부 지역에 두고 있었으며, 1946년 10월 평양으로 도피하기 전까지 전라도에서 공산 게릴라 세력들을 지휘했었다. 그의 투쟁 경력 때문에 박헌영은 모든 한국 공산주의자들에게서 매우 유명한 인물이었고, 이를 바탕으로 그는 서울에서 왕좌를 차지하려는 김일성에게 직접 도전했다.

북한에서도 박헌영은 남한의 이승만 정부가 시작한 반공 숙청을 피해 북한으로 넘어온 공산주의 망명자들로부터 확고한 지지를 받았다.[23] 평양에서 그는 남한으로 돌아가 반란을 이끌 것을 꾀하면서 평화통일을 명분으로 내세운 조국통일민주주의 전선을 즉시 조직하기도 했다.[24] 또한 남한에 대한 그의 고급 정보력을 활용하여 강동정치학원에서 게릴라들을 훈련시키는 책임을 맡았는데, 이 게릴라들은 남한에 침투하여 체제 전복 활동을 벌이는 것을 목표로 했다.[25] 그리고 박헌영은 새롭게 통합

---

21 Robert R. Simmons, *The Strained Alliance: Peking, P'yongyang, Moscow, and the Politics of the Korean Civil War* (New York: The Free Press, 1975).

22 Ibid., 104-110.

23 Millett, *The War for Korea*, 1945-1950, 175.

24 조국통일민주주의전선은 박헌영이 조직했지만 그의 이름은 7명으로 구성된 조국통일위원장단에 포함되지는 못했다. Dae-sook Suh, *Kim Il Sung: The North Korean Leader* (New York: Columbia University Press, 1988), 120.

25 Simmons, *The Strained Alliance*, 104

된 남조선노동당과 게릴라들에게서 광범위한 지지를 받았기 때문에 1948년 9월 조선민주주의인민공화국이 수립되었을 때 김일성으로부터 외상으로 임명되었다. 김일성은 박헌영의 대남 영향력을 활용하여 신속한 군사 정복 계획을 추진하고, 이에 대한 스탈린의 지지를 얻어내기를 희망했다.

그럼에도 불구하고 군을 동원하는 것만이 북한에게 유일하게 남아있는 선택지는 아니었다. 통일을 이루기 위해서라면 유엔이 후원하는 총선을 허용하는 방법도 있었고, 체제 전복적인 수단 및 게릴라 공격을 통해 대한민국 정권을 타도하는 방법 또한 있었다. 그렇지만 이 두 가지 선택권은 김일성에게 유리한 옵션이 아니었다. 왜냐하면 두 가지 모두 박헌영이 서울 지배에서 우위를 점하게 될 방법이었기 때문이다. 남한의 좌파 세력들에게 박헌영은 김일성보다 더 알려져 있었고, 만약 전국 선거를 하게 된다면 박헌영이 확실하게 유리하게 될 것이었다. 만약 박헌영이 북한의 도움 없이 체제 전복 활동만으로 서울의 이승만 정권을 타도하고 통일을 결국 성사시킨다면, 새롭게 통일된 한국에서 김일성의 입지는 박헌영이 거둔 놀라운 성공에 가려져서 위태로워지게 될 것이다. 게다가 이미 박헌영은 남한에서 김일성보다 더 많은 추종자를 얻고 있었기 때문에 어쩌면 소련이 새로 통일된 한국에서 김일성보다 박헌영을 서울의 수장 자리에 앉힐지도 모르는 일이었다.

또한 스탈린은 1945년부터 1949년까지 남한을 완전히 장악하기 위한 방법으로 체제 전복 활동을 선호했다. 그래서 스탈린은 유엔의 지도 아래 남북한 통합 선거를 치르려는 미국의 계획을 무시했고, 남한으로 진군하자는 김일성의 계속되는 간청도 거절했다. 1949년 3월 스탈린은 김일성에게 38선은 평화로워야 하고 한국의 인민군은 방어의 목적으로만 존재한다고 분명하게 말했다.[26] 그는 남한이 북한을 공격해 올 때만 김일성에게 무력 사용을 허용해주려는 입장이었다.

그럼에도 불구하고 김일성은 정치적 야심 때문에 자신의 계획을 포기하지 않았다. 만약 김일성이 남북한 모두에서 최고의 통치자가 되고 싶다면, 그는 박헌영의 봉기가 성공하기 전에 남한으로 진격해야만 했다. 그리고 박헌영의 권력 기반을 통

26 Evgueni Bajanov, "Assessing the Politics of the Korean War, 1949-51," *Cold War International History Project Bulletin* 6-7 (Winter 1995/1996): 54.

제하고 그의 모든 지지자들을 제거할 방법들을 찾아내야 했다. 그런데 만약 이때 신속한 군사작전을 펼치게 된다면 김일성은 게릴라 부대들을 인민군으로 편입시킬 수 있게 된다. 이 전략은 김일성이 조선공산당을 북조선노동당에 포함시키려고 끊임없이 시도했던 것들과 같은 맥락으로서, 북한의 공산주의자들이 남한의 동지들을 통제할 힘을 확보하기 위함이었다.[27]

박헌영은 김일성의 정치적 야망을 알고 있었지만 그 역시 군사 정복을 원했었다. 그러나 그는 김일성과는 다른 방식의 계획을 갖고 있었다. 이승만이 남한 내 게릴라 부대를 탄압하고 있었기 때문에 박헌영은 시간이 지체될수록 자신에게 불리함을 인식하고 있었다. 박헌영의 게릴라 지도자들 중에서 김삼룡과 이주하가 한국 경찰에 의해 1950년 3월 체포되었다.[28] 이제 박헌영은 자신의 동지들이 전멸하기 전에 그들을 구하기 위해 신속하게 행동할 필요가 있었다. 남한 게릴라들로부터 충성스러운 지지를 받고 있던 박헌영은 김일성을 대항하는 정치적 지렛대로서 그들에게 의존했다. 그의 전략은 북쪽에서 군사 공격을 가함으로써 남한군의 관심을 다른 곳으로 돌리고, 그 사이 남조선노동당의 충성스러운 당원 50만 명(전체 남한 인구의 약 2%)이 일어나서 북한군이 진입하기 전에 서울을 점령하는 것이었다.[29] 또한 박헌영은 남한의 모든 병력이 서울 함락을 막기 위해서 북으로 이동할 것이며, 그때 자신의 게릴라 부대들은 한반도의 남쪽 절반에서 총궐기할 시간을 벌게 되리라고 기대했던 것 같다. 이런 식으로 박헌영은 자신의 게릴라 병력들이 남한에서 활동해왔던 장점들을 살려서 남쪽의 새로운 북한인민군이 될 것이고 김일성의 부대들에 편입되

---

27 Armstrong, *The North Korean Revolution,* 218-219. 역사학자 서대숙에 따르면, 한국 내 공산주의자들 대부분이 희망했던 것과 다르게 김일성은 소련 지도자들의 지원을 받아서 서울의 조선공산당으로부터 독립된 북조선노동당의 창당을 주도했다. Suh, *Kim Il Sung: The North Korean Leader*, 70-71.

28 Suh, *Kim Il Sung: The North Korean Leader*, 121.

29 "The North Korean Labor Party's Internal Factions," 본래 일본 월간지 『자유』(*Jiyu*)에 출판된 글이며 "The Neighbouring Countries Research Institute" 측에서 집필했다. *Selected Summaries of Japanese Magazines* (U.S. Embassy, Tokyo, June 26-July 3, 1967), 4에 번역되어 소개되었고, Simmons, *The Strained Alliance*, 110.에서 인용되었다. 50만이라는 숫자는 박헌영이 제시한 것이었는데, 그가 남한 게릴라들의 세력을 과대평가했을 가능성이 높다.

지 않을 것이라고 계산했을 가능성이 있다.[30]

큰 위험을 무릅쓴 것은 김일성과 박헌영 모두 마찬가지였지만, 박헌영은 남한에서 인지도가 높은 자신이 서울에서 김일성보다 더 큰 지지를 얻을 것이 확실하기 때문에 그래도 자기가 보다 유리한 입장에 있다고 생각했다.[31] 그의 패착은 남한의 게릴라군 세력을 과대평가했던 데에서 주로 기인했다. 그뿐만 아니라 박헌영은 북한군의 압도적인 전력, 서울에서 군대를 철수시킨 남한의 전략, 게릴라 봉기들을 환영하지 않는 대중의 반응, 체제 전복 활동에 대한 남한 경찰의 효과적인 대응을 예측하지 못했다.[32] 그리하여 자신의 게릴라들이 패배할 것을 미리 생각해두지 않았던 박헌영은 결국에 그저 손쉬운 희생양으로 전락해버렸다. 휴전협정 체결 후 북한의 동지들은 그를 체포하여 사형을 선고했다.[33]

— 북한 인민군 창설

김일성은 자신의 통치 하에 남한 정부를 전복시키고 국가 통일을 이루기 위해서는 대규모의 군대가 필요할 것이라고 내다보았기 때문에 남한에 대한민국 정부가 세워지기도 전인 1947년부터 전쟁 준비를 시작했다. 김일성은 북한 인민위원회의 한 회의에서 미국 제국주의자들의 지시하에 남한에 "침략군"이 생겨났기 때문에 북한은 그들의 공격을 방어할 수 있는 자체 군대가 필요하다고 주장했다.[34] 김일성은 남한의 위협을 과장함으로써 자신의 제안이 인민위원회에서 통과되도록 했고, 이후 인민군 모집 절차가 시작되었다.

---

30 이 같은 추론은 서대숙의 분석을 통해서도 뒷받침되고 있다. Suh, *Kim Il Sung: The North Korean Leader*, 121.

31 Simmons, *The Strained Alliance*, 110.

32 대한민국 정부는 전쟁이 발발하자 잠재적인 게릴라 봉기에 대해 강력하게 대응했다. 실례로 전라북도 고창에서 경찰은 엄청난 수의 좌익 인사들과 그들의 동조자들을 체포하고 처형했다. H. K. Shin, *Remembering Korea 1950: A Boy Soldier's Story* (Reno, NV: University of Nevada Press, 2001), 39-40.

33 Simmons, *Strained Alliance*, 109, 234.

34 Kiwon Chung, "The North Korean People's Army and the Party," *The China Quarterly* 14 (April-June 1963), 107.

조선인민군은 처음에 김일성의 빨치산부대, 러시아에서 돌아온 한국인들, 조선의용군(the Korean Volunteer Corps), 그리고 만주를 비롯한 중국 여러 지역에서 온 수천 명의 독립적인 공산주의 전사들로 구성되었다.[35] 신병 모집은 믿을만한 집안 출신의 청년들에서 했는데, 남한에 친척이 없는 가난한 농민이나 노동자 집안 출신들이었다.[36] 과거 지주 출신들, 부르주아 계층들, 기독교인들은 일반적으로 배제되었다.[37] 신병 모집 과정은 대중의 낮은 참여 열기, 문서 위조, 비효율성 등의 어려운 점들이 없지는 않았지만, 대부분 순조롭고 성공적으로 진행되었다.[38]

김일성은 "보안대"(Peace Preservation Corps), "38선 경비대"(Border Constabulary), "철도보안대"(Railroad Guards)와 같은 여러 비군사적 이름으로 사단을 편성함으로써 전체 인민군의 규모를 조심스럽게 은폐했다.[39] 초기에 인민군은 무기와 탄약이 부족했기 때문에 많은 인원수에도 불구하고 남한의 군부대보다 전력이 더 약했다. 북한 주재 소련 대사인 테렌티 슈티코브 장군은 1949년 3월 모스크바에 보낸 보고서에서 남한이 북한을 공격해올 경우 북한은 이를 방어할 만큼 훈련된 병력과 무기, 탄환을 충분히 보유하지 못했다고 스탈린에게 적어보냈다.[40] 그리하여 소련은 1949년 6월 마침내 수많은 비행기와 탱크, 대포, 상륙함, 기관총, 공병장비를 북한에 공급함으로써 김일성과 슈티코브의 요청을 수락했다.[41]

김일성의 전쟁 준비에는 정교한 방공호 건설도 포함되어 있었다. 평양 태생으로 선교사 자녀 출신이었던 하워드 마펫(Howard Moffett) 중위는 평양 점령 후 가장 먼

---

35 Ibid., 108.

36 Armstrong, *The North Korean Revolution*, 235.

37 No, *A MiG-15 to Freedom*, 36-39.

38 Armstrong, *The North Korean Revolution*, 235.

39 Chung, "The North Korean People's Army and the Party," 107.

40 Bajanov, "Assessing the Politics of the Korean War 1949-1951," 54.

41 러시아 연방 외교 정책 기록보관소에 보관된 1949년 5월 2일자 슈티코브의 보고서를 보면, 슈티코브는 스탈린에게 한국과 미국이 대규모 대북 전쟁을 준비하고 있다고 보고했으며, 북한군은 이에 저항할 수 없을 것이라고 불만을 토로했다. 이 내용은 바질레브스키(Vasilevsky) 원수와 슈티코브 대사가 스탈린에게 보낸 1949년 4월 20일자 전보(번호: N 17064)에서도 확인될 수 있다. 이 전보는 러시아 연방 대통령 기록보관소에 보관되어 있다. 이 문서들에 대해서는 Bajanov, "Assessing the Politics of the Korean War, 1949-1951," 54에도 언급되어 있다. 소련과 북한 간의 조약에 대해서는 러시아 연방 대통령 기록보관소, Fond 6, list 9, file 14, p. 57을 참조하라.

저 도시에 진입했는데, 그의 증언에 따르면 방공호는 "약 100피트 아래로 뻗어있는 여러 통로들과 방들을 갖춘 엄청난 지하 구조물"[42]로서, "전기 및 냉방 장치가 있으며, 원자폭탄을 견딜 수 있는 대피소였다."[43] 그러한 준비들은 방어를 주된 목적으로 한 것이겠지만, 남침 계획이 실패할 경우 김일성이 미국의 핵 위협까지도 맞설 준비가 되어 있었음을 보여주기도 한다.

또한 김일성은 중국이 자신의 편이 되어 주지 않는다면 군사작전이 성공하지 못할 것을 예측하고서 1946년부터 1950년까지 중국 공산주의자들과의 관계를 강화했다. 그리하여 1947년 12월 김일성과 마오쩌둥이 합의에 도달했는데, 마오쩌둥은 북한에 식량을 제공하며 북한 인민위원회를 한국의 합법적인 정부로 인정해주고, 그 대가로 김일성은 마오쩌둥의 혁명을 돕기 위해 두 개 사단을 파견한다는 조건이었다. 김일성이 파견한 사단들은 총 약 10만 명의 청년들로 구성되어 있으며, 북한인과 만주 교민들로 구성되어 있었다.[44]

이 계약은 두 가지 면에서 김일성에게 이득이 되었다. 첫째, 중국 내전은 그의 병사들을 위한 훈련장 역할을 했다. 나중에 이 두 사단이 북한으로 반환되어 돌아왔을 때, 이 참전 용사들은 조선인민군의 힘과 전투력을 배가시켰다. 심지어 미국 정보당국은 조선인민군 장교들 중 80%가 중국에서의 전투 경험을 보유한 자들이라고 추정했다. 둘째, "5개의 별이 밝게 빛나는 중화인민공화국의 국기에 한국 혁명가들의 피 또한 물들여졌기 때문에"[45] 마오쩌둥은 때가 되면 김일성의 전쟁을 도와줄 의무가 생기게 되었다.

1948년 3월, 공산주의 3개국 간의 군사 활동을 조정할 목적으로 소련-중국-북한의 합동군사협의회가 평양에서 비밀리에 설립되었다.[46] 중국과 북한 사이의 이러

---

42 Letter from Howard Moffett, 25 October 1950, *Documents of the WCC Library: The Korean War*, 139-140.

43 Ibid.

44 Chung, "The North Korean People's Army and the Party," 109; Richard C. Thornton, *Odd Man Out: Truman, Stalin, Mao and the Origins of the Korean War* (Washington, D.C.: Brassey's, 2000), 109.

45 Chung, "The North Korean People's Army and the Party," 109.

46 Ibid.

한 군사적 연계는 중국이 한국에 개입할 수 있는 길을 열어 놓았다. 이제 중국인들이 전쟁에 참여하게 된다면 이 협의회는 소련의 군사 고문들 및 중국의 인민지원군들과 광범위하게 협력하게 될 것이었다.[47]

— 김일성의 무력 정복 계획에 대한 스탈린의 승인

김일성은 자신이 세운 통일 계획의 열쇠를 소련이 쥐고 있음을 알고 있었다. 김일성이 아무리 전쟁 계획을 잘 준비한다 해도 소련의 전폭적인 지지와 스탈린의 승인을 받아내지 못한다면 그는 꼼짝할 수 없는 신세였다. 그래서 김일성은 스탈린과 친분을 쌓는 데 공을 들였고, 러시아의 지도자에 대한 충성심과 공산주의에 대한 의지를 기회가 있을 때마다 열심히 표명했다. 그는 스탈린이 일본 제국주의자들로부터 한국을 해방시켜 준 것에 대해 끊임없이 감사했고, 소련을 공산주의의 조국이라고 칭송했다. 스탈린의 사진은 북한의 도처에 게시되었다. 김일성은 통일이라는 자신의 목표를 위해 계속 인내하며 집요하게 매달렸고, 러시아의 독재자 앞에서 겸손과 자제력을 훈련했다.

1947년부터 1949년까지 스탈린은 그의 젊은 한국인 동지가 38선을 두고 말썽을 일으키지 못하도록 조심스럽게 제지했다. 그러나 1950년 1월 스탈린은 마침내 자신의 입장을 번복했다. 김일성의 계획을 허가해주고, 그에게 러시아의 최신 무기들을 공급해주기로 한 것이다. 하버드대 러시아연구센터의 소장을 역임한 바 있는 러시아 외교정책 전문가인 애덤 B. 율람(Adam B. Ulam)은 김일성의 끈질김 때문에 스탈린이 입장을 바꾼 것이 결코 아니라고 지적했다.[48] 1950년 남한에 대한 공격 결정은 스탈린 자신의 이익들에 부합되었음이 틀림없다.[49] 비록 스탈린의 머릿속에 실제 어떤 생각이 있었는지는 알려지지 않았지만, 그가 마오쩌둥에게 "변화된 국제 정세"

---

47 Ibid.

48 Adam B. Ulam, "Letters: Stalin, Kim, and Korean War Origins," *Cold War International History Project Bulletin* 4 (Fall 1994): 21.

49 이러한 율람의 견해는 리처드 C. 손튼(Richard C. Thornton)의 저서 『외톨이』(*Odd Man Out*)에서도 뒷받침되고 있다.

에 대해 언급했던 부분은 러시아가 전략을 바꾸게 된 주요 원인으로 지목될 수 있을 것이다.[50] 스탈린은 마침내 소련이 원자폭탄을 확보하고(1949년 소련은 최초의 원자폭탄 실험을 성공했다. - 역자 주), 공산주의자들이 중국 본토를 장악한 상황에서(중국 공산당은 국민당과의 내전에서 승리하여 대륙 지역을 장악하고 1949년 중화인민공화국을 수립했다. - 역자 주) 6·25전쟁을 시작하는 것을 더욱 수월하게 여겼을 것이다. 이에 더하여 소련 문서들은 1950년 1월 12일 딘 애치슨(Dean Acheson) 국무장관의 내셔널프레스클럽 연설 이전에 스탈린이 영국인 간첩 도널드 맥린(Donald MacLean)으로부터 첩보를 입수하여, 미국이 한국 문제에 개입하지 않으리란 것을 미리 알았음을 시사하고 있다.[51] 애치슨의 연설은 스탈린의 확신을 더욱 강화시켜주었다.

또 다른 관점에서 이 상황을 해석했던 역사학자 리처드 C. 손튼(Richard C. Thornton)은 중국에서 마오쩌둥이 성공을 거둔 것에 심기가 상한 스탈린이 마오쩌둥을 통제하려고 시도했던 것이 진짜 동기라고 주장했다.[52] 손튼의 분석에 따르면 스탈린은 1950년 8월 마오쩌둥의 타이완 정복을 막으려고 했을 뿐만 아니라 미국과의 전쟁에 중국 공산당을 끌어들여서 중국을 서방 세계로부터 고립시키려는 계획을 가지고 있었다. 그리고 스탈린이 자신의 소련 군대를 동원하지 않고서도 미국에 맞서는 방편으로서 한국을 이용하려 했을 가능성도 있다. 미국이나 일본이 개입할 시 중국이 지상군을 보내준다는 약속을 받아내라고 스탈린이 김일성에게 끝까지 요구했던 것은 이러한 스탈린의 속내를 보여주는 한 예가 된다.[53]

그러나 스탈린은 미국과의 직접적인 대립을 피하기 위해서 북한의 공격 계획에 자신이 개입한 바를 감추고 싶어했다. 그는 유엔 주재 소련 대사인 야코브 알렉산드로비치 말리크(Yakov Alexandrovich Malik)에게 1950년 2월 3일 유엔 안전보장이사회에

---

50 Coded message N 5500, 14 May 1950, APRF, Fund 45, list 1, file 331, p. 55, *Wilson Center Cold War International History Project*. 다음 자료에서 재인용함. Paul Wingrove, "Who started Korea?" *History Today* 50 (July 2000): 46.

51 Kathryn Weathersby, "The Korean War Revisited," *Wilson Quarterly* 23 (1 June 1999): 91.

52 Thornton, *Odd Man Out*.

53 Coded message N 5500, 14 May 1950, APRF, Fund 45, list 1, file 331, p. 55. *Wilson Center Cold War International History Project*. 다음 자료에서 재인용함. Paul Wingrove, "Who started Korea?" *History Today* 50 (July 2000): 46.

서 퇴장하라고 지시했다. 외견상 말리크가 중국 공산당을 유엔이 인정하지 않는 것과 국민당 대표단이 유엔에 존재하는 것에 대해 항의하는 행동을 취하게 한 것이다. 그러나 실제로는 이를 통해 남한 공격 계획을 미리 알고 있는 소련이 받게 될 비난을 미리 차단하고, 아울러 6·25전쟁의 발발로 야기될 잠재적인 외교적 손해를 피하고자 하는 의도였다. 만일 소련 측이 안보리 회의에 계속 참석했었다면 말리크는 거부권 사용 여부를 결정해야 되었을 것이다. 만약 소련이 그해 6월말 북한에 대한 유엔 결의안(UNSCR 83)에 거부권을 행사했다면 세계적인 비난을 받게 되겠고, 그 반대로 유엔 결의안을 지지했다면 다른 공산국가가 북한을 돕는 것을 막아서는 결과가 된다. 또한 소련이 투표하지 않고 기권했더라도 자본주의자들에게 별다른 싸움 없이 승리를 안겨 주는 셈이어서 공산 세계 내에서 자국의 신뢰를 무너뜨리게 되었을 것이다. 따라서 당시 소련은 미리서부터 안보리 회의에 아예 불참했던 것이고, 이는 승산 없는 상황을 피할 수 있는 가장 좋은 선택이었다.

— 핵무기 반대 선전에 교회를 이용하는 스탈린

스탈린이 그다음으로 취했던 조치는 미국이 참전할 경우를 대비하여 원자폭탄에 대한 미국의 우위를 무효로 만드는 일이었다. 1950년 3월 소련은 스웨덴 스톡홀름에서 '평화를 위한 서명 운동'을 벌이기 시작함으로써 반핵 선전 공세에 시동을 걸었다. 공산당이 통제하는 세계평화당원회의(World Congress of Partisans of Peace, 약칭 WCPP)는 핵무기 사용의 전면 금지를 촉구하는 "스톡홀름 결의안"을 채택했다.[54] 이 운동은 핵무기의 최초 사용을 규탄하도록 유엔을 설득하는 것을 목표로 했다.

당시 이 운동이 정치적으로 노리는 바가 무엇이었겠는가? 다가오는 6월에 남한 침략이 개시되었던 맥락에서 볼 때, 이것은 6·25전쟁을 앞두고 선제적으로 이루어진 심리 공격이었다. 스탈린이 얼마 뒤 전쟁을 일으킬 계획이었음을 고려한다면, 그가 이 운동을 벌인 목적은 미국이 북한에 핵무기를 사용하는 것을 막는 것이었음

54 "Moscow' 'Signatures for Peace' Campaign," 『WCC 도서관 소장 한국교회사 자료집: 한국전쟁편』, 151.

을 알 수 있다.[55] 딘 애치슨 국무장관에 따르면, 6·25전쟁 발발 직전에 "북한 인구의 절반 이상이 이 탄원서에 서명한 것으로 보고되었다"고 한다.[56] 탄원서의 내용은 핵무기를 절대 사용하지 말 것을 미국과 소련에게 요청하는 것이다. 즉 이 운동은 전쟁에 대한 보편적인 혐오감, 원자폭탄이 가져올 파멸에 대한 두려움, 경제 회복에 대한 우려, 국제적 긴장 종식에 대한 열망과 같은 일반 대중의 정서들을 이용하고 있었다.[57]

실제로 스톡홀름 평화 운동은 서방의 종교 단체들을 표적으로 삼았는데, 핵무기 사용에 대한 그들의 종교적 견해를 혼란스럽게 함으로써 핵무기가 도덕적으로 용납될 수 없는 것으로 만들어버렸다. 그리고 공산주의자들은 이 평화안을 홍보할 목적으로 헝가리 개혁 교회의 지도자인 알베르트 베레츠키(Albert Berezky) 주교를 위시한 동유럽 종교 지도자들을 활용했다. 스탈린은 동방의 교회들을 폭력적으로 탄압하고 있는 와중에도 서방 교회들의 종교적 여론을 조작할 때에는 상냥함 이외의 모습을 보이기를 삼갔다. 그는 기독교가 서구 세계의 주요한 도덕적 토대라는 것을 잘 알고 있었기 때문에, 종교적 도덕성과 이상에 호소함으로써 미국의 군사적 선택권을 제한하려 했고, 북한 침략군의 이익을 위해 모든 핵무기가 미리 파쇄되기를 희망했다. 세계평화당원대회는 1950년 5월까지 1억 명의 서명을 받았다고 주장했는데, 대부분 철의 장막 뒤편의 인민들에게서였다.[58] 비록 서방에서 예상했던 것보다는 적은 숫자였지만, 이러한 노력은 유럽의 여론을 동요시키는 데 성공했다. 전쟁 발발 후 치체스터(Chichester) 주교와 같은 종교 지도자들은 6·25전쟁에서 핵무기가 사용되는 것을 막기 위해 영국 정부에 로비를 하기도 했다.[59]

---

55 북한이 원자 폭탄에 대한 두려움을 느낀 것은 진실이었다. 김일성은 미국의 원자탄 폭격 가능성으로부터 자신을 보호하기 위해 지하 폭탄 대피소를 건설할 정도였다.

56 "Soviet Peace Petition on July 12, 1950," 『WCC 도서관 소장 한국교회사 자료집: 한국전쟁 편』, 45.

57 "Moscow 'Signatures for Peace' Campaign," 『WCC 도서관 소장 한국교회사 자료집: 한국전쟁 편』, 151.

58 Ibid.

59 영국이 트루먼에게서 자신들과 상의 없이 원자폭탄을 사용하지 않겠다는 약속을 받아내면서 러시아의 계획은 마침내 성과를 거두었다. 트루먼은 국제적·종교적 여론 때문에 꼼짝할 수가 없었다.

— 1950년 6월 25일 기습 준비

김일성은 스탈린의 승인을 받자마자 곧바로 전쟁준비에 박차를 가했다. 1950년 3월 김일성은 군사 장비를 추가적으로 확보하기 위해서 1951년에 할당되어 있던 소련의 융자를 미리 사용할 수 있도록 요청했고, 소련은 이에 즉시 동의했다.[60] 이외에도 러시아는 조선인민군의 부대를 확대 편성하기 위해 더 많은 무기와 장비를 제공했다. 그리고 한 달 뒤에는 남한의 공산 게릴라 부대 지도자들이 침략 전후의 행동 강령을 세우기 위해 평양에 도착했다.[61] 1950년 5월 김일성이 마오쩌둥을 만난 후에는 중국이 북한에 식량을 지원하고, 부대 하나를 한국 인근으로 이동시킬 것을 약속했는데, 이는 일본이 남한 편으로 전쟁에 개입할 경우를 대비해서였다.[62]

1950년 5월 김일성은 소련이 약속했던 군비들이 도착함에 따라 자신의 장성급 참모들이 6월 공격을 계획하기 시작했다고 슈티코프 장군에게 알렸다. 김일성은 혹시 모를 정보 유출 때문에 기습 작전에 차질이 생기거나 7월의 장마로 인해 진군 속도가 늦춰질 것을 우려하면서 서두르고 있었다.[63] 그래서 그가 고집한 바대로 전쟁의 개시는 1950년 6월 25일로 예정되었다.[64]

전쟁 직전 남한의 부흥

냉전 국제 역사 프로젝트의 역사학자 캐서린 웨더스비와 연구책임자인 크리스티안 F. 오스터맨(Christian F. Ostermann)에 따르면, 북한 지도부는 자신들에 대한 "남한 국민들의 지지를 매우 과대평가했고" 한국 정부를 "방어하기 위한 미국의 개입 가능

---

60 Bajanov, "Assessing the Politics of the Korean War 1949-1951," 54.

61 Ibid.

62 Telegram 362, 1950. Weathersby, "New Findings on the Korean War," *Cold War International History Project Electronic Bulletin* 3 (Fall 1993): 16에서 인용.

63 Bajanov, "Assessing the Politics of the Korean War," 54.

64 Telegram 408, 1950, quoted in Weathersby, "New Findings on the Korean War," 16.

성을 과소평가했다."[65] 그들의 예상과 실제 양상이 이토록 불일치하게 된 주된 요인은 종교적인 측면에 있었다. 이것은 북한 지도자들뿐만 아니라 6·25전쟁 역사가들도 어느 정도 간과했던 중요한 요소였다. 6·25전쟁 발발 전에 남한 정부와 한국 교회들, 미국 선교사들은 종교적인 수단들을 통해 공산주의의 팽창으로부터 나라를 구하기 위해 치열한 노력을 해오고 있었다.

— 교회와 국가

대한민국에는 종교와 정치가 밀접하게 얽혀있었다. 한국의 전통 종교들은 정치적 영향력을 잃어가고 있었던 반면, 기독교는 이승만 집권 이후 더욱 성장하고 있었다.[66] 기독교인들은 자신들의 정체성을 이승만 정권과 밀접하게 연계시키면서 국회와 지방정부에서도 적극적인 활동을 벌였다. 기독교인들은 한국 전체 인구에서 차지하는 비율이 낮았음에도 불구하고 남한 내 정치권력의 다수를 차지하고 있었다. 1950년 5월까지 이승만 내각의 절반가량이 기독교인이었고, 새로 선출된 210명의 국회의원 중에서 40명가량이 기독교인이었다. 국회 부의장은 장로교회의 장로였다. 서울시장과 도지사 8명 중 3명도 기독교인이었다.[67] 이들 기독교 지도자들의 미래는 공산주의자들을 어떻게 저지하느냐에 달려 있었다.

한반도의 분단 상황 때문에 남한 사람들은 두려움과 불확실성 속에서 생활해야 했다. 특히 대한민국 정부에서 일하거나 이승만에게 충성하는 사람들은 더욱 그러했다. 이승만 대통령에 따르면, 한국 지도자들 중 많은 사람들이 교회와 외국 선교사들과 밀접하게 관련되어 있기 때문에 "모든 기독교인은 자신들이 공격의 주요 표적이 된다는 것을 알고 있었다."[68] 이승만은 이 기독교인들이 "이념과 신념을 가지고 있고, 공산주의자들에 맞서 싸울 것"이기 때문에, 만일 이들이 북한의 통제 아래 놓

65 Christian F. Ostermann and Kathryn Weathersby, "New Evidence on North Korea," *Cold War International History Project Bulletin 14/15* (Winter 2003-Spring 2004): 5-7.

66 남한 내 기독교의 성장과 정치적 영향력에 관한 내용은 이 책 제3장에 정리되어 있다.

67 Letter from Harold Voelkel to Dr. John C. Decker, 29 July 1950, 『WCC 도서관 소장 한국교회사 자료집: 한국전쟁 편』, 61.

68 Franklin Graham, *Bob Pierce: This One Thing I Do* (USA: Samaritan's Purse, 1983), 146.

인다면 죽임을 당하게 될 것이라고 믿었다.[69]

전쟁에 대한 소문은 커져가는데 미군의 지원 가능성은 점차 사라지자, 많은 기독교 성직자들과 일부 남한 관리들은 오직 국가적인 신앙 부흥만이 앞으로 닥쳐올지 모르는 재앙을 막을 수 있는 유일한 방법이라고 확신하게 되었다. 그들은 하나님의 신성한 개입으로 말미암아 적의 침략으로부터 나라가 보전되고 전쟁의 공포가 떨쳐지기를 바랐다. 1950년 4월, "십대선교회"(Youth FOR Christ, 1944년 창설된 미국 복음주의 기독교 청년단체 - 역자 주)의 전도자이자 이후 월드비전의 설립자가 된 밥 피어스 목사가 한국을 방문했을 때, 이승만 대통령은 "공산주의가 흰개미 전술로 나의 정부를 무너뜨리지 못했던 이유는 나의 국민들이 엄청난 영적인 열정에 휩싸이게 되었기 때문"이라고 피어스에게 말해주었다.[70] 이승만은 남한이 북한의 군사 정복을 이겨내고 살아남기 위해서는 "모종의 영적인 쇄신"이 필요하다고 믿고 있었다.[71] 1950년 초에는 교회들이 국가 기도의 날을 지정하여 모였고, 남한 정부에서도 이를 지원했다.

— 밥 피어스와 "구국복음전도운동"

1950년 3월 개신교 교회들은 한국기독교연합회의 후원으로 "구국복음전도운동"(Save Nation Evangelistic Crusade)이라는 제목의 전국적인 전도운동을 벌였다.[72] 초교파적으로 구성된 준비위원회에는 헤롤드 보어클(Harold Voelkel, 한국명 옥호열, 한국에서 '헤롤드 보켈'로도 소개된 바 있다. - 역자 주) 목사, 오토 드 캠프(Otto De Camp) 목사 등의 미국 선교사들이 참여했다.[73] 이 운동은 당시 빌리 그레이엄이 성황리에 펼치고 있었

---

69 Ibid.

70 Bob Pierce, *The Untold Korean Story* (Grand Rapids, MI: Zondervan Publishing House, 1951), 5.

71 Graham, *Bob Pierce: This One Thing I Do*, 146.

72 이 운동에 남한 정부가 재정 지원을 해주지는 않았지만, 이승만 행정부는 교회들의 이 활동을 옹호하고 보조했다.

73 헤롤드 보어클 목사는 국제선교협의회(International Missionary Council) 사무총장인 존 C. 데커(John C. Decker) 박사에게 보낸 편지에서 이 운동을 높이 평가한 바 있다. 이 서신은 전쟁 발발 직후인 1950년 7월 29일에 쓰였다. 『WCC 도서관 소장 한국교회사 자료집: 한국전쟁 편』, 61.

표 5.1 • 남한 주요 도시들의 인구(1941~1947)

(단위: 명, %)

도시	1941년	1947년	증가율
서울	935,464	1,141,766	22
부산	249,734	400,156	60
대구	178,923	269,113	50
인천	171,165	215,784	26
광주	64,520	100,451	56
대전	45,541	96,207	111
개성	72,062	87,173	21
청주	47,230	83,333	76
포항	자료 없음	45,147	자료 없음
수원	자료 없음	42,173	자료 없음

출처: 1941년 자료는『美軍政期情報資料集: CIC(방첩대) 보고서(1945.9-1949.1)』, 1: 218을 참조했고, 1947년 자료는 다음을 참조했음. "Food Distribution In South Korea," Food Supplies, Korea 1945-1948, RG 59, Records of the US Dept of State relating to internal affairs of Korea, 1945-1949, File 895, National Archives and Records Administration (NARA).

던 미국 복음전도운동을 본뜬 것으로서, 전국 주요 지역들의 도시들을 순방하며 기독교 복음을 전할 예정이었다. 인구밀집도가 높은 한국의 대도시들이 전도운동 대상지로 선정되었다. 기독교 인구가 가장 많은 지역은 대구와 서울, 인천이었지만, 부산과 대전, 개성도 방문해서 남한의 주요 정치적·경제적·전략적 요충지들을 두루 섭렵했다(표 5.1 참조). 6·25전쟁 중에 부산을 제외한 이들 도시의 대부분은 완전히 파괴되었고, 그곳의 많은 주민들은 피난민 신세가 되었다.

이 전도운동은 세 명의 젊은 미국 설교자들인 길 더즈(Gill Dodds), 밥 핀들리(Bob Findley) 목사, 밥 피어스 목사가 동참하면서 최고조에 이르렀다. 이들의 참여는 우연하게 이루어졌는데, 피어스의 친구들인 동양선교회 에디 킬번(Eddie Kilbourne) 목사와 그의 부인 어니 킬번(Ernie Kilbourne)을 통해서였다(킬번 부부는 한국에서 '길보른'이란 이름으로 먼저 소개되었음 - 역자 주). 킬번 목사 부부는 베이징이 함락된 후 중국을 떠나 한국에 왔고, 이 전도운동을 기획하는 데 참여하게 되었다. 그들은 피어스가 도쿄로 가는 길에 한국을 방문한다는 소식을 듣게 되자, 그를 초청하여 "구국복음전도운동"

을 이끌도록 했다.[74] 육상 스포츠에 대한 한국인들의 높은 관심을 알고 있었던 킬번 부부는 피어스 목사에게 미국의 유명한 육상 스타인 길 더즈를 데려올 것을 특별히 요청했다. 그러자 피어스 목사는 길 더즈뿐만 아니라 미국 대학 대항 복싱 챔피언인 밥 핀들리도 함께 초대했다. 핀들리 역시 한국과 일본으로 여행할 것을 계획하고 있던 차였다. 서울에 도착한 이들 일행은 유력 스포츠 작가들, 정부 관계자들, 한국 교회 지도자들, 선교사들로부터 열렬한 환영을 받았다.[75] 이들은 약 9주 동안 한국에 체류했다가 전쟁 발발을 불과 몇 주 앞둔 1950년 6월 초에 출국했다.[76] 부흥집회들은 대구, 부산, 서울, 대전, 인천 등의 주요 도시들에서 열렸다.

구국복음전도운동은 특히 고등학생과 대학생에 초점을 맞춰서 활동했는데, 이들은 공산당 측에서도 선전선동의 대상으로 삼고 있는 계층이었다. 전도운동팀은 시내에 머물면서 지역 고등학교에서 매일 집회를 열었다. 대개는 미션 스쿨이 아닌, 공립학교들과 비종교 사립학교들에서 집회가 열렸다. 전도 집회가 있는 매일 밤마다 그 학교의 1~2천 명 정도 되는 학생들 전체가 한국어 통역을 통해서 미국인 연사들의 말을 들으려고 학교 강당으로 몰려들었다. 피어스 목사가 제공한 자료에 따르면, 그는 9주간의 일정 동안 최소 40개 학교를 방문하여 약 7~10만 명의 학생들과 대화를 나눴다.[77]

일반 공립학교들과 비기독교 사립학교들이 미국의 설교자들을 초청하길 원했던 이유가 무엇이었을까? 그것은 이 학교들이 청년층에서 좌익 활동이 번지는 것을 우려했기 때문이었다. 그리하여 일반 교육자들조차 공산주의 유토피아 사상에 대항하기 위해 종교 교육을 장려하게 되었다. 비기독교 학교의 교장 중 한 사람은 피어스 목사에게 “당신의 그리스도를 우리에게 전해주시길 바랍니다. 비록 우리 교사들은 대부분 기독교인이 아니지만, 우리는 오직 기독교만이 이 젊은이들을 공산주의로부터 돌아서게 할 만큼 강력하고 감동적인 도전을 준다는 것을 알고 있습니다”라

74 밥 피어스는 중국에서 킬번 부부를 만났다. 공산당이 한국에서 집권한 후 킬번 부부는 미국으로 돌아가는 대신 한국 선교에 합류했다. Pierce, *The Untold Korean Story*, 6.

75 Ibid., 9.

76 Graham, *Bob Pierce: This One Thing I Do*, 146.

77 고등학교는 보통 1,000~1,500명 정도의 규모였다. 이 미국팀은 대구에서 10일, 부산에서 5일, 서울에서 11일을 보냈고, 대전에서의 체류기간은 알려지지 않았다(최소 5일 추정).

고 설명했다.[78] 20세기 초부터 기독교는 한국의 교육자들로부터 긍정적인 평판을 얻고 있었다. 한국의 민족주의 및 제2차 세계대전 후 형성된 반공주의에 기독교가 끼쳐왔던 영향력은 남한에서 기독교인들이 사회적·정치적 핵심 세력으로 자리하면서 증명되고 있었다. 한국인의 대다수는 기독교인이 아니었지만, 점점 더 많은 수의 사람들이 기독교를 존중하고 기독교의 사상들을 수용하고 있었다.

특히 남한의 군대가 이번 구국복음전도운동을 지원하는 데 열심이었다. 많은 군사 지도자들은 미국인 설교자들을 초청하여 자기 부대의 군인들에게 설교하도록 했다. 대구에서 피어스 목사와 그의 일행들은 한국군 주둔지로 차를 몰고 나가서 수백 명의 병사들에게 설교했다.[79] 개성에서 피어스 일행은 38선을 방문하여 또다시 여러 군인들과 이야기를 나눌 수 있었다. 그런데 이때 그들과 대화를 나누었던 대부분의 경비병들은 한 달 뒤에 인민군에게 붙잡히거나 죽임을 당했다.[80] 한국군은 기독교 병사들이 더욱 우수한 전사이며 기독교 신앙이 공산군의 침투를 억제하는 데 필수적이라고 믿었기 때문에 이 설교자들을 초청했다.

기독교가 한국군에 끼친 영향력을 가장 잘 보여주는 사례로서 해안경비대의 경우를 들 수 있다. 미군정은 1945년 해안경비를 담당할 기구로 해방병단을 조직했는데, 이듬해 해안경비대로 개칭했다. 이 조직은 경찰지구대와 마찬가지로 많은 반체제 인사들을 끌어들였고, 그중에는 급진좌파 계열의 선원 조합 출신 공산주의자들도 포함되어 있었다. 그리하여 해안경비대 대원들 중에서 많은 이들이 배와 장비를 갖고서 북으로 망명했다. 그러던 중 1948년 8월 대한민국이 수립되었고, 이승만 대통령은 감리교 신자인 손원일 제독에게 해안경비대의 책임을 맡겼다.[81] 부임 즉시 손원일은 개신교를 한국 해군의 공식 종교로 삼았고, 이로써 체제 전복적인 요소들을 극복하고자 했다. 1948년 11월부터 손원일 제독은 서울 사령부에 주둔하고 있는 해군 장병들에게 기독교 예배에 참석할 것을 명령했다. 그의 정책은 남한 해군 전체

78 Pierce, *The Untold Korean Story*, 30.

79 Ibid., 32.

80 Ibid., 56-59.

81 본래 해안경비대의 책임을 맡고 있었던 손원일은 1948년 8월 대한민국이 수립된 후 이승만 대통령으로부터 해군의 초대 참모총장으로 임명되자, 해안경비대가 편입된 대한민국 해군의 기강을 세우기 위해 제독으로서 새로운 조치를 감행했다. - 역자 주

에 공통적인 관행이 되었고, 마침내 1950년 11월 해군 군종장교 제도가 수립되었다. 이는 육군과 공군보다 5개월 앞선 것이었다. 또한 손원일 제독의 명령에 따라 해군 신병 모집단이 북한 어부 출신의 기독교인 피난민들을 찾아내고, 다른 한편으로는 수사관들이 한국 해군에 숨어있는 잔존 공산주의자들을 색출하는 작업을 했다. 미국의 자문관들이 한국 해군과 합동 훈련을 하러 왔을 때, 그들은 해군이 한국군 중에서 가장 강력한 반공 전사들이라는 사실을 알게 되었다.[82]

손원일 제독 이외에 유명한 남한 기독교인 장군으로서 원용덕 장군을 꼽을 수 있다. 그는 북한의 기독교 목회자 가정에서 태어났고, 미국 선교사들에게 수학하여 의사가 되었다(세브란스 의전 졸업 - 역자 주). 이승만의 가장 충실한 지지자였던 원용덕은 1952년 5월 이승만이 비상계엄령을 선포하여 국회를 상대로 쿠데타를 일으켰을 때 영남지구계엄사령관을 맡았고, 1953년 6월에는 반공포로 석방을 지휘했다.[83] 원용덕 외에도, 조만식과 가까운 관계였던 백선엽, 백인엽 형제들 역시 기독교에 매우 우호적인 행보를 보였다. 백선엽은 수도사단 대령이었고 백인엽은 옹진반도 제17연대장이었다가, 6·25전쟁 때 장성으로 진급했다.[84]

구국복음전도운동은 한국의 지방 공무원들로부터도 지원을 받았다. 실례로 피어스는 전도운동을 시작했던 대구에서 "시 공무원들이 성심성의껏 협조했다"고 회상했다.[85] 기독교 신자였던 조재천 경상북도지사는 시청에서 열린 부흥회에 나와서 11일 동안 진행된 야간 집회에 모두 참석했다. 조재천 지사는 전도운동팀이 대구시에 있는 대규모 경기장을 활용하여 길 더즈의 시범 경주를 진행할 수 있도록 허가해주었다. 이날 경기장에서 열린 부흥 집회에는 6만 명이 몰려들었다. 이 행사는 널리 알려졌고, 고등학교에서는 부흥회에 참여할 수 있도록 학생들을 보내주었다(표 5.2 참조).[86] 매일 밤 100명이 넘는 사람들이 자신의 신앙을 공표하기 위해 앞으로 나왔다.

---

82 Millett, *The War for Korea, 1945-1950*, 174.

83 Sun-yup Paik, *From Pusan to Panmunjom: Wartime Memoirs of the Republic of Korea's First Four-Star General* (Dulles, VA: Brassey's, 1992), 82, 194, 229.

84 Ibid., 77, 79, 82.

85 Ibid., 33.

86 Ibid.

표 5.2 • 구국복음전도운동 관련 통계 자료(1950. 4~5)

(단위: 명, 일)

도시	장소	평시 수용인원	최대 수용인원	행사기간
대구	시청	2,000		11
	대구시 경기장에서 길더즈의 시범경주		60,000	1
부산	자료 없음	자료 없음	자료 없음	5
	부산시 경기장에서 길더즈의 시범경주		30,000	1
서울	장로교회	3,000	20,000	10
대전	고등학교 강당	2,000	6,000	자료 없음
인천	감리교회		20,000	7

출처: Bob Pierce, *The Untold Korean Story* (Grand Rapids, MI: Zondervan Publishing House, 1951).

이 미국 전도팀은 기독교인인 양성봉 경상남도지사의 초청을 받아서 부산에서도 집회를 열었다. 이 전도모임은 때마침 38선 경계 근무를 마치고 돌아온 3천여 명의 군인들을 기념하는 행사까지 겸하기 위해 부산시의 가장 큰 경기장을 집회 장소로 했다. 또한 일주일 전에 열린 보스턴 마라톤 대회에서 한국 선수들이 1, 2, 3등을 모두 휩쓸었기 때문에, 기쁨이 고조된 부산 시민들 약 3만 명이 축하 행사에도 참석하고 길 더즈도 보기 위해서 경기장을 찾았다.[87] 기념식과 시범 경주가 끝난 뒤에도 모든 군인과 시민들은 경기장을 떠나지 않고 더즈의 간증과 피어스 목사의 설교를 들었다.[88]

"구국복음전도운동"은 당시까지의 한국교회 역사상 가장 성공적인 전도운동이었다. 9주간의 설교를 마친 후 피어스 박사는 2만 5천 명이 넘는 새로운 개종자들이 회심을 공표했다고 보고했다.[89] 이 숫자는 로스엔젤레스에서 빌리 그레이엄 목사가 이끈 전도운동(1949)이나 십대선교회(Youth FOR Christ)의 다른 미국 집회들의 경우보다 훨씬 높은 수치였다. 본래 피어스 박사는 이번 전도운동을 미리 계획하지 않았었다. 그리고 한국을 방문하기 전에는 한국의 교회와 정치·사회·군사적 상황에 대

87 *Newsweek*, 1 May 1950, 70-71.

88 Pierce, *The Untold Korean Story*, 36-37.

89 Ibid., 29.

해서 개인적으로 아는 바가 별로 없었다. 모든 준비는 선교사들과 한국 목회자들이 이끄는 전도운동 기획위원회가 맡았다. 이 전도운동은 개인의 구원을 국가적 구원과 동일시하려는 기획자들의 의도를 보여주었다. 그리하여 기독교는 남한에서 공산주의에 대항하는 지배적인 이데올로기 세력으로 부상했다.

— 무시된 경고

북한이 기습을 준비함에 따라, 이에 대한 첩보들이 1950년 5월에 이르러 남한에 전달되기 시작했다. 국경을 따라 집중 배치된 북한의 대규모 군대와 탱크는 한국 국방부 장관인 신성모를 놀라게 했다. 5월 10일 신 장관은 외신기자회견을 열어서 소련제 중형전차 T-34가 최소 155대 발견되었고, 38선 일대에 대규모 군비 증강이 나타나며, 11만 8천 명의 공산군 병력이 전투 위치에 있다고 발표했다.[90] 이틀 뒤에는 이승만 대통령도 기자회견을 열어서 신 장관의 보고를 인용하여 발표했고, 미국의 모순된 입장에 항의하면서 즉각적인 조치가 필요함을 강조했다.[91] 남한은 미국과 동맹국들이 당면한 위협을 인식하고, 필요한 군수품을 마련하여 대응하고, 공격을 격퇴할 준비를 해주기를 희망했다.

그러나 미국의 언론과 전문가들은 이러한 경고를 심각하게 받아들이지 않았다. 실례로 『뉴욕타임스』는 14쪽에 달하는 신 장관의 보고서를 고작 33개 단어의 단신으로 축약해버렸다.[92] 이에 더하여 에버렛 드럼라이트(Everett Drumright) 대리대사는 신 장관의 경고를 추가로 반박하면서 한국의 보도가 과장되었다고 주장했다. 그는 남한이 미국으로부터 추가적인 군사원조를 얻어내기 위해 의도적으로 위협을 부풀렸다고 추론했다.[93] 이러한 드럼라이트의 주장은 CIA, 미 국방부, 그리고 도쿄의 극동사령부가 제출한 정보 보고서들에 의해 뒷받침되었다.[94] 그리하여 미국 정부는 대

---

90 Thornton, *Odd Man Out*, 172.

91 Ibid., 175.

92 Ibid.

93 Ibid., 173.

94 CIA report #172: ORE 18-50,19 June 1950, "Current Capabilities of the Northern Korean

한민국 정부의 요청에 답변하기를 거부했다. 남한 사람들은 워싱턴에서 자신들의 말에 귀를 기울여줄 단 한 사람이라도 찾기 위해 필사적이 되었다.

— 전쟁 8일 전 한국을 방문한 존 포스터 덜레스

독실한 천주교인으로서 초대 주미 한국 대사직을 맡았던 장면 박사는 당시 트루먼 행정부에서 남한에 설비 공급을 원조하도록 설득해 줄 수 있는 핵심 인물로서 존 포스터 덜레스(John Foster Dulles)를 주시하고 있었다. 장면은 덜레스가 동아시아의 전후 재건을 위해 초당적인 접근법을 추구하면서 민주당과도 기꺼이 협력해나가는 인물로서, 공화당 내 영향력 있는 외교 정책 전문가임을 파악하고 있었다. 장면은 이전에 유엔의 대한민국 승인을 위해서 덜레스와 긴밀히 협력했던 경험이 있었고, 이로 미루어 그가 덜레스의 주의를 끄는 것이 가능하리라 예상했다. 그러던 중 덜레스가 일본과의 평화협정 협상을 위한 특사로 임명됐으며 한국에 중간 기착을 계획하고 있다는 소식을 듣게 된 장면 대사는 덜레스를 비롯한 국무부 고위 관계자들을 만찬에 초대했고, 워싱턴 D.C.의 워드먼-파크(Wardman-Park) 호텔에서 만남을 가졌다. 장면은 덜레스에게 한국의 38선을 방문하여 실제적인 현황을 살펴보고, 새로 선출된 남한의 국회에서 연설해 줄 것을 강력하게 권했다. 덜레스는 장면의 제안에 동의했고, 연설문을 준비하여 딘 애치슨 국무장관의 승인을 얻었다.

덜레스의 방문이 6·25전쟁에 어떠한 종교적 영향력을 끼치게 되는지 제대로 인식하기 위해서는 먼저 그의 정치적·종교적 배경을 이해할 필요가 있다. 덜레스는 1940년대 내내 연방교회협의회(Federal Council of Churches of Christ, 약칭 FCCC) 및 미국 장로교회와 긴밀한 관계를 맺어왔었다. 그는 자유주의적 장로교 목사 앨런 메이시 덜레스(Allen Macy Dulles)의 아들이자, 인도 선교사 존 웨슬리 덜레스(John Wesley Dulles)의 손자이다. 그의 외할아버지 존 왓슨 포스터(John Watson Foster)는 벤자민 해리슨(Benjamin Harrison) 대통령 시절 국무장관을 지냈다. 즉, 그는 정치가와 설교자의

Regime," National Archives Record Administration (NARA).; James F. Schnabel, *Policy and Direction: The First Year* (Washington, D.C.: U.S. Government Printing Office, 1972), 64; Thornton, *Odd Man Out*, 175.

유전자를 물려받은 사람이다. 아버지와 할아버지들의 영향을 받으며 자라난 덜레스는 자유주의적인 종교 신념과 아울러 미국의 선교와 예외주의를 인정하는 세계관을 갖고 있었다.[95] 그는 성공적인 변호사가 되었고, 1941년 2월 연방교회협의회가 설립한 '정의롭고 지속적인 평화의 기초 연구 위원회'(Commission to Study the Basis of a Just and Durable Peace)의 의장을 맡았다. 탄탄한 정·재계 인맥을 갖춘 유명한 기독교 평신도인 덜레스는 공화당 내 유력 인사로 빠르게 성장했다.

이러한 덜레스가 워싱턴에서 가졌던 영향력은 한국에 있는 미국 선교사들 또한 익히 알고 있었다. 선교사들은 자신들이 한국 기독교의 활력과 한국의 투쟁이 갖는 영적인 본질을 덜레스에게 제대로 전해줄 수만 있다면 그가 미국 행정부 내에서 자신들을 도와줄 훌륭한 친구가 될 수 있음을 잘 알고 있었다. 그리하여 서울의 장로교 선교사들은 한국에 올 예정인 덜레스를 위해서 특별한 환영회를 마련하여 그를 초대했고, 장로교 신자인 덜레스는 이를 흔쾌히 받아들였다. 덜레스는 6월 17일 도쿄발 서울행 비행기를 탔는데, 같은 비행기에서 미국 장로교 해외선교부 총무인 존 C. 스미스(John C. Smith) 박사를 만났다. 스미스 박사는 북장로교 연례선교총회에 참석하기 위해 한국에 가던 길이었다.

덜레스를 환영하는 이번 만찬은 선교사들과 장로교 해외선교부 총무에게 절호의 기회가 될 자리였다. 즉, 이 유력한 정치인에게 한국에 원조가 필요함을 간청하고, 한국의 교회 역사를 들려주고, 장차 한국에 기독교가 흥왕하게 될 미래의 비전을 제시할 수 있는 기회 중의 기회인 것이다. 그들은 최근에 밥 피어스의 복음전도운동이 성공을 거둔 것과 한국 정부 내에서 기독교가 갖는 영향력을 덜레스에게 보고했다. 그리고 만찬이 끝난 후 선교사들은 덜레스를 설득하여 그들과 함께 한경직 목사가 세운 영락교회를 방문하도록 했다.[96] 유명한 탈북민 교회였던 영락교회는 그날 밤 3천 명이 모이는 토요일 특별복음전도 집회를 열고 있었다. 덜레스와 스미스는 영락교회에 잠시 들러서 피난민들에게 짧은 인사를 건넸다. 당시 서울에 수백 개의

95 Richard H. Immerman, *John Foster Dulles: Piety, Pragmatism, and Power in U.S. Foreign Policy* (Wilmington, DE: Scholarly Resources Inc., 1999), 1-3.

96 Letter from Harold Voelkel to Dr. John C. Decker, 29 July 1950, 『WCC 도서관 소장 한국교회사 자료집: 한국전쟁 편』, 61.

교회가 있었지만, 그중에서 영락교회는 피난민교회로서 가장 크고 아름다운 곳이었다. 선교사들이 덜레스를 이 교회에 데려가려고 했던 것은 한국인들이 자유를 위해, 특히 종교의 자유를 위해 투쟁하고 있기 때문에 그들이 미국의 지지를 받을 만한 자격이 있는 사람들임을 덜레스가 목격하고, 그가 이 사실을 미국 국민들과 미국 대통령에게 전해주길 바랐기 때문이었다.

덜레스는 진상 조사의 임무를 수행할 목적으로 이번 여행길에 올랐기 때문에 모든 세부 사항에 세심한 주의를 기울였다.[97] 그는 환영 만찬장에 가기 전에 임병직 외무부장관 및 몇몇 한국 관리들과 함께 38선을 먼저 찾았다. 또한 미국이 자신들을 버렸다고 느끼는 한국인들의 감정에 적절히 대응할 방법을 마련하고자 했다.[98] 6월 19일 대한민국 국회 연설에서 그는 자신이 어떻게 38선을 보았는지 밝히고, 한국군 병사들을 만난 것과 정부 관료들, 교육자들, 경제학자들과 대화를 나눈 것, 탈북피난민들과 함께 기도한 것에 대해 설명했다. 그리고 이 여정에서 자신이 감명을 받았고, "한국은 세계 평화와 정의를 위해 동맹을 맺을 가치 있는 국가"임을 알게 되었다고 허심탄회하게 밝혔다.[99] 그는 한국인들이 인류의 자유라는 위대한 섭리에 합당하게 행동하는 한, 그들이 공산주의에 맞서서 외롭게 대항하게 되지 않을 것이라고 확언했다. 한국에서 5일을 체류한 덜레스는 1950년 6월 22일 일본으로 떠났다.

덜레스의 연설과 개인적인 의견 표명은 당연하게도 미국 정부의 공식적인 정책을 대변한 것이 아니었다. 또한 그의 방문기간은 너무 짧았고 3일 후에 곧 들이닥칠 북한의 공격을 미국이 대비하는 데 영향을 미치기에는 시간이 너무 촉박했다. 그의 방한은 어떠한 즉각적인 도움도 가져오지 못했다. 그러나 "당신들은 혼자가 아니다"라는 덜레스의 성명은 남한 전역에 널리 퍼졌고, 일부 한국인들은 그가 "미국의 보호를 가장 명백하게 보증"했다고 느꼈다.[100] 그의 발언이 공식적인 정책은 아니었지

---

97 Jongsuk Chay, *Unequal Partners in Peace and War: Republic of Korea and the United States, 1948-1953* (Westport, CT: Praeger, 2002), 167-168.

98 Ibid.

99 Speech before the National Assembly, 19 June 1950, John Foster Dulles Papers (MC#016), Korea, Box 48, Folder 1950, Seeley Mudd Library.

100 Chay, *Unequal Partners in Peace and War*, 168.

만, 최소한 일부 미국인들(상원의원들로부터[101] 관료들, 성직자들, 시민들에 이르기까지)의 마음속에 자리하고 있는 정서, 즉 미국은 한국에 대해 도덕적인 책무가 있다는 생각을 한국인들에게 전달해주었다. 이러한 정서가 간과돼서는 안 되는 이유는 당시 약 10년 동안 특히 도덕적이고 종교적인 가치들이 대단히 숭상되는 분위기였고, 그래서 여론의 압박이 워싱턴의 의사 결정까지 바꿀 수도 있었던 시기였기 때문이다. 덜레스는 이번 방한을 통해 한국 문제에 대한 자신의 인식을 바꾸게 되었고, 남한 방어에 대한 개인적인 약속과 의지를 새로이 하게 되었다. 그리고 그는 미국 국무부 내에서 한국에 대한 확고한 정책을 옹호하는 중요한 인물이 되었다.

전쟁의 발발과 초기 대응

6·25전쟁이 난 것 자체는 한국의 많은 관료들에게 그리 뜻밖의 일이 아니었다. 그들은 이미 첩보들을 받고 있었고, 공격의 징후들을 주시해오고 있었다. 다만 정확한 작전 날짜를 몰랐을 뿐이었다. 그러나 실제로 전투가 시작되자 진정 놀라게 되는 일들이 펼쳐졌다. 첫째, 남한의 군대는 북한 침략군의 전투력, 특히 러시아제 탱크의 위력이 상상을 초월한다는 사실을 비로소 알게 되었다. 둘째, 남한 정부가 수도 서울을 빠르게 포기한 것은 대부분의 한국인들을 충격에 빠뜨렸고 서울에 주재하고 있던 많은 외국 사절들을 실망시켰다. 셋째, 부산 일대를 방어하기 위해 미국이 신속하게 자국 군대를 파견한 것은 북한의 계획을 뒤엎어버렸다. 이번 절에서는 미국 정부, 선교사들, 교회들이 전쟁 발발에 어떻게 대응했는지, 그리고 미군 개입의 필요성과

---

101 아서 H. 반덴버그(Arthur H. Vandenberg) 상원의원과 월터 저드(Walter Judd) 하원의원은 한국에 대한 미국의 도덕적 의무에 대해 미 의회에서 가장 대담하게 의견을 표명했다. 이들은 다른 아시아 국가들을 방문했을 때 "미국은 한국에 대해 어떻게 할 것인가"라는 질문을 자주 반복해서 듣게 되었고 이에 깊은 인상을 받았다. 한국이 중요한 상징이 된 것이다. 미국이 한국을 어떻게 다룰지는 극동 지역에서 미국이 갖는 지도적 위치에 대한 다른 아시아 국가들의 신뢰에 심각한 영향을 미치게 될 것이었다. Robert Oliver's letter to Syngman Rhee, January 7, 1950, 『大韓民國史資料集. 29: 李承晩關係書翰資料集 2(1949~1950)』(경기도: 국사편찬위원회), 245.

정당성을 미국인들에게 알리는 과정에서 종교적인 면이 어떻게 핵심 요소로 제시되었는지를 밝히는 데 주안점을 둘 것이다.

— 1950년 6월 25일 공격

1950년 6월 25일 일요일 새벽 4시, 남한의 장교들 3분의 1이 서울에서 특별 모임을 갖고 있었고 병사들 절반이 농작물을 수확하러 휴가를 떠났을 때, 북한군은 38선을 따라 전면적인 공격을 감행했다. 첫 번째 총격은 옹진반도에서 시작되었다. 그리고 전투는 국경을 따라 다른 6개의 주요 지점들로 빠르게 확산되었다. 5시간에 걸친 치열한 전투 끝에 옛 고려 왕국의 수도였던 개성이 공산당의 손에 넘어갔다.[102] 개성에 거주하던 5명의 감리교 선교사들과 서울에서 올라온 선교사 한 명이 북한군에게 포로로 붙잡힌 첫 미국인 집단이 되었다.[103] 그들이 억류된 것은 6·25전쟁 기간 내내 그들의 행방을 찾고 석방을 원했던 미국 종교 단체들이 서로 결집하게 되는 슬로건 역할을 했다.

주한미군사고문단(Korea Military Advisory Group, KMAG)이 보낸 북한의 침략 소식은 도쿄에 있는 맥아더 장군 사무실로 공격 시작 2시간 만에 전해졌다. 맥아더는 또한 몇 시간 뒤에 서울의 존 J. 무치오(John J. Muccio) 대사로부터 일련의 전보를 받았다. 무기와 탄약을 요청하는 이승만 대통령의 탄원을 전달하는 내용이었다. 워싱턴에 보내는 첫 번째 종합상황보고서에서 맥아더는 "적군의 전투력과 전략은 상당히 높은 수준이며, 그들의 활동은 유엔의 불신임 대상이 되는 명백한 전쟁 행위"라고 통지했다.[104] 그리고 맥아더는 워싱턴의 지시를 받기도 전에 이미 미 제8군 사령관 월튼 H. 워커(Walton H. Walker) 장군에게 미군해상수송편(MSTS)인 키슬리(*Keathley*)에 탄약과 박격포들을 싣고서, 한국군이 사용할 능력이 되는 만큼 보내주라고 명령했

---

102 Schnabel, *Policy and Direction: The First Year*, 65.

103 Larry Zellers, *In Enemy Hands: A Prisoner in North Korea* (Lexington, KY: The University Press of Kentucky, 1991).

104 Schnabel, *Policy and Direction: The First Year*, 65.

다.[105]

덜레스는 침공 소식을 듣자마자 맥아더를 만나기 위해 교토에서 도쿄로 달려갔다. 그러나 맥아더 장군은 자신감을 표명하면서 이번 공격을 대수롭지 않게 여겼다. 그는 덜레스에게 이 공격이 그저 "모닥불" 같은 수준이며, 곧 "북한 탱크의 연료가 바닥날 것"이라고 말했다.[106] 그러나 덜레스는 자신이 최근 38선을 관찰했던 바를 통해서 지금 상황이 맥아더가 인지하는 것보다 훨씬 더 끔찍하다는 것을 확신했다. 그날 저녁 덜레스와 그의 국무부 보좌관인 존 M. 앨리슨(John M. Allison)은 워싱턴에 전보를 보내서 이 사태에 대한 자신들의 강한 신념을 전달했다. 한국군이 이번 침공을 격퇴할 수 없다면 "러시아가 반격해 올 위험을 감수해서라도 미군이 동원되어야만 한다"는 것이었다. 아울러 그들은 유엔 헌장 106조에 근거하여 안전보장이사회를 통해 유엔의 개입을 요청할 수 있다고 제안했다.[107]

— 워싱턴의 대응

덜레스의 바람대로 트루먼은 6·25전쟁 발발에 신속하게 대응했다. 주말에 고향을 방문하던 중이었던 트루먼 대통령은 딘 애치슨 국무장관의 보고를 듣고서 미 국무부가 이 문제를 유엔 안전보장이사회에 즉각 상정하도록 권한을 부여했다. 공격이 개시된 지 약 20시간 후 서둘러 워싱턴으로 돌아온 트루먼은 국무부와 국방부의 고위급 보좌관들과 회의했다. 애치슨 장관은 이 공격의 배후에 소련이 있으며, "이 도전에서 물러나는 것"은 미국의 위신을 손상시킬 것이라고 확신했다. 그리하여 그는 미국이 "소비에트의 꼭두각시가 이 중요한 지역을 정복하는 것을 용납할 수 없다"고 결론지었다.[108] 대부분의 관료들은 미국이 소련에 맞서서 싸워야 하는 곳이

105 Ibid., 66.

106 Robert H. Ferrell, "Dulles, John Foster 1888-1959," *Historical Dictionary of the Korean War*, ed. by James I. Matray (New York: Greenwood Press, 1991), 146.

107 "Korea: Summary of Actions and Decisions, June 24-25," *Korea Project of the Division of Historical Policy Research*, RG 59 General Records of the Department of State, Lot Files 78/D174, National Archives.

108 Wingrove, "Who Started Korea?" *History Today* 7 (July 2000): 44.

한국이라고 믿었다. 특히 애치슨은 미국이 아무런 행동도 하지 않으면 유럽의 서부 동맹 또한 위태롭게 될 것이라 믿었기 때문에 한국에서 분명한 입장을 취해야 한다고 주장했다.[109] 트루먼 대통령도 이에 동의했다. 그러나 그는 미국이 "세계대전 규모의 전쟁에 휘말리지는 않으면서도 〔공산주의자들의〕 공격에 대항해야 함"을 아울러 경고했다.[110] 이후 트루먼 대통령은 극동 공군(Far East Air Force)을 파견하여 미국 민간인들의 일본 대피를 지원했다. 공군은 대피 작전 중에 필요시에는 적의 탱크를 파괴할 수 있는 권한을 부여받았다. 트루먼은 또한 맥아더 장군에게 존 H. 처치(John H. Church) 준장이 지휘하는 조사단을 파견하여 한국에 탄약과 군수품을 제공하도록 명령했다.

처음부터 트루먼 대통령은 한국 문제가 유엔의 책임이라고 믿었기 때문에 미국은 행동을 보류하고 유엔의 결의를 기다릴 것임을 보좌관들에게 분명히 했다. 미국의 반응은 유엔을 확고히 지지하는 것이어야 했다. 이 회의 직후 미 국무부는 국제적 합의로 정한 남북한의 경계를 복원하기 위해 유엔 전 회원국의 경찰력을 투입할 것을 권고하는 결의안 초안을 마련하면서 본격적인 조치에 들어갔다. 이튿날 다시 소집된 블레어 하우스(Blair House, 백악관 근처에 있는 미국 대통령의 영빈관 - 역자 주) 회의에서 트루먼 대통령은 극동 공군이 38선 이남의 모든 북한 탱크, 대포, 병력 및 기타 군사 목표물들을 공격할 수 있도록 승인했다. 그는 또한 미 해군에게도 명령을 내려 침략군으로부터 남한을 지키도록 했다.

6월 27일 유엔 안전보장이사회가 북한의 공격을 규탄하고 회원국들에게 남한을 지원할 것을 촉구하는 결의안을 통과시키자, 트루먼은 애치슨 장관의 제안에 따라 제7함대에 대만해협을 제압할 것을 명령했다.[111] 이 명령은 중국 공산당의 진격을 효과적으로 차단했고, 8월에 대만을 공격하려는 그들의 계획마저도 좌절시켰다. 미국은 차근차근 6·25전쟁에 깊숙이 관여하고 있었다. 그리하여 6월 30일에는 미국의 한국전 개입이 공식화되었다. 남한의 방어선이 급속히 붕괴된 것에 놀란 트루

---

109 Walter Isaacson and Evan Thomas, *The Wise Men: Six Friends and the World They Made* (New York: Simon and Schuster, 1986), 507.

110 Wingrove, "Who Started Korea?" 44.

111 Isaacson and Thomas, *The Wise Men: Six Friends and the World They Made*, 508.

먼은 부산 일대를 지키기 위해 미국 지상군을 투입했다. 그 결정이 없었다면 한반도의 마지막 거점마저도 잃고 말았을 것이다. 동아시아의 위기에 대항하려는 트루먼 대통령의 결단이 한국인들로부터 환영을 받은 것은 당연했다.

— "하이볼 작전"

트루먼 대통령의 대피 명령은 한국 시간으로 6월 26일 서울의 주한 미국대사관에 전달됐다. 무치오 대사는 그 즉시 육군 라디오 방송인 WVTP를 통해 "하이볼"*(Highball)*[112]이라는 암호명을 전했다. 서울에 있던 미국 시민들은 이 암호에 따라 미국 대사관에 집합하도록 지시를 받았고, 휴대할 수 있는 짐은 작은 손가방 정도만 허락되었다. 본래 도쿄에 있는 미군 본부는 1년여 전인 1949년 7월, 차우차우(CHOW CHOW)라는 이름의 대피 계획을 미리 세워 놓았었다. 미군은 북한군이 서울-인천 지역을 점령하는 데 약 4일이 소요될 것으로 추정했었다.[113] 이 계획에서는 인천과 부산이 주요 대피항으로 지정되었다.

1950년 6월 한국에는 1,500명이 넘는 미국인들이 살고 있었다. 그들 중 다수는 주한미사절단(American Mission in Korea, 약칭 AMIK) 소속 군인들의 가족들이었다. 그 외에 국무부, 경제협조처(ECA), 주한미군사고문단(KMAG)의 직원들도 있었다. 그리고 선교사들과 그 가족들이 약 300명가량 되었다. 대부분의 미국인들은 서울에 거주했지만, 미국 선교사들은 한반도의 주요 도시들에 흩어져 있었다. 그들도 대피해야 했지만, 철수할 항구들 중 한 곳으로 이동하기 위해서는 그들 스스로 방법을 찾아야만 했다.[114]

그런데 전쟁이 터졌을 때 공교롭게도 북장로교 선교부가 서울로부터 약 135마일 떨어진 대천의 아름다운 해변에서 연례 총회를 하고 있던 중이었다. 회의에 참

---

112 "하이볼"(highball)이라는 용어는 최대한 신속하게 탈출하는 것을 의미했다.

113 Schnabel, *Policy and Direction: The First Year*, 71.

114 미군은 중국인을 제외한 다른 나라의 외교관들과 거주자들을 대피시킬 책임이 있었다(러시아 백인들의 상황은 어떠했는지 확실치 않다). Harold Joyce Noble, *Embassy at War* (Seattle, WA: University of Washington Press, 1975), 21-23.

석한 80명의 미국인들은 전기도 전화도 없는 해변에 있었기 때문에 자신들이 위험에 처했다는 사실을 알지 못했다. 가장 가까운 전신도 8마일 떨어진 대천리에나 있었다. 대피령이 임박했음을 알게 된 미 대사관 직원 밥 키니(Bob Kinney)는 자신의 아내와 장모, 세 자녀가 선교회의에 참석하고 있는 대천을 향해 밤비를 뚫고서 서둘러 해변으로 차를 몰았다.[115] 한밤중에 도착한 그는 선교사들을 깨웠고, 이후 숙소 주변을 감시할 순찰대가 세워졌다. 아침에는 또 다른 대사관 직원이자 전(前) 주한 YMCA 총무의 아들인 프랭크 반하트(Frank Barnhart)가 찾아와서 "하이볼" 작전과 민간인 대피령 소식을 알렸다. 민간인 대피는 주로 서울 거주의 여성과 어린이들을 대상으로 했다.[116]

선교사들은 대피를 서둘러야만 했고, 서울로는 돌아갈 수 없게 되었다. 그들은 대천을 떠나서 남쪽의 부산을 향해 가기로 했다. 6월 26일 오전 11시에 그들은 대여한 트럭 세 대, 지프차 다섯 대, 지프 트레일러(지프차에 짐칸을 연결 - 역자 주) 두 대, 스테이션 왜건(좌석 뒷부분에 큰 짐을 실을 수 있는 공간이 있는 승용차 - 역자 주) 두 대로 부산을 향해 출발했다.[117] 처음에 그들은 부산으로 가는 기차를 탈 수 있기를 바라면서 85마일 정도 떨어진 대전으로 향했다. 험한 시골을 시속 10마일의 속도로 느릿느릿 가야 하는 고통스러운 여정이었다. 그런데 막상 어렵사리 대전에 도착해보니 대부분의 미국인들은 이미 떠났고 없다는 것을 알게 되었다. 게다가 북한 인민군이 도로와 철도 통행을 막기 위해서 동해안의 포항에 상륙했다는 소문까지 있었다. 그래서 선교사들은 한밤중에 차를 몰고 산을 넘어 대구로 가는 길을 택했다. 미국 장로교 해외선교부 총무인 존 C. 스미스 박사는 그날 밤 120마일을 가야 했던 이 여행이 지금껏 자신이 경험했던 것 중 최악의 여행이었다고 진술했다. 바퀴는 계속해서 구멍이 나고, 차가 고장 나서 가다 서기를 반복했으며, 가는 길에 유실된 다리는 25개가 넘었다. 갖고 있던 짐들 대부분을 길에 버리면서 14시간을 고군분투한 끝에 그들은 대구의 선교 본부에 도착했다. 그곳은 한국의 주요 선교 본부들 중 하나였다.

---

115 Letter from John C Smith, 30 June 1950, 『WCC 도서관 소장 한국교회사 자료집: 한국전쟁 편』, 32.

116 Ibid.

117 Ibid.

그날 그들이 겪었던 시련은 그저 기억에 남을 일회성 모험으로 끝나지 않았다. 향후 몇 년간은 그러한 시련이 계속될 예정이었다. 대구로 온 선교사들은 서울에서 대피한 것이 아니었기 때문에 다른 선교사들처럼 일본으로 건너갈지, 아니면 한국에 남을지를 결정할 수 있는 선택권이 남아있었다. 잔류를 선택한 선교사들은 미국 교회들을 대표하여 한국을 돕는 일을 하게 되었고, 이에 더하여 남한을 구하려는 유엔의 활동을 조력하는 중요한 역할까지 곧이어 맡게 된다. 해리 힐(Harry Hill) 목사, 존 언더우드(John Underwood) 목사, 호러스 언더우드(Horace Underwood), 에드워드 애덤스(Edward Adams) 목사, 아치 캠벨(Arch Campbel) 목사, 프란시스 킨슬러(Francis Kinsler) 목사가 한국에 남기를 선택했다. 이들의 아내들도 같이 머물기를 원했지만 같이 있던 선교사들이 그들을 만류했다. "한국에 남기로 한 남자들은 기동력 있게 움직여야만 되고, 게다가 전쟁터에 미국 여성들이 있는 것은 정부에 대단히 불리한 조건이 될 것"이기 때문이었다.[118] 나머지 일행이 부산으로 대피하는 동안 언더우드 형제와 해리 힐 목사는 차를 몰고 청주로 돌아갔다. 청주는 힐 목사와 존 언더우드 목사가 사는 곳이었다.

부산에서 북장로교 선교부 소속의 대다수 선교사들이 론 스타 스테이트*(Lone Star State)*호에 탑승했고, 6월 28일 새벽 2시에 일본 후쿠오카로 출발했다. 선교사 일행은 한국을 떠나기 전에 장로교 한국 선교부 집행위원회 총무인 에드워드 애덤스 목사에게 자신들이 가지고 있던 한국 돈을 모두 주었다. 이번 특별 모금액은 총 "50만 원이 넘었고, 베갯잇 하나를 거의 꽉 채우는 양이었다."[119] 선교사들은 이 돈을 곧 6·25전쟁의 첫 번째 민간 구호 활동에 사용하게 된다.

한편 남장로교 선교사들은 이때 전주에서 연례 총회를 열고 있었다. 이들은 북한의 공격 소식을 듣자마자 일본으로 대피할 준비를 시작했다(여성과 어린이를 포함하여 60여 명).[120] 선교 집행위원회는 어머니들과 아이들을 먼저 떠나보내도록 조치했다. 그러나 전주와 광주에 있는 남장로교의 주요 선교 기지들을 가능한 한 오래 돌보기

118 Ibid., 33.

119 Ibid.

120 Letter from Robert Knox, 2 July 1950, Presbyterian Church (U.S.) Department of History, Montreat, North Carolina.

표 5.3 • 남한에 잔류한 남장로회 선교사들

광주 선교 기지	전주 선교 기지
- 헐버트 코딩턴 박사(Dr. Herbert Codington) - H. 패츄리미첼 목사(Rev. H. Petrie Mitchel)와 그의 아내 메리 벨(Mary Belle) - 플로렌스 루트 양(Miss Florence Root)	- 오비드 B. 부쉬 박사(Dr. Ovid B. Bush) - 폴 S. 크레인 박사(Dr. Paul S. Crane)와 그의 아내 마리엘라(Mariella) - 윌리엄 A. 린튼 목사(Rev. William A. Linton와 그의 아내 샬럿(Charlotte) - 진 N. 린들러 양(Miss Gene N. Lindler) - 마가렛 프리처드 양(Miss Margaret Pritchard)

위해서 최소한의 기간 요원과 몇 명의 미혼 여성 선교사들이 잔류하기로 했다(표 5.3 참조).

그러나 인민군이 전라도에 대대적으로 진격하자 이 두 지역의 선교사들은, 플로렌스 루트(Florence Root) 양을 제외하고, 모두 7월 16일 부산으로 안전하게 대피했다. 루트 선교사는 전라남도 산골마을에 사는 일단의 한국 기독교인들로부터 보호를 받았는데, 루트는 그들을 "조직"이라고 불렀다.[121] 그녀는 그들의 도움을 받아 기적적으로 살아남았다. 그녀를 보호하는 과정에서 이들 한국 기독교인이 몇 명 사망했다.

원주에서는 세 명의 여성 감리교 선교사들인 에스더 레어드(Esther Laird), 세이디 머드 무어(Sadie Maude Moore), 메리 제인 스핀들로(Mary Jane Spindlow)가 보육원에서 봉사하고 있었다. 이들은 육군 중사(army sergean) 한 명으로부터 전쟁 소식을 들은 후, 인천항에 제때 도착할 수 있을지 확신이 서지 않아서 6월 26일 부산을 향해 출발했다. 이 세 명의 미국 여성들은 지프차를 몰고서 생소한 지역들을 건너가는 길고 위험한 여행을 시작했다. 운이 좋게도 그들은 산 속에 포진하고 있었던 공산당 게릴라들을 용케 피해갔고, 그날 밤 늦게 대구에 무사히 도착했다.[122]

대구에 있는 한국인들은 이 여성들에게 공산당들이 후퇴할 것이라고 장담했지

---

121 George Thompson Brown, *Mission to Korea* (USA: Board of World Missions, Presbyterian Church U.S., 1962), 190.

122 Letter from Esther Laird, 10 July 1950, Missionary Collection 4, United Methodist Church Archives - GCAH, Madison, New Jersey.

만, 주한미군사고문단의 미국 병사들은 선교사들에게 서울이 함락되기 직전이고, 북한군이 동해안 어딘가에 상륙했을지도 모르기 때문에 서둘러 부산으로 가라고 말해주었다. 그래서 그들은 에스더 레어드가 식중독에 걸리는 와중에도 부산으로 이동했다. 부산에서 그들은 6월 28일 후쿠오카로 가는 제시 라이크스(*Jesse Lykes*)호에 탑승했다.[123]

서울에서 대사관을 통해 인천으로 이동하여 일본행 배를 타고 대피하게 된 선교사들은 대부분 다른 교파들 소속이었다. 그들 다수가 여성들과 어린이들이었다. 또한 미국 민간인들도 함께 이 대피 길에 올랐다. 그러나 가톨릭 선교사들은 남아있기로 결정했다. 즉각 수송할 수 있는 상업용 화물선은 인천에 정박해 있던 노르웨이 비료선인 에스에스 라인홀트(*SS Reinholt*)호가 유일했다. 정상 운행 시에 12명의 승객만을 태웠던 이 배는 6월 26일 오후에는 682명의 피난민들을 승선시켰다. 질산염 비료의 악취 때문에 후쿠오카로 가는 이틀간의 여정은 거의 견딜 수 없는 지경에 이르렀다.

1930년대 평양에서 사역했던 원로 선교사인 윌리엄 E. 쇼 목사는, 다른 몇몇 남성 선교사들과 마찬가지로, 가족들을 안전하게 떠나보낸 뒤 홀로 서울에 더 남아있기를 원했다. 그러나 다음날 서울에 있는 모든 미국인들은 항공편으로 즉시 대피하라는 명령을 받았다.[124] 쇼 목사는 서울 곳곳으로 차를 몰아서 남아 있는 선교사들을 모은 뒤 20여 마일 떨어진 김포공항으로 향했다. 공항으로 가는 길에 그들은 적의 비행기들에서 발사하는 "기관총 사격"을 받기도 했다.[125]

김포에는 약 360명의 사람들이 떠나려고 대기했지만 C-54 수송기는 5대뿐이었고, 각 비행기에는 60명만 탈 수 있었다. 수하물이 허용되지 않아서 많은 양의 짐들이 공항에 버려졌다. 그렇지만 활주로에는 여전히 쇼 목사를 포함한 36명의 남자들이 탑승을 못 하고 서 있었다.[126] 그런데 떠났던 비행기들 중 한 대가 예상 밖에 그

---

123 Ibid.

124 Korea Letter #1, 23 July 1950, Church and Society, United Methodist Church Archives - GCAH, Madison, New Jersey.

125 Ibid.

126 Ibid.

표 5.4 • 북한에게 포로로 붙잡힌 외국 민간인들(1950~1953)

(단위: 명)

구분	사망 포로	생존 포로	합계
외교관	0	6	6
가톨릭 사제	7	4	11
가톨릭 수녀	4	5	9
가톨릭 평신도	1	0	1
남성 선교사	2	4	6
여성 선교사	1	3	4
외국인 관료	0	1	1
사업가	1	1	2
언론인	0	2	2
미국 엔지니어	2	0	2
백인 러시아인	5	4	9
터키인	0	5	5
민간인	0	2	2
18세 미만 어린이	0	8	8
합계	23	45	68

출처: Donald N. Clark, Living Dangerously in Korea: The Western Experience 1900-1950 (Norwalk, CT: EastBridge, 2003), 381-383.

날 저녁 7시 30분에 다시 돌아왔다. 착륙해서 엔진도 멈추지 않은 채 C-54는 마지막 남은 사람들을 모두 태우고 도쿄로 대피시켰다.[127] 대부분의 선교사들은 일본으로 피난했고, 그곳에서도 재일한인들을 위해 선교 활동을 계속해갔다.[128] 서울이 결국 공산당의 손에 넘어가자, 30명의 기독교인 외국인들은 인민군에게 포로로 붙잡혔다. 그들 대부분은 대피를 거부했던 가톨릭 신자들이었다(표 5.4 참조).

피난을 간 선교사들은 비록 몸은 한국을 떠나 있었지만, 전쟁 구호 활동에 필

127 Ibid.

128 Letter - Movement of Missionaries, 10 July 1950, 『WCC 도서관 소장 한국교회사 자료집: 한국전쟁 편』, 19.

요한 일들을 힘 있게 진행해나갔다. 첫째, 그들은 일본에서 구호품을 수집하는 조직을 마련했다. 둘째, 쇼 목사의 지도 아래 "한국 편지"(Korea Letter)라는 이름의 초교파적 소식지를 발행하여 미국 교회들에 배포했다. 그들은 한국에 잔류한 선교사들에게 제공받은 최신 정보를 미국에 전달함으로써 6·25전쟁에 대한 대중의 관심을 불러일으키는 것을 목표로 했다. 셋째, 이들 선교사들 중 일부는 제2차 세계대전에 참전했었던 자들로서, 한국으로 돌아가는 길을 찾기 위해 미군에 다시 입대했다. 넷째, 미국으로 돌아온 사람들은 홍보에 더욱 직접적인 역할을 수행했다. 그들 중에는 교단의 지원을 받아 미국 곳곳을 순회하며 강연과 세미나를 하면서 한국을 대변하는 사람도 있었다. 또한 교회 신문들과 일반 언론에도 글을 기고하여 미 전역에서 한국교회를 위한 구호활동이 일어나도록 민심을 움직였고, 한국에서 미군이 벌이는 군사 작전을 지지하는 분위기도 조성해갔다.

— 6월 25일부터 6월 28일까지 서울의 상황

어렵고 위험한 여정이었지만 일단 일본으로 탈출하게 된 선교사들은 대부분의 한국 사람들보다 생활 형편이 훨씬 좋았다. 한국인들 대다수는 실제 전쟁 상황에 대해 아무것도 알지 못했다. 남한 정부는 서울 시민들을 대피시킬 계획이 없었다. 대통령을 비롯한 정부 고위 관료들만이 먼저 수도를 탈출했고, 그 뒤 군대는 한강 다리를 폭파하여 러시아 탱크들의 횡단을 막았다.

북한의 진격 속도는 많은 사람들을 놀라게 했다. 전쟁 발발 이틀 만에 서울은 벌써 적의 손에 넘어갈 지경이 되었다. 이러한 상황은 정확히 미국의 탓으로 돌려졌다. 대한민국 군대가 기본적인 방어 무기들을 갖추도록 준비해야 되는 것을 미국이 간과했기 때문이었다. 미국의 대전차포는 소련의 T-34 앞에서 완전히 무용지물일 뿐이었다. 설상가상으로 1948년부터 1950년까지 대한민국 군대가 급속히 확장되었던 터라 대부분의 남한 병사들은 대전차 훈련을 충분히 받지 못한 상태였다. 병사들 중에는 탱크를 본 적조차 없는 이들도 있었다. 남한 군대는 처음으로 맞이한 적의 탱크들 앞에서 자신들의 무기가 전혀 쓸모없다는 사실을 확인하게 되자 공포에 휩싸였다. 몇몇은 "탱크"라는 단어를 듣고서는 그저 뒤돌아서 달아나버렸다.[129] 병사의 수와 총포의 화력에서 열세를 면치 못했던 남한 군대는 정예병들마저 잃게 되자 사기가 급격히 떨어졌다. 대부분의 군대는 전투 능력을 상실했다. 남한군의 제6, 7, 10 사단 사령관들은 후퇴를 명령할 수밖에 없었다.

그러나 백선엽 대령의 지휘 아래 남한군 제1사단(수도사단이라고도 함)은 38선 일대의 다른 방어선들이 이미 무너진 것을 알지 못한 채 용감하게 진지를 방어했다. 제1사단 제13연대는 러시아 탱크를 파괴하기 위해 자살특공대들을 보내면서 하루 동안 방어선을 지켜냈다. 손실이 대단히 컸지만 개성에서의 패배 이후 1사단이 다시 결집할 수 있는 소중한 시간을 벌게 되었다. 백선엽 대령은 문산의 돌출부를 탈환하려는 시도가 실패하자 문산에 새로운 방어선을 설치했고, 후퇴한 1사단은 서울에 병력 증원을 요청했다. 대한민국 육해공군총사령관인 채병덕 장군은 1사단에 진지를 지킬 것을 명령하고 필요하다면 죽을 때까지 싸우라고 했다. 백선엽은 다른 사단장들이 총사령관의 명령을 받고도 퇴각했던 것과 달리 채병덕의 지시를 따랐다. 그런데 채병덕의 명령이 전해진 직후 인민군이 의정부에서 7사단의 방어선을 돌파하여 서울이 북한의 수중에 넘어가버렸다. 백선엽은 이 사실을 알지 못한 채 명령을 받은 대로 전투를 계속했고, 그 결과 남한군 약 1만 명의 1사단은 궁지에 몰려 괴멸할 위기에 처하게 되었다. 게다가 잘못된 정보를 받은 미군 조종사가 1사단을 북한군으로 오인하여 남한 측 진지를 폭격함으로써 더 많은 사망자들이 나오면서 백선엽의 부대 상태는 더욱 약화되었다. 다른 선택의 여지가 없었던 백선엽은 1사단에게 한강 이남으로 철수할 것을 명령하여 사단이 전몰되는 것을 막고자 했다.[130]

1사단이 겪었던 절망스러운 상황은 북한의 공격을 맞닥뜨린 한국 정부의 지휘 능력이 얼마나 부족했는지 고스란히 드러냈다. 군의 명령들은 일관되지 않았고 서울의 본부와 사령관들 간의 소통도 제대로 이루어지지 않았다. 당초 이승만은 서울에 남아서 병사들의 사기를 북돋우고 시민들에게 수도 방어의 의지를 불어넣고자 했었으나, 상황이 절망적으로 돌아가자 서울 체류를 단념했다. 자기 목숨을 부지하

129 Paik, *From Pusan to Panmunjom*, 7.

130 Ibid., 7-15.

려고 했던 이승만 내각의 인사들은 대통령에게 즉시 서울을 떠날 것을 재촉했다. 그들은 이승만이 북한에 대항하여 장기적으로 전투를 이끌려면 일단 살아야 한다고 주장했다. 무치오 대사는 이에 반대했지만, 이승만은 6월 26일 서울을 탈출하기로 결정했다.

남한 정부는 당시 약 150만 명에 달하는 서울 시민들에게 이승만이 떠난다는 소식을 비밀로 했다. 부정적인 보도로 인해 혼란이 야기되고 최전방 병사들의 사기가 저하될 것을 정부 관리들이 우려했기 때문이었다. 대한민국 공식 라디오 방송은 거짓 뉴스로 청취자들을 안심시켰다. 서울시 공무원들은 이 위기를 어떻게 대처해야 할지 명확한 지시를 전혀 받지 못한 채 각자도생하도록 버려졌다. 6월 27일에 이르러서야 사람들은 비로소 북한군이 서울 근교까지 진격했음을 알게 되었다. 그러나 이때는 대다수의 시민들이 도시를 빠져나오기에 너무 늦어버렸다. 특히나 남한군이 서둘러서 한강대교를 폭파했기 때문에 탈출은 더욱더 어려워졌다.

무치오 대사는 남한 정부가 서울 방어를 포기한 것을 보고 미국 대사관 직원들을 모두 대피시키라고 지시했다. 그런 후 대사관 핵심 직원들 몇몇을 데리고 수원으로 날아가서 존 H. 처치 준장과 맥아더의 조사팀을 대표하는 14명의 장교들을 만났다.[131] 남침 공격에 미처 준비 되지 못했던 미 대사관 측은 대사관 건물을 포기하고 황급히 떠나야 했다. 그 와중에 "차량을 제외한 450만 달러 상당의 개인 물품, 10만 달러 상당의 식량, 4만 달러 상당의 면세 주류"를 비롯하여 "인사 기록들을 포함한 상당한 수의 서류들"이 버려졌다.[132]

— 미국 교회의 대응

미국 선교사들과 남한의 정부 관계자로부터 북한의 침략 소식을 듣게 된 한국 개신교 지도자들은 함께 모여 기도했다. 영락교회 한경직 목사는 한국기독교연합회 총무인 남궁혁 박사를 만났고, 두 사람은 한국기독교연합회가 워싱턴의 트루먼 대

131 Noble, *Embassy at War*, 36.

132 Clark, *Living Dangerously in Korea*, 364.

통령, 도쿄의 맥아더 장군, 뉴욕의 국제선교협의회(International Missionary Council)에 전보를 보내 즉각적인 지원을 요청해야 한다고 결정했다.[133] 미국 시간으로 6월 26일, 국제선교협의회의 찰스 W. 랜슨(Charles W. Ranson)은 남궁혁 박사와 구세군의 황종률로부터 각각 전보를 받았다. 두 사람은 미국 교회들이 힘을 써서 미국이 남한을 돕는 일에 나서게 해달라고 촉구했다.[134]

이러한 한국의 호소에 즉각적으로 반응한 미국 교회 측은 6월 27일 감리교 이사회, 장로교 이사회, 북미해외선교협의회(Foreign Mission Conference of North America)가 나서서 미 국무부에 전보를 보냈다. 미국 정부가 유엔에서 이미 취한 조치들을 지원할 것을 촉구하는 내용이었다.[135] 미 국무부는 이 교회 기관들을 진정시키기 위해 소속 직원인 나일스 본드(Niles W. Bond)를 파견했고, 당시 서울과 부산에서 진행되고 있는 대피 상황에 대한 정보를 제공하고자 했다. 한편 북미해외선교협의회는 미국 시간으로 6월 27일, 한국에 관심을 갖고 있는 여러 교단들과 종교단체들의 이사회 총무들을 초청하여 모임을 가졌다. 이날 회의에서 그들은 한국 잔류를 자청한 선교사들을 위해서 재정과 기도 지원을 결집시키기로 합의했다.[136]

한국 기독교인들을 공산당의 박해로부터 구해내는 일은 6·25전쟁 기간 내내 서구 교회들이 우선시했던 주요 관심사가 되었다. 감리교 해외선교부 총무인 토번 T. 브럼바 박사는 "한국 선교에 닥친 재난"이라는 제목의 기사를 썼는데,[137] 감리교인 독자들을 대상으로 한 이 글에서 그는 한국의 민주주의 발전이 기독교 운동의 직접적인 결과이기 때문에 이제 미국 기독교인들은 한국 교회의 생존을 위해 가능한 모든 수단을 강구해야 한다고 호소했다. 브럼바에 따르면, 미국 기독교인들은 한국을 위해 간절히 기도할 뿐만 아니라, "그 불운한 땅에서 기독교 계몽의 깃발을 높이

133 Letter from Rev. Kyung-chik Han, 12 August 1950, Presbyterian Church Archives, Record Group 140, Box 16, Folder 37 - Presbyterian Historical Society, Philadelphia.

134 Letter from Rowland M. Cross, 27 June 1950, 『WCC 도서관 소장 한국교회사 자료집: 한국전쟁 편』, 1.

135 Ibid., 2.

136 Letter from Rowland M. Cross to Member Boards of the Korea Committee, 27 June 1950, 『WCC 도서관 소장 한국교회사 자료집: 한국전쟁 편』, 3.

137 Thobum T. Brumbaugh, "Disaster to Missions in Korea," 『WCC 도서관 소장 한국교회사 자료집: 한국전쟁 편』, 18.

듣고서 여전히 분투하고 있는 사람들의 사기를 진작하도록 자원을 제공해야만 하는" 입장에 처했다.[138]

미국 교회 지도자들은 또한 세계교회협의회(WCC)에도 도덕적 지원을 호소했다. 이에 따라 1950년 7월 13일 세계교회협의회 중앙위원회는 북한의 공격을 "침략 행위"라고 맹렬히 비난하면서 유엔이 국지적인 군사 행동에 나서 줄 것을 촉구했다.[139] 특히 세계교회협의회는 유엔에 의한 한반도 통일을 지지하면서, "이를 달성하기 위해 현재의 비극적인 상황에서 비롯되는 모든 기회들이 활용되어야 한다"고 주장했다.[140] 세계교회협의회에서 발표한 성명은 "핵무기 및 세균무기와 말살 폭격이 너무나 끔찍한 규모로 생명을 파괴했다"고 인정은 했지만, 그 사용을 완전히 배제하지 않았다. 그 대신 세계교회협의회는 "스톡홀름 결의안"을 "선전 전략"이라고 규정하면서 공식적으로 비난했다. 스톡홀름 항소가 국제적인 사찰과 통제를 효과적으로 수행할 어떤 대안도 제시하지 않은 채 그저 핵무기를 불법화하는 것만을 요구했기 때문이었다.[141] 이러한 세계교회협의회의 입장은 공산주의가 통제하는 동유럽의 개신교 교회들로부터 거센 항의를 받았다. 공산주의 국가들의 여러 대표들은 자신의 불만을 표시하기 위해 세계교회협의회 거부 운동을 벌였다.

미국에서는 연방교회협의회(FCCC)가 나서서 세계교회협의회의 입장을 지지했고 기독교계를 동원하여 남한의 방어를 지원했다. 한편, 워싱턴의 정부 관리들도 종교 단체들의 지지를 얻고자 했다. 그들은 한국에서의 중요한 군사 작전을 대중들이 찬성하게 하려면 정당한 명분을 제시하고 도덕적 우위를 확보하는 것이 필수적임을 이해하고 있었다. 트루먼 행정부는 미국의 참전을 옹호해 줄 이상적인 대변자로서 존 포스터 덜레스를 골랐다. 그는 능력 있고, 양당파이며, 종교계에서도 인기 있는 사람이었기 때문이다.

덜레스는 짧은 일정의 동아시아 순방을 마친 후로 한국 방어에 대한 개인적인

138 Ibid.

139 이 성명은 유엔의 군사 행동 요구 사항을 제외한 모든 내용이 만장일치로 채택되었다. 위원회 45명 중 2명은 군사력 사용에 양심적 거부를 표명했다.

140 "Korean Situation and World Order," 1950년 7월 13일 캐나다 토론토에서 세계교회협의회 중앙위원회가 승인함, 『WCC 도서관 소장 한국교회사 자료집: 한국전쟁 편』, 22.

141 Ibid., 23.

관심이 매우 높아졌고, 미국이 대응해야 할 방향을 놓고 강한 의견을 피력했다. 장면 대사에 따르면, 덜레스는 남한에서의 국회 연설을 계기로 한국의 안녕에 대해 개인적으로 책임감을 느꼈다. 미국으로 돌아온 덜레스는 한국을 위한 조직적인 활동을 벌이기 시작했다. 미국이 지상군을 투입한 다음 날인 1950년 7월 1일, 덜레스는 CBS와의 대담에서 서울에서의 경험을 다음과 같이 묘사했다.

> 이 대한민국에는 공산주의 독재에서 벗어나려고 하는 북쪽의 피난민들이 끊임없이 몰려오고 있었습니다. 오늘 밤으로부터 불과 2주 전 바로 이 시각에, 저는 북에서 온 3천 명의 기독교인 피난민들을 서울서 만나고 있었습니다. 우리는 건축 중에 있는 아주 큰 새 교회에 있었습니다. 저는 통역사를 통해 피난민들과 이야기를 나누었는데, 이토록 분명하게 기독교의 원칙들에 헌신하는 남녀를 본 적이 없었습니다. 공산주의자들은 아시아에서 민주주의를 이처럼 희망적이며 매력적으로 실험하고 있는 것을 용납할 수 없다고 느꼈던 것 같습니다. 이 공화국의 정치·경제·사회가 너무 견실했기 때문에 공산주의자들이 그동안 시도했던 체제 전복 활동들은 실패로 돌아갔습니다. 그래서 그들은 간접적인 공격으로는 공화국을 파괴할 수 없음을 깨닫게 되었습니다. 국민들은 자신들의 공화국에 충성을 다하고 있었습니다. 그러니까 인간의 자유에 대한 이 실험이 짓밟히는 것은 오직 무장 공격에 의해서만 가능할 뿐입니다. 그것이 바로 지금 벌어지고 있는 사태의 이유입니다.[142]

덜레스는 한국에서 많은 단체들을 만났고 많은 것을 보았다. 피난민 기독교인들과 함께 머무른 것은 잠시뿐이었다. 그런데도 그는 왜 그 경험을 이토록 자세히 언급했던 것일까. 그 이유를 두 가지로 추측해 볼 수 있을 것이다. 첫째, 이 피난민 교회는 분명히 매우 열정적이었으며, 그 모습이 덜레스에 강렬한 인상을 주었음이 틀림없다. 둘째, 덜레스는 이 인터뷰에서 미 행정부를 대표하여 발언하면서 미국 국민들에게 미국의 전쟁 개입이 정당하다는 것을 설득하고자 했다. 그래서 그는 6·25 전쟁이 단순한 내전이 아닌 해방과 인간의 자유를 위한 전쟁임을 인식해야 한다고 주장했던 것이다.

---

142 "Speech: Re. Korea and Japan, CBS Broadcast," 1 July 1950, John Foster Dulles Papers, Speech, Statement, Press Conference, etc: 1950 January to August, Box 301, Seeley Mudd Library.

덜레스는 7월 17일 여러 개신교 교파 대표들과 함께 한국에서 미국이 취한 조치들에 관해 토의하는 모임을 가졌다. 이 자리에서 그는 대한민국의 출발이 비록 불안정했었지만 1950년 5월 새로운 선거를 통해 민주적인 활력을 보여줌으로써 그들의 시도가 기대된다고 말했다.[143] 비록 이승만이 남한 내 좌파들을 탄압했다는 여러 혐의들이 있었지만, 덜레스는 대한민국 정부가 민주적으로 발전하고 있다는 긍정적인 견해를 갖고 있었다. 그는 이승만에 대한 언급을 피했다. 그 대신 남한의 국회에서 기독교인이 차지한 비율을 과장함으로써 한국 민주화 운동을 주도한 기독교계의 성과를 강조했다. 그는 남한에서 선출된 국회의원의 4분의 1이 기독교인이라고 말했는데, 실제로는 25%에 못 미치는 약 19%였다. 그가 기독교의 영향을 강조한 것은 한국의 공산주의자들이 남한의 급속한 기독교화를 질투한다고 믿었기 때문이었다. 덜레스는 남한에서 기독교가 성공을 거둔 것이 "〔북한〕 침략의 또 다른 요인"이라고 주장했다.[144]

덜레스는 1950년 7월 30일자 『뉴욕타임스 매거진』(*New York Times Magazine*)에 기고한 "깊은 심연으로부터 인류를 구하기 위해"라는 글에서 6·25전쟁에 대한 자신의 종교적 해석을 더욱 발전시켰다. 그는 기독교 피난민들과의 만남을 다시 언급하면서 한국이 해방과 종교의 자유가 심겨진 땅이기 때문에 미국인들이 피를 흘릴 가치가 있다고 주장했다. 6·25전쟁은 "인간의 자유를 지키고" "포로 된 민족들을 점진적으로 해방시킴으로써 자유를 확장해나가기 위한" 전투라는 "위대한 명분"을 가지고 있었다.[145]

서구 민주주의의 기준으로 볼 때, 남한은 진정한 민주주의 국가와는 거리가 멀었고, 이승만 정권도 그다지 민주적인 정부가 아니었다. 사실 대다수의 남한 사람들은 민주주의에 대한 이해도가 매우 낮았고 경험도 별로 없었다. 이승만은 강경한 반공주의 입장과 탄압 정책들 때문에 미국의 자유주의자들로부터 멀어지게 되었을지

---

143 "Confidential Notes on Interview (Not to be attributed in any public manner)," 21 July 1950, 『WCC 도서관 소장 한국교회사 자료집: 한국전쟁 편』, 46.

144 Ibid.

145 John Foster Dulles, "To Save Humanity from the Deep Abyss," *New York Times Magazine*, 30 July 1950; John Foster Dulles Papers (MC#016), Korea Box 48, Folder: Korea 1950, Seeley Mudd Library.

모르지만, 그 대신 미국의 유력한 반공주의자들 중에서 아마도 더 많은 친구들을 얻게 되었을 것이다. 대부분의 미국인들이 아시아, 특히 한국에 접근하기가 어려웠었고 미국 정부 내에서조차 한국 전문가가 드물었던 10년 동안 덜레스가 미국인들에게 들려준 해설은 워싱턴에 있던 이승만의 홍보 담당자들이 했던 것보다 한국에 대한 공감을 더욱 불러일으켰을지도 모른다. 미국이 6·25전쟁에 개입해야 하는지에 대해서 갤럽의 여론조사가 실시되지는 않았지만, 남한을 구하기 위해 미군이 파견될 것이라는 소식을 들은 대다수의 미국 국민들이 이에 찬성했다. 미국 정부 안팎의 거의 모든 사람들은 공산주의자들로부터 한국을 구하기 위해 미국이 개입해야 한다는 데 동의했다. 미국인들의 지지가 워낙 압도적이어서 트루먼 행정부는 미군을 한국에 파병하기 전에 의회의 공식적인 결의나 선전포고의 절차를 거치는 수고를 하지 않아도 되었다.[146]

남북한의 대결에서 한국 공산주의자들은 소련의 무기 덕분에 1차전에서 승리를 거두었다. 그러나 이번 침략의 실질적인 성과는 여러 면에서 실망스러웠다. 비록 서울이 함락되기는 했지만, 남한군은 궤멸되지 않았고 끝내 부산에서 재집결했다. 또한 김일성은 미국이 한국을 방어하는 데 큰 관심을 갖고 있지 않다고 믿었었지만, 정작 미군은 부산 방어선을 지키는 데 신속하게 파견되어 지원에 나섰다.

북한의 침략에 앞서서 남한은 두 명의 친구를 얻었는데, 첫 번째 인물은 밥 피어스 목사였다. 4월부터 5월에 이르는 9주간의 방문으로 그는 한국과 더할 나위 없이 가까워졌다. 피어스는 6·25전쟁 기간 내내 태평양을 여러 번 횡단하면서 한국에 대한 결정적인 정보들을 미국에 실어 날랐다. 이로써 그는 미국인들의 한국 인식을 형성하게 하는 핵심 종교 인사가 되었다. 두 번째 인물은 존 포스터 덜레스였다. 그가 서울에서 일주일간 체류했던 경험은 그로 하여금 한국이 갖는 의의를 새롭게 바

146 Isaacson and Thomas, *The Wise Men: Six Friends and the World They Made*, 509.

라보게 했다. 덜레스는 한국에 오기 전부터 이미 한국에 대해 호의적인 감정을 갖고 있었다. 그러나 미국 선교사들과 한국교회 지도자들로부터 영향을 받게 된 후부터 덜레스는 6·25전쟁을 종교적인 관점에서 해석하기 시작했다. 종교적 요소는 이 두 사람이 한국 문제를 바라보는 시각에 영향을 미쳤고, 이들은 향후 3년간 자신의 정치적·종교적 영향력을 활용하여 한국의 이익을 위해 싸웠다. 두 사람은 잔류한 선교사들, 대피한 선교사들, 그리고 미국 교회 지도자들과 손을 잡고서 6·25전쟁의 종교적인 의의에 생명력을 불어넣었고, 이러한 활동들은 결국 6·25전쟁이 어떻게 전개될지를 결정짓는 중요한 요소가 되었다.

제6장 전쟁터의 선교사들과 기독교인들

워싱턴에서 한국에 미군을 파병하기로 결정한 것이 이승만 정부가 살아남는 데 중대한 역할을 했던 것처럼, 17명의 미국 선교사들이 한국에 남기로 결정한 것은 한국 기독교가 보존되고 한미 관계가 발전하는 데 엄청난 영향을 미쳤다. 이번 장에서는 6·25전쟁 당시 기독교인들의 상황 중에서 유엔 통제 지역 내 선교사들이 겪었던 일들과 북한 통제 지역 내 기독교 공동체가 겪었던 일들을 자세히 살펴보고자 한다. 물론 6·25전쟁이 종교와 직접적으로 관련된 것은 아니지만, 종교는 이 전쟁에 갇힌 많은 사람들의 생존을 좌우하는 결정적인 요소로 작용했다. 공산당 점령 지역에서 누군가의 생존 여부는 종종 그가 개인적으로 가졌던 종교 및 이념적 성향에 따라 좌우되었다.

전장에 남은 선교사들

전쟁 발발에 따른 대피 알림이 나오자 대다수의 외국 선교사들은 일본으로 건너갔고, 일부는 부산 근교로 대피했으며(장로교 선교사 총 16명), 일부는 북한 점령지에 남기로 했다(플로렌스 루트 선교사 및 다른 가톨릭 사제들과 수녀들). 이들 중에서 가장 뛰어난 활약상을 보여준 사람들은 부산 근교로 갔었던 선교사들이었다. 반면, 일본으로 간 선교사들은 한국으로의 귀환이 어려워졌고, 미처 대피하지 못했던 선교사들은 곧 공

산주의자들의 수중에 들어가서 시민 포로가 되었다(표 5.4 참조).[1]

미국 점령 지역의 선교사들은 추후 미국 군대와 한국 민간인들 사이를 잇는 중요한 연락책의 역할을 했고, 한국 기독교가 생존하는 데 결정적인 지원을 제공했다. 그들 중 몇몇은 미군 소속이 되어 활동했는데, 난장판이 된 건물 안에서 장교들과 식사하고, 보병들과 나란히 복무하고, 지휘관과 정찰 비행을 나가고, 미군과 한국군, 민간인을 위한 예배를 인도했다. 그들은 유엔 통제 지역 곳곳에 자신들의 발자국을 남겼다. 그리고 미국의 개입이 확대되면서 이들 외에도 전쟁 지역으로 들어오는 선교사들이 계속 늘어났는데, 소개령으로 한국을 떠났던 많은 선교사들이 군을 통하거나 외교적인 방법들로 한국 귀환 길을 모색했기 때문이었다. 이 선교사들은 한국 기독교인들과 협력하여 긴급 구호 프로그램을 마련했는데, 이것은 한국 지방 정부들의 부담을 덜어주고 많은 피난민들의 생명을 구해냈다.

이 선교사들 가운데 가장 돋보였던 사람은 호러스 G. 언더우드〔헤지(Hedge) 언더우드로도 알려져 있음〕였다. 언더우드가 6·25전쟁 동안 활약했던 기간은 크게 세 부분으로 나눌 수 있는데, 제24사단에서 활동했던 초기, 제10군단에 있었던 중기, 판문점 협상팀에 있었던 말기이다. 이번 절에서는 언더우드의 초기와 중기 활약상을 중점적으로 살펴보면서, 6·25전쟁 초창기에 선교사들이 어떠한 활동들을 했는지, 그리고 그들이 전쟁 상황과 민간인 구호에 어떠한 기여를 했는지를 전반적으로 다루고자 한다.

— 미군 부대 내 민간인들

1950년 6월 말 가족과 동료 선교사들을 부산으로 내려 보낸 호러스 언더우드는 동생 존 목사, 친구 해리 힐 목사와 함께 다시 대전으로 차를 몰고 갔다. 이 세 사람은 한국의 친구들이 이 전쟁에서 승리하도록 도울 수 있는 길들을 찾고 있었다. 그러다가 힐 목사와 존 언더우드 목사는 자신들의 선교 사무실이 있던 청주로 돌아

1 Larry Zellers, *In Enemy Hands: A Prisoner in North Korea* (Lexington, KY: The University Press of Kentucky, 1991).

갔다. 그러나 호러스 언더우드는 서울로 돌아갈 수가 없었는데, 한강 다리가 폭파되어 도시로 들어가는 길이 끊겼기 때문이었다. 이때 한국군 제7사단은 유재홍 준장의 지휘 아래 한강을 건너려는 북한군과 치열한 전투를 벌이고 있었다.[2]

돌아갈 선교 사무실이 없어지자 호러스 언더우드는 남한의 방어에 자신이 도움이 될 만한 일을 찾기 위해 한국 정부 내 자신의 친구들을 찾아 나섰다. 그러다 그는 6월 29일 대전에서 백낙준 박사를 만나게 되었다. 백낙준은 목사이자 유명한 기독교 교육가로서 연희대학교 총장을 지냈고, 한국 정부의 문교부장관을 맡은 인물이었다.[3] 백낙준은 그에게 정일권 장군을 만날 수 있도록 주선해주었는데, 정일권은 한국 육군참모총장에 취임하고자 미국에서 갓 귀국했던 인물이었다. 정일권은 언더우드에게 당시 미군 조사단 단장 존 H. 처치 장군을 찾아가서 그의 전문성을 살려 미군을 도우라고 조언했다.

그러나 미국 조사단의 위치를 정확히 아는 사람은 아무도 없어 보였기 때문에 언더우드는 자신의 지프차를 운전하여 북쪽으로 수 마일을 달리면서 미군을 찾으러 다녔다. 한강을 따라 전쟁이 한창 벌어지는 위험한 때에[4] 언더우드는 미군 조사단 장군을 찾아 수원으로 가보기도 했고, 한강 방어선이 무너져서 조사단이 남쪽으로 대피했다는 소식을 듣고서 다시금 대전으로 가서 찾아보기도 했다. 그런데 이때 제24사단 보병대가 부산에 도착해서 오산 방어를 위해 북으로 이동하던 중이었다. 찰스 B. 스미스[Charles B. Smith, 태스크 포스 스미스(Task Force Smith)로도 알려져 있음] 대령이 지휘하는 제24사단은 북한군의 남하를 저지할 임무를 띠고 움직이고 있었다.

며칠 동안 조사단을 찾으러 다녔지만 성과가 없었던 언더우드는 7월 2일경 마침내 윌리엄 F. 딘(William F. Dean) 소장을 찾아내게 되었다. 이때 딘 소장은 제24사단의 본부를 설치하기 위해 막 대전에 도착했었다. 딘 소장은 즉시 언더우드를 자신의 사단으로 초청했다(당시 언더우드는 미 육군에서 어떠한 공식적인 보직도 없었고, 단지 제24사

2 Harold Joyce Noble, *Embassy at War* (Seattle, WA: University of Washington Press, 1975), 71-72.

3 Horace G. Underwood, *Korea in War, Revolution and Peace: The Recollections of Horace G. Underwood,* ed. Michael J. Devine (Seoul: Yonsei University Press, 2001), 136.

4 Ibid.

단에 "소속된" 신분으로 8월까지 지냈다).[5] 7월 5일 오산 전투에서 태스크 포스 스미스의 부대가 패배하자, 미국 군대들은 천안으로 전격 후퇴를 하게 되었고, 7월 10일 무렵에는 금강이 대전의 새로운 방어선이 되었다. 언더우드는 북한군 진격에 맞서 대전 방어를 돕기 위해 최전방에서 미국 군대들과 함께 전투했던 최초의 미국 선교사가 되었다.

언더우드는 제24사단에 소속되었지만 민간인 신분이었기 때문에 명확하게 배정된 직무가 없었다. 언더우드는 실제 전투 참여가 요구되지 않았고, 무엇이든 자신이 할 수 있는 대로 부대를 도와야만 했다. 그러나 그의 근무는 제24사단으로부터 큰 환영을 받았다. 게다가 언더우드는 이 특별한 지위 덕분에 잔류 선교사들과 다른 한국 기독교인 사역자들을 돕는 연락책의 역할도 할 수 있었다. 사람들로 너무나 붐비는 대전시에 이들이 피난처를 마련하고자 했을 때 언더우드는 그들을 위한 숙소와 식사를 마련하는 일에 나섰다.

한국에 잔류한 이 선교사들은 곧 전시 상황에 많은 도움이 되는 존재들이 되었다. 언더우드는 청주로 피난 간 동생 존 목사에게 부탁하여 대전 지역을 조사하는 미 육군 정찰병들을 돕도록 했다.[6] 청주 선교사인 존 목사는 그동안 시골의 지역 교회들을 자주 방문해 왔던 터라 오산-청주-대전 일대를 매우 잘 알고 있었다. 미 육군 정찰병은 경험도, 군사 정보도, 언어 능력도 없었던 데다가 정확한 지도들까지 부족했기 때문에, 그들이 존 목사로부터 받았던 도움은 결정적으로 중요한 초기 며칠 동안 대단히 유용했다.[7] 7월 18일 대전 방어선이 무너진 후에 존 목사는 피난민들에게 구호품들을 제공하기 위해 다른 곳으로 이동했는데, 그는 자신의 지프차를 몰고서 부산 방어선 곳곳을 계속 돌아다녔다.

호러스 언더우드의 경우는 미군 부대들 및 부대 사령관들과 가깝게 일했는데, 그는 제24사단(이후 제1기갑부대) 보병들과 같이 싸우고, 먹고, 씻었다.[8] 대전 방어선이

---

5 Ibid.

6 Ibid., 137.

7 존이 얼마 동안 미 정찰병들을 도왔는지 정확히 알 수는 없지만, 대전 함락 전후 며칠간으로 추측하는 것이 타당해 보인다.

8 Underwood, *Korea in War, Revolution and Peace*, 137-138.

무너지자 사단의 부사령관인 피어슨 메노어(Pearson Menoher) 준장은 언더우드를 데리고 새로운 사령부가 설치될 영동으로 이동했다. 영동에서 언더우드는 퇴각하는 병사들을 돕는 임무를 맡았다. 그리고 제24사단과 영천까지 이동한 뒤에는 미군 조사단 처치 장군 휘하의 '소방대'(fire brigade)에 합류했다. 소방대는 낙동강 전선 방어를 목적으로, 불리한 상황에 처한 부대들을 찾아가서 구조하는 미 기동특공대였다.

처치 장군은 자신의 항공편에 언더우드를 태우고 부산 방어선 내로 종종 날아갔다.[9] 장군은 한국군과의 회의에서 언더우드를 자신의 통역관으로 기용했던 것으로 보인다. 그는 또한 부산 방어와 관련하여 언더우드가 한 조언을 높이 평가했다. 이렇듯 군부대들 및 장교들과 밀접하게 협력했던 언더우드는 미군의 준비 부족 상황 및 미군과 한국 시민들 간에 생겨나는 긴장을 직접 목격하게 되었다.[10] 당시 미군의 사기는 형편없었다. 러시아제 탱크는 파괴하기 어려운 것으로 판명되었고, 현지 게릴라들은 끊임없이 미군 진지에 침투하고 있었는데 미군들은 한국에 대해 아는 바가 거의 없었다. 이러한 시기에 언더우드가 미군 부대에 있으면서 한국어를 구사했던 것은 이러한 긴장감을 어느 정도 완화시키는 데 도움이 되었다.

언더우드가 미 해군에 현역 복귀를 신청했던 것이 수락되면서 그의 비공식적인 육군 복무는 8월 초에 마감되었다.[11] 그는 두 달 동안 미 육군에서 활약한 공을 인정받아, 민간인에게 주어지는 최고의 영예인 자유 훈장(the Medal of Freedom)을 수여받았다.[12] 이 훈장은 미국의 안보에 탁월한 기여를 한 민간인들을 표창하는 상이다.[13]

전쟁 발발 후 처음 두 달 동안 미군에서 일했던 민간인 선교사들은 언더우드뿐

---

9 Ibid., 140.

10 Ibid., 137.

11 이 두 달 동안 호러스는 장로교 선교부의 지원을 받았고, 미국 정부로부터는 급여를 받지 않았다. 그는 "선교사로서 육군을 위해 계속 일하는 것은 옳지 않다"고 생각하여 재입대를 신청하였다. Ibid., 140.

12 자유 훈장은 "대통령 자유 훈장"(the Presidential Medal of Freedom)으로도 알려져 있다. Ibid., 140.

13 이 훈장은 "미국의 안보 또는 기타 중요한 공공/민간 노고들에 탁월한 기여를 한 것"을 표창할 목적으로 우수 시민 위원회(the Distinguished Civilian Service Board)의 추천을 받아 대통령이 수여한다. Norm Goldstein, ed., *The Associated Press Stylebook and Briefing on Media Law* (New York: The Associated Press, 2004), 200-201.

만이 아니었다. 자격을 갖춘 통역사가 필요한 곳이라면 어디든지 선교사들이 그 부름에 응했다. 7월 6일 프랜시스 킨슬러(북장로교) 목사는 유엔 관계자들의 통역관으로 대구에 갔다. 미 육군은 또한 일제강점기 때 평양에 거주했었던 해리 힐 목사에게 북한 포로들을 심문하는 것을 도와달라고 요청했고, 아울러 전쟁으로 지친 미군들을 위해 예배를 인도해 줄 것을 부탁했다.[14] 그 대가로 이 선교사들은 북한 포로들에게 설교할 수 있는 허가를 얻었고, 미군의 비공식적인 물류 지원을 받았다. 윌리엄 린튼(William Linton, 남장로교) 목사와 킨슬러 목사도 미군 부대 내 예배 인도를 통해 미국 군목들을 돕는 것을 자원하고 나섰다.[15] 전쟁 중 급박하게 필요한 것들이 여기저기 생겨날 때, 한국에 잔류했던 선교사들은 미군을 위한 충성스러운 미국 시민으로서 그리고 고통받는 한국 피난민들을 위한 자비의 대사로 이중 역할을 감당해야 했다. 그들은 계속해서 전쟁포로들, 미군 부대들, 한국군 군인들, 피난민들을 오가며 무척 바쁘게 일했다.

이때까지 미국 선교사들은 미국 정부로부터 어떤 보상도 받지 않고 있었고, 그 대신 봉급을 미국 교회들로부터 받고 있었다. 그러나 미국의 교회들은 한국 내 기독교의 영향력을 보존하는 데 있어서 재한 선교사들이 갖는 중요성을 인식하고 그들을 기꺼이 지원했다. 미국의 교회들은 공산주의 확산을 저지하기 위해 한국과 미국이 치르는 전투에서 기독교 선교 활동이 양국의 장기적인 협력 관계를 촉진할 것이라고 믿었다. 장로교 해외선교부 극동 지역 총무인 존 C. 스미스 박사는 장로교 선교사들이 부산 방어선 내에 상주하는 것은 "한국에서의 미래 사역에 매우 중요"하며, 한미 양국의 관계 발전에도 결정적인 역할을 할 것이라 전망했다. 스미스는 한국에서 전면적인 구호활동을 펼치고, 선교사들이 한국으로 돌아갈 수 있도록 "강하게 밀어붙일 것"이며, 필요한 "모든 일을 하겠다"고 약속했다.[16]

한편, 전쟁 지역의 미군 당국 또한 미국 선교사들과 그들의 한국 기독교인 친구

---

14 Letter from Rev. Harry Hill, 22 August 1950, Presbyterian Church Archives, Record Group 140, Box 18, Folder 14 - Presbyterian Historical Society, Philadelphia.

15 Letter from Mrs. (Charlotte) Linton to her children, 13 August 1950, Presbyterian Church (U.S.A.), Department of History, Montreat, North Carolina.

16 Dr. John Smith's letter to Ned Adams, 5 August 1950, Presbyterian Church Archives, Record Group 197, Box 1, Folder 2 - Presbyterian Historical Society, Philadelphia.

들이 미군을 위하는 한국 내 최고의 협력자들인 것을 알고 있었다. 그리하여 미군은 그 대가로 선교사들에게 비공식적인 지원을 해주었고, 군사 활동에 방해가 되지 않는 한에서 방어 지역 내 특별 자유를 허용해 주었다. 이렇듯 선교사들과 미군 간의 긴밀한 협력 관계가 형성된 것을 계기로, 선교사들은 자신들이 이 특권들을 활용하여 한국 피난민들을 위해 매우 중요한 역할들을 해내야 한다는 각오를 다지게 되었다. 그것은 한국 현지 설교자들이 할 수 없는 일이었다.

— 미군이 되어 한국에 돌아온 사람들

한편, 한국으로 즉시 돌아가길 희망했던 다른 선교사들은 불확실한 전쟁 상황과 복잡한 수송 지원 문제 때문에 발이 묶여 있었다.[17] 미 육군은 전황이 유엔군에 유리해지지 않는 이상, 그리고 귀환을 신청한 자들이 자신의 식량과 거주지 공급 문제를 보증하지 않는 이상 일반인 선교사들의 한국 귀환을 허락할 수가 없었다. 병사들 식량 공급을 위해서도 안간힘을 쓰면서 부산 방어에 승산 없는 싸움을 벌이고 있었던 미 육군의 처지로서는 선교사들에게 이러한 조건을 내걸었던 것이 타당했다.[18]

그러나 이러한 제약에도 불구하고 선교사들 중 일부는 한국으로 돌아오는 여러 방법들을 찾는 것을 포기하지 않았다. 호러스 언더우드처럼 제2차 세계 대전 때 미군에 복무했었고, 한국 내 미군정에 소속되었던 사람의 경우는 군에 재입대하는 것이 가장 빠른 방법이었다. 그리고 미 육군은 그러한 요청을 신속하게 승인했다. 많은 미군 사령관들의 뇌리에는 미군정과 선교계가 함께 협력했었던 기억이 여전히 생생했기 때문에, 이 사령관들은 선교사들의 지식과 기술, 전문지식이 전쟁 활동에 도움이 될 것임을 알고 있었다.

도쿄에서 온 첫 번째 귀향자는 장로교 의료선교사이며 평양 출생인 하워드 마펫(Howard Moffet) 박사였다. 이때 마펫은 제2차 세계 대전 복무 경험 때문에 해군 의무 부대 예비군 중위로 임관했다. 전쟁 발발 직후 다른 미국 시민권자들과 함께 도

17 Letter from Harold Voelkel, 12 November 1950, Presbyterian Church Archives, Record Group 140, Box 18, Folder 15 - Presbyterian Historical Society, Philadelphia.

18 Ibid.

쿄로 소개되었던 마펫은 해군 의무 장교로서 현역 입대를 요청했고, 그의 요청은 1950년 7월 27일 미 해군 극동지역 사령관인 찰스 T. 조이(Charles T. Joy) 중장의 승인을 얻었다.[19] 그가 속히 장교로 임관되었던 것은 그의 의료 기술과 더불어 대구에 거주했었던 경험 때문이었다. 당시 대구에는 부산 방어선 지역의 방위를 위해 미 제8군의 본부가 자리하고 있었다. 그런데 해군은 부산 방어선 내에서 직접적인 작전 수행을 하지 않았고, 반면 그의 의료 기술과 언어 능력은 한국의 내지에 너무도 절실히 필요했기 때문에 마펫은 해군 대신 공군 제복을 입고 대구로 파견되었다. 미 제5공군과 함께 대구에서 마펫이 해야 될 일은 그가 소개령 전까지 운영했었던 대구 병원을 관리하는 일이었다.[20] 마펫 박사는 대구시에 북한군들이 집중 포격을 퍼붓는 와중에도 7월부터 9월까지 그 도시를 떠나지 않고 병원 운영을 계속해갔고, 이로써 무수한 한국인들과 미국인들의 생명을 구해냈다.

호러스 G. 언더우드의 아버지인 호러스 H. 언더우드 박사는 막내아들 리처드와 함께 미국에 가서 친지들과 친구들을 방문하던 중에 1950년 6월 25일 한국의 전쟁 발발 소식을 들었다. 이 소식은 미국의 한국 점령 기간 동안 가까이 일했던 전 군정 장관 아치벌드 아널드(Archibald Arnold) 장군과 함께 듣게 되었는데, 두 사람의 우정은 장군의 퇴역 후에도 지속되고 있었다. 언더우드 부자가 북침 소식을 듣던 날은 장군과 함께 일요일 아침 예배에 참석하고 있을 때였다.[21]

한국으로 돌아갈 길과 아울러 한국을 침략군으로부터 구하도록 미국 정부에 로비할 방법을 모색했던 언더우드 부자는 그 소식을 들은 다음 날 뉴욕에서 워싱턴으로 차를 몰고 내려갔다. 미 의회와 국방부에 언더우드 박사의 친구들이 있었기 때문이었다. 리처드 언더우드는 한국 체류 경험이 있는 미군 워싱턴관구 사령관 토마스 W. 헤렌(Thomas W. Herren) 소장의 도움을 받아 육군 정보국 소위로 빠르게 재임관되었다. 그의 임관은 극비 정보 취급 허가를 신규로 얻기 위한 모든 절차를 생략하고

19 Religious New Service, 27 July 1950, Presbyterian Church Archives, Record Group 140, Box 18, Folder 15 - Presbyterian Historical Society, Philadelphia.

20 Underwood, *Korea in War, Revolution and Peace*, 140.

21 Richard Underwood, "Memories and Thoughts," (unpublished manuscripts, 2002), 78-79.

속히 진행되었다.[22] 9월 중순에 부산에 도착한 리처드는 연합군 통·번역가 선봉대에 즉시 배치되었다. 그의 임무는 부산 동래의 북한 포로들을 심문하는 일이었다.[23]

리처드가 일본에 도착한 직후, 아버지 언더우드 박사도 미 육군 민간부 고문 자격으로 도쿄행 비행기를 탔다. 리처드에 따르면 언더우드 박사의 한국 내 임무는 다소 '기이'했는데, 그가 육군 민간부 제복을 입기는 했지만, "승인된 직책이 없었고, 더 심한 것은 식량 및 숙소, 심지어 가솔린 지원까지 없었던 것이다." 언더우드 박사는 자신이 군사 기관 소속인 것은 기밀 사항이기 때문에 누구도 그가 미국 정부와 관련이 있으리라 의심하지 않을 것이라고 아들 리처드에게 말해주었다.[24] 이러한 이유로 그의 아들들 중 누구도 언더우드 박사가 미국 정부를 위해 한국에서 무엇을 했는지 정확히 알지 못했다.

언더우드 박사처럼 다른 나이 든 선교사들도 육군 민간부를 통해 한국으로 귀환하는 방법을 찾으려고 시도했다. 제2차 세계 대전 전에 평양에서 일했던 경험이 있는 윌리엄 쇼 목사(William Shaw, 감리교)와 헤롤드 보어클(북장로교) 목사는 도쿄에서 기다리는 동안 민간인 종군 목사로 지원했다. 미 육군은 이들을 남한의 군대와 북한 포로들을 목회하는 임무에 특채했다. 한국 군인들을 위한 그들의 사역은 전쟁 중에 대한민국 정규 군목 부대를 창설하는 데 도움을 주었다.

그런데 대부분의 미국 교단들은 소속 선교사들이 전쟁 기간 중 공식적으로 미군에 합류하는 것을 장려하지 않았다. 각 교단들은 선교지 재입국이 허가되어 일반적인 선교 사역이 재개될 때까지 선교사들을 대기시키기를 원했다. 그렇지만 교단들 또한 한없이 기다려야 하는 선교사들의 어려움과 그들의 개별적인 바람들도 알고 있었다. 그리고 소속 선교사들이 군에 들어가는 편이 장차 이득이 되리라는 것도 인식하고 있었다. 그래서 선교사들이 개인적으로 군입대를 결심하면 미국에 있는 선교 본부는 그들의 결정을 지지해주었고, 비록 그들이 군복무에 대한 봉급을 정부로부터 받더라도 그들에게 생활 보조금을 계속 보내주었다. 민간인 군무원들의 경우,

22 Ibid., 79-80.

23 Ibid., 81.

24 Ibid., 91.

극비 군사 작전에 투입된 인물을 제외하고는 대부분 본국의 선교 본부와 계속 긴밀히 접촉하면서 전쟁에 관한 최신 정보를 제공할 수 있었다. 그들은 또한 피난민들과 군인들, 포로들의 필요를 위해 일하는 다른 민간인 선교사들과 긴밀히 협력했다.

피난민 문제와 기독교 구호 활동

적군과 아군이 벌이는 최전방의 전투 외에도 기아 및 질병과의 전투가 후방에서 벌어졌다. 무고한 많은 사람들이 자신들의 집을 떠나 도망쳐야만 했고, 어떤 이들은 포화 속에 갇혔다. 전쟁은 그들의 집을 파괴했고 재산을 앗아갔다. 거리로 내몰린 가난한 피난민들은 음식이나 피난처 없이 남한을 떠돌아다녔다. 장정들은 대부분 징집되고 여성과 아이들만 남겨졌다. 그리하여 한국 사회의 전통적인 가족 구조는 파괴될 수밖에 없었다.

전쟁은 또한 불교, 유교, 샤머니즘과 같은 한국의 전통 종교들을 약화시켰다. 이들 종교들은 심각할 정도로 자원이 부족했고, 효과적인 전국적 조직도 부재했으며, 해외와 연결된 것도 없었다. 그리하여 전통 종교들은 전쟁이 계속되면서 피폐해질 대로 피폐해진 대중에게 실질적이고 광범위한 도움을 제공할 수 있는 능력이 없었다. 그러나 이 인도주의적 위기는 다른 한편으로 기독교 교회들이 활약하기에 전례 없는 기회가 되었다. 비록 공산주의자들로부터 공격의 표적이 되었고, 서울 함락 이후에는 엄청난 수의 지도자들이 희생당하고 자산 피해 또한 심각했지만, 기독교회는 선교사들과 그들이 가져오는 해외 자금에 힘입어서 곧 다시 일어서게 되었다. 미국 선교사들은 미군과 미국 교회들의 지원하에 민간 구호 사업을 구성했고, 이로써 줄곧 불어나는 피난민들의 필요들을 감당해나갔다. 이 과정에서 그들은 한국 교회들을 위한 새로운 지도자들을 훈련하는 일도 시작했다. 그리하여 전쟁 기간 동안 기독교의 명성과 영향력은 계속 증대되었다. 이번 절에서는 한국 기독교인들이 전쟁에 대응했던 양상과 선교사들 및 기독교인 사역자들이 즉각적 구호 활동을 통해 영향력과 평판을 얻는 과정들을 살펴보려 한다.

— 6·25전쟁 발발 시 기독교인들의 초기 대응

북한의 남침 소식이 서울의 기독교 성직자들에게 전해지자, 그들 대부분은 함께 모여서 피난민들을 돕고 군인들에게 협조하는 일을 놓고 논의했다. 그들은 6월 27일을 특별 기도의 날로 선포하고,[25] 남한의 승리와 한국 기독교의 보전을 위해 기도했다. 그러나 그들의 바람과는 반대로 실제 상황은 급격히 악화되었다. 그날 해질 무렵이 되자 많은 공무원들은 남쪽으로 대피하라는 지시를 받았고, 이 때문에 남한의 정부 기관들은 대부분 그 기능을 멈췄다. 남한 군대가 철수함에 따라 시내에서 공산주의 봉기가 일어날 위험성이 커졌기 때문에 북한 피난민 출신들과 남한의 우익 인사들은 목숨이 위태로워졌다.

남한의 한국인 목사들과 천주교 사제 및 수녀들 중 일부는 위험을 무릅쓰고서라도 서울의 신도들을 버리지 않겠다고 용감하게 결심했지만, 북한 피난민 출신 기독교인들은 서울 잔류에 아무런 희망이 없다고 판단하고 탈출할 수 있는 모든 수단을 강구했다. 몇십 년 뒤 이화여대 총장직에 오르는 인물인 장상은 당시 고향 신의주를 등져야 하는 어린 피난민 소녀였는데, 그녀의 증언에 따르면 그녀의 가족 및 북한의 많은 기독교인 친구들이 즉시 고향을 떠날 것을 선택했던 것은 지역 주민들이 혜택과 식량을 받는 대가로 자신들을 공산당 당국에 넘길 것을 두려워했기 때문이었다. 그리고 장상은 피난민들이 남한에 도착한 후에도 외지인 처지라서 남한 토박이들로부터 어떠한 도움을 받을 것을 기대할 수 없었다고 설명했다.[26] 평양 출신의 젊은 기독교 청년이었던 홍우준도 같은 결론을 내린 경우였다. 그의 약혼녀와 그녀의 가족들은 홍우준의 반공적인 배경 때문에 그에게 서울을 떠날 것을 종용했고, 그리하여 홍우준은 피난하여 노숙자 생활을 해야 했지만 훗날에는 백만장자이자 유명한 교육자로 일어서게 되었다.[27]

---

25 Letter from Rev. Kyung chik Han, 12 August 1950, Presbyterian Church Archives, Record Group 140, Box 16, Folder 37 - Presbyterian Historical Society, Philadelphia.

26 Allan R. Millett, *Their War for Korea: American, Asian, and European Combatants and Civilians 1945-1953* (Washington, D.C.: Brassey's, 2002), 25.

27 홍우준은 1946년 3월 1일 3·1절 기념행사 때 김일성을 암살할 것을 모의했던 평양의 지하 반공청년동맹 부위원장이었다. Donald B. Sheley, *Beggar At the Banquet* (San Bruno, CA: Donald B. Sheley, 1979), 25, 66.

피난민 출신 목회자들은 그 어떤 한국인보다도 도망쳐야 할 가장 강력한 이유를 갖고 있는 사람들이었다. 북한 당국은 그들 대부분을 국가 반역자요 요주의 인물로 블랙리스트에 올려서 추적하고 있었기 때문이었다. 그들은 서울에 남아있으면 틀림없이 체포되어 처형될 것임을 알고 있었다. 그리하여 6월 28일 서울 함락이 불가피해지자, 피난민 목회자들과 그들의 신도들은 남쪽을 향하서 길고도 고된 여행을 시작했다. 영락교회의 한경직 목사는 피난민 목회자들 및 기독교인들과 함께 오전 11시 서울을 출발했다. 그들이 한강대교에 다다를 즈음에는 육군총사령관인 채병덕 장군의 명령을 받은 국군 공병대가 이미 다리를 폭파시켰기 때문에 그들은 작은 배들을 타고 한강을 건너야 했다. 남한은 한강의 남쪽 강변을 따라 방어선을 구축했기 때문에 군대는 피난민들을 그 아래로 몰아가서 수원까지 가게 했다.[28] 서울을 빠져나온 다른 피난민들의 흐름에 섞여서 그들은 부산까지 천천히 전진하기 시작했다.

— 남한의 도시들로 유입되는 피난민들

이 기독교 목회자들이 남쪽으로 가는 길에는 가슴 찢어지는 고통에 휩싸인 피난민들로 가득했다. 도처에 부모 잃은 고아들이 울고 있었다. 지칠 대로 지친 사람들은 땡볕 아래 음식을 구걸하거나 지나가는 차량에 태워달라고 애원했다. 많은 사람들이 급히 서울을 빠져나오느라 음식이나 필요한 물건들을 챙겨 나오지 못했었다. 국밥 한 그릇, 또는 간단한 쉴 곳 하나가 생사를 갈라놓았다. 서울과 대구의 중간에 위치해 있는 대전의 피난민 시설들은 최악의 상황이었다. 사람들로 초만원을 이루었고 식량 부족이 심각했다. 그 후 대전까지 함락되면서 대구의 상황이 더욱 심각해져갔고, 부산의 상황도 몰려든 피난민 때문에 빠르게 악화되었다.

7월부터 8월까지 약 백만 명의 사람들이 부산으로 가는 길을 택했다. 이 사람들을 먹이고, 입히고, 수송하는 것은 전쟁에 모든 자원을 쏟아야 하는 한국 정부로서는

28 Letter from Rev. Kyung chik Han, dated August 12, 1950, Presbyterian Church Archives, Record Group 140, Box 16, Folder 37 - Presbyterian Historical Society, Philadelphia.

불가능한 일이었다. 그러할지라도 정부는 이 군중이 폭력적으로 변하여 남쪽 지방에서 내란을 일으키기 이전에 이 문제에 대한 해결책을 찾아야 하는 형편이었다. 그래서 전쟁 초기 각 도 당국은 지역 교회들, 사찰들, 학교 건물들, 공장들, 백화점들을 임시 난민 시설들로 전용했다.[29] 그리고 동정심 많은 시민들도 나서서 그들이 할 수 있는 모든 도움을 제공했다. 그러나 이러한 지역 구호 활동은 빠르게 무산되었는데, 북한군이 계속 전진해오면서 난민 시설들을 하나씩 파괴해갔기 때문이었다. 국군이 계속 후퇴함에 따라 구호품을 제공해주던 사람들이 곧 구호품을 필요로 하는 대열에 합류하게 되었다. 북한군이 점점 더 많은 땅을 정복해갔고, 점점 더 많은 사람들이 거리로 나왔다. 남한 정부는 붕괴 직전에 있었고, 군 상황은 급속히 악화되고 있었으며, 지방 정부들은 군중을 먹이는 일 외에도 긴급한 많은 일들을 처리해야 했다.

피난민 문제가 너무 심각해지자 임병직 외무부장관은 7월 22일 유엔 사무총장의 한국 대리인인 애프레드 G. 캣진(Afred G. Katzin) 대령에게 유엔의 구호물자 지원을 호소하는 편지를 보냈다.[30] 그래서 유엔이 1950년 7월 31일 한국 지원을 결정하기는 했지만, 실제로 구호활동이 조직된 것은 그해 10월부터였다. 이것은 그 기간 동안에 이미 사망한 사람들에게는 너무 늦은 조치였다. 8월 한 달 내내 상황이 계속 악화된 끝에 9월 1일 이승만 대통령은 맥아더 장군에게 직접 서한을 보내 자신의 국민들을 위한 비상식량과 의복, 대피소를 마련해 줄 것을 요청했다.[31] 전쟁 첫 3개월 동안은 대규모의 조직적인 구호 프로그램이 존재하지 않았고, 그나마 눈에 띄었던 구호 활동은 민간 지역 자선단체들과 기독교 교회들, 그리고 한국 정부의 빈약한 자원들로부터 나왔다.

---

29 Letter from Mrs. (Charlotte) Linton to "folks," 10 September 1950, Presbyterian Church (U.S.A.), Department of History, Montreat, North Carolina.

30 Letter from Ben Limb to Afred G. Katzin, 22 July 1950, 『大韓民國史資料集. 29: 李承晩關係書翰資料集 2(1949~1950)』, 327.

31 『大韓民國史資料集. 29: 李承晩關係書翰資料集 2(1949~1950)』, 338.

— 한국 기독교인들의 애국적 구호활동

기독교 성직자들은 나라가 혼란에 빠진 상황을 지켜보면서, 또한 집 잃은 난민들을 구제할 엄청난 필요성을 목격하면서, 전쟁 중의 국가를 돕겠다는 자발적인 의지를 가지고 기독교 신자들을 동원하여 일을 추진해갔다. 한경직 목사는 7월 3일 대전에서 다수의 북한 출신 목회자들을 모아서 대한기독교구국회를 결성했다. 이 단체는 기독교인들의 애국적인 구호 활동을 장려하고 통합하기 위해 설립되었는데, 한경직 목사를 의장으로 선출했고 본부는 대구에 두기로 결정했다.[32] 7월 중순까지 대구에만 약 400명의 기독교 사역자들이 피난을 와 있었고,[33] 이보다 더 많은 수가 부산을 향해 가고 있었다.

남쪽으로 향하는 피난의 여정에서 한경직 목사는 한국 기독교인들을 이끄는 탁월한 지도자가 되었다. 프린스턴신학교에서 석사학위를 받은 한경직 목사는 미국 교회 지도자들에게도 잘 알려진 인물이었다. 그는 다른 개신교 지도자들과 긴밀히 협력했는데, 미국 유학 후 한국 감리교회 감독 대행직을 맡고 있던 류형기 박사 등이 대표적이다. 한경직과 류형기는 전쟁 중 한국 기독교계의 두 기둥이자 대변인의 역할을 감당했다. 두 사람은 모두 1951년 8월 미국으로 가서 한국 교회를 대표하여 미국이 남한 사람들에게 베풀어준 "원조에 대한 감사를 표했다."[34]

기독교구국회는 인적 네트워크를 조직하여 정보를 수집하고 피난민들을 위한 즉각적인 구호 활동을 전개했다. 그리고 한국의 성직자들과 기독교 평신도들 중에 영어를 할 줄 아는 사람들은 유엔군과 관계를 맺고, 유엔 당국에 도움을 제공할 방법을 찾아갔다. 부산 방어선 내에서는 통역사 및 영어가 가능한 운전기사의 수요가 높았다.[35] 기독교인 청년들은 미군을 위해 일하는 일자리들을 빠르게 구했는데, 예를 들어 서울의 가족을 떠나온 신영일과 그의 YMCA 친구들이 그러했다. 신영일은

---

32 Letter from Rev. Kyung chik Han, 12 August 1950, Presbyterian Church Archives, Record Group 140, Box 16, Folder 37 - Presbyterian Historical Society, Philadelphia.

33 John C. Smith, "Our Stake in Korea," *Presbyterian Life*, 2 September 1950, 13.

34 Edward Adams, "The Church Met a Need in Korea," *Presbyterian Survey*, August 1951, 17.

35 Letter from Mrs. Linton to her children, 13 August 1950, Presbyterian Church (U.S.A.), Department of History, Montreat, North Carolina.

마산의 첩보 및 정찰 구역에서 제25사단과 제35연대를 위해 통역사로 일했다.[36] 한편 성직자들은 구호 활동을 위한 기본적인 체계를 갖추어나갔다. 그러나 전국적인 운동으로 확장해가기에는 그들에게 돈이나 자원들이 부족했다.

— 선교사들과 기독교 구제 프로그램의 시작

미국 선교사들의 존재가 기독교인 피난민들의 운명과 한국 사람들의 생존에 가장 큰 영향을 미친 시기는 바로 이즈음이었다. 미국 선교사들은 20여 명에 불과했지만, 그들에게는 여러 자원들과 기술들이 있었다. 특히 그들은 민간인으로서는 유일하게 자신의 차량을 보유하고 있었고, 외부의 지원을 받아낼 길이 있었으며, 지역 교회들과 함께 인력을 확보할 인맥이 있었고, 그들의 활동에 대해 미군 내 특별 허가를 받을 수 있는 영향력을 가지고 있었다.

부산에서는 북장로교 소속 선교사들이 곧바로 긴급구호 프로그램에 나섰는데, 이들은 자신의 가족들을 대한해협 건너편의 후쿠오카로 먼저 보낸 에드워드 애덤스 목사, 아치벌드 캠벨 목사, 프란시스 킨슬러 목사, 세 명이었다. 이때 이들에게는 대피하는 동료 선교사들이 모아준 100만 원이 있었는데,[37] 이마저도 서울 함락 이후 금융위기가 촉발되자 대구의 은행들이 1인당 일주일에 1만 원씩만 지급하여 사용이 어렵게 되었다.[38] 그러나 애덤스 목사는 미국 국적을 이용하여 "몇십만 원"의 인출을 협상할 수 있었고, 구호 활동의 목적으로 뉴욕 은행에 신용대출 구좌를 개설했다.[39] 이 모든 돈은 식량 보급, 피난민 목회자들의 전도활동을 위한 지원, 구호인력 충원, 구호물자 구입 등에 시급히 사용되었다.

이 선교사들은 인천과 서울에서 그들의 물자들을 가져올 수 없었기 때문에 기

---

36 Letter from Shin Young-il to Kyung Ho, 20 August 1950, Presbyterian Church Archives, Record Group 140, Box 16, Folder 37 - Presbyterian Historical Society, Philadelphia.

37 제5장을 참조할 것.

38 Edward Adams to wife, 6 July 1950, Presbyterian Church Archives, Record Group 140, Box 18, Folder 14 - Presbyterian Historical Society, Philadelphia.

39 Edward Adams to wife, 12 July 1950, Presbyterian Church Archives, Record Group 140, Box 18, Folder 14 - Presbyterian Historical Society, Philadelphia.

독교세계봉사회(Church World Service, 약칭 CWS) 소유의 부산 창고에 보관해둔 물자들만 활용할 수 있었다.[40] 애덤스 목사는 미국 기독교세계봉사회로부터 허가받아 이 물자들을 배급하는 일을 맡았는데, 이는 한국 최초의 감리교 선교사의 아들인 헨리 아펜젤러(Henry Appenzeller) 신임 기독교세계봉사회 국장이 도착할 때까지 지속되었다.[41] 그러나 이 창고에 있는 물자는 임시방편일 뿐이었다. 선교사들이 장기적인 구호 프로그램을 구축하려면 지속적인 구호물자 공급을 확보해야 했다. 그렇지 못하면 그들의 구호 "사업은 곧 중단"될 처지였다.[42] 그래서 도쿄에 있는 선교 사역자들과 경제협조처(ECA) 안의 미국인 친구들은 1950년 9월에 새로이 수송될 물자들을 마련했다.[43]

그런데 이 보급품들을 피난민들 손에 전달해주는 것도 문제였다. 적은 양일 경우 트럭으로 옮길 수 있었지만, 피난민들로 가득 찬 도시 전체에 물품을 보급하기 위해서는 철도 수송이 필요한 상황이었다. 그리고 수송 수단들이 거의 대부분 군사용으로만 사용되고 있었기 때문에 부피가 큰 물품들을 실을 빈 화물차들은 구하기가 힘들었다. 그러나 약 2주간의 서류 작업 끝에 애덤스 목사는 마침내 화물차 한 대를 발견했고, 7월 12일 피난민 문제가 가장 심각한 대전으로 기독교세계봉사회 물품들을 운반할 준비를 했다.

구호물자를 대구와 대전에 모두 보급하기 위해 구호 인력들을 2개 조로 나누었다. 한 조는 킨슬러 목사가, 다른 한 조는 애덤스 목사가 이끌었다. 킨슬러 목사가 자

40 기독교세계봉사회는 국적, 정당, 종교에 관계없이 빈민을 구제하기 위해 설립되었다. 1946년부터 감리교 선교사인 블리스 빌링스(Bliss Billings) 박사와 이후 또 다른 감리교 선교사인 A. G. 플레처(A. G. Fletcher) 박사의 지도 아래 한국의 구호와 복구 사업을 지원했다. 1946년부터 1950년까지는 미국 교회들이 보낸 물자들을 공급함으로써 주로 북한에서 온 피난민들을 돕는 일을 했다.

41 그러나 헨리 아펜젤러 목사는 1951년 1월에 되어서야 한국에 도착했다. 그때까지 6개월 동안 기독교세계봉사회의 구호 작업은 에드워드 애덤스 목사가 지휘했다.

42 Letter from Edward Adams to wife, 9 August 1950, Presbyterian Church Archives, Record Group 140, Box 18, Folder 14 -Presbyterian Historical Society, Philadelphia.

43 그레이스 H. 우드(Grace H. Wood)가 친구들에게 보낸 편지에 따르면, 도쿄의 선교사들이 경제협조처(ECA)을 통해 장로교 소유의 구호물품 다량을 보내줄 수 있었던 것은 경제협조처의 한국 지부 감독 대행인 밥 키니(Bob Kinney) 때문이었다. 밥 키니의 아내와 처가 식구들이 장로교 선교사들이었던 것이다. Letter dated 21 September 1950, Presbyterian Church Archives, Record Group 140, Box 16, Folder 37 - Presbyterian Historical Society, Philadelphia.

신의 구호팀원들과 함께 부산서 출발하여 대구와 그 인근 지역까지 많은 물품들을 운반하는 동안, 애덤스 목사는 또 다른 팀의 사역자들과 함께 대전으로 가서 기다렸다. 그런데 이때 적어도 한 명의 선교사가 트럭에 꼭 탑승하는 것이 중요했다. 그렇지 않다면 차량과 물자 모두를 남한 군대가 금방 가져가게 될 것이기 때문이었다. 그래서 단 한 명이라도 선교사는 구호 활동에 매우 중요한 존재가 되었다. 그런데 전쟁 상황이 악화되어 수송 상황이 뒤죽박죽되자 애덤스의 팀에게 가야 할 화물차는 부산을 결코 벗어날 수 없었다. 그래서 킨슬러 목사는 대전 대신 대구로 그 경로를 바꾸었다.[44]

그러나 애덤스 목사는 킨슬러가 무슨 결정을 했는지 알지 못한 채 "잃어버린 화물차"를 대전에서 기다리고 있었는데, 이때 북한군들은 금강을 건너려고 시도하는 중이었다.[45] 그래서 대부분의 피난민들은 큰 길들을 따라서 대전에서 도망하여 영동과 김천으로 향했다. 7월 15일 애덤스 목사는 이제 텅 비어버린 대전시를 떠난 마지막 미국 시민이 되었다.[46] 애덤스와 그의 충성스러운 한국인 기독교세계봉사회 구호 사역자들은 지프차 한 대에 고장 난 짐차를 끌고 힘겹게 대구로 출발했다.[47] 그들이 대구에 도착하자마자 애덤스 목사는 자신의 잃어버린 화물차를 다시 찾으러 다녔는데, 그 차가 철도역에 주차된 것을 발견하고 기뻐했다.[48]

그 후 선교사들은 대구를 부산 방위선 내 구호 센터의 거점으로 삼고서 영동, 김천 등 피난민들이 많이 몰리는 도시들에 물자들을 실은 트럭을 보냈다. 지역 교회들은 종종 물자들을 분배하는 장소로 활용되었다. 구호물자들은 주로 콩, 밀가루, 밀, 돼지기름 같은 음식들이었다. 선교사들은 보통 지역 교회 목회자들 및 평신도들과 사전에 연락을 취해서 지역 주민들을 동원하여 입소문을 내게 했다. 일단 군중이 모이면 구호 요원들은 비기독교인들에게 전도용 소책자와 함께 음식을 나눠주었고,

---

44 Letter from Edward Adams, 21 July 1950, Presbyterian Church Archives, Record Group 140, Box 18, Folder 14 - Presbyterian Historical Society, Philadelphia.

45 Ibid.

46 Ibid.

47 전쟁 중에는 모든 종류의 차량들에 대한 수요가 폭발하기 때문에 수송 수단이 몹시 귀했다. 선교사들은 부서진 짐차 한 대도 잃지 않으려고 했다.

48 Ibid.

기독교인들에게는 복음서나 신약성서를 주었다. 애덤스 목사는 구호 활동이 전쟁 중 "복음에 다가가는 가장 뛰어난 방법"이라고 선교 보고를 했는데, 왜냐하면 "물자를 받게 된 사람들이 제일 감동하면서 애처롭게 감사"를 했기 때문이었다.[49] 특히 기독교인들의 감사가 더욱 컸는데, 이들 대부분이 서둘러 피난길에 오르다가 자신의 성경책을 집에서 챙겨 나오지 못했기 때문이었다. 그래서 복음서, 전도용 소책자, 신약성경이 정말 많이 필요했다.

구호물자들은 모든 피난민들에게 분배되었지만, 그중에서도 기독교인들에게 가장 많이 돌아갔다. 이는 미국 교회들이 한국 기독교 공동체를 지정해서 기부를 했기 때문이었다. 미국의 후원자들이 구호물자가 자신들이 돕기를 원하는 사람들에게 전달되는 것을 보고 싶어했기 때문에, 선교사들은 주로 지역 교회들에 구호물자들을 남겨두어서 그곳의 목회자들과 장로들이 기독교 공동체에서 필요한 것들을 지원할 수 있도록 했다. 그리하여 교회들은 추가적인 구호물자를 받을 수 있는 곳으로 유명해졌다. 그 결과, 비록 많은 교회들이 파괴되고 지도자들이 없어졌음에도 불구하고 기독교의 영향력은 계속 커져갔다.

그렇지만 기독교 구호 활동은 정부나 유엔의 프로그램들을 모두 대체할 수는 없었으며, 당국과 어떻게 협력하느냐에 따라 그 효과가 달라졌다. 애덤스 목사는 미국의 후원자들에게 자신들의 구호활동 목표를 이렇게 설명했다. "어쨌든 저희는 정부와 군대의 활동이 핵심적이라는 사실을 인정합니다. 이것을 보완하고 개인의 필요에 맞춰서 그 부족한 것을 채워나가는 일이 저희의 몫이지요. 이것은 마치 큰 기계의 작동 범위에 닿지 않는 작은 가장자리를 살피는 것과 같습니다."[50] 선교사들은 한국의 공무원들과 지속적으로 소통하면서 소외된 지역들을 파악하고, 그 빈자리를 메웠다. 실례로, 7월 21일 사회부 장관으로부터 각 군별 난민 수를 보고받은 선교사들은 당시 의성군의 피난민 수가 부산보다 더 많은 것을 발견하고서 다음날 의성군에 트럭 한 대분의 식량을 보냈다.[51]

---

49 Ibid.

50 Letter from Edward Adams, 1 August 1950, Presbyterian Church Archives, Record Group 140, Box 16, Folder 37 - Presbyterian Historical Society, Philadelphia.

51 Letter from Edward Adams, 21 July 1950, Presbyterian Church Archives, Record Group 140,

이 선교사들의 구호활동은 식량 배분에 그치지 않고 긴급대피도 포함되었다. 대부분의 한국인 소유 자동차들은 한국 정부가 군용으로 징집했고, 오직 선교사들이나 한국 고위 공무원들이 타는 차량들만 징집을 면했다. 그래서 선교사들의 지프차, 트럭, 마차들은 구호물자들과 장비를 운반하고 사람들을 이동시킬 때 절대적으로 필요했다. 공산군들이 진격해옴에 따라 민간 설비들이 후송되어야 할 때에는 기독교세계봉사회의 수송수단이 활용되었다. 실례로, 영동 구세군병원의 중요한 의약품들은 북한군의 수중에 떨어지기 전에 선교사들의 도움을 통해 대구로 옮겨졌다.

미국 선교사들은 특히 기독교 지도자들을 대피시키는 데 관심이 많았다. 그들은 붙잡히면 죽임을 당할 것이 확실했기 때문이다. 선교사들은 목회자들과 그 가족들을 자신의 트럭에 싣고서 부산 인근 해안을 따라 안전한 곳으로 대피시켰다. 그들은 심지어 아군과 적군 사이에 끼어서 오도 가도 못하는 교회 신도들을 구하기 위해 교전 지역 속으로 들어가기도 했다. 실례로, 북한군이 대구에 폭격을 퍼부은 8월, 목회자들과 그 가족들 약 400명이 대구에 갇혔었는데 선교사들은 이들을 위해 즉시 동해안 감포리의 커다란 학교 건물을 준비했다. 감포리는 부산에서 북쪽으로 약 60마일, 포항에서 남쪽으로 20마일 떨어진 곳에 위치한 지역이었다. 선교사들은 대구에 갇힌 이들을 감포리로 데려오기 위해 매일 약 60~80명의 사람들을 이동시켰고, 정부의 구호물자들을 준비해주고, 이에 더하여 자신들이 구할 수 있는 기독교세계봉사회의 구호품 약간을 함께 제공했다.[52]

선교사들은 자신들의 활동 범위를 비기독교인들의 구출에까지 확대했는데, 이는 피난민들을 대하는 군인들의 태도가 더욱 더 적대적으로 변해가는 것을 목격했기 때문이었다. 대전이 함락된 후 대로에 몰려나온 피난민들은 군사 작전에 심각한 방해가 되었다. 물자와 병력 수송을 위해 도로를 정리해야 하는 육군은 계속해서 피난민들을 몰아내고 있었다. 피난민 인파가 무질서하고 통제받지 않아서 가뜩이나 문제였는데, 거기에 많은 게릴라들이 피난민 대열에 침투하여 군에 심각한 위해를 가하기까지 했다. 한국 군인들과 미국 군인들 중 일부는 적의 은밀한 공격을 두려워

Box 18, Folder 14 - Presbyterian Historical Society, Philadelphia.

52 Letter from Edward Adams, 9 August 1950, Presbyterian Church Archives, Record Group 140, Box 18, Folder 14 - Presbyterian Historical Society, Philadelphia.

한 나머지, 군 수송용 도로를 정리하다가 마주치게 되는 민간인들을 적대시하게 되었다.

이 같은 피난민들에 대한 불신은 대전이 함락될 무렵 폭발했다. 7월 25일, 미 제8군 최고 참모 장교들은 무치오 주한미국대사의 대리인인 헤롤드 J. 노블(Harold J. Noble)과 남한의 공무원들을 만나서 피난민 문제를 논의했다. 그리하여 그들은 피난민들이 미국의 방어선을 넘는 것을 저지할 중대한 조치를 취하기로 결정했다. 무치오 대사가 당시 미 국무부 극동문제담당 차관보인 딘 러스크(Dean Rusk)에게 보낸 서면 보고서에 따르면, 피난민들이 미군의 경고를 무시하고 방어선을 향해 계속 전진할 경우 미국 군인들은 그들을 저지할 목적으로 치명적인 무력을 사용할 수 있도록 허가되었다.[53]

그러나 방어선은 매일 변동되었고, 대전에서부터 대구로 이동하는 많은 피난민들은 후퇴하는 미 육군과 진격하는 북한군 사이에 끼게 되었다. 영동과 김천 사이의 노근리에서 벌어진 일도 그러했다. 당시 미 제7기병연대 제2대대가 노근리에서 진지를 지키고 있었는데, 7월 26일 이곳에서 400여 명의 사람들이 미군에 의해 사망했다는 보고가 있었다. 실제 사망자 수에 대해서는 많은 논란이 있었지만, 노근리에서 민간인 사상자들이 발생한 것은 부인할 수 없는 사실이었다.[54] 이와 비슷한 사건

53 Sahr Conway-Lanz, "Beyond No Gun Ri: Refugees and the United States Military in the Korean War," *Diplomatic History* 29 (January 2005): 56; Charles J. Hanley and Martha Mendoza, "U.S. Policy Was to Shoot Korean Refugees," *Washington Post*, 29 May 2006, https://koreanstudies.com/pipermail/koreanstudies_koreanstudies.com/2006-May/005714.html

54 400명이란 숫자는 후에 노근리 다리를 점령한 북한군 부대에 의해서 제시된 것이었다. Spencer C. Tucker, "Nogun-ni Railroad Bridge Incident," in *Encyclopedia of The Korean War: A Political, Social, and Military History*, ed. Spencer C. Tucker (New York: Checkmark Books, 2002), 490. 그러나 실제 희생자들의 수는 여전히 논란의 대상으로 남아 있다. 남한의 영동군 사무소의 보고서는 248명의 사람들이 미군에 의해 부상당하거나 실종되거나 사망했다고 기록했다. 일부 한국인 희생자들은 그 숫자가 미국 연합통신사가 수행한 연구에 따라서 더 상향 조정되어야 한다고 믿었다. 그 연구는 사망자 181명, 실종자 20명, 부상자 50명의 명단을 제공했다. Charles J. Hanley, Sang-hun Choe, and Martha Mendoza, *The Bridge at No Gun Ri: A Hidden Nightmare From the Korean War* (New York: Henry Holt and Company, 2001), 291-295. 그러나 이 보고서에 대해서 미 육군사관학교 역사학자인 로버트 베이트먼(Robert Bateman)이 다시 논의를 시작했다. 베이트먼은 이 사건에 관한 50년 후의 희생자들의 증언들을 제외한다면, 그 주장을 뒷받침할 만한 핵심적인 증거가 없다고 반박했다. Robert L. Bateman, *No Gun Ri: A Military History of the Korean War Incident* (Mechanicsburg, PA: Stackpole Books, 2002).

들은 대구로 가는 길 곳곳에서 일어났다. 민간인들은 아군의 포격에도 죽임을 당했고, 피난민을 자신들의 방어 기지에 두지 않으려는 미국의 시도 때문에도 희생되었다. 이러한 이유로 얼마나 많은 무고한 사람들이 목숨을 잃었는지는 다 알려지지 않았다.

병력과 장비의 이동이 도로와 철로를 막고 있는 피난민들에 의해 방해받게 됨으로써 시간이 계속 지체되었다. 그리하여 영동이 함락된 이후에 군대는 더 이상의 시간 손실을 막기 위해 김천에서 철로를 따라 대피해 나온 사람들을 모두 옆으로 쫓아내고 산으로 떠밀었다. 안동 주변과 동쪽 지역으로부터 빠져나온 피난민들도 역시 산으로 들어가야 했다. 산비탈과 개울가를 가득 메우게 된 피난민들은 더 이상 도망칠 곳이 없었다. 피난처 없이 산속에서 그들이 겪어야 했던 고통은 말로 할 수 없을 정도였다. 그들은 먹을 것이 거의 없이 태양의 열기와 빗속의 한기 속에 죽어갔다. 만약 그들이 즉시 부산 방어선 내로 이송되지 않는다면 곧 북한군의 손에 넘어가거나 굶주려 죽거나 병으로 죽게 될 것이었다. 그런데 이때 그들을 도우려는 의지와 실제로 도울 수 있는 방편이 있었던 사람은 선교사들뿐이었다. 애덤스 목사와 기독교세계봉사회 사역자들은 트럭들과 지프차들, 마차들을 이용하여 언덕에 야영하고 있던 약 1만 명의 사람들을 며칠에 걸쳐서 부산 방어선 내의 난민 시설들로 안내하고 이송했다.[55]

— 부산 방어선 내에서의 구호 활동

8월 부산 방어선을 따라서 전쟁 상황이 드디어 안정되자, 정부는 피난민들을 그들의 원래 출신지 군(郡)에 따라 피난민 시설에 배치할 수 있었다. 그러나 이들이 생활해야 되는 환경은 정말 끔찍했다. 부산은 특히나 사람으로 미어터졌다. 모든 학교, 백화점, 또는 다른 큰 건물들이 병원과 병영, 또는 피난민 수용소로 사용되고 있었다. 그 외에도 피난민들을 수용하기 위해 많은 임시 건물들이 세워졌다. 교회들과

55 Letter from Edward Adams to wife, 9 August 1950, Presbyterian Church Archives, Record Group 140, Box 18, Folder 14 - Presbyterian Historical Society, Philadelphia.

절들에도 사람들이 넘쳐났다. 어떤 경우에는 수천 명의 사람들이 임시 건물 한 곳에 수용되어 살았고, 한 가정에 약 10제곱피트의 공간이 주어졌다.[56] 애덤스 목사는 그들의 상태를 "파리들처럼" 살아가는 것으로 묘사하면서, 그들이 적절한 치료를 받지 않는다면 전염병이 발생할 수 있다고 걱정했다.[57]

이 과밀한 피난민 센터들에는 즉각적인 돌봄이 필요했다. 그리하여 미국 선교사들은 또 다시 자신들의 한정된 자원들을 동원했다.[58] 당시 대부분의 남장로교 선교사들이 부산에 피난 와 있었는데,[59] 그들은 부산시의 혼잡한 피난민 센터들에서 봉사활동을 시작했다. 몇몇 여성 선교사들과 그들의 기독교인 조력자들은 과밀한 피난민 센터들을 정기적으로 방문하여 구호품들을 전달하고 기본적인 의료 서비스를 제공했다. 그리고 병세가 심각한 경우에는 의료 선교사를 보냈다.

더 많은 자원이 있던 북장로교 선교사들은 자신들의 소중한 트럭을 이용하여 부산 방어선 내 외진 곳들을 다니며 활동 영역을 넓혔는데, 특히 개울가나 산비탈에서 노숙하는 사람들을 찾아다녔다. 이들에게 한국 정부가 식량을 가져다주려고 시도해보았지만 운송 장비의 부족으로 그 과정이 지연되었기 때문에 이처럼 대피소가 없거나 정부의 지원을 받지 못한 사람들은 상황이 훨씬 더 나빴다. 그들의 불쌍한 처지에 대해 애덤스 목사는 "비가 오면 그들은 흠뻑 젖습니다. 그리고 쌀쌀해지는 밤에는 추위에 떱니다. 한편 낮에는 햇볕에 피부가 탑니다"라고 묘사했다.[60]

선교사들은 정기적인 구호물자 제공 외에도 대중을 보살피는 일에 관심을 가졌다. 그들은 가장 외진 곳까지 미칠 수 있는 장기적인 전도 조직을 구축하려고 했다. 처음에는 기독교 성직자들과 전도사들의 가족들을 위한 구호 프로그램부터 시작했

---

56 Letter from Mrs. (Charlotte) Linton to "folks," 10 September 1950, Presbyterian Church (U.S.A.), Department of History, Motreat, North Carolina.

57 Letter from Edward Adams, 1 September 1950, Presbyterian Church Archives, Record Group 140, Box 16, Folder 37 - Presbyterian Historical Society, Philadelphia.

58 북장로교의 표기는 Presbyterian Mission (USA), 남장로교는 Presbyterian Mission (US)이다.

59 부산은 호주 장로교 선교회의 선교 기지였다. 전쟁이 발발했을 때 호주인들 대부분이 대피했고, 1952년 전쟁이 안정되자 한국에 돌아왔다. 이들 중 가장 유명한 사람은 헬렌 맥켄지 박사와 그녀의 자매 캐서린 맥켄지였다. 그들은 1952년부터 1975년까지 호주 장로교 선교 병원을 운영했다.

60 Letter from Edward Adams, 1 September 1950, Presbyterian Church Archives, Record Group 140, Box 16, Folder 37 - Presbyterian Historical Society, Philadelphia.

는데, 이는 장로교인들에게만 국한되지 않았다. 선교사들은 한국 목회자들이 원래 출신지 군(郡)에 따라 피난민 시설로 돌아가서 사람들을 돌볼 수 있도록 그 가족들을 위한 식량과 특별 쉼터를 책임지고 제공하려했던 것이다. 애덤스 목사는 각 군마다 적어도 한 명의 목사나 전도사가 배치될 수 있기를 희망했다. 이렇게 하면 목사와 피난민들 간의 관계가 형성되어서, 이후에 피난민들이 귀향한 뒤에도 목사가 자기의 신도들을 계속 목회할 수 있기 때문이었다. 그렇지만 이 기독교 사역자들이 당장 월급을 받을 수는 없었다. 그 대신 선교회는 "건강을 지킬 수 있는 충분한 음식과 의복"을 보장해줌으로써 한국인 목회자들이 "자발적인 정신을 떨어뜨리지 않고서" 그들의 피난민 사역에 집중할 수 있도록 했다.[61]

선교사들은 또한 구호소와 임시 예배당 역할을 할 대형 천막을 각 군별로 한 개씩 준비했다. 이 천막들은 교회 사역자들의 본부가 되었으며, 그 실제적인 주요 기능은 환자들과 어린 아기들, 임산부들을 위한 응급처치 센터의 역할이었다. 당시 공군 소속이었던 하워드 마펫 박사는 이 천막들에 아스피린, 머큐로크롬, 페니실린과 같은 기본적인 약품들을 공급했다.[62] 애덤스 목사에 따르면 내무부 장관의 미 육군 고문은 이 계획에 관한 소식을 듣고서 감격에 겨워 눈물을 흘렸다.[63]

— 전쟁 구호 활동 전체에 끼친 선교사들의 영향

전쟁 첫 3개월간 선교사들이 운영했던 구호 프로그램의 효과성을 입증할 자료는 수집되지 않았지만, 그들의 노력이 많은 생명을 구했던 것은 확실하다. 이 시기 선교사들이 솔선하여 나섰던 일은 장기적으로도 상당한 영향력을 끼쳤다. 그들의 사역은 대중의 관심을 불러일으켰고 미국과 다른 서구 국가들의 많은 기독교인들이 한국의 존속을 지지하도록 자극했다.

이 선교사들의 요청에 가장 먼저 응답한 것은 미국의 교회 지도자들이었다.

---

61 Ibid.

62 Ibid.

63 Ibid.

1950년 10월 19일 유엔 구호 활동의 중앙집권화가 발표된 직후 미국 교회 지도자들은 뉴욕 국제선교위원회 사무실에서 세계교회협의회(World Council of the Churches), 해외선교협의회(Foreign Mission Conference), 국제선교협의회(IMC), 기독교세계봉사회(CWS) 대표들과 함께 모임을 가졌다. 이들은 "한국에서의 기독교 구제 사역을 위해 조직적인 활동을 하는 것은 기독교가 마땅히 관심을 갖고 표현해야 하는 영역이다"라고 공인했다.[64] 그들은 먼저 한국기독교연합회(KNCC)를 통해 한국에 기독교구호위원회를 정식으로 설립할 것을 결정했다. 이 위원회는 한국에서 필요한 자금과 물자의 수요를 파악하여 국제선교협의회와 세계교회협의회에 보고하고, 기독교 구호활동 수행 및 주한 유엔 구호 관계자들과의 교신을 담당하게 되었다. 국제문제교회위원회(The Commission of the Churches on International Affairs)는 뉴욕의 유엔 구호기관들과 협상을 벌여서 기독교 단체들이 자체 물자들을 배포할 수 있도록 허가를 받았다.[65]

이 회의는 역사적인 모임이 되었는데, 이후 6·25전쟁의 흐름이 유엔군에 불리하게 돌아섰기 때문이었다. 수십만 명의 중국군이 1950년 11월 참전한 데다, 한국의 혹한은 많은 한국 피난민들의 생명을 위협했다.[66] 긴급한 구호 활동의 필요성이 이전보다 더욱 절실해졌는데, 특히 식량보다 의류와 연료의 부족이 더욱 심각했다. 1950년 9월 유엔이 전선을 38선까지 다시 밀어 올려서 전라도 지역 한국인들이 쌀 추수를 할 수 있었고, 남한의 지방 정부가 굶주린 군중을 위해 비축된 쌀로 죽을 만들 조리실들을 마련했기 때문에 식량 문제는 상대적으로 완화되었다. 그러나 한국 역사상 기록적인 추위가 닥쳐온 그해 겨울, 집을 떠나온 민간인들에게는 의복과 연료 문제가 더욱 시급했다.

미국의 종교 뉴스는 한국인들의 고통을 부각시켜 보도했다. 전쟁 지역의 선교사들과 기독교인들이 보낸 최신 편지들과 보고서는 "한국 편지들"(Korea Letters)이라는 제목의 소책자에 정기적으로 인쇄되어 공개되었다. 이 소책자는 윌리엄 쇼 목사

64 C. W. Randon, "Korean Relief," 『WCC 도서관 소장 한국교회사 자료집: 한국전쟁 편』, 136-137.

65 Ibid.

66 중국의 6·25전쟁 참전에 대한 내용은 제7장에서 논의된다.

부부의 주도로 일본에 대피한 선교사들이 제작한 것으로서, 감리교 해외선교회의 지원을 받았다. 미국의 기독교인들에게 한국을 위한 기도와 기부금, 구호물자를 부탁하는 내용이 포함되었다. 은퇴한 선교사들, 교회 지도자들, 재미한인교회들, 그리고 초교파 기관들이 동원되어 출판물을 전국에 배포했다. 선교사들과 한국 피난민들의 소식은 다른 교파 잡지들에도 여러 군데 자주 보도되었다.

11월부터는 개별 교단들에서 현금과 의류 기부 운동이 시작됐고, 1950년 12월에는 기독교세계봉사회의 "위대한 나눔의 한 시간"(One Great Hour of Sharing)을 통해 연합 기부 활동이 준비되었다. 미국과 캐나다 전역의 교회들과 개별 기독교 단체들은 장로회, 감리회, 기독교세계봉사회, 구세군, 천주교 구호국, 메리놀 시스터즈, 그리고 기타 교단별 구호 조직들에게 돈을 보내어 한국의 기독교인 피난민들을 지원하는 일에 열렬히 호응했다. 기독교세계봉사회는 그 겨울에만 22만 3천 파운드의 옷감과 9만 5천 파운드의 음식(우유, 콩, 비타민 등)을 선적했다. 영국과 호주의 교회들도 자금과 구호물자를 부산으로 보냈다.[67] 이 보급품들은 기독교세계봉사회에 의해 기독교인과 비기독교인 모두에게 분배되었다.

전쟁 발발 직전 한국을 방문했었던 밥 피어스 목사도 피해 조사를 위해 한국으로 돌아왔다. 그가 목격한 한국의 고통은 1950년 9월 22일 월드비전의 설립을 이끌었는데, 현재 월드비전은 세계에서 가장 큰 기독교 구호 개발 단체가 되었다. 그 후 밥 피어스는 유엔 전쟁특파원이 되어 한국에 돌아와서 전쟁으로 피폐해진 나라의 곳곳을 두루 돌아다녔다. 그는 "사람들을 일깨우기"를 바라면서 쓰레기 더미에 죽도록 방치된 기독교인들, 과부들, 고아들, 아기들의 참상을 집중적으로 보도했다.[68]

6·25전쟁 동안 피어스 목사는 한국에 관한 두 편의 다큐멘터리 영화를 제작했다. 〈38선〉(*The 38th Parallel*)이라는 제목의 첫 번째 다큐멘터리는 전쟁 발발 전 한국의 상황을 기록한 것이다. 이 영상은 피어스 목사의 설교를 듣고서 기독교인이 된 수천 명의 한국인들의 모습을 보여줌으로써 '구국전도운동' 사역의 성공을 보도하고 있다. 미국의 한 지역 신문은 이 영화를 "〔한국의〕 비극들, 그리고 기독교적 삶의 방식에

---

67 김흥수, "한국전쟁 시기 기독교 외원단체의 구호활동," 『한국기독교와 역사』 23 (2005): 105-108.

68 Franklin Graham, *Bob Pierce: This One Thing I Do* (USA: Samaritan's Purse, 1983), 170.

서 찾게 된 [한국의] 희망들의 이야기"라고 묘사했다.[69] 피어스의 이야기는 6·25전쟁이 갖는 종교적 성격에 대한 덜레스의 해석을 지지하고 있다.

1952년에 개봉된 피어스의 두 번째 영화 〈불꽃〉(*The Flames*)은 최고의 주목을 받는 결과를 거두었는데,[70] 6·25전쟁에 관한 이 기독교 다큐멘터리는 "역대 뛰어난 기록물들 중 하나"라는 평가를 받았다.[71] 피어스 목사는 미국 전역의 교회들에 이 영화를 상영하면서 교회 신도들에게 한국의 피난민들과 고아들을 돕도록 초청했고, 이것은 월드비전 아동 후원 프로그램의 시작이 되었다. 고통받는 여성들과 아이들의 모습을 담은 그의 생생한 영상은 미국 국민들에게 큰 충격을 주었고, 한국인들을 구제하기 위한 큰 열정을 불러일으켰다. 한국 기독교 공동체의 생존과 이들 한국 고아들의 미래는 미국 전역의 교회들에게 친숙한 관심사가 되었다.

6·25전쟁 내내 미국 교회의 구호 사역자들은 구호운동에 '한국'이라는 꼬리표가 붙을 때마다 대중의 반응이 유난히 후해지는 것을 발견했다. 대부분의 기독교인 기부자들은 한국 기독교인들, 특히 여성과 아이들에게 구호품을 보내고자 했다. 그러나 이러한 바람은 이루어질 수 없었는데, 모든 물자들은 유엔을 통해서만 보내져야 했기 때문이었다. 일단 유엔의 수중에 들어가면, 개별 자선단체들은 물품이 분배되는 과정에 대한 통제권을 상실했다.

그럼에도 불구하고, 유엔과의 협력은 모든 관계자들에게 많은 이익을 가져다주었다. 첫째, 부피가 큰 물건들을 아시아로 운송하는 천문학적인 비용을 감안한다면 자선단체들이 유엔의 도움 없이 그 물자들을 도저히 보낼 수 없었을 것이다. 둘째, 구호활동을 통해 기독교 자선단체들과 유엔군 및 미군 간에 '호의' 관계가 구축되었다. 유엔은 이러한 기독교 단체들의 경험과 조언, 지원이 필요했었다. 셋째, 기독교인들은 유엔과의 협조를 통해 공식 정보를 입수할 수 있었고, 이로써 "물품들을 가장 필요한 지역에 공급하도록 조정하는 데 도움을 받을 수 있는 더 나은 기회"를 얻

---

69 "Korean Movies at Youth for Christ," *Walla Walla*, Wash, 7 December 1951; "Korean Film Listed For Youth Rally," *The Gettysburg Times*, 13 April 1951; "Speaks and Shows Film," *Mansfield O. News-Journal*, 9 April 1952.

70 Graham, *Bob Pierce: This One Thing I Do*, 170.

71 "Dr. Pierce's Film on Korea to be Shown Here Oct. 1," *Bralaerd Daily Dispatch*, 23 September 1952.

표 6.1 • 유엔을 통해 배분된 미국 교회 기부물품

(단위: 달러)

기관명	기부품 액수
미국 퀘이커 봉사 위원회	234,153
기독교세계봉사회(CWS)	700,663
제칠일안식일예수재림교 총회	10,000
루터교 세계구호회	184,265
동양선교회(OMS)	102,883
메사추세츠 미 육군 예비군 종교 교단들	1,000
전미가톨릭복지연맹 전쟁구호회	3,623,492
합계	4,856,456

주: 모든 미국 자원봉사 기관의 기부금 총액은 미화 10,952,657달러였다. 교회 기부는 전체의 약 44%였다.
출처: 김흥수, "한국전쟁 시기 기독교 외원단체의 구호활동," 『한국기독교와 역사』 23 (2005): 107.

어서 "분배 과정에서의 오류를 줄이는 것"이 가능해졌다.[72] 그리하여 대부분의 종교 단체들은 유엔의 활동에 참여함과 아울러 유엔을 대표하여 구호물자들을 수집하고 분배하기를 자청했다.[73] 1952년까지 총 40개의 기독교 단체들이 유엔을 통해 한국에서 구호 프로그램들을 수행하고 있었다. 1950년 7월부터 1952년 11월까지 그들은 유엔의 분배를 위해 무려 4,856,446달러 상당의 교회 기부금을 제공했는데, 이는 미국의 모든 자원봉사 기관들의 총 기부금의 약 44%에 해당했다(표 6.1 참조).[74]

1953년 유엔이 결국 민간단체들의 자체적인 분배를 허용하자 미국의 개신교 교회들은 기독교세계봉사회를 통해 총 271,341.70달러의 현금, 1,599,752.82달러 상당의 의류, 5,469,882파운드의 구호물자를 보냈다.[75] 에드워드 애덤스 박사와 헨

72 Letter to Dr. John Smith, sender unknown, 19 September 1951, Presbyterian Church Archives, Record Group 197, Box 1, Folder 3 - Presbyterian Historical Society, Philadelphia.

73 Letter from TTB to Shaw, 6 October 1950, Missionary Collection 4, United Methodist Church Archives — GCAH, Madison, New Jersey.

74 이 금액에는 유엔이 통제하지 않았던 민간 교회 경로를 통해 분배된 현금이 포함되지 않는다. 김흥수, "한국전쟁 시기 기독교 외원단체의 구호활동," 107-108.

75 Harry A. Rhodes and Archibald Campbell, *History of the Korean Mission Presbyterian Church in the USA*, Vol. 2,1935-1959 (New York: Commission on Ecumenical Mission and Relations, The

표 6.2 • 한국 기독교세계봉사회(CWS) 집행위원회

직위	이름	소속 기관
회장	Dr. Edward Adams	미국 장로회
부회장	Mr. Chang	구세군
총무	Rev. Kim Sa Keun	
회계	Dr, EJ. O. Fraser	캐나다 연합교회
상임 이사	Dr. Henry D. Appenzeller	감리교
임원 비서	Mr. Gregory B. Votaw	
현장 관리자	Mr. James Atkinson	
어린이 복지사업 총무	Miss Anne Davison	
조산사 훈련	Miss Edith J. Galt	

출처: 김홍수, "한국전쟁 시기 기독교 외원단체의 구호활동," 『한국기독교와 역사』 23 (2005): 109-110.

리 아펜젤러 박사가 이끄는 한국 기독교세계봉사회가 모범적인 구호기관으로 부상했다(전체 직원 명단은 표 6.2 참조).[76]

이 돈은 고아원, 아동복지, 미망인 주거, 결핵퇴치사업, 의료용품, 구호물자의 구입 및 보급 등에 사용됐다. 이들 수치에는 교회의 재건과 기독교 교육의 회복, 의료기관의 복구를 위해 개별 교단을 통해 보내진 물자들과 기금은 포함되지 않았다. 또한 천주교 자선단체들을 통해 분배된 것들이나 유엔 구호기관들을 통해 직접 보내진 물자들도 포함되지 않았다.

기독교 구제 프로그램은 결과적으로 한국 기독교 공동체에 가장 많은 혜택을 주었다. 목회자와 여전도사,[77] 기독교 교사들은 부족한 정부 물자 외에 교회와 구호기관으로부터 특별한 도움을 받아 생존 가능성이 더 높아졌다. 실례로 기독교세계봉사회는 신자와 비신자 모두에게 균등하게 분배하는 정책을 지지했지만, 그들의

United Presbyterian Church in the U.S.A, 1964), 323.

76 김홍수, "한국전쟁 시기 기독교 외원단체의 구호활동," 109-110.

77 여전도사들은 한국교회가 여성과 아이들을 전도하기 위해 후원했던 여성 전도자들이었다. 이들은 여성 모임들과 주일학교에서 성경을 가르치는 교사로 활동했다. 외딴 시골에서는 여전도사들의 영향력이 목회자나 장로만큼이나 강하기도 했다.

장기적인 목표는 기독교의 발전을 선호하는 쪽이었다. 그 목적은 기독교의 사회봉사를 장려하고, 한국과 미국, 그리고 한국과 서양 교회 간의 우호관계를 강화하는 것이었다.[78] 그리고 그들은 미국 기독교 모델을 바탕으로 새로운 한국을 건설하기를 희망하고 있었다.

이에 더하여 선교사들은 기독교인들의 일자리 확보에도 도움을 주었는데, 구호사역자뿐만 아니라 미군 통역사, 공무원 운전기사직도 알아봐주었다. 그리고 신학교, 기독교 대학, 학교, 고아원, 미망인 주택이 남한 전역에 세워졌다. 구호 기관들의 영향력과 한국 교회의 전도 활동이 합해져서 기독교는 6·25전쟁 기간과 그 이후에도 계속 성장해나갔다. 해외 자금 지원으로 전후 한국에서 새로운 기독교 성직자들이 양성되고 기독교 기관들이 확장되어갔다. 이는 한미 양국 교회 간에 새롭고도 친밀한 관계가 시작됨을 알리는 것이었다. 한국은 교회 역사상 처음으로 동아시아에서 중국과 일본을 제치고 미국 온정주의 원조의 최대 수혜국이 되었다. 이렇게 해서 기독교는 전후 남한의 정치·경제·종교·사회에서 주요 세력으로 부상하게 되었다.

서울의 함락과 수복

한국인들 중 일부는 북한군이 남쪽으로 진격해오기 전에 도망쳤지만, 더 많은 수의 사람들은 자신들의 결정이 어떤 결과를 가져올지 정확히 알지 못한 채 살던 곳에 계속 남아있었다.[79] 그러나 그들은 곧 자신들이 철의 장막 뒤편에 갇히게 되었음을 알게 되었다. 공산주의자들은 정복한 영토 안의 모든 반대자들을 즉시 숙청하기 시작

78 Arnold B. Vaught, "Relief and Rehabilitation," *Report to Korea Planning Conference* (October 13-14, 1953), World Council of Church Library (CCIA Country Files: Asia-Korea 1953-1973), Geneva, Switzerland.

79 남한 국방부의 엄격한 검열 때문에 대부분의 한국 신문들과 공식 발표들은 전쟁 초반의 며칠 동안 최전방의 상황을 정확하게 보도하지 못했다. 일부 기자들은 정부 관계자들로부터 국민들의 두려움을 완화시키기 위해서 거짓 기사를 써달라는 요청을 받았다. Raymond S. H. Lee, "Early Korean War Coverage," *Journalism Quarterly* 55, no. 4 (1978): 789-791.

했고, 특히 기독교인들은 숙청의 주요 대상이 되었다. 북한이 점령했던 이 시기 동안 기독교인들이 경험했던 바는 6·25전쟁의 종교적인 측면을 이해하는 데 중심이 되는 요소였다. 그들의 고통을 전하는 보도가 한국과 미국에 널리 유포되었고, 이는 또한 미국의 여론을 움직여서 정치적·경제적·군사적·도덕적 지원을 대한민국에 제공하게 했다.

— 서울 함락

이승만 대통령과 그의 내각이 서울을 떠난 직후인 6월 27일 새벽 3시 30분경, 140여 명의 국회의원들이 긴급회의를 열었다. 1950년대 중반부터 이승만의 주요 정적이 되었던 신익희가 당시 국회의장이었는데,[80] 그는 이승만 정부를 따라나서야 하는지 여부를 놓고 국회의 의결을 요청했다. 격론 끝에 국회는 투옥이나 죽음이 기다린다 할지라도 모든 국회의원들은 수도 서울에 남아 있어야 한다는 결의안을 통과시켰다. 이 결의안은 또한 이승만 정부가 서울의 방위를 포기함으로써 한국 국민들의 신뢰를 저버렸다고 비판했다.[81]

그러나 신익희를 비롯한 국회의원 대다수는 몇 시간 만에 입장을 바꿔서 해질 녘에 남쪽으로 달아났다. 국회의원 210명 중 서울에 끝까지 남았던 사람은 60명에 불과했는데, 대부분 온건파 및 진보파였다.[82] 그중에는 서울 『여자일보』(*Yocha Ilbo*) 사장이자 여성 국회의원인 박순천 의원이 있었다. 박순천은 한국에서 가장 영향력 있는 여성으로 손꼽히는 인물이었다.[83] 그녀는 공산주의에 동조하는 마음에서가 아닌, 국회 결의안과 서울 A 지역 유권자들에 대한 개인적 책임감 때문에 서울에 남기를

---

80 Donald Stone MacDonald, *The Koreans: Contemporary Politics and Society* (Boulder, CO: Westview Press, 1996), 120.

81 Sun-Chon Park, "Wearing a Blood-Stained Skirt," Presbyterian Church Archives, Record Group 140, Box 16, Folder 39: 1 - Presbyterian Historical Society, Philadelphia.

82 Hugh Deane, *The Korean War: 1945-1953* (San Francisco, CA: China Books & Periodicals, 1999), 94.

83 Andrew C. Nahm, *Historical Dictionary of the Republic of Korea* (Metuchen, NJ: The Scarecrow Press, 1993), 161.

선택했다. 그러나 자신의 모든 직원들과 친구들에게는 즉시 대피하라고 재촉했다.[84]

전쟁 초기 많은 공산주의자들과 좌익 인사들은 전쟁 발발에 흥분하여 북한군을 환영하려고 일어섰다. 서울 및 기타 지역의 학생들은 무슨 일이든 기꺼이 자원하여 봉사하면서 공산군의 점령을 가장 적극적으로 지원했다. 이 점령기 동안 특히 여성들이 엄청난 해방을 경험했는데, 명예직을 포함해서 취업할 수 있는 여러 기회들을 누리게 되었다.[85] 그렇지만 그러한 혜택은 소수에게만 돌아갔다. 대다수의 사람들은 공산주의자들의 박해 대상이 되지는 않았을지라도 북한의 점령 정책에 따라 극심한 곤경을 겪었다.

대한민국 국군이 떠나고 인민군이 도착하기 전까지의 과도기 동안 서울은 혼란에 빠졌다. 외국인 주택들이 약탈되고, 총기 사건이 많이 일어났다.[86] 북한군은 보급품 지급이 원활하지 못했기 때문에 병사들이 지역 주민들에게 아무런 보상 없이 식량을 요구하는 경우가 매우 많았다. 석 달 동안 대부분의 사람들은 보리죽을 먹고 살았다.[87] 점령군이 이런 식으로 행동하자 주민들은 그들을 달가워하지 않았다. 식량이 떨어지기 시작하면서 좌익 세력들과 그들의 동조자들까지 공산주의자들의 도래를 유감스럽게 생각하기 시작했다.[88] 전세가 불리해지자 북한 군인들의 횡포는 더욱 심해져갔다.

북한 당국과 남한 주민들 간에 갈등이 생긴 또 다른 원인은 17세부터 38세까지의 젊은 남녀들을 징집하는 북한군의 정책이었다. 기독교인들은 특히 인민군에 복무하는 것을 꺼려했고, 대한민국에 충성하는 사람들은 군복무를 피하려고 숨어버렸

84 Deane, *The Korean War: 1945-1953,* 94.

85 Ibid.

86 Maud K. Jensen, "Korea Evacuation 1950," 가족들과 친구들을 위해 인쇄한 소책자로서 날짜가 명기되지 않음. Donald N. Clark, *Living Dangerously in Korea: The Western Experience 1900-1950* (Norwalk, CT: EastBridge, 2003), 364. 재인용.

87 Letter from Soon-Young to Rev. Min-soo Pai, 23 October 1950, Presbyterian Archive, Record Group 140, Box 1, Folder, 19 - Presbyterian Historical Society, Philadelphia.

88 Letter from Soon-Young Pai to her uncle Rev. Minsoo Pai in the United States, 10 December 1950, Presbyterian Church Archives, Record Group 140, Box 1, Folder 19 - Presbyterian Historical Society, Philadelphia.

다.[89] 기독교인 여성 배순영은 공산당 경찰에 발각되지 않기 위해 자신의 남편과 남자 형제를 다락에 숨겼다.[90] 많은 사람들이 이 징집령에서 벗어나지 못했다. 붙잡힌 사람들 중 일부는 도주를 시도했지만 성공하는 사람은 드물었다.[91]

세브란스 병원[92]과 서울위생병원[93]의 의사와 간호사 등의 전문 인력들은 북한이 서울을 점령하자마자 징집되었다. 그들 중 일부는 다른 북한 의료진들과 함께 일하기 위해 인민군 부대들 여러 곳으로 흩어졌는데, 최전방에서 그들의 의료 기술이 절실하게 필요했기 때문이었다.[94] 북한 점령군 통치 아래 이 남한 의료인들은 거의 대부분 끌려가거나 죽임을 당했고, 유엔군의 서울 수복 이후에도 그들의 행방은 계속 묘연했다.

— 남한 정치인들과 공직자들의 운명

서울 점령 후 공산당 경찰은 대한민국의 공직자들, 경찰, 국회의원들을 찾아서 체포하기 시작했다. 고위직 관리들은 대부분 도망쳤고, 나머지는 친구 집이나 산속에 숨어있었다. 처음에 인민군이 그들을 색출하기란 여간 힘든 일이 아니었다. 그러

89 Letter from Soon-Young to Rev. Min-soo Pai, 23 October 1950, Presbyterian Archive, Record Group 140, Box 1, Folder, 19 - Presbyterian Historical Society, Philadelphia.

90 Ibid.

91 정확한 징집 규모는 여전히 확실하지 않다. 그러나 대부분의 생존자들의 증언은 북한 당국의 정책을 확증해주고 있다. 남한 시민으로 확인된 북한군 포로들의 숫자는 매우 많았다. 약 3만 7천 명이 민간인 피억류자로 밝혀졌다. 이들 대부분은 북한 송환을 거부했고, 이는 판문점 휴전협상 기간에 심각한 문제로 대두되었다.

92 장로교와 감리교 선교부들의 협력으로 공동 운영되었던 세브란스 병원은 남한에서 가장 유명한 의료 기관이었다. 모든 의사와 간호사들이 공산주의자들에게 살해되었다고 보도된 바가 있기는 한데, 그 진위는 확인되지 않았다. 그러나 북한 당국에 협조하기를 거부한 자들은 현장에서 총살되었을 가능성이 높다. 유엔 조사 결과 병원 뒷마당에서 무덤들이 다수 발견되었는데, 이 희생자들의 신원은 파악되기 어려웠다. 공산주의자들에게 협조할 의향이 있는 이들은 북한군이 서울을 떠날 때 같이 끌려갔을 가능성이 있다.

93 이 병원은 제칠일안식일예수재림교에서 설립한 것으로, 대부분의 의료진들은 조지 루(George Rue)와 그의 아내 그레이스(Grace)에게 훈련을 받았다.

94 Penny Young Sook Kim and Charles Milles, *Though Bombs May Fall: The Extraordinary Story of George Rue, Missionary Doctor to Korea* (Nampa, ID: Pacific Press Publishing Association, 2003), 79.

나 인민군은 먼저 비밀 정보원들과 침투요원들로부터 정보를 수집하는 일에 착수했다. 그 뒤 이 보고들을 바탕으로 군인들이 집들을 조사하고 도로를 차단해서 신원을 확인했다. 그 결과 인민군의 수색에서 탈출한 사람은 거의 없었다.

극적으로 탈출한 사람 중에는 장로교 신자인 김상돈 전 국회의원이 있었다. 그는 많은 가족들 때문에 서울에 남기로 한 경우였다. 그런데 김상돈은 한국 정부의 정책들에 줄곧 비판적이었던 정치 이력이 있었다. 그런 김상돈이 서울을 떠나지 않자, 어떤 자들은 그를 친공산주의자라고 의심했고, 북한 공산당은 그의 동조를 받아내고자 했다. 그러나 김상돈은 공산당이 자신을 찾고 있음을 알고서 교회 장로의 집 다락에 몇 달 동안 숨어 지내면서 공산당 부역을 피했다. 누군가 그가 숨어있는 장소를 당국에 알리자 공산주의자들이 그 집을 수색하러 왔다. 그러나 그들은 김상돈을 찾지 못했고, 그 대신 천장에 총을 쏴서 구멍을 많이 뚫어 놓았다. 이때 기적적으로 살아남은 김상돈은 나중에 자신의 이야기를 전할 수 있었다.[95]

한편 박순천 의원은 운이 좋지 않았다. 그녀는 서울이 함락되자마자 친구들과 함께 재동에 숨어 있다가 배신을 당했다. 7월 3일 북한의 한 젊은 공산당 경찰관이 그녀를 은신처에서 끌고 나왔다. 그는 자기가 "북에서 그녀의 사진을" 본 적이 있기 때문에 그녀를 "잘 알고 있다"고 박순천에게 말했다.[96] 그 경찰관은 박순천을 종로 경찰서로 데려가면서 "그와 함께 걸어가기"를 강요했는데, 이는 공산당 당국이 그녀가 자발적으로 그들에게 왔음을 사람들에게 보여주고 싶어했기 때문이었다.[97] 취조 기간 동안 심문관은 그녀에게 전쟁을 일으킨 것이 대한민국 정부라는 것에 동의하라고 강요했지만 박순천은 이에 응하지 않았다. 서울을 떠나지 않은 다른 국회의원 동료들도 공산당에 체포돼 이 같은 압박을 받아야 했다. 박순천과 그녀의 동료들은

---

95 Letter from Kim Eun-Hyung, ex-Assemblyman Kim Sangdon's daughter, to her sister Kim Shing Hyung, 5 October 1950, Presbyterian Archives, Record Group 140, Box 1, Folder 19 - Presbyterian Historical Society, Philadelphia.

96 Park, "Wearing a Blood-Stained Skirt," Presbyterian Church Archives, Record Group 140, Box 16, Folder 39: 4-5. 이 원고는 장로교회에 보내졌고 이후에 John W. Riley, Jr. and Wilbur Schramm에 의해 출판되었다. *The Reds Take a City: The Communist Occupation of Seoul with Eyewitness Accounts* (New Brunswick, NY: Rutgers University Press, 1951), 193-198.

97 Ibid.

7월 13일 석방되기 전까지 일주일 이상 감옥에 있었다.

— 우익에 대한 정치적 압력

김일성은 서울을 조선민주주의인민공화국의 새로운 수도로 세울 계획을 가지고 있었다. 그는 국민적인 지지를 얻어 합법적인 정부를 수립하기 위해서 이승만과 대한민국에게 전쟁의 책임이 있다는 것을 남한 사람들과 국제 사회에 납득시킬 필요가 있었다. 이를 위해 김일성은 서울에 있는 전직 대한민국 관리들과 정치인들의 협조가 필요했다. 그리하여 공산주의자들은 이승만 정부의 명예를 실추시키고, 유엔 개입의 타당성을 반박하는 선전 활동에 착수했다.

먼저 북한 당국은 남한 정치인들에게 북한 정권에 대한 충성을 맹세하고 공산당 편에서 남한 정권의 부패를 규탄하는 방송을 하라며 압력을 가했다. 특히 국회의원들과 유명 정치인들을 제일 많이 압박했다. 북한 당국의 목표는 그들을 공산당의 통일 사상으로 전향시키고, 그들을 이용해서 전쟁을 일으킨 책임을 대한민국에 돌리려는 데 있었다. 국회의원 재교육 프로그램이 북한 정치 관료들의 주도로 7월 8일부터 시작되었다. 며칠 뒤 7월 13일에는 대부분의 국회의원들이 임시로 석방되었는데, 이는 그들의 환심을 사려는 북한 당국의 의사 전달 표현이었다. 그 결과 생포되었던 국회의원 60명 중 48명이 인민공화국에 충성을 맹세했고, 그들 중 일부는 판사의 지위와 다른 관직들에 임명되었다.[98]

박순천은 공산당 정부 지지를 거부했던 12명 중 한 사람이었다. 7월 13일에 석방된 뒤 그녀는 곧바로 "공화국 자원병 자살단"(suicide squad of the Republican volunteers)을 조직해서 이후 2개월간 비밀리에 지하 저항운동을 이끌었다.[99] 인천상륙작전의 소식이 전해졌을 때는 다시 체포되는 것을 피하기 위해 숨었다.

북한 당국이 자신들의 정부에 대한 국제적인 인정을 얻기 위해 벌였던 두 번째 활동은 기독교 성직자들과 평신도들에게 공산주의를 지지하도록 압력을 가한 것이

---

98 Deane, *The Korean War: 1945-1953*, 95.

99 Park, "Wearing a Blood-Stained Skirt," Presbyterian Church Archives, Record Group 140, Box 16, Folder 39: 6 - Presbyterian Historical Society, Philadelphia.

었다. 유명한 온건파 기독교 지도자요 이승만의 정치 라이벌이며 서울 경신학교 이사장이었던 김규식은 북한 당국으로부터 한국 정부를 비판하는 "몇 번의 연설"을 하도록 강요받았다.[100] 그러나 그는 북한 정부에 합류하기를 거부했다.[101] 공산주의자들은 그의 목숨을 살려주기는 했지만, 그들이 북으로 퇴각할 때 김규식을 데리고 갔다.[102]

많은 기독교 성직자들은 북한 당국에 협력하기를 거부했다. 그 한 예로 한국기독교연합회 총무인 남궁혁 박사의 경우를 들 수 있다. 공산주의자들은 그가 한국기독교연합회를 자신들의 뜻대로 이끌어주기를 원했는데, 이는 남궁혁이 미국 교회들에도 잘 알려진 인물이었기 때문이었다. 그러나 남궁혁은 북한 당국의 극심한 압박에도 불구하고 공산주의자들을 지지하는 방송에 참여하기를 거부했다. 그래서 그는 결국 체포되었고, 그 뒤로 행방불명되었다.[103]

— 북한 당국과 기독교인들의 충돌

서울에 계속 주둔할 장소들이 필요했던 북한 군대는 교회 건물, 학교, 병원, 선

---

100 Letter from Harold Voelkel to Dr. John C. Decker, 29 July 1950, 『WCC 도서관 소장 한국교회사 자료집: 한국전쟁 편』, 61.

101 Deane, *The Korean War*, 95.

102 북한 측은 김규식이 자발적으로 그들과 함께 떠났다고 주장한다. 이러한 의견은 김규식이 공산주의자들과 함께 일했었고, 남한 사람들에게 다시 환영받지 못했던 얼마 전 과거 일에 비추어본다면 타당성이 있어 보인다. 그러나 박순천의 증언에 따르면, 그녀의 친구 원세훈은 김규식에게 유엔군이 오는 것을 알리려고 했고 공산주의자들로부터 숨어 있으라고 9월 17일 권하려 했으나, 북한군들이 그들보다 한 발 앞서 온 것이었다. 그들은 김규식을 만나지 못하고 도망쳐야 했다. Sun-Chon Park, "Wearing a Blood-Stained Skirt," 6. 김규식의 아들의 증언 또한 김규식이 친공산주의자가 아니고 그가 북한 정부와 긴밀히 협력하지 않았다는 주장을 뒷받침했다. 실제로 김규식은 1948년 방북 결과가 실패로 돌아간 이후 환멸을 느낀 나머지 한국 정계에서 이미 영구히 은퇴한 상태였다. 그는 스스로 공직에 나갈 생각이 전혀 없었다. 김규식을 잘 아는 헤롤드 보어클 목사에 따르면 김규식은 "한국에서 가장 헌신적인 기독교인 중 한 명"이었다. 보켈은 김규식이 공산주의자들의 강력한 압박 하에 방송을 했다고 믿었다. Voelkel's letter to Dr. John C. Decker, 29 July 1950, 『WCC 도서관 소장 한국교회사 자료집: 한국전쟁 편』, 61. 따라서 김규식의 북한행 결정과 그의 죽음은 미스터리로 남았다.

103 Letter from Harold Voelkel to Dr. Charles Ranson, 1 November 1950, 『WCC 도서관 소장 한국교회사 자료집: 한국전쟁 편』, 158.

교 시설들을 지키기 위해 남아있던 교회 평신도들과 곧바로 충돌했다. 실례로 영락교회에서는 신도들 여섯 명이 살해되고 장로 한 명이 교회 마당에서 총격을 받았다. 공산주의자들은 새롭게 건축된 아름다운 교회 건물을 그들의 탄약과 무기 저장소로 바꾸어버렸다. 그들은 이 유명한 피난민 교회가 갖는 상징성과 명성 때문에 미군이 이곳에 폭탄을 투하하지 않을 것이라는 것을 알고 있었다.[104]

기독교 공동체가 일반적으로 강력한 반공 정서를 가졌던 것과 기독교 성직자들 및 평신도들이 북한 당국에 협조하기를 거부했던 사실에 근거해서 북한 공산당은 모든 기독교인들을 대단히 의심했고 그들이 남한 정부에 정보를 유출할 것을 우려했다. 이러한 우려가 당연했던 것은 기독교인들이 남한 전역에서 급진적인 반공 조직 활동을 지원하는 편이기 때문이었다. 그 결과 기독교인들의 집은 북한 군인들에 의해 계속 검문을 당했다. 집에서 수상한 물건이 발견되기라도 하면 온 가족이 위험하게 되었다. 김인영 목사(이화여자전문학교 교수, 감리교신학교 교장, 정동제일교회 담임목사 등을 역임했던 인물로 추정됨 - 역자 주)는 교회 오르간 안에 단파 라디오 송신기를 설치했다고 공산주의자들로부터 고발당한 경우였는데, 체포되어 3일 동안 고문을 받았지만 라디오 송신기가 오르간에서 발견되지 않자 결국 풀려났다.[105] 김인영 목사는 또다시 체포되지 않으려고 곧바로 잠적해버렸다.

— 심리전의 시작

북한은 미군 포로들에게도 비슷한 압력을 가했다. 협박에 못 이겼던 제24보병사단의 한 미군 장교는 미국의 전쟁 개입을 비난하는 900개 단어 분량의 라디오 연설을 했다.

> 우리는 전쟁의 원인과 실정을 전혀 몰랐고, 어쩔 수 없이 한국 국민들과 맞서 싸워야 했습니다. 그런데 조선민주주의인민공화국이 우리를 용서해주시고, 우리의

104 영락교회는 북한 피난민들과 미국 기독교인들의 헌금으로 건축되었으며, 1950년 완공되었다.

105 Riley and Schramm, *The Reds Take a City: The Communist Occupation of Seoul with Eyewitness Accounts*, 190-191.

건강과 음식, 의복, 주거를 친절히 살펴주신 것은 정말로 제일 관대한 처사이십니다.[106]

미군의 사기를 더욱 약화시키고 그들을 혼란스럽게 하기 위해 북한은 "서울시의 수(Sue)"가 들려주는 메시지를 라디오로 방송했다. "수"라는 여성은 미국 표준 억양으로 말하며 미국 문화와 사회에 익숙한 사람이었다. 그녀는 백인 반역자인 자신이 만약 미국의 자기 집으로 돌아가게 된다면 흑인 병사보다는 일반 미국 사람들로부터 더 나은 대우를 받게 될 것이라고 라디오 청취자들에게 말했다.[107] "서울시의 수"가 누구인지 정확하게 알려진 바는 없지만, 그래도 제일 널리 받아들여진 의견으로는 감리교 선교사로 한국에 왔었던 애나 월리스 수어(Anna Wallis Suhr)라는 추측이 있다.[108] 만약 그렇다면 "서울시의 수"는 미국 선교 운동의 의도치 않은 부산물인 셈이며, 종교 사역자들이 심리전에 연루된 최초의 사건이 된다.

공산주의자들이 미국을 비판할 때 제일 자주 쓰는 빌미는 인종차별이었다. 이에 대항하여 미국은 공산주의자들이 철의 장막 뒤에서 기독교 교회들을 핍박한 것을 비판하고 나섰다. 미국 정부는 〈미국의 소리〉(*Voice of America*, VOA) 라디오 방송을 통해 독자적인 대북 심리전을 벌이기 위해서 한국과 중국에서 사역했던 선교사 출신들을 모집했고, 한국인 성직자들은 이에서 제외시켰다. 종교의 자유는 〈미국의 소

106 Philip D. Chinnery, *Korean Atrocity! Forgotten War Crimes 1950-1953* (Annapolis, MD: Naval Institute Press, 2000), 9.

107 Clark, *Living Dangerously in Korea*, 374.

108 애나 월리스는 1935년 한국에 왔지만 그녀가 한국의 좌익 인사인 수어(Suhr, '서'씨로 추정됨 - 역자 주)와 결혼하게 되면서 선교사로서의 지위와 미국 시민권을 모두 잃었다. 이 부부는 제2차 세계 대전 때 중국에서 몇 년간 망명생활을 했다. 이후 수어 부부는 한국으로 돌아왔고, 그녀는 자신의 미국 시민권을 되찾으려고 했지만 남편이 좌파라는 이유로 거절당했다. 전쟁이 발발하고 미국 시민들이 서울을 빠져나가 대피할 동안, 부적격자인 그녀는 서울에 그냥 남아 있어야 했다. 일부 보도에 따르면 수어 부부가 체포되어서 자신들의 의사에 반해 북쪽으로 끌려갔다고 한다. 애나 월리스의 선교사 친구들은 대부분 그녀를 공감하면서 만약 그녀가 정말 "서울시의 수"라고 한다면 다른 협력자들의 경우처럼 그녀도 자신과 남편의 생명을 구하기 위해 그랬을 것이라고 믿었다. Ibid., 374-375. 그러나 레이먼드 B. 렉(Raymond B. Lech)은 애나 월리스 수어가 북한의 포로수용소에서도 미군 병사들의 사상 교육을 활발히 했다고 주장했다. 그렇다면 애나 월리스 수어가 공산주의자들을 지원했던 일이 자발적인 것이었을지도 모른다. Raymond B. Lech, *Broken Soldiers* (Chicago, IL: Board of Trustees of the University of Illinois, 2000), 119-121.

리〉 방송이 6·25전쟁에서 투쟁적으로 외쳤던 핵심 주제가 되었다. 〈미국의 소리〉 국장인 포이 D. 콜러(Foy D. Kohler)에 따르면, 미국은 종교의 자유라는 이념에 자신들의 정당성을 싣기 위해서 그들이 북한에 관해 찾을 수 있는 모든 비난거리들을 발굴하여 이용했다.[109] 〈미국의 소리〉는 뉴욕 본부에서 6·25전쟁의 진행 상황을 다루는 방송을 제작했다. 단파 라디오를 소지한 한국인들, 특히 북한이 통제하는 지역의 기독교인들은 최신 전쟁 소식을 듣기 위해 자신의 목숨을 걸고 비밀리에 『미국의 소리』 방송에 귀를 기울였다. 후에 미그-15를 타고 남한으로 귀순한 노금석 조종사도 사실 미국의 소리를 비밀리에 청취했던 천주교 집안 출신의 인물이었다.[110]

— "코리아 키즈"와 인천상륙작전

북한의 통치 아래 고통의 시간을 보내고 있을 때도 많은 서울 시민들은 그들이 해방될 것이라는 소망을 계속 부여잡았다. 김은형은 미국에 있는 자신의 여자 형제에게 쓴 편지에서 이렇게 고백했다. "미국의 비행기들이 하늘을 날아가는 소리가 들릴 때면 우리는 용기를 얻고 행복했어. 그렇지만 그저 조용한 날이면 슬프고 실망스러웠어. 사람들은 모두 자신이 바라는 대로 앞날을 예견해. 누구는 연합군이 8월 15일에 서울 진입을 할 것이라고 하고, 또 누구는 9월 1일에 올 것이라고 해."[111] 몇 날이 몇 주가 되고, 몇 주가 또 몇 달이 되면서 기다리던 많은 사람들이 희망을 포기했는데, 특히나 식량이 떨어졌을 때 더욱 그랬다.

그러나 서울의 많은 대한민국 지지자들이 소망했던 바대로, 맥아더 장군이 이끄는 미 극동군사령부는 인천에서 대담한 상륙 공격을 감행할 것을 열심히 계획하

109 Harriet Rasooli-sa'eed, "The Iron Curtain is Not Soundproof," *Presbyterian Life*, 14 August 1951, 8.

110 No Kum-sok, *A MiG-15 to Freedom: Memoir of the Wartime North Korean Defector Who First Delivered to the Secret Fighter Jet to the Americans in 1953* (Jefferson, NC: McFarland & Company, Publishers, 1996), 47.

111 Letter from Kim Eun-Hyung, ex-Assemblyman Kim Sangdon's daughter, to her sister Kim Shing Hyung, 5 October 1950, Presbyterian Archives, Record Group 140, Box 1, Folder 19 - Presbyterian Historical Society, Philadelphia.

고 있었다. 인천은 서울에서 가장 가까운 항구 도시였기 때문에 맥아더는 다른 어떤 곳보다 인천에서 작전하기를 가장 원했다. 그의 계획은 기습을 통해 서울을 빠른 시일 내에 탈환하고 북한군을 반수로 줄이겠다는 것이었다. 맥아더는 제2전선을 열어 놓음으로써 부산 방어선에서의 중압감을 해소하고, 수도를 되찾아서 한국인들의 사기를 높일 수 있으리라 믿었다. 즉 이 작전은 군사적 조치이자 동시에 정치적 조치였다.

그러나 인천을 선택한 것은 대부분의 해군 상륙작전 전문가들에게 터무니없이 위험한 일로 여겨졌다. 비어(飛魚)수로라는 이름의 항구로 통하는 수로는 좁을 뿐만 아니라 암초와 모래톱으로 가득 차 있었다. 그리고 5노트(시속 9.26킬로미터 - 역자 주) 속도로 흐르는 해류 역시 문제였다. 설상가상으로 해변이 없고 12피트(약 3.7미터 - 역자 주) 높이의 해안절벽만 있어서 대형 선박들만 항구에 접근할 수 있었다. 또한 조수 간만의 차 때문에 수위가 6시간마다 평균 28피트(약 8.53미터 - 역자 주)를 오르내려서 일단 항구에 들어서면 다음 만조 때까지는 빠져나갈 길이 없었다. 모든 배들이 갯벌에 갇히게 될 텐데, 해변에 적의 포들이 배치되어 방어를 한다면 상륙은 더욱 위험한 일이 되었다. 비밀 유지, 치밀한 계획, 철저한 준비, 그리고 굳센 의지와 용기만이 작전 성공의 희망을 갖게 했다. 맥아더 장군은 에드워드 아몬드(Edward Almond) 장군에게 상륙 작전을 감독하도록 임명했고, 제7군단과 제1해병대 및 다른 지원부대를 합쳐서 제10군단을 구성하도록 했다. 맥아더로부터 엄청난 압력을 받은 제10군단은 9월 15일까지 상륙 준비를 마쳐야만 했다.

이 준비 기간 동안 한국 태생의 선교사 2세 세 명이 미국 해군에 재입대 지원서를 냈다. 그들은 윌리엄 H. 쇼(William H. Shaw), 짐 램프(Jim Lampe), 호러스 언더우드였다(그는 이미 한국에 와 있었음).[112] 제2차 세계대전 당시 해군 장교로 복무했던 이들은 "어린 시절 여름마다 소래 해변에서 배를 타고 오갔던"[113] 경험이 있기 때문에 서해 바다의 위험천만한 조수를 매우 잘 알고 있었고, 특히 비어수로에 익숙했다.[114] 또한

---

112 짐 램프는 서울의 장로교 선교사인 헨리 램프(Henry Lampe) 목사의 아들이다.

113 Clark, *Living Dangerously in Korea*, 376.

114 Underwood, *Korea in War, Revolution and Peace*, 42-45, 72.

일제 치하의 한국에서 자라났기 때문에 일본인 고문들과 한국 병사들, 미군 장교들과 함께 일하는 데 언어 문제가 전혀 없었다.[115]

1922년 6월 평양에서 태어난 윌리엄 H. 쇼(Bill Shaw로도 알려져 있음)는 윌리엄 E. 쇼(William E. Shaw) 목사의 아들로서[116] 대단한 영재였다. 6·25전쟁이 발발했을 때 그는 하버드 정치학과에서 박사 학위 과정 중이었는데, 장차 선교사로 연세대학교에서 교수로 일하기 위해서였다. 빌 쇼는 하버드에서 전쟁 소식을 듣자마자 자신의 아버지에게 편지를 써서, "만약 이 어려운 시기에 제가 기꺼이 가서 그들을 위해 봉사할 마음이 없다면 평화로운 때 한국에 가는 것이 제게 무슨 의미이겠습니까"라고 밝혔다.[117] 박사 과정을 미루고 아내와 어린 두 자녀들을 남겨둔 채 빌 쇼는 한국으로 돌아가기 위해 해군에 다시 입대했다. 그의 지원서가 미국 국방부에 도착하자마자 그는 일급비밀인 인천 상륙 작전을 보좌하기 위해 도쿄로 보내졌다.

이들 "코리아 키즈"(Korea Kids)[118] 3인방은 모두 C. 터너 조이(C. Turner Joy) 해군 중장의 지휘 아래 해군극동사령부(Commander, Naval Forces, Far East, 약칭 COMNAVFE - 역자 주) 정보과에 배치되었고, 상륙 작전을 계획하는 데 참여했다(크로마이트 작전이라는 일급비밀 암호명이 사용됨). 해군이 병력 수송과 인천항 폭격을 담당했던 한편, 실제 전투는 올리버 P. 스미스(Oliver P. Smith) 소장이 지휘하는 해병 제1사단에게 맡겨졌다. "코리아 키즈" 세 명은 작전 당시 상륙부대 사령부에 소속되어 있었으나 전투에 직접 투입되지는 않았다. 그 대신 "상륙정을 안내하고" "해안에 진입하면서 질문들에 답하는" 임무를 맡았다.[119]

인천 상륙은 태풍 케지아로 인해 지연되었음에도 불구하고 많은 이들의 놀라움 속에 예외적인 성공을 거두었다. 마오쩌둥의 경고가 있었지만 북한은 항구를 지키는 데 결국 실패했다. 맥아더 휘하의 정보요원인 유진 프랭클린 클라크(Eugene

115 호러스와 빌은 제2차 세계대전 동안 해군에서 공식적인 일본어 훈련을 받았다.

116 두 부자를 혼동하지 않기 위해 윌리엄 H. 쇼를 빌 쇼로 호칭하겠다.

117 "For His Friends," by R. J. C., *Presbyterian Life*, 3 February 1951, 37.

118 주한 미국 선교사들의 자녀들이 이렇게 불렸다. Underwood, *Korea in War, Revolution and Peace*, 141.

119 "For His Friends," by R. J. C., *Presbyterian Life*, 3 February 1951, 37

Franklin Clark) 중위는 한국 참모들과 함께 인천 앞바다의 섬들을 확보하기 위해 파견되었는데, 그가 덕적도에 상륙했을 때 영흥도의 미션스쿨 교사로부터 중요한 정보를 입수하게 되었다. 인천에서 매우 가까운 섬인 영흥도에 주둔했던 북한군이 "극히 소수의 병력만을 남겨 놓고 일시적으로 철수"했다는 것이다.[120] 클라크 중위는 그 보고가 믿을 만하다고 여겼는데, 이 소식의 전달자가 기독교인이었던 것도 신뢰를 더했다. 그래서 클라크는 그 교사와 마을 촌장의 도움으로 즉시 영흥도를 점령할 것을 결정했다. 이처럼 예상보다 빨리 영흥도를 확보한 것은 이 침투 작전에 행운이 되었는데, 영흥도가 인천에 상륙하기 직전에 월미도를 포함한 외곽의 섬들을 점령하는데 있어서 핵심 기지가 되었기 때문이었다.[121] 클라크 중위는 북한이 인천항 전방에 매우 적은 수의 방어 시설만 배치했음을 알게 되었다.

제10군단은 9월 15일 처음으로 월미도에 상륙한 후 본토로 이동했다. 상륙 전투 부대는 적의 저항을 거의 받지 않아서 해병대는 24시간 안에 해변을 확보했고, 해병 제5연대는 4일 만에 김포공항을 점령했다. 호러스 언더우드 대위는 북한군 포로들과 한국 민간인들을 포함한 수십 명의 한국인들을 심문해서 적군의 서울 방어에 대한 정보를 수집하는 일을 맡았다.[122] 해병대는 맥아더 장군이 정한 기한인 9월 25일 이전까지 서울을 점령하기 위해 달려가고 있었기 때문에 이 정보가 빨리 필요했다. 호러스 언더우드는 인천 상륙 작전에서 활약한 공로를 인정받아서 V 표식이 있는 미 해군표창훈장을 받았다('V' 표식은 전투에서의 용맹을 뜻함).[123]

— 빌 쇼의 죽음

미 해병대는 서울로 가는 제일 좋은 길을 찾기 위해서 경험이 풍부한 안내자들이 필요했다. 그래서 호러스 언더우드 대위와 빌 쇼 대위가 행군 참여를 요청했

---

120 Eugene Franklin Clark, *The Secrets of Inch'on: The Untold Story of the Most Daring Covert Mission of the Korean War* (New York: Berkley Book, 2002), 30.

121 Ibid., 31-58.

122 Walt Sheldon, *Hell or High Water: MacArthur's Landing at Inch'on* (New York: The MacMillan Company, 1968), 247.

123 Underwood, *Korea in War, Revolution and Peace*, 187.

을 때 해병 제1사단은 이를 흔쾌히 받아들였다. 두 사람 모두 레이먼드 L. 머레이(Raymond L. Murray) 중령이 지휘하는 제5연대와 함께 갔고,[124] 9월 19일 한강에 도착했다. 일정을 맞추라는 아몬드 장군의 명령에 따라 미 해병대는 공군의 강력한 지원 없이 한강을 건너야만 했다. 이때 북한은 능곡(능골이라고도 불리며, 현재 경기도 광주시 오포읍 능평2리로 추정됨 - 역자 주) 지역을 떠나서 멀리 떨어져 있는 해안을 방어하기 위해 이동했는데, 미 해병대는 이에 대한 정보가 없었다.[125] 머레이 중령은 케네스 휴튼(Kenneth Houghton) 대위의 소규모 선발대를 보내 한강을 건너도록 했는데, 이 부대에 언더우드 중위와 또 다른 해군 공보장교도 합류했다. 이들이 강을 헤엄쳐 건너서 상륙돌격함정의 도하 준비를 마쳤을 때 북한군이 마을 뒤편 언덕에서 공격했고 돌격함정과 선발대는 후퇴할 수밖에 없었다. 다음날 중포병과 공군의 지원을 받으며 제5연대는 기어이 밀고 나갔고, 결국 도하에 성공했다. 언더우드 대위는 전날 밤 과감히 강을 건넌 공로로 V 표식의 동성훈장을 받았다.[126]

9월 22일 한강을 건넌 해병대는 서울을 탈환하기 위해 거리마다, 구획마다, 집집마다 대격전을 벌였다. 사상자는 군인들뿐만 아니라 무고한 민간인들에서도 나왔다. 민간인들은 북한군과 유엔군 사이에 "샌드위치처럼" 끼여서 "도망갈 곳이 없었다."[127] 시가전을 치르기 위해 제5연대는 2개 조로 나뉘었다. 언더우드 대위는 해병 중대 한 곳과 함께 모래내와 신촌을 향해 갔고, 빌 쇼 대위는 다른 부대와 함께 홍제동 쪽으로 갔는데, 두 부대 모두 집중 포격을 받았다. 서울로부터 약 5마일 떨어진 곳에서 쇼 일행은 3면에 매복한 적군에게 기습 공격을 받았고, 쇼는 "교전에 휘말린 한국 민간인들을 도우려다" 전사했다.[128] 그는 서울 전투에서 목숨을 잃은 미군 병사 500명 중 한 명이 되었다.

빌 쇼 대위의 죽음은 그의 가족에게뿐만 아니라 미군과 한국 국민들에게도 커

---

124 Ibid., 142.

125 Ibid., 143; Shelby L. Stanton, *Ten Corps in Korea, 1950* (Novato, CA: Presidio Press, 1989, 1996), 97-106.

126 Underwood, *Korea in War, Revolution and Peace*, 143, 187.

127 Letter from Soon-Young Pai to Rev. Minsoo Pai, 23 October 1950, Presbyterian Church Archives, Record Group 140, Box 1, Folder 19 - Presbyterian Historical Society, Philadelphia.

128 Underwood, *Korea in War, Revolution and Peace*, 144.

다란 손실이었다. 그의 죽음은 제복을 입은 미국 선교사들의 독특한 특징들을 보여준다. 먼저 한국의 민간인들을 걱정하는 그들의 마음이다. 빌 쇼를 비롯해서 군복을 입은 선교사들과 그들의 자녀들은 공통적으로 한국인들의 안녕에 대해 걱정했다. 그들은 민간인들을 도울 목적으로 군대에 특별한 요청을 계속 해왔다. 그들의 용기와 종교적인 믿음은 주위의 미군 병사들에게도 영향을 끼쳤고, 그래서 일반 병사들도 위험에 처한 무고한 사람들을 구출하는 일에 종종 자원하고 나섰다.

빌 쇼의 죽음은 또한 전쟁 수행에 있어서 이 선교사들이 얼마나 큰 가치를 지녔는지를 확인시켜주었다. 쇼의 죽음이 보고되자 해병사단 본부는 큰 충격을 받았고, 사령관은 즉시 언더우드 대위의 귀환을 명령했다. "몇 안 되는 언어능력 장교들이 최전선에 나가 있는 것을 원하지 않았기" 때문이었다.[129] 본부의 이 결정으로 언더우드는 목숨을 건진 셈이 되었다. 왜냐하면 서울 전투에서 해병 제5연대는 가장 많은 사상자를 냈고, D 중대의 경우 전력의 85% 손실을 입었기 때문이다.[130]

— "헤지 고우즈 홈"[131]

그러나 언더우드 대위는 그날 늦은 오후까지 본부로 귀환하라는 명령을 전달받지 못했다. 그는 해병 제5연대와 함께 연세대학교 교정 근처의 연희계곡을 건너고 있었다. 그의 중대는 적들의 강한 저항에 부딪혔는데, 북한군이 언더우드 가택이 위치한 언덕(104번 언덕)을 자기들의 서부 서울 방어선으로 삼았기 때문이었다. 이 지역에 매우 익숙했던 언더우드 대위는 부근의 "여러 주안점들을 사람들에게 간단히 알리"고, 적의 진지들을 공격하는 포병 사격을 지휘할 수 있었다.[132] 이 전투는 서울에서 가장 어려웠던 전투 중 하나로서, 언덕을 차지하기 위해 네 차례의 총공격이 필

---

129 Ibid.

130 Stanton, *Ten Corps in Korea, 1950*, 102.

131 "Hedge Goes Home," *TIME*, 2 October 1950. ["헤지(Hedge)"는 언더우드 대위의 별칭이며, "헤지 고우즈 홈"이라는 제목은 언더우드 대위가 연희동에 있는 자신의 집 부근에 가서 전투를 벌여야 하는 상황을 극적으로 표현하고 있음 - 역자 주].

132 Underwood, *Korea in War, Revolution and Peace*, 144.

요했다. 양측 모두 사상자가 많았고,[133] 언더우드 가택은 완전히 파괴되었으며, 남아 있던 연세대학교 교정도 심하게 피해를 입었다.

호러스 언더우드 대위가 인천상륙작전과 서울 수복 전투에서 활약한 내용은 10월 2일자 『타임』에 보도되었다. "헤지 고우즈 홈(Hedge Goes Home)"이라는 제목의 이 기사는 언더우드 가족이 한국에서 수십 년간 수고했던 것과, 훌륭한 기관인 조선기독교대학(오늘날의 연세대학교)을 세워 한국의 청년 남녀들을 교육시킨 일에 주목했다. 이것은 한국인들뿐만 아니라 미국인들에게도 소중한 사실이었다. 『타임』은 "아마도 다른 어떤 미군 장교들보다 더욱 분명하게 언더우드는 자신이 무엇을 위해 싸우고 있는지 알았다"라고 쓰면서, 그것은 "동양에서 가장 기독교화된 국가 중 하나"가 공산주의자들의 손에 넘어가는 것을 막기 위해서임을 지적했다.[134] 선교 운동에 항상 동조적이었던 『타임』은 이 기사를 통해 유엔의 한국전 참전을 지지해야 하는 종교적인 근거를 미국의 대중에게 제시했다.[135]

— 서울 수복

사단 본부에 있었던 호러스 언더우드 대위는 푸른 지붕의 서울 국회의사당 건물(옛 조선총독부 건물이자 구 중앙청 건물 - 역자 주) 앞에서 진행되는 서울 해방 기념식(수도 서울 환도식 - 역자 주)에 참여할 기회를 얻었다. 맥아더 장군은 미 국무부의 반대에도 불구하고 서울의 해방을 기념하는 의식을 갖기로 결심했다.[136] 이로써 미국의 "군 사령관이 대한민국 정부 문제에 어떤 것이라도 관여"하는 것을 반대했던 워싱턴 국무

133 언더우드는 적어도 150명의 북한인들이 캠퍼스 중앙부 주변에서 죽어 있는 것을 발견했다. 한국 해병대 소대는 전투 후 생존자가 19명에 불과했다.

134 "Hedge Goes Home," *TIME*, 2 October 1950.

135 타임지의 사장 헨리 루스(Henry Luce)는 중국에서 사역한 미국 선교사들의 아들로서 선교 운동을 옹호하고 이승만을 배후에서 강력하게 지지했던 인물이었다. Robert Edwin Herzstein, *Henry R. Luce, Time, and the American Crusade in Asia* (New York: Cambridge University Press, 2005), 114-115.

136 Stanley Weintraub, *MacArthur's War: Korea and the Undoing of An American Hero* (New York: The Free Press, 2000), 152.

부와 맥아더 사이에 충돌이 일어났다.[137] 그렇지만 맥아더는 평소 하던 대로 자기 뜻을 굽히지 않았고, 이에 합동참모본부는 마지못해 맥아더에게 서울 "수복을 촉진"할 권한을 주면서 다만 한국 정치에는 관여하지 말라는 경고를 덧붙였다.[138] 맥아더 장군의 압력하에 제10군단은 도시로 진입하는 길을 전투로 뚫어내야 했다. 해병대가 실제적인 통치권을 확보하기도 전에 아몬드 장군은 자신의 상사인 맥아더가 지시한 일정을 맞추기 위해서 9월 25일 서울 탈환을 서둘러 선언했다.

9월 29일 맥아더 장군은 연기가 피어오르는 국회의사당 앞에서 환도식을 가졌는데, 불과 몇 블록 떨어진 곳에서 해병대는 전투를 계속했다. 군사적 관점에서 보면 시가전이 한창인 상황에서 기념식을 갖는 것은 비현실적이고 위험하기까지 했지만, 정치적 관점에서 보면 맥아더는 한미 양국의 군사적 단합을 확립하고 사기를 진작시키는 중이었다.

환도식의 분위기는 매우 종교적이고 감상적이었다. 맥아더 장군과 이승만 대통령이 연단에 나서자 정오부터 의식이 시작됐다. 맥아더 장군은 유엔군 앞에서 이렇게 연설했다. "자비로운 신의 섭리에 의해서 우리 군대는 인류의 가장 위대한 그 희망과 영감을 힘입어 싸웠습니다. 그리하여 고대로부터 내려온 한국의 수도인 이 도시를 해방시켰습니다.…" 그런데 사실 이때도 포격 소리가 가까이 울리고 있었다.[139] 맥아더 장군은 이승만 대통령과 악수하면서 이렇게 말했다. "대통령 각하, 저는 유엔군 사령부를 대표해서 각하께 정부 청사를 돌려드리게 되어 기쁩니다. 각하께서 이곳에서 헌법상의 책임들을 더욱 잘 수행하시리라 생각합니다."[140] 그런 후 맥아더는 모든 사람들에게 자신과 함께 주기도문을 할 것을 요청함으로써 의식을 "신성하게" 만들었다.[141] 주기도문을 외우는 동안 맥아더의 눈에는 눈물이 고였다. 수륙양용 전술의 대가인 제임스 H. 도일(James H. Doyle) 제독은 환도식에 참석해서 이런 말을 남겼다. "만약 근처에 군종 목사들이 있었더라면, 그들은 다시 (신)학교로 돌아가야

137 Ibid.

138 Ibid.

139 Sheldon, *Hell or High Water*, 327-328.

140 Ibid.

141 Stanton, *Ten Corps in Korea, 1950*, 112.

만 했을 것이다."[142] 그러나 당시 병사들 대부분은 맥아더 장군이 하는 행동을 제대로 이해하지 못했다. 해병대 장교 한 명은 호러스 언더우드 대위에게 "아직 도시를 점령하지 않았어. 그런데 뭐하는 거지, 돌려주다니?"라고 귀엣말을 했다.[143] 그렇지만 이 기념식은 미국 전역에 널리 보도되었고, 미국 교회들의 여론은 맥아더를 미국 역사상 위대한 기독교 장군으로 칭송했다.[144]

일부 역사학자들은 이 의식이 한국 국민에게 기독교를 식민지 방식으로 강요한 것이라고 해석해 왔지만[145] 이승만이 기독교인이었고 한국의 정치와 반공 운동을 기독교인들이 주도했음을 고려해 본다면 맥아더의 이 행동은 분명한 정치적 목적에서 비롯된 것이었다. 서울을 탈환한 것이 유엔군과 한국군의 사기를 북돋아 주었음은 물론 의심할 바가 없다. 그러나 더 나아가 서울 수복이 신의 신성한 뜻에 따른 것이라는 그의 메시지는 자유세계 전체에 중대한 의미를 전달했다. 맥아더는 자신이 유엔의 기치 아래 올바르고 정의로운 군대의 지도자로 있으며, 한국의 수도를 그 정당한 통치자인 이승만에게 돌려주었음을 전 세계에 알리려고 의도했다.

또한 이 기념식은 6·25전쟁이 적어도 맥아더에게 무신론 공산주의에 대항하는 종교적 십자군전쟁을 뜻하고 있음을 드러냈다. 1950년 9월 1일 트루먼 대통령은 6·25전쟁의 상황을 미국 국민들에게 보고하는 자리에서 자유의 이념을 또다시 부각시켰다. 즉, 한국을 구하는 이 전투에서 종교의 자유를 포함한 자유의 이념이 갖는 핵심적 가치를 강조한 것이다.

> 여기에 달려있는 것은 여러분의 자유와 저의 자유입니다. 자유로운 삶의 방식이 지금 사형대에 놓인 것입니다. 우리가 원하는 대로 예배할 권리, 우리의 의견을 표현할 권리, 우리의 뜻대로 아이들을 키울 권리, 우리의 직업을 선택할 권리, 우리의 미래를 계획하고 두려움 없이 살 권리 말입니다. 이 모든 것이 한국에 대한 침략을 진압하기 위해 유엔이 지금 취하고 있는 조치와 결부되어 있습니다. … 현재 한국의

---

142 Weintraub, *MacArthur's War*, 154.

143 Sheldon, *Hell or High Water*, 329.

144 "Hail To The General!" *The United Presbyterian* 109,15 January 1951, 2.

145 Weintraub, *MacArthur's War*, 154.

전투는 자유와 압제가 힘을 겨루는 투쟁의 최전선이 되었습니다. 그러나 그곳의 싸움은 정의와 지속적인 평화가 유지될 수 있는 세상을 건설하기 위해 벌이는 더 큰 투쟁의 일부분입니다.[146]

트루먼은 미국의 자유 개념이 "깊은 종교적 뿌리"를 가지고 있으며, 미국의 국민은 "이웃의 복지를 염려하며 서로 도우라는 신성한 명령 아래" 있다고 믿었다.[147] 그래서 그는 유엔의 군사 행동을 올바르고 정의로운 대응으로 보았다. 미국은 공산당의 선전이 주장하는 것처럼 한국을 점령하거나 그 국민과 재산을 파괴하기를 결코 원하지 않았다.[148]

— 전쟁 잔혹 행위

서울 수복 이후, 유엔은 북한이 유엔군과 한국인들을 상대로 저지른 잔혹 행위들에 대해 조사하기 시작했다. 남한의 일반인들 중에는 대한민국 정부 관계자들, 친정부 정치인들, 전문직 종사자들, 기독교 지도자들이 주로 희생되었다. 왜냐하면 북한 사람들은 장차 남한에서 정치·사회·경제·종교 지도층들이 될 자들을 없애고자 했기 때문이었다.

인민군이 서울에서 철수 준비를 하게 되자, 북한 당국은 그때까지 남아있던 대한민국 정부 관리들, 시민 및 기업 지도자들, 교육받은 전문직 종사자들 다수를 죽이기 시작했다. 교수들, 교사들, 기술자들, 정비사들이 이 마지막 폭력 사태의 주요 희

146 Harry S. Truman, Radio and Television Report to the American People on the Situation in Korea, 1 September 1950, *Public Papers of the Presidents of the United States: Harry S. Truman 1950* (Washington, D.C.: U.S. Government Printing Office, 1965), 610-611.

147 Harry S. Truman, Address in Independence at the Dedication of the Liberty Bell, 6 November 1950, Ibid., 706.

148 인천 공격 전에 맥아더 장군은 이 작전의 군사적인 목적을 설명하는 성명을 자신의 부대들에 발표했는데, 이것을 러시아 언론이 다음과 같이 거짓되게 번역했다. "여러분 앞에 부유한 도시가 있습니다. 그 안에 달콤한 것들과 와인들이 많이 있습니다. 서울을 점령하십시오. 그러면 모든 여자들이 여러분의 차지가 될 것입니다. 주민들의 재산은 승자들의 몫이므로 여러분은 그것을 집에 소포로 보낼 수 있습니다." "In Package," *TIME*, October 2, 1950.

생자들이었다. 유엔군이 서울을 탈환했을 때 이미 많은 사람들이 행방불명되었으며, 그중에는 미군정청 민정장관을 맡았던 안재홍, 여운형의 동생 여운홍과 같은 정치 운동가들 여러 명도 포함되어 있었다.[149]

공산당 당국은 또한 서울에 있는 모든 기독교 목회자들을 회의에 소집했다. 경찰은 차량들을 보내어 그들을 태우고 회의 장소까지 데리고 갔다. 그러나 약속 장소에 도착했을 때 목회자들은 그 "회의"가 함정이었음을 알게 되었고, 그 즉시 체포되어 북송되었다.[150] 최종적으로 장로교의 목회자 및 유명 평신도 15명, 감리교 15명, 성결교 6명,[151] 구세군 사역자 1명이 실종됐다.[152] 세계교회협의회(WCC)가 수집한 자료에 따르면, 약 180명의 목회자들과 전도자들이 북한군에 의해 납북되었다(표 6.3 참조). 또한 수백 명의 대한민국 육군과 경찰, 우익 청년들도 불시에 북송되었다.[153]

즉결 처형을 당한 사람들은 더 많았다. 미국 CIA의 추정에 따르면, 서울에서만

표 6.3 • 남한에서 공산당에게 붙들린 기독교 목회자와 전도자 수(1950~1951)

(단위: 명)

교단	사역자	전도자	합계	가족들
감리교	35	8	43	156
장로교	111	9	120	488
성결교	8	3	11	51
구세군		6	6	42
합계	154	26	180	737

출처: 『WCC 도서관 소장 한국교회사 자료집: 한국전쟁 편』, 김흥수 편, 312-317.

---

149 Deane, *The Korean War*, 95 (여운홍은 인민군의 감시를 받다가 탈출하였으며, 그 후 활발한 정치 활동을 하였다. - 감수자의 주)

150 Letter from James M. Philips to John Smith, 8 November 1950, Presbyterian Church Archives, Record Group 140, Box 18, Folder 15 - Presbyterian Historical Society, Philadelphia.

151 동양선교회의 후원을 받은 여섯 명의 한국인 목회자들을 가리킨다.

152 Korea News Letter Number 3, 2 November 1950, 『WCC 도서관 소장 한국교회사 자료집: 한국전쟁 편』, 160-161.

153 Ibid.

약 천 명의 사람들이 북한군 후퇴 전 며칠 동안 처형되었다.[154] 이러한 정치범 살해는 결코 서울에만 국한되지 않았다. 북한군은 모든 주요 도시들에서 만행을 저지르고 떠났다. 실례로 인천에서 미국이 상륙하기 전날 밤 한국 민간인 약 53명이 사망하고 28명이 부상을 당하는 일이 있었는데, 경찰서에 있던 3명의 간수들이 감옥에 수감되어 있는 남한 지도자들과 유엔 동조자들을 모두 살해하려고 벌인 사건이었다.[155]

공평을 기하여 기술하자면, 남한의 경찰도 전투 첫 3개월 동안 시민들을 상대로 잔혹 행위들을 저지른 바 있었다. 실례로 남한 경찰은 침략군이 가까이 오자 남부 지방의 공산당 세력을 약화시키기 위해 지역 좌익 인사들 및 공산당 동조 용의자들을 체포했다.[156] 6월 25일부터 7월 14일 사이에 공산주의자로 의심되는 1,200명 이상의 사람들이 정당한 재판 하나 없이 바로 처형되었다.[157]

그렇지만 북한이 남한 지지자들을 계획적으로 몰살시킨 것은 남한의 경우보다 훨씬 체계적이고 광범위하게 진행되었다. 미 법무병과 내 전쟁범죄조사단의 조사 결과에 따르면 북한 당국은 대전 한 곳에서만 점령기간 동안 약 5천에서 7천 명을 살해했다.[158] 피해자는 대부분 경찰관들, 청년방위군 장교들, 남한 청년회 회장들, 지방관들, 또는 각 마을 촌장들이었으며, 기독교인이 많았다.[159] 전주, 순천 및 기타 남부 지역들에서도 비슷한 대학살이 일어났다(6·25전쟁 민간인 사상자 상황은 표 6.4를 참조할 것).[160] 미국의 한 조사에 따르면 어떤 지역에서는 9월 마지막 나흘 동안 전체 인구

---

154 Deane, *The Korean War*, 95.

155 Chinnery, *Korean Atrocity*, 42.

156 H. K. Shin, *Remembering Korea 1950: A Boy Soldier's Story* (Reno & Las Vegas, NV: University of Nevada Press, 2001), 39-40.

157 Deane, *The Korean War*, 96.

158 전쟁범죄조사단은 미 극동군사령부 총본부에서 설립한 것으로서, 제임스 M. 한리(James M. Hanley) 대령이 지휘했다. 다음 두 권의 책에서 참조했음. Millett, *Their War for Korea: American, Asian, and European Combatants and Civilians 1945-1953*, 226-232; Chinney, *Korean Atrocity*, 21.

159 Chinnery, *Korean Atrocity*, 47.

160 이 지역들의 경우 유엔이 공식적으로 조사하여 기록했다. 그러나 그 외 다른 지역들의 피해 상황은 확인이 어려웠다. 남한 정부는 민간인 피해를 조사할 만한 여력이 거의 없었던 터라 대부분 지역의 실태 보고를 유보했다.

표 6.4 • 민간인의 전쟁 피해(1952. 6)

(단위: 건, 명)

종류	피해 수	합계
(1) 주택 파손		600,000
멸실 또는 전소	380,000	
부분 파손	220,000	
(2) 인명 피해		938,761
생포됨	42,732	
학살됨	122,799	
질병	236,475	
부상	228,580	
실종	298,175	
(3) 피난민		4,000,000

출처: "The situation of Calamity of War in Korea as at June 1952," 『WCC 도서관 소장 한국교회사 자료집: 한국전쟁 편』, 김흥수 편, 309-310.

표 6.5 • 공산군의 침략 이후 교회의 파괴 현황(1952. 6. 20)

(단위: 건, 평)

종류	분멸	면적	파손	면적
감리교	84	4,800	155	
장로교	152	8,850	468	26,480
성결교	27		79	
구세군	4	455	4	874
합계	267		706	

출처: 『WCC 도서관 소장 한국교회사 자료집: 한국전쟁 편』, 김흥수 편, 311.

의 84.6%에 해당하는 14,606명이 살해당한 것으로 나타났다.[161] 학살을 모면했던 사람들은 대부분 이 절체절명의 며칠 동안을 숨어 지냈던 사람들이었으며, 김인영 목사도 그렇게 해서 화를 면했다.[162] 기독교계는 "서울이나 한국의 어느 지역이 또다시

161 Chinnery, *Korean Atrocity*, 39.

162 Letter from James M. Philips to John Smith, 8 November 1950, Presbyterian Church Archives,

점령된다면, 그때는 기독교인들과 다른 뛰어난 인재들이 모두 학살될 것"이라고 결론을 내렸다.[163]

이러한 공산당의 잔혹 행위들은 미국에 널리 알려졌고, 한국인들뿐만 아니라 전 세계인들이 함께 경악했다. 그 참혹함을 직접 목격한 선교사들은 특히나 더 혐오스러워했다. 실례로 1951년 1월 사망했던 호러스 H. 언더우드 박사는 임종하기 며칠 전 공산주의에 대한 자신의 견해를 다음과 같이 격렬하게 표현했다.

> 언제쯤이면, 아, 언제쯤이 되면 미국 기독교인들이 공산주의를 제대로 알게 되려나? 그것이 불변하는 명백한 적그리스도란 사실을 … 정치와 경제의 다양한 이론들에 대해서는 미국인들이 한국인들보다 훨씬 더 많이 공부하기는 했다. 그러나 공산주의자들 앞에서 극도의 공포심을 느끼며 도망쳐야 했던 수백만 명의 한국 사람들은 단지 어떤 경제 이론에 반대하고 있는 것이 아니며, 자신들이 더 선호한 헌법 체제 때문에 친절한 늙은 교통순경을 겁내지 않는 것도 아니다 — 그들은 아들들이 대학살에서 죽임을 당하고 딸들이 납치당하는 일들과 온갖 종류의 공포들을 겪으면서 공산주의가 무엇인지 직접 배웠다. … 그리스도와 적그리스도 사이에는 타협이 있을 수 없고, 쓸 만한 전략도 없다. 불가피한 경우 오직 죽기까지 하나님 믿음을 지키는 것뿐이다. 그동안 목격했던 것을 돌이켜 생각해 볼 때 내가 하고자 하는 말은 미국이 그 의미를 배울 수 있기를 바란다는 것이다. 내가 그저 할 수 있는 말은 한국이 배웠던 방식으로 미국이 배워야 할 필요가 없기를 내가 소망한다는 것이다.[164]

언더우드 박사가 공산주의를 적그리스도로 규정했던 것은 공산당이 이처럼 사람들

Record Group 140, Box 18, Folder 15 - Presbyterian Historical Society, Philadelphia. 홍송(Hong song)으로 피신하려 했던 서울 출신의 주부 이현숙도 이와 비슷한 경우였다. Richard Peters and Xiaobing Li, *Voices from the Korean War* (Lexington, KY: The University of Press of Kentucky, 2004), 206-209.

163 Letter from Rev. Francis Kinsler to Dear Friends, 9 December 1950, Presbyterian Church Archives, Record Group 140, Box 18, Folder 15 - Presbyterian Historical Society, Philadelphia.

164 Letter from Dr. Horace H. Underwood to My Dear Dr. Smith, 31 January 1951, Presbyterian Church Archives, Record Group 140, Box 18, Folder 17 - Presbyterian Historical Society, Philadelphia.

을 부당하게 박해하고 무고한 이들을 대량 학살했던 실화들로 인해 그 타당성이 입증되었다. 정의와 승리를 향한 열망이 한국에서나 미국에서나 모두 절실했으며, 공산주의자들과 그 지지자들에 대한 증오와 원한이 더욱 강해졌다.

비록 서울 환도식에서 이승만 대통령이 '단결, 이해, 용서'를 강조하는 연설을 했을지라도 공산당 협력자들에 대한 남한 사람들의 분노는 걷잡을 수 없을 정도로 거세어졌다. 교리적으로는 원수를 용서하고 복수를 포기해야 하는 기독교인들조차도 모순된 감정에 사로잡혔다. 장로교회 장로이며 고등학교 교사인 윤영춘은 북한군에 체포되어 고문을 당했던 인물로서, 공산당이 자신과 자신의 조국에 저지른 짓을 용서할 수 없었다. 공산당에게서 풀려난 후에 그는 죽음을 면하기 위해 40일 동안 '쥐새끼처럼' 지하에 숨어서 살았다. 당시 미국에 살고 있던 그의 친구 배민수 목사에게 보낸 편지에게 윤영춘은 다음과 같은 질문들을 제기했다.

> 저는 주님과 우리 민족을 위해 제 삶을 바치기로 다시 결심했습니다. … 6월 28일 빨갱이들이 교도소 문을 열어서 그 악당 최문식이 감옥에서 나와 활개 치고 있지요. 예전의 친분 때문에 그를 몇 번 봐준 적이 있지만, 그들이 했던 짓을 돌이켜보면 다음번엔 그냥 바로 쏴 죽이는 게 나을 겁니다. 저는 지금 마음이 너무 쓰라립니다. 그런 놈을 죽이는 게 죄입니까, 목사님? 죄가 아닙니다. 그런 놈을 없애는 게 죄가 아니라는 걸 저는 이 전쟁을 겪으면서 알게 됐습니다. 저는 무수한 친구들과 전 재산을 잃었습니다. 주님은 이 나라를 위해 그 일을 완수하라고 제게 맡기셨습니다.[165]

남한이 북한군 점령지를 되찾은 후로, 공산당에 대한 증오가 복수를 불러서 사람들이 또 죽어나갔다. 공산당 점령하에서 살아남은 많은 사람들은 북한에 협력했던 자들에게 앙갚음을 하려고 했다.[166]

---

165 Letter from Young Choon Youn to Rev. Pai Minsoo, 10 November 1950, Presbyterian Church Archives, Record Group 140, Box 1, Folder 19 - Presbyterian Historical Society, Philadelphia. (영어로 번역된 편지 내용을 다시 한글로 재번역하여 원본과 일치하지 않을 수 있음 - 역자 주).

166 Lee Hyun Sook, "Housewife in Seoul, Korea," translated by her daughter, Lee Hong Im; Peters and Li, *Voices from the Korean War*, 209.

그리하여 좌익 인사들에 대한 대규모 폭력 사태가 국군 수복 지역에서 빈발했다. 서울이 수복되자마자 공산당 협력자들에 대한 수사가 시작되었고 많은 피의자들이 체포되었는데, 공정한 재판 절차 없이 남한 당국에 의해 총살되는 경우가 빈번했다. 이러한 잔혹 행위를 목격한 바 있는 배순영의 진술에 따르면, 군대가 서울로 들어오자 수많은 젊은이들이 태극기를 들고 산으로 달려 올라가 군인들을 맞이했고 많은 사람들이 그들을 향해 만세를 외치고 있었는데, 국군은 "머리가 긴 소년들 및 남자들"과는 악수를 나누면서도 "깨끗한 옷을 입고 머리를 이발한 단정한 사람들"에게는 곧바로 총을 쏘았다.[167] 그동안 숨어서 지냈던 사람들만 믿을 수 있다는 이유에서였다.

북한군 점령 기간 동안 공산주의에 전향하거나 협조하겠다고 서명한 진술서가 발견되는 경우에 그 협력자들은 더욱 심한 응징을 받았다.[168] 일부 역사학자들은 이러한 보복으로 목숨을 잃은 무고한 사람들의 숫자가 10만 명에 달할 것으로 추측했다.[169] 법무병과 내 전쟁범죄조사단의 최고 수사관인 제임스 M. 한리(James M. Hanley) 대령은 "남한의 군대와 정규 경찰, 대한민국의 통제하의 준군사 조직과 특수부대들, 그리고 민간인 부대들이 저질렀던 전쟁 범죄들을 수사해야 될 문제점을 제기했다"가, 이에 대해 유엔군 사령부가 관심이 없다는 것을 알게 되었다.[170] 이렇게 그의 계획은 무산되었고, 그 결과 실제 범죄 수치는 영원한 미지로 남았다.

미군은 6·25전쟁 당시 미군의 위법 행위 조사에 대해서도 마찬가지로 무관심했다. 미국의 가장 심각한 잔혹 행위는 피난민들에게 살인 병기들을 사용한 일이었다. 그런데 이 범죄는 전쟁 도중에도 그리고 전쟁 이후에도 완전히 간과되었다. 남한 정부 역시 이 문제를 제기하지 않았는데, 관련된 논란이 생겨서 미군의 지원을 잃게 될까 봐 우려해서였다. 노근리 사건을 비롯한 피난민 공격 사건들은 여러 해 동안

167 Letter from Soon-Young Pai to her uncle Rev. Minsoo Pai in the United States, 10 December 1950, Presbyterian Church Archives, Record Group 140, Box 1, Folder 19 - Presbyterian Historical Society, Philadelphia.

168 Deane, *The Korean War*, 96,

169 Ibid.

170 Millett, *Their War for Korea: American, Asian, and European Combatants and Civilians 1945-1953*, 232.

미국 정부로부터 공식적인 인정을 받지 못하고 묻혀 있었다.

그러던 중 이 사건은 1990년대 후반 들어 미국 연합통신사(AP 통신) 기자들에 의해 재발견되었다. 이 기자들은 피해자들과 퇴역 군인들의 증언 및 기밀 해제된 문서들을 토대로 기사를 작성하여 게재했는데, 이 기사는 이후 퓰리처상을 수상하게 되었고, 또한 『노근리의 다리: 6·25전쟁에서 숨겨졌던 악몽』(*The Bridge at No Gun Ri: A Hidden Nightmare From the Korean War*)이라는 제목의 책으로 2001년 증보 출판되기도 했다. 이 의혹은 미국과 남한에서 모두 논란을 일으켰다. 여론의 압력을 받은 미 국방부는 이 사건을 조사했고, 그 결과 한국 민간인을 고의로 살해한 것은 아니라는 결론을 내렸다.[171] 미 국방부는 이 사건이 훈련을 제대로 받지 못한 미국 군인들이 피난민 행세를 하는 공산당 게릴라들을 무서워해서 벌어지게 된 비극적이고 개탄스러운 사건이라고 판단했다. 미 육군사관학교 역사학자인 로버트 베이트먼(Robert Bateman)은 미 국방부의 주장을 지지하면서, AP 통신 기자들이 제시했던 수보다 실제 희생자가 훨씬 적었고, 당시 미 사령부가 피난민 살해를 직접 지시하지 않았다고 주장했다.[172]

이에 대해 역사학자 사 콘웨이랜즈(Sahr Conway-Lanz)는 존 무치오 주한 미국 대사가 딘 러스크 미 국무부 극동 문제 담당 차관보에게 보낸 서한을 발견해냄으로써, 피난민들이 미군의 방어 시설을 향해서 달려가는 것을 멈추지 않을 시 피난민을 향해 총을 발사하는 것이 미군 사령부의 내부 정책이었음을 입증했다. 이 정책은 게릴라 공격을 막기 위한 것이었다. 콘웨이랜즈의 발견은 노근리에서 정확히 무슨 일이 일어났는지 직접적인 답변을 줄 수는 없지만, 6·25전쟁 기간 내내 미군 부대들이 일반적으로 어떤 행동을 취했는지 짐작하게 했으며, 이로 인해 민간인들이 얼마나 많은 폭력을 겪었을지 우려를 불러일으켰다. 전쟁의 추악한 면들을 폭로하게 된 이 발견은 경험이 부족한 군인들이 복잡한 전시 상황에 처했을 때 국제 사회가 정해 놓

---

171 Report of the No Gun Ri Review. *U.S. Department of Army Inspector General, January 2001*, https://en.wikisource.org/wiki/U.S._Department_of_the_Army_No_Gun_Ri_Review_Report#:~:text=The%20U.S.%20Department%20of%20the,early%20in%20the%20Korean%20War.

172 Bateman, *No Gun Ri: A Military History o f the Korean War Incident*, 123-130.

은 기본적인 인권을 존중하거나 최소한의 인도주의적 기준에 부합하게 행동하는 것이 얼마나 어려운지를 분명히 보여주었다.[173]

6·25전쟁 초기에 피난민들이 미군의 방어선 안으로 대거 유입해서 생겨난 보안 문제를 미군은 무자비한 정책으로 맞대응했다. 이것은 피난민들 속에서 활약한 미국 선교사들의 구호 노력과 뚜렷하게 대조되었다. 전투 패배의 스트레스와 게릴라 공격에 대한 편집증으로 괴로워하는 많은 군인들과 미국 관리들이 인도주의적인 배려심을 상실한 것은 그리 놀라운 일이 아닐 수 있다. 그리고 선교사들이 피난민들을 옹호하고 그들을 위해 활동했던 것 역시 자연스러운 일이다.

전쟁 지역의 미국 선교사들은 끊임없이 구호 활동의 필요성을 주장하며 피난민들의 권리를 위해 싸웠다. 그렇지만 미군이 피난민에 대해 아무런 관심을 보이지 않았다고 시사하는 것은 잘못된 일이다. 군은 선교사들의 활동을 여러 번 보조했다. 미군 장교들은 선교사들이 피난민들을 더 안전한 곳에 대피시킬 수 있도록 전선을 넘는 것을 허락해주었다. 비록 선교사들이 도울 수 있는 인원은 제한되었지만, 그 과정에서 나타난 그들의 도덕성은 미국의 한국 개입이 곤란한 지경에 빠지지 않도록 길잡이 역할을 했다고 볼 수 있다. 미군은 이 선교사들 덕분에 잔혹 행위 스캔들의 수렁에서 벗어날 수 있었고, 피난민들의 위기상황을 방치했다는 여론의 비난도 빗겨갈 수 있었다. 선교사들의 활동이 거둔 성공의 정도나 그들의 기여도를 정확하게 가늠하기는 어렵지만, 한국과 미국 양쪽에서 선교사들의 목소리가 울려 퍼졌던 것은 확실하다. 전쟁 지역서 활약한 선교사들은 생사의 기로에 선 많은 한국 민간인들을 살아나게 했다.

미국이 한국의 분쟁에 뛰어들었을 때 기독교는 미국인들에게 한국의 상황을 공

173 Conway-Lanz, "Beyond No Gun Ri: Refugees and the United States Military in the Korean War," 50.

감할 수 있는 길을 열어주었고, 이것은 미국의 기독교 부흥이 있었던 10년 동안 계속되었다. 한국의 소식들을 전함으로써 전쟁을 미국의 안방으로 들이려 했던 선교사들의 노력들, 음식과 의복의 구호품을 한국에 전달한 운동 등은 양국의 관계가 더욱 밀접해지는 계기가 되었고, 미국인들이 한국인들에 대해 아버지와 같은 마음과 자세를 품도록 했다. 이러한 분위기에서 남한 사람들, 그중에서도 특히 기독교인들을 대상으로 한 공산당의 잔혹 행위가 수없이 보도되자 미국인들은 마치 아버지가 자기 자녀들이 박해를 당하는 것을 가슴 아파하는 것처럼 고통스러워했다.

전쟁 중 선교사들의 구호활동은 대단히 중요했는데, 특히 전쟁 초기 몇 달의 결정적인 시기 동안 더욱 그러했다. 이때 필요한 물자는 엄청나게 많았지만 공급은 턱없이 부족하고, 다른 구호기관들은 아직 문제의 심각성을 모르거나 필요한 정부 절차를 다 거치지 못했다. 이 짧은 기간 동안 선교사들 덕분에 수많은 사람들이 목숨을 구했다. 선교사들은 이에 더하여 구호물자들을 조달하고 보급하는 일에 그 누구보다 앞장서서 일했다. 바로 이 시기에 미국 기독교인들은 새로운 자선단체들을 설립하거나 기존 단체의 규모를 키워갔고, 그중에서 몇몇은 오늘날 가장 유명한 기관으로 성장했다. 선교사들은 전쟁과 한국인들의 고통을 알리기 위해 목소리를 높이며 적극적으로 노력했고, 미국 여론에 영향을 끼치는 데 성공했다.

전쟁 초기 한국 교회는 분명한 손실을 입었지만, 그럼에도 불구하고 전쟁을 통해 새로운 성장의 기회를 또한 얻게 되었다. 선교사들은 과밀한 피난민센터에 각 군별로 목회자들을 보내 구호 활동과 목회적 돌봄이 연계될 수 있도록 조치했다. 사람들은 교회에 가면 불쌍히 여김을 받고 실질적인 도움도 얻을 수 있음을 인식하기 시작했는데, 이는 교회에 대한 대중적인 이미지를 최고로 끌어올리는 역할을 했다. 그리하여 한국 교회는 전쟁 중과 전쟁 후에 폭발적인 성장을 이룰 수 있게 되었다. 또한 미국 선교사들의 도움으로 한국 기독교계는 남한에서 가장 유력한 정치·도덕적 세력으로 부상했으며, 공산주의 확산에 대항하는 남한의 민족주의를 공고히 하는 데 뛰어난 활약을 펼쳤다.

제7장 점령과 철수

인천에서의 승리로 사기가 고무된 유엔군은 한국을 무력으로 통일하겠다는 새로운 목표를 향해 나아갔다. 그들이 38선을 넘어가자 잠시 동안 철의 장막이 걷혔고, 공산주의 체제하의 실생활 모습이 드물게도 언뜻 드러났다. 유엔군이 북한으로 진군하자 선교사들, 특히 일제강점기에 북에서 사역했던 선교사들이 열심히 그 뒤를 따라갔다. 이 선교사들은 유엔이 잠시 동안 북한을 점령하는 데 도움을 주게 된다. 그러나 또다시 남쪽으로 대피해야 하는 위기가 찾아오자 그들은 유엔군에게 수십만 명의 피난민들을 이송하도록 압력을 가했다. 비록 선교사들은 실질적인 권한이 없었지만, 민간인을 구하고자 하는 그들의 열의는 권한을 가진 자들에게 깊은 인상을 남겼다. 그들의 노력에 힘입어 군대는 역사상 최대 규모의 인명 대피를 지원하겠다는 결정을 내렸다. 물론 그 많은 궁핍한 사람들을 대피시키는 것은 군사적으로 아무런 득이 되지 않았다. 그러나 이 결정은 심리전적인 측면에서 훌륭한 무기가 되어줄 것이었다. 전장의 군인들은 자신들의 싸움이 정당하다고 느낄 것이고, 고향에서 이를 지켜보는 자들은 사람들에게 선택권이 주어진다면 공산주의가 아닌 자유를 택할 이들이 압도적 다수라는 사실을 확인하게 될 것이었다.

북한 점령

유엔군이 북한 지역을 점령한 것은 6·25전쟁 기간 중 단 한 번뿐인 특별한 경험이었지만, 그 어떤 역사가도 이 사건이 향후 전쟁의 전개에 어떠한 영향을 미쳤는지 주의 깊게 분석하지 않았다. 인천상륙작전의 성공으로 더 많은 선교사들이 한국으로 돌아올 수 있게 되었고, 그들 중 일부는 북한에 들어가기도 했다. 점령지를 안정시키기 위한 노력의 일환으로 미군은 선교사들 및 여러 종교적 인물들의 도움을 받아들였고, 그 결과 종교적 이해관계가 당시 미군의 북한 내 활동에 특별한 작용을 하게 되었다.

— 38선을 넘어가다

유엔군이 38선 이북으로 진격을 결정한 과정은 6·25전쟁 역사학계에서 논란이 되어왔던 주제이다. 역사학자 최종석은 미 국무부의 논의에 대해 비판적인 분석을 내놓았고, 역사학자 윌리엄 스툭(William Stueck)은 이 결정을 둘러싼 국제적인 측면들을 연구했다.[1] 트루먼 행정부 내에서는 중국이나 소련이 전쟁에 개입한 확실한 징후가 없다면 이 기회에 한국을 통일시키자는 의견들이 모아지고 있었다. 그리하여 트루먼 대통령은 38선을 넘는 것을 1950년 8월 27일 승인했다.[2] 그 뒤 미국이 유엔의 승인을 얻기까지 또 한 달이 걸렸다. 그리하여 유엔은 10월 7일 "한국 전역의 안정을 보장하기 위한" 결의안을 통과시켰는데, 이 결의안은 그 의미의 모호함에도 불구하고, 유엔군이 38선을 넘는 것을 결국 승인했다.[3] 미국 내 여론도 북한이 항복할 때까지 북상하여 "계속 전투하는" 계획 쪽으로 기울어있었다.[4]

---

1 Jongsuk Chay, *Unequal Partners in Peace and War: The Republic o f Korea and the United States, 1948-1953* (Westport, CT: Praeger, 2002), 210; William Stueck, *The Korean War: An International History* (Princeton, NJ: Princeton University Press, 1995), 85-126.

2 Ibid., 209-210.

3 Ibid., 210.

4 1950년 10월, 갤럽에서는 "북한군이 전쟁을 개시한 경계선 너머로 우리가 그들을 밀어내는 데 성공했다면, 이제 싸움을 멈추어야 한다고 생각하는가? 아니면 그들이 항복할 때까지 그들의 영토

한편 남한의 당국자들에게 이 문제는 전혀 논쟁의 대상이 되지 않았다. 이승만 대통령과 그의 군대는 북한을 해방시키기를 간절히 원했다. 이승만은 설사 유엔이 거부한다고 하더라도 대한민국 군대는 38선을 넘어가서 조국을 통일할 권리가 있다고 믿었다. 통일은 개인적인 운동이자 또한 국가적인 운동이었다. 그리고 이러한 이승만의 생각을 대다수의 남한 사람들이 지지하고 있었다. 그중에서도 특히 기독교인들과 월남 피난민들은 이승만의 강경 지지자들이었다. 북한 출신 피난민들은 고향에 돌아가기를 갈망했고, 기독교인들은 이른바 '한국 기독교의 수도'라고 불리던 평양을 해방시키고 싶어했다. 10월 1일, 이승만 대통령은 유엔의 최종 결정을 기다리지 않고(맥아더 장군의 허락은 받고서) 동해안의 강릉에서 대기 중이던 남한군 제3보병사단에게 북진을 명령했다.[5] 그다음으로 제26보병연대와 제23보병연대가 북으로 진격했다. 그들은 먼저 고성에 도착한 다음, 원산으로 밀고 올라갔다. 그리하여 제3사단은 수도사단의 도움을 받아 10월 10일 원산을 함락시켰다. 그 후에도 멈추지 않고 계속 북진한 남한 군대는 10월 17일 함흥에 도착했고, 열흘 후에는 제6사단이 북한과 중국을 가르는 만주 국경에 도달했다.

그런데 이승만의 정치적 야심과 그가 남한에서 행했던 독재 정치는 유엔 회원국들을 놀라게 했고, 그리하여 회원국들은 맥아더 장군에게 북한에 군사 정부를 세우라고 지시하면서 이승만의 북한 지배를 거부하려고 들었다. 유엔군이 10월 9일 북진을 시작하자 유엔군과 한국군 간에 경쟁의 불이 붙었다. 맥아더 장군은 월튼 H. 워커(Walton H. Walker) 장군의 미 제8군에게 가능한 한 빨리 평양을 점령하라고 지시했고, 에드워드 M. 아몬드 장군의 제10군단은 북한 동해안 어딘가에서 상륙작전을 할 예정이었다. 맥아더의 계획은 아몬드 장군이 상륙하기 전에 평양이 함락된다면

에서 싸움을 계속해야 한다고 생각하는가?"라는 질문으로 여론조사를 실시했다. 이에 대하여 응답자의 64%는 북한 영토에서 "계속 전투"하기를 원했고, 27%는 유엔이 "싸움을 그만둬야 한다"고 생각했다. George H. Gallup, *The Gallup Poll: Public Opinion 1935-1971*, 1949-1958 (New York: Random House, 1972), 2: 943.

5 Chi Op Lee, *Call Me "Speedy Lee": Memoirs of a Korean War Soldiers* (Seoul: Won Min Publishing House, 2001), 98. 미국은 이미 9월 29일 유엔군과 38선을 넘기로 결정했었다. Secretary Marshall's directions to MacArthur, *Foreign Relations of the United States 1950*, Vol. VII *Korea* (Washington, D.C.: U.S. Government Printing Office, 1976), 826. 이승만의 이번 행동이 전적으로 그 혼자서 벌인 것은 아니었지만, 아무튼 그는 맥아더의 허락을 얻게 되어 기뻤다.

더 이상 한반도를 가로질러서 서쪽으로 공격하지 않는 것이었다.[6] 그 대신 제10군단은 대한민국 군대를 따라잡기 위해서 계속 북진해야 했다. 그러나 이 결정은 치명적인 패착이었음이 드러났다. 유엔군은 평양-신안주-홍남-원산으로 이어지는 사각형 모양의 북한의 심장[7]이자 '병목' 지역을 확보하지 못했고, 이로 인해 적들의 반격에 취약해졌기 때문이었다. 게다가 미 제8군과 제10군단 사이에는 아무런 조율이 이루어지지 않았다. 그들 간의 의사소통은 원활하지 않았고 각자 다른 지휘관들의 명령을 따르고 있었다.

— 평양을 비롯한 북한 도시들을 점령하다

평양은 10월 19일 유엔에 함락되었다. 전쟁 발발 전 이 도시의 주민은 약 30만 명에 달했다. 유엔군이 도착하기 전에 공산당들은 거의 다 도시를 떠났지만 민간인들은 대부분 남아 있었다. 유엔의 폭격으로 인한 피해는 그리 크지 않았고, 대중은 군인들을 열광적으로 환영했다. 『타임』의 종군 특파원 드와이트 마틴(Dwight Martin)의 증언에 따르면 "평양 사람들은 태극기, 영국 국기, 중국 국민당 깃발, 그리고 소문으로 듣고서 즉석에서 만든 유엔 깃발들을 흔들며 환호했다."[8] 그는 이 장면을 "제2차 세계대전 때 일본으로부터 상하이가 해방된 이래로 아시아의 도시에서 목격된 가장 자발적인 시위"라고 묘사했다.[9] 평양의 많은 시민들은 "자유해방 만세!"를 목청껏 외쳤다.[10]

---

6 James A. Field, Jr., *History of United States Naval Operations: Korea* (Washington, D.C.: U.S. Government Printing Office, 1962), 253.

7 평양-신안주-홍남-원산의 네모꼴 지역은 3000피트 이하 높이의 여러 산들로 둘러싸여서 그 중심축이 되는 곳이 상대적으로 꺼져있는 모양이었다. 이 지역은 한반도에서 횡방향의 연락망이 가장 잘 발달된 곳이기도 하다. 또한, 동서 양쪽 해안의 항구들은 해군력을 기르는 데 유용했고, 이 곳의 산업 도시들은 한국 내에서 상당히 밀도 높은 도로망으로 연결되어 있었다. 그리하여 이 지역은 방어도 쉽고 유지도 중요했다. Ibid., 253.

8 "Substantial Citizens," *TIME*, 20 October 1950.

9 Ibid.

10 Chulho Awe, *Decision At Dawn: The Underground Christian Witness in Red Korea* (New York: Harper & Row, Publisher, 1965), 145.

평양 시민들이 미국 국기를 흔든 것에 대해서는 드와이트 마틴이 의외로 언급하지 않았는데, 기록하기를 잊어버렸거나 아니면 너무 명백해서 굳이 적을 필요가 없어서일 수도 있다. 북한 전역에서 사람들은 각자 성조기를 만들었고, 평양뿐만 아니라 여러 다른 도시들에서도 성조기를 흔들며 미군을 환영했다.[11] 미군 병사들이 가는 곳마다 현지 시민들은 기쁨에 차서 그들을 환대했다. 제21보병연대의 G중대 레너드 코기(Leonard Korgie) 일병은 당시 상황을 다음과 같이 기록했다.

> 시민들은 우리를 보고 정말 기뻐했다. 그런 그들의 모습에 나는 전율을 느꼈다. 그들은 우리에게 달걀과 농산물을 주고 싶어했는데, 판매를 하려 드는 남한 사람들과 달리 그냥 주고 싶어했다. 그들은 무거운 짐을 내려놓은 듯이 조용하고, 행복하고, 양처럼 온순한 모습으로 마을길에 쭉 늘어섰다. 5년간의 공산주의 통치를 겪어낸 사람들인지라 이렇게 하는 거라고 나는 생각한다.[12]

언더우드 형제들도 미군이 북상했을 때 북한 주민들이 얼마나 고마워했는지에 대해 기록을 남겼다. 함흥에서 리처드 언더우드(Richard Underwood) 소위는 친척 아주머니인 그레이스(Grace)에게 편지를 써서 미군이 함흥에 진입한 후의 분위기에 대해 이렇게 전했다.

> 북한 전체가 하나님께 감사를 올리는 분위기예요. 5년 동안의 공산당 통치가 끝나니까 드디어 사람들이 농담하면서 웃기도 하고, 친구도 찾아가고, 교회에도 가요. 그동안 많은 청년들이 빨갱이 편으로 징집되지 않으려고 동굴들과 구멍들 속에 숨어있었는데, 이제 바깥으로 나올 수 있게 되었어요.[13]

---

11 Michael R. Skerik, "Camouflage," in *I Remember Korea: Veterans Tell Their Stories of the Korean War, 1950-53*, ed. Linda Granfield (New York: Clarion Books, 2003), 57. 스케릭은 원산에서 미국 국기를 흔들고 있는 한국인 한 명에게 그 깃발을 달라고 부탁하여 받았다. 집에서 직접 만든 그 성조기에는 실수로 49개의 별만 그려져 있었다.

12 Pfc. Leondard Korgie's recollection in Donald Knox, *The Korean War An Oral History: Pusan to Chosin* (San Diego, CA: Harcourt Brace Jovanovich, Publisher, 1985), 392.

13 Horace G. Underwood, *Korea in War, Revolution and Peace: The Recollections of Horace G. Underwood*, ed. Michael J. Devine (Seoul: Yonsei University Press, 2001), 147-148 재인용.

레너드 코기 일병이 기록했던 것처럼 리처드 언더우드 소위는 북한 민간인들이 미군에게 "(그들의 생김새처럼 자잘한) 그들의 집들과 그들의 음식들"을 제공했다고 적었다.[14] 리처드 언더우드에 따르면, 유엔을 위해 기꺼이 무료로 봉사하려는 사람들도 있었다고 한다.

평양 함락 이전 공산당은 집권 이래 가장 강도 높은 반기독교 탄압을 한 달간 지속했는데, 그것을 버텨내고 끝까지 살아남은 기독교인들은 이날 특히 더 기뻐했다. 9월 15일 인천상륙작전부터 10월 19일 평양 함락까지의 기간 동안 공산당의 공포 정치 때문에 많은 무고한 사람들이 죽게 되었다. 후퇴하는 북한 당국이 유엔과 협력할 것으로 의심되는 사람들을 모두 제거하려고 했기 때문이다. 북한 천주교회는 사제들을 모두 잃게 되었고(실제 인원 수 60명),[15] 개신교 측도 150명 이상의 한국 목회자들이 실종되었다. 이 숫자에는 장로와 집사, 유명 평신도 등은 포함되지 않았다.[16] 공산주의자들은 또한 많은 의사들과 교사들, 숙련된 기술자들을 처형했다.[17] 유엔군은 평양 시내에 들어서자마자 벌판에, 지하실에, 그리고 얕은 구덩이 속에 죽은 지 얼마 되지 않은 수백 구의 시신들이 널려 있는 것을 발견했다.[18] 그리고 남한 군대와 미 제10군단은 원산, 흥남, 함흥 등 그들이 점령한 모든 주요 도시에서 평양과 유사한 잔혹 행위들이 있었던 것을 발견했다.[19]

그러나 북한 당국이 퇴각했다고 공산주의의 폭력이 다 끝난 것은 아니었다. 산

---

14 Ibid., 148.

15 "바티칸 대표단의 북한 선교 상황: 남아 있는 사제는 없고 천주교도 인원수에 관한 자료도 없다", 서울의 성모무염시태 성당에서 제공한 정보.

16 평양 주민이자 지하 반공주의자였던 어철호에 따르면, 기독교 지도자들은 평양이 함락되기 전에 체포되어 처형되었다고 한다. 북한의 지하 반공산주의자들 중 다수는 기독교인이었다. Ibid., 82-85, 141; Donald N. Clark, *Living Dangerously in Korea: The Western Experience 1900-1950* (Norwalk, CT: EastBridge, 2003), 387.

17 A confidential letter from Chaplain Harold Voelkel, 29 October 1950, 『WCC 도서관 소장 한국교회사 자료집: 한국전쟁 편』, 146.

18 Ibid., 147; Clark, *Living Dangerously in Korea*, 387.

19 원산의 상황은 Richard Underwood, "Memories and Thoughts," (Unpublished Manuscripts, 2002), 84-85를 참조할 것. 흥남의 상황은 Underwood, *Korea in War, Revolution and Peace*, 148를 참조할 것. 함흥의 상황은 letter from Chaplain Harold Voelkel, 15 November 1950, Presbyterian Church Archives, Record Group 140, Box 18, Folder 15를 참조할 것.

간과 시골에 은신한 공산주의 게릴라들은 유엔과 협력하는 사람들을 모두 처벌하겠다고 위협했다. 이렇게 지역 곳곳에서 투쟁을 계속하는 잔당들 때문에 긴장이 고조되었고 점령 정부의 활동이 방해를 받았다. 그리하여 남한의 군대는 공산당 세력을 뿌리 뽑으려고 남한의 경찰과 우익 청년 단체들을 불러왔다. 그들 중에는 북한 출신 피난민들도 있었다. 이 남한 지지자들은 자신들만의 전시 정의를 내세우면서 친공 주민들과 반공 주민들을 갈라놓고 긴장을 더욱 고조시켰다. 극심한 증오, 보복, 깊은 이념적 갈등이 폭력에 폭력을 낳았고, 유엔군은 이를 통제할 아무런 수단도 없이 그저 무력하게 지켜볼 뿐이었다.[20]

— "집"으로 돌아간 선교사들

10월부터 11월까지 부산 주재 미국 대사관의 후원으로 선교사들이 일본과 미국에서 한국으로 돌아왔다. 인천의 승리와 서울의 탈환 덕분에 존 J. 무치오 대사는 선교사들의 귀환을 지원하게 되었다. 의료인들과 구호인력이 절실히 필요한 상황이었기 때문에 의료 선교사들이 최우선 순위로 귀환할 수 있었다. 서울위생병원 원장인 조지 루(George Rue) 박사와 그의 부인 그레이스(Grace)는 10월 15일 무치오와 함께 맥아더 장군의 비행기인 바탄(*Bataan*)을 타고 돌아왔다.[21] 그의 뒤를 이어서 훈련받은 간호사들을 비롯한 사람들이 한국에 들어왔다. 장로교 이사회가 파송한 이들 중에는 중국 선교사였던 얼 J. 우드베리(Earle J. Woodberry) 목사와 제임스 M. 필립스(James M. Phillips), 레이몬드 C. 프로보스트(Raymond C. Provost)가 있었다.[22] 감리교 측에서는 찰스 A. 사워(Charles A. Sauer) 목사, 도널드 페인(Donald Payne), 그리고 세브란

20 Clark, *Living Dangerously in Korea*, 388.

21 Penny Young Sook Kim and Charles Milles, *Though Bombs May Fall: The Extraordinary Story of George Rue, Missionary Doctor to Korea* (Nampa, ID: Pacific Press Publishing Association, 2003), 83.

22 "The One Hundred and Fourteenth Annual Report of the Board of Foreign Missions of the Presbyterian Church in the United States of America," Presented to the General Assembly, May 1951 (New York) - Presbyterian Historical Society, Philadelphia.

스 병원을 책임질 프레드 매그넷(Fred Manget) 박사를 한국에 다시 보냈다.[23] 이들 이외에 다른 경로를 통해 돌아온 귀환자들은 대부분 추적이 어려워서 정확한 귀환자 수는 불분명했다. 아마도 20명이 넘는 선교사들이 해외에서 돌아와 각자의 선교 기지나 여러 구호 단체들에서 봉사했을 것으로 추측된다.

미 제5공군이 북상함에 따라 하워드 마펫 중위는 자신의 고향인 평양에 도착했다. 선교사 출신으로서는 최초의 평양 입성이었다. 제5공군 사령관인 얼 E. 팔트리치(Earle E. Partridge) 중장은 마펫 중위를 보내 평양 시내에서 부대 본부로 사용할 만한 적절한 기지를 확보하고자 했다. 마펫이 "그 지역 구석구석을 소상히 알고" 있었기 때문이었다.[24] 마펫은 처음 마주치게 된 민간인들에게 그들이 기독교인인지 물었다. 그들 중 한 명이 그렇다고 말하고는 중위에게 "마 목사님"을 아느냐고 되물었다. 바로 마펫 중위의 아버지이자, 북한에서 가장 유명하고 존경받는 선교사인 새뮤얼 A. 마펫 목사에 대해 묻는 것이었다. 이 한국 사람은 마펫 중위가 마 목사의 아들인 것을 알게 되자마자 자기도 그를 따라서 시내로 들어가겠다고 고집했다. 그리고 얼마 지나지 않아서 15명의 기독교인들이 더 따라오면서 "흥분하여 신나게 이야기했다."[25] 이것은 마펫 중위조차도 예상하지 못했던 환영이었다. 시내로 들어온 마펫 중위는 장로교 선교부 영내에 세워진 북한 정부 청사를 둘러보고, 김일성의 집무실 안에서 낮잠을 잤다. 이 건물은 유엔군이 평양을 점령하는 동안 제8군과 제5공군의 사령부가 되었다.

며칠 후엔 리처드 언더우드 소위, 헤롤드 보어클 목사(민간인 군목), 윌리엄 쇼 목사(민간인 군목)도 유엔군과 함께 평양에 진입했다. 헤롤드와 윌리엄, 두 목사는 평양 주재 선교사 출신으로 평양 사투리를 구사했다. 그다음으로 애드워드 애덤스 목사, 해리 힐스 목사, 아치벌드 캠벨 목사, 프랜시스 킨슬러 목사 등과 같은 민간인 선교사들이 들어왔고, 이들과 함께 한국인 피난민 출신 목회자들인 윤하영 목사, 한경직

---

23 "Korea News Letter Number 3," 2 November 1950, Missionary Vol.4, United Methodist Church Archives - GCAH, Madison, New Jersey.

24 Letter from Howard Moffett, 30 October 1950, Presbyterian Church Archives, Record Group 140, Box 18, Folder 15 - Presbyterian Historical Society, Philadelphia.

25 Ibid.

목사, 이인식 목사, 김영선 목사, 유호준 목사도 들어왔다.[26]

이들 선교사들과 한국인 목회자들은 그때까지 생존한 목회자들과 교회 장로들을 만나 그들이 그동안 공산당 치하에서 어떻게 생활했는지 비슷한 이야기를 몇 번이고 또 들었다. 보어클 목사는 "우리가 들은 바를 모두 종합해보면, 기독교인들을 제거하는 방법은 그들로 하여금 매일매일 북쪽으로 계속 직진하게 하다가 너무 지쳐서 더 이상 걸을 수 없을 때, 그때 그들에게 총을 쏘는 것"이라고 기록하고 있다.[27] 이 선교사들은 자신들이 목격한 것과 또 기독교인 친구들에게서 들은 것 때문에 "빨갱이들이 북한의 지도층들을 이 잡듯이 뒤져서 체계적으로 몰살시켰다"고 확신했다.[28] 보어클 목사는 북한 지도층이 멸절된 상황에 관해 본국에 보고서를 보냈는데, 이는 1950년 12월 9일자 『프레스비티리언 라이프』(*Presbyterian Life*)와 1951년 4월 2일자 『타임 매거진』(*Time Magazine*)에 게재되기도 했다.

선교사들과 피난민 교회의 지도자들이 방문해왔던 것은 북한 기독교인들에게 희망을 가져다주었다. 10월 29일에는 서문 장로교회에서 특별 예배가 열렸다. 이때 북한의 기독교인들은 1945년 해방 이후 처음으로 사복음서와 신약성경을 받아들게 되었다. 예배 중에 한경직 목사는 이사야서 60장 1절 "일어나라 빛을 발하라 이는 네 빛이 이르렀고 여호와의 영광이 네 위에 임하였음이니라"의 말씀으로 설교했다.[29] 한경직 목사는 한국 기독교인들에게 "미국이나 유엔이 베풀어준 도움이 비록 대단히 크고 후하지만, 그들에게 의지하지 말고 가서 일해야 한다고 도전했다."[30] 부흥회 모임들은 미국 군목 사무소의 지원을 받아 여러 장소에서 열리게 되었다.[31]

하워드 마펫 중위에 따르면, 선교사들과 피난민 목회자들이 온 것은 열광적인

---

26 A confidential letter from Chaplain Harold Voelkel, 29 October 1950, 『WCC 도서관 소장 한국교회사 자료집: 한국전쟁 편』, 146-147.

27 Ibid.

28 Ibid.

29 보어클 군목은 평양 사람들에게 나누어주기 위해서 서울에서 종교용품들을 실은 상자들을 가져왔다. Ibid. (저자는 헤롤드 보어클 목사의 편지 기록에 의거하여 특별 예배의 장소를 서문교회로 기재했으나, 장대현교회 또는 서문밖교회로 추정됨 - 역자 주).

30 A confidential letter from Chaplain Harold Voelkel, 29 October 1950, 『WCC 도서관 소장 한국교회사 자료집: 한국전쟁 편』, 146.

31 Awe, *Decision At Dawn*, 159.

환영을 받았다. "사람들이 교회 안에 정어리처럼 꽉 들어찼고" 공간이 부족하여 "수천 명이 발길을 돌려야 했다."[32] 많은 미군 병사들과 군목들은 일요일 평양 거리가 "성경책과 찬송가를 들고 다니는 사람들로 뒤덮인" 것을 보고 놀랐다.[33] 몇몇 군인들은 마펫 중위를 초대해서 "저녁식사를 함께하며 이에 대해 이야기를 나누고자" 했다.[34] 마펫 중위는 평양과 북한에서 이루어졌던 "기독교 활동에 대해 그들에게 좋은 인식을 심어줄 수 있는" 기회를 갖게 되어 기뻐했다. 그러자 많은 군인들이 그를 군목으로 오인하기도 했다.[35] 종종 유엔군 병사들은 선교사들의 초청을 받아 교회에서 한국인들과 나란히 앉아 예배를 드리기도 했다.

외신 기자들이 평양에 쇄도하자 북한과 북한 사람들에 대해 누구보다 잘 알고 있었던 선교사들은 매스컴의 많은 주목을 받게 되었다. 『타임』 기자들, 『라이프』 사진작가들, 아메리칸 방송사(American Broadcasting Company) 작가들이 기사 작성에 필요한 정보들을 선교사들에게서 취재해갔다. 『프레스비티리언 라이프』의 편집장인 로버트 J. 캐디건(Robert J. Cadigan) 등의 종교계 언론인들도 평양을 방문했다. 캐디건은 평양을 방문한 것을 "자기 인생에서 가장 의욕적으로 벌인 일들 중 하나"라고 생각했다.[36]

이들 특파원들은 대부분 미국 선교사들의 공헌을 인정하고 북한 내 기독교 교회들의 영향에 대해 긍정적인 보고서들을 작성했다. 예를 들어 『타임 매거진』의 드와이트 마틴 기자는 평양 서문장로교회의 장로인 59세 라성덕을 인터뷰하고, 그 내용에 전적으로 의거하여 러시아의 북한 점령에 관한 기사를 썼다. 마틴은 공산당이 기독교 교회들을 박해한 것과 교회 핵심 지도자들이 실종되었던 것에 대해 설명했다. 비록 기독교 인구의 약 30~40%가 공산당 당국에 수동적으로 협력하기는 했

---

32 Letter from Howard Moffett, 30 October 1950, Presbyterian Church Archives, Record Group 140, Box 18, Folder 15 - Presbyterian Historical Society, Philadelphia.

33 하워드 마펫 중위는 자신의 편지에서 미군 병사들의 반응에 대해 언급했고, 네드 애덤스 목사는 『프레스비티리언 라이프』에서 출판한 이사회 보고에 이와 같은 종류의 반응을 보고했다. "The Church in Korea: Slow but Sure," *Presbyterian Life*, 9 December 1950, 15.

34 Ibid.

35 Letter from Chaplain Harold Voelkel, 5 November 1950, Presbyterian Church Archives, Record Group 140, Box 18, Folder 15 - Presbyterian Historical Society, Philadelphia.

36 "The World Scene: From Hope to Snowy Death," *Presbyterian Life*, 6 January 1951, 15.

지만, 마틴은 기독교인들이야말로 북한에서 가장 강력한 반공 세력인 것을 인식했다.[37] 다른 언론인들도 마틴처럼 친기독교적인 태도를 보였다. 유나이티드 프레스 통신(United Press)의 평양발 보도에 따르면, 북한 당국은 "북한을 통제하기 위해 미국 선교사들의 평판을 깎아내렸다가 도리어 선전 선동에서 심한 좌절을 맛보게 되었다."[38] 그 주된 이유는 평양 시민들이 선교사들이 "친절하고 정직하며 훌륭한 사람들임을 알고 있었기 때문"이라고 이 보도는 설명했다.[39] 그리하여 "러시아인들이 그들을 거짓말하고 도둑질하는 악당으로 몰아갔을 때" 대부분의 사람들은 공산주의 선전 책동이 대개 거짓말임을 인식했고, 그 결과 공산주의의 보도들을 액면 그대로 받아들이기를 거부했다.[40]

『더 크리스천 센추리』(*The Christian Century*)는 특히 한국 기독교의 발전에 관심이 많았고, 한국 교회의 재건을 위해 장로교와 감리교가 서로 협력할 것을 촉구하기도 했다.[41] 이 초교파 간행물의 편집자는 유엔을 위한 첩보 활동을 했을 것으로 의심을 받아 북한 당국으로부터 살해당한 사람들의 존재를 소개하면서, 그들의 유족을 도와줄 도덕적 의무가 서방 교회에 있다고 지적했다.[42] 이 편집자는 한국 교회가 겪은 고통과 손실 때문에 "기독교가 한국인들에게 다가갈 수 있는 새롭고 도덕적인 자격을 얻게 되었다"고 주장했다.[43]

뉴저지(New Jersey)주 뉴어크(Newark) 지역 하원의원에 당선된 앨프레드 D. 시멘스키(Alfred D. Simenski) 소령은 당선 직후인 11월 초에 중요한 정치적 일로 북한에 방문했다. 시멘스키 소령은 (유엔) 공보국(Department of Public Information)의 직무인 공산당의 잔혹 행위 조사를 위해 방북한 것이었다. 보어클 군목은 시멘스키 소령과 여

---

37 "Carrots and Radishes," *TIME*, 13 November 1950.

38 "The Church in Korea: All the News Is Not Bad," *Presbyterian Life*, 11 November 1950, 15.

39 Ibid.

40 Ibid.

41 Garland Evans Hopkins, "Korea's Effect - Plus and Minus" (editorial correspondence), *The Christian century* LXVII (15 November 1950): 352-353.

42 "Korea Lengthens Roll of Christian Martyrs," *The Christian Century* LXVII (29 November 1950): 1412.

43 Ibid.

러 명의 군종 목사들(그중에는 유대교 군종사제도 있었음)을 초대하여 함흥의 한 교회 집회에 참석하게 했다. 통역은 리처드 언더우드 소위가 맡았다. 한국 기독교인들은 자신들을 "압제로부터 해방시켜 준 미국에 감사를 표하기 위해서 감사 성명 낭독을 준비했다."[44] 이에 대한 응답으로 시멘스키 소령은 1951년 1월 3일에 예정된 그의 미국 하원 첫 연설에서 한국인들의 감사를 전하겠다고 약속했다. 유대교 군종 사제 또한 한국 기독교인들에게 "전 세계의 유대인들을 대표하여 인사를 전합니다"라고 말했다.[45] 이 때의 만남에 대해서 보어클 군목은 "이 어려운 시기에 그들을 간절히 돕기 원하는 친구들이 그토록 많다는 것을 알게 되어 한국인들은 가슴 벅차했다"라고 설명했다. "그리고 이토록 열정적인 한국 기독교인들의 모임을 목격한 것은 방문객들에게도 유익한 일이었다"라고 보어클은 덧붙였다.[46]

미국 기독 언론인들과 일반 언론인들은 미국 정치인들과 관계를 맺고 한국 기독교를 홍보함으로써 한국에 대한 미국 대중의 인식과 관심을 증대시켰다. 북한 점령 기간 동안 이룩한 성취들은 잠시 동안만 사람들을 흥분하게 했지만, 이 짧은 성공의 경험은 미국이 한국의 일에 더욱 열정적으로 나서게 만들었다. 그 결과 곧이어 중국 공산당의 전쟁 개입으로 국면이 다시 전환되고 한국을 위한 구호활동이 절실해지자 미국은 남한에 지원을 열렬히 쏟아붓게 되었다.

— 점령지에서 펼쳐진 선교사들의 활약

퇴각하는 공산당들이 식자층을 숙청하고 떠났기 때문에 미군은 정부를 운영할 만한 능력을 갖춘 한국인들을 찾는 데 어려움을 겪었다.[47] 임시 시의회를 조직할 책임을 맡은 민사 담당 장교 아치벌드 W. 멜치어(Archibald W. Melchior) 대령은 도시 내

44 Letter from Chaplain Harold Voelkel, 19 November 1950, Presbyterian Church Archives, Record Group 140, Box 18, Folder 15 - Presbyterian Historical Society, Philadelphia.

45 Ibid.

46 Ibid.

47 Letter from Edward Adams to John C. Smith, 12 November 1950, Presbyterian Church Archives, Record Group 140, Box 18, Folder 14 - Presbyterian Historical Society, Philadelphia.

에서 유력한 시민들이 누군지 제대로 알아낼 방도가 없었다.[48] 그가 초기에 썼던 방법은 잘 차려입은 한국인을 찾아내어 그에게 "부유한 시민들을 모아달라"고 부탁하는 것이었다.[49] 물론 이렇게 새로 모집한 인물들이 얼마만큼 훈련되었는지, 그 충성심은 어느 정도인지는 정확히 파악하기가 어려웠다. 경험 많은 행정관이나 자격 있는 통역사도 없는 상황에서 미국의 민사 담당 장교들은 직무를 수행하기가 매우 어려웠다. 일부 지역에서는 구인난이 너무 심한 나머지, 무정부 상태를 막기 위해 공산당 정부를 복권시키기를 원하는 미군 장교들도 있었다. 이러한 시도는 당연하게도 그 지역 반공주의자들을 화나게 만들었고, 점령군과 한국 민간인들 사이에 혼란과 오해를 불러일으켰다.

어려움에 처한 미 육군은 점령 지역의 행정업무에서 선교사들과 한국 기독교인들의 도움 받기를 환영했다. 마펫 중위와 보어클 군목은 유엔을 위해 일할 만한 반공주의자들을 찾기 위해 여러 기독교 공동체들에게 도움을 구했다. 평양의 기독교인들은 열성적이고 협조적이었던 반면, 원산처럼 기독교화가 덜 된 도시들에서는 많은 사람들이 추후 공산당이 돌아올 경우 미군에 협력한 것에 대해 보복을 당하게 될까 봐 두려워했다.[50] 게릴라 공격이 잦았던 것도 지역 주민들이 미국인들을 피하게 된 이유가 되었다. 그러할지라도, 선교사들에 따르면, 여전히 북한의 기독교 공동체는 유엔 점령군의 가장 충실한 지지 세력이 되어주었다.

선교사들은 유엔 군사 정부를 돕는 중에도 기독교인 공동체에 대한 물자 지원과 보호 조치를 같이 수행했다. 물자 지원의 실례를 들자면, 선교사들은 시골에 버려진 공산당의 비축 곡물이 있다는 정보를 입수했을 때 기독교 청년 단체 두 곳에 "자유 통행"을 확보해 주어서 곡물을 평양으로 싣고 가서 구호물품으로 활용하도록 했다.[51]

보호 조치의 예로서는 선교사들이 유엔군에 의해 잘못 수감된 북한 주민들의

---

48 "Substantial Citizens," *TIME*, 30 October 1950.

49 Ibid.

50 Letter from Chaplain Voelkel, 19 November 1950, Presbyterian Church Archives, Record Group 140, Box 18, Folder 15; Clark, *Living Dangerously in Korea*, 387, 390.

51 Letter from Edward Adams to John C. Smith, 12 November 1950, Presbyterian Church Archives, Record Group 140, Box 18, Folder 14 - Presbyterian Historical Society, Philadelphia.

석방을 도왔던 것을 들 수 있다. 공산 게릴라 활동이 활발했기 때문에 많은 북한 민간인들이 공산주의자로 의심되어 체포되었는데, 당시 포로 행정실에서 근무하던 보어클 군목은 자신의 지위를 활용하여 잘못 투옥되었다고 판단되는 사람들을 석방해 주었다. 실례로, 안주에서는 18명의 기독교인이 여러 개의 소련 무기를 보유하고 있어서 게릴라로 오인되었는데, 보어클 군목을 발견한 교회 장로가 나서서 이 사람들이 게릴라들을 막기 위한 지역 방위군에 소속되어 있다고 보어클에게 설명했다. 그리하여 보어클은 즉시 포로수용소로 가서 그들의 석방을 주선했다.[52]

점령 기간이 짧았기 때문에, 선교사들이 북한에서 할 수 있었던 일들은 사실상 극히 제한적이었다. 오히려 그들이 잠시 체류했던 것으로 인해 한국 기독교인들이 오히려 심각한 어려움에 처하게 되었다. 공산주의 지지자들은 당시 유엔군에 협력한 사람들을 블랙리스트에 올리고 공산당 당국이 돌아올 때 복수하기를 기다렸다. 특히 기독교인들은 점령군과의 긴밀한 관계 때문에 반역자로 지목되었다. 선교사들이 점령 지역을 통치하는 군대를 지원하는 일에 약간의 기여를 하기는 했지만, 그들이 진짜 활약했던 바는 1950년 말 중공군의 전쟁 개입으로 6·25전쟁의 흐름이 빠르게 바뀌고, 수십만 명의 피난민들이 급히 서둘러서 피난길에 오를 때 비로소 그 진가를 발휘하게 되었다.

선교사들과 하트브레이크 작전

유엔군이 평양을 함락하기 하루 전인 10월 18일, 중국인민지원군이 비밀리에 압록강을 건넜다. 중국은 9월 말부터 10월 초까지 사르다르 K. M. 파니카르(Sardar K. M. Panikkar) 중화인민공화국 주재 인도 대사를 통해 38선 침범에 대하여 유엔에 여러 차례 경고했었다. 저우언라이(周恩來) 중국 외교부장은 파니카르에게 중국은 남한군

52 Letter from Chaplain Voelkel, 5 November 1950, Presbyterian Church Archives, Record Group 140, Box 18, Folder 15 - Presbyterian Historical Society, Philadelphia.

의 북한 주둔은 용인할 것이지만, "미국의 북한 침공은 중국의 저항에 부딪히게 될 것"이라고 분명히 말했다.[53] 미 국무부도 같은 날 런던을 통해 이러한 경고를 받았다.[54] 그럼에도 불구하고, 워싱턴 측은 저우언라이가 보낸 경고의 중요성을 과소평가했던 것으로 보이며, 이로 인해 미국 역사상 최악의 군사적 재난 중 하나가 발생하게 되었다.[55]

— 6·25전쟁에 뛰어든 중국

북한을 구하기 위해 군대를 보내기로 한 마오쩌둥의 결정은 6·25전쟁의 방향을 빠르게 바꾸어 놓았다. 역사학자 천지엔(陈兼)은 "중국 공산당 지도자들이 중국의 안보와 관련된 손익을 계산하고서 그 침해 정도와 여러 불리한 점들을 판단하여" 6·25전쟁에 뛰어들었다고 주장했다.[56] 트루먼이 제7함대를 타이완 해협에 보내기로 결정한 것은 1950년 8월 타이완을 침공하려던 마오쩌둥의 계획을 뒤엎은 것이었다. 이러한 미국의 행동은 중국 공산당에게 내정 간섭으로 여겨졌다. 게다가 이제 미군은 (유엔이라는 꼬리표를 달고서) 중국과 북한의 접경 지역을 향해 진군하고 있었다. 이것을 어떻게 대응할지를 놓고 처음에 중국 공산당 지도층들은 내부적으로 의견이 갈렸다. 그러나 마오쩌둥은 동아시아에서 중국이 역사적으로 행사해왔던 영향력을 재확인해야 하며, 국경 주변의 외세 침략에 저항함으로써 스스로를 보호해야 한다고 주장함으로써 이 논쟁에 종지부를 찍었다. 이에 중국 정부는 미군이 38선

53 Priscilla Roberts, "Panikkar, Sardar K. M," *Encyclopedia of the Korean War: A Political, Social, and Military History*, ed. Spencer C. Tucker (New York: Checkmark Books, 2002): 510.

54 *Foreign Relations of the United States 1950*, Vol. VII *Korea*, 839.

55 미국이 북한에 대한 공격을 멈추지 않았던 것은 차치하더라도, 북한 지역 내에서 부대를 이동시키는 것만큼은 도쿄의 극동사령부가 신중해야만 했었다. 유엔이 이것을 놓친 것은 어처구니없는 대목이다. 군사 역사가들은 일반적으로 이러한 실패의 원인을 맥아더 장군의 오만함 및 미 제8군과 제10군단 간의 조율 부족에서 찾았다. Shelby L. Stanton, *The Ten Corps in Korea, 1950* (Novato, CA: Presidio Press, 1996); Stanley Weintraub, *MacArthur's War: Korea and the Undoing of an American Hero* (New York: The Free Press, 2000).

56 Jian Chen, *China's Road to the Korean War: The Making of the Sino-American Confrontation* (New York: Columbia University Press, 1994), 4.

을 넘으면 중국이 개입할 것임을 분명하게 경고했다.[57]

사실 미국이 그러한 위협에 전혀 귀를 기울이지 않았던 것은 아니었다. 1950년 8월부터 트루먼 행정부가 취했던 조치들은 그들이 중국의 개입 가능성을 심각하게 고려하고 있었음을 보여준다. 미 국무부와 정보기관들은 중국의 경고를 조사하고 또 조사했다. 나중에 트루먼이 밝힌 바에 따르면, 그 또한 중국이 개입할 가능성에 대해 맥아더 장군과 논의하기 위해 남태평양의 웨이크 아일랜드(Wake Island)로 날아갔었다. 그러나 이 모든 것이 사실이라면, 왜 미군은 압록강을 향해 진격할 때 더욱 조심하지 않았던 것일까?

미국이 오판을 하게 된 데에는 중국과의 소통 부족과 자국 군사력에 대한 자만심이 같이 작용했다. 1949년 10월 1일 중화인민공화국이 수립되었지만 미국은 이를 인정하지 않았고, 그 결과 양국 정부 사이에는 직접적으로 소통할 수 있는 공식적인 창구가 없었다. 이러한 우회적인 외교는 직접적인 소통보다 효과가 떨어졌고, 상대방의 의도에 대한 상호 오해를 불러 일으켰다. 이에 더하여 맥아더가 인천상륙작전에서 벌였던 도박이 놀라운 성공을 거둔 것도 미국 지도자들의 판단을 흐리게 했다. 맥아더는 중국 공산당이 개입하지 않을 것이며, 설사 개입하더라도 유엔군이 그들을 물리칠 수 있다고 확신했고, 이러한 맥아더의 판단에 이의를 제기하려고 나서는 사람은 매우 드물었다.

그러나 아이러니하게도 맥아더 장군이 웨이크 아일랜드에서 트루먼 대통령을 만나 그에게 확약을 주던 바로 그날, 중국 공산당들이 북한으로 잠입해 들어갔다. 중

---

57 미중이 양국의 외교 창구로서 다른 서방 국가들 대신 인도를 선택했던 이유에 대해서는 조사가 계속되고 있다. 서방 제국주의자들에 대해 적개심을 갖고 있었던 중국은 이제 아시아의 권력과 영향력이 증대하고 있음을 새롭게 인식하고 있었고, 그리하여 중립적인 서방 국가 대신 최근에 독립한 아시아 국가를 자신들의 대변인으로 선택했으리라는 설명도 가능하다. 그러나 이보다 더 그럴듯한 다른 해석이 있는데, 이것은 외교 문제들과 군사적 기동성에 관한 측면을 고려한 것이다. 즉 마오쩌둥은 지상전에서 인해(人海) 전술을 펼치기에 상대적으로 용이한 지역에서 미국과 싸우고자 했기 때문에 타이완 대신 한국을 선택했다. 해상전과 공중전에서는 중국이 불리할 것이 뻔했다. 마오쩌둥은 중국이 아무리 강력하고 분명하게 최후통첩을 전달할지라도 그런 것쯤으로는 미국이 뒤로 물러나서 군사적 목표들을 포기할 것이라고는 기대하지 않았다. 다만 자신의 메시지를 인도를 통해 보냄으로써 미국인들을 계속 긴장하게 만들어 놓고, 이때를 이용하여 중국군이 한중 국경을 몰래 통과하여 기습 공격을 할 수 있도록 시간을 더 확보하려고 했다. 사실 마오쩌둥은 미국과 공개적으로 대립하고 싶지 않았다. 그래서 그는 결코 미국에 대항하여 전쟁을 선포하지 않았다. 그 대신 미국이 중국 본토를 공격할 빌미를 주지 않도록 '지원병들'을 보냈을 뿐이다.

국의 전략은 북쪽으로 향하는 맥아더 부대들의 움직임을 역이용하기 위해 특별히 고안되었다. 중국 '지원병들'은 10월 15일부터 11월 25일까지 낭림산맥 능선을 따라 야간에 이동하여 고립된 유엔군 부대를 포위하는 데 성공했다. 이 같은 대규모 공세에 앞서서 중국은 먼저 몇 개의 연대만을 파견하여 한중 국경에 있는 유엔군의 전력을 시험해보았다. 이로써 자신들의 실제 병력을 가늠치 못하게 하고, 유엔군 방어선 안쪽으로 중국군이 이미 침투했다는 사실을 은폐하려고 했다. 이러한 사실을 모른 채 미 제8군과 제10군단은 모두 압록강을 향해 북쪽으로 진격했다. 맥아더가 중국의 미끼를 물은 것이다.

— 미국 정보부서에서 활약하는 "선교사 자녀들"

미국이 공산당의 위협을 심각하게 받아들이는 데 실패하고 한중 국경을 향해 계속 진군해나가자, 최전방의 군인들은 중국 '지원병들'로부터 주기적으로 공격을 받기 시작했다. 유엔군이 평양에 진입했을 때도 중국의 개입 가능성을 알리는 또 다른 경고들과 징후들이 있었다. 평양서 후퇴를 준비하던 북한 공산당들은 도시 주민들에게 자기들이 중공군과 함께 다시 돌아올 것이며, 그동안 유엔군과 협력하는 사람은 반드시 처벌을 받게 것이라고 위협했었다. 10월 말에는 지역 주민들이 남한 군인들에게 중공군 부대들이 북쪽의 산들에서 발견되었다고 알렸다. 이러한 소문들이 사실로 확인된 것은 10월 28일 대한민국 제26보병연대가 첫 번째 중국인 포로를 생포했을 때였다. 그리고 그 이전에도 유엔군은 압록강 근처에서 11명의 중국인들을 포로로 잡았었다. 동편의 제10군단에 있던 리처드 언더우드 소위와 서편의 제8군단에 있던 찰스 번하이설(Charles Bernheisel, 평양 선교사였던 편하설 선교사의 아들 - 역자 주) 대위는 그들의 한국어 능력 때문에 이 포로들을 심문하는 일을 맡았고, 그 결과 중공군이 전쟁에 참전했다는 결론을 내렸다. 그들은 이러한 보고서를 도쿄에 있는 유엔 사령부로 보냈다.

그럼에도 불구하고 도쿄에 있는 미국 정보 분석가들은 이 중국인 포로들을 국공 내전 당시 만주에서 중국 공산당과 싸웠던 국민당 측 조선족이라고 간주하고 그들을 석방해버렸다. 자신들이 보낸 전투 현장 보고서를 본부가 받아들이지 않자 "분노한" 리처드 언더우드 소위는 "제10군단 G-2(정보 부대)에 종종 큰소리로 항의했다."[58] 그러나 그의 상관들은 도쿄 사령부를 압박하려는 행동을 전혀 하지 않았고, 언더우드 중위만 유엔군의 안전을 걱정하며 좌절할 뿐이었다.

찰스 번하이설 대위는 8군과 함께 최전선에 있었는데, 그의 상관들이 중공군의 개입을 인정하지 않자, 11월 초 중국인 포로 몇 명을 차량에 태우고 최전선에서부터 평양의 8군 사령부까지 여러 시간을 운전하여 남하했다. 번하이설의 보고를 받고서 상황의 심각성을 인지한 8군 사령관 워커 장군은 즉시 탐사대를 다시 불러들이고 청천강 남쪽 강변을 따라 군대를 배치했다. 워커 장군은 군대를 북쪽으로 이동시키기 전에 서해안의 병참 지원에 절대적으로 필요한 항구인 진남포를 다시 개방함으로써 제8군의 병력과 물자의 관리 보급 부족 문제가 해결되기를 기다렸다.[59]

워커 장군이 최전방의 위험성을 알렸던 것은 칭찬을 받아 마땅했다. 만약 맥아더가 진격 속도를 늦추고 신안주와 흥남 사이에 방어선을 구축했더라면 작전이 완전히 실패되는 것만은 막을 수 있었을 것이다. 그러나 도쿄에서 지휘하고 있던 맥아더 장군은 전쟁을 빨리 끝내버리려는 열망을 앞세워서 중공군 병력의 규모를 과소평가하고 계속 공격적인 정책을 추구했다. 11월 20일 드디어 항구가 개방되고, 미 8군에 4만 톤의 보급품이 하역되었다. 11월 24일, 중공군이 개입하고 있다는 사실이 확인되었음에도 불구하고 맥아더는 새로운 공세를 명령했다. 유엔군이 중공군을 격퇴할 수 있을 만큼 충분히 강하다고 판단해서였다.[60] 그러나 실제로는 유엔군의 방어선이 너무 가늘게 늘어져있는 상태였다. 이는 제8군과 제10군단 사이의 험준한 지형으로 인해 양측의 연락이 제대로 이루어지지 못했기 때문이었다. 두 사령관 간의 경쟁심 또한 소통과 의견 조율을 방해했다. 유엔군 사단들은 서로 분열되고 고립된 상태에서 험하고 낯선 지형을 넘으며 악천후 속에 이동했다. 그러한 그들을 기다리고 있던 것은 대대적인 살육이었다.

이 새로운 공세로 유엔군은 곧장 중공군의 매복 공격에 노출되었다. 4일간의

---

58 Underwood, "Memories and Thoughts," 88.

59 James A. Field, Jr., *History of United States Naval Operations: Korea* (Washington, D.C.: Naval History, 1962), 256.

60 Ibid., 240.

치열한 전투 끝에 최전방의 한국군과 제10군단의 전선이 모두 무너지고 말았다. 이 결과는 맥아더의 예상을 완전히 빗나가며 그를 놀라게 했다. 유엔군을 공포에 몰아넣기 위해 중공군은 인해(人海) 전술을 사용했다. 수백 명, 때로는 수천 명의 병력이 파도처럼 밀려들면서 유엔군의 시들어가는 화력 앞에 비명과 고함을 질러댔다. 그 뒤를 따라온 다음 열의 병사들 중에는 비무장인 자들도 있었는데, 그들은 이미 앞에서 진격한 동료들 중 쓰러진 자들이 놓친 소총을 찾아서 쓰도록 되어 있었다.[61] 많은 유엔군 병사들은 전쟁의 잔혹함과 엄청난 인명 손실에 충격을 받고 사기가 꺾였다. 장진호의 미 해병들이 특히나 큰 타격을 받았는데, 그 와중에도 그들은 목숨을 걸고 끝까지 분전했다. 한국과 미국의 해병대에서 사상자가 많이 나왔다. 유엔군은 화력 면에서 더 강했고 공중전에서는 거의 무적에 가까웠음에도 불구하고 엄청난 적의 숫자에 압도당했으며 추운 날씨 때문에 무기들이 오작동하여 좌절했다.

11월 28일 워커 장군과 아몬드 장군은 도쿄로 소환되어 맥아더 장군과 회담했다. 마침내 확인된 중공군 공세 위력의 실제 규모는 베이징에서 한국으로 파견한 30개 사단, 총 25만 명의 병력에 달했다. 거기에다 18만 명의 북한 출신 신병들이 더해져서 적의 규모는 너무나 엄청났다. 유엔군의 수적 열세가 확인되자 사령관은 남은 병력을 유지하기 위해서 제8군단과 제10군단 모두 즉시 철수할 수 있도록 허가했다. 그리하여 12월 3일, 미 제8군은 평양에서, 제10군단은 함흥에서 전면 후퇴를 시작했다.

— 평양 철수

6·25전쟁의 갑작스러운 반전은 많은 친미·반공 한국인들, 특히 유엔에 적극적으로 협력했던 사람들을 좌절하게 했다. 특히나 기독교인들은 유엔 점령군과 긴밀히 협력했던 터라 큰 위험에 처하게 되었다. 한국 기독교인 친구들을 걱정하게 된 미국 선교사들은 즉시 교통편을 마련했고, 소위 "하트브레이크 작전"이란 이름으로

61 Stephen E. Pease, P*sywar: Psychological Warfare in Korea, 1950-1953* (Harrisburg, PA: Stackpole Books, 1992): 86.

기독교 지도자들을 대피시킬 계획을 추진했다.[62] 선교사들은 기독교 지도자들과 그 가족들을 트럭들에 태워 남쪽으로 보냈다.[63]

대동강 다리가 공산당 요원들에 의해 파괴되었기 때문에 남쪽으로 이동하려는 피난민들은 강을 건널 다른 방법을 찾아야 했다. 많은 사람들이 목숨을 걸고 부서진 다리 위로 기어 올라갔다. 유엔군은 탱크와 군용 차량만 건널 수 있는 임시 부교들을 대동강에 설치했다. 그러나 피난민들은 이 다리를 이용할 수 없었다. 선교사들은 승객들이 기독교인임을 밝히고 유엔군에게 이들의 탈출을 도와줄 것을 요청하는 쪽지를 써서 한국 운전사들에게 주었다. 이 트럭들은 대부분 대동강 임시 교량들을 건너 유엔 검문소를 무난히 통과할 수 있었다.[64]

마펫 중위는 제5공군이 평양을 철수할 때 무치오 대사와 함께 일찍 도시를 떠날 수도 있었다. 그러나 그는 조금 더 남아서 피난민들을 돕기로 했다. 운 좋게도 그는 평양에서 1939년형 플리머스(Plymouth)를 징발했는데, 원래 그 차량은 마펫의 이웃 선교사들이 사용했었던 것이었다. 그가 입고 있던 군복 덕분에 마펫 중위는 대동강을 가로지르는 부교로 차량 이동을 할 수 있었고, 12월 5일 평양이 공산당에게 다시 넘어가기 전까지 계속해서 한국인들을 태우고 대동강을 넘나들었다. 도움을 준 사람이 몇 명인지 그가 세어보지는 않았지만, 마펫은 군에서 다리를 파괴하기 전까지 가능한 한 많은 사람들을 대동강 남쪽으로 옮겨 놓았다. 그가 차량에 마지막으로 태운 사람들 중에는 오랫동안 장로교 선교부에서 일해 온 직원의 가족도 포함되어 있었다. 그들은 사람들로 가득해서 비좁은 차량에 몸을 싣고서 17시간을 달려 서울로 내려갔다. 얼마나 많은 사람들이 평양을 떠났는지, 얼마나 많은 기독교인들을 선교사들이 대피시켰는지 정확한 자료는 남아있지 않다. 그러나 대략적으로 100만 명이 넘는 사람들이 남한으로 가는 피난길에 올랐던 것으로 추산된다.[65]

---

62 "The World Scene: From Hope to Snowy Death," *Presbyterian Life*, 6 January 1950,15.

63 Letter from Rev. Edward Adams to Dr. John Smith, 1 January 1951, Presbyterian Church Archives, Record Group 197, Box 1, Folder 3 - Presbyterian Historical Society, Philadelphia.

64 Awe, *Decision at Dawn*, 163-164, 168.

65 Gertrude Samuels, "Korea's Refugees - Misery on the March," *New York Times*, 11 February 1951, 156.

— 진남포에서 생겨난 작은 기적

대동강을 건너지 못한 피난민들은 서쪽으로 방향을 바꿨다. 강을 건너거나 남쪽으로 가는 배를 타는 행운을 바라면서 진남포로 향했던 것이다. 12월 5일 진남포항에는 몇 달 전 인천상륙작전에 참가한 바 있었던 한국 태생의 선교사 자녀 출신 짐 램프(Jim Lampe) 중위가 해군과 함께 있었다. 그는 병력과 자재의 철수를 지휘하는 임무를 맡았다. 평양에서 평양외국인학교를 다니며 고등학교 시절을 보냈었던 램프 중위는 전황이 악화되어 북한 철수가 결정된 것에 마음이 쓰라렸다. 그렇지만 그가 할 수 있는 일은 거의 없었다.

부두의 상황은 무질서하고 혼란스러웠다. 항구에는 기존에 정박하고 있던 해군 3개 부대가 있었다. 헨리 J. 이렉슨(Henry J. Ereckson) 소령의 지휘하에 도시에 전력을 공급하는 구축함인 포스(*Foss*)호, 발동기정(motor launch) 3대를 보유한 소규모 한국 해군 기지, 그리고 대동강 하구에서 기뢰를 제거하는 소해(掃海)전대였다.[66] 이 3개 부대 외에도 항만 병참대 소속 미군 1,700여 명과 부상병, 공무원, 포로 및 정치범, 경찰, 보이스카우트 등 6천여 명의 한국인이 항구에 도착하여 후송되기를 기다리고 있었다.[67] 그러나 이들 공식적인 후송 대상자 외에도 5만 명의 피난민들이 더 있었다.

당시 장교들은 몇 척의 수송선이 오고 있는지, 그리고 공포에 질려 허둥대는 이 피난민들을 해군이 얼마나 대피시킬 수 있을 것인지 정확히 알지 못했다. 남한 해군이 제공할 수 있는 것은 돛단배 100척뿐이었다. 5만 명의 사람들을 모두 배에 싣고 부산으로 데려가는 것은 불가능하겠지만, 그들이 걸어서라도 남하할 수 있도록 2만 명 정도를 강 너머로 보내려는 시도가 이루어졌다.[68] 램프 중위는 미국인들이 항구를 떠나기 전에 한국 민간인들을 한 명이라도 더 대피시키려고 애를 태워가며 일했다.

그러나 시간이 촉박했다. 12월 5일 정오가 되자 램프 중위의 배는 가장 고가의 보급품들을 상륙정에 싣기를 마쳤고, 선장은 출발하기를 원했다. 그러나 램프 중위는 어떻게든 철수를 연기해보려고 고군분투하면서 현지의 돛배들 안에 피난민들을

---

66 Field, *History of United States Naval Operations: Korea*, 271-272.

67 Ibid., 273.

68 Ibid.

태우도록 지시했다. 그리고 동력 장치를 이용해서 그 돛배들을 강 건너편으로 끌어 당겼다. 그렇게 해서 강 남안에 내리게 된 피난민들은 남쪽의 서울을 향해 떠날 수가 있었다. 램프 중위의 배가 출발하는 마지막 순간에도 더 많은 사람들이 선착장으로 밀려들었다. 결국 램프는 그들 모두를 구하지 못한 것을 한탄하며 떠나야 했다.[69] 그렇지만 피난민들을 구하려는 그의 진심 어린 시도는 아마도 다른 해군 장교들에게까지 깨달음을 주었을 것이다.

그런데 램프 중위가 출발한 뒤, 미 해군 수송선 베어(*Bexar*)호가 예기치 않게 진남포항으로 들어왔다. 더 안전한 목적지로 선회하라는 통지를 베어호가 전해 받지 못했기 때문이었다. 해군 장교들은 늦게 도착하여 부두에 남아 있던 3천 명의 사람들을 모두 배에 탑승시킨 뒤 항구에 있는 석유 저장고, 항만 크레인, 철도 장비를 파괴했다.[70] 구조된 사람들은 그것을 작은 기적이라고 여겼다.

— 원산에서 맞닥뜨린 절망적 상황

미 해군이 진남포를 파괴하는 동안 원산에서는 또 다른 군사 대피가 진행되고 있었다. 이 결정은 좀 더 일찍 12월 2일에 내려졌다. 보어클 군종 목사는 대피령이 내려졌을 때 원산에 있는 교회들을 방문하고 있었다. 원산은 그의 아내가 태어난 곳이었다. 소안론 목사(William L. Swallen)의 사위인 보어클은 원산의 기독교 공동체로부터 열렬한 환영을 받았다. 당초 그는 일주일 동안 머물 예정이었으나 중국군의 전면 개입 소식이 전해지고 철수 명령이 떨어지자 계획에 차질이 생겼다. 군에서 민간인 군무원 전원에게 비행기를 타고 흥남으로 이동하라고 명령했기 때문에 그는 일요일 오후 모든 장로교회들이 모이는 연합 예배에 참석할 수 없었다.

그가 갑자기 떠나게 되자 많은 교회 지도자들이 실망하게 되었다. 그러나 보어클 군목은 "대외비의 기밀 정보"인 당시 군 상황을 그들에게 자세히 알려줄 수 없었

---

69 Clark, *Living Dangerously in Korea*, 389-390.

70 Field, *History of United States Naval Operations: Korea*, 273.

다.[71] 그가 원산을 떠나려 할 때, 장교들은 7천 명 정도로 추정되는 공산 게릴라들이 도시를 쳐들어오려는 쪽을 가리켜 보였다. 보어클 선교사는 원산에 있는 동료들을 도울 수 없는 자신의 상황에 괴로워했다. 그는 이 위기 때문에 군종 목사단의 일을 그만두려고 하지 않았다. 그 대신 북한에서 유엔군이 마지막으로 보유하고 있는 교두보인 함흥과 흥남에서 한국군과 전쟁 포로, 기독교 공동체를 위해 봉사할 수 있는 길을 찾으려고 전쟁 지역에 남아 있기를 선택했다.[72]

원산항 주변 방어는 미군 1개 대대와 남한 해병대 2개 대대가 수행했다. 세인트폴(*Saint Paul*)호, 젤러스(*Zellars*)호, 행크(*Hank*)호 및 스페리(*Sperry*)호의 구축함 네 대가 근해에 정박해 있으면서 적군이 집중된 곳에 미사일을 발사했다.[73] 포격 소리를 듣고서 공산 게릴라들의 공격을 알게 된 사람들은 후퇴하는 군대를 따라 나서서 방어선 안으로 들어갔다. 12월 7일까지 모든 유엔군은 철수했고, 부두에는 마지막 장비 더미를 제거할 임무를 맡은 남한 해병대 1개 대대만 남았다.

한편 선착장으로 모여든 피난민은 12월 7일부터 12월 9일까지 급격히 늘어났다. 이토록 엄청난 수의 피난민들이 방어선으로 유입할 것을 해군은 예상하지 못했고, 이용 가능한 수송선은 단 한 척뿐이었다. 이 배에 약 7천 명의 사람들이 움직이지 못할 정도로 꽉 들어찼는데, 배의 정상적인 수용 능력을 훨씬 초과한 인원이었다.[74] 그러할지라도 승선하지 못해서 부두에 남은 사람들이 많았다. 그들 중 일부는 해안을 따라 걸어서 흥남을 향해 갔다. 12월 9일까지 해군은 3,800명의 병력과 1,146대의 차량, 1만 톤의 화물을 철수시켰는데, 이는 진남포에서 철수된 군사 장비 및 인원의 총량을 초과한 것이었다.[75] 원산 철수를 지휘했던 제임스 H. 도일(James H. Doyle) 해군 중장은 북한을 떠나려는 사람들이 너무나 많은 것을 보고 충격을 받았다. 도일 중장은 원산에서 얻은 교훈을 바탕으로 다음 번 흥남철수작전에는 2만 5천

---

71 Letter from Chaplain Harold Voelkel, 6 December 1950 (from Hungnam), Presbyterian Church Archives, Record Group 140, Box 18, Folder 15 - Presbyterian Historical Society, Philadelphia.

72 Ibid.

73 Field, *History of United States Naval Operations: Korea*, 286.

74 해군이 수송선에 미처 못 태운 피난민들을 육지에 두고 떠났는지 여부는 확실하지 않다.

75 Field, *History of United States Naval Operations: Korea*, 286-287.

명의 피난민들을 수송할 계획을 세웠다.[76]

— 흥남 방어선

흥남에서 10마일 가량 떨어진 함흥은 북한의 정치와 산업의 또 다른 중심지로서, 미 제10군단의 본부가 10월 말 설치되었던 곳이다. 함흥은 함경도의 도청 소재지였으며 북한에서 가장 서구화된 도시 중 하나였다. 인구는 약 10만 명이었고, 캐나다 장로교 선교부의 한국 본부가 이곳에 있었다. 미국인들은 많은 함흥 주민들로부터 열렬한 환영을 받았다. 리처드 언더우드 소위는 함흥에서 전쟁 포로들을 상대하고 정보 부대에서 일하며 대부분의 시간을 보냈다. 보어클 군목 또한 남한 군대와 포로들을 위한 사역자로서 군종 목사단과 함께 함흥에 주둔했다. 함흥에서 자라나 1945년 남한으로 망명했었던 한국 기독교인 현봉학[77] 박사는 아몬드 장군의 민사부 고문이었다. 그의 임무는 군사 정부에 참여하고자 하는 지역 정치인들의 신임장을 확인하는 것이었다.[78]

12월 초 미 제10군단 사령관 아몬드 장군은 북한에 남아있는 유엔군 부대들의 최종 철수 거점을 흥남 항구로 정했다. 당시 장진호 북쪽에 있던 부대들이 남쪽으로 철수하려면 중국군의 포위망을 뚫고서 흥남 방어선으로 돌아와야 했다. 비행장과

76 James H. Doyle and Arthur J. Mayer, "December 1950 at Hungnam," *The U.S. Naval Institute* (April 1949): 4.

77 현봉학 박사는 함흥 태생으로서 유력한 장로교 목사이자 교육자의 아들이었다. 그의 가족은 1945년 12월 함흥에서 서울로 도피했다. 현봉학은 서울의 장로교 선교부로부터 후원을 받아 세브란스 의학전문학교에서 의학 학위를 받았고 버지니아 의과 대학(Medical College of Virginia)에서 2년 동안 병리학을 공부했다. 6·25전쟁 때는 대한민국 해병대에 입대했다. 당시 해병대에는 의사보다 통역사가 더 필요했기 때문에 현봉학은 사령관인 신현준 장군과 참모장인 김성은 대령의 통역사가 되었다. 10월 중순 아몬드 장군이 한국 해병대를 방문했는데, 장군은 특히 현봉학의 유창한 영어 실력에 깊은 인상을 받았다. 현봉학이 자신의 고향인 버지니아에서 공부했으며 제10군단의 본부가 될 함흥 출신이라는 사실을 알게 된 아몬드 장군은 그를 자신의 민사 고문 자격으로 제10군단에 전근하도록 주선했다. 전쟁 후에 현 박사는 필라델피아에 있는 토마스 제퍼슨 대학병원(Thomas Jefferson University Hospital)의 병리학 및 혈액학 교수가 되었다. Bong Hak Hyun, "Christmas Cargo: A Civilian Remembers The Hungnam Evacuation," *Korean and Korean American Studies Bulletin* 8 (Spring/Summer 1997): 33.

78 Ibid.

77기동부대의 함대에서 운용되는 해군 및 해병 항공기 수백 대의 공중 지원을 받으면서 미 제1해병사단, 제7보병사단, 제3보병사단, 대한민국 제1군단은 모두 얼어붙은 언덕을 빠져나와 간신히 흥남으로 나아갔다.

아몬드 장군은 12월 25일까지 총 40만 톤의 군사 장비를 가지고 흥남항을 탈출할 계획이었다. 그는 어떤 물자나 장비도 파괴되거나 버려지는 것을 원치 않았다. 그러기 위해서는 화물선 75척, 군대 수송선 15척, 탱크상륙함 40척을 동원해야 할 것으로 장군은 추정했다. 그는 또한 공군에서 12월 14일부터 18일까지 500톤의 병력과 장비를 인양하기를 원했다. 이러한 대담한 철수 계획은 전례가 없는 것이었지만 장군은 이 임무를 완수하겠노라 결심했다.

— 함흥 기독교인들의 간청

유엔군이 후퇴한다는 사실이 12월 초에는 함흥 주민들에게도 분명히 알려졌다. 그러자 많은 사람들이 공포에 사로잡혔다. 기독교인들, 지방의 군사정부 관료들, 유엔군 협조자들은 공산당이 돌아오면 처형될 것이 확실했다.[79] 12월 5일 기독교인들은 처음에 보어클 군목을 찾아갔다. "대피 작전 때 3천 명의 함흥 기독교인들을 수송해주겠다는 군 당국의 허가를 받아 달라"고 눈물을 흘리며 부탁했다.[80] 그들의 절박한 사정을 보어클도 잘 알고 있었기에 그들에게 도움을 주고 싶어했지만, 그는 어떤 확답도 해 줄 수 없는 처지였다. 그 당시 보어클이 할 수 있는 최선은 기독교인 난민들을 위해 대피 공간을 마련해 주도록 미국 장교들에게 도움을 요청하는 추천장을 써주는 정도였다.[81]

보어클이 자신들의 대피를 보장하겠다는 약속을 해주지 않자 기독교 지도자들은 그다음으로 현봉학 박사를 찾아갔다. 보어클과 마찬가지로 현봉학도 처음에는 그러한 군의 확약을 얻어낼 자신이 없었다. 민사부 책임자이며 그의 상사인 무

79 Ibid.

80 Letter from Chaplain Harold Voelkel, 6 December 1950, Presbyterian Church Archives, Record Group 140, Box 18, Folder 15 - Presbyterian Historical Society, Philadelphia.

81 Ibid.

어(Moore) 중령이 군에서는 민간인들을 대피시킬 계획이 없고, 그럴 만한 공간도 없다고 주장하면서 도움을 거절했던 바가 이미 있었기 때문이었다.[82] 그런데 아몬드 장군의 유능한 참모들 중 하나이며 흥남철수작전을 지휘한 에드워드 포니(Edward Forney) 대령이 현봉학을 도와주겠다고 나섰다. 그래서 두 사람은 함께 장군에게 청원서를 제출했다. 그들은 청원서에서 미군이 등을 돌린다면 친미 지역 지도자들과 기독교인들이 모두 학살당할 것이라고 주장했다.

— 민간인보다 우선하는 군사 작전

아몬드 장군은 그들이 간청하는 바를 이해했지만, 여러 가지 이유로 확답을 줄 수가 없었다. 첫째, 장군은 자기 부대들을 모두 태울 만한 수송수단이 충분히 준비되는지조차 알지 못했다. 둘째, 흥남항의 시설은 군사 대피와 민간인 대피를 모두 감당할 만한 규모가 되지 않았다. 셋째, 그는 피난민들 중에 공산주의자가 침투해 있어서 유엔군에 위해를 가하게 될 것을 염려했다. 넷째, 그는 도쿄 사령부의 승인이 필요했다. 이처럼 복잡한 상황이었지만, 그럼에도 아몬드는 함흥 기독교인들을 위한 현봉학의 간청에 공감했고, 본부에 연락하여 맥아더 장군과 이 문제를 논의하겠다고 약속했다.[83]

그러나 12월 9일 미 육군에서 해군 선박이 충분하지 않기 때문에 한국 민간인 직원도 대피시킬 수 없다고 발표했고, 민간인 대피의 희망은 사라져버린 것 같았다.[84] 함흥에서 최종 철수하는 공식 날짜는 12월 15일이었다. 그리고 군 수송을 위해서 함흥과 흥남 사이의 주요 도로를 정리하라는 명령이 내려졌다. 미군은 피난민들이 함흥에서 흥남으로 걸어서 이동하는 것을 막기 위해 도로 차단막을 설치했다.

보어클 군목은 지프차를 몰고 함흥과 흥남 사이를 자주 오갔는데, 그에 따르면 "포와 총검이 겨누어진 다리들과 여러 검문소들 앞에서 사람들의 큰 무리가 저지되

82 Hyun, "Christmas Cargo: A Civilian Remembers The Hungnam Evacuation," 34.

83 Ibid., 2-3.

84 Ibid., 3.

고 있었다."[85] 그래도 기독교인들 여럿이서 자신들이 기독교인이기 때문에 공산당에게 우선 숙청될 것이라며 간청하면, 일부 동정적인 군인들이 그들을 트럭들에 태워서 흥남으로 데려다줄 때도 있었다.[86] 하지만 그런 방법이 모두에게 통한 것은 아니었고, 대부분의 피난민들은 돌려보내졌다. 12월 15일까지 대부분의 차량이 흥남으로 이송되어 철수를 위해 대기해야 했기 때문에 아무리 마음씨 따뜻한 미군 장교들도 이제 피난민들을 도울 방법이 전혀 없었다. 그래서 보어클 군목은 기독교인들에게 큰길을 벗어나서 뒷길을 이용하고, 그마저도 차단되기 전에 흥남으로 가라고 조언했다. 그는 검문소 앞에서 제지를 당한 사람들을 볼 때마다 그들에게 뒷길을 안내해주고 기도로 위로를 전하려 했다.[87]

— 정책이 바뀌다

한편 현봉학 박사는 이 상황을 수수방관만 하고 있지 않았다. 현봉학은 미 제10군단에 천주교 사제로 배정된 메리놀회 선교사 패트릭 클리어리(Patrick Cleary) 신부와 함께 한국 해병대를 찾아가서 기독교인들을 위한 배를 확보하고자 했다. 그들의 간곡한 부탁 때문에 남한 제1해병대 사령관 신준현 대령은 다음 날 현봉학 박사에게 남한 해병대의 장비 이동에 배정된 두 척의 배에 피난민들이 탑승할 수 있도록 허락하겠다고 통보했다.[88] 함흥 철수 마지막 날인 12월 15일에는 더 좋은 소식이 전해졌다. 마침내 아몬드 장군이 민간인 4~5천 명을 그날 밤 기차로 함흥에서 흥남으로 대피시키겠다고 발표했다.[89] 그중에서 천 개의 좌석은 특별히 한국 기독교인들을 위한 자리로 구분 지었다. 그렇지만 그 당시 아직 배편은 마련되지 않았기 때문에 장군은 그들의 한국행을 보장할 수는 없었다.[90]

85 Letter from Chaplain Harold Voelkel, 6 December 1950, Presbyterian Church Archives, Record Group 140, Box 18, Folder 15 - Presbyterian Historical Society, Philadelphia.

86 Ibid.

87 Ibid.

88 Hyun, "Christmas Cargo: A Civilian Remembers The Hungnam Evacuation," 36.

89 Ibid.

90 Letter from Chaplain Harold Voelkel, 6 December 1950, Presbyterian Church Archives, Record

클리어리 신부는 천주교 신자들을 모으러 가고, 현봉학 박사와 보어클 군목은 그 지역 기독교인인 채충묵의 도움을 받아서 개신교인들에게 알리러 갔다. 함흥에 도착하자마자 그들은 떠날 수 있다는 희망을 이미 포기한 한국인 유엔 직원들에게 이 사실을 전했다. 이 연락을 받고 다시 살아난 사람들은 기차역으로 향했다. 그런데 그 전날 기독교인 피난민들 몇 명이 미군 헌병대에 붙들려 있다는 소식이 전해졌고, 현봉학과 채충묵은 그들이 갇혀 있는 곳에 들르기를 고집했다. 보어클 군목에 따르면, 감옥에 갇혀 있던 사람들은 보어클 일행이 알고 있던 지역 기독교인들 외에도 배천(Paech'on)에서 온 기독교인 피난민들도 함께 있었다. 그들 중 한 명은 너무 기뻐서 뛰쳐나와 "예수님, 예수님"이라고 감사하며 외쳤다. 보어클, 현봉학, 채충묵은 담당 장교와 함께 구금되었던 약 30명의 사람들을 풀어주고,[91] 대피를 준비할 수 있도록 집으로 돌려보냈다.

그런 다음 그들은 시내의 모든 개신교 교회들로 차를 몰고 가서 이 기쁜 소식을 전했다. 그들은 각 신도들이 스스로 기차역에 가지 않고 8시 이전에 소속 교회로 모이도록 계획했다. 그 주된 이유는 유엔 당국이 공산주의자들의 침투 가능성을 차단하려고 함흥시에 밤 6시부터 아침 6시까지 통행금지령을 내렸기 때문이었다. 보어클 군목은 함흥시청의 헌병사령관을 만나러 간 자리에서 헌병대를 맡고 있던 해먼드(Hammond) 대령을 발견하고, 그에게 기독교인들을 흥남으로 대피시킬 계획을 알렸다. 해먼드 대령은 아프리카에서 선교사로 활동하던 친누이가 불과 1년 전에 순교한 바 있어서 이러한 기독교적 대의에 매우 공감했다. 그는 즉시 자신의 헌병 장교들에게 8시가 지날 때까지 사람들을 향해 발포하지 말도록 지시했다. 또한 안전성을 추가적으로 확보하기 위해 그는 각 교회 신도들을 기차역까지 호위하도록 헌병 장교 두 명을 파견했다.[92]

Group 140, Box 18, Folder 15 - Presbyterian Historical Society, Philadelphia.

91 Ibid.; Hyun, "Christmas Cargo: A Civilian Remembers The Hungnam Evacuation," 36. 이 사건에 대한 보어클의 편지 내용과 현봉학의 기억은 약간의 차이가 있다. 두 문서를 면밀히 검토한 결과, 보어클의 설명이 사실에 보다 가까울 것으로 추측된다. 그의 편지는 사건 발생 이틀 후에 작성되었고, 현봉학의 경우는 수십 년 후 옛일을 추억하여 기록한 것이다.

92 Letter from Chaplain Harold Voelkel, 6 December 1950, Presbyterian Church Archives, Record Group 140, Box 18, Folder 15 - Presbyterian Historical Society, Philadelphia.

자정이 되자 기차역에는 5만여 명의 인파가 몰렸다. 아몬드 장군이 수송을 약속한 인원의 열 배가 넘는 수였다. 많은 사람들이 중국 의용군들을 두려워하여 도시를 떠나고 싶어 했다. 그러나 기차에 탈 수 있는 인원은 정해져 있고, 탑승자를 선별해야 하는 장교들은 도덕적인 부담감에 난감해했다. 결국 이 소중한 기차 좌석은 공산당이 돌아왔을 때 죽임 당할 것이 확실한 사람들에게 돌아갔다. 대다수의 사람들은 탑승을 거부당했다. 해먼드 대령과 그의 헌병 장교들이 피난민들을 심사하는 일을 맡았는데, 그들이 정거장에 있는 모든 기독교인들을 찾아내어 기차에 태우는 데 4시간이 걸렸다.[93] 흥남행 막차로 최종 이송된 피난민의 숫자는 정확히 밝혀지지 않았지만 항구로 가는 길이 완전히 막힌 것은 아니었다. 기차를 타지 못한 사람들 중에는 얼어붙은 논과 산길을 걸어서 흥남에 가려는 이들도 있었다. 그들 중 절반가량이 바닷가에 도착했다.[94] 몇몇 남자 청년들은 너무 필사적이어서 인민군 행세까지 했는데, 그렇게 하면 헌병들이 자신을 포로로 잡아서 남쪽으로 데려가리라고 생각했기 때문이었다. 리처드 언더우드 소위에 따르면, 적어도 청년 한 명은 그러한 자신의 뜻을 관철시켰다.

— 민간인의 보트 대피

이튿날 흥남에는 약 10만 명의 피난민들이 몰려들었다. 대부분은 함흥 출신이었고 일부는 원산 출신이었으며, 북쪽에서부터 군대를 따라온 자들도 있었다.[95] 엄청난 수의 피난민들은 군대의 철수를 방해했다. 아몬드 장군이 정해 놓은 우선순위는 명확했지만 그렇다고 철회되지 못할 것은 아니었다. 군인들과 군속들이 먼저 왔고, 그다음으로 차량과 장비, 보급품이 오고, 마지막으로 피난민들이 왔다.[96] 난민들을 위한 배가 남아 있을지 아무도 확신할 수 없었다. 밤새 기온은 영하 10도까지 급

93 Ibid.

94 Hyun, "Christmas Cargo: A Civilian Remembers The Hflngnam Evacuation," 36.

95 Doyle and Mayer, "December 1950 at Hflngnam," 4.

96 Ibid.

격히 떨어졌다. 너무 추워서 끓는 물 한 컵이 몇 분 안에 얼음으로 덮일 정도였다.[97] 이 피난민들을 보살피는 것은 민사부 장교들에게 큰 문제가 되었다. 장교들은 굶주린 피난민들을 위해 밀가루와 보리, 쌀을 나눠주고, 그들 중 일부는 홍남 근교의 서호진으로 인도했다.

아몬드 장군과 그의 젊은 부관 알렉산더 M. 헤이그 주니어(Alexander M. Haig, Jr.) 중위는 연락 경비행기(L-19) 두 대를 나눠 타고서 홍남의 혼란스러운 현장을 시찰했다. 헤이그 중위는 후일 4성 장군을 거쳐 레이건 행정부의 국무장관에 오르는 인물이었다. 아몬드 장군은 "빈약한 소지품들을 짊어진 피난민 무리가 군대와 뒤섞여 있는 모습"을 목격하고서, 무전기로 "우리는 저 사람들을 버릴 수 없어. 신경 쓰게, 헤이그"라고 젊은 중위에게 말했다.[98] 그것은 불가능한 임무였지만, 젊은 중위에게 장군의 말은 절대적으로 따라야 할 명령이었다. 헤이그 중위는 상급 장교들에게 필요한 수의 배들을 요청할 때, 사령관의 의지를 강조하면서 권위 있게 말했다. 그의 말을 들은 고위 장교들은 피난민들을 위한 배들을 찾아냈다.[99]

보어클 군목에 따르면, 피난민들의 수송선 승선은 12월 16일부터 시작되었다.[100] 겁을 먹어 정신없는 10만 명의 사람들을 줄 세우는 것은 장교들에게 참으로 힘든 일이었다. 수송선의 장교들은 이미 과밀한 보트에 사람들이 또 오르는 것을 막기 위해서 때때로 총을 발사해야만 했다.[101] 해군은 매일 수만 명의 피난민들을 계속 이동시켰다. 전차상륙함(LST)들은 대부분 평소의 4~5배까지 수용 용량을 늘렸다. 엘에스티 668(*LST 668*)호는 10,500명을 태웠고, 버지니아 빅토리(*Virginia Victory*)호는

---

97 Underwood, "Memories and Thoughts," 89.

98 Bill Gilbert, *Ship of Miracles: 14,000 Lives and One Miraculous Voyage* (Chicago: Triumph Books, 2001), 94.

99 Ibid., 96

100 현봉학은 이날을 12월 19일로 진술하고 있다. 그러나 보어클의 편지는 그가 부산으로 가던 도중인 12월 17일에 쓰였다. 그는 또 홍남을 출발하기 전에도 편지를 썼는데, 얼마나 많은 피난민들이 전차상륙함에 모여들었는지 직접 목격한 내용이 담겨있다. 보어클의 설명은 현봉학의 기억보다 더욱 정확할 것이다. Letter from Chaplain Harold Voelkel, 17 December 1950, Presbyterian Church Archives, Record Group 140, Box 18, Folder 15 - Presbyterian Historical Society, Philadelphia.

101 Dwight Martin, "Like a Fire Drill," *TIME*, 25 December 1950.

14,500명을 태웠다. 장비를 실은 다른 배들에는 평균 5천 명의 피난민들이 타고 있었다. 도착 전 이미 제트 연료를 채우고 온 SS 메러디스 빅토리(*SS Meredith Victory*)호는 흥남항을 마지막으로 떠난 피난민 수송선이었다. 이 배는 12월 23일 최후의 피난민 1만 4천 명을 부산으로 실어 날랐다. 헤이그 장군의 회상에 따르면, 미 해군이 부두 시설들을 파괴하기 전에 "그들은 모두 빠져나왔다."[102] 그리고 헤이그의 진술은 흥남에 있던 제3보병사단 존 미들머스(John Middlemas) 준위에 의해서도 확인되었다. 그의 사단이 철수할 때쯤 미들머스는 이렇게 말했다. "피난민들은 모두 사라졌다. 이제 우리가 폭파시킬 일만 남았다."[103]

미 제10군단이 떠나는 동안 동해안에서 또 다른 소규모 대피 작전들이 함께 이뤄졌다.[104] 흥남 부근의 작은 어촌인 서훈봉(Sohunbong)에는 약 3,600명의 피난민들이 남쪽으로 가는 배를 기다리고 있었다. 보어클 군목은 12월 16일 부산행 헌터 빅토리(*Hunter Victory*)호를 타고 북한을 떠나기 직전에 이 지역 기독교인들을 방문했는데, 이곳 피난민들을 위한 배가 없다는 것을 알고서 즉시 해군 장교들에게 연락했다. 이 피난민들을 꼭 잊지 말라고 당부하는 보어클에게 장교들은 도움을 약속했고, 사람들은 그 말을 믿고 기다려야만 했다.[105] 보어클이 떠난 후 피난민들은 추위와 굶주림 속에서 나흘을 더 기다렸다. 결국 전차상륙함이 도착하여 그들 모두를 태워갔고, 피난민들은 마산 앞바다의 거제도까지 갈 수 있었다. 가는 도중에 배에서 아기 한 명이 태어났다. 보어클 군목은 후에 해먼드 대령을 통해서 이 피난민들이 무사히 도착한 것을 확인했다. 이때 해먼드 대령은 거제도의 7만 명 피난민들을 돌보는 새로

---

102 Gilbert, *Ship of Miracles*, 113.

103 Ibid., 118-120.

104 이원(Iwon) 지역의 대피에 대해서는 헤롤드 보어클 군목이 1950년 12월 17일자 편지에서 언급했었다. Presbyterian Church Archives, Record Group 140, Box 18, Folder 15. 송진 지역에서는 남한 수송선 BM 501호가 4,300명을 태웠다. Stanton, *The Ten Corps in Korea 1950*, 314. 그 이외의 대피 사례에 대한 자료는 접근이 불가한 상태다. 그러나 이승만 대통령의 지시에 따라 한국군이 많은 수의 탈북자들을 데리고 오도록 여러 자원들을 확보했던 것이 사실이다. 그들은 주로 개인 어선들을 활용했다. 다만 흥남과 같은 대규모 피난의 경우는 한국인들이 미국을 대단히 의존해야만 했다.

105 Letter from Chaplain Harold Voelkel, 17 December 1950, Presbyterian Church Archives, Record Group 140, Box 18, Folder 15 - Presbyterian Historical Society, Philadelphia.

운 임무를 맡고 있었다.[106]

북한에서 부산까지 해상으로 이송된 모든 피난민들은 미 제8군 군수 사령부의 심사를 받았다. 38선 이북에 거주하는 공산주의자로 판명된 피난민들은 동래 포로 수용소 1호에 구금되고, 38선 이남에 거주하는 공산주의자들은 지방 민정 당국에 인계되었다. 그리고 모든 비공산주의 피난민들은 민간 원조를 통하거나 남한 군대의 민사부 경로들을 통해 풀려나게 되어 있었다. 그러나 부산시의 인구 과밀로 인해 남한 정부는 12월 말 피난민 수송선들을 거제도나 제주도로 이송하여 재배치할 것을 결정했다.[107] 총 1,912,500명으로 추산되는 탈북 피난민 중에 545,000명은 운 좋게도 1951년 2월까지 피난민 수용소 내에서 자리를 잡았다.[108] 나머지는 한국 정부와 유엔 구호 기관들이 난민 수용소들을 더 짓기를 기다리며 근교의 들판에서 야영을 해야 했다.

— 서울에서 피난하는 기독교인들

중공군이 들어왔다는 충격적인 소식이 전해지자 서울로 돌아와서 막 다시 정착했던 많은 시민들은 크게 당황했다. 공산당 치하에서의 기억과 양쪽 군대 사이에 끼였던 경험이 아직도 생생했던 서울 시민들은 즉시 대피하기를 원했다. 특히 기독교인들은 두말할 나위가 없었다. 서울에 있는 선교사들은 긴급하게 초교파적인 모임을 갖고서 모든 기독교 사역자들과 그 가족들을 서울에서 신속히 대피시킬 방안을 찾기로 했다.

선교사들은 남한 고위 관리들과의 인맥을 통해 피난민 대피처를 확보할 수 있었다. 양성봉 경남지사는 "부산에서 북쪽으로 6마일 떨어진 조용한 시골에 있는 곳

106 Letter from Chaplain Harold Voelkel, 25 December 1950, Presbyterian Church Archives, Record Group 140, Box 18, Folder 15 - Presbyterian Historical Society, Philadelphia.

107 "The Handling of Prisoners of War During the Korean War," 8-5.1 A AA.K (Military History Office: Office of the Assistant Chief of Staff, G3 Headquarters, United States Army, Pacific, June 1960): 8.

108 Samuels, "Korea's Refugees - Misery on the March," 156.

을 목회자 가족들의 피난처로" 지정해주었다.[109] 그러나 그곳까지 가는 것이 진짜 문제였다. 그곳은 서울에서 수백 마일 떨어져 있었고 전쟁 시작 때 폭파됐던 한강 다리는 아직 복구되지 않은 상태였다. 군용 임시 부교가 세워졌지만 군사 목적으로만 사용될 것이었고, 보행자의 횡단은 허용되지 않았다. 오직 미국 선교사들이 운전하는 미션 트럭만이 다리에 오를 수 있었다.[110]

장로교 선교사들은 그들이 보유한 트럭 두 대를 가지고 서울과 대구를 오가는 '트럭 운송 서비스'를 실시했다. 그리고 대구에 도착한 피난민들은 일반 교통수단을 이용해서 지정된 기독교인 피난처에 갈 수 있도록 했다. 개인 소유의 차량들은 모두 남한 군대에게 압수당할 것이기 때문에 한국인 운전자들만 보내서는 안 되었다. 최소한 한 명의 선교사가 트럭을 같이 타고 호위해야 했다. 감리교 선교회는 선교사들이 부족해서 한국인 운전사들만 혼자 길에 보냈다가 소중한 트럭을 이미 두 대나 잃어버렸었다.[111] 즉, 선교사들이 있어야 트럭 대피가 가능할 텐데, 오직 장로교 선교회만 이 일을 할 수 있는 선교 인력을 보유하고 있었다.

장로교 선교사들은 남한 정부보다 일주일 빠른 12월 중순부터 대피 작전을 시작했다. 첫 번째 여행에는 "2.5톤과 3.5톤의 대형 미션트럭 두 대가 동원되었고, 각 트럭에는 가장 중요한 인사로 꼽히는 목사들과 그 가족들, 짐들을 최대한 실어서" 총 80명의 사람들이 탔다.[112] 트럭 한 대는 프랜시스 킨슬러 목사가 운전했고, 또 다른 트럭은 레이 프로보스트(Ray Provost) 선교사가 운전했다. 가는 길은 10시간이 걸렸고, 도중에 게릴라가 출몰하는 지역도 있어서 험하고 위험했다. 이렇게 세 차례에 걸쳐서 총 200명 이상이 대피했는데, 대부분 기독교 목회자들과 그 가족들이었다.

한편, 선교사들은 초교파적으로 힘을 합쳐 남한 정부에 호소하여 부산행 열차

109 Letter from Rev. Edward Adams to Dr. John Smith, 1 January 1951, Presbyterian Church Archives, Record Group 197, Box 1, Folder 3 - Presbyterian Historical Society, Philadelphia.

110 Harry A. Rhodes and Archibald Campbell, *History of the Korean Mission: Presbyterian Church in the USA, Vol. 2 1935-1959* (New York: Commission on Ecumenical Mission and Relations, The United Presbyterian Church in the USA, 1964), 44.

111 Letter from Rev. Edward Adams to Dr. John Smith, 1 January 1951, Presbyterian Church Archives, Record Group 140, Box 18, Folder 15 - Presbyterian Historical Society, Philadelphia.

112 Ibid.

의 여러 찻간을 얻는 데에도 성공했다.[113] 이런 방식으로 700명이 넘는 기독교 목회자들과 그들의 가족들이 대피할 수 있었다. 다만 의무 징집 대상인 18세부터 37세까지의 남성은 제외되었다. 그리고 기독교세계봉사회에서 구호물자를 싣기 위해 확보해 둔 화물칸이 있었는데, 그 지붕에도 100명을 더 태워서 내려 보냈다.[114] 그들이 떠나기 전에 장로교 선교사들은 각 목회자에게 한 달 수입에 해당하는 20달러 정도의 구호금을 주었다. 그날 하루에만 총 1,800달러가 지급되었다.[115] 본래 그러한 지출은 선교 예산 항목에 잡혀있지 않았지만, 뉴욕의 장로교 선교위원회는 한국 선교 활동에 상당한 자유를 부여했다. 한국과 일본을 담당하는 장로교 선교위원회 총무인 존 C. 스미스 목사는 다음과 같은 전신을 보내어 선교사들에게 자유로운 예산 활용의 권한을 약속해주었다. "만약 당신에게 자금이 필요하다면, 쓰십시오. 그 돈은 우리가 어떻게든 마련하겠습니다."[116] 이후 1951년 2월 11일에 미국 개신교의 22개 교단들은 기독교 봉사 연합 청원회(United Appeal for Christian Services)라는 기치 아래 한국을 위한 특별 헌금을 모금했고, 이것으로 선지급했던 현금의 일부를 충당했다.[117]

윌리엄 쇼 군목과 조지 M. 캐롤(George M. Carroll) 신부는 인천에서 미국 해군과 남한 해군을 통해 기독교인들을 위한 해상 운송을 주선하는 데 가장 큰 공을 세웠다. 해리 로즈(Harry Rhodes) 목사와 아치벌드 캠벨 목사에 따르면, 남한 정부는 공산당들의 기독교 혐오를 인식하고 기독교인 피난민들이 정부가 마련한 대피 계획에 참여하는 것을 허용해주었다. 기독교인들이 출발한 날짜는 12월 24일이었다. 각 교단에는 개별 교회들에게 분배할 할당량이 주어졌다. 사람이 탈 공간을 더 많이 확보하기 위해 수화물은 최소한만 허락되었다. 피난민들은 가족당 큰 침구 한 묶음, 성인은 여행 가방 한 개, 어린이는 여행 가방 절반만 가져갈 수 있었다. 그들은 또한 약

113 Ibid.

114 Letter from Rev. Edward Adams to Dr. John Smith, 1 January 1951, Presbyterian Church Archives, Record Group 197, Box 1, Folder 3 - Presbyterian Historical Society, Philadelphia.

115 Letter from James Philip to his Dad, 25 December 1950, Presbyterian Church Archives, Record Group 140, Box 18, Folder 15 - Presbyterian Historical Society, Philadelphia; Rhodes and Campbell, *History of the Korean Mission*, 44.

116 Rhodes and Campbell, *History of the Korean Mission*, 45.

117 "US Church Mission Help Korean Homeless," *The Sunday Messenger*, 11 February 1951.

일주일 치 분량의 음식을 충분히 준비해야 했다. 북한의 동포들이 그랬던 것처럼, 이제 피난길에 오르는 가족들은 "세상 재물과 물건들을 모두 뒤로한 채 떠나가게 되었다."[118]

그렇지만 북에서와 달리 인천에서는 안전한 통행이 가능했으며 질서 정연하고 평화롭게 대피가 이루어졌다. 선착장에는 영락 고아원에서 온 70명의 고아들이 있었는데, 그들을 돌보는 여성은 여섯 명뿐이었다. 만약 그들이 흥남에 있었다면 엄청난 인파와 추운 날씨 때문에 살아남지 못했을 것이다. 그러나 인천에서는 피난민, 한국 해군, 경찰, 선교사, 게다가 온갖 구경꾼들까지 부두에 있던 모든 사람들이 충분한 인내심을 갖고서 "부두에 고아들이 모여 있는 곳에서부터 승강구까지 인간 사슬을 형성해주었다."[119] 제임스 필립스(James Philips)에 따르면, 다른 대규모 대피상황들과 비교했을 때 이날의 대피는 "자기 절제의 가장 훌륭한 모범"이었다.[120] 일단의 목사들과 그 가족들, 그리고 가톨릭 사제들과 수녀들이 마지막으로 배에 탑승하면서 이날 천 명이 넘는 기독교인들이 대피하는 일은 모두 마무리되었다.

그때부터 선교사들은 지칠 대로 지친 북한 기독교인 피난민들과 함께, 교회 "장로들, 학교 직원들, 집사들, 각계각층의 평신도들"[121]을 대피시키기 시작했다. 인천을 통한 대피는 연일 계속되었다. 그러나 1월 1일에는 더 이상 배가 없었고 1,500명 가량의 기독교인들이 뒤에 남겨질 위험에 처하게 되었다. 그런데 그 다음 날 선교사들은 "정부 가족들 중 한 부서가 누락되어" 고위 관리들이 배 한 척을 더 확보했다는 정보를 입수했고, 남겨질 뻔했던 1,500명의 기독교인들까지 그 배편에 태워 보냈다.[122] 그리고 1월 3일 한강 다리가 폐쇄되기 전에 모든 선교사들은 남아있던 기독교 피난민들과 함께 무사히 대구로 대피했다.[123]

---

118 Letter from James Philip to his Dad, 25 December 1950, Presbyterian Church Archives, Record Group 140, Box 18, Folder 15 - Presbyterian Historical Society, Philadelphia.

119 Ibid.

120 Ibid.

121 Ibid.

122 Edward Adams, 'The Church Met a Need in Korea," *Presbyterian Survey*, August 1951,17.

123 Rhodes and Campbell, *History of the Korean Mission*, 47.

철수 작전을 통한 역설적 승리

홍남 철수는 10만 5천 명의 병력과 17,500대의 차량, 35만 톤의 대량 화물을 수송해 낸 성공적인 군사 작전이었다. 또한 미군 역사상 최대 규모로 인도주의적 민간인 대피를 이루어낸 작전이기도 했다.[124] 어머니 등에 업힌 아기들을 제외하고 총 9만 8천 명의 피난민들이 미 해군의 지휘하에 8일에 걸쳐 수송선에 탑승할 수 있었다. 진정한 승리는 얼마나 많은 장비들을 건져냈는지가 아니었다. 홍남 현장에 있던 사람들의 가슴 깊이 전해지는 승리는 그 많은 피난민들을 건져냈다는 것이었다. 메러디스 빅토리호의 승무원이었던 J. 로버트 러니(J. Robert Lunney) 중위는 북한을 떠나기 위해 극심한 고통을 기꺼이 감내하려는 피난민들의 의지를 목격하고서 "공산주의 통치 아래 산다는 게 무엇인지 분명히" 알게 되었다고 회상했다.[125] 러니 중위는 옛일을 추억하면서 그때 자신의 선장과 동료 선원들이 피난민들을 부산으로 데리고 온 후 얼마나 행복했었는지를 기억해내었다. "전 세계적으로 공산주의의 영향력이 확대되는 것"을 사람들이 두려워하던 그때, "피난민들이 구조되어 자유롭게 살게 되었다"는 것은 "그 시절 모든 사람들에게 대단히 중대한 의미를 갖는" 사건이었다.[126]

— 심리적인 승리를 쟁취하다

군사적인 목표들에 집중했던 미 육군은 작전 초기 민간인들을 대피시킬 계획이 없었다. 심지어 미군을 위해 근무했던 사람들도 후송 대상에서 제외되었다. 이때 애태우고 있던 현봉학 박사에게 포니 대령이 같은 편이 되어서 민간인 대피를 지지해주었던 것은 중대한 돌파구가 되었다. 도일 해군 제독에 따르면, "안 되면 되게 하라"는 포니 대령의 대응방식이 피난민 대피를 성공하게 만든 결정적 비결이었다. 포니는 불가능한 일을 가능하게 만들면서 피난민들을 전부 구출해냈고, 군사적인 목

124 James F. Schnabel, *United States Army in the Korean War: Policy and Direction: The First Year* (Washington, D.C.: Office of the Chief of Military History, US Army, 1972), 304.

125 Gilbert, *Ship of Miracles*, 154.

126 Ibid., 163.

표들 또한 놓치지 않을 수 있었다.[127]

유엔이 38선 이북 지역을 점령했던 기간은 잠시였지만, 그 끝에 대규모의 민간인을 북한에서 탈출시킨 것은 유엔의 군사 작전에 새로운 의미와 목적을 부여했다. 비록 중국의 개입 때문에 유엔군이 남한으로 철수하기는 했지만, 많은 사람들은 유엔군이 정신적인 승리를 거두었다고 믿었다. 젊은 시절 미 해병대 중위로 장진호 철수에서 살아남았던 조셉 R. 오웬(Joseph R. Owen)은 『지옥보다 차가운』(*Colder than Hell*)이라는 제목의 책을 써서 해군연구소를 통해 출판했다. 이 책에서 오웬은 "그것을 내전이라고 본다면, 사람들이 어느 편인지는 그 행방으로 알 수 있었다. 그들은 〔미군의〕 총검 앞에 할 수 없이 자기 집을 떠난 것이 아니었다"고 기술한 데 이어서, "그것은 우리가 한국에서 옳은 일을 하고 있음을 일깨워주었다. 내가 그 일원이었음이 자랑스럽다"고 덧붙였다.[128] 미 해군의 전설적인 장교였던 알라이 버크(Arleigh Burke) 제독도 이와 비슷한 감정을 표현했었다. "배고프고, 가난하고, 두려움에 떨었지만 동시에 자유를 갈망하면서 기꺼이 희생하려는 수천 명의 비장한 한국인들을 나는 기억한다."[129] 군대는 비록 퇴각했지만 수십만 명의 민간인을 성공적으로 구해낸 일은 군인들의 사기를 높였다. 흥남 철수 성공 소식을 들은 트루먼 대통령은 이번 작전을 "내가 지금껏 받아본 중에서 최고의 크리스마스 선물"이라고 칭했다.[130]

남한 정부도 미 해군의 노력에 기뻐했다. 그들이 북녘 동포들의 운명을 걱정해 준 것도 큰 이유였지만, 그 결과 이승만 정권에 심리적·정치적 힘이 실리기 된 것도 매우 반가운 일이었다. 도일 제독이 나중에 부산에 도착했을 때 이승만 대통령은 남한의 고위 관리들을 여러 명 보내서 도일 제독의 업적을 축하했다. 도일이 기술한 바에 따르면, 이 한국 관리들은 그가 많은 수의 피난민들을 돕고 구조해 준 것에 감사하면서 눈물까지 흘렸다. 아몬드 장군과 도일 제독은 피난민 9만 8천 명을 대피시

127 Doyle and Mayer, "December 1950 at Hungnam," 4-7.

128 Gilbert, *Ship of Miracles*, 104.

129 Ibid., 105.

130 Robert Leckie, *Conflict: The History of the Korean War, 1950-1953* (New York: G. P. Putnam's Sons, 1962), 228.

키는 데 기여한 공로를 인정받아 훈장과 메달을 수여받았다.[131]

흥남과 북한 동해안 지역들에서 이루어진 피난민 대피는 워싱턴에 있는 많은 미국 정치 지도자들에게도 중대한 영향을 끼쳤다. 이제 그들은 한창 총력전을 벌이는 중에도 도덕적이고 인도주의적인 원칙들을 견지해야 하는 난관에 봉착하게 되었다. 피난민 대피 사건이 유엔의 전쟁 수행에 도덕적이고 정신적인 힘을 더해준 것은 맞지만, 다른 한편으로는 도덕적·인도주의적 원칙들 때문에 적을 제압할 무기와 전술을 선택하는 데 제약이 따랐다. 무슨 수를 써서든지 총체적인 승리를 거두는 것은 정치적으로 어려워졌다. 미국과 유럽의 일부 종교 단체들과 인도주의 단체들이 높은 도덕적 기준들을 앞세우며 이를 반대하고 나설 것이 자명했다.

— 한국 기독교의 보존 및 확대

선교사들의 노력을 통해 남북한의 기독교인들은 공산군의 보복을 피할 수 있었고, 이는 한국 교회가 전쟁의 와중에도 그 세력을 보존하는 데 도움이 되었다. 혹독히 추운 한국의 겨울날 서울부터 부산까지 가는 길은 사람들의 서러운 눈물로 적셔졌다. 피난민들은 퇴각하는 군인들로부터 자주 괴롭힘을 당하고 도로 밖으로 쫓겨났다.[132] 많은 사람들이 죽었고, 특히 여자들과 아이들이 더 그랬다. 이 남한 피난민들은 대부분 스스로 생계를 꾸려야 했는데, 그에 반해 교회 지도자들은 정부의 지원하에 선교사들로부터 특별한 도움을 받았다. 정부 관리들과 그 가족을 제외하고서 이들만큼 전문적인 도움을 받는 사람들이 없었다. 선교사들은 여러 면에서 한국 기독교인들을 특별히 챙기고 보호했으며, 이것은 종종 생사를 가르는 결정적인 요인이 되었다.[133]

---

131 Doyle and Mayer, "December 1950 at Hungnam," 7; "Presidential Unit Citation" given by the Republic of Korea on 16 August 1951, Record Group 38, Box 4, Folder 4, MacArthur Archives, Norfolk.

132 Russell Spurr, *Enter The Dragon: China's Undeclared War Against the U.S. in Korea, 1950-51* (New York: Newmarket Press, 1988), 280-282.

133 피난민들이 서울에서 항공편으로 탈출한 데 대한 세밀한 묘사는 다음의 자료에 나와 있다. Spurr, *Enter the Dragon*, 281-282.

이에 더하여 부산에 도착한 기독교인 피난민들에게는 미국 교회의 후원금이 전달되었고, 이 돈은 그들의 생계비뿐만 아니라[134] 교회, 고아원, 임시학교, 기술학교, 미망인 쉼터, 진료소 등의 건립비로 활용될 수 있었다. 이러한 사회봉사활동으로 결국 모든 한국인 피난민들이 혜택을 보았고, 교회에 대한 긍정적인 여론이 더욱 강화되었다. 감리교 해외(극동)선교위원회 총무인 서번 T. 브럼버(Thoburn T. Brumbaugh) 박사는 미국에서 가장 큰 개신교 교단인 미국 연합감리교회(United Methodist Church in the United States)가 한국에서, 특히나 "일상생활에서 쫓겨난 모든 사람들 중에서", "기독교가 필수 불가결하고 근간이 되는 조직으로 자리 잡기 위해" 모든 자원을 동원하기를 원한다고 보고했다.[135] 한국에 큰 관심을 갖고 있던 미국 장로교단 두 곳의 이사회들과 미국 천주교회 역시 마찬가지 입장이었다. 그러므로 선교사들의 활동은 한국에서 기독교 공동체가 살아남는 것뿐만 아니라 향후 그들의 영향력이 확대되는 결정적인 요인이 되었다.

실제 북한에서 피난 나온 기독교인이 얼마나 되는지에 대한 확실한 자료는 없다. 그러나 평양과 함흥의 사례로 미루어 볼 때, 유엔 점령지역 내 기독교 인구의 50%가 이때 월남했던 것으로 추정된다. 가장 크고 유명한 피난민 교회였던 영락교회는 평양 함락 이후 하루 평균 1천 명가량의 새로운 기독교인 피난민들이 찾아와서 도움을 구했다고 보고했다.[136] 남쪽 지방에서는 한데 모인 북한 기독교인들이 부산, 거제도, 제주도에 스스로 교회를 세웠다.

전쟁이 전개되면서 기독교인들은 남한에서 더욱 두드러진 정치세력이 되어갔다. 1951년 초까지 총 5백만 명의 북한 주민들이 전쟁 전이나 전쟁 중 피난민으로 남한에 건너와 살고 있었다. 셀 수 없이 많은 사람들이 노중에 죽었고, 북한은 인구의 거의 절반을 잃었다. 월남한 피난민들은 남한 전체 인구의 약 20%를 차지했으며, 모두 고향으로 돌아갈 염원으로 이승만의 북진통일정책을 열렬히 지지했다.

---

134 Letter from Dr. John Smith to Rev. Edward Adams, 3 January 1951, Presbyterian Church Archives, Record Group 140, Box 18, Folder 15 - Presbyterian Historical Society, Philadelphia.

135 Letter from Dr. Thoburn T. Brumbaugh to "Dear Korea friends," 3 March 1951, *Missionary* Vol. 4, United Methodist Church Archives - GCAH, Madison, New Jersey.

136 Harold Voelkel, *Open Door to Korea* (Grand Rapids, MI: Grand Rapids, Zondervan Publishing House, 1958), 50-60.

특히 교회 공동체는 이승만의 친기독교적 태도 때문에 그를 든든히 지지해주었다. 1952년 대통령 선거에서 기독교인들은 70만 명의 신도와 3,500여 개의 교회들을 기반으로 대선을 위한 한국교회위원회를 설립하여 이승만의 재선을 지원하는 활동을 벌였다.[137] 설교자들은 이승만을 "한국의 모세"로, 그의 러닝메이트인 이기붕을 "여호수아"로 내세우며, 이번 선거를 기독교인들과 반기독교인들 사이의 종교적 싸움으로 정의했다.[138] 선거를 이틀 앞두고는 3,500개의 교회가 기도회를 열고 이승만의 지지를 높이기 위한 마지막 박차를 가했다. 부정선거 혐의에도 불구하고 이승만은 약 500만 표를 받은 반면, 그와 경쟁했던 다른 세 명은 모두 합쳐서 200만 표 미만을 얻는 데 그쳤다.[139]

기독교의 영향력은 부통령 선거운동에서도 나타났다. 당시 남한에서 새로 제정된 헌법에 따라서 대통령과 부통령이 별도로 선출될 예정이었다. 많은 사람들은 이승만이 재임 중에 사망하면 부통령이 대한민국의 대통령이 될 것이라고 예측했다. 부통령 선거에서는 부정선거 혐의가 덜한 편이어서 일반적인 국민 정서가 더욱 반영되었다. 이승만은 선거 2주 전까지 자신의 공식 러닝메이트였던 이기붕을 제쳐두고 돌연 또 다른 부통령 후보인 함태영에게 자신의 지지를 보냈다. 북한 장로교 목사 출신인 함태영은[140] 조선 말기에 법관을 지낸 인물이었다. 함태영이 선거에서 이기려면, 그는 이기붕뿐만 아니라 이범석(대한민국 초대 국무총리와 내무부장관을 역임했으며 이승만의 국회 쿠데타를 도왔던 인물), 임영신(유명한 기독교 여성 교육자)[141] 및 다른 6명의 경쟁자들을 물리쳐야 했다. 정치 신인이자 이승만보다도 나이가 많았던 함태영은 승산이 없어 보였다.[142]

---

137 Chung-shin Park, *Protestantism and Politics in Korea* (Seattle, WA: University of Washington Press, 2003), 179.

138 Ibid.

139 Priscilla Roberts, "Syngman Rhee (1875-1965)," *Encyclopedia of The Korean War: A Political, Social, and Military History*, ed. Spencer C. Tucker (New York: Checkmark Books, 2002), 627.

140 함태영은 원래 북한에서 출생했으나 일찍이 서울로 이사왔으며, 그의 주 활동 무대는 기호지역이었다. - 감수자 주

141 Hakjoon Kim, "Yim, Louise (Im Yong-sin 1899-1977)," Ibid., 541.

142 Edward C. Keefer, "South Korean Presidential Elections of 1952," *Historical Dictionary of the Korean War*, ed. James I. Matray (New York: Greenwood Press, 1991), 431.

그런데 정말 뜻밖에도 함태영이 약 300만 표를 받았고, 이범석은 180만 표, 그리고 나머지 7명의 후보가 710만 표를 나눠 가졌다.[143] 함태영은 기독교인들의 표뿐만 아니라 북한 피난민들의 표도 흡수했을 것으로 보인다. 또한 이번 선거에 대한 기독교인들의 종교적 해석이 비기독교인들의 반감을 크게 자극하지 않아서 이승만과 함태영을 향한 표심에는 별다른 지장을 주지 않았다. 1952년 선거는 대한민국 제1공화국에서 정부와 교회 간의 동반자 관계가 시작되었음을 알리는 사건이었다.[144]

— 잔혹 행위의 목격자들

유엔이 북한을 점령했던 짧은 기간 동안 선교사들은 우파 인사들에 대한 공산당의 잔혹 행위들을 확인했을 뿐만 아니라 북한 주민들에 대한 유엔군의 만행들도 목격하게 되었다. 실례로 보어클 군목은 선교보고서에 "미군과 한국군 모두 기강이 잡혀있지 않았다"고 쓴 바 있었다.[145] 그는 "남한 군대의 약탈과 강도짓은 끔찍하다"고 적기도 했다. 보어클의 기독교인 친구였던 윤창노(Yun Chang-no) 장로는 밤에 그의 집을 강탈하려고 들어온 남한 군인들한테 무자비하게 구타를 당했다.[146]

강간은 북한에서 유엔군이 흔하게 저질렀던 범죄였다. 한 번은 해리 힐 목사와 프랜시스 킨슬러 목사가 평양 선교사였던 맥머트리(McMurtrie)의 집을 지나가고 있었는데, 집 안에서 소녀의 비명소리가 들려왔다. 무장한 미군 병사가 그 건물 밖에서 있어서 그들은 그 병사에게로 달려갔다. 그러나 그 병사가 집에 들어가는 것을 허락하지 않자 그들은 급히 도움을 구하러 떠났고, 마침 근처에 있던 미군 장교 한 명을 발견했다. 그 장교가 중재해주어서 그들이 집 안에 들어가 보았더니 미군 병사 하나와 한국 군인 하나가 한국인 소녀를 강간하려던 참이었다. 그 소녀는 그날 오후

143 Ibid., 431-432.

144 Park, *Protestantism and Politics in Korea*, 179. 이승만 정권은 제1공화국으로 알려져 있고, 장면 정권은 제2공화국, 박정희 군사 정부는 제3공화국이었다.

145 Letter from Chaplain Harold Voelkel, 12 November 1950, Presbyterian Church Archives, Record Group 140, Box 18, Folder 15 - Presbyterian Historical Society, Philadelphia.

146 Ibid.

어머니와 함께 기도회에 가다가 화를 당한 것이었다.[147] 보어클 군목에 따르면 이와 유사한 사건들이 유엔이 통제하는 다른 지역들에서도 발생했었다. 선교사들이 그러한 범죄를 목격하거나 발견하게 되면 군 당국에 신고했지만, 보고되지 않고 묻힌 사건들이 더 많이 있었을 것이다. 한국 사회가 자발적이든 강제적이든 상관없이 외국인과 성관계를 가진 여성에게 무자비했기 때문에 이런 일을 겪은 젊은 여성들은 엄청난 고통을 겪었다.[148]

— 미군을 위한 군종(軍宗)의 필요성 증대

이 사건의 대부분은 무작위로 행해진 개인 범죄였지만 그래도 심각한 문제였다. 만약 미군들의 행동이 한국 사람들 보기에 도덕적이지 않다면, 미군은 결국 한국에서 수행하려는 유엔의 임무와 기독교 선교 활동을 위태롭게 하고, 미국에 대한 한국의 여론도 악화시키는 존재가 될 것이었다. 선교사들은 미군 및 한국군의 부도덕과 무지에 맞서 싸워야 할 개인적인 책임감을 느꼈는데, 이 문제가 특히 자신들의 한국 친구들에게 많은 고통을 안겨주었기 때문이었다. 그러나 유엔군 사령부가 유엔군과 한국군이 저지른 잔혹 행위를 조사하는 데 소극적이었던 상황에서[149] 선교사들이 할 수 있는 일은 매우 제한되었다. 이러한 사건들이 언론에 공개된다면 전쟁 수행이 방해를 받기 때문에, 그 대신 선교사들은 헌병대와 소속 교단 이사회에 보고했다. 선교사들은 고향에 있는 그들의 교회 지도자들이 미군 병사들의 도덕적 자질을 향상시키도록 미군에 압력을 가해주기를 바랐다. 그들이 보기에 이 문제의 해결책은 더 많은 군종 목회자들을 미군에 보내는 것이었다. 그래서 외롭고 위험한 군 생활에 시달리는 병사들이 유혹과 부패에 빠지지 않도록 돕게 하는 것이었다.

아이러니하게도 군종 목회자가 부족한 것은 미군의 문제이기도 했지만, 교회

---

147 Ibid.

148 Elizabeth Kim, *Ten Thousand Sorrows: The Extraordinary Journey of a Korean War Orphan* (New York: Doubleday, 2000), 20.

149 Allan R. Millett, *Their War for Korea: American, Asian, and European Combatants and Civilians 1945-1953* (Washington, D.C.: Brassey's, 2002), 232.

들이 나서서 해결해야 될 사안이기도 했다. 미 육군도 군인들을 위한 종교적 돌봄의 효용성을 인지하고 있었으나, 필요한 만큼 충분한 수의 군 목회 지원자를 찾지 못하고 있었다.[150] 냉전 초기부터 이미 미국 정부는 평시 체제의 대규모 군대 수요에 맞춰 군종 부대를 확대하는 조치들을 취했었다. 그러나 한국 파병 군인들이 너무 급하게 증가하다 보니 군종 부대가 그 수요를 따라잡지 못했다.[151] 예비군에 있는 모든 군종들이 소환됐지만, 군에서 승인된 필요 군종의 인원 수가 계속 늘어남에 따라 군종 부대에서 그 수요를 맞출 수 없었다.[152] 한국에서 많은 일로 과로하던 군종들은 군부대 예배를 드리는 일에 종종 선교사들의 도움을 얻었다. 심지어 일부 미국인 병사들은 선교사들과 한국 목사들의 초청으로 지역 교회 모임들에 참석하기도 했다.

일부 군인들의 잔혹 행위에 대한 선교사들의 보고가 전달되자 미국의 교단 본부 지도자들이 적극적으로 나서기 시작했다. 각 본부들은 안수 받은 목사들이 더 많이, 가능한 빨리 군종 부대에 합류하도록 장려했고, 지역 교회 지도자들은 이에 대해 엄청나게 반응했다. 신학교들은 더 많은 학생들을 군종 목사로 훈련시킬 수 있도록 학습과정을 점진적으로 수정했다.[153] 군종들의 영웅담이 종교 신문들 및 일반 신문들에 널리 보도되어 잠재적인 지원자들의 마음을 끌어당겼다.[154] 미국의 많은 종교단체들은 소속 신도들의 한국행을 장려하기 위해서 "용감하고 희생적인 노력"을 기울였다.[155]

---

150 "Best Soldiers Are Religious Soldiers," *The United Presbyterian*, 4 June 1951, 5.

151 "Chaplaincy Needs Are Revealed," *The United Presbyteria*n, 6 November 1950, 7; "Chaplains' Corps to be Increased," *Presbyterian Life*, September 2, 1950, 13.

152 1950년 6월부터 1951년 6월까지 미 육군 군목의 병력은 706명에서 1,208명으로 증가했지만 승인된 정원인 1,331명에는 여전히 미치지 못했다. Rodger R. Venzke, *Confidence in Battle, Inspiration in Peace: The United States Army Chaplaincy 1945-1975* (Washington, D.C.: U.S. Government Printing Office, 1977), 5: 72.

153 "Protestant Seminaries Setting Up Chaplaincy Training Programs," *Presbyterian Survey*, December 1953, 61.

154 "Six Korea Chaplains Commended For Heroism," *The United Presbyterian*, 1 January 1951, 14; "Chaplains Courageous," *TIME*, 1 December 1952. 새로 모집된 군목들의 수는 점차 증가했다. 1951년 9월에는 모집인원 1,464명 중에 1,398명이 채워졌다. 한 달 후에는 1,448명으로 증가하여 군에서 승인한 모집 인원 수에 매우 근접했다. Venzke, *Confidence in Battle, Inspiration in Peace*, 5: 72.

155 Venzke, *Confidence in Battle, Inspiration in Peace*, 5: 73.

그 결과 더 많은 군종들이 한국으로 파견되어 복무했다. 그들은 미국 군인들뿐만 아니라 한국 교회들, 전쟁 포로들, 남한 군인들에게도 도움을 주었다. 군에서 그들이 여가 시간 동안 민간인들을 도울 수 있도록 허가해 주었기 때문이었다.[156] 군종들은 군대와 민간인들 사이의 중개자 역할도 감당했다. 소속 연대 군종들의 지도 아래 미군 병사들은 지역 구호 프로그램들을 후원하기 위해 헌금을 하기도 했는데, 이 프로그램들은 고아들과 과부들의 고통을 경감할 목적으로 지역 교회들이 마련한 것이었다.[157]

— 대한민국 군종병과 개설

선교사들과 한국 목사들은 6·25전쟁 발발 전부터 남한 군종 부대 구성에 관여했었다. 아처벌드 캠벨 목사와 차채화(Cha Chey-wha) 목사는 대구에서 한국군 훈련병들에게 사역할 수 있도록 주한미군사고문단(KMAG)으로부터 허가를 받음으로써 그 첫발을 내디뎠다. 그 후 한국군 내에서 처음으로 기독교 예배가 조직되어 행해진 것은 1949년 5월이었다. 약 400명의 한국 군인들과 장교들이 참석했다.[158]

기독교 지도자들은 남한 군대의 기강이 해이해진 것은 도덕 지도의 부족에서 비롯된다고 보았다. 이 문제의 해결책은 대한민국 군종 부대를 구성하는 것이었다. 이에 선교사들과 한국교회 지도자들은 한국 육군에 미군 제도를 따른 군종 부대를 도입하기를 촉구했다. 1950년 7월 에드워드 애덤스 목사와 캠벨 목사는 주한미군사고문단의 장교들을 찾아가서 대한민국 육군을 위한 군종 제도를 정식으로 제정해 줄 것을 강력히 권고했다. 캠벨 목사는 그 과정을 촉진하기 위해 미 육군의 군종 관련 규정을 한국어로 번역한 다음, 한국의 다른 전통 종교의 대표자들도 포함되도록 한국 상황에 맞게 수정했다. 또한 1950년 8월에는 남한 군대에 필요한 목회자를 충당하기 위해 임시방편으로 윌리엄 쇼 목사와 조지 M. 캐롤 신부가 미 육군에 고용

156 John H. Muller, *Wearing the Cross in Korea* (Redlands, CA: Arthur Commercial Press, 1954), 18.
157 Ibid., 57-62.
158 Rhodes and Campbell, *History of the Korean Mission*, 344-345.

되어 한국 군인들에게 봉사했다.[159]

캠벨 목사는 9월 일본을 방문했을 때 연합군 최고사령부(SCAP) 군종감인 아이번 베넷(Ivan H. Bennett) 군종(대령)을 만나서 대한민국 군종 부대 설립에 힘을 보태줄 것을 촉구했다. 훗날 소장으로 승진하여 미군 군종감으로 복무하는 베넷은 이 계획에 큰 관심을 보이며 맥아더 장군에게 지원을 요청했다.[160]

한편 한국에서는 남한 군대에서 민간인 군종으로 복무하고 있던 윌리엄 쇼 목사가 이 문제를 가지고 이승만 대통령을 찾아갔다. 쇼 목사는 이승만 역시 군의 기강 해이를 마찬가지로 우려하고 있음을 알게 되었다. 이승만도 기독교가 군인들의 질을 높여줄 것이라 생각하고 있었다. 그러나 여러 가지 이유 때문에 그는 군의 통제를 받는 군종 부대를 설립하는 대신 기독교가 나서서 민간인 군종 부대를 세워주길 더 선호했다.[161] 첫째, 이승만은 군대의 형편이 군종 부대 유지비용을 감당할 만하다고 생각하지 않았다. 둘째, 이승만은 기독교인들이 군종 부대의 주류를 이루길 원했다. 그런데 만약 그가 국회에 예산 편성을 요구하게 되면, 국회의원들은 당시 대부분의 남한 군인들이 비기독교인인 것을 이유로 들어서 자신에게 비기독교 군종 부대를 구성하도록 압박할 것이라고 이승만은 예상했다.[162] 셋째, 한국의 전통 종교 단체들은 이러한 발상이 생소했기 때문에 군종 부대에 인력을 공급할 의사가 없거나 꺼려하는 입장이었다. 그리하여 다른 종교들의 참여를 조건으로 한다면 부대의 편성이 지연될 수 있었다.

이승만은 남한 정부가 자신이 구상한 계획을 실행할 만한 여건이 되지 않거나 그럴 의지가 없다고 판단했기 때문에 정치적 논란을 피할 수 있도록 비정부기구의 자금을 사용하는 민간 차원의 해결책을 모색했다.[163] 그렇게 되면 이것은 상당한 규

---

159 Letter from Adeline H. Shaw, 14 September 1950, *Missionary* Vol. 4, United Methodist Church Archives - GCAH, Madison, New Jersey.

160 Rhodes and Campbell, *History of the Korean Mission*, 345.

161 Letter from Rev. William Shaw to T. T. Brumbaugh, 24 October 1950, *Missionary* Vol. 4, United Methodist Church Archives - GCAH, Madison, New Jersey.

162 한국 군인의 약 1.6%는 유교였고, 불교신자는 1.2%, 기독교인은 4.6%(대부분 장로교), 종교가 없는 경우는 92.6%였다. "Chaplains for the ROK," *TIME*, 1 July 1953.

163 "Interview between Robert Cadigan and Chaplain William Shaw in Korea," 21 November 1950, *Missionary* Vol. 4, United Methodist Church Archives - GCAH, Madison, New Jersey.

모의 중대한 사업이 될 것이고, 계획이 성공하려면 민간 기독교 군종 부대를 위한 자금을 조달하고 인력을 공급하는 일에 선교사들과 한국인 목회자들, 미국 교회들의 도움이 필요했다.[164] 이러한 이승만의 계획을 들은 선교사들은 기뻐했으며, 남한의 군대가 "기독교 군종 목회자들의 지도"를 받게 된다면 많은 군인들이 기독교인이 될 것이라고 확신했다.[165]

7월부터 11월까지 한국군의 기강 해이 상황을 지켜보았던 선교사들, 특히 쇼 군목과 보어클 군목은 이 계획을 전폭적으로 지지했다. 그들은 이 계획이 한국 청년들을 전도하고 기독교의 영향력을 넓힐 수 있는 절호의 기회라고 믿었다. 한국 기독교세계봉사단의 행정 대표였던 헨리 아펜젤러(Henry Appenzeller) 박사도 "이번 기회를 놓친다는 것은 한국 청년 세대의 한 부분을 잃는 것을 의미할 수도 있다"고 주장하면서 이 제안을 전적으로 지지했다.[166] 선교사들은 자격을 갖춘 전도자들을 양성하기 위해 한국의 교회들과 신학교들을 조직하는 한편, 미국 본부에 있는 이사회들을 설득하여 이 사업에 자금을 지원하도록 끊임없이 노력했다.

그러나 미국의 개신교 교파들은 처음에 회의적인 반응을 보였다. 그들은 만약 미국 교회들과 선교 기관들이 그러한 프로그램에 "영향력과 재정"을 쏟는다면, "미국인들은 한국을 자기 진영으로 끌어들이려고 종교까지도 적극 활용"한다는 당혹스러운 인식을 세상에 심어 줄 수 있다고 우려했다.[167] 교회와 국가가 분리되어야 한다는 사상이 그들의 재가를 망설이게 한 요인이었던 것이다. 그리하여 가톨릭과 장

164 1921년부터 한국에서 감리교 선교사로 활동해온 윌리엄 쇼 목사는 선교계와 한국 지도자들 중에서 크게 존경받는 인물이었다. 그는 이승만 대통령 및 많은 한국 고위 관료들과 매우 친밀한 관계를 맺고 있었다. 유엔 경제사회이사회와 협의적 지위를 갖고 있는 비정부기구인 국제문제교회위원회(Commission of Churches on International Affairs) 소장인 O. 프레드릭 놀드(O. Frederick Nolde) 박사는 쇼 목사의 신임장에 깊은 인상을 받았다. Nolde's report on his trip to Korea, 『WCC 도서관 소장 한국교회사 자료집: 한국전쟁 편』, 369-370.

165 Letter from Rev. William Shaw to T. T. Brumbaugh, 24 October 1950, Missionary Vol. 4, United Methodist Church Archives - GCAH, Madison, New Jersey.

166 Letter from Henry Appenzeller to T. T. Brumbaugh, 31 January 1951, Missionary Vol. 4, United Methodist Church Archives - GCAH, Madison, New Jersey.

167 From T. T. Brumbaugh to Chaplain William Shaw, 16 October 1950, Missionary Vol. 4, United Methodist Church Archives - GCAH, Madison, New Jersey.

로교에서만 이 계획을 지지하기로 동의했다.[168]

그러할지라도 선교사들은 한국과 일본 양국에서 노력을 계속했고, 1951년 1월 마침내 그 결실을 보았다. 쇼 군목과 캐롤 신부에게 대구에서 군종 학교를 시작하라는 명령이 내려진 것이다. 그리하여 39명의 한국 기독교 목회자들이 훈련을 받고 2월에 졸업했다. 처음에 그들은 민간인 군종의 신분이었지만, 국회에서 군종 병과를 마침내 승인해준 뒤 모두 임관되었다. 1951년 4월 11일 대한한국 정부는 미국 제도의 본을 받아 민간 조직을 대체할 정식 군단을 편성하기 위해 약간의 자금을 지원했다.

이승만과 선교사들의 바람대로 대한민국 육군은 군종 병과의 기독교적 성격을 기꺼이 유지하고자 했다. 한국군은 군종 병과 징집을 위해 77명의 기독교 성직자들을 요청했고, 그 외의 종교에서는 군종을 처음에 모집하지 않았다.[169] 쇼 군종 목사와 캐롤 군종 신부는 한국 군종 장교들을 모집하고 훈련시키는 임무를 계속 담당했다. 1951년 4월에는 43명의 교육생이 추가로 졸업했다.[170] 그리고 1953년 6월까지 대구에 있는 훈련학교에서 총 113명의 수련생이 졸업했다.[171] 군종 병과는 점차 확대되어 10~20년 후에는 다른 종교인들까지 포함하게 되었다. 예를 들어 불교 승려들은 1968년에 군종 병과에 들어갔다. 그렇지만 기독교 성직자들이 군종 병과 인원의 대다수를 차지하고 있었다.

처음 한국 정부가 군종들에게 지급한 급여는 혼자 겨우 생존할 정도에 불과해서 가족을 위해 집에 보낼 돈이 전혀 남지 않았다. 이것은 자격을 갖춘 성직자들이

---

168 From Chaplain William Shaw to T. T. Brumbaugh, 24 October 1950, Missionary Vol. 4, United Methodist Church Archives - GCAH, Madison, New Jersey; Shaw's letter to T. T. Brumbaugh, 10 February 1951, *Missionary* Vol. 4, United Methodist Church Archives - GCAH, Madison, New Jersey.

169 한국의 기독교 교단들에 각각 할당된 군종 인원은 장로교 32명, 감리교 17명, 천주교 20명, 성결교 7명, 구세군 1명이었다. Letter from Chaplain William Shaw to T. T. Brumbaugh, 19 March 1951, *Missionary*, Vol. 4, United Methodist Church Archives - GCAH, Madison, New Jersey. 이와 동일한 편지가 다음의 장소에도 보관되어 있다. The Presbyterian Church Archives, Record Group 140, Box 16, Folder 39 - Presbyterian Historical Society, Philadelphia.

170 이때 장로교 15명, 천주교 11명, 감리교 7명, 성결교 4명이었다. 두 번째 반은 4월 13일에 졸업했는데, 천주교 6명, 감리교 2명, 성결교 1명이었다. "Excerpts from letters from Chaplain William E. Shaw," Presbyterian Church Archives, Record Group 140, Box 16, Folder 39 - Presbyterian Historical Society, Philadelphia.

171 "Chaplains for ROK," *TIME*, 1 June 1953.

군종 지원을 주저하게 되는 원인이 되었다. 그러자 미국 선교사들은 군종의 가족들을 부양하기로 결정함으로써 한국 군종 부대에 대한 자신들의 지지를 표명했다.[172] 그리고 선교사들의 이번 계획은 미국의 모든 주요 개신교 교단들과 가톨릭교회로부터 지원을 받게 되었다. 원안에 대해서 초기에 부정적인 반응을 보였던 미국 종교 지도자들이 마침내 한국군 내 기독교 중심 군종 부대 설립의 중요성을 인식했기 때문이었다. 그들은 이것이 "현재 한국 기독교 복음화 사업에 매우 필수적인 부분"이라고 판단했다.[173]

결과적으로 이 사업은 한국 기독교의 새 역사를 시작하는 이정표가 되었다. 수십만 명의 한국군 병사들이 전쟁 중에 군종 목회자들을 통해 기독교 신앙을 접하게 되었고, 기독교는 한국의 지배계층에 더욱 확고히 자리 잡게 되었다.[174] 이 청년들은, 전쟁 후 그들의 군 잔류 여부와 상관없이, 앞으로 수십 년간 한국 사회의 중추가 될 존재들이었다. 군종 부대는 분명히 많은 군인들을 교회에 소속되도록 이끌었다. 휴전협정이 체결되기 직전 무렵, 대한민국 군종감은 대구에 있는 군종훈련학교의 졸업반 후보생들에게 이렇게 발언했다. "전쟁은 우리에게 영적인 부흥을 주었다."[175]

선교사들은 비교적 적은 인원이었지만 그들이 구호 활동 전반에 기여했던 바는 대단했다. 그리고 미국의 교회 지도자들과 종교계 또한 한국의 필요를 알리는 일에 이바지했다. 그리하여 미국을 비롯한 여러 서방 국가들에서 종교 단체와 비종교 단체들이 서로 협력하여 수십만 톤의 구호물자를 한국으로 보내주었다. 이것은 그때까지 미국 역사상 최대 규모의 구호 활동이었다.

172 Letter from Rev. Ned Adams to Dr. John C. Smith, 24 April 1951, Presbyterian Church Archives, Record Group 193, Box 1, Folder 3 - Presbyterian Historical Society, Philadelphia.

173 Letter from T. T. Brumbaugh to Chaplain William Shaw, 23 April 1951, Missionary Vol.4, United Methodist Church Archives - GCAH, Madison, New Jersey.

174 Park, P*rotestantism and Politics in Korea*, 175-183.

175 Venzke, *Confidence in Battle, Inspiration in Peace*, 78.

북한에서 선교사들은 유엔 점령군에게 귀중한 인적 자산이었다. 선교사 출신 군종 목사들은 현지 주민들과 유엔군, 그리고 미국 대중과 한국인들을 이어주는 연결고리 역할을 했다.

언론을 통해 그들은 미국 가정의 청취자들에게 한국의 정보와 사진들, 실황 방송을 전달했다. 그들은 공산당이 기독교인들과 유엔 군인들에게 저지른 잔혹 행위들의 증거를 수집하는 한편, 북한 주민들에 대한 유엔의 잔혹 행위들도 목격했다. 그리하여 그들은 종교적인 수단을 활용하여 정의와 변화를 요구했다.

특히 한국 기독교 공동체는 선교사들의 수고로부터 가장 큰 혜택을 받았었다. 기독교인들은 대피 과정에서 우선권을 얻었으며, 때로는 특수 피난민 시설을 이용할 수도 있었다. 미국 교회의 지원으로 기독교의 영향력은 새로 창설된 군종 부대를 통해 대한민국 국군에까지 미쳤다. 선교사들이 바랐던 바대로 한국 기독교는 생존을 넘어서서 그 세력을 보존하고, 더 나아가 남한 사회에 정치적 영향력을 끼치며 힘을 갖는 위치에 오르게 되었다.

제8장 휴전 회담과 전쟁 포로 논란

중국의 개입은 6·25전쟁의 성격과 전개를 완전히 바꾸어 놓았다. 중공군이 유엔군과 남한군을 남쪽으로 밀어내버리자 미국 정부는 국내외의 여러 방면에서 터져 나오는 비판들을 받아내야 했다. 미국 내에서는 어떤 전쟁 전략을 수립해야 할지를 두고 정치적 논쟁들이 심각하게 벌어졌다. 전쟁이 확전될수록 승리의 가능성이 더욱 높아질 것이라 믿었던 이들은 "군사 작전상 필요하다면 어디든지, 압록강 북쪽이나 기타 어느 곳이라도 공격"할 수 있도록 극동의 야전 사령관에게 권한을 부여해줄 것을 원했다.[1] 또한 많은 이들이 중국 국민당 세력을 한국에 투입하도록 트루먼 행정부에 압력을 가했다. 이처럼 대통령에게 적극적으로 승리를 추구할 것을 촉구하는 미국 내 정치적 압박이 있었던 반면, 국제 여론은 이와 매우 상이했다. 특히 유럽의 정상들은 전쟁이 고조되어 유럽으로까지 확산될 것을 우려하면서 한국에서 벌인 미군의 군사 행동에 대한 책임을 요구하고 나섰다. 결국 1951년 6월 6·25전쟁의 양측이 만나서 휴전 협상을 하기로 합의했지만, 그 과정은 2년이나 더 지속되었다.

협상의 진전을 가로막은 주된 문제는 포로 송환을 둘러싼 분쟁이었다. 미국 정부는 자발적 송환 원칙을 주장했던 반면, 공산당 측은 모든 포로들의 송환을 요구했다. 그렇다면 왜 미국은 전쟁이 장기화되는 큰 위험을 감수하면서까지 자발적 송환을 주장했을까? 전쟁 포로들을 위해 활동하고 있었던 미국인 선교사들이 이 문제에

1 이는 워싱턴의 상원의원 해리 케인(Harry Cain)의 의견이었다. William W. Stueck, Jr., *The Korean War: An International History* (Princeton, NJ: Princeton University Press, 1995), 131.

대해 종교적인 관점을 피력하며 영향을 끼쳤던 것은 아닐까?

휴전 협정 테이블로 가는 길

1950년 12월 6일자 갤럽 여론조사 보고서에 따르면, 응답자의 55%가 미국이 한국에서 제3차 세계대전을 치르고 있다고 생각했다.[2] 그 무렵 또 다른 여론조사에서는 응답자의 절반이 미국 정부가 한국에서 일을 제대로 못했다고 여기는 것으로 나타났다.[3] 공포와 불만이 미국 전역으로 급속히 퍼져갔고, 비평가들은 정부가 한국과 중국 모두에서 실패했다고 비난했다.[4] 정치권에서는 트루먼 대통령에게 전쟁을 확대하라고 강력히 압박했지만, 6·25전쟁의 축소를 원하는 사람들이 더 많다는 여론조사 결과에서 보이는 것처럼 전반적인 여론은 신중한 입장이 계속 우세했다.[5] 전쟁 축소 계획을 가장 강력하게 찬성하는 측은 주류 개신교 종교 기관들이었으며, 특히 미국교회협의회(NCCC)의 지도자들이 그 주를 이루었다.

— 미국교회협의회의 영향력

미국교회협의회는 1950년 11월 29일 오하이오주 클리브랜드에서 열린 헌법제정회의에서 공식 출범했다. 이 회의에는 개신교 교단 29개와 동방 정교회 3개 교회

---

2 George H. Gallup, *The Gallup Poll: Public Opinion 1935-1971* Vol. 2, 1949-1958 (New York: Random House, 1972), 951.

3 Ibid., 95.

4 중국을 '잃은' 것에 대한 비난은 앞선 제4장에서 이미 논의되었다. 중국의 참전으로 미군이 후퇴하게 되자 트루먼의 중국 정책에 대한 미국 여론의 신뢰도는 더욱 악화되었다. 미 정부가 중국의 6·25전쟁 참전을 예측하거나 저지하지 못했던 것은 트루먼에 대한 비판 여론을 강하게 불러일으켰고, 과연 그가 이 전쟁에서 미국을 승리로 이끌 만한 능력이 되는지 크게 의심되었다.

5 12월 4일 갤럽 여론조사 발표에 따르면 유엔이 6·25전쟁을 축소해야 한다고 생각하는 응답자는 46%에 달했고, 국경을 넘어 중국 영토까지 전쟁을 확대하는 데 찬성하는 응답자는 39%에 불과했다. (그 외 15%는 의견이 없었다.) Ibid., 951.

의 대표들이 참석했다. 미국교회협의회는 또한 8개의 초교파 기관들로 구성되어 있었는데, 이들은 그 기능과 책임을 미국교회협의회에 이양하는 공식적인 조치를 취했다. 이 8개 기관에는 연방교회협의회(FCC), 북미해외선교총회(FMC), 북미가정선교협의회(HMC), 국제종교교육협의회(ICRE), 미국캐나다선교교육운동, 전미개신교고등교육협의회, 교회여성연합회, 청지기사명자연합회가 있었다. 그리고 곧이어 추가로 기독교세계봉사회(CWS), 신학교상호교류위원회, 개신교정보위원회, 개신교라디오위원회의 4개 기관이 미국교회협의회와의 합병을 결정했다.

미국교회협의회는 연방교회협의회를 대체하고 확장한 것이었다. 1950년 12월 연방협의회회보(Federal Council Bulletin)에 실린 성명서에 따르면 미국교회협의회는 연방교회협의회의 모든 업무를 계속할 예정이었고, "새로운 조직이 더 많은 지지를 확보하고 사업이 확장될 것"을 기대하고 있었다.[6] 연방교회협의회는 1949년에 약 2천 8백만 명의 회원 수를 자랑했었는데, 2년 뒤인 1951년에 미국교회협의회는 회원 30,629,225명을 보고함으로써 신규 회원이 2백만 명 증가했음을 보여주었다(표 8.1 참조).

이들 12개 단체가 뭉치면서 미국교회협의회는 미국 내 주류 교회들뿐 아니라 선교 단체들과 각종 해외 구호기관들에도 접근할 수 있는 미국 역사상 가장 강력한 교회연합기관이 되었다. 이 거대한 조직은 종교계의 여론을 효과적으로 조성하고 미국과 캐나다 전역에 종교적 선전물을 배포할 수 있었다.[7]

존 포스터 덜레스는 미국교회협의회가 대중적인 호소와 효과적인 로비 활동을 통해 국내외 문제에 영향력을 행사할 수 있는 전례 없는 기독교 조직이라고 생각했다.[8] 미국교회협의회는 종교·사회·정치 운동을 체계적으로 벌여나갈 만한 인력과 자원을 보유하고 있었다. 그리고 주요 교단들 및 다양한 선교 단체들과 긴밀히 연계하여 미국의 대중과 정책 입안자들에게 개신교 측의 통일된 의견을 제안할 수 있었

---

6 Edgar C. Bundy, *Collectivism in the Churches: A Documented Account of the Political Activities of the Federal, National, and World Councils of Churches* (Wheaton, IL: The Church League of America, 1960), 49.

7 "National Council," *TIME*, 11 December 1950.

8 John Foster Dulles' speech on November 27, 1950, Seeley Mudd Library, John Foster Dulles Papers, Box 302, Folder: Speech Federal Council of Churches, NY.

표 8.1 • 미국교회협의회 소속 교단 공식 회원 수

(단위: 명)

교단명	회원 수	교단명	회원 수
아프리칸 감리교회	1,166,301	감리교회	8,935,647
아프리칸 시온감리교회	530,116	모라비아 교회	47,271
미국침례회	1,561,073	미국침례회	4,445,605
어거스틴 복음주의 루터교회	440,244	미국 남장로교	678,206
형제의 교회	186,201	미국 북장로교	2,318,615
유색인 감리교회	381,000	미국성공회	2,540,548
회중기독교회	1,204,789	미국개혁교회	183,178
체코-모라비아 형제교회	5,000	미국 루마니아 정교회	390
덴마크 복음주의 루터교회	19,404	러시아 정교회	400,000
복음주의 개혁교회	726,361	제칠일침례교	6,430
복음주의 연합 형제회	717,531	시리아 안디옥 정교회	40,061
퀘이커 5년 회합	68,612	연합루터교회	1,954,342
필라델피아 퀘이커	5,509	연합장로교회	213,810
그리스도의 교회 국제협의회	1,767,964	합계	30,544,208

출처: "Ministry of Disruption: A brief study of the activities of Carl McIntire and the American Council of Christian Churches," Presbyterian Church Archives, RG197, Box 6, Folder 34 - Presbyterian Historical Society, Philadelphia, Pennsylvania.

다. 한때 덜레스가 재직했었던 미국교회협의회 국제 정의 및 친선 부서의 국장인 리처드 M. 패글리(Richard M. Fagley) 목사는 외교 문제에 있어서 미국교회협의회의 역할을 다음과 같이 설명했다.

> 전적으로 책임 있는 외교 정책을 수립하고 이것을 흔들림 없이 강력하게 지원하는 일에 우리 교회들이 수행해야 할 역할이 큽니다. 미국인들의 삶과 우리 사회의 도덕적 생명력을 지탱해주는 신앙이라는 샘은 우리의 교회들을 통해서만 쇄신될 수 있습니다. 국가 권력의 허세에 도전하고 권력은 신뢰라는 원칙을 붙들면서 정책의 도덕적인 토대를 탄탄하게 하는 것도 우리 교회들의 몫입니다. 국민 한 사람, 한 사람이 국가 정책에 대한 자신의 책임감을 새롭게 느끼도록 하는 것 또한 우리 교회

들을 통해서입니다.[9]

패글리 목사는 냉전 시대에 장기적인 외교 정책 목표들을 수립하는 데 있어서 교회와 국가 간의 동반자 관계가 필수적이라고 보았다. 교회들은 책임을 회피해서는 안 되며, 정부도 도덕적 지원을 받기 위해 교회들과 협의해야만 한다.

그리하여 미국교회협의회는 그 출범 때부터 미국 외교 정책의 방향에 영향을 미치는 것을 목표로 삼았다. 워싱턴에 적극적인 로비 기관을 설립했고, 정치인들과 정부 관료들을 정기적으로 미국교회협의회 회의들과 연례회의들에 초대했다. 실례로 1950년 11월 미국교회협의회 헌법제정회의의 주요 연사는 딘 애치슨 국무장관이었다. 애치슨의 참석은 동아시아의 위기에 대처하는 미국 외교정책 방향에 대한 큰 관심과 열띤 토론을 불러일으켰다. 국제문제교회위원회(CCIA) 이사인 O. 프레드릭 놀드(O. Frederick Nold) 박사는 "국제 위기에 대한 기독교적 견해"라는 제목으로 연설했는데, 이 발표에서 그는 미국인들에게 히스테리, 독선과 증오, 일방적인 행동, 잘못된 자존심과 체면치레의 경향성, 안일함, 편견, 조급함, 그리고 군수품 생산에 의존하는 방식의 미국 경제에 대해 스스로 경계할 것을 촉구했다.[10] 미국교회협의회와 그 지지자들은 중국에 원자폭탄을 사용하는 것에 반대했으며, 아무리 "예방적인 전쟁"이라 할지라도 그것을 정당화하는 것은 도덕적으로 잘못되었다고 규정했다.[11]

트루먼 대통령이 중국에 대한 불만을 표명하고 6·25전쟁에서 핵무기 사용 가능성을 암시하자 미국교회협의회는 불안해했다. 성직자들은 개인적으로 대통령에게 전보를 보내서 놀드 박사의 견해를 고려해 줄 것을 촉구했다.[12] 그리고 1950년 12월 7일에는 미국교회협의회 회장인 헨리 셰릴(Henry Sherrill) 박사가 대통령에게

---

9 Richard M. Fagley, "Responsibility and Foreign Policy," *Christianity and Crisis* 5 (22 January 1951): 189.

10 O. Frederick Nolde, "A Christian View on the International Crisis," *The United Presbyterian*, 11 December 1950, 10-12.

11 "Preventive War Morally Wrong," *The United Presbyterian*, 26 March 1951, 6.

12 폴 C. 페인(Paul C. Payne)과 G. 메럴 레녹스(G. Merrill Lenox)가 대통령에게 개별적인 전보를 보냈다. Box 1360 of the Papers of Harry S. Truman (Official File), Harry S. Truman Library, Independence, Mo.

특별 전보를 보냈다. 셰릴 박사는 핵무기의 사용뿐만 아니라 "거짓된 자존심과 체면치레의 경향성"에 대해서도 경고했다. 그는 대통령에게 "일방적인 행동을 삼갈 것"과 "항상 협상할 준비가 되어 있음을 분명히 할 것"을 조언했다.[13]

미국교회협의회는 다른 한편으로는 핵무기 사용에 반대하는 전국적인 운동을 벌이기도 했다. 종교계 출판물들은 핵무기 '억제'의 필요성을 강조했다. 장로교 측에서는 1950년 12월 11일자 『더 유나이티드 프레스비티리언』(*The United Presbyterian*)에 놀드 박사의 연설을 게재했다.[14] 이틀 후 『더 크리스천 센추리』와 『크리스천 앤 크라이시스』(*Christian and Crisis*)는 "기독교의 양심과 대량 살상 무기"라는 제목의 기존 보고서를 다시 인쇄해서 내보냈다. 이 보고서는 연방교회협의회 내 신학자들과 교회 지도자들의 위원회에서 작성하여 몇 달 전에 출판했던 것이었다.[15] 이 보고서에서 주류 개신교 지도자들은 "총력전"이 필요하다는 주장을 거부했다. 개신교 지도자들은 6·25전쟁이 치러져야 할 지리적 경계를 설정하고자 했고, 이에 더하여 미국이 사용해야 할 무기들과 전술들까지 결정하고자 했다. 이 보고서는 또한 "포로 살해 가능성, 여성과 어린이를 비롯한 민간인 학살", "'무방비 상태의' 마을들 폭격"을 규탄했다.[16] 라인홀드 니버는 이러한 미국교회협의회의 시도를 "나라를 집어삼킨 광란에 맞서는 가장 효과적인 종교적 저항"이라고 평가했다.[17] 1951년 2월 갤럽 여론조사에 따르면 미국이 중국과 전면전을 시작해서는 안 된다고 생각하는 응답자가 77%에 달했다. 한 달 뒤 또 다른 설문조사에서는 56%의 사람들이 한국 문제에 대해 중국 공산당과 합의에 이르도록 미국 정부가 더욱 노력해주기를 원하고 있고, 그중 73%는 만약 중국이 전투 중단에 동의한다면 유엔군은 38선에서 멈춰야 한다고 생

---

13 Dr. Henry Sherrill, President of the NCCC, telegram to the President, 7 December 1950, *NCCCA* Files #5573, Truman Library.

14 Nolde, "A Christian View on the International Crisis," 10-12.

15 "The Christian Conscience and Weapons of Mass Destruction: Report of a Commission Appointed by the Federal Council of the Churches of Christ in America," *The Christian Century* 50 (13 December 1950): 1489.

16 Ibid.

17 Reinhold Niebuhr, "The Church Speaks to the Nation," *Christianity and Crisis* XIII (30 November 1953): 153.

표 8.2 • 한국전쟁 중 미국인 사상자 수

(단위: 명)

구분	1950년 6월 ~ 1951년 6월	1951년 7월 ~ 1953년 7월
살해된 자	21,300	12,300
부상자	53,100	50,200
실종자 또는 포로	4,400	700
합계	**78,800**	**63,200**

출처: Dean Acheson, *The Korean War* (New York: W.W. Norton & Company, Inc., 1969, 1971), 129.

표 8.3 • 한국전쟁 중 전쟁 관련 사상자 수

(단위: 명)

구분	전사자	전시 행방불명	부상자	민간인
남한	187,712	30,000	429,000	500,000 이상
북한	15,000,000			
중국	152,400		238,000	자료 없음
미국	4,400		103,284	자료 없음
그외 유엔국들	3,063		11,817	자료 없음

출처: Allan R. Millett, *Their War For Korea: American, Asian, and European Combatants and civilians 1945-1953* (Washington, D.C.: Brassey's Inc., 2002), 266.

표 8.4 • 유엔군 병력(남한, 미국 제외)

(단위: 명)

구분	병력	사망자	부상자
호주	2,282	272	1,034
벨기에와 룩셈부르크	944	104	350
캐나다	6,146	309	1,202
콜롬비아	1,068	210	610
에티오피아	1,271	122	566
프랑스	1,119	271	1,008
그리스	1,263	194	459
네덜란드	819	120	645
뉴질랜드	1,389	22	79

구분	병력	사망자	부상자
필리핀	1,496	128	299
남아프리카공화국	826	34	0
태국	1,294	136	469
터키	5,455	889	2,111
영국	14,198	1,078	2,674
합계	**39,570**	**3,889**	**11,506**

출처: 병력수 정보 출처 - "The Forgotten War: Three Long Years in Korea," *National Geographic Maps for National Geographic Magazine* (Washington, D.C., 2003). 사망자 및 부상자 정보 출처 - "Casualties, United Nations Forces (Non-ROK, Non-U.S.)" *Encyclopedia of the Korean War ed. by Spencer C. Tucker* (New York: Checkmark Books, 2002), 100.

각한다는 결과가 나왔다.[18]

미국교회협의회는 공산주의와 민주주의의 대결이 한국으로 끝나지 않을 것이며 그 진정한 승리가 폭탄 공격들로 담보되지 않을 것이라고 믿었다. 그래서 그들은 미국의 대외 정책 속에 도덕성과 종교 원리들의 사상적 주입을 시도하면서 인도주의적인 외교 문제 접근법을 지지했다.[19] 공산주의에 대한 승리는 오직 구호 활동, 교육, 기술 및 재정 보조, 인권 옹호라는 평화 운동을 통해서만 달성될 수 있었다.[20] 미국교회협의회는 특히 저개발 지역들을 위한 새로운 기술 지원 프로그램인 트루먼 대통령의 Point IV 프로그램에 관심을 갖고 있었다.

그들이 관심을 갖는 이유는 크게 두 가지였다. 첫째, 미국교회협의회 지도자들은 이 프로그램이 "일관된 장기 정책이 밝은 미래를 맞이하도록 방향을 제시"해준다고 생각했다.[21] 둘째, 기독교 단체들은 이 지역들에서 그동안 광범위한 선교 활동

18 *The Gallup Poll*, 668-669.

19 Paul Calvin Payne, "Editorial Comment," *Presbyterian Life*, 17 March 1951, 7. 페인은 미국교회협의회 내 기독교 교육분과를 대표하는 부회장이었다.

20 Payne, "Editorial Comment," 7; Nolde, "A Christian View On the International Crisis," 12; "The Christian Conscience and Weapons of Mass Destruction," 1491; "The Churches and Point IV," *The Christian Century* 68 (9 May 1951): 581.

을 해왔었는데, 이번 프로그램은 교회와 국가 간 협력이 양편 모두에게 유익하다는 것을 보여주게 될 것이었다. 그리하여 정부가 Point IV 프로그램에 대한 종교 기구들의 지원을 요청하자 미국교회협의회는 이에 긍정적으로 응답했다.[22]

— 종교계의 의견에 대한 트루먼의 반응

트루먼 대통령은 재임 기간 내내 주류 종교 단체들과 좋은 관계를 유지하려고 노력했다. 공산주의를 반대하는 일에 종교 지도자들의 지지를 얻고자 했던 트루먼은 에큐메니칼 운동에 대해서도 관심이 있었기 때문에 그와 미국교회협의회의 관계는 더욱 가까워졌다. 그는 사회 복음이 공산주의의 확장을 저지하는 효과적인 해결책이라고 생각했는데, 이는 주류 개신교, 특히 '사회복음주의자들'의 의견과 일치했다. 트루먼은 "공산주의의 위협은 민주주의의 약속이 아직 실현되지 못한 미국인들의 삶의 영역 곳곳에 도사리고 있다"고 지적했다.[23] 그는 도심 빈민가의 자극적인 사회 문제들, 임금 격차, 의료 부족, 실업, 통제되지 못한 통화 팽창에 따른 물가 변동, 인권 유린을 언급했다. 트루먼의 Point IV 프로그램은 사회 문제에 대한 그의 자유주의적 관점을 미국의 대외 정책에 확장하여 적용한 것이었다. 다른 나라의 문제들에도 인도주의적이고 도덕적인 접근법을 채택하려는 그의 의지는 몇몇 진보적인 종교 지도자들과 가톨릭교회로부터 지지를 받게 되었다.[24]

---

22 "The Churches and Point IV," *The Christian Century* 68 (9 May 1951): 581.

23 "Speech to the Swedish Pioneer Centennial Association, Chicago Stadium," 4 June 1948, *Public Papers of the Presidents: Harry S. Truman*, https://www.trumanlibrary.gov/library/public-papers/115/address-chicago-swedish-pioneer-centennial-association

24 실례로, 오클라호마시티대학의 종교학 교수인 존 L. 피터(John L. Peter) 박사는 1951년 9월 세인트 루크 감리교회에서 공산주의의 확산을 막는 효과적인 수단으로 선교사 파송이 중요하다는 설교를 했다. 이에 고무된 오클라호마 시티의 기독교 공동체는 기독교인 기술자들과 교육자들, 기타 숙련된 일꾼들을 저개발 국가에 선교사로 파송하는 Point IV 프로그램을 지원하기 위해 도시 전체의 역량을 동원하여 의회에 정치적인 압력을 행사하는 반응을 보였다. Drew Pearson, "The Washington Merry-Go-Round," *Northwest Arkansas Times*, 5 October 1951, 4. 트루먼 대통령은 또한 당시 주한 미 제8군 야전사령관이었던 마크 클라크(Mark Clark) 장군을 로마 가톨릭교회 대사로 임명하고 싶다는 의사를 표명함으로써 교황의 지지를 얻어내고자 했다. 백악관의 성명에 따르면 트루먼은 이로써 "외교와 인도주의의 지향점이 분명해질 것"이며, "바티칸과의 직접적인 관계는 공산주의에 대항하는 공동의 투쟁을 조정하는 데 도움이 될 것"이라고 생각했다. "Wave

트루먼이 6·25전쟁을 축소하기로 결정한 것 또한 미국교회협의회를 흡족하게 했다. 1951년 2월 7일 감리교 목사들과 만난 자리에서 그는 자신의 외교 정책의 목표가 제3차 세계대전의 발발을 막고 평화를 회복하는 것이라고 말했다. 트루먼 대통령은 "우리는 한국에서 갈등이 확대되는 것을 원하지 않는다"고 입장을 밝혔고,[25] "그렇게 하기 위한 최선의 방법은 우리와 다른 자유 국가들이 공격에 계속 저항할 것임을 분명히 하는 것"이라고 주장했다.[26] 전면적인 전쟁을 시작할 위험성을 최소화하려던 트루먼은 중국 본토에 폭격을 가하거나 장제스의 국민당 군대를 한국에서 활용하자는 제안을 모두 배제시켰다. 그렇게 함으로써 트루먼 대통령은 한국에서 평화적인 해결책을 찾기를 바라고 있었다.[27]

트루먼 대통령은 미국교회협의회의 지지를 얻기 위해 노력했을 뿐만 아니라 한국에 대한 자신의 정책에 종교계의 지지 여론을 동원할 수 있는 방안 또한 모색했다. 선교단체가 한국에 막대한 관심을 가지고 있음을 인식했던 트루먼은 6·25전쟁을 종교의 자유를 위한 전투로 규정하기를 계속했다. 1951년 4월 3일 워싱턴 D.C.의 뉴욕 애비뉴에 있는 장로교회에서 연설한 트루먼은 종교 지도자들이 도덕성에 관한 지지를 해 줄 것을 다음과 같이 호소했다.

> 우리 모두는 그 어느 때보다도 더욱 강력한 도덕적인 정당성을 갖고 있습니다. 우리가 수호하고 있는 종교적인 원칙들은 우리 국가와 우리 삶의 모든 방식에 근간이 되는 것입니다. 우리는 각자 자신의 양심에 따라 적합하다고 생각하는 대로 하나님을 예배할 권리를 수호하고 있습니다. 우리는 하나님께서 우리를 위해 세우신 교훈들과 모범을 따를 권리를 수호하고 있습니다. 우리는 우리의 땅 전역에서 사람들이

---

of Protest Against Appointment of Clark to Vatican Post Rolls Across U.S," *The Ada Weekly*, 25 October 1951, 4.

25 "Remarks to a Group of Methodist Ministers," 7 February 1951, *Public Papers of the Presidents: Harry S. Truman*, https://www.trumanlibrary.gov/calendar/search?body_value_op=word&comment_keywords=&page=181

26 Ibid.

27 "Radio Report to the American People on Korea and on U.S. Policy in the Far East," 11 April 1951, *Public Papers of the President: Harry S. Truman*, https://www.presidency.ucsb.edu/documents/radio-report-the-american-people-korea-and-us-policy-the-far-east

지금 이곳에서처럼 교회에서 함께 모일 수 있는 권리를 수호하고 있습니다. 오늘날 우리를 위협하고 있는 위험은 이 모든 것들에 철저히 그리고 완전히 반대됩니다. 국제 공산주의 운동은 맹렬하고 끔찍한 광신주의에 기반을 두고 있습니다. 그것은 신의 존재를 부정하고, 할 수 있는 한 모든 곳에서 신에 대한 숭배를 짓밟습니다. 그러나 우리가 가진 종교적 믿음은 공산주의의 잘못된 믿음에 해답을 줍니다. 우리의 믿음은 하나님의 통치 아래 인간이 최고의 행복을 찾을 수 있는 사회를 만드는 길을 보여줍니다. 그리고 우리는 공산주의자들이 그들의 무신론 신념에 바치는 것과 똑같은 헌신과 결단으로 이 믿음을 분명하게 따를 수 있습니다.[28]

트루먼에게 종교의 자유는 중요했다. 그것은 미국과 다른 서방 국가들의 모든 종교 단체가 공유하는 원칙이었기 때문이었다. 그리하여 미국 정부는 반공 선전용 라디오 프로그램, 소책자, 영화 등에서 종교 자료의 활용을 늘리기 시작했다.[29] 1951년 4월 무렵 트루먼은 평화를 원하기는 했으나, 미국의 원칙들을 타협하지 않을 것임을 매우 분명히 했다.

— 리지웨이 장군과 전선의 안정화

1950년 12월 23일 미 제8군 야전사령관 월튼 H. 워커 장군이 의정부 인근 미군 부대를 방문하던 중 교통사고로 사망하면서 미군은 큰 타격을 입었다. 워커 장군의 갑작스러운 죽음은 미군과 남한 군대 내에 심각한 혼란을 야기하고 숙명론을 확산시켰다. 워싱턴 측은 워커를 대신하기 위해 미 육군성 작전행정실 부참모장이었던 매튜 B. 리지웨이(Matthew B. Ridgway) 장군을 즉시 파견했다. 리지웨이는 6·25전쟁 상황을 잘 알고 있었고, 중국과 필리핀에서의 실전 경험을 갖추고 있었기 때문에 그

---

28 "Address at the Cornerstone Laying of the New York Avenue Presbyterian Church," 3 April 1951, *Public Papers of the Presidents: Harry S. Truman*, https://www.trumanlibrary.gov/library/public-papers/68/address-cornerstone-laying-new-york-avenue-presbyterian-church

29 1951년 7월 미 국무부는 "미국의 소리"(Voice of America) 방송 책임자인 에드워드 W. 배럿(Edward W. Barrett) 국무부 차관보에게 종교 자문단을 구성해 주어서, 방송 프로그램의 종교적인 내용에 대해 조언을 받도록 했다. "Religion Panel on Voice of U.S," *Religion Today and Tomorrow*, 14 July 1951, 1.

일에 적임자로 인정받았다. 그가 도착하자마자 맥아더 장군은 그에게 미 제8군과 제10군단을 모두 지휘할 수 있는 권한을 부여했다. 이는 한국에서 새로운 전쟁 전략을 수행하는 데 있어 리지웨이의 입지를 강화하는 중대한 변화였다.

유엔군의 사기를 높이고자 했던 리지웨이는 자신이 한국에 체류하기 위해 왔음을 분명히 하여 한국군을 먼저 격려했다. 그는 워커의 "도로로만 이동"하는 접근 방식을 중지시키고, 사단장들에게 대전 북쪽의 고지대를 점령하여 전선을 유지하도록 명령했다. 2월, 유엔군은 뛰어난 화력을 이용하여 적에게 최대한의 피해를 입히는 대규모 반격 작전인 "킬러 작전"(Operation KILLER)을 개시했다.[30] 그리고 한 달 후 유엔군은 서울을 탈환하고 중국군을 38선까지 밀어내었고, 그 뒤로 전선은 38선을 기준으로 고정되기 시작했다.

— 맥아더 장군 해임

38선에서 교착 상태가 지속되는 가운데 워싱턴 측이 군사 작전상의 제한을 걸자 맥아더 장군의 심정은 더 복잡해져갔다. 그는 점점 초조해졌고, 트루먼 행정부에 대해 참을성을 잃어갔다. 워싱턴은 전쟁을 축소하길 원했던 반면, 맥아더는 전쟁을 확대하고 중국 국민당 세력을 끌어들이고자 했다. 소련 영토 인근 나진항에 있는 북한군 전기시설을 공격하라는 맥아더의 요구를 합동참모본부가 거부하자 맥아더는 미 행정부에 대한 비판의 목소리를 더욱 높였다. 그는 자신의 최고 상사인 대통령에게 공공연히 반항했는데, 특히 무슨 수를 쓰든지 반드시 완전한 승리를 거두겠다는 작정으로 논의를 계속하여 트루먼을 당혹스럽게 했다. 조세프 마틴(Joseph Martin) 하원 소수당 원내 총무가 중국에 제2전선을 열자고 제안한 것을 맥아더가 지지했던 것이나, 그가 축소된 전쟁이라는 개념을 조롱하면서 "승리를 대신할 수 있는 것은 없다"고 선언했던 것은 트루먼을 지나치게 몰아붙이는 무리수가 되었다.[31] 결국

---

30 Russell Spurr, *Enter the Dragon: China's Undeclared War Against the US in Korea 1950-51* (New York: Newmarket Press, 1988), 277.

31 Stanley Weintraub, *MacArthur's War: Korea and the Undoing of An American Hero* (New York: The Free Press, 2000), 330.

트루먼 대통령은 딘 애치슨 국무장관, 조지 마셜(George Marshal) 국방장관, 오말 브래들리(Omar Bradley) 장군, 그리고 당시 대통령 국가안보 특별보좌관이었던 W. 애버렐 해러먼(W. Averell Harriman)과 상의한 후 4월 11일 맥아더 사령관을 해임했다.

맥아더의 소환에 대한 미국 대중의 반응은 극도로 감정적이고 혼란스러웠다. 공화당은 5성 장군인 맥아더의 인기를 지렛대 삼아서 민심의 방향을 트루먼 반대 운동으로 돌려놨다. 많은 미국인들은 트루먼이 전쟁을 승리로 이끌거나 멈추게 할 힘이 없다고 느꼈고, 6·25전쟁을 지휘하는 트루먼의 방식에 대해 맥아더와 같은 심정으로 좌절했다. 미국의 여론은 심각하게 분열되었고, 언론에서도 이 논란에 대해 의견이 갈렸다. 더 허스트(The Hearst), 맥코믹(McCormick), 스크립스 하워드(Scripps-Howard) 뉴스 체인은 트루먼을 악당이라고 공격했고, 『뉴욕 타임스』(*New York Times*), 『워싱턴 포스트』(*Washington Post*), 『애틀랜타 저널』(*Atlanta Journal*)은 대통령을 지지했다.

이 논쟁점에 대한 미국 종교계의 견해도 비슷하게 나뉘었다. 근본주의 기독교인들과 가톨릭 교회는 맥아더를 지지했지만, 대부분의 자유주의자들은 트루먼 대통령을 선호했다. 미국교회협의회와 많은 자유주의 개신교 교회 지도자들은 트루먼과 의견을 같이하면서 전쟁 축소에 대한 그의 입장을 지지했다. 『더 크리스천 센추리』는 사설에서 트루먼 대통령을 칭찬하고 원자폭탄 사용과 중국으로 전쟁 확대를 주장하는 맥아더를 비난했다.[32] 『크리스천 앤 크라이시스』의 편집자인 존 C. 베넷(John C. Bennett)은 아시아에서의 대규모 전쟁을 "중대한 실책"으로 평가하면서, "아시아에서 공산주의 세력의 진정한 원천이 무엇인지 무지했고, 공산주의를 대항하는 효과적인 경찰 행동을 위해 광범위한 국제적 지원이 필요하다는 것 또한 몰랐던 데서 비롯된 실책"이라고 설명을 덧붙였다.[33] 맥아더 지지 성향이 매우 강했던 『더 유나이티드 프레스비티리언』 편집장까지도 미합중국 대통령이 "어떤 군 장교의 지휘권을 해제하고 그 권한을 다른 장교에게 부여할 법적 권리"를 가지고 있음을 분명히 했다.[34]

---

32 "MacArthur," *The Christian Century* 68 (25 April 1951): 519; "Peace Hopes Rise at U.N.: Editorial Correspondence," *The Christian Century* 68 (2 May 1951): 551.

33 John C. Bennett, "The MacArthur Controversy," *Christianity and Crisis* 11 (14 May 1951): 58.

34 Henry W. Temple, 'The MacArthur Affair," *The United Presbyterian*, 23 April 1951, 6.

이러한 종교 지도자들의 지지는 대통령의 입지를 튼튼히 했다.

이러한 교단의 입장과는 달리 선교사들은 맥아더의 강경한 자세를 지지하는 경향이 있었다. 그들은 한국이 행여 중국처럼 될까 봐 두려워했다. 공산주의자들이 중국을 장악한 3년 동안 미국 선교사의 수는 2,986명(개신교 2,536명, 가톨릭 450명)에서 193명으로 급감했다.[35] 이렇게 중국에서 추방된 선교사들은 종교계 내부에서 목소리를 높였다. 그중 일부는 워싱턴 내 중국 국민당 계열 정치 압력 단체인 차이나 로비(China Robby)의 열렬한 지지자들이었다.[36] 이 와중에 중국이 6·25전쟁에 참전하자 중국 내 선교 사업들은 더 큰 피해를 입었다. 가톨릭교회의 경우를 제외하고, 개신교 선교사들은 본국으로 소환되거나 귀국을 권고받기 시작했다.[37] 1950년 말부터 1951년 말까지 중국에 남아서 일을 계속하려던 많은 사람들이 체포되었다. 이는 "〔미국〕 역사상 미국 선교사에 대한 최악의 대규모 박해"로 간주되었다.[38] 이 박해로 인해 많은 중국 출신 선교사들의 의견이 더욱 강경해졌다. 그들 중 일부는 장제스가 자신의 군대를 한국에 파견하는 것을 미국 정부가 허용하기를 원하는 자들도 있었다. 미국 교회 지도자들이 평화를 이루고 전쟁 확대를 막고자 했던 반면, 선교사들 중에는 군사적 승리를 거둘 수 있는 확고한 정책을 개인적으로 더 원했던 사람들도 있었다.

한국에 온 많은 선교사들은 중국에 있는 동료 선교사들과 같은 생각을 하고 있었다. 그들은 중국 선교사들과 마찬가지로 평화 문제를 놓고 교단의 지도자들과 의견이 엇갈렸다. 전쟁 지역의 선교사들은 기독교에 대한 공산당의 적대감을 개인적으로 직접 목격한 자들이었다. 북한을 해방시키길 바랐던 많은 사람들은 타협에 반대하는 맥아더의 강경한 입장을 높이 평가하고 있었다. 그래서 맥아더가 유엔군 총사령관에서 해임되었을 때 선교사들과 한국 기독교인들은 미국의 결정에 한마음으

---

35 Ibid.

36 George E. Sokolsky, 'The China Lobby," *The Portsmouth Times*, 13 June 1951,4.

37 "Exit," *TIME*, 15 January 1951.

38 미국교회협의회는 미국인 선교사 32명이 수감 중이고 25명이 가택연금 상태이며 136명은 활동의 제한을 받았다고 보고했다. 그들은 중국을 떠나는 것도 저지당한 채 형사 고발과 공격의 대상이 되었다. George Cornell, "Cite Peril to Ministers Overseas: Call Treatment of Missionaries Worst in History," *Austin Daily Herald*, 8 May 1952, 1.

로 충격을 받았고 분노했다. 한국 선교사로서 일본에서 미군의 공산군 전쟁포로 재교육 사업에 참여하고 있던 윌리엄 C 커(William C. Kerr) 목사는 자신이 느낀 큰 실망감을 미국 장로교 해외선교부 총무인 존 C. 스미스 박사에게 다음과 같이 표출했다.

> 오늘 저녁 맥아더 장군이 교체되었다는 소식에 우리는 너무 놀라 기절할 정도입니다. 우리의 입에서는 곧바로 깊은 고통의 울부짖음이 터져 나왔습니다. 만약 이 결정을 내린 사람이 자신의 사직서를 낸 것이었더라면 이는 정말로 크게 기뻐할 일이었을 텐데요. 하지만 저보다 더 많은 권한을 가진 사람들이 (이 문제에 대해) 목소리를 높이게 해주십시오.[39]

이 같은 좌절감은 한국에 있는 선교사들 사이에서 흔히 볼 수 있는 일이었다. 그들은 전쟁이 연장되어 더 많은 인명이 희생될지라도 조국을 반드시 통일시키겠다는 남한 사람들의 열망에 공감했다. 그렇지만 이와 동시에 대부분의 선교사들은 미국이 한국의 안보를 수호하겠다는 분명한 약속을 한다는 전제하에 평화협정 또한 긍정적으로 받아들였다.

한편 미국의 동맹국들은 맥아더의 해고 소식을 반겨했다. 그들은 맥아더의 불복종에 지쳐가고 있었다. 미국 대중이 맥아더를 해고하기로 한 트루먼의 결정에 전반적으로 반대했던 것과 달리, 영국인들의 55%는 그 결정을 지지했다.[40] 대중의 감정이 식기 시작하고 양측의 주장이 의회에서 재검토됨에 따라 트루먼은 엘리트층과 외교 문제에 정통한 사람들로부터 다시 지지를 얻게 되었다. 1951년 5월 『미국의 인물들』(Who's Who in America, 미국 민간 출판사인 Marquis社에서 발행하는 미국 유명 인물정보서 - 역자 주)에 등재된 사람들을 대상으로 실시된 갤럽 여론조사에 따르면 51%가 대통령의 결정에 찬성했다. 이 명단에 오른 교육자들 중 64%가 대통령을 지지했다.[41] 트루먼을 반대하는 대중의 정서도 점차 누그러져서, 그의 행동을 반대하는 비율이 5월

39 Letter from Rev. William C. Kerr to Dr. John C. Smith, 11 April 1951, Presbyterian Church Archive, Record Group 140, Box 18, Folder 14 - Presbyterian Historical Society, Philadelphia.

40 *The Gallup Poll*, 21 May 1951, 984.

41 *The Gallup Poll*, 16 May 1951, 983.

66%에 달했던 것이 한 달 뒤에는 56%로 떨어졌다.[42] 사람들은 맥아더의 공격적인 전략이 위험하다는 것을 인식하기 시작했고, 승리 대신 휴전을 택한다는 것에 자존심이 상했지만 트루먼의 접근 방식이 현명하다는 것을 인정해야 했다.

— 휴전 회담으로 가는 길

1951년 봄에 리지웨이 장군이 성공적으로 작전을 수행한 뒤 유엔군은 휴전 협상을 개시하기에 유리한 위치를 차지하게 되었다. 그리하여 트루먼 대통령은 그해 5월 미국의 외교관인 조지 케넌(George Kennan)을 러시아의 유엔대사인 제이콥 말리크(Jacob Malik)에게 보내 한국 문제에 대한 의견을 타진하도록 했다. 6월 초 두 사람이 두 번째로 만난 자리에서 말리크가 보인 반응은 고무적인 것이었다. 러시아는 미국이 북한 및 중국과 직접 협상할 것을 제안했다. 협상의 물꼬가 점차 트이고 있었다. 게다가 미국 내 여론 또한 협상에 찬성했다. 7월 초 갤럽 여론조사에 따르면 응답자의 51%가 38도선에서 휴전하기를 요청하는 유엔의 입장에 찬성했다.[43] 기독교 교회들도 협상 요청을 지지했다. 실례로 미국 내 가장 큰 개신교 교단인 감리교는 "한국에서 철저한 휴전 협상을 해낼 것을 보장하라"고 유엔에 촉구했고, "세계 문제의 해결책으로서 전쟁을 조장하는 군국주의"에 대해 경고했다.[44] 또한 가톨릭 신자들은 "기독교 원칙과 조화를 이루며 국제적인 문제를 해결해 나가도록 모든 노력을 기울일 것"을 미국 지도자들에게 촉구했다.[45]

워싱턴의 지시를 받은 리지웨이 장군은 유엔군 사령부가 휴전 협상을 할 용의가 있음을 발표했다. 공산당 측은 개성을 회의 장소로 제안했고, 연락 장교들의 예비회의가 1951년 7월 8일에 이루어졌다. 그리고 이틀 후 공식적인 휴전 회담이 시작되었는데, 유엔사 협상단 대표는 미 해군 극동사령관인 찰스 터너 조이(Charles Turner

42 *The Gallup Poll*, 3 May 1951, 981; 8 June 1951, 988.

43 *The Gallup Poll*, July 2, 1951, 993.

44 "Methodists Call for Peace But Without Appeasement," *Religion Today and Tomorrow*, 14 July 1951, 1.

45 "Catholic Women Want Peace With Christian Principles," *Religion Today and Tomorrow*, 14 July 1951, 1.

Joy) 중장이 맡았다. 대한민국에서는 백선엽 소장을 참관인으로 파견했다. 공산당 측은 조선인민군 총참모장인 남일 장군이 협상단을 이끌고 나왔다. 중국군은 중국인민지원군 부사령관인 덩화(鄧華)를 파견했다.

첫날 양측은 각자의 입장을 내놓았다. 유엔사에서는 이번 협상이 한국과 관련된 군사적 문제에만 국한되기를 원했다. 조이 중장은 공산주의자들에게 국제적십자사의 포로수용소 시찰을 허용해줄 것을 요청하고 양측의 휴전 협정 준수 여부를 점검하는 공동 감독 기구를 설치하기를 제안했다. 공산당 측은 즉각적으로 휴전할 것, 38선을 따라 비무장지대(DMZ)를 설정할 것, 그리고 모든 외국군을 한국에서 철수할 것을 요구했다.

그러나 개성을 통제하고 선전전에서 승리를 거두길 꾀하는 공산당 측 때문에 협상은 시작부터 험난했다. 미군이 개성을 중립지역으로 유지하겠다는 약속을 지키려고 철수하자 공산당들이 개성에 들어와서 완전히 장악해버렸다. 역사학자 로즈메리 풋(Rosemary Foot)에 따르면 공산주의자들은 그들의 약한 군사적 입지 때문에 "협상력을 강화하려고" 노력했다.[46] 공산당 측의 애초 목표인 한반도 통일은 6월 유엔군의 반격으로 무산되었다. 북한과 중국 측은 자국민들과 외국인들 앞에서 자신들의 약점이 노출되는 것을 막으려고 언론과 라디오의 보도 내용을 조작했고, 자신들이 전장에서 승리를 거두고 있는 것처럼 거짓 정보를 전달했다. 개성은 38선 이남에 위치해 있었기 때문에, 그들은 이 한국의 고대 도시를 점령하여 자신들이 확실하게 승리했음을 주장할 수 있었다. 더군다나 유엔군은 휴전 회담 초기에 공격을 줄이기로 합의해 주었고, 이로써 공산당이 전선을 따라 군사적 입지를 공고히 하는 데 중요한 숨통을 틔워주는 결과가 야기되었다. 개성에서의 휴전 협상은 거의 진전이 없었고, 결국 조이 중장은 공산당이 협상을 계속하길 원한다면 판문점에 새로운 협상 장소를 마련하자고 주장했다.

46 Rosemary Foot, *A Substitute for Victory: The Politics of Peacemaking At the Korean Armistice Talks* (Ithaca, NY: Cornell University Press, 1990), 44.

— 유엔사 통역사로 활약한 언더우드 형제들

휴전 협상에서 양측이 극복해야 될 많은 걸림돌 중에는 통역 문제도 있었다. 군대에서 좋은 통역사들을 찾는 것은 어려운 일이었다. 통역사가 될 사람들은 뛰어난 언어 능력을 갖춰야 함은 물론이고, 일급 기밀 임무를 수행하는 데 따르는 보안 허가도 받아야 했다. 그리고 회담에는 한국인과 중국인이 함께 참여했기 때문에 3개 국어의 통역이 필요했다. 이러한 이유로 선교사 자녀 출신 군인들이 평화 회담 진행에서 중요한 역할을 감당하게 되었다. 리처드 언더우드 소위와 케네스 우(Kenneth Wu) 준위가 개성에서의 회담을 위해 각각 소집되었다. 모든 문장은 언더우드 소위가 먼저 한국어로 옮긴 다음 우 준위가 다시 중국어로 옮겨야 했다. 통역을 잘못하면 협상이 난항을 겪게 되기 때문에 공식적인 군사 협상을 통역하는 것은 쉬운 일이 아니었다. 첫째 날 우 준위와 언더우드 소위는 모두 업무의 어려움에 압도당했다. 언더우드 소위는 "나는 피땀을 흘리는 것 같이 기진했고, 너무 수치스러워서 죽을 것 같았다. 그날 내가 한 일은 아주 형편없었다."고 당시를 회고했다.[47]

통역사들이 초기 좋은 성과를 보이지 못한 데에는 업무 자체의 어려움 외에도 다른 이유들이 더 있었다. 먼저 유엔 협상가들이 통역사의 중요성을 인식하지 못했던 점이다. 조이 중장을 비롯한 유엔사 협상단은 첫 회담을 준비하는 과정에서 "그들이 말하고자 하는 바를 정확히 전달하기 위해 어휘들을 다듬고 정련하는" 데 여러 시간을 할애했지만, 정작 언더우드 소위나 우 준위에게 준비한 담화문의 사본을 주는 일은 아무도 하지 않았다. 그 결과, 첫 회담 당일 통역사들은 조이 중장이 발언한 내용을 정확하게 해석해내는 것은 물론이고, 제대로 기억하고 따라가는 것조차 어려움을 겪게 되었다. 두 번째 이유로는 미군 관계자들이 협상 테이블에서 통역을 거치는 과정에 대해 이해가 부족했던 것을 들 수 있다. 조이 중장의 말은 너무 빨랐고 때때로 너무 길기까지 해서, 통역사들이 도저히 따라갈 수 없을 정도였다. 세 번째 이유로는 언더우드 소위가 선교사 자녀 출신으로서 기본 일상 회화의 부분에서만 한국어에 능통했지, 협상할 때 사용하는 전문 어휘 면에서는 지식이 없었다는 점이

---

47 Richard F. Underwood, "Memoirs and Thoughts," (출판되지 않은 원고, 2002) 93.

다.[48] 6·25전쟁 초기 미군에서 언어전문가로 배치되기는 했었지만, 언더우드 소위는 한국어학에 대한 정식 교육을 받아본 적이 없었다.

언더우드 소위와 우 준위는 유엔 협상단에 이러한 문제점들이 있음을 알리고서, 세 가지 중요한 해결책들을 제안했다. 첫째, 호러스 G. 언더우드 대위를 개성으로 데려와줄 것을 요청했다. 리처드 언더우드보다 10살 많은 맏형이었던 호러스 언더우드는 해군에서 정식으로 일본어 훈련을 받았던 경험을 갖추고 있어서 이번 업무에 적격인 사람이었다. 한국어는 일본어와 마찬가지로 많은 한자를 사용하기 때문에 한자 지식은 영어에서 한국어로 많은 전문 용어를 번역하는 일에 절대적으로 필요했다. 둘째, 그들은 모든 "성명서들"을 미리 번역해 놓을 수 있도록 그 사본들을 먼저 배부해줄 것을 요청했다. 셋째, 그들은 각 대표들이 원활한 통역을 위해서 잠시 말을 멈추는 시간과 방법을 배우도록 요청했다.[49]

조이 중장은 즉시 호러스 언더우드 대위를 유엔 수석 통역사로 임명하여 개성으로 이송하는 일을 추진했다.[50] 그는 호러스 언더우드를 모든 본회의의 수석 통역사로 배정하고 리처드 언더우드에게는 소위원회들 통역과 연락 및 조사 임무를 맡겼다. 중장은 또한 세 명의 통역사들이 "담화문을 마무리하는 참모 회의에 참석"하는 것을 허용했다.[51] 이러한 방식으로 모든 통역사들은 각각의 담화문과 제안이 마련되게 된 배경을 완전히 이해할 수 있게 되었다. 또한 통역사들은 정책토론에도 참여 초청을 받았는데, 이는 한국이나 중국의 사고방식에 대한 그들의 통찰력이 필요했기 때문이었다. 협상팀은 통역사들의 직급이 낮았음에도 불구하고 그들을 존중하는 태도로 대하면서 개괄적인 논쟁 사안들에 대한 통역사들의 발언을 높이 평가했다.[52] 호러스 언더우드는 서울에서 교육자이자 선교사로 활동했었고, 리처드 언더우

48 Ibid., 94.

49 Ibid.

50 Harry A. Rhodes and Archibald Campbell, eds., *History of the Korean Mission: Presbyterian Church in the USA Volume II: 1935-1959* (New York: The United Presbyterian Church in the U.S.A., 1964), 59.

51 Underwood, "Memoirs and Thoughts," 94.

52 Horace G. Underwood, *Korea in War, Revolution and Peace: The Recollections of Horace G. Underwood*, ed. Michael J. Devine (Seoul: Yonsei University Press, 2001), 161.

드는 정보 장교로서 동래와 함흥에서 포로들을 대상으로 일했던 바 있었기 때문에 그들은 여러 다양한 쟁점들에 대하여 유엔 대표단에 비공식적인 조언을 줄 수 있었을 것이다.

통역사들을 도울 약간 명의 보조 요원들이 붙여졌지만, 휴전 회담이 진행되고 통역사들의 업무량이 과중해지자 이 세 사람은 금세 지치게 되었다.[53] 매일 밤 참모회의가 끝나면 통역사와 조수들은 대표단이 주고 간 "각 문서를 검토하는 길지만 필수적인 작업을 시작"해야 했다.[54] 그들은 "단순히 단어들을 바꾸는 것이 아니라 대표단의 발언이 갖는 의미와 특징"까지 반영하여 번역될 수 있도록 메모를 덧붙이고, 적절한 어휘를 추천하고, 때로는 여백에다 한국어로 바꿔서 써두기도 했다.[55] 이렇게 통역사들은 밤늦게까지 작업을 하다가 아침이면 일찍 일어나야 했는데, 협상단들이 오후에 회담 장소로 헬기를 타고 갈 수 있었던 반면, 지원팀들은 지프로 이동해야만 했기 때문이었다. (이후 판문점에서는 더 많은 헬리콥터를 이용할 수 있게 되었고, 참모 장교들과 통역관들도 회담 장소로 날아갈 수 있게 되었다.)[56]

협상이 진행되는 동안 통역사들은 유엔 측을 위해 통역할 뿐만 아니라 상대방의 통역 내용도 면밀히 점검하여 공산당 측 통역에 오류가 없는지 확인해야 했다. 그래서 통역사들은 계속 긴장하며 경계심을 늦추지 않아야 했다. 실제로 유엔 통역사들은 반대편 통역사가 실수했을 때 여러 차례 개입하여 정정해 줘야 했다. 한 번은 공산당 측 통역사가 너무 서툴고 틀리게 말해서 리처드 언더우드가 북한 연락 장교에게 이를 알려줘야만 했고, 그 통역사는 그 자리에서 해고되었다. 그래서 북한 측 대령은 리처드에게 남은 하루 동안 공산당 쪽 통역을 맡아달라고 부탁했다.[57]

그날의 회담 일정을 마치면 유엔 통역사들은 서둘러 검토 회의에 참석해서 유엔 대표단과 다른 연락 장교들이 회담장에서 오갔던 발언 내용을 충분히 이해할 수

53 보조 요원으로 두 명의 타자수들이 있었는데 한자 타자수 한 명, 한글 타자수 한 명이었다. 그 외에도 통역사들은 한국어 지원을 위해 파견된 한국 수석 연락 장교인 이수용 대령에게 크게 의존했다. Ibid., 163.

54 Underwood, "Memoirs and Thoughts," 94.

55 Ibid.

56 Ibid; Underwood, *Korea in War, Revolution and Peace*, 171.

57 Underwood, "Me moirs and Thoughts," 94.

있도록 보조해야 했다. 저녁 식사가 끝나면 그들은 다음 날을 위한 준비 업무에 들어가서 저녁 기획 회의에 참여한 뒤 심야 번역 작업까지 마쳐야 했다. 그리고 때때로 한밤중에 공산당 연락 장교들과의 특별 "조사" 회의에 참석하라는 호출을 받기도 했다.[58] 여러 번 그들은 중립 지역에서 유엔이 폭탄을 투하했다는 공산당 측의 주장을 반박해야 했다. 협상 장소가 아직 개성에 있을 때의 일로서, 유엔 통역사들은 공산주의자들이 유엔 협상가들을 곤경에 빠뜨리려고 벌인 세균전 사례를 기록하여 문서화하기도 했다.

협상의 과정은 "가능한 모든 단어나 이미 승인된 사실을 왜곡하고 악용"하려고 시도하는 공산당 측 때문에 매우 어렵게 진행되었다.[59] 이 때문에 통역사들은 오류의 여지를 한 치도 남기지 않았다. 이토록 어려운 상황에서 언더우드 형제는 탁월하게 업무를 수행했고, 이에 대해 조이 중장은 그들의 활약을 칭찬하는 글을 자신의 회고록에 적어 놓기도 했다.[60] 판문점에서 약 1년을 복무한 리처드 언더우드 소위는 대학에서 공부를 계속하면서 결혼도 준비하기 위해서 재입대를 하지 않기로 결정했다. 미 육군은 그의 공로를 인정하여 참나무 잎 송이가 달린 동성훈장(제2 동성훈장에 해당)을 수여하고 그를 중위로 진급시켰다.[61]

호러스 언더우드 대위도 선교 활동을 재개하기 위해 사임하기를 원했으나 미 해군은 그가 아마도 "미국 해군에서 한국인을 알고 있는 유일한 장교"라는 이유로 그를 놓아주기를 꺼려했다.[62] 그는 휴전 회담의 통역사뿐만 아니라 극동사령부 민사참모부장 H. B. 핸런(H. B. Hanlon) 제독의 보좌관, 참모장교, 통역사로도 활동했다.[63] 그는 또한 전쟁 기간 동안 한국 정부와 관련된 문제들을 다루는 많은 회의에 참석했다. 결국 호러스 언더우드는 휴전이 확정되기 며칠 전까지 군에 계속 남아있었

58 Ibid.

59 Underwood, *Korea in War, Revolution and Peace*, 181.

60 Admiral C. Turner Joy, *How Communists Negotiate* (New York: Macmillan Company, 1955), 26.

61 Underwood, "Memoirs and Thoughts," 101.

62 Letter from Horace G. Underwood to Dr. John C. Smith, 18 August 1952, Presbyterian Church Archives, RG 140, Box 18, Folder 17 - Presbyterian Historical Society, Philadelphia.

63 Rhodes and Campbell, *History of the Korean Mission,* Vol. 2, 60.

다.[64] 미군은 호러스 언더우드가 판문점에서 기여한 공로를 인정하여 그에게 훈공장(Legion of Merit)을 수여했는데, 이는 하위 계급에게는 거의 주어지지 않는 것이었다.[65] 이 훈장을 포함해서 호러스 언더우드는 한국에서 복무한 공로로 모두 네 개의 메달을 받았으며, 한국 전쟁 당시 대부분의 미군 장병들보다 더 오래 복무했다.

전쟁 포로 문제에 관여하는 기독교

당초 유엔 측에서는 휴전 협상이 이렇게 힘들고 장기화될 것이라고 아무도 예상하지 못했었다. 양측이 다섯 개 항목의 협상 의제를 정하는 것에 합의하는 데만 14일이 걸렸다. (제1의제는 협상 의제 채택이었다. 제2의제는 군사분계선을 확정하고 비무장지대를 설치하는 건이었다. 제3의제는 쌍방의 공격 중단, 휴전 회담, 감독 기구 설치를 위한 구체적인 조치들에 관한 것이었다. 제4의제는 전쟁 포로 교환 문제였다. 제5의제는 쌍방의 당사국 정부에 권고안을 제출하는 것이었다.) 양측이 제2의제에 합의하는 데에는 4개월이 더 걸렸다. 그리고 1952년 3월에 이르러서야 그들은 제3의제의 감독 기구 문제를 해결하고 제5의제의 권고안을 제출했다. 그러나 제4의제인 포로의 자발적 본국 송환 문제를 놓고서 협상은 교착 상태에 이르렀다.

반공포로들이 본국으로 송환되지 않기를 바라는 것은 어제오늘의 일이 아니었다. 제2차 세계 대전 종전 때에도 포로 송환 문제는 연합군에게 심각한 어려움을 야기했었다. 독일로 탈주했다가 연합군에게 붙잡혔던 수많은 러시아 군대와 민간인들이 본국 송환을 거부했기 때문이었다. 연합군이 그들을 돌려보내기로 결정하자 많은 사람들이 자살을 선택했다.[66] 이 사건의 여파로 많은 미국 지도자들이 양심의 가

---

64 그가 며칠 일찍 전역하기로 결정했던 것은 한국인들이 결코 반기지 않는 휴전에 끝까지 개입하다가 자칫 향후 자신의 한국 선교 활동이 어려워질 수 있을 것을 우려해서였다. Underwood, *Korea in War, Revolution and Peace*, 180.

65 Ibid., 187.

66 Dean Acheson, *The Korean War* (New York: W. W. Norton & Company Inc., 1971), 130.

책을 느끼게 되었고, 그 이후 자발적 송환 원칙을 강경하게 고수하게 되었다.

— 북한 포로 수용

6·25전쟁 초기의 전쟁 포로 관리 상황은 극도로 무질서하고 혼란스러웠다. 유엔 당국이 북한 포로들을 다루는 데 필요한 체계적인 절차를 마련하지 못해서였다. 1950년 8월 포로가 약 1천 명으로 늘어나자 유엔 측은 부산에서 북쪽으로 10마일 떨어진 동래에 상설 포로수용소(1번 수용소로 알려져 있음)를 설치했다.[67] 인력이 부족했던 미국인들은 미군 요원들의 면밀한 감독 하에 남한군 부대에게 포로수용소 경비를 맡겼다. 모든 유엔군에게는 가능한 한 빨리 포로들을 동래로 보내 심문하고 투옥하라는 명령이 내려졌다.

전쟁 포로들은 6·25전쟁 기간 내내 적정에 관한 '정보를 알아낼 수 있는 최고의 출처'였다. 그러나 포로들로부터 이러한 정보를 획득해낼 만한 능력을 갖춘 군인들이 절대적으로 필요했다.[68] 그런데 미군 극동사령부에는 한국어에 능통한 자들이 거의 전무했다. 전쟁 첫 3개월 동안 한국어 가능자 158명 중에서 보안 허가를 받은 자는 14명에 불과했고, 그중에서도 겨우 7명만이 모든 상황에서 한국어를 구사할 수 있을 만큼 유창한 실력을 가졌다.[69] 이들 대부분은 인천상륙작전에 투입되기 위해 본부에 소속되어 있었다. 그리하여 전쟁 초기에는 주로 남한 사람이나 일본인 통역관이 포로 심문을 진행하게 되었다.

남한의 심문자들은 대부분 강경한 반공주의자들이었다. 이들은 남한 군대를 따라서 최전선으로 이동하여 현장에서 심문을 진행했다. 남한 군대는 포로들이 남한

---

67 "The Handling of Prisoners of War During the Korean War," 8-5.1 A AA.K (Military History Office: Office of the Assistant Chief of Staff, G3 Headquarters, United States Army, Pacific, June 1960): 3-5.

68 공산당 당국이 그들을 죽이고 고문할 가능성이 있다는 소식을 들은 대부분의 북한 포로들은 포로 심문을 받을 시 진실 대신 거짓말을 하는 경향이 있었다. "Intelligence and Counterintelligence Problems during the Korean conflict," 8-5.1 A AA.G (US Army Center of Military History): 6-7.

69 Ibid., 26-27.

사람으로 판단될 경우 그들을 즉시 석방해주었고, 북한 사람일지라도 남한에 협조적인 자로 판명되면 그들을 잘 대우하고 '부드러운' 방법으로 정보를 취했다. 그러나 포로가 맹렬 공산주의자(대부분 인민군 장교들)로 밝혀지면 더 강압적인 수단이 동원되었다. 남한 군대에서 정확히 몇 명의 포로들을 단순 석방시켰는지, 또는 얼마나 많은 포로들이 고문당해 죽었는지에 대한 정확한 통계는 오늘날 존재하지 않는다. 이에 대한 공식적인 조사는 전혀 이루어진 바 없었다. "대한민국 군대는 포로들이 약간의 도발행동을 할지라도 그들을 학대하거나 살해하는 경향"이 있었기 때문에 미 육군은 1950년 8월경부터 포로 관리에 대한 전적인 책임을 지기로 결정하고, 모든 포로들을 미국 구금 하에 즉시 이관할 것을 남한 군대에 요청했다.[70]

전쟁 첫 두 달 동안 통역사가 부족했던 미군은 대구와 부산으로 피난 온 선교사들이 자원 봉사에 나서준 것에 크게 의존했다. 일제강점기 북한에서 사역했던 해리 힐 목사는 미군 장교들에게 귀중한 도움을 주었다. 장교들은 포로들이 제공한 정보들을 점검하여 그들이 진술한 내용이 사실인지 여부를 확인하는 일을 힐 목사에게 부탁했다. 힐 목사는 이 일을 위해서 포로들을 직접 대면하여 그들과 대화할 수 있었고, 이에 더하여 그들에게 설교를 할 수 있는 특권까지 갖게 되었다. 힐 목사의 회상에 따르면, "대부분의 포로들은 상당한 관심을 표명"했는데, 이는 "그들이 무신론에 만족하지 못했고, 복음서 사본을 받기를 간절히 바랐기" 때문이었다.[71] 이런 식으로 전쟁 초기부터 포로들을 대상으로 한 전도가 계속 진행되었다.

부산에서는 유엔군이 프란시스 킨슬러 목사와 윌리엄 린튼 목사를 초청하여 지원을 부탁했다. 군종 목사들은 이 선교사들에게 동래에 있는 전쟁 포로들을 대상으로 설교해 줄 것을 요청했다(당시 약 1천 명의 포로들이 수용되어 있었음). 포로들을 유심히

---

70 "The Handling of Prisoners of War During the Korean War," 5. 남한군에서 공산주의자와 비공산주의자를 구별하는 일을 했던 홍우준 박사에 따르면, 전쟁 초기에 남한군은 공산주의자들은 죽이고 남한 사람들은 석방해주는 정책을 사용했다. Donald B. Sheley, *Beggar At the Banquet*, ed. by David Esterline (San Bruno, CA: Church of the Highlands, 1979), 73.

71 해리 힐 목사는 육군 장교도 군목도 아니었기 때문에 포로수용소에서 그가 했던 일은 군사 문서에 기록되지 않았다. 그 당시만 해도 정치교화 사업이 아직 시작되기 전이었고, 선교사들은 포로들에게 거의 "제약 없이 다가가"서 "자유로이 행동"하는 것이 허가되었다. Letter from Rev. Harry Hill, 22 August 1950, Presbyterian Church Archive, Record Group 140, Box 18, Folder 14 - Presbyterian Historical Society, Philadelphia.

지켜본 린튼 목사는 그들이 세칭 골수 공산주의자라기보다는 그저 "교육도 못 받은 시골 소년들" 같다고 여겼다. 또한 그는 "꽤 많은 이들이 기독교 가정 출신"임을 알게 되었다.[72] 실제로 유엔 측으로 탈주하는 북한 기독교인들이 상당히 많았기 때문에 북한 정부가 기독교인들을 불신했던 것은 당연한 일이었다. 자녀가 인민군에 징집된 기독교인 부모들 중에는 남한에 머물 수 있는 기회가 생기면 북한으로 돌아오지 말라고 이르는 사람들도 있었다.[73]

— 포로들의 급격한 증가

유엔군이 서울을 점령한 후 미 제10군단은 조선인민군 절반의 병력이 철수하지 못하도록 퇴로를 차단했고, 이 때문에 유엔에 항복하는 북한 병사들은 계속 늘어났다. 9월 말 동래의 1번 수용소에는 10,829명의 포로가 수용되어 있었는데, 이는 한 달 전보다 약 9,000명이 증가한 것이었다. 급증하는 포로들을 수용할 시설들은 아직 준비되지 않았고, 음식과 물도 모두 부족했다. 약 1,100명 정도가 대피 막사도 없이 수용동(compound, 受容棟)에 배치되어야 했는데,[74] 이런 상황에서도 여전히 매일 수천 명씩 수용소에 들어오고 있었다. 1950년 11월까지 유엔의 수용소에 구금된 포로는 10만 명이 넘어섰고(인천 33,478명, 부산 62,697명, 평양 20,647명),[75] 1950년 12월 3일에는 총 수감자가 146,135명에 달했다.[76]

1950년 12월 전쟁의 흐름이 바뀌자 유엔 당국은 모든 포로들을 먼저 부산으로

---

72 Letter from Mrs. (Charlotte) Linton, 28 August 1950, Presbyterian Church (U.S.A.), Department of History, Montreat, North Carolina.

73 정충섭의 부모는 그에게 북한으로 돌아오지 말라고 강권했다. 그래서 정충섭과 장로교회 장로인 그의 사촌은 북한 송환을 거부했다. Interview with Jeong Chun-Seop, an ex-North Korean POW who resided in South Korea, 18 May 2004, College Park, Maryland.

74 "The Handling of Prisoners of War During the Korean War," 8-5.1 A AA.K (Military History Office: Office of the Assistant Chief of Staff, G3 Headquarters, United States Army, Pacific, June 1960): 6.

75 Ibid., 7.

76 Outgoing message from CINCFE Tokyo, Japan to CG Army Eight Korea, 4 December 1950, Record Group 9, Box 37, Folder: "Army 8 - out, Dec 50", MacArthur Archives, Norfolk.

표 8.5 • 포로들 배치 상황

(단위: 명)

<table>
<tr><th>위치</th><th>1950년 12월</th><th>1951년 2월</th><th>1951년 3월</th><th>1951년 5월</th><th>1951년 6월</th></tr>
<tr><td>1번 포로수용소</td><td>9,539</td><td>5,787</td><td>자료 없음</td><td rowspan="8">38,850</td><td rowspan="8">7,000–10,000</td></tr>
<tr><td>2번 포로수용소</td><td>34,703</td><td></td><td>자료 없음</td></tr>
<tr><td>3번 포로수용소</td><td>39,518</td><td>38,395</td><td>자료 없음</td></tr>
<tr><td>4번 포로수용소</td><td>12,715</td><td></td><td>자료 없음</td></tr>
<tr><td>5번 포로수용소</td><td>31,800</td><td>31,880</td><td>자료 없음</td></tr>
<tr><td>14번째 야전 병원</td><td>7,237</td><td>10,146</td><td>자료 없음</td></tr>
<tr><td>노동 인력</td><td>1,663</td><td></td><td>자료 없음</td></tr>
<tr><td>중국인 포로들</td><td>616</td><td></td><td>자료 없음</td></tr>
<tr><td>거제도</td><td></td><td>53,588</td><td>98,799</td><td>115,884</td><td>645</td></tr>
<tr><td>합계</td><td>137,791</td><td>139,796</td><td>자료 없음</td><td>154,734</td><td>자료 없음</td></tr>
</table>

출처: "The Handling of Prisoners of War During the Korean War (U)," (Military History Office: Office of the Assistant Chief of Staff, G3 Headquarters, United States Army, Pacific, June 1960), 9, 13, 14.

이송한 다음, 부산항에서 남서쪽으로 20마일 떨어져 있는 거제도로 이동시켰다. 거제도에는 총 28개의 수용동이 있었다. 이 수용동들은 4개의 거대한 수용소들에 분산되어 있었는데, 6번 수용소는 섬 중앙의 계곡 지역에 있었고 7, 8, 9번 수용소는 동쪽 계곡 지역에 위치해 있었다. 모든 수용동들은 포로들이 과밀하게 구금되어 있었으며 위생 상태도 열악했고, 초기에는 음식까지 부족했다. 각 수용동에는 약 8천 명의 포로가 있었고, 한 개의 막사에는 약 500명의 인원이 수용되어 있었다. 이에 비해 거제도에 주둔한 미군과 남한군 병력은 4천 명 정도에 불과하여, 포로 500명당 한 명 수준이었다. 그리하여 유엔 당국이 수용소를 효과적으로 계속 통제하기란 현실적으로 어려운 일이었다. 그리고 미 제8군은 수용소들을 경비할 병력을 더 투입할 수 없었기 때문에 수용동의 관리는 포로들의 협조에 의존했다. 그래서 각 수용동에서는 자체적으로 대표자를 선출하여 훈련 통솔, 물자 분배, 수용소 지휘관들과의 소통을 책임지게 했다.

그 결과 수용동들은 반공주의자들의 통제하에 놓이게 되거나 강경 공산주의자들의 손에 들어가게 되었다. 그리고 미국인 경비병들은 경험과 인력 부족으로 포로

수용소 내에 거의 들어가지 않았다. 이러한 수용소의 상황은 처음에 평화롭게 흘러갔지만, 개성에서 휴전 회담이 시작되자 급속히 악화되었다. 1951년 6월부터 1952년 5월까지 거제 수용소는 6·25전쟁의 새로운 격전지가 되었고, 휴전 회담에서 핵심 쟁점으로 떠올랐다. 수용동에서 포로들이 벌이는 전투들은 유엔 측 협상가들을 계속 당혹시켰고, 회담에서 쌍방 간에 긴장을 촉발시키는 요인이 되었다. 전쟁 포로 논란의 본질을 이해하기 위해서는 문제의 근원을 정확하게 분석하는 것이 중요하다. 수용소 내 포로들이 반공주의와 공산주의의 양 극단으로 나뉘고 이들의 본국 송환 문제가 논란이 된 데는 크게 5가지 원인이 있었다.

① 공산주의자 포로들에 대한 미국의 정치적 교화 작업

맥아더 장군은 공산주의가 테러, 체제 전복, 속임수를 통해 인민에 대한 통제권을 얻었기 때문에 자유라는 이념은 공산주의와 반대되는 것이라고 믿었다. 그래서 개방적인 분위기가 허용된다면 공산주의는 추종자들에 대한 장악력을 잃게 될 것이라고 그는 추정했다.[77] 공산주의 포로들은 이러한 맥아더의 추정을 실험해 볼 가장 적합한 대상이 되었다. 그리하여 전쟁 포로들에게 새로운 정보와 종교 활동을 제공함으로써 그들을 재교육하려는 계획이 세워졌다. 극동사령부는 전쟁 포로 재교육을 위한 프로그램을 구성하기 위해서 미국 장로교 선교부 소속 선교사들인 윌리엄 C. 커 박사와 덱스터 러츠 박사를 고용했다. 이 프로그램의 준비 작업은 도쿄에서 시작되었다.[78]

미 제8군은 1950년 10월부터 포로들의 태도를 변화시키고, 서구의 가치들을 수용하게 하고, 서구 민주주의에 대한 왜곡된 인식을 교정시킬 가능성을 시험하기 위해 영등포에서 시범 프로그램을 시작했다. 500명의 북한 포로들이 이 연구의 대상으로 선발되었고, 그들의 수업 참석은 자발적으로 이루어졌다. 참가자들은 라디

77 From MacArthur to Mr. George Djamgaroff, Chairman Organizational Committee of the 4th AntiCommunist Convention, 22 February 1951, Record Group 16a, Box 4, Folder 7, MacArthur Archives, Norfolk.

78 Letter from William C. Kerr to Dr. John C. Smith, 11 April 1951, Presbyterian Church Archive, Record Group 140, Box 18, Folder 17 - Presbyterian Historical Society, Philadelphia.

오에서 매일 정치 선전 뉴스와 논평을 듣고, 매주 미국공보원(USIS)의 보도 자료 번역본을 읽고, 민주주의 절차를 설명할 목적으로 이전에 일본에서 사용되었던 미국공보원 영화를 시청했다. 또한 개신교와 로마 가톨릭의 예배가 군종 선교사들(윌리엄 쇼 목사와 조지 M. 캐롤 신부)에 의해 진행되었다. 대한민국 정부 관계자들과 기업인들이 초청되어 민주주의하에서 대한민국이 이룬 업적을 설명하는 시간도 가졌다. 그러나 중국의 개입으로 유엔군이 서울에서 철수하게 되면서 이 실험은 중단되었고, 시범 프로그램의 영향력은 제대로 평가되지 못했다. 그렇지만 이것은 나중에 거제도에서 새로운 재교육 프로그램을 시작할 수 있는 발판이 되었다.[79]

포로들이 거제도에 정착하자마자 수용소 당국은 "CI&E"(Civilian Information and Education, 민간정보교육)라는 종합 교육 프로그램을 시작했다. CI&E는 정치 및 교육 프로그램을 담당했고, 미국 군종 부대는 종교 활동을 담당했다. 이 새로운 시스템은 "유엔의 정치적·사회적·경제적 목표들에 대한 이해와 인식을 발전시키고, 포로들이 자국에서 더 나은 시민이 될 수 있도록 다양한 다른 방법으로 지원하기 위해" 고안되었다.[80] CI&E 부서는 지정된 임무를 수행함에 있어 수용소 사령부와는 독립적으로 운영되었으며, 그 대신 도쿄의 최고 사령부와 직접 통신했다. CI&E의 프로그램에는 종교가 큰 역할을 했다. 교화 프로그램 내에 특별히 명시된 종교적 요소가 있었을 뿐만 아니라 '정치적·교육적' 요소조차도 민간 선교사들에 의해 운영되어야 했기 때문이다. 도쿄에서 커 박사가 CI&E 프로그램에 사용할 "자료들의 준비를 감독"하는 동안,[81] 러츠 박사는 한국에서 농업 프로그램을 운영했다.[82]

이 프로그램은 63번 수용동의 7,500명 포로들을 대상으로 6월 1일부터 시작되어 점차 모든 수용동으로 확대되었다. 포로들은 매주 최소 4시간의 예비 교육에 참

79 "The Handling of Prisoners of War During the Korean War," 102-103.

80 William C. Bradbury, "The Political Behavior of Korean and Chinese Prisoners of War in the Korean Conflict: A Historical Analysis," *Mass Behavior In Battle and Captivity: The Communist Soldier in the Korean War* (Chicago IL: The University of Chicago Press, 1968), 219.

81 Letter from the General Headquarters Supreme Commander from the Allied Powers to Dr. John Coventry Smith, 23 April 1951, Presbyterian Church Archive, Record Group 140, Box 18, Folder 17 - Presbyterian Historical Society, Philadelphia.

82 Letter from William Kerr to John Smith, 17 May 1951, Presbyterian Church Archive, Record Group 140, Box 18, Folder 17 - Presbyterian Historical Society, Philadelphia.

석하기를 권유받았다. 커 박사에 따르면 예비 교육은 종교 예식으로 진행되지는 않았지만 "밀접하게 관련된 것이었고, 그 중요성이 전해지며 즉시 감동을 끼쳤다."[83] 이 프로그램의 목표는 포로들에게 서구 세계와 민주주의에 대한 보다 우호적인 태도를 심어주고 공산주의 이데올로기에 대한 불신을 주입하는 것이었다. 교사진은 남한과 대만, 홍콩 출신의 자격을 갖춘 자들이 고용되기도 했지만, 대부분은 포로들 중에서 선발되었다. 그들은 전쟁의 배경, 민주주의와 전체주의, 자유세계 사람들의 삶, 한국·중국과 세계, 한국·중국의 재건, 집단행동에서 필요한 지도력과 기술의 개발이라는 여섯 개의 주요 주제에 대해 토론을 이끌었다.[84]

수용동에 따라 다르지만 대략 60~90%의 포로들이 예비 교육 수업에 참석하기로 결정했다. 이 수업들 중에는 읽고 쓰기와 직업 훈련 같은 교육들도 포함되어 있었는데, 이는 포로들이 출소 이후의 삶을 준비하도록 하기 위함이었다(표 8.6 참조).

그 밖에 다양한 오락 활동도 소개되어 수용동에서 행해졌다. 그중에서 독서 모임, 문해 수업, 농업 수업이 가장 인기가 많았다. 그러나 공산주의자들의 수가 더 많았던 수용동들은 수업 참석율이 낮았다. 교육 프로그램에 대한 공산주의자들의 저항이 매우 강했기 때문이었다. 특히 공산주의자들이 확고하게 통제하고 있는 수용동

표 8.6 • CI&E 주관 포로교육 활동(1952. 7. 4)

(단위: 명)

수업 내용	참가자 수	수업 내용	참가자 수
예비교육 수업	69,998	농업 수업	13,674
한글 수업	11,307	건강 수업	15,007
청소년 수업	3,525	직업 수업	2,577
성인 보충학습 수업	3,958	생산직 수업	1,994
독서 모임	42,000		

출처: "The Handling of Prisoners of War During the Korean War (U)," (Military History Office: Office of the Assistant Chief of Staff, G3 Headquarters, United States Army, Pacific, June 1960), 117.

83 Letter from William Kerr to John Smith, 11 April 1951, Presbyterian Church Archives, Record Group 140, Box 18, Folder 17 - Presbyterian Historical Society, Philadelphia.

84 "The Handling of Prisoners of War During the Korean War," 102.

에서는 CI&E 프로그램이 아예 수행되지 못했다. 수용소 당국은 그들에게도 영향을 미치기 위해 음악 프로그램, 뉴스 보도 및 안내 방송을 매일 내보냈다. 결과적으로 CI&E 교육은 비공산주의자, 문맹자, 청년층을 중심으로 약간의 효과를 거두었다.

CI&E 프로그램이 끼친 영향은 정확히 측정되기 어려웠지만, 그래도 공산당원이 아닌 포로들 사이에서는 어느 정도의 반공 정서를 불러일으켰다. 공산당 측은 CI&E 중국인 강사들 중 일부가 장제스 정권을 위해 일하는 간첩들이라고 비난했다. 비송환자들의 회고록에 따르면 타이완인 교사들은 포로들에게 타이완행을 권유했고, 장제스가 그들을 지원해줄 것이라고 장담했다. 그리고 그들 중 일부는 포로수용소 내 국민당 지도자들과 타이완 정부의 사이를 이어주는 전달자 역할을 했다.[85] 미국은 당초 포로들을 타이완으로 보낼 계획이 없었으나, 이 타이완 교사들의 은밀한 활동 덕분에 친장제스파 포로들의 결심이 굳어지고 명분이 강화되었다.

공산주의자들의 통제하에 들어가서 CI&E 교육이 효과적으로 수행되지 못하는 수용동에서는 공산주의 지도자들이 자체적인 정치 교화 프로그램을 만들었다. 그들은 조국에 대한 충성의 중요성을 강조했고, 노래팀과 연극팀을 조직하고 문맹자들에게 한글 수업을 열어주었다. 외국어 가능자들은 러시아어와 영어 수업을 했다. 사상 교육으로 단련된 공산당 요원들이 '지하 공산당'의 파견을 받아 수용소에 들어오기도 했는데, 이들은 친공 포로들을 조직해서 수용소 당국에 도전하고 반역자들을 처벌하는 일을 진행했다. 이렇듯 공산주의자들과 반공주의자들 간에 포로들의 충성심을 쟁취하기 위한 이데올로기 전쟁이 벌어졌다.

② 포로들에 대한 미국의 종교적 교화 작업

도쿄의 극동사령부는 1950년 8월 초부터 공식적으로 선교사들에게 협조 요청을 하기 시작했다. 일제강점기 북한에서 사역했었던 윌리엄 쇼 목사와 헤롤드 보어클 목사는 민간인 연락 군종목사로 채용되어서 남한 군대와 전쟁 포로들을 상대하는 업무에 배치되었다. 8월 말 부산에 도착한 쇼 목사는 곧바로 포로수용소에 보내져

85 Min-jin Guo, *Hanzhanyiwang: Yuxue Rensheng Huarenquan 韓戰憶往: 浴血餘話人權* (Memoir of the Korean War: Human Rights of the POWs in the Contest of Bloody Survival) (Taiwan: Shangzhi Minhwa Shiyi Ltd., 2000), 160-162.

서 스위스 국제적십자사 관계자들과 함께 175명의 포로들을 조사하고 심문했다.[86]

한편 보어클 군목은 인천으로 보내졌다. 그곳에서 포로들을 만나 본 보어클은 "그들 중에 기독교인들이 많이 있음"을 알게 되었고, 이 기독교인 포로들은 "강요에 따라 어쩔 수 없이 무장을 했을 뿐"이라고 주장했다.[87] 보어클 군목은 이 포로들 사이에서 인기가 높았다. 공산당의 선전대로 미국인들에게 고문을 받거나 죽임을 당할 것이라 예상하며 두려워하던 포로들이 많았는데, 보어클의 북한식 억양과 기독교 설교는 그들의 마음을 진정시키는 데 도움이 되었다. 보어클은 수백, 때로는 수천 명의 포로들에게 설교했다. 그는 보통 북한에 대해 몇 가지 질문을 하여 관심을 끌기 시작한 다음, 공산주의와 기독교 복음을 대조하여 설명을 해주고, 용서와 구원을 받기 위해 그리스도께로 돌아올 것을 촉구했다.[88] 그의 설교는 위로의 내용도 포함되어 있었지만 계속해서 "하나님 없는 공산주의의 해악을 그들에게 일깨워 주는" 반공 사상도 들어가 있었다.[89] 보어클은 청중들이 기꺼이 예배에 참여하고 설교를 받아들일 준비가 되어 있음을 알게 되었다. 평양에서 전쟁 포로들을 관할하는 장교 한 명은 심지어 보어클을 평양으로 이송해줄 것을 특별히 요청하기도 했다.[90] 쇼 목사는 서울에 계속 머물면서 인천 수용소에 있는 포로들을 자주 방문했다.

부산에서는 북한 출신 수감자 중에 임한상 목사가 있었는데, 그는 미군으로부터 공산당 도망자로 오인을 받아 포로로 잡혀왔다. 그러나 유엔 당국이 그의 진짜 신원을 확인하게 되자 그는 민간인 피억류자(CI)로 재분류되었을 뿐만 아니라 부산 수용소 내에서 예배와 성경공부를 할 수 있는 천막까지 제공받았다. 미국 장교들은 그에게 "군목"(The Chaplain)이라는 별명을 붙여줬다. 보어클이 부산에 도착하기도 전

86 Letter from Adeline H. Shaw, 4 September 1950, *Missionary* Vol.4, United Methodist Church Archives - GCAH, Madison, New Jersey.

87 Letter from Chaplain Harold Voelkel to Dr. Decker, 13 October 1950, Presbyterian Church Archive, Record Group 140, Box 18, Folder 15 - Presbyterian Historical Society, Philadelphia.

88 Chaplain Harold Voelkel's letter #6, 21 October 1950, 『WCC 도서관 소장 한국교회사 자료집: 한국전쟁 편』, 김흥수 편 (서울: 한국기독교역사연구소, 2003), 138.

89 Letter from Chaplain Harold Voelkel, 9 October 1950, Presbyterian Church Archive, Record Group 140, Box 18, Folder 15 - Presbyterian Historical Society, Philadelphia.

90 Letter from Chaplain Harold Voelkel, 5 November 1950, Presbyterian Church Archive, Record Group 140, Box 18, Folder 15 - Presbyterian Historical Society, Philadelphia.

인 1950년 12월 25일, 임한상 목사가 집례하는 성탄 예배에는 4천 명의 포로들이 모였는데, 그중에는 비신자들도 다수 포함되어 있었다. 미국 당국과 선교사들은 임 목사에게 성경책과 낱권 성경, 찬송가, 소책자를 여러 권 제공했다. 포로수용소 내에서 그의 사역은 계속 확장되어갔다.[91]

보어클 목사와 임한상 목사의 성공 사례에 고무된 유엔 당국은 거제도에 있는 모든 수용소에서 전도 프로그램을 시행하기에 이르렀다. 1951년 3월부터 1952년 6월까지 보어클 군목은 거제도 포로수용소 내 종교 활동을 조직하는 총 책임자가 되었다. 전라도 지역에서 선교 사역을 하던 존 E. 탈매지(John E. Talmage) 군목과 브루스 A. 커밍(Bruce A. Cumming) 군목도 거제도의 포로들을 목회하기 위해 전출되었다.[92] 당시 14만 7천여 명의 포로 가운데 개신교 신자는 3천여 명, 천주교 신자는 1천 명 안팎에 불과했다. 거제 수용소의 각 수용동에는 교회로 사용할 천막이 설치되었다.[93] 개신교회들은 집사들과 장로들을 선출하고, 새벽 기도회를 열고, 개인 전도활동을 벌였다. 군종 목회자들은 수용동을 옮겨 다니면서 대규모 종교 집회들을 조직하는 책임을 맡았고, 여기에 포로들이 참석하는 것은 항상 자발적이었다. 보통 수백 명, 때로는 수천 명의 포로들이 찾아오곤 했다.

포로들이 기독교 예배에 열정적으로 참여하는 것을 확인한 보어클 군목과 임한상 목사는 이 포로들 중에서 새로운 기독교 지도자들을 양성해낼 필요가 있다고 보았다. 그래서 그들은 매주 진행되는 예배와 기도 모임 외에도 수용동들 내에서 성경학원을 운영하기로 결정했다. 첫 번째 성경 학원은 부족한 환경 속에서 38명의 포로들로 시작했지만, 이것이 계속 확장되어 1953년에는 15개의 학원에서 매주 3,883명의 포로들이 참여하는 수준에 이르렀다. 이 학원의 하루 일정은 성경, 찬송가, 영어, 체조의 네 가지 수업으로 구성되었다. 교과 과정은 한국 민간인 목사들과 선교사들이 수용소 내 군종 직원으로 더 많이 합류하면서 더욱 개선되고 다듬어졌다.

---

91 Harold Voelkel, *Behind Barbed Wire in Korea* (Grand Rapids, MI: Zondervan Publishing House, 1953), 11-13.

92 George Thompson Brown, *Mission to Korea* (USA: Board of World Missions, Presbyterian Church U.S., 1962), 198.

93 Ibid.

이 프로그램에 참여했던 이들 중 총 642명이 출소 이후 신학교 진학에 관심을 표명했다.[94] 그들 중 한 명은 불교 승려였다가 수용소 안에서 기독교로 개종한 사람이었다.[95] 이 포로들은 나중에 전후 대한민국에서 새로운 세대의 기독교 목회자들과 저명한 평신도들로 성장했다.

약 1년 동안 총 2,266명의 한국인 포로들이 세례를 받았다(표 8.7과 8.8 참조). 1,500명 이상이 교리 문답을 마치고 세례를 기다리는 예비 신자가 되었고, 11,000명이 교리 문답을 준비하고 있었다(표 8.8 참조).

전반적으로 약 2만 명의 한국인 포로들이 정기적으로 기독교 예배에 참여했

표 8.7 • 성찬식에 참여한 세례 수여자 및 교리 문답자 인원

(단위: 명)

구분	1951년 5월 6일	1951년 10월 7일	1951년 4월 13일
세례 수여자	84	202	614
신규 교리 문답자	111	465	1,397
총 성찬 참여자	500	1,712	2,317

출처: "Chaplain's Report: Kojedo Prisoner of War Camp, March 1951 – April 1952," Presbyterian Church Archives, Record Group 140, Box 16, Folder 40 – Presbyterian Historical Society, Philadelphia, Pennsylvania.

표 8.8 • 거제도 내 개신교인 북한 포로 인원

(단위: 명)

구분	1951년 3월	1952년 4월
세례 수여자	자료 없음	2,266
교리 문답자	자료 없음	1,571
교리 문답 준비자	자료 없음	11,225
합계	4,261*	15,062

* 헤럴드 보어클 군목이 제공한 수치임. 거제도로 재배치되기 이전에도 포로수용소 내에는 이미 기독교인이 존재하고 있었음.

출처: "Chaplain's Report: Kojedo Prisoner of War Camp, March 1951 – April 1952," Presbyterian Church Archives, Record Group 140, Box 16, Folder 40 – Presbyterian Historical Society, Philadelphia, Pennsylvania.

---

94 Voelkel, *Behind Barbed Wire in Korea*, 15–16.

95 Ibid., 25–27.

다. 월드비전 총재 밥 피어스 박사는 보어클 군목이 한국인 조수들과 함께 거제 수용소에 있는 여러 수용동들을 다닐 수 있도록 미국에서 모금한 개인 기부금으로 약 2,500달러 상당의 새 지프차를 구입해 주었다.[96]

6·25전쟁 초기 북한 포로들을 대상으로 한 종교 활동이 성공을 거두자 미군 사령관들은 CI&E 프로그램 외에도 중국인 포로수용소에 비슷한 종교 프로그램을 도입하게 되었다. 그러나 북한 포로들의 경우와 달리 중국인 포로들 중에는 기독교인이 거의 없었다. 미 제8군은 얼 우드베리(Earle Woodberry) 목사와 토마스 오설리반(Thomas O'Sullivan) 신부에게 중국인 포로들을 위한 군종이 되어 줄 것을 요청했다. 두 사람 모두 수십 년 동안 중국에서 선교사로 일했으며, 완벽하게 유창한 중국어 실력을 갖추었다.

미국 교회들은 중국인 포로들의 개종에 특별한 관심을 보였다. 우드베리 목사가 중국인 포로들을 위한 군종 목사직을 수락하자, 장로교 이사회 총무인 존 C. 스미스 박사는 우드베리에게 "이 중국인" 포로들 중에서 "누군가" 개종과 관련한 "경험을 한 바에 대해서" 그리고 그들이 어떤 "태도"를 보였는지에 대해서 알려줄 것을 요청했는데, 이는 미국인들이 중국인 포로들을 위한 그의 사역에 특히 큰 관심을 가지고 있었기 때문이었다. 미 국무장관은 우드베리에게 그의 이야기가 미국에서 "널리 알려지게 될 것"이라고 장담했다.[97]

1951년 3월 우드베리 군목은 부산의 포로들을 대상으로 사역을 시작한 뒤 거제도로 건너갔다. 그는 두 명의 한국인 목사들로부터 귀중한 도움을 받았다. 그중 한 명은 중국 선교사 출신인 이태용 목사였다. 처음 그들의 모임에 참석한 평균 인원은 1,500명에서 2천 명 정도였다. 목회 첫 달 동안 우드베리는 약 600명의 중국 군인들이 "그리스도를 구세주로 영접"하기 위해 앞으로 나아왔고, 그중 75명은 장교였다고 보고했다. 3개월 후에는 493명의 장교들이 신자들의 모임에 합류했다. 평균 예배 참석자는 모임당 6~7천 명으로 증가했다. 그들 중 최소 6천 명이 "그리스도를

96 Ibid., 19.

97 Letter from John Smith to Chaplain Earle Woodberry, 18 April 1951, Presbyterian Church Archives, Record Group 197, Box 1, Folder 3 - Presbyterian Historical Society, Philadelphia.

믿으려는 의사"를 밝혔고, 어떤 자들은 세례까지 받고자 했다.[98] 그들의 신앙 성장이 너무 빨라서 우드베리 군목과 그의 직원들은 "그들이 진실한지 확인하기 위해 그들의 결정을 기록하는 것을 제지"해야만 했다.[99]

그로부터 약 1년 뒤인 1952년 6월에는 우드베리 목사와 그의 한국인 직원들이 한 달에 8~12회의 예배를 드렸고(수용동들을 순회하면서 매주 일요일에 2~3회씩 예배함), 각 예배에 참석하는 평균 인원은 4천 명을 넘어섰다.[100] 중국인 포로수용소가 거제도에서 제주도로 옮겨진 뒤에도 비송환 수용소(3번 캠프)에서의 예배 참석자 수는 줄어들지 않았다.[101] 우드베리 군목과 그의 동료 미국 장교들은 포로들 중에서 "기독교가 자발적으로 급속히 확산되는 것에 몹시 놀라워했다." 특히 예배가 자발적으로 행해지는 것을 분명히 알고 나서 더욱 그러했다.[102] 우드베리는 이러한 회심의 이야기들

표 8.9 • 예배에 참석한 제주도의 중국인 포로 수(1952. 5)

(단위: 회, 명)

구분	예배 횟수	참석자 수	평균 예배 참석자 수
일요일 예배	8	34,800	4,350
주중 예배	21	32,195	1,533

출처: "Copies of EJW's reports for April, May, and June 1952," Presbyterian Church Archives, Record Group 140, Box 18, Folder 7 - Presbyterian Historical Society, Philadelphia, Pennsylvania.

98 Letter from Rev. Earle Woodberry to "Dear Praying Friends," undated, received on July 10, 1952, Presbyterian Church Archives, Record Group 360, Folder Earle Woodberry - Presbyterian Historical Society, Philadelphia.

99 "Six Months in the Chinese POW Camps" (Resume#1 - Abridged), Presbyterian Church Archives, Record Group 360, Folder Earle Woodberry - Presbyterian Historical Society, Philadelphia.

100 "Copies of EJW's reports for April, May, and June, 1952," received on November 19, 1952, Presbyterian Church Archives, Record Group 140, Box 18, Folder 17 - Presbyterian Historical Society, Philadelphia.

101 Memo from Dr. Wysham to the Secretary Council, 29 June 1953, Presbyterian Church Archives, Record Group 360, Folder: Earle J. Woodberry - Presbyterian Historical Society, Philadelphia.

102 "Six Months in the Chinese POW Camps" (Resume#1 - Abridged), Presbyterian Church Archives, Record Group 360, Folder Earle Woodberry - Presbyterian Historical Society, Philadelphia.

이 갖는 정치적인 중요성과 심리적인 효과를 즉시 알아보았다.[103]

한편 공산주의 포로들은 군목들을 미국 제국주의자들의 간첩이라고 몰아세우며 자주 비난했다. 86번 수용동의 중국 공산당 포로인 우추엔상(Wu Chuen-sang)은 미국 당국이 우드베리 군목을 각 수용동에 보내 국민당파 부류들에게 권력을 실어줌으로써 어떻게 공산주의자들의 통제력을 약화시켜가는지를 다음과 같이 설명했다.

> 이 늙은 여우[우드베리]는 매우 교활했다. 그는 매우 기민하게 수용동 구내를 드나들었다. 그가 처음 설교하러 왔을 때 그를 둘러싼 수감자들이 몇 명 안 되었던 것으로 기억한다. 그중 몇몇은 그에게 냉담한 말을 하기도 했다. 그렇지만 그는 속상하거나 기죽지 않고 '하늘의 군주' 앞에서 진심을 담은 연극을 계속해갔다. 날이 갈수록 사람들이 기독교로 개종해서 나는 놀랐다. … 우드베리 '군목'은 점점 더 자주 찾아왔고, 점점 더 많은 사람들이 그의 말에 귀를 기울였다. CI&E 교사인 친리런(Qin Li-ren) '교장'은 공식적인 업무를 수행하지는 않았지만, '개종자들'을 대상으로 '반공주의와 반러시아 동맹들'을 수립하는 일에 바빴다. … 그러던 중 정체를 알 수 없는 인물인 저우이엔다(Zhou Yen-da)가 86번 수용동의 경찰서장으로 오게 되는데 … 얼마 지나지 않아서 '반공주의와 반러시아 동맹'측 사람들이 그 수용동의 경찰력을 완전히 장악했다. 그리고 CI&E 학교는 '정치 수업'을 추가했다. 수용소 경찰은 모든 사람들에게 반동적인 수업에 참석하도록 강요했다.[104]

물론 미국 당국이 86번 수용동을 장악할 목적으로 우드베리를 파견한 것은 아니었다. 그러나 종교 행사가 반공주의자들의 영향력을 증대시킨 것은 사실이었다. 많은 사람들이 기독교로 개종하자 위기감을 느낀 공산주의자들이 반격에 나서게 되었다. 공산주의자들의 눈에는 종교 활동이 실제적인 위협이었다. 그래서 그들은 "군목들

103 Letter from Rev. Earle Woodberry to "Dear Praying Friends," undated, received on July 10, 1952, Presbyterian Church Archives, Record Group 360, Folder Earle Woodberry - Presbyterian Historical Society, Philadelphia.

104 Testimony by Wu Chuen-sang in Zhe-shi Zhang, ed., *Meijuti Jizhongying Qinli Ji 美軍集中營親歷記* (Personal Records in the American Prison Camps) (Beijing: Chinese Archives Press, 1996), 134-136.

이 수용동들에서 설교하는 것을 막으려"고 끊임없이 시도했다.[105]

선교사 군목들이 수용소에 계속 방문하자 공산주의 수감자들은 기독교인 수감자들을 공격함으로써 선교사들과 종교에 대한 불만과 증오를 표출했다. 그들에게 희생된 사람들 중 다수가 보어클의 예배와 성경 수업에 충실하게 참석하는 사람들이었다.[106] 8월에는 기도회를 마치고 자신의 천막으로 돌아온 포로 교회의 집사 한 사람이 돌에 맞아 숨지는 일이 발생했다. 그의 죽음을 계기로 쌍방의 대립은 더욱 격화되었다. 수감자들은 편을 나누어서 같은 편끼리 뭉치기 시작했다. 9월 17일, 85번 수용동에서 공산주의 포로들이 쿠데타를 일으켜서 비공산주의 지도부를 모두 살해하고 권력을 잡았다. 17명의 비공산주의자들이 잔인하게 살해되었는데,[107] 이 가운데 6명이 기독교인이었고, 2명은 수용소 교회의 집사였다.[108]

이 사건에 대한 대응으로 85번 수용동의 기독교인들은 탄원서를 작성하여 자신들의 피로 서명하고, 북한으로 돌아가느니 차라리 죽겠다고 선언했다. 이 탄원서는 보어클 군목에게 맡겨져서 수용소 당국에 제출되었다. 그러자 수일 내로 모든 북한 포로 수용동들에서 기독교인들이 들고 일어나, 그들 또한 공산 치하로 돌아가느니 차라리 죽음을 원한다고 요청하는 유혈 탄원서를 작성했다.[109] 한 신문 보도에 따르면, 이 유혈 탄원서들은 "결국에 평화 회담에서 가장 강력한 선전 무기가 되었다."[110] 기독교인들은 비송환 포로들 중에서 적극적인 지도자가 되어 송환에 반대하는 반공 시위를 조직했다.[111]

---

105 이것은 부산에 있는 11번 수용소에서 공산군 포로들이 제출한 요구 사항 중 하나로 기재되었다. Ibid., 110.

106 Rodger R. Venzke, *Confidence in Battle, Inspiration in Peace: The United States Army Chaplaincy 1945-1975* (Washington, D.C.: U.S. Government Printing Office, 1977), 5:94.

107 정확한 희생자 수는 자료마다 다르게 나와 있다. 마이어스(Meyers)와 브래드베리(Bradbury)는 17명이라고 기록했지만 보어클 군목은 16명이라고 말했다. 필자는 마이어스와 브래드베리의 역사적 기록이 보어클이 언급한 정보보다 더 정확할 것이라 판단하여 17명으로 기재했다. Meyers and Bradbury, "The Political Behavior of Korean and Chinese Prisoners of War in the Korean Conflict: A Historical Analysis," 262.

108 Voelkel, *Behind Barbed Wire in Korea*, 28-29.

109 Ibid.

110 "Missionary Tells of Red Brutality in War Camp," *The Post-Standard*, 15 October 1953.

111 Voelkel, *Behind Barbed Wire in Korea*, 29.

③ 이질적인 포로 집단들

전쟁 포로 문제는 유엔 구금 시설에 여러 배경의 수감자들이 혼재함에 따라 더욱 복잡해졌다. 포로들은 한국인과 중국인, 공산주의자와 비공산주의자로 대표되었다. 그들 중 어떤 집단들은 개인적인 이유로 북한 송환을 강력히 반대했다. 첫 번째 집단은 북한군에 강제 징발되었던 남한 출신 민간인들과 군인들이었다. 1950년 10월 12일 도쿄의 극동사령부 총사령부는 미 제8군에 이 포로들을 석방할 가능성에 대비하도록 지시를 내렸다. 총사령부에서는 각 수감자가 북한군에 강제로 징병된 진술서를 준비하기를 원했다. 그리고 미 제8군이 각각의 사건을 조사하고 남한 출신 포로의 증언을 검증하도록 했다.[112] 그 결과 1951년 중반까지 약 3만 7천 명의 남한 민간인과 10,216명의 대한민국 군인 출신들이 유엔에 구금되어 있는 것으로 밝혀졌다(표 8.10 참조).

남한 민간인들의 경우, 유엔 당국은 포로 명단에서 이름을 삭제하고, 이후 그들을 석방하여 한국 정부에 인계했다. 한편 10,216명의 전직 남한 군인들은 1953년 6월까지 유엔에 계속 구금되어 있었다. 그렇지만 1952년 4월 판문점에서 공산당 측

표 8.10 • 유엔 보호 구금하의 전쟁포로 인원 수

(단위: 명)

구분	비송환자	송환자
남한 군인	10,216	6,027
남한 민간인	37,000	알 수 없음
북한 군인	25,452	61,411
북한 민간인	8,010	9,151
중국 군인	14,704*	5,650
합계	95,382	82,239

* 유엔사 협상가들이 추정한 수치임

출처: "The Handling of Prisoners of War During the Korean War (U)," (Military History Office: Office of the Assistant Chief of Staff, G3 Headquarters, United States Army, Pacific, June 1960), 37, 40-41.

112 Outgoing message (confidential) from CINCFE to CG Army Eight Korea, 12 October 1950, Record Group 38, Folder: "Army 8 - out, Oct 50," MacArthur Archives, Norfolk.

은 남한 출신 포로들이 남한에 체류하는 것을 허용하기로 합의했고, 그 결과 이 두 집단의 포로 송환 문제는 협상 테이블에서 문제가 되지 않았다. 가장 논란이 되었던 대상은 본국 송환을 원치 않는 북한 출신들과 중국 출신 포로들이었다.

중국인 포로의 경우, 1953년 7월 유엔군에 20,344명의 중국인들이 구금되어 있었다. 그리고 전체 중국 수감자의 약 72%인 14,704명이 본국 송환을 원하지 않는다고 주장했다. 이들 비송환 희망자의 대다수는 국공내전 당시 중공에 항복했던 전 국민당 군인 출신들이었다. 그들 대부분은 유엔에 구금되는 즉시 중국으로 돌아가지 않겠다는 의사를 밝혔다.[113] 그렇지만 그들이 처음에 북한 포로들과 같이 수감되다 보니, 반공주의에도 불구하고 단지 중국인이라는 이유만으로 한국인 포로들과 한국 간수들로부터 학대를 받아야만 했다. 그리하여 중국인 포로들은 별도의 중국인 구획을 배정해주길 요청했고, 이는 수용소 당국으로부터 받아들여졌다. 1951년 봄에 중국인 포로가 계속 늘어나자 이들은 거제도에서 한국인 포로와 완전히 분리된 두 개의 수용동에 별도로 수용된 것이다. 당시 약 1만 6천 명의 중국인 포로가 있었고, 이들 중 칭(Ching)이라는 이름의 전 국민당 장교가 반공 포로들의 비공식적인 지도자로 활동했다.[114]

송환을 거부한 이들 중에는 비국민당 계열의 수감자도 있었고, 심지어 중국 공산당원들도 있었다. 그들이 타이완에 가려는 것은 장제스를 좋아했기 때문이 아니라 인해전술에 겁이 났고, 중국 공산당의 독재에도 환멸을 느꼈기 때문이었다.[115] 그들이 중국행을 두려워하게 된 요인은 또 있었다. 공산당 강령에 따르면 당원은 죽을 때까지 적과 싸워야 하고, 항복은 선택 사항이 아니었기 때문에 포로가 된 사람은 누구나 반역죄를 범한 것이 되었다. 그래서 일부 공산당원들은 처벌에 대한 두려움과 공산당 정부에 대한 불신 때문에 중국으로 돌아가기를 원하지 않았다.[116] 이 문제를 해결하기 위해서 중국 정부와 북한 정부는 당규를 위반한 포로들의 사면을 보

113 Meyers and Bradbury, "The Political Behavior of Korean and Chinese Prisoners of War in the Korean Conflict: A Historical Analysis," 252-253.

114 Ibid., 253-254.

115 Jian-guo Wang, *Renhai Da Beiju 人海大悲劇* (The Tragedy of Human-wave Tactics) (Hong Kong: Asian Press, 1955), 221.

116 Ibid., 210.

장한다는 선언을 하고 나섰으나, 그 영향력은 미미했다. 이는 공산당 정부에 대한 전반적인 불신에서 비롯된 것이기도 하고, 국민당 계열 지도자들이 엄격하게 통제한 것도 부분적으로 작용해서 비송환 중국인 포로들의 수감자 수는 비교적 안정적으로 유지되었다(표 8.11, 8.12 및 8.13 비교).

표 8.11 • 2차 포로 심사 결과(1952. 4. 13)

(단위: 명, %)

구분	북한 사람	비율	중공군	비율	남한 사람	비율	민간인*	비율	합계
가겠음	21,102	22	3,075	15	3,559	22	2,628	7	30,364
머물겠음	30,389	32	14,126	69	11,057	69	18,675	47	74,247
심사 받은 총인원	51,491	54	17,201	84	14,616	91	21,303	54	104,611
심사 받지 않은 인원	**44,345	46	3,193	16	1,284	9	18,015	46	66,837
합계	95,836		20,394		15,900		39,318		171,448

* 민간인 피억류자(Cilvian Internee, 약어: Ci), 전쟁 전 38선 이남에 거주했던 민간인들을 지칭함. - 역자 주

** 심사 받기를 거부한 37,872명의 공산주의자들이 포함된 숫자임.

출처: Allan E. Goodman, ed. *Negotiating While Fighting: The Diary o f Admiral C. Turner Joy and the Korean Armistice Conference* (Stanford, CA: Hoover Institution Press, 1978), 356.

표 8.12 • 1953년 7월 31일 포로들과 중국인들의 재배치 상황

(단위: 명)

송환자			비송환자		
캠프	포로	민간인*	캠프	포로	민간인*
1	45,475	806	2	4,611	85
1a	11,320	3	3	14,273	
1b	2,421		6	4,383	167
1c	14	8,429			
8	4,328				
문산리**	600				
영등포	1,799				
합계	**65,957**	**9,238**		**23,267**	**252**

* 민간인 피억류자(Cilvian Internee, Ci), 전쟁 전 38선 이남에 거주했던 민간인들을 지칭함. - 역자 주

** 부상을 입었거나 병든 포로들을 우선 교환하기 위해 유엔사가 문산에 임시 본부를 설치한 바 있음. - 역자 주

출처: "The Handling of Prisoners of War During the Korean War (U)," (Military History Office: Office of the Assistant Chief of Staff, G3 Headquarters, United States Army, Pacific, June 1960), 85.

표 8.13 • 1954년 1월 비송환 포로들(공산주의자) 재배치 상황

(단위: 명)

구분	중국인	한국인	합계
공산주의 통제하로 돌아감	441	188	629
탈출했거나 실종됨	2	11	13
중립국 인도의 보호 구금* 중 사망	15	23	38
보호구금 중 사망**	19	85	104
유엔시 통제하로 돌아감	14,227	7,593	21,820
합계	14,704	7,900	22,604

* Custoddian Force of India, CFI: 중립국인 인도의 관할하에 보호 구금되었던 포로들 - 역자 주

** 비무장지대 잔류자 중 중국인 12명, 한국인 74명이 중립국행을 희망했다. 중국인 7명, 한국인 10명은 당시 징계 처분을 받고 있었다. 한국인 한 명은 증인으로 채택되어 구금되어 있었다.

출처: "The Handling of Prisoners of War During the Korean War (U)," (Military History Office: Office of the Assistant Chief of Staff, G3 Headquarters, United States Army, Pacific, June 1960), 97.

북한군 포로의 경우(남한 출신 제외), 104,024명 가운데 33,462명이 북한 송환을 거부했다. 이는 전체 북한군 포로 수의 약 32%에 해당하는 수치였다. 이들 비송환 희망자들에 대한 명확한 설명은 따로 없었으나, 그들 중 1만 명 이상이 기독교인이거나 새로 기독교인이 된 개종자들이었다. 그 밖에 친이승만 계열의 우파들이 있었는데, 이승만에 대한 그들의 충성심은 친장제스 계열의 중국 민족주의자들과는 성격이 달랐다. 그들 중 이승만과 직접적인 관계를 가진 사람은 거의 없었던 것이다. 조이 중장이 상황을 조사하기 위해 파견한 호러스 언더우드 대위에 따르면, 1차 심사 결과 비송환을 희망하는 북한군 포로들의 실제 숫자는 더 높게 나타났다.[117] 그러나 이후 공산당이 용의주도하게 침투하여 포로들을 재교육시킨 탓에 비송환 희망자의 숫자는 다시 감소했다. 북한군 포로 비송환자의 최종 비율은 중국인들보다 낮았지만, 북송되지 않은 포로들의 실제 숫자는 중국인들보다 두 배 이상 많았다(표 8.11 참조).

71번 수용동 수감자인 정춘섭의 증언에 따르면, 반공주의를 따르는 북한군 포로 지도자들은 동료 포로들에게 비송환을 강요하려고 무력을 사용하지 않았다. 그

117 Underwood, *Korea in War, Revolution and Peace*, 176.

럴 필요가 없었던 것이, 북한군 포로들 중에서 공산주의자들과 반공주의자들은 대부분 별도의 수용동에서 분리되어 생활했기 때문이었다.[118] 정춘섭의 증언은 선교사 군목들의 보고서에서도 뒷받침되었다.[119] 북한 포로 수용동들 중에서 공산주의 수감자들은 과도한 폭력을 사용하여 선별 심사에 저항하거나 다른 포로들에게 북한 송환을 신청하도록 강요했다. 그러므로 33,462명의 북한 비송환 희망자들이 내렸던 결정은 공산주의 국가에서 비공산주의 국가로 실제 망명하려는 사람들의 더욱 진실하고 적법한 주장을 보여주는 것이었다.

같은 포로수용소 안에 서로 다른 성격의 수감자 집단들이 혼재해 있는 것은 포로 문제를 복잡하게 만들었다. 한 수용동 내에 이질적인 배경을 가진 포로 집단들은 서로 갈등하고 분쟁할 가능성이 높았다. 송환을 원하는 포로들이 반드시 공산주의자였던 것은 아니었지만, 비송환 희망자들을 대하는 행동에서 그들은 대개 공산주의 지도자들과 협력했다. 개성에서 휴전 회담이 시작되자, 서로 대립하는 두 이념 집단들의 분쟁은 상황을 더욱 악화시켰다.

④ 공산주의자와 반공주의자 간의 권력 투쟁

공산주의자와 반공주의자들 사이에 권력 투쟁이 시작된 것은 공산주의 측에서 파견한 훈련된 요원들이 계획적으로 포로가 되어 수용소 안에서 문제를 일으키면서부터였다. 북한 공산주의자들은 중국 공산주의자들보다 조직이 훨씬 더 탄탄해서, 평양에서 거제도까지 이어지는 뛰어난 지하 정보망을 갖추고 있었다. 조선공산당에서 직접 보낸 명령이 연락책들을 통해서 거제도로 전달되었다.

수용소 안의 북한 공산당 지도자는 박상현이었다.[120] 그는 반공주의자들로부터 모든 포로 수용동들의 통제권을 탈취해내고 휴전 회담장에서 공산당 측의 입지를 강화하기 위해 비공산주의 지도자들이 통제하는 수용동 내로 공산주의 요원들을 침

---

118 Interview with Jeong Chung-seop on 17 December 2005, College Park, Maryland.

119 "Missionary Tells of Red Brutality in War Camp," *The Post-Standard*, October 15, 1953.

120 Zhang, *Meijun Zizhongying Qinliji*, 56; Michael Hickey, *The Korean War: The West Confronts Communism* (Woodstock, NY: The Overlook Press, 1999), 354.

투시켰다.[121] 그들의 임무는 모든 반역자들(반공산주의자 및 수용소 당국과 협력한 자들)을 몰살하고, 송환 심사에 저항하고, 유엔 당국에 대립하여 그들을 곤란에 빠뜨리는 일이었다. 그리고 자발적 송환에 대한 불신을 심어주고, 송환 거부자들의 수를 줄이는 것을 목표로 했다. 이들은 포로수용소 당국에 반기를 들고 폭동을 일으키기 위해서 CI&E 프로그램을 활용하여 사전 준비 작업을 했다. 직업 훈련장 일부를 무기 제조 센터로 바꾸고,[122] 그 안에서 손도끼, 창, 칼, 철조망이 달린 도리깨 등 각양의 흉기들을 대량 생산해낸 것이었다.[123]

실례로 9천 명의 민간인 수감자들이 있었던 62번 수용동에서는 소수의 강경파 공산주의자들이 다수의 기독교인들을 포함한 비공산주의자들을 구타하거나 살해함으로써 해당 수용동의 반공산주의 지배를 전복시키는 일이 있었다.[124] 이에 반공주의자들은 기함할 듯 놀랐다. 단기간 내 공산당 요원들은 수용동 안의 요충지들을 모두 장악하고 반공주의 핵심 세력의 대부분을 제압했다. 공포의 통치가 시작되었고 공산주의자들의 권력이 확대되었다. 수감자들이 대부분 민간인이었기 때문에 반공주의 조직은 취약했고 강경 공산주의자들의 공격을 물리칠 만한 힘이 없었다. 보어클 군목의 도움을 받아서 일부 기독교인들이 "더 마음에 맞는 숙소들"로 옮겨졌을 뿐이었다.[125]

당연히 수용소 사령관은 62번 수용동의 안전성을 확보하고 모든 비공산주의자들을 보호하려고 시도했다. 2월 18일 새벽 미 제27보병연대 제3대대와 검열요원들이 어둠을 틈타 수용동으로 접근했다. 그러나 이 작전은 실패로 돌아갔고, 오히려 수감자들의 폭동을 유발하는 역효과를 낳았다. 그 결과 55명의 포로가 살해되고 159명이 중상을 입었으며, 부상자 중에 22명이 사망에 이르렀다. 수용소 당국은 병사

121 "Missionary Tells of Red Brutality in War Camp," *The Post-Standard*, October 15, 1953.

122 Hickey, *The Korean War*, 348-349.

123 Ibid., 349.

124 "The Handling of Prisoners of War During the Korean War," 24; Hickey, *The Korean War*, 349.

125 Letter from Chaplain Harold Voelkel, 29 February 1952, 『WCC 도서관 소장 한국교회사 자료집: 한국전쟁 편』, 270; Letter from Chaplain Harold Voelkel to Chaplain (Colonel) Ivan L. Bennett, 22 Sept 1951, Presbyterian Church Archives, Record Group 140, Box 18, Folder 17 - Presbyterian Historical Society, Philadelphia.

한 명이 사망하고 다른 한 명이 중상을 입었으며, 22명이 가벼운 부상을 입었다.[126] 이러한 모든 손실에도 불구하고, 62번 수용동은 여전히 공산주의자의 수중에 남게 되었다. 그리고 며칠 지나지 않아 공산당 측은 이 사건을 이용하여 유엔의 수용소 관리에 대한 불만을 표출했고, 이 소식은 세계의 좌파 언론들에 널리 보도되었다.[127]

공산주의자들은 부산에 있는 포로 의료원(11번 수용소) 역시 완전히 장악했다. 그들의 의료원 침투가 가능했던 것은 미군 직원들이 북한군 포로들에게 병원 업무를 과다하게 맡겼기 때문이었다.[128] 반공주의 환자들은 미국 직원이 퇴근하고 없는 밤에 공산당 요원들 손에 병동에서 살해되었다. 몸에 반공 구호의 문신을 한 일부 중국인 포로들이 이번 공격에 가장 취약했다. 대량 학살 소식이 친국민당 계열 포로들에게 전해지자 아무도 그 병원을 이용하려 들지 않았다.[129] 그때부터 11번 수용소는 모든 공산당 요원들이 접선하는 장소가 되었다. 공산당 지도자들은 부산에 가기 위해 아픈 척을 했고, 병원에서 박상현의 요원들로부터 지시를 받았다.[130] 1952년 4월 2차 송환 심사가 실시되었을 때 의료원 내 공산주의자들은 모든 환자들의 재심사를 강제로 막았고, 그 결과 많은 환자들이 사망했다. 박상현 때문에 많은 북한 출신 포로들이 공포 속에서 본국 송환을 선택해야만 했다.[131]

중국인의 경우 친국민당 계열이 영향력을 행사했는데, 그들 대부분이 일찌감치 투항하여 수용소 당국과 좋은 관계를 맺었기 때문이었다. 그래서 그들은 포로수용소 내 지도자 자리를 차지했고, 우드베리 군목과도 우정을 쌓으면서 그의 신뢰와 지지를 얻어냈다. 그리하여 거제도의 72번 수용동은 반공주의자들의 완벽한 지배 아래 놓여 있었다. 리다안(Li Da-an)과 같은 국민당 계열 지도자들은 수용소 내 그들의 지위를 이용하여 다른 반공 수감자들을 조직하고 자신들의 정치적 지지 기반을 강

126 "The Handling of Prisoners of War During the Korean War," 62-63.

127 Hickey, *The Korean War*, 349.

128 Zhang, *Meijun Jizhongying Qinliji*, 86-96.

129 Wang, *Renhai Da Beiju*, 224.

130 Zhang, *Meijun Jizongying Qinliji*, 54, 62.

131 Stanley Weintraub, *The War in the Wards: Korea's Unknown Battle in a Prisoner-of-War Hospital Camp* (Garden City, NY: Doubleday & Company, Inc., 1964), 28-38.

화했다.[132] 그리고 같이 수감된 포로들 중에 강경 공산주의자를 발견하게 되면 종종 그들을 매우 가혹하게 다루었다.

1951년 7월 28일 휴전회담 소식을 듣게 된 친국민당 계열은 그 즉시 송환 반대 운동을 벌여나갔다. 72번 수용동의 많은 죄수들이 수용소 당국에 피로 쓴 탄원서를 보냈는데, 그들은 미국이 공산당 측에 억류된 자국 포로들을 되찾기 위해서 과거 송환을 거부했던 러시아인들에게 했던 것처럼 자신들을 중국에 보내버릴까 봐 두려워했기 때문이었다. 반공 문신을 새기는 것은 대중의 동정심을 얻고자 하는 바람에서 시작되었다. 국민당 장교 출신들이 송환을 원하는 포로들에게 결정을 바꾸도록 강요하고, 몸에 반공 구호를 새기게 한 경우도 있었다. 그들은 송환 거부자들의 수가 많을수록 협상이 더 유리해질 것이라고 믿었다.

조이 중장은 중국인 포로들에 대한 1차 심사를 참관하도록 미군 요원들을 파견했다. 그리하여 유엔 협상단 통역사들인 우 소위와 메이(May) 소위가 심사장에 파견되어 조사를 수행했는데, 그 결과 친국민당 계열 중국인들이 본국 송환을 원하는 다른 포로들에게 폭력을 사용했던 것으로 나타났다. 그리하여 우 소위와 메이 소위는 중국인 포로들을 그냥 내버려두면 송환을 선택할 사람들의 비율이 15%에서 85%로 증가할 것이라고 내다보았다.[133] 이러한 미군 요원들의 관찰은 미 국무부 관리들의 또 다른 보고서들에서도 뒷받침되었다.[134] 이러한 이유로 조이 중장은 공산당 측, 특히 중국 공산당 측에서 비송환자 수의 정확성에 이의를 제기하자, 포로들의 송환 의사를 다시 심사해야 한다고 주장했다. 그리고 사실 비송환자들의 수가 적은 편이 양측이 회담을 진행하는 데 더 도움이 되었다.

그러나 포로수용소 사령관인 프랜시스 T. 도드(Francis T. Dodd) 장군은 1차 심사 결과가 오차 범위 10% 이내로 정확하다고 주장했다.[135] 중국군 포로 심사를 담당하는 선임 언어능통자들 중에서 에이오아 마이슬링(Aoa Meisling) 소위는 친국민당 계열

---

132 Zhang, *Meijun Jizhongying Qinliji*, 136.

133 Allan E. Goodman, ed., *Negotiating While Fighting: The Diary of Admiral C. Turner Joy at the Korean Armistice Conference* (Stanford, CA: Hoover Institution Press, 1978), 355.

134 Foot, *A Substitute for Victory*, 113.

135 Goodman, *Negotiating While Fighting*, 356.

이 약 2천 명의 중국군 포로들을 억압하여 본국 송환에 대한 자신의 진정한 뜻을 자유롭게 표현하지 못하게 했다고 추정했다. 이는 전체 수감자 수의 약 10%에 해당했다.[136]

중국 공산당은 전쟁설을 퍼뜨리는 등의 방법으로 반격에 나섰다. 반역자들에게 협조한 자들은 응징을 당할 것이고, 그들의 가족들도 고통받게 될 것이라 협박했다.[137] 또한 중공은 지하 공산주의 조직을 만들어서 포로들의 정치적 세뇌 교육을 하려고 했다. 중국으로 돌아가려는 사람들은 친국민당 계열의 통제에서 살아남아야 할 뿐 아니라 중국 공산당에 대한 자신의 충성심을 증명할 수 있는 방법을 찾아야 했다. 이를 위해서는 수용소 내에 심각한 문제를 일으켜서 유엔 당국을 곤경에 빠뜨리는 방법밖에 없었다. 그들의 첫 번째 전략은 포로들과 유엔 경비대 사이에 폭동과 유혈 대립이 일어나도록 부추기는 것이었다.

이러한 시도로서 중국과 북한 공산주의자들은 1952년 5월 도드 장군을 납치하기로 함께 모의했고, 결국 그를 인질로 잡는 데 성공했다. 도드 장군은 4일 동안 포로들에게 잡혀 있었다. 그리하여 도드 장군과 그의 후임인 찰스 F. 콜슨(Charles F. Colson) 장군은 포로들의 뜻에 따라 유엔 당국이 포로들을 학대했음을 시인하고, 모든 포로들이 고향에 돌아갈 수 있도록 송환 희망 심사를 중단하겠다는 성명서에 합의했다. 이로써 공산당 측은 수용소 당국을 상대로 큰 승리를 거두게 되었다.[138]

유엔 당국은 헤이든 L. 보트너(Haydon L. Boatner) 여단장을 거제도 사령관으로 새로 임명하고 사태 수습에 나섰다. 중국에서 수년간 살았던 경험이 있고, 중국어도 유창하게 구사하는 보트너 장군은 과밀한 수용동들을 세분화하고(BREAKUP 작전) 공산주의자들을 감시할 유엔 군대를 추가로 투입함으로써 국면 전환을 꾀했다. 그리고 송환을 원하는 대부분의 한국인들을 거제도에 남겨 놓고 모든 중국인 포로들을 제주도로 보냈으며, 송환 희망자와 비희망자를 분리 조치했다. 이로써 국민당파와

---

136 Telegram from Muccio (Pusan) to Secretary of State, 12 May 1952, 695A.0024/7-1951 - 5-2825, Problem of POW's related international issue, 1951-1952/Acheson, Dean/ US Dept of State, Records of the U.S. Department of State relating to Korea: international political relations, 1950-1954, National Archives.

137 Wang, *Renhai Da Beiju*, 223.

138 Hickey, *The Korean War*, 350-352.

공산당파 간의 폭력 사태는 중단되었고, 유엔 당국은 대부분의 공산주의 수용동들에 대한 통제권을 되찾았다.

⑤ 자발적 송환자들에 대한 트루먼 대통령의 확고한 약속

전쟁 포로 문제가 워싱턴의 정책 입안자들 사이에서 처음 논의되었을 때, 미 국방부와 국무부는 자발적 송환이라는 발상을 싫어했다. 공산당 측이 이를 빌미로 미군 포로들의 귀환을 막을 것을 우려했기 때문이었다. 즉, 미국 정부가 가능한 한 빨리 모든 미군 병사들을 데려오는 것이 미국에게는 더 이로웠다.[139] 그러나 트루먼 대통령은 이 문제에 대해 매우 뚜렷한 주관을 갖고 있었다.[140] 1945년 러시아 군인들이 본국 송환을 격렬하게 거부했던 것을 경험했던 트루먼은 노예제 대신 자유를 원하는 포로들을 돌려보내는 것이 도덕적으로 잘못된 일이라고 깊이 확신했다.[141] 딘 애치슨 국무장관은 이 같은 대통령의 입장을 알게 되자 자신의 입장을 바꿔서 인도적 차원의 자발적 송환을 지지하고 나섰다.[142]

또한 미 육군 심리전 사령관인 로버트 맥클루어(Robert McClure) 장군도 자발적 송환을 지지하는 강력한 정치적 주장을 펼쳤는데, 그는 자발적 송환이 향후 미국의 심리전 작전에 긍정적인 영향을 미치고 아시아 정책에 힘을 실어줄 것이라고 전망했다.[143] 이러한 맥클루어의 분석은 워싱턴의 많은 정책 입안자들에게 호소력을 발휘했다. 그리하여 1952년 1월 미 국방부, 중앙정보국(CIA), 국무부가 자발적 송환을 지지한다는 데 합의를 했다. 이는 공산당 측이 휴전 협상을 중단하고 전쟁을 연장할 가능성에도 불구하고 내려진 결정이었다.[144]

도드 장군이 공산주의자 포로들에게 납치되었던 5월 7일, 트루먼 대통령은 전

---

139 Acheson, *The Korean War*, 130-131; Foot, *A Substitute for Victory*, 88.

140 Robert H. Ferrell, ed., *Off the Record: The Private Papers of Harry S. Truman* (New York: Harper & Row, Publishers, 1980), 250-251; Harry S. Truman, *Memoirs by Harry S. Truman Vol. 2 Years of Trial and Hope* (Garden City, NY: Doubleday & Company, Inc., 1956), 460.

141 Ibid.; Foot, *A Substitute for Victory*, 89.

142 Acheson, *The Korean War*, 131; Foot, *A Substitute for Victory*, 89.

143 Foot, *A Substitute for Victory*, 87.

144 Ibid., 91.

쟁 포로 문제에 대해 다음과 같은 단호한 연설을 했다.

> … 공산주의자들이 주장한 바와 같이 전쟁 포로를 강제로 돌려보내는 일이 있어서는 안 됩니다. 강제 송환에 동의하는 것은 상상도 할 수 없는 일입니다. 이는 한국에서 우리가 해온 행동의 바탕이 되는 근본적인 도덕과 인도주의적 원칙에 위배됩니다. 이 전쟁 포로들을 강제로 우리 손에서 돌려보내는 것은 비극적인 결말과 유혈 사태를 초래할 것이며, 미국과 유엔의 영원한 불명예로 남을 것입니다. 우리는 학살되거나 노예가 될 자리에 사람을 넘겨줌으로써 이번 휴전 협정을 사려고 들지 않을 것입니다.[145]

트루먼의 입장은 리지웨이 장군, 조이 중장, 애치슨 장관의 지지를 받았으며, 이는 미국 정부가 자발적 송환에 대해 일치된 입장을 취하고 있음을 공산당 측에 보여주는 것이었다.[146] 트루먼의 단호한 태도는 타협의 여지를 거의 남기지 않았다. 미국은 공산주의자들이 자발적인 송환을 거부한다면 전쟁을 계속해서 손실을 입을 각오까지도 되어 있었다.

— 자발적 송환을 지지하는 미국 대중

트루먼 대통령의 결정에는 당시 여론 또한 반영되었다. 비록 미국 사람들이 한국에서의 전쟁을 더 이상 반기지 않았고, 미국의 개입을 실수로 여기는 사람들도 많았지만,[147] 미국이 상징적인 승리조차 확보하지 못한 채 철수해서는 안 된다는 것이 일반적인 정서였다. 휴전 회담이 포로에 대한 논의로 귀결된 1952년 초부터 자발적 송환을 놓고 대중의 논의가 더욱 빈번해졌다. 미국이 휴전을 위해서 자발적 송환 문

---

145 Truman, *Memoirs by Harry S. Truman Vol. 2 Years of Trial and Hope*, 461.

146 Grace B. Ruckh's reply to Mrs. Howard R. Pyfy's letter to Secretary Acheson, 5 June 1952, 695A.0024/7-1951 - 5-2825, Problem of POW's related international issue, 1951-1952/ Acheson, Dean/ US Dept of State, Record of the U.S. Department of State relating to Korea: International political relations, 1950-1954, National Archives.

147 *The Gallup Poll*, 2 April 1952, 1053.

제를 양보할지도 모른다는 두려움이 일반 대중 사이에 퍼져있었다. 자발적인 송환을 지지하는 난민단체, 민간구호기관, 종교단체들은 미 국무부와 백악관에 많은 서신과 전보를 보내 자신들의 입장을 표명했다. 중국 관련 로비 단체와 한국 관련 로비 단체(종교적, 군사적, 또는 정치적 이해관계 때문에 이승만을 지지했던 소수의 미국인 그룹) 또한 워싱턴에 대한 압박을 강화했다. 장제스와 이승만의 워싱턴 홍보 담당자들은 모두 전쟁 포로 문제에 대해 단호한 입장을 취하도록 미국 정부를 압박하는 활동을 벌였다. 자발적 송환 원칙을 지켜달라고 호소하는 그들의 주장은 종교적인 요인 때문에 더욱 강한 설득력을 갖게 되었다.

미국교회협의회, 세 개의 미국 장로교 이사회, 감리교 이사회, 빌리 그레이엄 복음주의협회, 로버트 피어스 목사의 월드비전을 통해 선교사들의 포로 사역과 수용소 내 집단 개종 소식들이 미국 교회 신도들에게 잘 알려지게 되었다. 종교 신문과 일반 신문 모두에서 전쟁 포로 사역의 성공을 보도했다. 보어클의 포로 사역에 대한 보고서가 1951년 12월 17일자 『더 유나이티드 프레스비티리언』에 실렸다. 『더 프레데릭스버그 뉴스』(*The Fredericksburg News*), 『헤롤드 프레스』(*Herald-Press*), 『파나마 시티 뉴스 헤롤드』(*Panama City News Herald*)와 같은 미국 전역의 지역 신문들도 선교사들이 공산군 포로들을 어떻게 개종시켰는지에 대해 보도했다.[148] 1952년 1월 18일자 『뉴욕타임스』도 포로들의 개종에 관한 기사를 실었다. 1953년 2월 우드베리의 아내가 미국을 방문했을 때, 그녀는 교회들의 초청을 받아서 자신의 남편이 한국에 있는 중국 공산당 포로들을 위해 어떻게 사역하고 있는지에 대해 강연했다.[149]

정확히 얼마나 많은 사람들이 회심했는지 또는 그들이 종교적으로 진실했는지 여부는 미국인들에게 그다지 중요하지 않았다. 그들이 중요하게 보는 것은 기독교와의 관련성이 아니었다. 미국인들은 공산주의의 통제 아래 살았었고, 심지어 그 깃발 아래 전쟁까지 수행했던 많은 수의 사람들이 기독교와 미국의 편을 선택하고 있

---

148 "Korean POWs Hold Service," *The Fredericksburg News* (November 8, 1951); "Some Are Converted: Missionaries Working With Red Prisoners and Internees," *Panama City News-Herald*, 8 Jan 1952); "Missionaries Convert POW's: Christians Find Large Field For Work Among Reds," *The Herald-Press*, 8 Jan 1952).

149 "Missionary Address Trinity Unit," *The Lima News*, 10 February 1953; "Presbyterian Aid Society Has Program," *The Lima News*, 13 February 1953.

다는 사실에 열광했다. 이는 미국인들에게 정의감을 부여하고 미국의 개입에 대한 도덕적 명분을 강화했다. 미국교회협의회의 유진 카슨 블레이크(Eugene Carson Blake) 박사는 자발적 송환에 대한 주장을 다음과 같이 설명했다.

> 기독교인이 된 이 사람들은 만약 그들이 북한으로 돌아가거나 미군 포로들과 맞교환된다면 자신이 사형당할 처지임을 알고 있습니다. 모든 포로 수용동 안에는 공산당 정보원들이 있기 때문이지요. (지난 8월 휴전 회담이 시작된 이래로 지휘관들은 북한과 중국 포로 기독교인들로부터 자신들을 공산주의의 공포 체제로 돌려보내지 말아달라고 탄원하는 혈서들을 받아왔습니다.) 서구 민주주의와 기독교에 대한 아시아인들의 신뢰는 바로 이 사람들에 의해 그 어느 때보다도 더욱 엄청난 규모로 매일 표명되고 있습니다. 이들 중 다수는 공산당 군대에 강제 징집되었다가 포로로 잡힐 수 있는 첫 번째 기회를 놓치지 않았던 사람들입니다. (수용소) 철조망 안의 기도회가 한 가지 사실을 더 증명하고 있는데요, 공산주의는 생명력 있고, 역동적이며, 훈련된 기독교 신앙을 맞닥뜨렸을 때 사람들로부터 기회를 얻지 못한다는 것입니다. 6개월 전 공산당 지도자들은 포로 수용동에서 기독교인들과 민주주의자들을 구타했고, 그 결과 많은 사람들이 사망했습니다. 이제 공산주의 우두머리들이 분리되고 나자 모든 수용동에서 종교의 자유가 생겨났고 기독교 교회가 활발해졌습니다. 바로 이곳이, 여러분들의 예상과 전혀 다르게, 공산주의가 기를 펴지 못하고 도망하는 곳이 되었습니다.[150]

블레이크 박사의 논리에 따르자면, 철의 장막 뒤편의 사람들에게 종교의 자유가 주어질 경우 그들은 더 이상 공산주의를 지지하지 않게 될 것이다. 공산주의는 그 취약성을 드러냈었고, 반면에 종교는 인간의 정신을 속박하는 공산주의의 사슬을 끊어내는 데 효과적인 무기임이 입증되었다. 그리고 공산주의자들이 기독교를 박멸하려고 애쓰는 것이 현명한 일이라는 사실도 증명되었다. 모든 종교들 중에서 기독교는 그들의 이념과 권력에 가장 큰 위협이 되기 때문이다. 종교는 냉전의 이데올로기 전투에서 대단히 중요한 요소였다. 트루먼 대통령이 종교의 자유를 귀히 여기고 공산주의 퇴치를 위해 서방의 종교적 동맹을 결성할 것까지 고려했음을 감안한다면,

---

150 Eugene Carson Blake, "Barbed-wire Prayer Meetings," *Presbyterian Life*, 2 February 1952, 27.

트루먼이 휴전 협상이 지연될 가능성이 있더라도 자발적 송환 원칙을 지지했던 것은 합리적인 결정이었다.

종교적 요소들은 또한 전쟁 포로들에 대한 미국의 도덕적 의무감을 크게 증폭시켰다. 처음에 미국이 그들을 위한 종교적 또는 교육적 프로그램을 시작하지 않았었다면 대부분의 포로들은 (친국민당 계열 중국인들과 기독교인들을 제외하고) 고향에 돌아가서도 박해를 받지 않았을 것이다. 그러나 미국 당국은 그들의 정치적 견해에 영향을 줄 수 있는 교육 프로그램을 설계했을 뿐만 아니라 선교사들에게 이러한 포로들을 기독교인으로 개종시키는 것을 허용하기까지 했다. (이것은 실제로 교육 프로그램보다 더 성공적이었다.) 그리하여 일단 수감된 포로들이 서구 사상에 노출되어 기독교로 개종하게 되면 공산당 당국은 그들을 경멸했다. 종교의 자유가 결여된 북한과 중국에서 기독교인들은 종교적 박해를 받거나 심지어 죽임을 당하게 될 것이 분명했으며, 그들에게 희망을 주었다 빼앗은 미국의 손에는 그들의 피가 흐르게 될 것이었다. 그러므로 트루먼 대통령의 말과 같이, 미국 정부가 '학살되거나 노예가 될 자리에 사람을 넘겨줌으로써 이번 휴전 협정을 사'는 일은 비윤리적인 짓이 될 것이었다. 이들 북한 및 중국 송환 거부자들의 수는(표 8.10 참조) 미국 정부가 간과하기에는 너무 많았다.

사실 트루먼 행정부는 전쟁 포로 논쟁에 종교가 미치는 정치적인 영향력을 가늠하고 있었다. 애치슨 장관은 부산 주재 미국 대사에게 보낸 전보에서 블레이크 박사의 의견을 언급하면서 미국 대사관에 "[미 국무부가] 소책자에 실을 만한 충분한 자료를 확인하고 제출하라"고 지시를 내렸다.[151] 미 행정부는 포로 문제에 대한 종교적 해석을 진지하게 받아들였다. 백악관과 미 국무부는 구호단체, 정치난민협회, 종교단체 및 개인으로부터 자발적 송환 원칙을 두고 타협하지 말 것을 촉구하는 많은 서한을 받았다. 미국 대중으로부터 강력한 지지를 얻을 뿐만 아니라 이 문제에 관련한 정치적 이익이 크다는 사실에 고무된 미 행정부는 자발적 송환을 고수하는 일에 전

151 Telegram from Acheson (Department of State) to US Embassy in Pusan, 7 April 1952, 695A.0024/7- 1951 - 5-2825, Problem of POW's related international issue, 1951-1952/ Acheson, Dean/ US Dept of State, Records of the U.S. Department of State relating to Korea: International political relations, 1950-1954, National Archives.

적으로 전념했다.

1953년 1월 아이젠하워 대통령의 취임 직전에 미 국무부가 작성했던 극비 메모에 따르면, 자발적 송환에 대한 자유세계의 의견은 "최대 합의점에 대체로 도달"한 상태였다. 트루먼 행정부는 "연합국들의 동의를 확보하고 송환 거부자들의 일방적인 석방을 실행하는 데"에 새로운 행정부가 지지해 주기를 요청했다.[152] 그러나 아이젠하워 대통령 당선자는 트루먼의 정책과 자신을 연관시키고 싶지 않았기 때문에 애치슨의 제안에 따라 행동하기를 거부했다. 그리하여 휴전 협정이 체결되기 전에 중국과 북한의 모든 송환 거부자들을 일방적으로 석방하려는 계획은 철회되었고, 이 포로들의 운명과 평화에 대한 전망은 새 정부의 몫으로 넘어갔다. 이제 아이젠하워는 전쟁을 빨리 끝내기 위해 새로운 계획을 세워야 했다.

휴전 협정의 최종 결론

1953년 1월 아이젠하워가 백악관에 입성할 무렵, 오래도록 계속된 전쟁 때문에 미국의 자원은 고갈되고, 경제적 피로감이 심화되고, 군사력은 과도하게 확장된 상태였다. 그럼에도 불구하고 전쟁을 결정적으로 마무리 짓기는 그리 쉽지 않았다. 4개월 동안은 진전이 거의 없었다. 그러나 아이젠하워와 그의 거침없는 국무장관 존 포스터 덜레스는 인내심과 외교술을 사용하여 1953년 7월 마침내 전쟁을 끝내기에 이르렀다. 새 정부 출범 이후 종교 단체들은 외교 문제에 있어서 이전보다 훨씬 더 적극적인 역할을 하기 시작했다.

152 Memo on Disposition of Anti-Communist POWs (Top-Secret Security Information, 695A.0024/10-2952 - 12-2952) "International Political Relations, 1950-1954/Acheson, Dean/US Dept of State, Records of the US Dept of State relating to Korea: International political relations, 1950-1954, National Archives.

— 덜레스의 새로운 외교 정책 접근법

트루먼이 제한된 전쟁 수행을 약속했던 것과 한국에서 원자폭탄 사용을 꺼렸던 것은 미국의 외교 활동에 매우 불리하게 작용했다. 덜레스가 보기에 한국에 대한 미국의 정책은 너무 소심하고, 적이 다 알아챌 만한 것이며, 비효율적이고, 공산주의 연합에 대처하는 데 주도적이지 못했다. 미국이 협상 테이블에서 핵무기 카드 사용을 포기하자 핵무기의 전략적 가치도 사라져버렸다. 그리하여 덜레스는 대통령 선거 기간 동안 미국이 한국에서 보다 폭넓은 정책적 선택권을 가질 수 있도록 "대량 보복" 및 "벼랑 끝 전술"과 "광인 이론"을 사용할 것을 강조하면서 미국 외교 정책의 "새로운 모습(New Look)"을 주창했다. 국무장관으로서 덜레스는 미국의 핵무기 계획에 대한 공포와 불확실성을 공산 세계에 퍼뜨리는 대담한 연설을 하고자 했다. 미국 정부는 심지어 원자폭탄을 재래식 무기와 마찬가지로 전쟁에서 실행 가능한 선택 사항에 포함시킬 것을 주장했다.[153]

만약 트루먼과 애치슨이 그러한 공격적인 접근법을 시도했다면 개신교 교회들에게서 격렬한 항의가 터져 나왔을 것이다. 물론 덜레스 국무장관도 정적들의 비판을 피해갈 수는 없었지만, 그는 확실히 자신의 민주당 전임자들보다 전략적으로 운신할 수 있는 폭을 더 넓게 확보하고 있었다. 자유주의 장로교회 출신인 덜레스는 1941년부터 연방교회협의회에서 정의롭고 지속적인 평화의 기초 연구 위원회 위원장으로 수년간 일했었다. 그리하여 그는 많은 개신교 지도자들과 긴밀한 유대 관계를 맺고 있었다. 덜레스는 국무장관이 되면서 미국교회협의회의 직책에서 물러났지만, 그는 미국교회협의회 산하 국제정의친선국 총무인 월터 W. 밴 커크(Walter W. Van Kirk) 박사에게 이렇게 말해주었다. "나는 계속해서 미국교회협의회의 견해들을 가장 진지하게 고려할 것입니다. 당신은 내 말을 믿어도 됩니다."[154] 이에 대한 보답으로, 미국교회협의회는 덜레스의 외교 정책을 공개적으로 비판하는 것을 정중하게 자제했다.

---

153 Richard H. Immerman, *John Foster Dulles: Piety, Pragmatism, and Power in U.S. Foreign Policy* (Wilmington, DE: A Scholarly Resources, 1999), 69.

154 Letter from John Foster Dulles to Dr. Walter W. Van Kirk, 30 April 1953, John Foster Dulles Papers, Box 77, Folder: Van Kirk, Walter W - Seeley Mudd Library.

— 종교 지도자들이 아이젠하워 행정부에 끼친 영향

미국교회협의회는 아이젠하워의 새 행정부가 정치적 편의를 위해서 전쟁 포로 문제에 대해 타협하게 될 가능성을 특히나 우려했다. 그래서 미국교회협의회는 아이젠하워가 당선되자마자 덜레스를 만나서 한국에 관련된 짧은 문서를 대통령 당선인에게 전달했다. 그 내용은 한국에서 기독교가 갖는 중요성, 한국교회의 고난, 전쟁 포로와 피난민들의 복음화 사역, 한국 내 공산주의와 기독교의 첨예한 갈등 등을 강조하는 것이었다.[155] 또한 미국교회협의회는 대통령 당선자가 1952년 말 한국을 방문하는 기간에 기독교 지도자들을 만나 줄 것을 요청했다.[156] 그들의 조언에 따라 덜레스는 아이젠하워와의 면담 대상자로 두 명의 가톨릭 선교사와 두 명의 개신교 선교사를 추천했다. 아이젠하워가 3일간 한국을 방문했을 때 이 면담이 성사됐는지 여부는 확인된 바가 없다. 그러나 적어도 그러한 시도가 있었던 것은 확실했다.[157]

— 방왕일(Pang Wang-il)의 비극적인 죽음으로 확산된 반미 감정

1952년 12월 5일 아이젠하워가 방한을 마치고 미국으로 돌아온 날, 남한에 광범위한 반미 감정을 불러일으킬 만한 사건이 발생했다. 한국기독교연합회 사무차장(The Assistant General Secretary)인 방왕일 목사가 미군 여러 명에게 무참히 맞아서 숨진 것이다. 방왕일은 본래 북한 출신의 장로교 목사였다. 그는 기독교인 피난민들 사이에서 영웅으로 추앙받는 인물이었는데, 이는 그가 "제2차 세계 대전 때 신사참배를 거부해서 2년 6개월간 일제의 투옥과 고문을 당했고, 그 고초를 끝까지 버텨냈기" 때문이었다.[158] 그의 아내는 남한으로 탈출하기 전에 일본인들과 한국 공산주의자

---

155 Memorandum Regarding Christians in Korea, John Foster Dulles Papers, Box 62, Folder: National Council of the Churches of Christ in America - Seeley Mudd Library.

156 Letter from Rowland M. Cross to JFD, 18 November 1952, John Foster Dulles Papers, Box 62, Folder: National Council of Churches of Christ in America - Seeley Mudd Library.

157 어떤 신문에서도, 심지어 종교 잡지에서도 한국에서 아이젠하워와 기독교 단체의 회동에 대해 보도하지 않았다. 만남이 계획되었긴 하지만 실제로는 성사되지 않았음이 분명하다.

158 Russell T. Hitt, "Korean Pastor Slain in Brawl: U.S. Soldiers Called Assailants," *Christian Life*, February 1953, 39.

들에게 당한 고문 후유증으로 정신병을 앓고 있었다. 6·25전쟁 동안 방왕일 목사는 부산에서 피난민 교회를 이끌고 있었다.[159] 그는 영어를 유창하게 구사하여 선교사들과 미국 목사들에게도 잘 알려져 있었고, 사망하기 직전에 미국에서 공부할 장학금을 수령한 상태였다.

12월 5일 저녁 방왕일은 평택에 있는 자신의 형제를 만나러 가서, 형제가 집에 돌아오기를 기다리다가 잠이 들었었다. 당시 사건의 목격자 진술에 따르면, 방왕일은 집 밖에서 큰 소리가 나서 잠이 깨었고, 그의 형제의 아내가 술에 취한 것으로 보이는 미군 병사 네 명에게 폭행을 당하고 있는 것을 발견했다. 군인들은 방왕일이 자신이 장로교 목사임을 영어로 밝히며 항의하는 것을 무시한 채 그를 붙들었고, 이 패거리의 우두머리인 제임스 D. 고프(James D. Goff) 소위는 방왕일이 의식을 잃을 때까지 자신의 권총으로 그를 구타했다. 그러고선 군인들은 방왕일을 군 초소로 데리고 가서 거리에서 붙잡은 도둑으로 그를 기소했다. 그러나 방왕일의 형제의 아내가 그의 신원을 확인해 줄 수 있는 육군 군목을 발견했고, 방왕일은 12월 6일 헬기로 인천항의 병원선에 이송되었다. 그러나 방왕일은 나흘 만에 사망하고 말았다.[160]

방 목사의 죽음은 6·25전쟁 당시 한·미 관계에 치명적인 영향을 끼치는 사건이 되었다. 미군의 잔혹행위는 대개 대한민국 정부와 언론에 의해 묵과되었었지만, 방 목사 사망 사건의 경우 그의 신분 때문에, 그리고 가해자들이 받았던 관대한 처분 때문에 격렬한 항의를 불러일으켰다. 폭행이 있은 다음 날, 미군 초소 사령관은 고프 소위를 구금하는 대신 그를 모든 한국 노동자들을 관리하는 책임자로 배치했다. 많은 한국인들과 선교사들은 이러한 사령관의 행동에 대해서 그가 한국인의 감정을 전혀 고려하지 않은 채 자신의 권위만 주장하는 것이라고 해석했다.[161] 다른 사건들의 경우에는 연루된 미군들의 미숙함이나 민간인과의 의사소통상 어려움을 이유로 용서될 여지가 있었지만, 방왕일의 사례에서는 미군의 기강 해이 및 군인 범죄 수사에 무관심한 지휘 구조가 적나라하게 드러나 버렸다.

---

159 Ibid.

160 "Memorandum on the Reverend Pang Wha-il Case," 18 March 1953, Presbyterian Church Archives, Record Group 197, Box 1, Folder 4 - Presbyterian Historical Society, Philadelphia.

161 Ibid.

방 목사가 사망한 이후에도 헌병대는 1953년 1월 『크리스천 라이프』(*Christian Life*)의 편집장인 도널드 E. 호크(Donald E. Hoke)가 이 사건을 보도하기 전까지 용의자들에 대해 아무런 조치를 취하지 않았다. 그러나 호크의 기사는 미국 대중의 관심을 끌었고, 추가 조치가 취해지도록 군을 압박했다. 그리하여 사건이 있은 지 거의 두 달 만에 군법회의가 열렸다. 고프 소위는 "살인죄는 아니지만, 고의적으로 심각한 신체 손상을 입힌 가중 폭행죄"의 혐의를 받아서,[162] 결국 "직위 해제, 모든 급여와 수당의 몰수, 2년간 감금중노동형"에 처해졌다.[163]

그러나 비교적 가벼운 형량을 내린 이번 판결은 많은 한국인들을 실망시켰고, 그들로 하여금 "한국인의 목숨은 미국인의 2년간 자유에나 해당될 뿐이다"라는 생각을 갖게 했다.[164] 비록 병사들과 장교들이 개인적으로 방왕일의 유족을 위한 구호금을 모았지만, 정신적으로 장애가 있는 그의 미망인과 네 명의 어린 자녀들에 대한 공식적인 처우는 없었다.[165] 비록 이 사건이 양국 정부의 관계에는 거의 영향을 미치지 않았지만, 선교사들은 광범위한 반미 감정이 발생했음을 보고했다.

그러자 미국 교회들은 방왕일의 가족을 위해 전국적인 특별 구호 활동을 전개하기 시작했다. 교회의 후원으로 매해 진행되는 인도주의 구호 기금 마련 사업인 "나눔의 위대한 시간"(One Great Time of Sharing) 캠페인은 방 목사의 가족을 위한 기금을 포함시켰다. 미 전역에서 개인과 단체들이 개별적으로 미국 장로교단과 장로회 한국 선교 본부에 기부금을 보내어 온정을 표했다. 미국교회협의회도 이번 일에 가담하여 방 목사 사망에 대해 유족들에게 배상할 것을 아이젠하워 행정부에 청원했다. 이 청원서는 이번 사건으로 미국에 대한 한국인들의 불신이 크게 촉발된 만큼, 미 대통령이 나서서 필요한 법적 절차를 새로 착수시키거나 유족을 돕도록 행정 조치를 취하는 데 신경을 쓰는 것이 사태 진정에 도움이 될 것이라고 강조했다. 이 사

162 Letter from Colonel George Patrick Welch, Chief Public Information Division of the Department of the Army to Dr. Earl F. Adams, 16 February 1953, Presbyterian Church Archives, Record Group 197, Box 4, Folder 19 - Presbyterian Historical Society, Philadelphia.

163 Ibid.

164 "Memorandum on the Reverend Pang Wha-il Case," 18 March 1953, Presbyterian Church Archives, Record Group 197, Box 1, Folder 4 - Presbyterian Historical Society, Philadelphia.

165 Ibid.

건에 주목한 스타일스 브리지스(Styles Bridges) 상원의원은 방왕일 목사의 유족에게 배상하는 내용의 법안을 발의했고,[166] 1954년 10월 아이젠하워 대통령은 이 법안에 서명하여 유족들에게 미화 1만 달러를 지급했다.[167]

방왕일 사건은 종교 기관들과 언론 보도물들이 미국의 여론과 정부의 조치에 미치는 영향력을 드러내고 있다. 선교사들과 종교 지도자들은 한국인의 의견과 정서에 민감했다. 6·25전쟁 기간 동안 선교사들은 미군과 한국 민간인들 사이에 연락책의 역할을 했을 뿐만 아니라 미국 정부와 한국 국민을 잇는 친선대사가 되기를 자청했다. 그들의 노력이 가져온 영향력은 한국과 미국 모두에서 나타났다. 선교사들은 미국인들이 한국인의 고통에 관심을 가질 수 있도록 도왔고, 또한 한국인들이 미군 주둔을 지지할 수 있도록 도왔다. 종교 단체들은 한국에 대한 미국인들의 관심을 불러일으키고, 심지어 미국의 정책까지 구상해낼 수 있는 능력을 보여주었다. 이러한 능력이 역사적으로 가장 중요하게 발휘된 것은 자발적 송환 문제로 인하여 휴전 협상이 난항을 겪을 때였다.

— 빌리 그레이엄의 한국 방문

아이젠하워가 극동 방문을 마치고 귀국한 직후인 1952년 12월, 유명 복음전도자인 빌리 그레이엄 목사도 한국을 찾았다. 그는 새로 선출된 미국 대통령의 개인적인 친구였다. 도쿄의 마크 W. 클라크(Mark W. Clark) 장군이 그레이엄 목사와 그의 일행들〔그래디 윌슨(Grady Wilson) 목사, 밥 피어스 목사, 그리고 장로교 선교사로 한국에서 사역하며 여행팀의 전문 사진가로도 활동하는 레이 프로보스트(Ray Provost)〕을 반겨주었다. 클라크 장군은 그레이엄 목사에게 모든 군사 시설들 및 최전선 지역들을 전부 접근할 수 있도록 야전 장군 계급을 부여해 주었다. 그레이엄 목사는 방왕일 목사가 사망한 지 나흘 만

---

166 Letter from John C. Smith to Rev. E. Otto DeCamp, 26 March 1953, Presbyterian Church Archives, Record Group 197, Box 4, Folder 19 - Presbyterian Historical Society, Philadelphia.

167 Letter from Wallace C. Merwin to J. Calvitt Clarke of Christian Children's Fund, Inc., 18 October 1954, Presbyterian Church Archives, Record Group 197, Box 4, Folder 19 - Presbyterian Historical Society, Philadelphia.

에 부산에 도착했다. 그는 한국에 체류하는 3주 동안 많은 선교사들을 만났고, 이승만 대통령을 포함한 정치 지도자들, 한국 교회 지도자들, 전장의 장군들을 만났다. 그는 또한 병사들과 대화하고, 포로수용소를 방문했으며, 방 목사의 장례식에도 참석했다.

그레이엄 목사의 한국 방문은 미국에서 대단히 비중 있게 보도되었다. 그는 〈결정의 시간〉(*Hour of Decision*)이라는 제목의 특별 라디오 쇼 두 편을 한국에서부터 녹음해갔는데, 이 쇼에는 미군 병사들과 한국 목사들의 증언도 포함되어 있었다. 그의 여행기 『당신의 아들을 전장에서 보았습니다』(*I Saw Your Sons At War*)는 빌리 그레이엄 복음주의 협회에서 1953년 출판되어 미국에 널리 배포되었다. 3주의 여행을 마치고 귀국한 그레이엄은 자신이 북한 기독교인들에게서 받았던 피로 서명된 청원서 하나를 아이젠하워 대통령에게 전달했다.[168] 그러자 아이젠하워는 이 청원서를 보존할 것을 명령했고, 그레이엄에게 다음과 같은 편지를 보냈다. "당신은 제게 남한의 포로수용소에 수감된 전쟁 포로들의 이름들과 지문들이 담긴 책을 가져다주셨군요. 저는 이 책에 엄청난 감동을 받았습니다. 당신도 잘 아시다시피, 이것은 저에게 매우 특별한 의미가 있습니다."[169]

종교 단체들은 아이젠하워 행정부가 전쟁 포로 문제에 굴복할 의도가 없음을 알고서 용기를 얻었다. 덜레스는 자발적 송환 원칙을 지키는 것에 확고했다. 그는 이 원칙이 공산세계를 벗어나려는 시도들을 더욱 부추길 것이고, 소련 지도자들은 러시아 밖에서 군사 작전을 하는 데 좀 더 신중해질 것이라 판단했다.[170] 친장제스 계열 하원의원 모임인 "중국 연합"(China Block)의 주요 지도자인 월터 저드(Walter Judd) 하원의원이 아이젠하워 대통령에게 자발적 송환에 대한 의견을 묻는 자리에서 아이젠하워는 이렇게 대답했다. "월터, 이건 당신이 걱정할 필요가 없어요. 내가 맡았던 임무는 동유럽에 수천 명의 반공주의자들을, 거기에는 러시아를 탈출해서 도망쳐

---

168 Venzke, *Confidence in Battle, Inspiration in Peace*, 95.

169 Letter from Dwight D. Eisenhower to Billy Graham, 3 November 1953, Billy Graham Files, Box 996, Papers of Dwight D. Eisenhower as President, 1953-1961, Eisenhower Library, Abilene, Kansas.

170 Foot, *A Substitute for Victory*, 161.

온 난민들도 있었는데, 박스카 안에 소떼처럼 태워서 소련의 강제 수용소나 학살장으로 돌려보내는 것이었어요. 나는 이 일에 절대 굴복하지 않을 겁니다."[171] 아이젠하워는 1953년 2월 의회에 보낸 메시지에서 "우리는 우리 자신의 허황된 이익을 얻기 위해서 누군가가 노예로 전락하는 것을 묵인하지 않을 것"이라고 선언했다.[172] 아이젠하워의 계획은 유엔이 양보하는 것이 아닌, 공산주의자들이 양보하도록 압력을 가하는 것이었다.

1953년 2월 아이젠하워 행정부는 공산당의 양보를 받아내기 위해 핵무기 사용을 진지하게 고려했다. 만주와 개성의 보호구역들은 유엔군의 폭격이 금지되어 있었는데, 이곳에 숨은 적들을 즉시 은신처에서 끌어내고 그들의 전쟁 수행 능력을 파괴해서 교착상태를 타개할 방편으로 원자폭탄이 검토되었던 것이다.[173] 덜레스는 공산주의 측을 더욱 압박하기 위해 뉴델리에 있는 인도 총리 자와할랄 네루(Jawaharlal Nehru)와 여러 외국 중재자들을 통해서 베이징에 통보했다. 만약 휴전 협상이 결렬된다면 미국은 중국 본토로 전쟁을 확대하고 핵무기를 사용하겠다는 것이었다.[174]

아이젠하워의 핵 준비는 1953년 3월 스탈린의 사망과 동시에 이루어졌는데, 이때 모스크바의 새로운 지도부는 한국에서의 휴전을 선호했다. 베이징 또한 국가 재건을 위해 자원을 재배치할 필요가 있었고 평화를 이루기를 몹시 바랐다.[175] 그리하여 그해 4월 유엔 측에서 병자와 부상자 포로들을 교환하자고 제안했을 때 공산당 측은 이를 수용하면서 그들의 태도 변화를 보여주었다. 그리고 덜레스가 경고를 전달한 직후, 공산당 측은 강제 송환 불가 원칙(자발적 송환의 완화된 형태)에 합의했다. 미국 측도 비송환자들을 비무장지대 내 중립국 보호구역으로 이관하는 데 동의했다.

---

171 Oral History Interview with Walter Judd #1, by Paul Hopper on 29 August 1968, Columbia University Oral History Project (Oral History Research Office, Bulter Library, Columbia University, New York, NY 10027).

172 A report on Eisenhower, *Austin Daily Herald*, 11 February 1953.

173 Immerman, *John Foster Dulles*, 69.

174 Ibid., 70-71.

175 Stueck, *The Korean War: An International History*, 325-330.

— 남한의 반대

휴전 성사가 가시권에 들었을 무렵, 남한의 이승만 대통령은 6월 18일 북한 비송환 희망자 전원을 일방적으로 석방함으로써 협상 테이블을 박살내버렸다. 이 작전은 1953년 초 이승만이 직접 명령하여 창설된 헌병사령부의 사령관 원용덕 장군이 지휘했다. 이승만의 충직한 기독교인 장군인 원용덕은 자신의 군대를 투입하여 6월 18일 수용소 경비병들을 포위했다. 그들은 미리 정해 놓은 시각에 철조망을 끊고 수용소 조명을 꺼서 포로들이 어둠을 틈타 탈출할 수 있도록 했다.[176] 그 결과 27,451명으로 추정되는 북한군 포로가 탈출했고(표 8.14 참조), 유엔군은 그들 중 1천 명만 겨우 다시 붙잡았다.

이승만의 행동은 미국이 계속해서 자신의 견해를 무시한다면 한국군을 유엔군 사령부에서 철수시키겠다는 신호였다. 물론 이는 이승만이 휴전 협정을 방해하려고 벌인 일이지만, 결과적으로 미국 외교가 실패했음이 드러나게 되었다. 휴전 협상이 시작된 이래로 미국은 대한민국 정부를 협상에서 계속 제외시키면서 초강대국으로

표 8.14 • 비송환자 수용소 탈옥 사건 상황

(단위: 명)

캠프	인원 수	탈출자	부상자	사망자	재구금자
2	3,033	158	0	0	0
4	1,140	869	0	1	0
4a	489	16	0	0	0
5	10,614	9,906	8	6	236
6	10,998	8,374	2	2	505
7	3,836	2,814	7	3	178
9	3,885	3,883	2	0	37
10	1,477	400	107	30	75
합계	35,472	26,420	126	42	1,031

출처: "The Handling of Prisoners of War During the Korean War (U)," (Military History Office: Office of the Assistant Chief of Staff, G3 Headquarters, United States Army, Pacific, June 1960), 69.

176 Sun Yup Paik, *From Pusan to Panmunjom* (Dulles, VA: Brassey's, 1992), 229-230.

서 약소국의 운명을 좌우지하려 했다. 비록 많은 미국인들이 이승만을 동아시아에서 가장 배은망덕한 고객이라 생각했을지 모르지만, 객관적으로 보았을 때 만약 그 시점에서 휴전협정이 체결되었더라면 유엔군이 한반도에서 철수하고 공산당이 재침공할 경우 남한 정부는 어떠한 안전 보장도 받지 못했을 것이다. 많은 남한 사람들은 만약 미국이 남한의 방위에 대해 모호한 태도를 보이지 않았더라면 6·25전쟁의 발발을 막을 수 있었으리라 여기고 있었다. 이런 상황에서 이승만은 남한의 대통령으로서 자국의 이익을 보호할 과단을 내려야 했었다. 실제로 이승만의 포로 석방 결정은 남한 국민들로부터 열렬한 지지를 받았고, 딘 애치슨의 말대로 그의 인기는 "도취될 정도로 높이" 치솟았다.[177]

약자의 처지에 있던 이승만은 자신이 '광인 이론'의 능숙한 실행가임을 증명해 보였다. 막강한 힘을 가진 수호국을 화나게 하고 자국을 방어하는 동맹에서 자국 군대를 철수시키겠다고 위협하는 등, 그의 경솔한 행동은 거의 국가적 자살 시도에 가까웠다. 그럼에도 불구하고 이승만의 도박은 잘 계산된 것이었다. 이제 미국은 완전히 철군하든지 아니면 남한의 안보를 완전히 보장하든지 양자택일해야 되는 입장에 놓이게 되었다.[178]

남한 사람들은 대부분 이승만의 편을 들었다. 이화여대에서 사역하는 감리교 선교사 매리언 L. 컨로(Marion L. Conrow)에 따르면, "휴전은 실수"였으며, 한국인들에게 이익이 되지 않고, 미국으로부터 부당한 대우를 받고 있다고 모든 남한 사람들이 느끼고 있었다.[179] 당시 판문점에 있었던 호러스 G. 언더우드 대위 역시 미국 정책이 남한에서 인기가 없다는 것을 인식하고 있었다.[180] 대개 한국 기독교인들은 다른 종교 문제로 분열되어 있었지만, 휴전 문제에 대해서는 거의 한마음으로 반대했다. 집

177 Acheson, *The Korean War*, 15.

178 Stephen Jin-Woo Kim, *Master of Manipulation: Syngman Rhee and the Seoul-Washington Alliance 1953-1960* (Seoul: Yonsei University Press, 2001), 89.

179 By Marion L. Conrow, 26 September 1953, 1461-4-1: 05, Church & Society, United Methodist Church Archives - GCAH, Madison, New Jersey.

180 휴전협정 조인식에 불참하길 원했던 호러스 G. 언더우드는 미리 통역사직을 사임했다. 그는 향후 자신의 한국 선교 활동에 부정적인 영향을 미칠 것을 우려하여 한국 사람들이 반기지 않는 휴전 협정과 거리를 두려고 했다. Underwood, *Korea in War, Revolution and Peace*, 180.

단 탈출 사흘 전인 6월 15일, 한국 기독교 지도자들은 휴전에 반대하는 성명을 발표했다. 그들은 공산당 측과의 "어떠한 타협 시도"에도 반대하면서 미국에게 "또 다른 침략에 대비"해 줄 것을 호소하고, 전 세계 교회들의 지원을 요청했다.[181] 수용소를 탈출한 포로들을 돕고 재워주는 일에 기독교 가정들과 교회들, 피난민들이 동원되었고, 그 밖의 남한 주민들도 이 일에 힘을 보탰다. 원용덕 장군의 작전이 놀라운 성공을 거둔 것이다.

아이젠하워는 이승만의 행동에 너무 화가 나서 주한미군을 철수시키고 그를 권좌에서 몰아내겠다고 위협했다. 미국 정부는 이승만 대통령에 대한 군사 쿠데타 계획인 일명 '에브리데이 작전'(Operation EVERYDAY)의 실행을 심각하게 고려할 정도였다. 그러나 덜레스 국무장관과 그의 국가안보회의(NSC) 자문위원들은 미국의 희생을 정당화하고 동아시아에서 미국의 정치적 지위를 수호하기 위해 아이젠하워가 마음을 바꿔서 휴전을 추진하도록 그를 설득하는 데 성공했다.[182] 이승만의 뜻을 꺾기 위한 조처들도 즉시 취해졌다. 먼저 아이젠하워는 이승만에게 몇몇 강한 표현들이 들어간 사적인 편지를 보내서 주한미군을 철수하겠다고 그를 위협했다. 미 행정부에서는 윌리엄 놀런드(William Knowland) 상원의원과 제임스 알워드 밴 플리트(James Alward Van Fleet) 장군 등 미국 내 이승만의 친구를 동원하여 이 노인의 양보를 받아내려는 작업에 나섰다. 덜레스 국무장관은 이승만과 협상하기 위해 미 국무부 극동문제담당 차관보인 월터 S. 로버트슨(Walter S. Robertson)을 파견했다.

이승만은 오랫동안 자신에 대한 지지를 확보하기 위해 기독교계 여론을 동원하는 종교적 카드를 사용해왔는데, 덜레스 또한 국제 종교계의 여론을 이용하여 이승만의 시도를 무산시킬 생각을 했다. 그래서 처음에 그는 선교사인 아치벌드 캠벨 목사에게 이승만과 대화할 것을 요청할 계획을 세웠다. 그러나 덜레스의 친구이자 세계교회협의회(WCC) 산하 국제문제교회위원회(CCIA) 이사인 프레드릭 놀드 박사가 나서서 자신이 한국을 방문하는 길에 이승만에게 전언하겠다고 자원하자 덜레스가

---

181 A Statement of Korea Christians to Dr. Frederick Nolde, 15 June 1953, 『WCC 도서관 소장 한국교회사 자료집: 한국전쟁 편』, 346-347.

182 Edward C. Keefer, "President Dwight D. Eisenhower and the End of the Korean War," *Diplomatic History* 10 (Summer 1986): 285-286.

이를 흔쾌히 수락했다.[183] 덜레스로부터 놀드 박사가 임무를 부여받은 것은 비밀이었지만, 많은 관측통들은 그가 특사로 파견되었을 것이라고 추측했다.

놀드 박사는 7월 3일 이승만 대통령을 만났다. 그의 임무는 남한의 대통령에게 서방 교회가 휴전을 선호하고 있음을 알리는 것이었다. 이에 대해 이승만은 자신의 외교 정책이 신의 인도에 따르고 있다고 대답해 주었다. 현 정세를 분석하면서 이승만은 한국을 형들에게 배신당하고 노예로 팔려가는 성경 인물인 "요셉"에 비유했는데, 즉 한국이 형들과 같은 미국과 다른 서양 국가들에 의해 배신당하고 노예로 팔리는 처지임을 뜻한 것이었다. 놀드는 그러한 이승만의 태도를 "메시아주의"라고 보았으며, 그의 사고 체계가 "종교적 신념으로 뒷받침"되었다고 믿었다.[184] 그러나 놀드는 이승만과 면담 이후 편지를 써서 이승만에게 기독교 세계의 의견을 다시 제대로 전하고자 했다. 그는 이 서신에서 "우리 위원회가 대표하는 기독교 기관들의 공식 성명에서 표명된 바와 같이, 전 세계 기독교계의 의견은 명예로운 조건으로 신속하게 휴전을 이루려는 노력을 강력히 지지하고 있으며, 현재의 상황이 이러한 조치를 취하기에 유리하다고 생각합니다"라고 솔직하게 말한 것이다.[185] 그러자 이승만은 휴전 문제를 놓고 미국 기독교인들이 한국 기독교인들과 의견을 달리하고 있음을 깨닫게 되었다. 그래서 미국교회협의회나 세계교회협의회와 같은 자유주의 기독교 기관들에 대해 마음이 틀어져버렸다. 그는 세계교회협의회를 친공산주의 종교단체라고 비난하기 시작했고, 세계교회협의회 지도자들의 의견에 맞서는 자신의 입장에 대한 지지를 확보하기 위해 한국 기독교인들을 동원했다.

놀드 박사의 임무 수행 효과를 측정하기는 어렵겠지만, 어쨌든 이번 일은 덜레스가 이승만의 종교계 영향력을 무력화시키려고 미국의 종교 지도자들을 이용하려 했음을 보여준다. 이승만은 오랫동안 미국의 여론, 특히 교회의 여론에 세심한 주의를 기울여왔다. 이승만은 여러 차례 워싱턴 D.C. 주재 한국 대사에게 미국 교회 지

---

183 Telephone Conversation with Dr. Fred Nolde, 23 June 1953, John Foster Dulles Files, Box 10, Papers of Dwight D. Eisenhower as President, 1953-1961, Eisenhower Library, Abilene, Kansas.

184 A Statement of Korean Christians to Dr. Frederick Nolde, 15 June 1953, 『WCC 도서관 소장 한국교회사 자료집: 한국전쟁 편』, 372.

185 Ibid., 378.

도자들의 지원을 확보할 것을 지시했었다. 그러나 미국과 서방의 교회들이 휴전을 요구하자 이승만의 교섭 입지는 의심할 여지없이 약화되었다. 놀드 박사는 워싱턴으로 돌아오자마자 덜레스 국무장관에게 방한 내용을 보고하며, 현재 한국 상황에서는 이승만에게 종교적 요소가 강조될 필요가 있다고 의견을 피력했다. 이에 대해 덜레스는 놀드 박사가 이 상황에 도움이 되었다고 생각한다고 말해주었다.[186]

결국 이승만 대통령은 미국이 남한에게 안보 조약과 경제 및 군사 원조를 약속해준다면 휴전을 방해하지 않기로 합의했다. 그리하여 마침내 7월 27일 판문점에서 한국 휴전협정이 체결되었다. '빅 스위치 작전'(Operation BIG SWITCH)에서 유엔은 12,773명의 유엔군 포로를 돌려받았고(표 8.15 참조), 70,183명의 북한군 포로와 5,640명의 중국인 포로가 공산당 측에 송환되었다(표 8.16 참조).

1953년 9월, 양측의 비송환 희망자들(유엔 포로 359명, 북한·중국 포로 22,604명)이 인도의 관할하에 비무장지대로 보내졌는데, 수백 명의 사람들이 중간에 마음을 바꿨다(표 8.13, 8.17 참조). 나머지 비송환 희망자들은 90일간의 면담 기간이 끝나고 석방되

표 8.15 • 대전환 작전하에 유엔사 통제로 반환된 포로들(1953. 9)

(단위: 명)

출신 국적	인원	출신 국적	인원
대한민국	7,862	프랑스	12
미국	3,597	남아프리카공화국	8
영국	945	그리스	2
터키	229	네덜란드	2
필리핀	40	벨기에	1
캐나다	30	뉴질랜드	1
콜롬비아	22	일본	1
호주	21	합계	12,773

출처: Clayton D. Laurie, "Big Switch/Little Switch, Operation," *Encyclopedia of the Korean War ed. Spencer C. Tucker* (New York: Checkmark Books, 2002), 76.

186 Telephone Conversation with Dr. Nolde, 17 July 1953, John Foster Dulles Papers, Box 10, Eisenhower Library.

표 8.16 • 대전환 작전하에 공산주의 통제로 반환된 포로들(1953. 9)

(단위: 명)

구분	한국인	중국인
남성	60,788	5,639
여성	473	1
어린이	23	0
민간인(CI)*	8,899	0
합계	70,183	5,640

* 민간인 피억류자(Cilvian Internee), 전쟁 전 38선 이남에 거주했던 민간인들 - 역자 주

출처: "The Handling of Prisoners of War During the Korean War (U)," (Military History Office: Office of the Assistant Chief of Staff, G3 Headquarters, United States Army, Pacific, June 1960), 89.

표 8.17 • 1954년 1월 비송환 포로들(유엔사 측) 재배치 상황

(단위: 명)

구분	인원 수
유엔사 통제하로돌아감	9
탈출함	1
인도로 수송됨	2
공산주의 통제하로돌아감	347
합계	359

출처: Rosemary Foot, *A Substitute for Victory: The Politics o f Peacemaking at the Korean Armistice Talks* (Ithaca, NY and London: Cornell University Press, 1990), 191.

었다. 14,227명의 중국인은 타이완으로 갔고 7,593명의 한국인은 남한에 남았다.

— 6·25전쟁에서 심리적인 승리를 쟁취하다

휴전 협정이 체결되자마자 아이젠하워 행정부는 유엔의 보호 구금하에 있는 22,604명의 비송환 희망자들의 존재 의미를 조명하기 시작했다.[187] 미 중앙정보국

187 이 수치(22,604명)는 1953년 8월 유엔에 보호 구금된 최종 수감자 수이다. 유엔 당국은 1952년 9월 초에 이미 2만 7천 명의 북한에 송환되지 않은 민간인 피억류자들을 석방했으며〔홈커밍 작전(Operation HOMECOMING)과 땡스기빙 작전(Operation THANKSGIVING)〕, 남한 정부

(CIA) 국장인 앨런 덜레스(Allen Dulles)는 전쟁 포로 교환을 "공산주의에 맞서서 자유 세계가 지금까지 이룬 가장 위대한 심리적 승리 중 하나"라고 설명했다.[188] 존 포스터 덜레스 국무장관도 이러한 동생의 발언에 동의했다. 1953년 9월 2일 미국 재향군인 대회 연설에서 덜레스 국무장관은 이렇게 선언했다. "건전한 새 원칙이 확립되었습니다. … 이번에는 자유를 원했던 적군 수감자들 전원을 다시 노예로 돌려보내지 않을 것입니다." 덜레스는 이제 "침략의 수단으로서 붉은 군대는 유용성이 떨어졌으며" 따라서 미국은 "평화의 전망을 높이고 〔국가의〕 안보를 강화했다."고 믿었다.[189]

6·25전쟁에서 심리적인 승리를 얻었다는 메아리가 미 전역에 울려 퍼졌다. 노스캐롤라이나 포트 브래그(Fort Bragg)에서 심리전센터 소장을 맡고 있는 고든 싱글즈(Gordon Singles) 대령은 한국에서 심리전이 승리했다는 것은 포로로 잡힌 공산주의자들의 절반에 가까운 수가, 무려 "8개 사단 병력에 해당하는" 사람들이 본국 송환을 거부했다는 사실로 뒷받침된다고 소속 장교들에게 1953년 9월 11일 말했다.[190] 미국 관리들도 비송환자의 수를 거듭 강조했다. 14만 명의 미국인과 15,431명의 유엔 사상자를 낸 미국 정부와 유엔은 평화유지기구로서 신뢰성을 계속 유지하기 위해 자신들의 성과에 대한 타당한 주장을 해야 했고, 이런 맥락에서 심리적인 승리를 거두었다는 발상은 매우 중요했다.[191]

북한 군인과 민간인 33,462명 및 중국인 14,227명이 철의 장막으로 돌아가지 않기로 결정한 것은 모든 미국인에게 반향을 불러일으켰다. 자유세계에 머물기를

에서도 1953년 6월에 2만 6천 명의 북송되지 않은 북한군 병사들을 일방적으로 석방했다. 이에 따라 전체 미송환 인원은 22,604명으로 줄어들었다.

188 Foot, *A Substitute for Victory*, 190.

189 "CCB Staff Proposal for Exploiting Chinese and North Korean POWs Refusal to be Repatriated," 29 December 1953, NSCS Files, Box 117, Eisenhower Library.

190 "Great Psychological Victory for U.S. in Korea Acclaimed," *The Daily Courier*, 12 September 1953; "Psychological Victory Hailed in Korea; More Trouble for Reds Seen," *The Coshocton Ohio Tribune*, 11 September 1953.

191 다음의 자료도 참조할 것. Callum A. MacDonald, "'Horeos Behind Barbed Wire' – The United States, Britain and the POW issue in the Korean War," *The Korean War in History*, eds. James Cotton and Ian Neary (Atlantic Highlands, NJ: Humanities Press International, Inc., 1989), 144.

선택한 47,689명의 적국인들과 공산주의를 택한 347명의 유엔군 및 남한군의 숫자가 현격하게 비교되는 것은 그동안 전해진 수백만 북한 피난민들의 증언들과 남북한에서 발견된 공산당의 잔혹 행위에 대한 보도들이 사실임을 입증했다. 그리고 이 모든 사실은 미국인들에게 자국 정부 체제의 우월성을 확인시켜주었고, 선택권이 주어진다면 사람들이 미국의 체제를 선택할 것임을 증명해보였다.

미 국무부 극동부서의 C. H. 피크(C. H. Peake)에 따르면, 한국에서의 투쟁은 침략을 막으려는 당초의 목표를 뛰어넘어선 것이었다. 침략은 중단되었고 6·25전쟁이 갖는 새로운 의미가 발견되었다.[192] 한국은 냉전 투쟁의 주요한 상징이 되었다. 1950년 7월부터 1953년 7월까지 미국 국민과 정부가 치렀던 희생을 기념하기 위해서 6·25전쟁 기념비가 워싱턴 D.C.에 세워졌고, 그 위에는 "자유는 공짜가 아니다"라고 새겨졌다.

피크가 판단하기에, 자발적인 송환이라는 인도주의적 원칙을 옹호했던 일은 자유세계가 투쟁의 방향을 전환하는 계기가 되었다. 즉 "전체주의 국가에 대항하고, 또한 전체주의 국가 통치자들이 고집하는 이념인 국가에 봉사하기 위해서만 개인이 존재한다는 주장에 대항해서 개인의 인권이라는 원칙을 지켜내는 것"으로 변화한 것이다.[193] 피크의 설명에 따르면, 한국에서의 경험은 이러한 변화를 자유세계에 널리 보급했으며, "침략을 막아내고 공산 세계를 그저 '억제'하는 국지적인 전술 노력을 뛰어넘도록 자극했으며, 침략과 전체주의에 대항하는 장기적인 투쟁의 지속적인 토대로서 인간의 존엄과 권리를 존중하는 기본 원칙들을 제공했다."[194]

포로수용소 내 선교활동이 거둔 성공으로 인해 미국 교회들은 포로수용소에 엄청난 종교적 의미를 부여했다. 미국 성서공회는 15만 개의 낱권 성경을 포로들에게 보냈고, 시카고의 무디성서학원은 50만 개의 한국어 소책자를 보냈다. 밥 피어스의 월드비전은 수용소 내 예배에서 사용될 휴대용 오르간, 트럼펫, 트롬본, 아코디언,

---

192 Memo from Mr. Peake to Allison and Johnson, 1 December 1952, 695A.0024/10-2952 - 12-2952〕"International Political Relations, 1950-1954/Acheson, Dean/ US Dept of State, Records of the US Dept of State relating to Korea: International political relations, 1950-1954, National Archives.

193 Ibid.

194 Ibid.

플루트, 하모니카와 같은 다양한 악기들을 공급했다. 미국 교회들도 수용소 내 성경 학원을 위한 문구류, 시계, 운동기구 등을 보냈다.

보어클 군목의 사역은 가장 많은 인정과 찬사를 받았다. 1952년 미 육군은 보어클에게 미국 최고의 민간인 훈장인 자유의 메달을 수여했다. 남한 정부에서도 많은 수감자들의 개종에 기여한 공로를 인정하여 그에게 복지 훈장을 수여했다. 석방된 포로들이 인천에 설립한 한 학교는 그의 이름을 따서 지어졌다. 빌리 그레이엄이 서론을 써준 그의 저서 『한국의 철조망 뒤』(*Behind Barbed Wire in Korea*, 1953)는 전쟁 포로 이야기를 다루고 있는데, 무려 5만 부가 판매되었다.[195] 미국 군종 부대 역사학자인 로저 R. 벤츠크(Rodger R. Venzke)는 보어클의 사역을 "역사상 가장 비범한 것들 중 하나"라고 칭송했다.[196] 벤츠크는 또한 보어클의 업적을 "궁극적으로 약 6만 명의 북한 포로들이 전쟁 이후 공산주의 국가로 돌아가지 않도록 설득했던 영향력들 중 하나"라고 평가했다.[197]

우드베리 군목도 많은 주목을 받았다. 중국인 비송환 포로들이 쓴 별도의 회고록 세 편에서 우드베리 군목은 많은 반공 포로들로부터 존경을 받았던 것으로 묘사되었다.[198] 그들은 우드베리를 끊임없이 위로하고 격려해주는 가장 믿음직한 친구라고 서술했다. 반면 중국 공산당 포로들의 회고록에는 대부분 우드베리를 여우나 간첩이라고 부르면서 그를 증오하는 내용이 담겨 있다.[199] 그들은 우드베리의 사역을 불신하고 그의 신앙의 진정성에 의문을 제기했다.

그러나 유엔 수용소 당국은 우드베리의 업적을 높이 평가했다. 그의 상급 장교들이 제출한 보고서에는 우드베리 군목이 "군 당국에게 헤아릴 수 없는 가치"를 지

---

195 Rhodes and Campbell, *History of the Korea Mission Vol. 2*, 51.

196 Venzke, *Confidence in Battle, Inspiration in Peace*, 78.

197 벤츠크가 적은 숫자에는 대한민국 군인들과 민간인들도 포함되어 있었다. Ibid., 79; Brown, *Mission to Korea*, 198.

198 Jian-guo Wang, *Renhai Da Beiju 人海大悲劇* (The Tragedy of human-wave tactics); Lang Liu, *Liuxie Dao Mingtian 流血到天明* (Bleeding till tomorrow). 다음의 자료도 참조할 것 Min-jin Guo, *Hanzhanyiwang: Yuxue Rensheng Huarenquan 浴血餘生活人權* (Memoir of the Korean War: Human Rights of the POWs in the Contest of Bloody Survival).

199 Zhe-shi Zhang, ed., *Meijun Jizhongying Qinli Ji 美軍集中營親歷記* (Personal records in the American prison camps).

니고 있다고 평가되었다.[200] 한국후방관구사령부(KCOMZ)의 군종감인 윌리엄 B. 에스티즈(William B. Estes) 대령은 "그의 우정과 대다수 수감자들이 그에 대해 품고 있는 깊은 존경심이 폭동과 반란을 막는 결정적 요인"이었다고 증언했다.[201] 우드베리 역시 그 공헌이 인정되어 1955년 미국 자유의 메달을 받았다.[202] 타이완 국민당 정부도 그에게 또 다른 훈장을 수여하고 타이완에서 사역을 계속하도록 그를 초청했다.

미국의 교회 지도자들 역시 이 포로들의 개종에 기독교가 끼친 영향을 높이 평가하며 기독교가 공산주의를 물리쳤다고 주장했다. 『더 크리스천 센추리』 편집장 헤롤드 E. 페이(Harold E. Fey)는 이렇게 선언했다.

> 해방은 기독교 신앙을 통해 온다. … 선교사들과 한국 목사들에 의해 이 해방의 자리에 오게 되었다. … 이러한 상황에서 공산주의자들이 수만 명씩 개종하고 있다. 이념 투쟁이 공정하게 이루어지는 이곳에서 언제나 그래왔듯이 진리가 승리하고, 앞으로도 늘 승리할 것이다.[203]

물론 페이가 수용소 상황을 정말 공정하게 관찰했는지, 혹은 정확하게 본 것이 맞는지는 다른 문제겠지만, 이러한 그의 발언은 기독교가 공산주의에 대항하는 이념 투쟁에서 핵심적인 역할을 한다는 현대 종교계의 대중적인 의견을 반영한 것이었다.

---

200 A summary of reports on Chaplain Woodberry by Colonel William B. Estes, Chief of Chaplains, KCOMZ, Presbyterian Church Archives, Record Group 360, Folder: Earle J. Woodberry - Presbyterian Historical Society, Philadelphia.

201 Ibid.

202 통계자료 및 포로와 유엔 당국의 증언에 따르면, 중국인 포로들에게 미친 우드베리 군목의 영향은 부인할 수 없는 것이었다. 그는 반공 포로들 사이에서 매우 인기가 있었다. 그들이 타이완에 간 후 우드베리는 타이완 정부의 초청을 받아 타이완에서 자신의 사역을 계속하게 되었다. 그가 은퇴한 후 타이완을 다시 방문했을 때, 포로 출신 타이완 사람들이 함께 모여서 그의 방문 중 여행을 주선했다. Guo, *Hanzhanyiwang*, 169.

203 Harold E. Fey, "Korea Must Live!" *The Christian Century* 75 (20 February 1952): 217.

제한된 전쟁은 싸우기 힘들었고 이기기도 힘들었다. 맥아더 장군은 전쟁을 확대하고 완전한 승리를 이루려 했지만 트루먼 대통령은 전쟁을 한국에 국한시키고 평화를 추구했고, 이로 인해 미국의 여론은 첨예하게 분열되었다. 그러나 대부분의 미국인들과 종교 지도자들은 휴전을 선호했으며 결국 평화를 바랐다. 그런데 포로들의 절반 이상이 본국 송환을 거부하면서 휴전 협상은 교착 상태에 빠졌다. 유엔 당국은 전쟁을 2년 더 연장해야 되는 도덕적 딜레마에 직면했다.

종교는 이 논쟁에서 중요한 요소였다. 2만 명의 포로들이 기독교로 개종했다는 사실은 많은 미국인들로 하여금 본국 송환 불가 원칙을 지지하도록 자극했다. 교회 지도자들은 정부에 로비를 했고, 여론이 인도주의적 원칙에 따른 자발적 송환을 지지하는 분위기가 되도록 힘썼다. 먼저 수용소를 탈출했던 사람들을 제외하고, 최종적으로 22,604명의 비송환 포로가 자유를 실제로 선택할 수 있었던 것은 6·25전쟁에 참전했던 많은 사람들에게 엄청난 성과로 여겨졌다. 비송환 포로들을 두고 미국 정부는 심리적인 승리를 거두었다고 자부했고, 교회 지도자들은 수용소에서 기독교가 공산주의에 대항하여 승리했다고 주장했다.

포로수용소에서의 선교활동은 공산주의와의 싸움에서 종교가 발휘할 수 있는 힘을 부각시켰다. 그들의 성공을 통해서 많은 미국 관료들은 기독교인 활동가들과 기독교 기관들이 미국의 정책 수행에 도움이 되는 동맹들이라는 사실을 깨닫게 되었다. 실례로 방왕일 목사가 사망한 이후 그의 유족을 위한 보상안을 마련하고자 선교사들과 교회 지도자들이 기울였던 노력은 이 비극이 불러일으킨 반미 감정을 해소하는 데 일조했다. 기독교 구호 활동은 또한 전쟁의 파괴를 치유하는 데도 도움이 되었을 뿐만 아니라 그 과정에서 향후 수십 년간 한미 관계에 영향을 미칠 '자비로운 미국'이라는 이미지를 투영하는 데도 효과적이었다. 그리하여 미국의 정책 입안자들은 냉전 시대에 기독교 신앙, 기독교 활동가들, 기독교 기관들이 갖는 유용성을 더욱 기꺼이 인정하게 되었다. 궁극적으로 6·25전쟁은 한국과 미국 간의 확고한 군사동맹을 구축했을 뿐만 아니라 양국의 외교 활동에 있어서도 정치적·종교적 활동가들 간의 굳건한 동반자 관계가 형성되도록 작용했다.

결언

본 연구는 한국전쟁 기간 동안 작용했던 종교적 요인들을 평가하기 위해 먼저 상당한 분량의 역사적 배경 자료들을 제시하고 분석하는 작업을 선행했다. 조선 후기 강대국들에 둘러싸여 있던 한국이 만일 근대화를 계속 거부했다면 독립을 유지해갈 수 있었을까? 본래 한국의 통치자들은 한국을 은둔의 왕국으로 보호하고자 했지만, 많은 외세 열강들이 대포와 군함을 앞세워 문호를 두드리자 그럴 수 없게 되었다. 그리고 1910년 한일합병은 앞으로 한국이 강한 나라를 새롭게 건설하지 못한다면 독립국으로 살아남을 수 없음을 보여주었다. 이 당시 앞을 내다보았던 많은 인사들이 서구식 건국 모델을 마음에 두었다. 실례로 후일 남한의 초대 대통령이 된 이승만은 청년 시절 현대화되고 기독교화된 한국을 구상했다. 이러한 그의 생각은 당시 한국의 발전을 위해 일하던 미국 선교사들로부터 영향을 받았던 것으로 보인다. 이 선교사들은 그들의 선교 활동을 통해서 왕실과 일반 대중으로부터 좋은 평판을 얻었다.

학계 일각에서는 전 세계에서 벌이고 있는 선교사들의 활동에 대해 회의적인 시각을 가져왔다. 토착민들을 서구화하려는 선교사들의 노력은 문화 파괴적이며 인종 차별적이라는 비난을 받았다. 선교사들은 때때로 제국주의의 도구나 추진자로 간주된다. 그러나 한국의 사례는 이러한 주장과 좋은 대조를 이루는데, 한국의 경우 서구 제국주의는 큰 문제가 아니었기 때문이다. 한국의 독립을 위협하고 한국의 문화를 뒤엎고자 했던 것은 서구가 아닌 일본의 식민주의였다. 오히려 기독교와 미국 선교사들은 한국의 민족주의와 반식민주의 발흥에 중대한 영향을 주었고, 이러한 자각은 한국이 현대화를 향해 나아가는 데 특별히 중요한 요소가 되었다. 실제로 일본 제국주의의 상황에서 기독교 기관들은 한국의 유산을 보존하는 역할을 했는데, 대표적인 예로 미션 스쿨에서 한국어와 한국 역사를 가르쳤던 것을 들 수 있다.

이러한 종교적 요인들은 제2차 세계대전 이후 국가를 새롭게 세우는 기간 동안 그 중요성이 더욱 커졌다. 1945년 무렵 한국의 유명한 애국자들 대부분은 비슷한 기독교적 배경을 갖고 있었다. 그리고 얼마 후 한국전쟁이 발발하자, 인도주의적 위기가 급격히 증대하는 상황에서 기독교의 영향력은 전례 없이 높아져갔다. 57년이 지난 지금도 그때의 유산이 계속 이어져왔고, 남한은 세계에서 가장 기독교화된 국가들 중 하나가 되었다. 그럼에도 불구하고 종교의 영향력이란 매우 미묘한 것이라서 한국전쟁에서 종교가 감당했던 역할들은 지금까지도 제대로 이해되지 못했고 문서화 작업도 충분하지 못했다.

결언의 전반부는 본론에서 개진했었던 1884년부터 1950년까지 기독교가 한국에 미친 영향의 핵심적인 내용을 간추려보고자 한다. 이는 개화기부터 한국전쟁을 아우르는 수십 년간의 가장 본질적인 교훈들을 독자들에게 다시 한 번 알리고, 이를 통해 66년 동안 종교가 발전해온 과정의 큰 그림을 제공하기 위해서이다.

— 개신교 선교 초기 미국 선교사들의 영향력

1884년 최초의 개신교 선교사가 한국에 도착한 후 1905년까지 한국에 거주하는 외국인 선교사들의 대다수는 미국인이었다. 예수회 신부들이 더 먼저 한국에 왔지만, 한국 기독교계에서 가장 큰 영향력을 행사한 것은 미국 선교사들이었다. 중국인들이 대체로 외국 선교사들을 불신하고 서구 제국주의의 협력자라고 비난했던 것과 다르게, 많은 한국인들은 선교사들을 자신들의 동지이자 친구로 여겼다. 심지어 미국이 친일 정책을 펼칠 때에도 미국 선교사들은 한국인들로부터 여전한 사랑과 존경을 받았다. 미국 정부가 1905년 한국에서 외교관을 철수시켰을 때 미국 선교사들은 한국을 떠나지 않았다. 이후 40년간의 가혹한 일제강점기 동안 선교사들은 한국 교회의 생존을 곁에서 지켜보면서 일본 당국이 정한 범위 내에서 활동을 이어갔다. 그들의 자녀들 중 많은 이들이 한국에 대한 부모의 열정과 사랑을 물려받았다. 이들이 성장하여 일부는 선교사가 되기를 선택했고, 일부는 1945년 미국 정부가 남한 지역을 해방시켰을 때 기자와 교육자, 외교관이 되어 한국에 돌아왔다.

미국 선교사들이 긍정적인 이미지를 갖게 된 이유 중 하나는 그들의 노력으로 한국인들이 많은 긍정적인 혜택을 얻게 된 것이었다. 미국 선교사들은 병원, 미션 스쿨, 교회, 신학교, 출판사를 설립했다. 그들의 활동은 전통적인 한국 사회에 중요한 변화들을 가져왔다. 1910년에는 한국에 있는 모든 학교의 3분의 1가량이 외국인 선교사들에 의해 운영될 정도였다.

이들 선교사와 미션 스쿨이 가르쳤던 서양식 교육은 진보주의, 자유, 민주주의라는 미국의 이상들을 소개했다. 이러한 원칙들은 현대 한국의 발전에 필수적인 지침을 제공했다. 이처럼 선교사와 미션 스쿨은 한국 사회를 서구의 이상에 따라 변혁시키려 했던 동시에 한글을 사용하고 한국의 역사와 문화를 가르쳐서 한국인들이 민족적 정체성을 재발견하는 데도 기여했다. 한국의 민족의식이 깨어난 것은 일본의 제국주의 야망을 가로막는 심각한 장애물이 되었다. 그리고 기독교는 식민지 기간 내내 한국에서 가장 빠르게 성장하는 종교가 되었다. 그리하여 일본은 한국 내 기독교의 영향력을 없애려고 애를 썼으며 1941년에는 모든 외국인 선교사들을 추방하기까지 했지만, 교회는 결국 살아남았고 기독교의 영향력은 해방 후 미군 점령하에 빠르게 확산되었다.

선교사들은 한국의 중요한 지도자들 다수에게 큰 영향을 미쳤다. 조선 후기의 진보적 개혁주의자였던 윤치호와 서재필은 선교사들의 도움으로 미국에서 서양 교육을 받을 수 있었고, 한국에 귀국한 뒤 독립 협회를 조직하여 서구식 민주주의 이념을 옹호하고 개혁과 근대화를 촉구했다. 한편 미션 스쿨들에서는 이승만, 안창호, 여운형, 김규식과 같은 많은 애국 청년들이 배출되었고, 이들은 이후 국내외 독립운동을 주도해나갔다. 미션 스쿨에서 서구 세계를 접해본 이 젊은 지도자들은 한국의 미래를 위한 최선의 희망이 서구의 모델을 따르는 것에 있다고 믿었으며, 기독교를 수용해야 한다고 주장하기까지 했다. 그들은 서구화되고 기독교적이면서도 또한 힘 있는 독립 국가로 완전히 변모할 한국의 앞날을 내다보았다.[1] 그들의 이 비전은 오

1 이 네 사람은 모두 상당한 기간 동안 해외에서 민족주의 활동을 펼쳤다. 그러나 그들이 한국의 독립을 위해 취했던 접근법은 각기 달랐다. 대한민국 임시정부의 지도자였던 안창호는 해외 한인들을 위한 기독교 교육에 주력했다. 독립을 위한 무장 투쟁을 해법으로 여겼던 박용만은 미국에서,

늘날 남한의 모습과 많은 부분 닮아있다.

— 기독교 교회의 성장과 한국 민족주의에서 기독교의 역할

20세기가 시작되면서 기독교는 한국 전역에서, 특히 북한 지역에서 괄목할 만한 성장세를 보이기 시작했다. 1930년 무렵 평양은 '한국 기독교의 수도'가 되었다.[2] 평양의 장로교 선교 지부는 세계에서 가장 큰 규모의 장로교 선교 지부로서, 10만 명 이상의 한국 신자들을 목회했다. 북한 지역은 인구 대비 기독교인 비율이 가장 높았을 뿐만 아니라 대형 교회와 미션 스쿨, 신학교가 여럿 세워졌다.

기독교가 급속히 팽창한 데는 종교적인 요인 외에도 또 다른 중요한 요소가 있었는데, 바로 교회가 한국 민족주의의 발흥에 관계했던 것이었다. 주권의 상실과 혹독한 일제 통치를 겪어내면서 많은 저명한 개신교 성직자들은 일종의 '해방 신학'을 발전시켰다.[3] 그들은 이스라엘이 노예제에서 해방되고 강력한 인접국들의 압제를 벗어났던 성경의 이야기들 속에서 희망을 발견했다.[4] 목사들은 진정한 확신과 강한 설득력으로 민족적 구원의 약속을 설교했다. 그들의 메시지에 많은 민족주의자들이 감동을 받았고, 교회에서 피난처와 위안을 얻게 되었다. 교회는 반일·반식민주의 진영이 비밀 회합을 가질 수 있는 편리한 장소가 되었다. 기독교 민족주의자들은 1919년 3·1운동을 조직하고 지원하는 일에 가담했고, 3월 1일 선교사들은 만세 운

이후 중국에서 민족주의자 전사들을 훈련시키는 활동을 했다. 임시정부 초대 국무총리였던 이승만은 외교를 중시하여 워싱턴에서 임시정부 외교기관인 구미위원부를 이끌었다. 임시정부의 또 다른 지도자였던 김규식 역시 외교적 방법론을 추구했으나, 미국의 인종차별에 환멸을 느낀 후 중국으로 건너가 임시정부에 합류했다. 하와이와 미국 본토의 한인들은 망명한 민족주의자들이 상하이 임시정부와 워싱턴 구미위원부 등에서 벌인 독립운동 대부분을 재정적으로 지원했다. 한인의 절대다수는 교회 신자였다. 만주의 한국 교회들도 이러한 노력에 일조했다.

2 이 용어는 한국 기독교인과 선교사들이 평양을 가리킬 때 자주 사용했다. 이 책의 제1장 5절 "기독교와 한국의 독립투쟁" 참조.

3 해방 신학은 기독교인들의 이생의 삶에 초점을 맞췄다. 해방 신학에서 예수 그리스도는 부활한 기독교인들의 구원자라기보다 현실의 억압받는 사람들의 구원자로서 제시된다. 한국 목사들의 이러한 가르침은 해방 신학의 일종으로서, 훨씬 이후에 공산주의 이데올로기 요소를 포함한 형태로 출현하여 큰 영향력을 가졌던 라틴 아메리카의 해방 신학과 혼동되어서는 안 된다.

4 이 책의 제1장 참조.

동 참가자들을 도왔다.[5] 식민지 당국이 이 운동을 잔인하게 진압하자, 교회들은 인명 및 재산 손실이 매우 컸으며, 특히 많은 교회 지도자들을 잃게 되었다. 그 후에도 교회의 피해는 계속되었고, 가장 영향력 있는 목회자들 일부가 신도 숭배 강요에 반대했다는 이유로 구속되면서 교회의 위기는 더 고조되었다. 그러나 독립운동을 위해 이 피해들을 모두 감수한 데 대해 교회는 세간의 칭송을 받았고, 감옥에서 살아나온 목회자들은 일본의 제2차 세계 대전 패배 이후 큰 명성을 얻어서 많은 이들이 유명한 교회 지도자가 되었다.

한국의 민족주의 운동에서 기독교의 중요성은 김일성의 자서전에서도 확인할 수 있다. 비록 그의 서술이 치우쳐있기는 하지만 이는 교회들의 중요성을 격하시키려는 의도임을 누구든 예측할 것이다. 그러므로 김일성이 독립운동에서 교회의 중요성을 인정했음은 상당한 의의를 가진다. 그의 자서전에는 그가 자라났던 기독교적 환경과 그의 가족이 여러 교회들과 기독교 교육에 관계했던 내용이 구체적으로 담겨 있다. 또한 기독교의 주제들을 편취해 김일성 개인숭배를 발전시킨 일에 그의 교회 경험이 작용했음을 알 수 있다. 자서전에서 김일성은 공산주의자를 포함한 많은 민족주의자들이 만주와 한국에서 항일 활동을 벌이면서 교회 모임들을 이용했고 교인들의 지원을 받아냈다고 언급한다. 이러한 주장들은 1945년 정국의 전개 양상과 일치하는데, 당시 일본의 항복 후 단시일 내에 유명한 기독교 사회주의자인 여운형의 주도로 공산주의자들과 좌파 인사들, 기독교인들이 모두 모여 인민공화국을 세웠다.

— 공산주의와 기독교 간에 커져 가는 갈등

제2차 세계 대전 종전과 함께 결정된 한국의 분할은 역사상 가장 큰 국가적 비

---

5 한국 교회는 1919년 3·1운동을 조직하고 활동을 주도했던 세력이었지만, 미국 선교사들이 이 계획을 도왔다는 증거는 없다. 사전에 알고 있었던 선교사들도 일부 있었겠지만, 대다수는 3·1운동 발생 소식을 놀라움 속에 듣게 되었다. 그럼에도 불구하고 선교사들은 만세 운동에 중요한 역할을 수행했는데, 학생 시위자들에게 숙소를 제공하고, 주동자들에게 시설 사용을 허용하고, 잔혹 행위들에 대한 사진 기록을 남기고, 일제의 만행을 공개적으로 비난했다. Donald N. Clark, "'Surely God Will Work Out Their Salvation': Protestant Missionaries in the March First Movement," *Korean Studies* 13 (1989): 41-42.

극이 시작되는 발판을 마련했다. 북한을 점령하러 온 러시아인들은 모든 주요 도시들에 강력하게 자리 잡은 기독교 세력과 싸워야만 했다. 이 기독교인들은 정치 활동에 적극적이었고 조만식의 권력 진출을 지지했다. 많은 우파 인사들, 특히 지식인들과 지주들도 조만식 주변에 집결하여 자신들의 이익을 보호받으려 했다. 조만식의 인기가 공산주의자들보다 압도적으로 높았기 때문에 러시아인들은 조만식을 평양의 연립정부 수장으로 세우는 것에 동의했다. 그러나 조만식이 모스크바 협정에 반대하고 나서자 소련은 그를 가택 구금했고, 조만식의 자리에는 김일성이라는 북한의 새로운 정치 지도자가 올라섰다.

북한의 공산주의자들은 교회에 대한 통제력을 높이기 위해 점진적인 조치들을 취해갔다. 그들이 교회의 목에 올가미를 죄어갔던 한 해 동안 양측의 갈등은 나날이 커졌다. 교회 지도자들이 경찰에 체포되자 기독교인 학생들은 폭동을 일으켰다. 종교의 자유도, 정치적 자유도 더 이상 기대할 수 없음을 알게 된 몇몇 기독교 목회자들과 많은 수의 평신도들은 자본가와 지주, 옛 친일협력자들을 따라 남쪽으로 떠나는 행렬에 들어섰다.

이 피난민들은 북한에서 벌어지고 있는 공산당의 박해와 종교 자유의 부재 소식을 남한에 전했다. 그들이 보고한 바는 남한의 많은 기독교 지도자들을 놀라게 했다. 평양은 한때 '한국의 기독교 수도'라고 불렸으나 이제 그 명성은 사라졌다. 정치적인 전쟁터는 남한으로 옮겨졌다. 기독교 지도자들은 좌파와의 협력을 모색하는 초기의 정책을 재고하기 시작했다. 일부에서는 보수 진영으로 노선을 바꾸고 옛 친일협력자들 및 지주들과 동맹을 맺었다.

미국 점령군은 좌파들의 도전을 받았다. 남한의 좌파들은 여운형과 그 추종 세력이 설립한 인민공화국을 지지하고 있었다. 이러한 상황은 다양한 정파들이 대중적 지지와 정치적 지배력 확보를 두고 경쟁하면서 더욱 복잡해졌다. 우파들은 미군정에서 일할 관리들을 고용하는 책임을 맡고 있던 조지 Z. 윌리엄스 중령으로부터 신임을 얻으면서 우위를 점했다. 윌리엄스가 가장 선호한 인물은 한국민주당 지도자인 송진우였는데, 그를 철저한 반공주의자이며 민주주의 옹호자로 신뢰했기 때문이었다. 이승만과 김구 또한 윌리엄스의 도움을 받았다. 선교사자녀였던 윌리엄스는 당연히 한국 기독교인들에게 동정심을 보였다. 그는 많은 한국 기독교인들을 고용하여 미군정에서 일하도록 했다. 한국어를 할 줄 아는 미군 장교들이 극히 드물었기 때문에 영어 구사가 가능한 기독교 목회자들과 평신도들에 대한 수요가 높았다.

미군정에서 우파 세력이 득세하자, 좌파들은 도시 노동자와 토지가 없는 대중으로부터 지지를 구했다. 서울에서는 폭력, 테러, 정치적 암살이 일상다반사였다. 공산주의자들은 여운형의 인민당에 침투하는 데 성공했을 뿐만 아니라 전라도 산간 지역에 거점까지 세워놓았다. 미군정에서 결국 공산당을 불법화하자 대부분의 지도자들은 북한으로 도망쳤지만, 좌우파 간의 싸움은 이미 거리와 시골 마을로까지 번져 있었다. 기독교인들과 교회들은 공산주의자들이 공통적으로 노리는 공격 대상이었다. 한편 북한에서 당하고 빼앗겼던 것을 복수하기 위해 피난민들 일부는 우익 테러 단체에 합류하여 공산주의자들에 대한 보복 공격에 나섰다. 38선을 사이에 두고 북쪽에선 종교적 박해가, 남쪽에선 게릴라 공격이 심해지자 공산주의자와 기독교인 간의 균열은 더욱 깊어졌다.

김일성과 이승만은 서로 다른 두 종류의 한국 민족주의 그룹들을 대표했고, 현대 한국에 대한 각기 다른 비전을 지니고 있었다. 양측의 정치적 경쟁은 불가피했다. 공산주의자들이 기독교를 정치적 위협 세력으로 인식하고 북한의 교회를 박해하기 시작할 때, 남한의 기독교인들은 공산주의의 확산을 막기 위해 다른 우파들과 동맹을 맺었다. 1948년 무렵 한국에는 두 개의 분리된 정권이 생겨났고, 두 정권은 전국적인 지배 권력을 놓고 서로 경쟁했다.

— 해방 후부터 한국전쟁 이전까지 선교사들의 역할

선교사들은 해방 후부터 한국전쟁 이전까지의 기간 동안 남한의 정치 발전에 핵심적인 역할을 수행했다. 1945년부터 1948년까지 선교사와 그들의 자녀들은 남한의 기독교 공동체가 정치적 권력과 사회적 영향력을 확보하는 데 핵심적인 조력을 했다. 이 선교사들 중 일부는 독보적인 언어 능력과 현지 인맥 덕분에 미군정 고문으로 기용되었다. 그 밖에 인물들, 특히 윌리엄스 중령과 같은 선교사 자녀들은 제2차 세계 대전 종전 후에도 군에 입대하여 복무했다. 이들은 언어 전문가가 시급히 필요했던 군의 사정 때문에 보직 변경을 통해 한국으로 돌아왔다. 선교사들은 적은 인원이었지만 미군정의 지원에 힘입어 이전보다 더 큰 영향력을 행사했다. 그리고 상황이 안정되자 더 많은 민간 선교사들이 1946년 말까지 한국에 귀환할 수 있게 되었다.

선교사들의 활동은 미국과 남한 간의 긍정적인 관계를 증진시켰다. 명확하게 측정하긴 어렵지만, 선교사들이 미군정을 위해 봉사하고 한국 교회들을 도왔던 것은 해방 후 남한에서 기독교의 영향력이 전반적으로 강화되도록 했다. 그들은 한국 교회들을 미국의 후원자들과 다시 연결시켰고, 이후 남한에서 학교, 대학, 병원, 보건소 등의 많은 기독교 기관들이 발전할 수 있는 초석을 다져놓았다.

당시 대부분의 일반 대중보다 교육 수준이 높았던 한국 기독교인들은 정계에 진출할 수 있는 전례 없는 기회를 얻었다. 많은 기독교인들이 초대 국회의원으로 선출되면서 1948년 남한에서 기독교 정치권력의 새 시대가 열렸음을 알렸다. 국회의원들은 대한민국 헌법을 제정한 뒤 이승만을 초대 대통령으로 선출했다. 이승만의 정치적 운명은 기독교인들과 북한에서 내려온 피난민들의 충성도에 크게 좌우되었다. 이승만의 최측근 조언자들과 그의 신임을 받는 장군들은 대부분은 유명한 기독교 평신도들이었다. 동시에 이승만은 선교사들에게 유난히 우호적이었다. 미국에서의 경험을 통해 이승만은 미국 사회에서 교회가 갖는 영향력을 익히 알고 있었다.

이승만 대통령 집권 초기, 재정적으로 열악했던 워싱턴의 이승만 홍보팀은 교회 지도자들과 기독교 언론인들의 후원에 의존하여 미국 정부에 로비를 하고 한국 관련 자료를 출판했다. 그 한 예로, 한국전쟁 발발 이전 미국의 방위 조약을 얻어내기 위해 노력을 기울였던 이승만은 특히 한국 교회를 동원하여 시위를 벌이고 청원서를 작성하도록 했는데, 이는 한국 교회의 청원과 교회 활동들에 대한 선교사들의 보고서가 미국 기독교인들에게 반향을 일으킬 것을 예측했기 때문이다. 그러나 이러한 활동은 1949년 미군이 철수하고 남한이 미국의 태평양 지역 방위선에서 제외되었을 때 일시적으로 중단되었다.

그럼에도 불구하고 미국 선교사들은 한국 방위에 대한 미국의 관심을 높이기 위해 쉼 없이 노력했다. 비록 그들은 미 국무부에 직접 접근할 수 없었지만, 그들에게 있는 모든 자원과 종교 인맥을 활용하여 정계에 닿으려 시도했다. 존 포스터 덜레스가 트루먼 대통령의 특사 자격으로 일본과의 평화협정을 위한 순방길에 서울을 방문했을 때, 미국 선교사들은 그를 저녁 식사에 초대하여 한국 기독교의 업적을 그에게 확실히 알리고자 했다. 그들의 노력에 깊은 감명을 받은 덜레스는 후일 미 국무부 내 최고의 친한파 외교관이 됐고, 한국전쟁 내내 한국을 옹호하는 기조를 유지했다. 그는 한국을 "아시아의 민주주의 실험"의 본보기로 인식했고,[6] 1950년 6월 25일 전쟁이 발발하자 유엔을 통한 미국의 개입을 강력하게 주장했다. 전쟁 초기 몇 달 동안 덜레스는 대중 연설에서 한국전쟁을 종교의 자유를 위한 전쟁으로 규정하기까지 했다.

— 냉전 초기 종교적 반공산주의의 부상

1917년 러시아에서 볼셰비키가 권력을 잡은 이래로 많은 미국인들이 반공 정서를 품어왔다. 그러나 종교계에서는 냉전 전까지 반공주의가 별다른 영향력을 발휘하지 못했다. 1930년대와 1940년대 초반까지 가톨릭교회를 제외하고는 공산주의에 반대하는 강력한 외침이 미국에서 일어나지 않았다. 소련이 기독교인들을 박해하고 무신론을 조장한다는 소식이 알려졌어도 미국의 반공 정서는 여전히 미지근했다. 오히려 공산주의는 미국의 노동자와 개신교 엘리트 계층에서 입지를 다지고 있었다. 해리 F. 워드(Harry F. Ward)와 같은 몇몇 기독교 사회주의자들과 자유주의 신학자들은 심지어 소련을 찬양하고 사회주의 원리들의 특정 요소들을 수용하기까지 했다.[7]

그런데 1945년 제2차 세계대전이 끝나면서 상황이 바뀌기 시작했다. 유럽에서 소련과 미국의 경쟁 및 공산주의와 자본주의의 이념 경쟁이 치열해졌던 것이다. 미 외무부의 러시아 전문가인 조지 F. 케넌(George F. Kennan)은 1946년 국무부에 보내는 장문의 전보에서 소련의 잠재적인 위협에 대해 경고함과 아울러 소련을 상대하는 최선의 전략은 서방의 제도를 강화하고 위기 상황의 국가들에 미국의 지원을 약속

---

6 "Speech: Re. Korea and Japan, CBS Broadcast," dated July 1, 1950, John Foster Dulles Papers, Speech, Statement, Press Conference, etc: 1950 January to August, Box 301, Seeley Mudd Library.

7 David Nelson Duke, *In the Trenches with Jesus and Marx: Harry F. Ward and the Struggle for Social Justice* (Tuscaloosa, AL: University of Alabama Press, 2003).

하는 것이라고 주장했다. 그의 견해는 트루먼 독트린, 마셜 플랜, 그리고 이후 냉전 시대 봉쇄 전략의 핵심 사항이 되었다.

케넌의 경고에 따라 여러 정책 입안자들은 서구 제도를 홍보하는 작업에 나섰다. 홍보 효과를 보자면, 경제 체제로서 자본주의의 미덕을 내세우는 것은 호소력이 크지 않았다. 그리하여 지도자들은 자본주의 대신 종교의 자유를 포함한 자유의 가치를 강조했다. 그들은 또한 서구의 제도가 기독교에 기원을 두고 있다고 주장했다. 공산주의에 저항하고 그 확산을 저지하기 위해서 기독교 신앙이 미국 사회의 중심에 다시 놓여졌다. 트루먼 대통령은 미국의 삶의 방식을 "다수의 의지에 기반하며, 자유로운 제도들, 대의 정부, 자유선거, 개인의 자유 보장, 언론 및 종교의 자유, 정치적 억압으로부터의 자유를 특징으로 하는" 것이라고 설명했다.[8] 미국 냉전 이데올로기의 핵심 주제로서 자유, 특히 종교의 자유가 부상하게 되었다. 1947년 연두교서에서 트루먼 대통령은 미국 국민들이 자유와 민주주의를 전 세계에 전파하여 "어느 곳에서나 자유인들이 그 이상에 대한 미국인의 헌신을 공유하는" 구상을 발표했다.[9] 특히 미국 기독교인들은 공산주의와 민주주의의 경쟁을 공산주의와 기독교의 경쟁으로 간주했는데, 이는 많은 지도자들이 민주주의가 기독교의 원칙이라는 기반 위에 세워졌다고 주장했기 때문이었다.

— 핵 공포의 충격

핵무기 발명에 따른 후폭풍으로 민심이 혼란해진 시기, 종교는 대중의 관심을 계속해서 끌어당겼다. 핵무기의 일본 투하 이후 미국은 많은 논란에 휩싸였다. 미국인들은 자부심과 함께 죄책감과 두려움도 동시에 느꼈다. 히로시마와 나가사키의 끔찍한 사진들을 보고 세상의 종말에 관한 성경의 예언을 떠올린 사람들도 있었다. 소련이 1949년 9월 자체 개발한 핵무기의 실험에 성공하자 사람들은 핵전쟁이 일어

8 Harry Truman, Special Message to the Congress on Greece and Turkey: The Truman Doctrine, 12 March 1947, *Public Papers of the Presidents of the United States: Harry S. Truman 1947* (Washington, D.C.: United States Government Printing Office, 1963), 178.

9 Harry Truman, Annual Message to the Congress on the State of the Union, 6 January 1947, Ibid., 12.

날지 모른다는 공포에 사로잡혔다. 1949년 후반 불확실성이 증폭되는 상황에서 빌리 그레이엄 목사와 같은 설교자들이 주도한 부흥회는 시대에 응답하여 나라의 힘을 북돋는 역할을 했다.

한국전쟁이 발발하고 이후 중국이 전쟁에 개입하면서 많은 사람들은 한국전쟁이 핵무기를 사용하는 또 다른 세계 대전으로 번질 것을 우려했다. 미국교회협의회(NCCC)의 주류 교단 지도자들은 적을 핵무기로 응징하는 공격적인 정책을 채택하는 것에 경고의 목소리를 냈던 반면, 군사 지도자들은 신속히 승리를 얻기 위해 이러한 전략 활용을 선호했다. 전쟁 종식을 위한 적절한 전략을 놓고 여론이 분열된 가운데 미국교회협의회의 의견은 트루먼 대통령에게 강한 영향을 끼쳤고, 대통령은 중국으로의 전쟁 확대 대신 평화를 추구하기로 결정했다.

— 한국전쟁의 이념 갈등

한국전쟁은 단순한 물리적인 전쟁 그 이상이었다. 공산주의와 자유의 이데올로기가 수백만의 한국인들 마음속에서 싸움을 벌였던 이념 전쟁이기도 했다. 유토피아를 약속하는 공산주의의 선전에도 불구하고, 약 150만 명의 북한 주민들이 전쟁 발발 이전에 모든 것을 버리고 남한으로 이주하는 고통스러운 결정을 내렸다. 이는 전체 북한 인구의 18%에 해당하는 놀라운 수치였다.[10] 그들은 자유를 선택하는 자신들의 의지를 그들의 발걸음으로 보여주었다. 그중 많은 이들이 박해받는 기독교 신자들로서, 그들은 무엇보다도 종교의 자유를 위해 움직이고 있었다. 결국 전쟁이 터지자 남쪽으로 향하는 피난민들의 행렬은 전쟁 내내 계속되었다. 수십만 명의 북한 사람들이 퇴각하는 유엔군과 함께 남쪽으로 도망쳤는데, 그들은 전선을 가로지르는 끔찍한 여정과 남한 도착 후 견뎌야 할 궁핍한 삶을 각오했다. 그러나 가장 극적인 결정을 내린 사람들은 피난민들보다 본국 송환을 완강히 거부한 북한과 중국의 전쟁 포로들이었을 것이다. 그들의 결정은 자국의 정부와 그들을 포로로 잡은 국

---

10 이들 외에도 100만 명으로 추정되는 사람들이 전쟁 중에 남쪽으로 피난했다. 이에 더하여 5만 명의 전쟁 포로가 북한으로의 송환을 거부했다. 전쟁이 끝날 무렵까지 북한 인구의 거의 3분의 1이 남쪽으로 이주했고, 5분의 1이 사망했다.

가들 모두에게 충격을 주었다.

비록 본국 송환 문제는 중국 의용군 내 국민당 군인 출신들과 북한 인민군 내 남한 군인 출신들 및 민간인들이 다수 존재함으로써 불거졌지만, 이 포로들의 결정에는 미국 정부와 미국 선교사들 또한 부분적으로 책임이 있었다. 수용소 당국이 조직하여 민간인 군목으로 일하는 선교사들에게 운영을 맡겼던 CI&E(민간정보교육) 프로그램과 종교 활동은 공산주의자와 반공주의자 간에 이미 있었던 이념적 갈등을 더욱 심화시켰다. 많은 포로들이 수용소 내 모임에서 민주주의 이상과 종교적 메시지를 듣고 이를 받아들였다. 그러나 누군가 기독교를 믿거나 서구 사상을 수용하면, 그는 대개 공산주의자들의 공격 표적이 되었다. 같은 부대 병사들과 전우들이 자신의 목숨을 노리는 적으로 변했다. 수용소는 새로운 전쟁터가 되었고, 수용동에서는 실제 전투가 벌어졌다. 각 포로들에게 가해지는 이념의 강요가 너무 심했고, 중간 지대는 없었다. 기독교 개종자들은 군목 선교사들의 도움을 통해 유엔 당국에 피로 작성한 송환 거부 탄원서를 보냈다. 그들의 요청은 미국 내 종교 단체들의 큰 연민을 불러일으켰다.

— 냉전에서 작용된 종교 이데올로기

전쟁의 잔혹함과 포로수용소에서의 폭력으로 냉전은 더욱 차갑게 얼어붙었다. 특히 한국의 상황으로 각성하게 된 미국의 많은 종교 및 정치 지도자들은 공산주의에 대해 더욱 강경한 입장을 취하기 시작했다. 전쟁은 진보주의자들의 정치력을 약화시키고 보수주의자들의 힘을 강화했다. 정치인들의 종교적인 언사와 무신론 공산주의에 반대하는 대중의 정서는 상황을 흑백논리에 매몰되게 했고, 미국의 민주주의, 자유, 자본주의 시장 경제에 도덕적 정당성과 종교적 정의를 부여했다.

초반부터 한국전쟁을 자유를 위한 싸움으로 간주했던 트루먼 대통령은 포로 문제 때문에 휴전 협정이 오랜 교착 상태에 빠지게 됨에도 불구하고 자발적 송환 원칙을 포기하지 않았다. 인도주의적 원칙에 대한 트루먼의 확고한 결단은 그의 깊은 종교적 신념을 반영했다. 포로 문제에 대한 그의 입장은 종교와 선택의 자유를 지지하겠다는 트루먼의 결의를 나타내는 것으로 해석될 수 있다. 한국전쟁의 전개 양상은 많은 미국인들에게 실망을 안겼지만, 트루먼 대통령의 결정들은 맥아더 장군의 해임 건을 제외하고는 일반 대중의 정서, 특히 주류 개신교 단체들의 의견과 일치했다.

— 한국전쟁의 기독교적 요소들이 남긴 것

한국전쟁은 한국의 기독교적 요소들이 국제적인 중요성을 갖는 시기였다. 이것은 전쟁 발발 66년 전 최초의 미국인 선교사가 한국에 도착했던 것에 그 뿌리를 두고 있다. 이러한 요소들은 냉전의 갈등 속에 전쟁 후 몇 년 동안 각별한 주목을 받았고, 계속해서 역사에 영향을 끼쳤다. 그리하여 본 결언의 후반부는 이러한 기독교의 요인이 이후의 역사적 사건들에 미쳤던 영향을 분석하고자 한다. 이러한 요소들의 중요성은 다음의 두 가지 기준을 고려하여 평가되어야 한다. 첫째, 기독교적 요소들이 한국전쟁 이후의 상황 전개에 어떠한 영향을 미쳤는가? 둘째, 한국전쟁 자체가 한국과 미국의 기독교 발전에 어떠한 영향을 미쳤는가? 이 질문들에 대한 답변들을 냉전의 전개와 종교 부흥, 한미 관계의 발전, 남한의 발전, 남한 내 기독교의 발전, 이 네 가지 영역에서 확인하고자 한다.

① 냉전과 미국의 종교 부흥에 미치는 영향

지정학과 권력 균형의 중요성을 오랫동안 강조해 왔던 존 루이스 개디스(John Lewis Gaddis)는 냉전 시대 사람들에게 당연하게 통했던 단순한 사실이 무엇인지를 역사가들이 파악하지 못했다고 지적했다. 그것은 당시 모든 계층의 사람들이 냉전을 선과 악의 대결로 보았다는 것이다.[11] 미국이 그토록 많은 비용을 투입하면서 오랫동안 냉전을 지속할 수 있었던 데는 두 가지 심리적 동기가 작용했는데, 그것은 바로 도덕적 정당성과 공산주의 확산에 대한 두려움이었다. 이 두려움은 특히 한국에서의 전쟁으로 인해 더욱 심해졌다.

1950년 11월 27일 『타임』은 "미국 전역에서 종교에 대한 관심이 뚜렷한 증가

---

11 John Lewis Gaddis, *We Now Know: Rethinking Cold War History* (Oxford: Clarendon Press, 1997), 286-287.

세"를 보인다고 보도했다.[12] 그 한 예로, 그해 9월에 열린 빌리 그레이엄의 오리건주 포틀랜드 전도 집회에 52만 명이 참석했는데[13], 이는 전쟁 발발 전인 7월 사우스캐롤라이나주 컬럼비아 전도 집회 참석 인원의 두 배였다(표 4.1 참조). 포틀랜드에서는 하루 저녁 집회 때 연사로 초빙된 밥 피어스 목사가 동아시아, 특히 한국과 일본을 방문했던 내용을 1만 7천 명의 청중 앞에서 보고했다.[14] 집회 마지막 날인 9월 4일 노동절에는 멀노마(Multnomah) 경기장에서의 "자유를 위한 집회"에 워싱턴주와 오리건주의 주지사들을 포함한 총 2만 2천 명이 운집했다.[15] 그레이엄이 11월부터 12월까지 조지아주 애틀랜타에서 개최한 또 다른 전도 집회에는 50만 명이 참석했다(표 4.1 참조).

미국 전역에서 교회 정규 예배 참석자 역시 크게 증가된 것으로 집계되었다. 미육군 교회 프로그램에 대한 반응도 예상외로 뜨거웠다. 제45사단 군목인 클라우다 R. 잉그램(Clauda R. Ingram) 중령은 루이지애나주 포크 캠프에서 다음과 같은 보고를 했다. "지난 20년 동안 나는 이곳에서처럼 많은 수의 사람들이 열정적으로 교회에 참석하는 것을 본 적이 없다." 그의 경험은 미시간주 커스터 캠프 군목인 레너드 A. 엘리스(Leonard A. Ellis) 대위의 경우와 유사했다. 엘리스 목사 역시 "94%의 군인들이 매주 일요일 정기적으로 예배에 참석했다"고 보고했다.[16] 특히 세상의 종말과 그리스도의 재림을 주장했던 제칠일안식일예수재림교와 여호와의 증인과 같은 세대주의적 기독교 종파들에서 교인 증가율이 가장 높았다.[17]

대부분의 언론 편집자들은 이러한 성장을 미국인들의 '심리적 불안' 탓으로 돌렸지만, 일각에서는 이 추세가 종교 단체들의 개선된 홍보 활동 덕분이라고 분석

---

12 "Trend," *TIME*, 27 November 1950.

13 빌리 그레이엄 복음주의협회가 제공한 자료에 따르면, 『타임』은 당시 기사에 더 높은 수치인 63만 2천 명으로 기재했다. "Revival" *TIME*, 18 September 1950.

14 Billy Graham, *Just as I am: The Autobiography of Billy Graham* (New York: Harper Collins Publisher, 1997), 178.

15 Ibid., 174.

16 "Response Unusually Good to Army Church Program," *Presbyterian Life*, 20 January 1951, 23.

17 제칠일안식일예수재림교의 경우는 다음을 참조했다. "Signs of the Times," *TIME*, 31 July 1950. 여호와의 증인의 경우는 다음을 참조했다. "Waiting for Armageddon," *TIME*, 14 August 1950.

했다.[18] 당시는 미국 정부까지 나서서 종교를 홍보하는 일에 관여하게 되었다. 중국의 한국전쟁 개입 소식이 11월 말경 공공연해지자 트루먼 대통령은 곧바로 미국인의 생활에서 종교와 종교 제도가 갖는 근본적인 의미를 상기시켰다. 그는 미국인의 생활 운동에서 교파를 불문한 종교를 지지하는 성명을 발표하면서, "모든 미국인들이 각자의 선택에 따라 교회, 예배당 또는 회당을 참석하고 지원할 것"을 촉구했다.[19] "이번 주에 당신의 문제들을 교회로 가져가십시오. 수백만 명이 자신의 문제들을 교회에 내려놓고 옵니다!"라고 쓰인 수천 장의 거대한 옥외 포스터가 게시되었다. 미국 역사상 처음으로 대규모 광고 시설들을 전국적으로 활용하여 종교를 홍보한 것이었다.[20]

저명한 신학자인 라인홀드 니버에 따르면, 대규모 전도 운동 및 종교에 대한 지적 관심의 증가는 미국의 문화가 종교적으로 바뀌었음을 나타내는 부인할 수 없는 증거였다.[21] 니버는 "최근 종교학과를 신설하거나 기존의 학과를 대폭 확대하지 않은 단과 대학이나 종합 대학은 거의 없다"고 설명했다.[22] 개인적인 문제뿐만 아니라 국제적 위기에 대한 해답도 얻기 위해 종교에 귀의하는 미국인들이 늘어나면서 종교적 여론은 외교 정책에 더 강한 영향을 미치게 되었다.

1940년대 후반에 시작되어 한국전쟁 발발로 더욱 속도가 붙은 종교 부흥은 전후 여러 해 동안 지속되었다(표 4.1 참조). 일반 언론과 종교계 출판물, 특히 선교사의 보고서를 통해서 한국의 상황을 알게 된 수백만의 미국인들은 전쟁의 공포와 고통으로 인해 큰 충격을 받았다. 대중은 전쟁으로 피폐해진 사람들에게 인도주의적인 구호를 제공하기 위해 나섰고, 세계의 다른 지역으로 공산주의가 더 확장되는 것에 대항하여 보다 단호하고 공격적인 외교 및 군사적 태세를 갖추고자 했다. 이에 더하여 종교 지도자들과 정치 지도자들 모두 국내외에서 공산주의 세력에 맞서는 투쟁의 일환으로서 종교적 대의에 더 깊이 헌신할 것을 주장했다. 이 시기에는 10년 동

---

18 "Trend," *TIME*, 27 November 1950; "Religion in 1950," *Presbyterian Life*, 20 January 1951, 21.

19 "Religion in American Life," *The United Presbyterian*, 20 November 1950, 9.

20 Ibid.

21 "Trend," *TIME*, 27 November 1950.

22 Ibid.

안 "하나님 아래"라는 문구가 미국의 국기에 대한 맹세에 추가되었다. 교인이 아니었던 아이젠하워 대통령은 빌리 그레이엄 목사의 조언을 듣고 백악관 입성 후 북장로교단 교회에 등록했다. 이로써 종교 조직에 참여하려는 자신의 의지를 보였던 그는 종교의 중요성에 대해 이렇게 표현했다. "우리 정부는 깊은 종교적 신념에 기초하지 않는 한 의미가 없으며 저는 그것이 무엇이든 상관하지 않습니다."[23] 공교롭게도 아이젠하워 대통령과 덜레스 국무장관이 속한 개신교 교단은 한국 개신교회와 밀접한 관계를 맺으면서 남한의 기독교 재건 계획에 가장 많은 재정 지원을 했던 곳이었다.

② 한미 관계 발전에 끼친 영향

한국전쟁 당시에는 호러스 알렌 박사처럼 선교사로서 외교관을 겸했던 인물이 없었지만, 선교사들은 한미 관계의 발전을 촉진하는 데 여전히 강력한 힘을 발휘했다. 일제강점기 평양에서 활동한 미국 선교사의 아들인 헤롤드 노블 박사는 1948년부터 1951년까지 주한미국대사관의 정치 보좌관과 제1서기관으로 일했다. 그는 미국 대사관과 이승만 대통령 간의 연락책 역할을 하는 중요한 관리였다. 전쟁 초기에 그는 존 J. 무치오 대사의 파견을 받아 이승만과 함께 지내면서 미국 정책에 대해 조언하는 역할을 했다.[24] 또한 선교사 자녀인 노블은 선교사 공동체와 대사관을 연결하는 유능한 중재자로도 활동했다. 전쟁 지역에 남은 선교사들은 일본으로 대피했던 동료 선교사들이 한국으로 돌아올 수 있도록 대사관의 허가를 구해야 했기 때문에 노블과 같은 조력자가 필요했다.

1953년 존 포스터 덜레스가 국무장관이 되자 미국의 종교 단체들과 국무부는 상호 직접적인 소통을 할 수 있는 통로가 생겼다. 덜레스는 휴전 회담을 방해하려는 이승만의 활동을 매우 조심스럽게 다루면서, 미국 교회의 영향력을 활용하여 이승만의 협조를 얻어내고자 했다. 1953년 10월 1일 상호방위조약이 체결됨에 따라 양

---

23 James M. Wall, "Changes in Attitude: the Lost World of the 1950s," *The Christian Century*, 18 October 1995, 947-948.

24 Harold Joyce Noble, *Embassy at War* edited with introduction by Frank Baldwin (Seattle, WA: University of Washington Press, 1975), 104-122.

국 간의 군사 동맹이 마침내 수립되었다. 그 이후로 양국의 관계는 종종 "혈맹"으로 표현되어 왔다.[25] 한국은 동아시아에서 미국의 가장 가까운 동맹국 중 하나로 성장했다. 베트남 전쟁에는 아시아 국가로서 한국이 유일하게 두 개 사단을 파견하여 미국 편에서 싸웠다. 이라크 전쟁에서도 한국은 다시금 미국의 강력한 동맹국으로서의 역할을 했다. 미국 정부는 필리핀과 일본에 있는 대부분의 미 군사 기지들을 폐쇄했지만, 한국의 기지는 계속 남겨두고 있다.

양국 정부 간의 강력한 공식적 관계 이외에도, 1950년대 한미 관계는 비국가적 부문에서 줄곧 발전해갔다. 휴전 이후 매해 한국 최고의 엘리트들이 미국 유학길에 올랐고, 더 많은 미국인 선교사들이 한국으로 떠났다. 두 나라 사이의 사회적·문화적·종교적 유대가 강화되고 있었다. 미국 교회들은 전쟁으로 파괴된 기독교의 사회시설 및 종교 기관들을 재건하기 위해 한국으로 계속해서 구호품과 돈을 보냈다. 한국과 전쟁의 고통에 관한 두 편의 유명한 다큐멘터리 영화를 제작한 밥 피어스 박사는 1950년 9월 미국 최초의 국제 아동 결연 기관인 월드비전을 설립했다. 월드비전의 한국 고아 합창단은 1960년대 세 번의 미국 순회공연을 통해 한국의 고아원을 위한 기금을 모금했다.[26] 가는 곳마다 엄청난 인파를 끌어모은 이 합창단은 텔레비전과 라디오를 통해 대중에게 널리 알려졌다. 많은 미국 가정들이 한국전쟁 고아들을 입양해달라는 요청에 응했다. 또한 미군과 한국 여성 간의 결혼을 통해서도 많은 한국인들이 미국으로 이민했다. 미국은 휴전 이후에도 한국에 군대를 주둔시켰기 때문에 이러한 국제결혼은 계속 이루어졌다. 오늘날 미국 내 한인 공동체는 구성원의 80%가 기독교인이며, 미국 사회에서 두드러진 소수 집단이 되었다.

미국과 한국은 북한과 관련된 문제들에 대해 여전히 긴밀히 협력하고 있다. 비록 통일에 대한 접근 방식과 북핵 위협에 대처하는 방식에 있어 양국 정부 간에 이

---

25 William Stueck, *Rethinking the Korean War: A New Diplomatic and Strategic History* (Princeton, NJ: Princeton University Press, 2002), 186.

26 Bob Pierce, *The Korean Orphan Choir: They Sing Their Thanks* (Grand Rapids, MI: Zondervan Publishing House, 1965), 12. 첫 번째 순회공연(1961-1962)에서 합창단은 미국 및 캐나다의 62개 도시를 90일 이상 다니며 공연했다. 두 번째 순회공연(1962-1963)에서는 중동 및 유럽 15개국을 방문하고 미국 70개 도시 및 캐나다 주요 도시에서 공연했다. 세 번째 순회공연(1965-1966)에서는 미국 23개 주, 캐나다 4개 주를 7개월 반 동안 다니며 공연했다.

견이 있지만, 비국가 차원의 공조가 이루어지고 있다. 1990년대 이래 남한의 기독교 교회는 통일을 위해 앞장서서 일해 왔다. 한국과 미국의 종교 구호 단체들은 북한을 위한 기도 외에도 1990년대 대기근 때 식량과 구호물자를 보내 북한을 도왔다. 교회 지도자들은 평양의 기독교 유산을 떠올리면서 북한으로 다시 들어갈 방법을 찾고 있다.[27]

한국외국어대학교 한홍순 교수는 북한과의 대화를 열고 궁극적으로 한반도 평화 통일을 이루기 위해서 꼭 필요한 노력들을 종교계가 계속 감당할 것이라고 전망했다.[28] 예를 들어 중국 동북 지역의 한인 교회들은 지하 조직을 만들어 관리해오면서 수천 명의 탈북자들을 돌보고 중국을 통해 한국으로 이송하는 일을 했다. 해방 후부터 한국전쟁 전까지 그랬었던 것처럼 지금도 교회는 북한 내부 상황을 알려주는 주요 정보원의 역할을 하고 있다. 그들의 보고서와 정보는 한반도에 대한 미국의 여론과 정책에 계속해서 영향을 미치고 있다.

③ 남한의 정치 발전에 끼친 영향

남한 기독교 공동체의 힘과 영향력은 한국전쟁 기간에도 계속해서 성장했다. 공산주의자들이 남한에 들이닥쳤다가 물러갔던 사이, 엄청난 수의 성직자와 평신도들이 북한 당국에 의해 처형되거나 끌려갔지만, 그럼에도 불구하고 교회는 소멸되지 않았고 그 힘을 다시 회복했다. 전쟁 중에 약 10만 명의 새로운 기독교 피난민들이 유입되면서 기독교인의 수는 급격히 증가했다. 그들의 남한 유입은 기독교 공동체뿐만 아니라 이승만의 정치적 권력 기반도 강화했다. 피난민들은, 기독교인과 비기독교인을 불문하고, 이승만의 북진통일 정책을 지지하는 중추 세력이었다.

한국 정치에 대한 기독교의 영향력은 1960년 이승만 정권이 끝난 후에도 계속

27 실례로, 2003년 연변과학기술대학을 건립한 남한의 저명한 기독교 교육자 김진경 박사는 평양에 새로운 종합대학인 평양과학기술대학을 설립하는 것을 허가받았다. 이 프로젝트는 비정부 기관들로부터 재정 지원을 받았는데, 특히 전 세계의 기독교회 및 기독교 기관들의 후원이 컸다. 교육자들은 평양과기대에서 가르치기 위해 평양 출입이 곧 허용될 것이다. 만일 북한 정부가 계획을 변경하지 않는다면 평양과기대는 2007년 가을에 개교 예정이다. (실제 개교는 2010년 10월에 이루어졌음 - 역자 주)

28 Thomas Hong-soon Han, "The Role of the Church in South-North Dialogue," http://www.mi.infn.it/~landnet/corea/proc/022.pdf

되었다. 이승만의 단명한 후계자였던 장면은 독실한 천주교 신자였다. 총리인 장면과 함께 제2공화국을 이끌었던 제4대 대통령 윤보선은 장로교회 교인이었다. 그리고 당시 여전히 종교성이 짙었던 연세대학교의 총장 백낙준 박사가 참의원 의장이 되었다. 내각도 기독교 평신도들로 채워졌다.[29] 이후 군사 독재가 오랫동안 지속되었음에도 불구하고 한국 정치에서 기독교인들의 힘과 영향력은 계속 커져갔다. 기독교계는 박정희 군사 정권을 반대하고 남한의 민주화 운동을 이끌었던 주요 세력들 중 하나였다. 1992년 마침내 군사 정권이 종식되고 민주 정부가 출범했다.

민주주의가 재건된 이래로 대한민국의 대통령으로 선출된 인물들, 김영삼(1992-1998), 김대중(1998-2003), 노무현(2003-2008)은 모두 기독교인이었다. (현재 행정안전부 대통령기록관은 노무현 대통령의 종교를 불교로 밝혀놓았다. 다만 노무현 대통령은 생전에 천주교 세례를 받았던 것으로도 알려져 있다. - 역자 주) 현재 299명의 대한민국 국회의원 중 103명은 개신교 신자이고 70명이 천주교 신자로서, 전체 입법부의 58% 수준이다.[30] 초기의 성장세 외에도, 한국의 기독교 인구는 1960년부터 1980년까지 매년 두 배씩 늘었다.[31] 2005년에는 남한의 4,500만 명 인구 중 약 3분의 1이 기독교인이 되었다(1,100만 명의 개신교 신자와 300만 명의 천주교 신자).[32] 기독교는 현재 한국의 정치 및

---

29 Alan Carter Covell, "Korean Conversion to Christianity," *Asian & Pacific Quarterly of Cultural and Social Affairs* 19 (1987): 36.

30 이 자료는 한국의 주요 신문사인 중앙일보의 웹페이지를 참고했다. http://news.joins.com/et/200502/25/200502251850590931 aOOOalOOal 20.html

31 **교회 성장 비교 통계**

(단위: 명, 개, %)

연도	인구 수	개신교 교회 규모	인구 비율	가톨릭 교회 규모	인구 비율	인구 대비 기독교인 비율
1957	22,949,000	844,000	3.7	285,000	1.2	4.9
1968	31,093,000	1,873,000	6	751,000	2.4	8.4
1970	31,569,000	3,193,000	10.1	788,000	2.5	12.6
1972	32,459,000	3,452,000	10.6	804,000	2.5	13.1
1974	33,450,000	4,019,000	11.9	1,012,000	3	14.9
1976	35,860,000	4,659,000	13	1,053,000	2.9	15.9
1978	37,019,000	5,294,000	14.3	1,144,000	3.1	17.4
1981	38,723,000	7,637,000	19.8	1,439,000	3.7	23.5

32 Andrew E. Kim, "History of Christianity in Korea: From Its Troubled Beginning to Its Contemporary Success," http://www.kimsoft.com/1997/xhist.htm].

종교계를 주도하는 세력이다.

④ 한국 기독교 발전에 끼친 영향

1949년 공산당이 중국을 점령하자 미국의 선교사 파송 교회들은 복음을 들고 아시아에 도달할 희망을 품고서 한국에 눈길을 주게 되었다. 1950년에는 남한을 공산주의로부터 해방시키는 것이 미국 교회들의 주요 관심사였다. 전쟁이 발발하고 미국 정부가 그 싸움에 뛰어들었을 때, 미국은 한국이 공산주의의 진격을 저지하는 데 사실상 핵심적인 전략적 가치를 지녔음을 인식하기 시작했다. 이 결론에 도달한 후 미국 정부는 관련한 자국의 이익이 미국 교회의 이익과 겹치게 됨을 알게 되었다.

일부 한국 교회 지도자들은 한국전쟁이 한국 기독교 발전에 부정적인 영향을 끼쳤다고 생각한다. 한국 개신교회들이 자치와 자립으로 출발했으나, 전쟁 발발 이후에 미국에 대한 의존도가 훨씬 높아진 점을 지적하는 것이다. 한국의 많은 목회자들은 한국전쟁과 전후 기간 동안 외국의 지원에 의존했다. 많은 교회 지도자들이 공산주의자들에 의해 살해된 상황에서 새로운 지도자들이 훈련되고 세워지기 위해서는 선교사들이 필요했다. 또한 전쟁으로 많은 부분 파괴되었던 교회 시설과 조직들을 재건하기 위해서 미국의 돈이 필요했다. 그리고 수년간의 전쟁 끝에 한국 사람들은 더욱 궁핍해졌다. 그들이 다시 일어설 수 있도록 도우려면 미국의 보급품이 필요했다. 1950년대에 많은 새로운 미국인 선교사들이 한국을 찾아왔고, 그 땅에 자신들의 도움이 절실하게 필요함을, 특히나 빈곤 문제의 해결이 시급함을 알게 되었다. 한국의 많은 비신자들까지 교회로 와서 식량과 약품을 구해갔다.

일부 부정적인 시각에도 불구하고, 미국에 대한 한국 교회의 이러한 새로운 의존은 미국과 한국의 교회들 간에 더욱 강력한 동반자 관계를 구축했다는 긍정적인 의미로 해석이 가능하다. 비록 한국 교회들은 미국의 지원에 의존하게 되었지만, 전쟁으로 폐허가 된 한국을 돕고자 미국 교회들이 의욕적으로 나선 덕분에 여러 어려움들을 극복해나갈 힘을 얻을 수 있었다. 이 가난한 나라를 재건하기 위해 보내진 돈의 상당량은 교회와 기독교 기관을 통해 유입되었다. 심지어 비기독교인도 교회의 도움을 구했는데, 이는 한국 사회에 있어 교회의 중요성이 커지고 있음을 부각시키는 현상이었다. 50년 동안 미국의 지원을 받은 결과, 한국 교회는 의존적이고 약한 교회가 아니라 활기차고 성장하는 교회가 되었다. 한국 교회들은 재정 규모와 선교 열정 면에서 많은 서방 교회들을 능가했다. 최근 통계에 따르면 남한은 전 세계에서 두 번째로 가장 많은 선교사를 파송하는 국가이다.[33] 남한은 2000년 이후 매년 평균 1,100명의 선교사를 파송해 왔는데, 이는 모든 유럽 국가들(개신교 또는 가톨릭)에서 보낸 인원들을 합친 것보다 많았다. 한국은 또한 아시아, 아프리카, 그리고 중동의 많은 이슬람 국가들에 선교사들을 파송하는 데 앞장서 왔다. 이러한 결과는 한국에 왔던 초기 선교사들이 옳았음을 증명해주는 것이며, 아시아의 기독교 성장에 한국이 열쇠의 역할을 할 것임을 보여주는 것이다.

사실 전쟁으로 인해 교회의 자립이 일시적으로 상실된 것을 한탄하기보다는, 전쟁을 계기로 한국 교회가 궁극적으로 강성해졌음을 인식하는 편이 더 나을 것이다. 전쟁의 참화는 전통적인 한국사회의 유교적 구조를 더욱 약화시켰는데, 이는 대부분의 젊은 남자들이 전투 중에 사망하거나 최소한 몇 년 동안 가족과 떨어져 있었기 때문이었다.[34] 여성과 아이들은 생존을 위해서 정부나 민간이 제공하는 구호에 더욱 의존했다. 그 결과로 기독교의 인도주의적 구호 활동은 기독교의 위신을 높이고 한국 사회 내 영향력을 강화시켰다. 한국전쟁이 없었다면 기독교는 그만큼 빠르게 성장하지 못했을 것이고, 한국 교회는 미국 교회로부터 이처럼 많은 재정 지원을 받지 못했을 것이다. 미국의 해외 선교회는 일본, 필리핀, 인도 및 아프리카 여러 국가들에 계속해서 집중했을 것이고, 한국에게는 부차적인 관심만 주었을 것이다.

— 최종 소고

현대 한국의 성장과 한미 관계에 있어 종교적 요소들, 특히 기독교의 근본적인

---

33 Rob Moll, "Mission Incredible," *Christianity Today* 50 (March 2006): 28.

34 한국전쟁은 한국의 전통적인 생활의 구조를 크게 약화시켰다. 자급자족의 농경제가 붕괴되고, 옛 가족제도의 결속력이 완화되며, 여성과 청년이 생계를 책임지는 등의 현상이 발생하면서 오랜 세월 유지되어온 유교 사회의 근간이 잠식되었다. 전쟁은 공백 상태를 만들었고, 그 공백은 때마침 기독교로 채워졌다. 북한의 유교 역시 큰 타격을 받았다. 그러나 북한에서는 중앙 정부가 개인 숭배와 더욱 통제된 경제 및 사회 프로그램으로 이 공백을 메우게 된다. 북한의 종교적 변화는 남한보다 더욱 놀라운 수준일 것이지만, 그 구체적인 사실들은 거의 알려지지 않았다.

중요성을 제대로 인식하기 위해서, 기독교가 없는 세상을 상정해보는 것도 도움이 될 것이다. 만일 선교사들이 한국에 오지 않았다면 현대 한국의 발전상은, 좋든 나쁘든, 지금과는 분명 매우 달랐을 것이다. 이승만도, 가장 유명한 민족주의 저술인 『독립 정신』도 없었을 것이고, 다른 기독교 애국자들도, 1919년 비폭력 3·1독립운동도 없었을 것이고, 조만식도, 조지 Z. 윌리엄스도, 언더우드 가족도, 기독교 학교와 기관들도, 교회들도 없었을 것이다. 해방 이후 공산당이 지배하는 북한과 좌파가 흥왕하는 남한에서 이들을 대항하는 세력은 상당히 빈약했을 것이다. 만약 미국이 후원하는 남한 정부를 타도하는 일에 공산당이 성공했더라면 한국에서 전쟁은 필요조차 없었을 것이다.

그러나 만일 그런 상황에서도 전쟁이 일어났다면, 그리고 한미 간 기독교적 유대 없이 미국이 전쟁에 개입했다면, 한국에서의 '경찰 행동'은 아마도 미국 대중의 많은 관심과 지지를 불러일으키지 못했을 것이다. 미국 개입을 뒷받침할 명백한 도덕적 정당성이 없었다면, 제2차 세계 대전 직후 먼 나라 한국에서 중국과 피의 대결을 벌이는 전쟁의 늪에 빠지는 일은 베트남 전쟁 때만큼이나 환영받지 못했을 것이다. 그러면 미국은 전쟁에서 벗어나고자 애를 쓰다가 포로 문제에 양보하여 전쟁을 일찍 종결시켰을지도 모른다. 실제로 포로 문제를 둘러싼 논란은 수용소 내 많은 이들이 개종했던 것과 빌리 그레이엄에게 혈서가 전해졌던 일이 없었다면 그 규모가 축소되었을 것이고 대중의 관심을 덜 끌었을 것이다. 또한 도덕적인 지침이 없었다면 미국은 맥아더 장군과 그 지지자들의 요구대로 전쟁을 중국으로 확대하거나 원자폭탄을 사용하는 등의 더욱 공격적인 입장을 취했을 수 있었다. 종교계의 조력 없이 한국전쟁이 그대로 진행되었더라면, 전쟁 이후 한국과 미국이 비국가적 차원에서 그처럼 긴밀한 관계를 발전시키지는 못했을 것이다. 더 나아가 현대 한국은 국가 발전을 위해 어쩌면 다른 길을 걸었을 수도 있다.

참고문헌

아카이브 및 박물관 컬렉션

Dwight D. Eisenhower Presidential Library, Abilene, Kansas.

Harry S. Truman Presidential Library, Independence, Missouri.

John Foster Dulles Papers, Seeley Mudd Library, Princeton, New Jersey.

Korean Christian Museum, Soongsil University, Seoul.

Presbyterian Church in the U.S.A. Department of History, Montreat, North Carolina.

Presbyterian Historical Society, Philadelphia, Pennsylvania.

Syngman Rhee Collection, Yonsei University, Seoul.

The MacArthur Memorial, Norfolk, Virginia.

The National Assembly Library of Korea, Seoul.

United Methodist Church Archives, Drew University - GCAH, Madison, New Jersey.

United States National Archives and Record Service, College Park.

참조 자료

Brune, Lester H., ed. *The Korean War: Handbook of the Literature and Research*. Westport, CT: Greenwood Press, 1996.

Calkin, Homer L., comp. *Catalog of Methodist Archival and Manuscript Collections.* (Part II: Asia) N.P.: World Methodist Historical Society, 1982.

Clark, Allen D., comp. *Protestant Missionaries in Korea, 1893-1983*. Seoul: Christian Literature Society of Korea, 1987.

Edwards, Paul M. *The Korean War: A Historical Dictionary*. Lanham, MD: The Scarecrow Press, Inc., 2003.

Gallup, George H. *The Gallup Poll: Public Opinion 1935-1971*, Vol.2, 1949-1958. New York: Random House, 1972.

Hoare, James E., and Susan Pares. *Conflict in Korea: An Encyclopedia*. Santa Barabara, CA: ABC-Clio, 1999.

Matray, James I., ed. *Historical Dictionary of the Korean War*. New York: Greenwood Press, 1991.

Nahm, Andrew C. *Historical Dictionary of the Republic of Korea*. Metuchen, NJ: The Scarecrow Press, Inc., 1993.

Pratt, Keith, and Richard Rutt. *Korea: A Historical and Cultural Dictionary*. United Kingdom: Curzon Press, 1999.

Tucker, Spencer C., ed. *Encyclopedia of the Korean War: A Political, Social, and Military History*. New York: Checkmark Books, 2002.

미발표 자료 및 개인 기록물

Clark, Allen D. *History of the Korean Church*. Unpublished manuscript. Presbyterian Church Archive - Presbyterian Historical Society, Philadelphia.

Kim, Songbo, "The Decision and Development Process of North Korean Land Reform" (unpublished manuscript).

Robinson, Richard D. "Korea - Betrayal of a Nation" Unpublished manuscript (1947).

Underwood, Richard F. "Memories and Thought." Unpublished personal memoir, 2002.

Yun, Chi-ho. *Yun Chi-ho's letters.* Yonsei University Press, Seoul.

Yun, Chi-ho. *Yun Chi-ho's Diary* (Vol.9 & 10). National Assembly Library of Korea, Seoul.

인터뷰 및 서신

Clifford, Clark M. *Oral History Interview with Clark M. Clifford* by Jerry N. Hess, 3 April 1971 in Washington, D.C., 97-98, Truman Library. [http://www.trumanlibrary.org/hstpaper/koreasub.htm]. February 2007.

Chung, Hwak-sil. Interview by the author, 29 June 2004, Seoul, Korea.

Davidson, C. Girard *Oral History Interview with C. Girard Davidson* by Jerry N. Hess, 17 July 1972 in Washington, D.C.: 65-66, Truman Library. [http://www.trumanlibrary.org/hstpaper/koreasub.htm]. February 2007.

Elson, Edward. Interview by Paul Hooper, 8 February 1968 and 1 March 1968, Washington, D.C. The Dwight D. Eisenhower Presidential Library, Abilene, Kansas.

Jeong, Chun-Seop. Interview by the author, 18 May 2004, College Park, Maryland.

Judd, Walter. Oral History Interview with Walter Judd #1, by Paul Hopper on 29 August 1968, Columbia University Oral History Project. Oral History Research Office, Bulter Library, Columbia University, New York, NY 10027.

오디오 자료

Graham, Billy. "Graham's Historic Meeting On the Steps of the Capitol." Minneapolis, MN: Billy Graham Evangelical Association, Inc., 1952.

미국 발행 공개 문서 및 다큐멘터리 컬렉션

Washington, D.C.: Woodrow Wilson International Center for Scholars:

Cold War International History Project Bulletin 3 (Fall 1993).

Cold War International History Project Bulletin 5 (Spring 1995).

Cold War International History Project Bulletin 6-7 (Winter 1995/1996).

Cold War International History Project Bulletin 8-9 (Winter 1996/1997).

Cold War International History Project Bulletin 10 (March 1998).

Cold War International History Project Bulletin 14-15 (Winter 2003-Spring 2004).

Eisenhower, Dwight D. *Public Papers of the Presidents of the United States: Dwight D. Eisenhower, 1953*. Washington, D.C.: U.S. Government Printing Office, 1960.

Truman, Harry S. *Public Papers of the Presidents of the United States: Harry S. Truman, 1945*. Washington D.C.: U.S. Government Printing Office, 1961.

______. *Public Papers of the Presidents of the United States: Harry S. Truman, 1946*. Washington, D.C.: U.S. Government Printing Office, 1962.

______. *Public Papers of the Presidents of the United States: Harry S. Truman, 1947*. Washington, DC: U.S. Government Printing Office, 1963.

______. *Public Papers of the Presidents of the United States: Harry S. Truman, 1948*. Washington, D.C.: U.S. Government Printing Office, 1964.

______. *Public Papers of the Presidents of the United States: Harry S. Truman, 1949*. Washington, D.C.: U.S. Government Printing Office, 1964.

______. *Public Papers of the Presidents of the United States: Harry S. Truman, 1950*. Washington, D.C.: U.S. Government Printing Office, 1965.

U.S. Department of State. T*reaties and Conventions Concluded Between the USA and Other Powers*. Washington, D.C.: U.S. Government Printing Office, 1889.

______. *Foreign Relations of the United States 1948*, Vol. VI *Korea*. Washington, D.C.: U.S. Government Printing Office, 1974.

______. *Foreign Relations of the United States 1950*, Vol. VII *Korea*. Washington, D.C.: U.S. Government Printing Office, 1976.

______. *North Korea: A Case Study in the Techniques of Takeover*. Washington, D.C.: U.S. Government Printing Office, 1961.

______. *United States Policy in the Korean Crisis*. Washington, D.C.: U.S. Government Printing Office, 1950.

한국 발행 공개 문서 및 다큐멘터리 컬렉션

Personal Reports of the Southern Missionaries in Korea Vol. 8, 10, 15, 19. Seoul: The Archive for Korean Church History.

한국기독교역사연구소편. *Annual Report of the Board of Foreign Missions of the Methodist Episcopal Church: Korea Mission 1884-1943*. Seoul: The Institute for Korean Church History. 2001.

______. *The Korean Situation 1,2*. Seoul: The Institute for Korean Church History, 2003.

한림대학교 아시아문화연구소편. 『美軍政期情報資料集: CIC(방첩대) 보고서 1945.9-1949.1』. 제1,2,3권. 춘천: 한림대학교 아시아문화연구소, 1995.

______. 『美軍政期情報資料集: 질레트(F.E. Gillette)보고서 · 전범대 재판기록 1946-1948』. 제1,2,권. 춘천: 한림대학교 아시아문화연구소, 1996.

______. 『美軍政期情報資料集: 하지(John R.Hodge) 문서집 1945.6-1948.8』. 제1,2,3권. 춘천: 한림대학교 아시아문화연구소, 1995.

국사편찬위원회편. 『大韓民國史資料集. 29: 李承晩關係書翰資料集 (1949-1950)』. 경기도: 국사편찬위원회), 1996.

______. 『大韓民國史資料集. 30: 李承晩關係書翰資料集 (1951)』. 경기도: 국사편찬위원회), 1996.

______. 『大韓民國史資料集. 31: 李承晩關係書翰資料集 (1952)』. 경기도: 국사편찬위원회), 1996.

Public Relations Association of Korea. *The Truth Behind the Korean War: Vol.l A Review of Worldwide News Reports and Editorials*. Seoul: The Public Relations Association of Korea, 1973.

Korea Office of Public Information. *Syngman Rhee Through Western Eyes*. Seoul: Office of Public Information, 1954.

Rhee, Syngman. *Korea Flaming High: Excerpts from Statements by President Syngman Rhee in 1954-55*. Seoul: Office of Public Information, 1956.

책과 단행본

Allen, Horace N. *Things Korea: A Collection of Sketches and Anecdotes, Missionary and Diplomatic*. New York: Fleming and H. Revell, 1890.

Acheson, Dean. *Present at the Creation: My Years in the State Department*. New York: W. W. Norton & Company, Inc., 1969.

______. *The Korean War*. New York: W. W. Norton & Company Inc., 1971.

Anstey, Brigadier Sir John, Richard J. Aldrich, Gary D. Rawnsley, and Min-Yeh Rawnsley, eds. *The Clandestine Cold War in Asia, 1945-65: Western Intelligence, Propaganda and Special Operations*. London: Frank Cass Publishers, 2000.

Armstrong, Charles K. *The North Korean Revolution, 1945-1950*. Ithaca, NY: Cornell University Press, 2003.

Awe, Chulho. *Decision At Dawn: The Underground Christian Witness in Red Korea*. New York: Harper & Row, Publisher, 1965.

Bainton, Roland H. *Christian Attitudes Toward War and Peace*. Nashville, TN: Abingdon Press, 1960.

Barnett, A. Doak. *Communist China and Asia*. New York: Harper, 1961.

Barson, Michael and Steve Heller. *Red Scared! The Coming Menace in Propaganda and Popular Culture*. San Francisco, CA: Chronicle Books, 2001.

Bateman, Robert L. *No Gun Ri: A Military History o f the Korean War Incident*. Mechanicsburg, PA: Stackpole Books, 2002.

Boyer, Paul. *By the Bomb's Early Light: American Thought and Culture at the Dawn of the Atomic Age*. New York: Pantheon, 1985.

Brands, H. W. *The Devil We Knew: Americans and the Cold War.* New York: Oxford University Press, 1993.

Breuer, William B. *Shadow Warriors: The Covert War in Korea*. New York: John Wiley & Sons, 1996.

Brown, George Thompson. *Mission to Korea*. USA: Board of World Missions, Presbyterian Church U.S., 1962.

Bundy, Edgar C. *Collectivism in the Churches: A Documented Account of the Political Activities of the Federal, National, and World Councils of Churches*. Wheaton, IL: The Church League of America, 1960.

Burchett, Wilfred and Alan Winnington. *Koje Unscreened*. Peking: Wifred Burchett, 1953.

Butterfield, Herbert. *Christianity, Diplomacy and War*. New York: AbingdonCokesbury Press, 1953.

Buzo, Adrian. *The Making of Modern Korea*. London and New York: Routledge, 2002.

Caldwell, John Cope. *The Korea Story: in Collaboration with Lesley Frost*. Chicago, EL: Henry Regnery

Company, 1952.

Campbell, Archibald. *The Christ of the Korean Heart*. Columbus, OH: Falco Publishers, 1954.

Caridi, Ronald J. *The Korean War and American Politics: The Republican Party as a Case Study*. Philadelphia, PA: University of Pennsylvania Press, 1968.

Chapin, Captain John C. *Fire Brigade: U.S. Marines in the Pusan Perimeter*. Washington, D.C.: Marine Corps Historical Center, 2000.

Chay, Jongsuk. *Unequal Partners In Peace and War: The Republic of Korea and the United States, 1948-1953*. Westport, CT: Praeger Publishers, 2002.

Chen, Jian. *China's Road to the Korean War: The Making of the Sino-American Confrontation*. New York: Columbia University Press, 1994.

Cheong, Sung-hwa. *The Political of Anti-Japanese Sentiment in Korea*. New York: Greenwood Press, 1991.

Chinnery, Philip D. *Korean Atrocity! Forgotten War Crimes 1950-1953*. Annapolis, MD: Naval Institute Press, 2000.

Chu, Kwang-jo. *More Than Conquerors*. Seoul: Daesung.com, 2006.

Chung, David. *Syncretism: The Religious Context of Christian Beginnings in Korea*. New York: State University of New York Press, 2001.

Chung, Henry, ed. *6 Insides From the Korean War*. Seoul: Dae-Dong Moon Hwa Sa, 1958.

Chung, Henry. *Korea and the United States Through War and Peace: 1943-1960*. Seoul: Yonsei University Press, 2000.

______. *The Russians Came to Korea*. Seoul: The Korean Pacific Press, 1947.

Clark, Allen D. *A History of the Church in Korea*. Seoul: The Christian Literature Society of Korea, 1971.

Clark, Donald N. *Christianity in Modem Korea*. Lanham, MD: The University Press of America, 1986.

______. *Living Dangerously in Korea: The Western Experience 1900-1950*. Norwalk, CT: East Bridge, 2003.

Clark, Eugene Franklin. *The Secrets of Inch'ŏn: The Untold Story of the Most Daring Covert Mission o f the Korean War*. New York: Berkley Book, 2002.

Cohen, Warren I. *East Asia At the Center: Four Thousand Years of Engagement with the World*. New York: Columbia University Press, 2000.

______, ed. *New Frontiers in American-East Asian Relations: Essays Presented to Dorothy Borg*. New York: Columbia University Press, 1983.

______, ed. *Pacific Passage: The Study of American-East Asian Relations on the Eve of the Twenty-First Century*. New York: Columbia University Press, 1996.

Cornell, Patricia Daniels. *A Time For Remembering: The Story of Ruth Bell Graham*. San Francisco: Harper & Row Publishers, 1983.

Cotton, James and Ian Neary, eds. *The Korean War in History*. Atlantic Highlands, NJ: Humanities Press International, Inc., 1989.

Cromartie, Michael. *Religion, Culture, and International Conflict: A Conversation*. Lanham, MD: Rowman & Littlefield Publishers, Inc., 2005.

Cumings, Bruce, ed. Child of Conflict: The Korean-American Relationship 1943-1953. Seattle, WA:

University of Washington Press, 1983.

______. *Parallax Visions: Making Sense of American-East Asian Relations at the End of the Century.* Durham, NC: Duke University Press, 1999.

______. *The Origins of the Korean War: Liberation and the Emergence of Separate Regimes 1945-1947.* Princeton, NJ: Princeton University Press, 1981.

______. *The Origins of the Korean War Volume II: The Roaring o f the Cataract 1947-1950.* Seoul: Yuksabipyungsa, 2002.

Deane, Hugh. *The Korean War: 1945-1953.* San Francisco, CA: China Books & Periodicals, Inc., 1999.

De Santis, Hugh. *The Diplomacy of Silence: The American Foreign Service, the Soviet Union, the Cold War, 1933-1947.* Chicago, IL and London: The University of Chicago Press, 1983.

Dudden, Alexis. *Japan's Colonization of Korea.* Honolulu, HI: University of Hawaii Press, 2005.

Duke, David Nelson. *In the Trenches with Jesus and Marx: Harry F. Ward and the Struggle for Social Justice.* Tuscaloosa, AL: University of Alabama Press, 2003.

Dunar, Andrew J. *The Truman Scandals and the Politics of Morality.* Columbia, MO: University of Missouri Press, 1984.

Dunn, Charles W., ed. *Religion in American Politics.* Washington, D.C.: Congressional Quarterly, 1989.

Ebersole, Luke Eugene. *Church Lobbying in the Nation's Capital.* New York: The MacMillan Company, 1951.

Ebrey, Patricia Buckley, Anne Walthall, and James B. Palais. *East Asia: A Cultural, Social, and Political History.* Boston, MA: Houghton Mifflin Company, 2006.

Eckert, Carter J., et al. Korea Old and New: A History. Seoul: Ilchokak Publishers, 1990.

Edwards, Paul M. *The Korean War: An Annotated Bibliography.* Westport, CT: Greenwood Press, 1998.

______. *To Acknowledge A War: The Korean War in American Memory.* Westport, CT: Greenwood Press, 2000.

Ellwood, Robert S. *Fifties Spiritual Marketplace.* New Brunswick, NJ: Rutgers University Press, 1997.

Ferrell, Robert H. ed. *Off the Record: The Private Papers of Harry S. Truman.* New York: Harper & Row, Publishers, 1980.

Field, James A., Jr. *History of United States Naval Operations: Korea.* Washington, D.C.: U.S. Government Printing Office, 1962.

Foot, Rosemary. *A Substitute for Victory: The Politics of Peacemaking At the Korean Armistice Talks.* Ithaca, NY: Cornell University Press, 1990.

Fousek, John. *To Lead the Free World.* Chapel Hill, NC: The University of North Carolina Press, 2000.

Fox, Richard Wightman. *Reinhold Niebuhr: A Biography.* New York: Pantheon Books, 1985.

Frady, Marshall. *Billy Graham: A Parable of American Righteousness.* Boston, MA: Little Brown and Company, 1979.

Friedman, Edward and Mark Selden, eds. *America's Asia: Dissenting Essays on Asian-American Relations.* New York: Pantheon, 1971.

Gaddis, John Lewis. *We Now Know: Rethinking Cold War History.* Oxford: Clarendon Press, 1997.

Gale, James Scarth. *History of the Korean People.* Seoul: Taewon Publishing Company, 1972.

Garthoff, Raymond L. *Soviet Strategy in the Nuclear Age*. New York: Praeger, 1965.

George, Alexander L. *The Chinese Communist Army in Action: The Korean War and its Aftermath*. New York: Columbia University Press, 1967.

Gilbert, Bill. *Ship of Miracles: 14,000 Lives and One Miraculous Voyage*. Chicago IL: Triumph Books, 2001.

Gilbert, Dan. *Is President Truman "America's Man of Destiny"? Bible Prophecy Answers the Question*. Washington, D.C.: Christian Press Bureau, 1945.

Goff, Philip and Paul Harvey, eds. *Themes in Religion and American Culture*. Chapel Hill, NC: The University of North Carolina Press, 2004.

Goldstein, Donald M. and Harry J. Maihafer. *The Korean War: The Story and Photographs*. Washington, D.C.: Brassey's, 2000.

Goldstein, Norm, ed. *The Associated Press Stylebook and Briefing on Media Law*. New York: The Associated Press, 2004.

Goodman, Allan E., ed. *Negotiating While Fighting: The Diary of Admiral C. Turner Joy at the Korean Armistice Conference*. Stanford, CA: Hoover Institution Press, 1978.

Goodrich, Leland M. Korea: *A Study of U.S. Policy in the United Nations*. New York: Council of Foreign Relations, 1956.

Goulden, Joseph C. *Korea: The Untold Story of the War*. New York: McGraw-Hill Book Company, 1982.

Graham, Billy. *Just as I am: The Autobiography of Billy Graham*. New York: Harper Collins Publisher, 1997.

______. *Peace In Our Time*. Minneapolis, MN: The Billy Graham Evangelistic Association, 1952.

______. *Revival of Our Time: The Story of Billy Graham Evangelistic Campaigns*. Wheaton, IL: Van Kampen Press, 1950.

Graham, Franklin. *Bob Pierce: This One Thing I Do*. USA: Samaritan's Purse, 1983.

Granfield, Linda, ed. *I Remember Korea: Veterans Tell Their Stories of the Korean War, 1950-53*. New York: Clarion Books, 2003.

Grayson, James Huntley. *Early Buddhism and Christianity in Korea: A Study in the Emplantation of Religion*. Leiden: E. J. Brill, 1985.

______. *Korea: A Religious History*. Oxford: Clarendon Press, 1989.

Haas, Michaels E. *In the Devil's Shadow: U.S. Special Operations During the Korean War*. Annapolis, MD: Naval Institute Press, 2000.

Han, Chaedok, *Kim Ilsong changgun kaeson'gi* (Record of the Triumphant Return of General Kim II Sung), 10. Quoted in Charles K. Armstrong, *The North Korean Revolution, 1945-1950*. Ithaca, NY: Cornell University Press, 2003.

Hanley, Charles J., Sang-hun Choe, and Martha Mendoza. *The Bridge at No Gun Ri: A Hidden Nightmare From the Korean War*. New York: Henry Holt and Company, 2001.

Harrington, Fred Harvey. *God, Mammon and the Japanese: Dr. Horace N. Allen and Korean-American Relations, 1884-1905*. Madison, WI: The University of Wisconsin Press, 1944.

Hasegawa, Tsuyoshi. *Racing the Enemy: Stalin, Truman, and the Surrender of Japan*. Cambridge, MA: The Belknap Press of Harvard University Press, 2005.

Hermes, Walter G. *United States Army in the Korean War: Truce Tent and Fighting Front*. Washington, D.C.: U.S. Government Printing Office, 1966.

Herzstein, Robert Edwin. *Henry R. Luce, Time, and the American Crusade in Asia*. New York: Cambridge University Press, 2005.

Hickey, Michael. *The Korean War: The West Confronts Communism*. Woodstock, NY: The Overlook Press, 1999.

Higgins, Marguerite. *War in Korea: The Report of a Woman Combat Correspondent*. Garden City, NJ: Doubled & Company, Inc., 1951.

Hinton, Harold. *Communist China in World Politics*. New York: Houghton Mifflin, 1966.

Hixson, Walter L. *Parting the Curtain: Propaganda, Culture, and the Cold War 1945-1961*. New York: St. Martin's Griffin, 1997.

Hulbert, Homer B. *The Passing of Korea*. Seoul: Yonsei University Press, 1969.

Hunt, Michael. *Ideology and U.S. Foreign Policy*. New Haven, CT: Yale University Press, 1987.

Huntley, Martha. *Caring, Growing, Changing*. New York: Friendship Press, 1984.

Immerman, Richard H. *John Foster Dulles: Piety, Pragmatism, and Power in U.S. Foreign Policy*. Wilmington, DE: Scholarly Resources Inc., 1999.

Isaacson, Walter and Evan Thomas. *The Wise Men: Six Friends and the World They Made*. New York: Simon and Schuster, 1986.

Jo, Yung-Hwan, ed. *Korea's Response to the West*. Kalamazoo, MI: The Korea Research and Publication, Inc., 1971.

Joe, Wanne J. *A Cultural History of Modern Korea: A History of Korean Civilization*. Elizabeth, NJ & Seoul: Hollym, 2000.

Johnston, Douglas, ed. *Faith-Based Diplomacy: Trumping Realpolitik*. New York: Oxford University Press, 2003.

Joy, Admiral C. Turner. *How Communists Negotiate*. New York: Macmillan Company, 1955.

Jung, Walter. *Nation Building: The Geopolitical History of Korea*. Lanham, MD: University Press of America, Inc., 1998.

Kahn, E. J., Jr. *The Peculiar War: Impressions of a Reporter in Korea*. New York: Randon House, 1951.

Kang, Hildi. *Under the Black Umbrella: Voices from Colonial Korea, 1910-1945*. Ithaca, NY: Cornell University Press, 2001.

Kang, Man-Gil. *A History of Contemporary Korea*. United Kingdom: Global Oriental, 2005.

Kang, Wi Jo. *Christ and Caesar in Modern Korea: A History of Christianity and Politics*. New York: State University of New York Press, 1997.

Kaplan, Lawrence S. *The United States and NATO: The Formative Years*. Lexington, KY: University Press of Kentucky, 1984.

Kaufman, Burton I. *The Korean War: Challenges in Crisis, Credibility, and Command*. Philadelphia, PA: Temple University Press, 1986.

Kendall, Carlton Waldo. *The Truth About Korea*. San Francisco, CA: The Korean National Association, 1919.

Keys, Donald. *God and the H- Bomb*. New York: Macfadden Book, 1961.

Kim, Choong Soon. *A Korean Nationalist Entrepreneur: A Life History of Kim Songsu, 1891-1955*.

Albany, NY: SUNY Press, 1998.

Kim, Chull Baum and James I. Matray, eds. *Korea & the Cold War: Division, Destruction, and Disarmament*. Claremont, CA: Regina Books, 1993.

Kim, Elizabeth. *Ten Thousand Sorrows: The Extraordinary Journey of a Korean War Orphan*. New York: Doubleday, 2000.

Kim, Helen. *Grace Sufficient*. Nashville, TN: The Upper Room, 1962.

Kim, Hyung-chan & Wayne Patterson. *The Koreans in America 1882-1974: A Chronology & Fact Book*. New York: Oceania Publications, Inc., 1974.

Kim, In Soo. *Protestants and the Formation of Modern Korean Nationalism, 1885-1920*. New York: Peter Lang, 1996.

Kim, Joungwon. *Divided Korea: The Politics of Development, 1945-1972*. Cambridge, MA: Harvard University Press, 1976.

Kim, Ku. *Paekpom Ilchi: The Autobiography of Kim Ku*. Translated, annotated and introduced by Jongsoo Lee. Lanham, MD: University Press of America, 2000.

Kim, Penny Young Sook and Charles Milles. *Though Bombs May Fall: The Extraordinary Story of George Rue, Missionary Doctor to Korea*. Nampa, ID: Pacific Press Publishing Association, 2003.

Kim, Se-jin, ed. *Documents on Korean-American Relations 1943-1976*. Seoul: Research Center for Peace and Unification, 1976.

Kim, Stephen Jin-Woo. *Master of Manipulation: Syngman Rhee and the Seoul-Washington Alliance 1953-1960*. Seoul: Yonsei University Press, 2001.

Kirby, Dianne, ed. *Religion and the Cold War*. London: Palgrave Macmillan, 2003.

Kirkendall, Richard S., ed. *Harry's Farewell: Interpreting and Teaching the Truman Presidency*. Columbia, MO: University of Missouri Press, 2004.

Klein, Christina. *Cold War Orientalism: Asia in the Middlebrow Imagination, 1945-1961*. Berkeley, CA: University of California Press, 2003.

Knox, Donald. *The Korean War An Oral History: Pusan to Chosin*. San Diego, CA: Harcourt Brace Jovanovich, Publisher, 1985.

Kolko, Joyce and Gabriel. *The Limits of Power: The World and United States Foreign Policy, 1945-1954*. New York: Harper & Row, 1972.

Koo, Youngnok and Dae-Sook Suh, eds. *Korea and the United States*. Honolulu, HI: University of Hawaii Press, 1984.

Kuznick, Peter J. and James Gilbert, eds. *Rethinking Cold War Culture*. Washington, D.C.: Smithsonian Institution Press, 2001.

Ku, Dae-yeol. *Korea Under Colonialism: The March First Movement and Anglo-Japanese Relations*. Seoul: Seoul Computer Press, 1985.

Kwak, Tae-Hwan, ed. *U.S.-Korean Relations 1882-1982*. Seoul: The Institute for Far Eastern Studies, Kyungham University, 1982.

Kwak, Tae-Hwan and Seong Hyong Lee, eds. *Forty Years of Korea-U.S. Relations, 1948-1988*. Seoul: Kyung Hee University Press, 1990.

LaFeber, Walter. *America, Russia, and the Cold War, 1945-2002*. New York: McGraw-Hill, 2004.

Lankov, Andrei. *From Stalin to Kim II Sung: The Formation of North Korea 1945-1960*. New Brunswick, NJ: Rutgers University Press, 2002.

Lech, Raymond B. *Broken Soldiers*. Chicago, IL: Board of Trustees of the University of Illinois, 2000.

Leckie, Robert. *Conflict: The History of the Korean War, 1950-1953*. New York: G. P. Putnam's Sons, 1962.

Lee, Chi Op. *Call Me "Speedy Lee": Memoirs of a Korean War Soldier*. As told to Stephen Main Tharp. Seoul: War Min Publishing House, 2001.

Lee, Chong-sik. *The Politics of Korean Nationalism*. Berkeley, CA: University of California Press, 1963.

Lee, Kenneth B. *Korea and East Asia: The Story of a Phoenix*. Westport, CT: Praeger, 1997.

Lee, Sang Taek. *Religion and Social Formation in Korea: Minjing and Millenarianism*. Berlin and New York: Mouton de Gruyter, 1996.

Lee, Yur-Bok. *Diplomatic Relations Between the United States and Korea, 1866-1887*. New York: Humanities Press, 1970.

Leeke, Ada E. *When Americans Came to Korea*. Freeman, SD: Pine Hill Press, Inc., 1991.

Levantrosser, William F., ed. *Harry S. Truman: The Man From Independence*. New York: Greenwood Press, 1986.

Lockard, David. *The Unheard Billy Graham*. Waco, TX: Word Books Publisher, 1971.

Lyons, Gene M. *Military Policy and Economic Aid: The Korean Case, 1950-1953*. Columbus, OH: Ohio State University Press, 1961.

MacDonald, Donald Stone. *The Koreans: Contemporary Politics and Society*. Boulder, Colorado: Westview Press, 1996.

Malcom, Ben S. *White Tigers: My Secret War in North Korea*. Washington, D.C.: Brassey's, 1996.

Marsden, George M. *Religion and American Culture*. San Diego, CA: Harcourt Brace Jovanovich Publishers, 1990.

Martin, Bradley K. *Under the Loving Care of the Fatherly Leader: North Korea and the Kim Dynasty*. New York: Thomas Dunne Books, 2004.

May, Lary, ed. *Recasting America: Cultural and Politics in the Age of Cold War*. Chicago, IL: The University of Chicago Press, 1989.

McNamara, Patrick H. *A Catholic Cold War: Edmund A. Walsh, S.J., and the Politics of American Anticommunism*. New York: Fordham University Press, 2005.

Merrill, John. *Korea: The Peninsular Origins of the War*. Newark, DE: University of Delaware Press, 1989.

Meyers, Samuel M. and Albert D. Biderman, eds. *Mass Behavior in Battle and Captivity: The Communist Soldier in the Korean War*. Chicago, IL: The University of Chicago Press, 1968.

Millett, Allan R. *Their War for Korea: American, Asian, and European Combatants and Civilians 1945-1953*. Washington, D.C.: Brassey's Inc., 2002.

______. *The War for Korea, 1945-1950: A House Burning*. Lawrence, KS: University Press of Kansas, 2005.

Moore, Arthur J. *The Church Cradled in Conflict: A Report of an Episcopal Visit to Korea in 1946*. New York: The Methodist Church, 1946.

Mueller, John E. *War, Presidents and Public Opinion*. New York: John Wiley & Sons, Inc., 1973.

Muller, John H. *Wearing the Cross in Korea*. Redlands, CA: John M. Muller, 1954.

Nahm, Andrew C., ed. *Korea Under Japanese Colonial Rule: Studies of the Policy and Techniques of Japanese Colonialism*. Kalamazoo, MI: Western Michigan University, 1973.

Natsios, Andrew S. *U.S. Foreign Policy and the Four Horsemen of the Apocalypse*. Westport, CT: Praeger, 1997.

Neils, Patricia, ed. *United States Attitudes and Policies toward China: The Impact of American Missionaries*. Armonk, NY: M. E. Sharpe, 1990.

Nelson, Frederick. *Korea and the Old Orders in Eastern Asia*. Baton Rouge, LA: Louisiana State University Press, 1946.

Neusner, Jacob, ed. *God's Rule: The Politics of World Religions*. Washington, D.C.: Georgetown University Press, 2003.

No, Kum-sok. *A MiG-15 to Freedom: Memoir of the Wartime North Korean Defector Who First Delivered the Secret Fighter Jet to the Americans in 1953*. Jefferson, NC: McFarland & Company, Inc., Publishers, 1996.

Noble, Harold Joyce. *Embassy at War*. Seattle, WA: University of Washington Press, 1975.

Ockenga, Harold J., ed. *America's Hour of Decision: Featuring a Life Story of Billy Graham*. Wheaton, IL: Van Kampen Press, 1951.

Oh, Bonnie B. C. *Korea Under the American Military Government 1945-1948*. Westport, CT: Praeger Publisher, 2002.

Oh, Se Eung. *Dr. Philip Jaisohn's Reform Movement 1896-1898: A Critical Appraisal of the Independence Club*. Lanham, MD: University Press of America, Inc., 1995.

Oliver, Robert T. *A History of the Korean People in Modern Times: 1800 to the Present*. Newark, DE: University of Delaware Press, 1993.

______. *Korea: Forgotten Nation*. Washington, D.C.: Monumental Printing Company, 1944.

______. *Syngman Rhee: The Man Behind the Myth*. New York: Dodd Mead and Company, 1954.

______. *Syngman Rhee And American Involvement in Korea, 1942-1960*. Seoul: Panmun Book Company, 1978.

______. *Why War Came in Korea*. New York: Fordham University Press, 1950.

Osmer, Harold H. *U.S. Religious Journalism and the Korean War*. Washington, D.C.: University Press of America, Inc., 1980.

Paik, Sun-yup. *From Pusan to Panmunjom: Wartime Memoirs of the Republic of Korea's First Four-Star General*. Dulles, VA: Brassey's, 1992.

Park, Chung-shin. *Protestantism and Politics in Korea*. Seattle, WA: University of Washington Press, 2003.

Park, Jae Kyu, and Jung Gun Kim, eds. *The Politics of North Korea*. Seoul: 경남대학교 극동문제연구소, 1979.

Park, Therese. *When a Rooster Crows at Night: A Child's Experience of the Korean War*. New York: iUniverse, Inc., 2004.

Parlos, Hatzopoulos and Fabio Petito, eds. *Religion in International Relations: The Return from Exile*. New York: Palgrave Macmillian, 2003.

Paterson, Thomas G., J. Gary Clifford, and Kenneth J. Hagan. *American Foreign Policy: A History*. 3rd ed. Lexington, MA: D.C. Health and Company, 1991.

Pease, Stephen E. *Psywar: Psychological Warfare in Korea, 1950-1953*. Harrisburg, PA: Stackpole Books, 1992.

Peters, Richard and Xiaobing Li. *Voices from the Korean War: Personal Stories of American, Korean, and Chinese Soldiers*. Lexington, KY: The University Press of Kentucky, 2004.

Pierard, Richard V. *The Unequal Yoke: Evangelical Christianity and Political Conservatism*. Philadelphia, PA and New York: J. B. Lippincott Company, 1970.

Pierce, Bob. *The Korean Orphan Choir: They Sing Their Thanks*. Grand Rapids, MI: Zondervan Publishing House, 1965.

______. *The Untold Korean Story*. Grand Rapids, MI: Zondervan Publishing House, 1951.

Pierpaoli, Paul G., Jr. *Truman and Korea: The Political Culture of the Early Cold War*. Columbia, MO: University of Missouri Press, 1999.

Poen, Monte M., ed. *Strictly Personal and Confidential: The Letters Harry Truman Never Mailed*. Columbia, MO: University of Missouri Press, 1999.

Pollock, John. *Billy Graham: An Authorized Biography*. New York: McGraw-Hill Book Company, 1966.

______. *Billy Graham: Evangelist to the World*. New York: Harper & Row Publishers, 1979.

Reichley, A. James. *Faith in Politics*. Washington, D.C.: Brookings Institution Press, 2002.

Rhee, Syngman. *The Spirit of Independence: A Primer of Korean Modernization and Reform*. Translated by Han-kyo Kim. Honolulu, HI: University of Hawaii Press, 2001.

Rhodes, Harry A. *History of the Korean Mission Presbyterian Church, 1884-1934*. Seoul: Chosen Mission Presbyterian Church U.S.A., 1934.

Rhodes, Harry A. and Archibald Campbell, eds. *History of the Korean Mission Presbyterian Church in the USA*. Vol. 2 1935-1959. New York: The United Presbyterian Church in the U.S.A. 1964.

Ridgway, Matthew B. *The Korean War: How We Met the Challenge; How All-Out Asian War Was Averted; Why MacArthur Was Dismissed; Why Today's War Objectives Must Be Limited*. Garden City, NY: Doubleday, 1967.

Riley, John W., Jr. and Wilbur Schramm. *The Reds Take a City: The Communist Occupation o f Seoul with Eyewitness Accounts*. New Brunswick, NY: Rutgers University Press, 1951.

Robin, Ron. *The Making of the Cold War Enemy: Culture and Politics in the MilitaryIntellectual Complex*. Princeton, NJ: Princeton University Press, 2001.

Ross, Robert S. *East Asia in Transition: Toward a New Regional Order*. Armonk, NY: M. E. Sharpe, Inc., 1995.

Sawyer, Major Robert. *Military Advisors in Korea: KMAG in Peace and War*. Ed. Walter G. Hermes. Washington, D.C.: U.S. Government Printing Office, 1962.

Schnabel, James F. *United States Army in the Korean War: Policy and Direction: The First Year*. Washington, D.C.: U.S. Government Printing Office, 1972.

Schrecker, Ellen, ed. *Cold War Triumphalism: The Misuse of History after the Fall of Communism*. New York & London: The New Press, 2004.

Scott, Alison M. and Christopher D. Geist, eds. *The Writing on the Cloud: America Culture Confronts the Atomic Bomb*. Lanham, MD: University Press of America, Inc., 1997.

Shaw, William E. *Korea At the Crossroads*. New York: The Methodist Church Editorial Department, 1950.

Sheldon, Walt. *Hell or High Water: MacArthur's Landing at Inch'ŏn*. New York: The MacMillan Company, 1968.

Sheley, Donald B. *Beggar At the Banquet*. San Bruno, CA: Donald B. Sheley, 1979.

Sherwin, Martin J. *A World Destroyed: Hiroshima and the Origins of the Arms Race*. New York: Vintage Books, 1987.

Shin, Gi-Wook and Michael Robinson, eds. *Colonial Modernity in Korea*. Cambridge, MA: Harvard University Press, 1999.

Shin, Gi-Wook. *Ethnic Nationalism in Korea: Genealogy, Politics, and Legacy*. Stanford, CA: Stanford University Press, 2006.

Shin, H. K. *Remembering Korea 1950: A Boy Soldier's Story*. Reno, NV: University of Nevada Press, 2001.

Shin, Yong-ha. *Modern Korean History and Nationalism*. Seoul: Jimoondang Publishing Company, 2000.

Shinn, Bill. *The Forgotten War Remembered, Korea: 1950-1953: A War Correspondent's Notebook And Today's Danger in Korea*. Elizabeth, NJ: Hollyn International Corp, 1996.

Simmons, Robert R. *The Strained Alliance: Peking, P'yŏngyang, Moscow, and the Politics of the Korean Civil War*. New York: The Free Press, 1975.

Smith, D. Frank Herron. *The Other Side of the Korean Question*. Seoul: Seoul Press, 1920.

Soman, Appu K. *Double-Edged Sword: Nuclear Diplomacy in Unequal Conflicts: The United States and China, 1950-1958*. Westport, CT: Praeger, 2000.

Song, Hyo-soon. *The Fight For Freedom*. Seoul: Korean Library Association, 1980.

Spanier, John W. *The Truman-MacArthur Controversy and the Korean War*. Cambridge, MA: Harvard University Press, 1959.

Spurr, Russell. *Enter The Dragon: China's Undeclared War Against the U.S. in Korea, 1950-51*. New York: Newmarket Press, 1988.

Stanton, Shelby L. *Ten Corps in Korea, 1950*. Novato: Presidio Press, 1989, 1996.

Steinberg, David I., ed. *Attitudes Toward the United States: Changing Dynamics*. Armonk, NY: M.E. Sharpe, 2005.

Stevenson, Adlai E. *Korea in Perspective*. Stamford, CT: The Overbook Press, 1952.

Stueck, William W., Jr., ed. *The Korean War in World History*. Lexington, KY: The University Press of Kentucky, 2004.

______. *Rethinking the Korean War: A New Diplomatic and Strategic History*. Princeton, NJ: Princeton University Press, 2002.

______. *The Korean War: An International History*. Princeton, NJ: Princeton University Press, 1995.

Suh, Dae-sook. *Kim Il Sung: The North Korean Leader*. New York: Columbia University Press, 1988.

Swift, Donald C. *Religion and the American Experience*. Armonk, NY: M. E. Sharpe, Inc., 1998.

Thornton, Richard C. *Odd Man Out: Truman, Stalin, Mao, and the Origins of the Korean War*. Washington, D.C.: Brassey's, 2000.

Toulouse, Mark G. *The Transformation of John F. Dulles: From Prophet of Realism to Priest of*

Nationalism. Macon, GA: Mercer University Press, 1985.

Truman, Harry S. *Memoirs by Harry S. Truman: Year of Decisions*. Garden City, NY: Doubleday & Company, 1955.

______. *Memoirs by Harry S. Truman Vol.2 Years of Trial and Hope*. Garden City, NY: Doubleday & Company, Inc., 1956.

______. *Mr. Citizen*. New York: Popular Library, 1960.

Tucker, Nancy B. *Patterns in the Dust: Chinese-American Relations and the Recognition Controversy, 1949-1950*. New York: Columbia University Press, 1983.

Tucker, Spencer C., ed. *Encyclopedia of The Korean War: A Political, Social, and Military History*. New York: Checkmark Books, 2002.

Ulam, Adam B. *The Rivals: America and Russia Since World War II*. New York: The Viking Press, 1971.

Underwood, Lillias H. *Underwood of Korea*. Seoul: Yonsei University, 1983.

Underwood, Horace G. *Korea in War, Revolution and Peace: The Recollections of Horace G. Underwood*. Ed. Michael J. Devine. Seoul: Yonsei University Press, 2001.

Underwood, Peter A, ed. *First Encounters: Korea 1880-1910*. Seoul: Dragan's Eye Graphics, 1982.

Van Ree, Erik. *Socialism in One Zone: Stalin's Policy in Korea, 1945-1947*. Oxford: Berg Publishers Limited, 1989.

Venzke, Rodger R. *Confidence in Battle, Inspiration in Peace: The United States Army Chaplaincy 1945-1975*, Vol.5. Washington, D.C.: U.S. Government Printing Office, 1977.

Voelkel, Harold. *Behind Barbed Wire in Korea*. Grand Rapids, MI: Zondervan Publishing House, 1953.

______. *Open Door to Korea*. Grand Rapids, MI: Grand Rapids, Zondervan Publishing House, 1958.

Weintraub, Stanley. *MacArthur's War: Korea and the Undoing of An American Hero*. New York: The Free Press, 2000.

______. *The War in the Wards: Korea's Unknown Battle in a Prisoner-of-War Hospital Camp*. Garden City, NY: Doubleday & Company, Inc., 1964.

Wells, Kenneth M. *New God, New Nation: Protestants and Self-Reconstruction Nationalism in Korea 1896-1937*. Honolulu, HI: University of Hawaii Press, 1990.

Whan, Major Vorin E., Jr. *A Soldier Speaks: Public Papers and Speeches of General of the Army Douglas MacArthur*. New York: Frederick A. Praeger Publishers, 1965.

White, William Lindsay. *The Captives of Korea: An Unofficial White Paper of the Treatment of War Prisoners*. New York: Charles Scribner's Sons, 1957.

Whitfield, Stephen J. *The Culture of the Cold War*. Baltimore, MD: The Johns Hopkins University Press, 1996.

Whiting, Allen S. *China Crosses the Yalu: The Decision to Enter the Korean War*. New York: The Macmillan Company, 1960.

Williams, Phil, Donald M. Goldstein and Henry L. Andrews, Jr., eds. *Security in Korea: War, Stalemate and Negotiation*. Boulder, CO: Westview Press, 1994.

Winkler, Allan. *Life Under a Cloud: American Anxiety about the Atom*. New York: Oxford University Press, 1993.

Yim, Louise. *My Forty Year Fight for Korea*. Seoul: Chungang University Press, 1951.

Yu, Chai-Shin, ed. *Korea and Christianity*. Seoul: Korean Scholar Press, 1996.

Zellers, Larry. *In Enemy Hands: A Prisoner in North Korea*. Lexington, KY: The University Press of Kentucky, 1991.

Zhu, Pingchao. *Americans and Chinese at the Korean War Cease-Fire Negotiations 1950-1953*. Lewiston, NY: The Edwin Mellen Press, 2001.

학술논문

Abelmann, Nancy. "Women's Class Mobility and Identities in South Korea: A Gendered, Transnational, Narrative Approach." *The Journal of Asian Studies* 56 (May 1997): 398-420.

Aid, Matthew M. "US Humint and Comint in the Korean War: From the Approach of the War to the Chinese Intervention." *Intelligence and National Security* 14, no.4 (1999): 17-63.

Allen, Thomas. "No Winners, Many Losers: The End of the Korean War." *Security in Korea: War, Stalemate and Negotiation*. Edited by Phil Williams, Donald M. Goldstein, and Henry L. Andrews, Jr. Boulder: Westviews Press, 1994.

Anders, Roger M. "The Atomic Bomb and the Korean War: Gordon Dean and the Issue of Civilian Control." *Military Affairs* 52 (January 1988): 1-6.

Bajanov, Evgueni. "Assessing the Politics of the Korean War, 1949-51." *Cold War International History Project Bulletin* 6-7 (Winter 1995/1996): 54.

Battistini, Lawrence H. "The Korean Problem in the Nineteenth Century." *Monumenta Nipponica* 8 (1952): 47-66.

Beaver, R. Pierce. "Chondogyo and Korea." *Journal of Bible and Religion* 30 (April 1962): 115-122.

Beaver, R. Pierce. "Nationalism and Missions." *Church History* 26 (March 1957): 22-42.

Benben, John S. "Education of Prisoners of War on Koje Island, Korea." *The Educational Record* 36 (April 1955): 157-173.

Beisner, Robert T. "SHAFR Presidential Address: The Secretary, the Spy, and the Sage Dean Acheson, Alger Hiss, and George Kennan." *Diplomatic History* 27 (January 2003): 1-14.

Bernstein, Barton J. "New Light on the Korean War." *The International History Review* 3 (April 1981): 256-277.

Blechman, Barry M. and Robert Powell. "What in the Name of God Is Strategic Superiority?" *Political Science Quarterly* 97 (Winter 1982-83): 589-602.

Boose, Donald W., Jr. "Fighting While Talking: The Korean War Truce Talks." *OAH Magazine of History* 14 (Spring 2000): 25-29.

Brackenridge, R. Douglas. "The Presbyterian Historical Society: One Hundred Forty Years." *Journal of Presbyterian History* 70 (Spring 1992): 3-9.

Bradbury, John. "Sino-Soviet Competition in North Korea." *The China Quarterly* 6 (April-June, 1961): 15-28.

Brodie, Bernard. "The Atom Bomb as Policy Maker." *Foreign Affairs* 27 (October 1948): 17-33.

Brooks, Jerrold Lee. "In Search of Peace: Presbyterians in the Early Cold War Period, 1945-1953." *Journal of Presbyterian History* 70 (Winter 1992): 259-271.

Brown, JoAnne. "'A Is for Atom, B is for Bomb': Civil Defense in American Public Education, 1948-1963." *Journal of American History* 75 (June 1988): 68-90.

Brown, G. Thompson. "Overseas Mission Program and Policies of the Presbyterian Church in the U.S., 1891-1983." *Journal of Presbyterian History* 65 (Summer 1987): 157-170.

Brudnoy, David. "Japan's Experiment in Korea," *Monumenta Nipponica* 25, nol/2 (1970): 155-195.

Brune, Lester H. "Guns and Butter: The Pre-Korean War Dispute Over Budget Allocations: Nourse's Conservative Keynesianism Loses Favor Against Keyserling's Economic Expansion Plan." *American Journal of Economic and Sociology* 48 (July 1989): 357-371.

Buchanan, Tom. "The Courage of Galileo: Joseph Needham and the 'Germ Warfare' Allegations in the Korean War." *The Historical Association* (2001): 503-522.

Bulman, Raymond F. "'Myth of Origin', Civil Religion and Presidential Politics." *Journal of Church and State* 33 (Summer 1991): 525-539.

Bunce, Arthur C. "The Future of Korea: Part I." *Far Eastern Survey* 13 (19 April 1944): 67-70.

______. "The Future of Korea: Part II." *Far Eastern Survey* 13 (19 May 1944): 85-88.

Butler, Sir Paul. "A Korean Survey." *International Affairs (Royal Institute of International Affairs)* 22 (July 1946): 361-375.

Buzzanco, Robert. "Commentary: Where's the Beef? Culture without Power in the Study of U.S. Foreign Relations." *Diplomatic History* 24 (Fall 2000): 623-632.

Bynum, William B., ed. "Journey to the Land of the Morning Calm: The Early PCUS Mission to Korea: A Pictorial Essay." *Journal of Presbyterian History* 73 (Summer 1995): 71-82.

Campbell, James W. "What the Russians Have Learned in Korea." *The Yale Review* 42 (December 1952): 226-235.

Canipe, Lee. "Under God and Anti-Communist: How the Pledge of Allegiance Got Religion in Cold War America." *Journal of Church and State* 45 (March 2003): 305-323.

Campana, G. Andrea. "The Korean War (1950-1953); Conflicting Cross-Atlantic Historical Perspectives?" *The Journal of Asiatic Studies* 37 (July 1994): 107-137.

Carruthers, Susan L. "Redeeming the captives." *Film History* 10, no.3 (1998): 275-294.

Carruthers, Susan L. "'The Manchurian Candidate' (1962) and the Cold War Brainwashing Scare." *Historical Journal of Film, Radio, and Television* 18, (March 1998): 75-94.

Casey, Steven. "White House Publicity Operations During the Korean War, June 1950 - June 1951." *Presidential Studies Quarterly* 35 (December 2005): 691-717.

Chafee, Wilbur. "Two Hypotheses of Sino-Soviet Relations as Concerns the Instigation of the Korean War." *Journal of Korean Affairs* 4 (October 1976-January 1977): 1-13.

Chamberlain, William. "The Chaplain of Company C." In *Courage in Korea*, selected by Albert B. Tibbets. Boston: Little Brown & Co., 1959.

______. "The Enemy Beach." In *Courage in Korea*, selected by Albert B. Tibbets. Boston: Little Brown & Co., 1959.

Chang, Yun-shik. "The Progressive Christian Church and Democracy in South Korea." *Journal of Church and State* 40 (Spring 1998):437-465.

Chin, Carol C. "Beneficent Imperialists: American Women Missionaries in China at the Turn of the Twentieth Century." *Diplomatic History* 27 (June 2003): 327-352.

Cho, Songgu. "New Perspectives on the Modem History of Korea." *Asian Research Trends*, no. 9 (1999): 64-80.

Cho, Soon Sung. "The Politics of North Korea's Unification Policies 1950-1965." *World Politics* 19 (January 1967): 218-241.

Ch'oe, Yong-ho. "Christian Background in the Early Life of Kim 11-Song." *Asian Survey* 26 (October 1986): 1082-1091.

Christensen, Thomas J. "A 'Lost Chance' for What? Rethinking the Origins of U.S.- PRC Confrontation." *Journal o f American-East Asian Relations* 4 (Fall 1995): 249-278.

______. "Threats, Assurances, and the Last Chance for Peace: The Lessons of Mao's Korean War Telegrams." *International Security* 17 (Summer 1992): 122-154.

Chung, David. "Christianity in Modem Korea," *Koreana Quarterly* 5 (Summer 1963): 130-139.

Chung, Kiwon. "The North Korean People's Army and the Party." *The China Quarterly* 14 (April-June 1963): 105-124.

Clark, Allen D. "Protestant Work in Korea." *Korea Journal* 2 (1962): 9-10.

Clark, Donald N. "'Surely God Will Work Out Their Salvation': Protestant Missionaries in the March First Movement." *Korean Studies* 13 (1989): 42-75.

Clemens, Peter. "Captain James Hausman, US Army Military Advisor to Korea, 1946-48: The Intelligent Man on the Spot." *The Journal of Strategic Studies* 25 (March 2002): 163-198.

Cohen, Eliot A. "'Only Half the Battle': American Intelligence and the Chinese Intervention in Korea, 1950." *Intelligence and National Security* 5 (1990): 129-149.

Conde, David. "The Korean Minority in Japan." *Far Eastern Survey* 16 (26 February 1947): 41-45.

Conway-Lanz, Sahr. "Beyond No Gun Ri: Refugees and the United States Military in the Korean War." *Diplomatic History* 29 (January 2005): 49-81.

Covell, Alan Carter. "Korean Conversion to Christianity." *Asian & Pacific Quarterly of Cultural and Social Affairs* 19 (1987): 31-42.

Crane, Conrad C. "'No Practical Capabilities': American biological and chemical warfare programs during the Korean War." *Perspectives in Biology and Medicine* 45 (Spring 2002): 241-249.

Curry, Dean C. "Where Have All the Niebuhrs Gone? Evangelicals and the Marginalization of Religious Influence in American Public Life." *Journal of Church and State* 36 (Winter 1994): 97-114.

Cumings, Bruce. "Occurrence at Nogun-ri Bridge: An Inquiry into the History and Memory of a Civil War." *Critical Asian Studies* 33, no.4 (2001): 509-526.

______. "On the Strategy and Morality of American Nuclear Policy in Korea, 1950 to the Present." *Social Science Japan Journal* 1, no.l (1998): 57-70.

Danielson, Leilah. "Christianity, Dissent, and the Cold War: A. J. Muste's Challenge to Realism and U.S. Empire." *Diplomatic History* 30 (September 2006): 645-669.

Darken, Arthur H. "The National Council of Churches and Our Foreign Policy." *Religion in Life* XXIV (Winter 1954-55): 113-126.

Davis, Daniel M. "Building a City on a Hill in Korea: The Work of Henry G. Appenzeller." *Church History* 61 (1992): 422-435.

______. "Henry Gerhard Appenzeller: His Contribution to Korean Independence, Democracy, and Modernization," 『동방학지』 57 (March 1988): 197-230.

______. "The Impact of Christianity upon Korea, 1884-1910: Six Key American and Korean Figures."

Journal of Church and State 36 (1994): 795-820.

Dean, Robert. "Commentary: Tradition, Cause and Effect, and the Cultural History of International Relations." *Diplomatic History* 24 (Fall 2000): 615-622.

Devine, Richard. "Japanese Rule in Korea after the March First Uprising: Governor General Hasegawa's Recommendations." *Monumenta Nipponica* 52 (Winter 1997): 523-540.

DeWeerd, H. A. "Lessons of the Korean War." *The Yale Review* 40 (June 1951): 592-603.

Dingman, Roger. "Atomic Diplomacy during the Korean War." *International Security* 13 (Winter 1988-1989): 50-91.

Domenico, Roy Palmer. "'For the Cause of Christ Here in Italy': America's Protestant Challenge in Italy and the Cultural Ambiguity of the Cold War." *Diplomatic History* 29 (September 2005): 625-654.

Donnelly, William M. "Thunderbirds in Korea: The U.S. 45th Infantry Division, 1950-1952." *The Journal of Military History* 64 (October 2000): 1113-1139.

Endicott, Stephen L. "Germ Warfare and 'Plausible Denial': The Korean War, 1952-1953." *Modern China* 5 (January 1979): 79-103.

Fautua, David T. "The 'Long Puli' Army: NSC 68, the Korean War, and the Creation of the Cold War U.S. Army." *The Journal of Military History* 61 (January 1997): 93-120.

Fairbank, John K. "The Problem of Revolutionary Asia." *Foreign Affairs* 29 (October 1950): 101-113.

Fehrenbach, T. R. "This Kind of War: Classic Korean War History." *Korean Observer* 31 (Autumn 2000): 491-495.

Fendler, Karoly. "Count Peter Vay, Bishop (1863-1948) - An Forgotten Hungarian Traveller in and about Korea at the Beginning of the 20th Century." *Korean Journal* 40 (Autumn 2000): 299-307.

Fisher, Charles A. "The Role of Korea in the Far East." *The Geographical Journal* 120 (September 1954): 282-298.

Fisher, J. Earnest. "Korea Today." *The Far Eastern Quarterly* 5 (May 1946): 261-271.

Fisher, Louis. "The Korean War: On What Legal Basis Did Truman Act?" *The American Journal of International Law* 89 (January 1995): 21-39.

Fleming, D. F. "What Is Our Role in East Asia?" *The Western Political Quarterly* 18 (March 1965): 7-86.

Fletcher, William C. "Reductive Containment: Soviet Religious Policy." *Journal of Church and State* 22 (Autumn 1980): 487-504.

Fogleman, General Ronald R. "Korea, A War Worth Fighting." *Air Power History* 40, no.4 (1993): 39-42.

Foot, Rosemary J. "Historiography: Making Known the Unknown War: Policy Analysis of the Korean Conflict in the Last Decade." *Diplomatic History* 15 (Summer 1991): 411-431.

______. "Nuclear Coercion and the Ending of the Korean Conflict." *International Security* 13 (Winter 1988-1989): 92-112.

______. "The Eisenhower Administration's Fear of Empowering the Chinese." *Political Science Quarterly* 111 (Autumn 1996): 505-521.

Frank, Robert L. "Prelude to Cold War: American Catholics and Communism." *Journal of Church and*

State 34 (Winter 1992): 39-56.

Friedman, Edward. "Why America Fights in Asia." *Pacific Affairs* 43 (Summer 1970): 258-267.

Gartner, Scott Sigmund and Gary M. Segura. "War, Casualties, and Public Opinion." *The Journal of Conflict Resolution* 42 (June 1998): 278-300.

George, Alexander L. "American Policy-Making and the North Korean Aggression." *World Politics* 7 (January 1955): 209-232.

Gilmore, George. "The Equipment of the Modern Foreign Missionary." *The American Journal of Theology* 3 (July 1898): 561-573.

Gittings, John. "Talks, Bombs and Germs: Another Look at the Korean War." *Journal of Contemporary Asia* 15, no.2 (1975): 205-217.

Gordenker, Leon. "The United Nations, the United States Occupation and the 1948 Election in Korea." *Political Science Quarterly* 73 (September 1958): 426-450.

Graham, S. E. "The (Real) politiks of Culture: U.S. Cultural Diplomacy in Unesco, 1946-1954." *Diplomatic History* 30 (April 2006): 231-251.

Grajdanzev, Andrew J. "Korea under Changing Orders." *Far Eastern Survey* 8 (20 December 1939): 291-297.

Grayson, J. H. "The Manchurian Connection: The Life and Work of the Rev. Dr. John Ross." *Korean Observer* 15 (Autumn 1984): 345-351.

Guins, George C. "The Korean Plans of Russian Imperialism." *American Journal of Economics and Sociology* 6 (October 1946): 71-86.

Gustafson, Merlin. "Church, State, and the Cold War, 1945-1952." *Journal of Church and State* 8 (Winter 1966): 49-63.

______. "The Religion of a President." *Journal of Church and State* 5 (Autumn 1968): 708-722.

Hahn, Bae-Ho and Kyu-Taik Kim. "Korean Political Leaders (1952-1962): Their Social Origins and Skills." *Asian Survey* 3 (July 1963): 305-323.

Halperin, Morton H. "The Limiting Process in the Korean War." *Political Science Quarterly* 78 (March 1963): 13-39.

Hao, Yufan and Zhihai Zhai. "China's Decision to Enter the Korean War: History Revisited." *The China Quarterly* No. 121 (March 1990): 94-115.

Hara, Takemichi. "Korea, China, and Western Barbarians: Diplomacy in Early Nineteenth-Century Korea." *Modern Asian Studies* 32 (May 1998): 389-430.

Hill Patricia R. "Commentary: Religion as a Category of Diplomatic Analysis." *Diplomatic History* 24 (Fall 2000): 633-640.

Hoffmann, Frank. "The Muo Declaration: History in the Making (Translation and Commentary)." *Korean Studies* 13 (1989): 22-41.

Holsti, K J. "The Ambiguous Conflict: The Korean War in American Strategic Policies)." 『국제정치논총』 22 (1982): 241-256.

Holsti, Ole R. "The Domestic and Foreign Policy Beliefs of American Leaders." *The Journal of Conflict Resolution* 32 (June 1988): 248-294.

Hong, Kyong-man. "Formation of Korean Protestantism and Its Political Nature." *Korean Journal* 23 (December 1983): 18-29.

Hunt, Michael H. "East Asia in Henry Luce's 'American Century.'" *Diplomatic History* 23 (Spring 1999): 321-353.

Huntley, Martha. "Presbyterian Women's Work and Rights in the Korean Mission." *Journal of Presbyterian History* 65 (Spring 1987): 37-48.

Hurh, Won Moo and Kwang Chung Kim. "Religious Participation of Korean Immigrants in the United States." *Journal of the Scientific Study of Religion* 29 (March 1990): 19-34.

Hwang, In Kwang. "The 1953 U.S. Initiative for Korean Neutralization." *Korea & World Affairs* 10 (Winter 1986): 798-86.

Hwang, In Soo. "Syngman Rhee's Authoritarian Rule and the Dispute with the U.S." *Korean Observer* 32 (Winter 2001): 603-626.

Hyun, Bong Hak. "Christmas Cargo: A Civilian Remembers The Hungnam Evacuation." *Korean and Korean American Studies Bulletin* 8 (Spring/Summer 1997): 33-44.

Jacobs, Seth. "'Our System Demands the Supreme Being': The U.S. Religious Revival and the 'Diem Experiment,' 1954-1955." *Diplomatic History* 25 (Fall 2000): 589-624.

Jones, F. C. "The Tragedy of Korea." *Pacific Affairs* 41 (Spring 1968): 86-89.

Jones, Geo. Heber. "The Growth of the Church in the Mission Field 111. Presbyterian and Methodist Missions in Korea." *International Review of Missions* 1 (July 1912): 412-434.

Kang, Jeong-Koo. "A Critical Evaluation of the U.S. Role in the Division of Korea and the Korean War." *Korean Social Science Journal* XXVII, no.1 (2000): 77-111.

Kang, Sung-Hack. "Korea-U.S.S.R. Relations in the 20th Century." *The Journal of Asiatic Studies* 34 (January 1991): 32-44.

Kang, Wi Jo. "The First Protestant Missionary in Korea and Early U.S.-Korean Relations." *Missiology: An International Review* 11 (October 1983): 403-417.

Keefer, Edward C. "President Dwight D. Eisenhower and the End of the Korean War." *Diplomatic History* 10 (Summer 1986): 267-289.

______. "The Truman Administration and the South Korean Political Crisis of 1952: Democracy's Failure?" *Pacific Historical Review* 60 (May 1991): 145-168.

Kim, Andrew Eungi. "Characteristics of Religious Life in South Korea: A Sociological Survey." *Review of Religious Research* 43 (June 2002): 291-310.

Kim, C. I. Eugene. "Japanese Rule in Korea (1905-1910): A Case Study." *Proceedings of the American Philosophical Society* 106 (15 February 1962): 53-59.

Kim, Choong Soon. "Attribute of 'Asexuality' in Korean Kinship and Sundered Koreans during the Korean War." *Journal of Comparative Family Studies* 20, no.3 (1989): 309-322.

Kim, Chull Baum. "U.S. Policy on the Eve of the Korean War: Abandonment or Safeguard?" *Security in Korea: War, Stalemate and Negotiation*. Ed. Phil Williams, Donald M. Goldstein, and Henry L. Andrews, Jr. Boulder: Westviews Press, 1994.

Kim, Han-Kyo. "The Declaration of Independence, March 1, 1919: A New Translation." *Korean Studies* 13 (1989): 1-4.

Kim, Hak-joon. "A Comparative Study of the North-South Koreas' Unification Policy in the Korean War Period." *Social Science Journal* 3 (1975): 107-134.

Kim, Hyung-chan. "Portrait of a Troubled Korean Patriot: Yun Ch'i-ho's Views of the March First Independence Movement and World War II." *Korean Studies* 13 (1989): 76-91.

Kim, Il-pyong J. "The Judicial and Administrative Structure in North Korea." *The China Quarterly* 14 (April-June 1963): 94-104.

Kim, Joungwon Alexander. 'The 'Peak of Socialism' in North Korea: The Five and Seven Year Plans." *Asian Survey* 5 (May 1965): 255-269.

Kim, Kwan Sik. 'The Christian Church in Korea." *The International Review of Missions* 36 (1947): 125-140.

Kim, Kyong-Dong. "Social Change and Societal Development in Korea since 1945." *Korea & World Affairs* 9 (Winter 1985): 756-787.

Kim, Seung-Young. "American Elites' Strategic Thinking Towards Korea: From Kennan to Brzezinski." *Diplomacy & Statecraft* 12 (March 2001): 185-212.

Kim, Yongjeung. "The Cold War: Korean Elections." *Far Eastern Survey* 17 (May 5, 1948): 101-102.

Kim, Youngho. "International Dimensions of the Korean War." *Korean Journal* 38 (Winter 1998): 130-146.

Kim, Young-Shik. "A Retrospective on the Korean War in the Context of International Relations." *Korea & World Affairs* 10 (Winter 1986): 827-843.

Kirby, Dianne. "Divinely Sanctioned: The Anglo-American Cold War Alliance and the Defense of Western Civilization and Christianity, 1945-48." *Journal of Contemporary History* 35, no.3 (2000): 385-412.

______. "Response Within the Anglican Church to Nuclear Weapons: 1945-1961." *Journal of Church and State* 37 (Summer 1995): 599-622.

Koh, B. C. "The War's Impact on the Korean Peninsula." *The Journal of American-East Asian Relations* 1 (Spring 1993): 57-76.

Krishman, R. R. "Early History of U.S. Imperialism in Korea." *Social Scientist* 12 (November 1984): 3-18.

Latourette, Kenneth Scott. "Missionaries Abroad." *Annals of the American Academy of Political and Social Science* 368 (November 1966): 21-30.

Lacy, Creighton. "The Missionary Exodus from China." *Pacific Affairs* 28 (December 1955): 301-314.

Latourette, Kenneth Scott. "Problems Confronting Christian Missions in the Far East." *Pacific Affairs* 21 (June 1948): 176-185.

Leary, William M., Jr. "Aircraft and Anti-Communists: CAT in Action, 1949-52." *The China Quarterly* 52 (October-December 1972): 654-669.

Lee, Chong-Sik. "Politics in North Korea: Pre-Korean War Stage." *The China Quarterly* 14 (April-June 1963): 3-16.

______. "The Korean War: A Second Comment." *The China Quarterly* 54 (April-June 1973): 361-362.

Lee, Jung Young. "The American Missionary Movement in Korea, 1882-1945: Its Contributions and American Diplomacy." *Missiology: An International Review* 11 (October 1983): 387-402.

Lee, Raymond S. H. "Early Korean War Coverage." *Journalism Quarterly* 55, no.4 (1978): 789-792.

Lee, Seong H. "Attitude of The New York Times and Washington Post Editorials Relative to the Armistice in the Final Stage of the Korean War." 『한국언론학보』 15 (1982): 39-47.

Lee, Sungho. "The Emergence of the Modem University in Korea." *Higher Education* 18, no. 1 (1989):

87-116.

Lee, Timothy S. "A Political Factor in the Rise of Protestantism in Korea: Protestantism and the 1919 March First Movement." *Church History* 69 (March 2000): 116-142.

Leffler, Melvyn P. "The Cold War: What Do 'We Now Know'?" *American Historical Review* 104 (April 1999): 501-524.

Lienesch, Michael. "Right-Wing Religion: Christian Conservatism as a Political Movement." *Political Science Quarterly* 97 (Fall 1982): 403-425.

Ling, Stuart J. "Singing in Korea." *Music Educators Journal* 39 (November-December 1952): 24-26.

Lo, Clarence Y. H. "Military Spending as Crisis Management: The U.S. Response to the Berlin Blockade and the Korean War." *Berkeley Journal of Sociology* 20 (1975/1976): 147-181.

Lowe Peter. "An Ally and a Recalcitrant General: Great Britain, Douglas MacArthur and the Korean War 1950-1." *The English Historical Review* 105 (July 1990): 624-653.

Lowenfels, Walter. "Korean War Letters." *Mainstream* 13 (September 1960): 11-23.

MacDonald, Donald S. "American Imperialism: Myth or Reality?" *Korea & World Affairs* 10 (Fall 1986): 575-597.

MacDonald, Douglas J. "Communist Bloc Expansion in the Early Cold War: Challenging Realism, Refuting Revisionism." *International Security* 20 (Winter 1995-1996): 152-188.

Malkasian, Carter. 'Toward a Better Understanding of Attrition: The Korean and Vietnam Wars." *The Journal of Military History* 68 (July 2004): 911-942.

Marmur, Jacland. "The Bloodstained Beach." In *Courage in Korea*, 266-291. Selected by Albert B. Tibbets. Boston: Little Borwn & Co., 1959.

Matray, James I. "America's Reluctant Crusade: Truman's Commitment of Combat Troops in the Korean War." *The Historian* 42 (May 1980): 437-455.

______. "Hodge Podge: American Occupation Policy in Korea, 1945-1948." *Korean Studies* 19 (1995): 17-38.

______. "Revisiting Korea: Exposing Myths of the Forgotten War, Part 1." *Prologue Magazine* 34 (Summer 2002), http://www.archives.gov/publications/prologue/2002/summer/korean-myths-l.html (accessed 10 April 2006).

______. "Revisiting Korea: Exposing Myths of the Forgotten War, Part 2." *Prologue Magazine* 34 (Summer 2002), http://www.archives.gov/publications/prologue/2002/summer/korean-myths-2.html (accessed 10 April 2006).

Matsuo, Takayoshi and S. Takiguchi. "The Japanese Protestants in Korea, Part One: The Missionary Activity of the Japan Congregational Church in Korea." *Modern Asian Studies* 13 (1979): 401-429.

______. "The Japanese Protestants in Korea, Part Two: The 1st March Movement and the Japanese Protestants." *Modern Asian Studies* 14 (1979): 581-615.

McCune, George M. "Korea and the Old Orders in Eastern Asia." *The American Historical Review* 51 (October 1945): 122-123.

______. "Korea: The First Year of Liberation." *Pacific Affairs* 20 (March 1947): 3-17.

______. "Occupation Politics in Korea." *Far Eastern Survey* 15 (13 February 1946): 33-37.

______. "Post-War Government and Politics of Korea." *The Journal of Politics* 9 (November 1947):

605-623.

______. "Russian Policy in Korea: 1895-1898." *Far Eastern Survey* 14 (26 September 1945): 272-274.

______. "The Korean Situation." *Far Eastern Survey* 17 (8 September 1948): 197-202.

McFadden, W. Robert. "The Ethical Aspects of Limited War." *Journal of Church and State* 13 (Winter 1971): 113-127.

McNamara, Dennis L. "State and Concentration in Korea's First Republic, 1948-60." *Modern Asian Studies* 26 (October 1992): 701-718.

McLellan, David S. "Dean Acheson and the Korean War." *Political Science Quarterly* 83 (March 1968): 16-39.

Medhurst, Martin J. "Text and Context in the 1952 Presidential Campaign: Eisenhower's 'I shall Go to Korea' Speech." *Presidential Studies Quarterly* 30 (September 2000): 464-484.

Meemik, James. "Presidential Support in Congress: Conflict and Consensus on Foreign and Defense Policy." *The Journal of Politics* 55 (August 1993): 569-587.

Mehl, Roger. "Is Political Action by the World Council of Churches Possible?" *Ecumenical Review* 3 (1951): 137-145.

Min, Kyong Bae. "On the Question of Understanding Korean Churches." *The Northeast Asia Journal of Theology* 24-25 (1980): 121-128.

Miller, William Lee. "Religion and Americanism." *Journal of Church and State* 5 (May 1963): 15-26.

Millett, Allan R. "A Reader's Guide to the Korean War." *The Journal of Military History* 61 (July 1997): 583-597.

Moffett, Samuel H. "The Church of The East." 『史學研究』 20 (1968): 425-441.

______. "Missionaries Contributed to Korea," In *D.R.P.: The Official Bulletin of the Democratic Republican Party* 10-11 (November 1975): 19-20, 72.

Moon, Chung-in. "Complex Interdependence and Transnational Lobbying: South Korea in the United States." *International Studies Quarterly* 32 (March 1988): 67-89.

Nakajima, Mineo. "The Sino-Soviet Confrontation: Its Roots in the International Background of the Korean War." *The Australian Journal of Chinese Affairs* 1 (January 1979): 19-47.

Natsios, Andrew. "The Politics of Famine in North Korea," *United States Institute of Peace Special Report* 51 (2 August 1999): 1-16, http://www.usip.org/pubs/specialreports/sr990802.html (accessed 5 February 2007).

Needell, Allan A. "'Truth Is Our Weapon': Project TROY, Political Warfare, and Government-Academic Relations in the National Security State." *Diplomatic History* 17 (Summer 1993): 399-420.

Noah, Max. "Mission to Korea." *Music Educators Journal* 35 (May-June 1949): 14-16.

Nutt, Rick. "Toward Peacemaking - Changing Perspectives in the Presbyterian Church in the United States, 1946-1981." *Journal of Presbyterian History* 68 (Summer 1990): 109-119.

Oh, John Kie-chiang. "Role of the United States in South Korea's Democratization." *Pacific Affairs* 42 (Summer 1969): 164-177.

______. "The Evolution of U.S.- Korean Relations in the Cold War Era." 『國際政治論叢』 22 (1982): 177-192.

Oh, Kang-nam. "Sagehood and Metanoia: The Confucian-Christian Encounter in Korea." *Journal of the American Academy of Religion* 61 (Summer 1993): 303-320.

Ohanian, Lee E. "The Macroeconomic Effects of War Finance in the United States: World War II and the Korea War." *The American Economic Review* 87 (March 1997): 23-40.

Oliver, Robert T. "A Brief for Korea." *Annals of the American Academy of Political and Social Science* 294 (July 1954): 33-41.

______. "The Korean Election." *Far Eastern Survey* 17 (June 12, 1948): 131-132.

O'Neill, Mark. "Soviet Involvement in the Korean War: A New View from the Soviet-era Archives." *OAH Magazine of History* 14 (Spring 2000): 20-24.

Ostermann, Christian F. and Kathryn Weathersby. "New Evidence on North Korea: Introduction." *Cold War International History Project Bulletin* 14/15 (Winter 2003-Spring 2004): 5-7.

Pai, Margaret K. "The Tragic Split." *Manoa* 14, No.2 (2002-2003): 77-83.

Paige, Glenn D. and Dong Jun Lee. "The Post-War Politics of Communist Korea." *The China Quarterly* 14 (April-June 1963): 17-29.

Palmer, Spencer J. "Christianity in China and Korea Revolutionary Versus Traditionalistic Change." 『東吳文史學報』 1, no.3 (1976): 36-58.

Park, Hong-Kyu. "American Involvement in the Korean War." *The History Teacher* 16, (February 1983): 249-263.

Park, Kyung Ae. "Women and Revolution in North Korea." *Pacific Affairs* 65 (Winter 1992-1993): 527-545.

Park, Myung-lim. "The Internalization of the Cold War in Korea: Entangling the Domestic Politics with the Global Cold War in 1946." *International Journal of Korean History* 2 (December 2001): 309-350.

Park, Tae-Gyun. "U.S. Policy Change toward South Korea in the 1940s and the 1950s." *Journal of International and Area Studies* 7, no.2 (2000): 89-104.

Paschall, Colonel Rod. "Special Operations in Korea." *Conflict* 7, no.2 (1987): 155-178.

Pierard, Richard V. "Billy Graham and the U.S. Presidency." *Journal of Church and State* 22 (Winter 1980): 107-127.

Pierpaoli, Paul G., Jr. "Beyond Collective Amnesia: A Korean War Retrospective." *International Social Science Review* 76 (Fall-Winter 2001): 92-102.

______. "Truman's Other War: The Battle for the American Homefront, 1950-1953." *OAH Magazine of History* 14 (Spring 2000): 15-19.

Poitras, Edward W. "How Korean Is the Methodist 'Korean Creed'?" *Methodist History* 36 (October 1997): 3-16.

Pollack, Jonathan D. "U.S.-Korea Relations: The China Factor." *Journal of Northeast Asian Studies* 4 (Fall 1985): 12-28.

Rankin, Henry William. "Political Values of the American Missionary." *The American Journal of Sociology* 13 (September 1907): 145-182.

Redstone, Victoria. "Tales and Visions of the Korean War: A Guide to Internet Resources." *OAH Magazine of History* 14 (Spring 2000): 42-43.

Ribuffo, Leo P. "God and Contemporary Politics," *Journal of American History* 80 (March 1993): 1515-1533.

Richardson, Beth. "Canadian Missionaries: A Part Of Our Heritage." 『북미주학연구』 9 (2000): 191-208.

Riggs, Fred W. "Is a 'Christian Foreign Policy' Possible?" *Religion in Life* 20 (Summer 1951): 338-349.

Robert, Dana L. "The Influence of American Missionary Women on the World Back Home." *Religion and American Culture* 12 (Winter 2002): 59-89.

Roberts, Priscilla. "New Light on a 'Forgotten War': The Diplomacy of the Korean Conflict." *OAH Magazine of History* 14 (Spring 2000): 10-14.

Robin, Ron. "Behavioral Codes and Truce Talks: Images of the Enemy and Expert Knowledge in the Korean Armistice Negotiation." *Diplomatic History* 25 (Fall 2000): 625-646.

Rothstein, Jules M. "Journeys Beyond the Horizon." *Physical Therapy* 81 (November 2001): 1817-1828.

Rotter, Andrew J. "Christians, Muslims, and Hindus: Religion and U.S.-South Asian Relations, 1947-1954." *Diplomatic History* 24 (Fall 2000): 593-613.

Rudolph, Philip. "North Korea and the Path to Socialism." *Pacific Affairs* 32 (June 1959): 131-143.

Ryan, Mark A. "Early Chinese Attitudes Toward Civil Defense Against Nuclear Attack." *The Australian Journal of Chinese Affairs* No.21 (January 1989): 81-109.

Sanders, Jerry. "Shaping the Cold War Consensus: The Soviet Threat, Interelite Conflict, and Mass Politics in the Korean War Era." *Berkeley Journal of Sociology* 24/25 (1980): 67-136.

Sandler, Stanley. "Select Bibliography of the Korean War." *OAH Magazine of History* 14 (Spring 2000): 6-9.

Saunders, Kenneth. "The Passing of Paternalism in Mission." *The Journal of Religion* 2 (September 1922): 466-475.

Schurmacher, Emile C. "Spy Mission to Inchon." In *Courage in Korea*, 140-162. Selected by Albert B. Tibbets. Boston: Little Brown & Co., 1959.

Shapiro, Robert Y. and Benjamin I. Page. "Foreign Policy and the Rational Public." *The Journal of Conflict Resolution* 32 (June 1988): 211-247.

Shearer, Roy E. "The Evangelical Missionary's Role in Church Growth in Korea." *International Review of Missions* 54 (1965): 462-470.

Simmons, Robert R. "Some Myths about June 1950." *The China Quarterly* No.54 (April-June 1973): 354-361.

Smith, Gaddis. "Reconsiderations the Shadow of John Foster Dulles." *Foreign Affairs* 52 (January 1974): 403-408.

Smith, Howard. "The BBC Television Newsreel and the Korean War." *Historical Journal of Film, Radio, and Television* 8, no.3 (1988): 227-252.

Smith, Tony. "Making the World Safe for Democracy in the American Century." *Diplomatic History* 23 (Spring 1999): 173-188.

Smith, Tony. "New Bottles for New Wine: A Pericentric Framework for the Study of the Cold War." *Diplomatic History* 24 (Fall 2000): 567-591.

Smylie, Robert F. "A Presbyterian Witness on War and Peace: An Historical Interpretation." *Journal of Presbyterian History* 59 (Winter 1981): 498-516.

______. "The Presbyterian Church and the United Nations: An Overview." *Journal of Presbyterian History* 68 (Summer 1990): 74-86.

Soh, Jin-chull. "A Review on the Causes of Korean War In the Light of 'New Document.'" *Korean Observer* 31 (Autumn 2000): 345-377.

Soustelle, Jacques. "Indo-China and Korea: One Front." *Foreign Affairs* 29 (October 1950): 56-66.

Spanier, John S. "The Politics of the Korean War." *Security in Korea: War, Stalemate and Negotiation.* Edited by Phil Williams, Donald M. Goldstein, and Henry L. Andrews, Jr. Boulder: Westviews Press, 1994.

Stevenson, Adlai E. "Korea in Perspective." *Foreign Affairs* 30 (April 1952): 349-360.

Stueck, William. "The Soviet Union and the Origins of the Korean War." *World Politics* 28 (July 1976): 622-635.

Suchman, Edward A. Rose K. Goldsen, and Robin M. Williams, Jr. "Attitudes Toward the Korean War." *Public Opinion Quarterly* 17 (Summer 1953): 171-184.

Suh, David Kwang-Sun. "Forty Years of Korean Protestant Churches." *Korea & World Affairs* 9 (Winter 1985): 789-891.

Swartout, Robert R. Jr. "Harry S. Truman and the Korean War: An Analysis of Some Recent American Texts," 『영미연구』 1 (1995): 147-164.

Toulouse, Mark G. "The Development of a Cold Warrior: John Foster Dulles and the Soviet Union, 1945-1952." *Journal of Presbyterian History* 63 (Fall 1985): 309-322.

Trachtenberg, Marc. "A 'Wasting Asset': American Strategy and the Shifting Nuclear Balance, 1949-1954." *International Security* 13 (Winter 1988-1989): 5-49.

Tucker, Nancy Bemkopf. "An Unlikely Peace: American Missionaries and the Chinese Communists, 1948-1950." *Pacific Historical Review* 45, no.1 (1976): 97-116.

Tucker, Spencer C. "Why Study the Korean War?" *OAH Magazine of History* 14 (Spring 2000): 3-4.

Ulam, Adam B. "Letters: Stalin, Kim, and Korean War Origins," *Cold War International History Project Bulletin* 4 (Fall 1994): 21.

Vinz, Warren L. "The Politics of Protestant Fundamentalism in the 1950s and 1960s." *Journal of Church and State* 14 (Winter 1972): 235-260.

Wald, Kenneth D. "The Religious Dimension of American Anti-Communism." *Journal of Church and State* 36 (Summer 1994): 483-506.

Walsh, Edmund S. "The Spiritual Aspect of Foreign Policy." *Catholic Mind* 50 (November 1952): 641-646.

Weathersby, Kathryn. "New Findings on the Korean War," *Cold War International History Project Bulletin* 3 (Fall 1993): 1, 14-15.

______. "Soviet Aims in Korea and the Origins of the Korean War, 1945-1950: New Evidence from Russian Archives." *Cold War International History Project* Working Paper#8.

______. "The Cold War in Asia: New Russian Documents on the Korean War," *Cold War International History Project Bulletin* 6-7 (Winter 1995/1996): 30-35.

______. "The Korean War Revisited." *Wilson Quarterly* 23 (June 1, 1999): 91-95.

Weber, Paul J. "The First Amendment and the Military Chaplaincy: The Process of Reform." *Journal of Church and State* 22 (Autumn 1980): 459-474.

Webster, John C. B. "American Presbyterian Global Mission Policy: An Overview of 150 Years." *Journal of Presbyterian History* 65 (Summer 1987): 71-84.

Weems, Benjamin. "Behind the Korean Election." *Far Eastern Survey* 17 (June 23, 1948): 142-147.

Wells, Kenneth M. "Background to the March First Movement: Koreans in Japan, 1905-1919." *Korean Studies* 13 (1989): 5-21.

Wells, Samuel F., Jr. "The Origins of Massive Retaliation." *Political Science Quarterly* 96 (Spring 1981): 31-52.

West, Philip. "Interpreting the Korean War." *American Historical Review* 94 (Feb 1989): 80-96.

Westad, Odd Arne. "The New International History of the Cold War: Three (Possible) Paradigms." *Diplomatic History* 24 (Fall 2000): 551-565.

Whelan, John B. "The Anglican Church in Korea." *The International Review of Mission* 49 (April 1960): 157-166.

Whitfield, Stephen J. "The 1950's: The Era of No Hard Feelings." *The South Atlantic Quarterly* 74 (Summer 1975): 289-307.

Wilbur, C. Martin. "George McAfee McCune (June 16,1908 - November 5,1948)." *The Far Eastern Quarterly* 9 (February 1950): 185-191.

Williams, Robert E. "Christian Realism and 'The Bomb': Reinhold Niebuhr on the Dilemma of the Nuclear Age." *Journal of Church and State* 28 (Spring 1986): 289-304.

Wingrove, Paul. "Who started Korea?" *History Today* 50 (July 2000): 44-46.

Wiltz, John Edward. "Did the United States Betray Korea in 1905?" *Pacific Historical Review* LIV (August 1985): 243-265.

______. "The MacArthur Hearings of 1951: The Secret Testimony." *Military Affairs* 39 (December 1975): 167-173.

______. "Truman and MacArthur: The Wake Island Meeting." *Military Affairs* 42 (December 1978): 169-176.

Wingrove, Paul. "Who started Korea?" *History Today* 50 (July 2000): 44-46.

Wolfers, Arnold. "Collective Security and the War in Korea." *The Yale Review* XLIII (June 1954): 481-496.

Wood, James E., Jr. "Editorial: Religion, Revolution, and Nationalism in Asia." *Journal of Church and State* 14 (Winter 1972): 5-17.

______. "Editorial: The Nuclear Arms Race and the Churches." *Journal of Church and State* 25 (Spring 1983): 219-229.

Worland, Rick. "The Korean War Film as Family Melodrama: 'The Bridges at Toko-Ri.'" *Historical Journal of Film, Radio and Television* 19, no.3 (1999): 359-377.

Wubeen, H. H. "American Prisoners of War in Korea: A Second Look at the 'Something New in History' Theme." *American Quarterly* 22 (Spring 1970): 3-19.

Yang, Key P. and Chang-Boh Chee. "North Korean Educational System: 1945 to Present." *China Quarterly* 14 (April-June 1963): 125-140.

Yong, Charles S. "Missing Action: POW films, brainwashing and the Korean War, 1954-1968." *Historical Journal of Film, Radio, and Television* 18 (March 1998): 49-74.

학위논문

Cha, Sang-Chul. "The Search for a 'Graceful exit': General John Reed Hodge & American Occupation." Ph.D. diss., Miami University, 1986.

Fraser, Benson P. "The Broadcast Coverage of the Korean War." M.A. Thesis, California State University, 1981.

Fowler, Miok Lee. "Korean War and Korean Consciousness: An Anthology of orean War Literature with Critique." Ph.D. diss., University of Northern Colorado, 1974.

Gardner, Patrick D. "Prerequisites of Power in Liberated Korea: The Political Relationship between Syngman Rhee and Kim Ku." MA Thesis, Yonsei University, 2000.

Gietschier, Steve Philip. "Limited War and the Home Front: Ohio During the Korean War." Ph.D. diss., The Ohio State University, 1977.

Hong, Francesca Minah. "Syngman Rhee's Changing Perceptions of Japan." M.A. Thesis, Yonsei University, 2002.

Kim, Chang-Shig. "Causes of the Korean War: Review of the Previous Studies." M.A. Thesis, Yonsei University, 1990.

Kim, Chung G. "Small States and Great Powers: The Case of Relations Between South Korea and the United States." Ph.D. diss., State University of New York at Albany, 1985.

Kim, Hansuk (Hans). "The Impact of Famine on Kim Jong-Il's Control Over Social and Political Forces in North-Korea." M.A. Thesis, Yonsei University, 2000.

Kim, Myong Whai. "Prisoners of War as a Major Problem of the Korean Armistice, 1953." Ph.D. diss., New York University, October 1960.

Kim, Seok Ho. "The Influence of the Power Elite over United States Foreign Policy: The Case of Involvement Decision on the Korean War." M.A. Thesis, Hankuk University, 1997.

Koh, Kwang II. "In Quest of National Unity and Power: Political Ideas and Practices of Syngman Rhee." Ph.D. diss., Rutgers University New Brunswick, NJ, 1962.

Kuk, Jungmin. "Helping Syngman Rhee and the Republic of Korea: Robert T. Oliver's Publicity and Lobbying Efforts in the United States, 1942-1960." M.A. Thesis, Yonsei University, 2000.

Lee, Chuhyon Angie. "Syngman Rhee as Secretary of the Seoul YMCA, 1910-1912: With Emphasis on the Possible Impact of His Activities on the Korean Conspiracy Case (1911-1912)." M.A. Thesis, Yonsei University, 2002.

Lee, Ha Woo. "The Korean Polity Under Syngman Rhee." Ph.D. diss., The American University, 1975.

Lee, Jong Hyeong. "Samuel Austin Moffett: His Life and Work in the Development of the Presbyterian Church of Korea 1890-1936." Ph.D.diss., Union Theological Seminary in Virginia, 1983.

Lee, Myoung Sop. "Comparative Study of the Political Legitimacy of North and South Korea." M.A. Thesis, Kyung Hee University, 2001.

Lee, Tae-kyu. "The Legacy of the Korean War Armistice Negotiations on North Korea's Negotiating Behavior." M.A. Thesis, Yonsei University, 2000.

Min, Linda J. "Kilsoo K. Haan versus Syngman Rhee: A Competition for Leadership in the Korean Independence Movement in the United States, 1938-1945." M.A. Thesis, Yonsei University, 1996.

Okuyama, Yoko. "Helen Kim's Life and Thought Under the Japanese Colonialism, 1918-1945." M.A.

Thesis, Yonsei University, 1989.

Osmer, Harold Henry. "United States Religious Press Response to the Containment Policy During the Period of the Korean War." Ph.D. diss., New York University, 1970.

Paik, Hak Soon. "North Korean State Formation, 1945-1950." Ph.D. diss., University of Pennsylvania, 1993.

Pang, Tae-Seop. "The Korean Factor in Sino-American Relations." M.A. Thesis, Yonsei University, 1996.

Park, James Y. "Scholastic Accomplishments of Syngman Rhee in the United States - With Special Reference to His Doctoral Dissertation, *Neutrality as Influenced by the United States*" MA Thesis: Yonsei University, 1999.

Renick, Jr. Roderick Dhu. "Political Communication: A Case Study of US Propaganda in North and South Korea." Ph.D. diss., Tulane University, 1971.

Riggs, James Richards. "Congress and the Conduct of the Korean War." Ph.D. diss., Purdue University, 1972.

Seiler, Sydney A. "Kim Il-song 1941-1948: The Creation of a Legend, The Creation of a Regime." M.A. Thesis, Yonsei University, 1992.

Song, Baek-Seok. "A Study on Trusteeship Plan Discords Among Korean Domestic Political Forces." M.A. Thesis, Kyung Hee University, 1995.

Spear, Brian L. "Syngman Rhee's Rise to Power in Post World War II Korea." M.A. Thesis, Yonsei University, 1990.

Taufiq, Tauahsaldy. "Business relations under authoritarian regimes in South Korea: a comparative study of the Syngman Rhee and Chung-Hee Park regimes (1948-1972)." M.A. Thesis: Korea University, 1997.

Toner, James Hugh. "Candidate as Constable: The American Way of War and Peace in Korea, 1950-1953." Ph.D. diss., University of Notre Dame, May 1976.

신문 및 정기간행물

American Magazine

Austin Daily Herald

Bralaerd Daily Dispatch

Christian Life

Christianity and Crisis

Christianity Today

Mansfield O. News-Joumal

Motive

New York Times

Newsweek

Northwest Arkansas Times

Panama City News-Herald

Presbyterian Life

Presbyterian Survey
Religion Today and Tomorrow
The Ada Weekly
The Christian Century
The Coshocton Ohio Tribune
The Daily Courier
The Gettysburg Times
The Fredericksburg News
The Herald-Press
The Lima News
The Messengers
The Portsmouth Times
The Post-Standard
The United Presbyterian
The U.S. Naval Institute
TIME
U.S. News & World Report
Walla Walla, Wash.

웹 자료

Letter from Arthur James Balfour to Lord Rothschild, November 2, 1917. http://www.yale.edu/lawweb/avalon/mideast/balfour.htm (accessed 7 February 2007).

Report of the No Gun Ri Review. *U.S. Department of Army Inspector General, January 2001*. http://www.army.mil/nogunri/ (accessed 2 January 2007).

Han, Thomas Hong-soon. "The Role of the Church in South-North Dialogue." http://www.mi.infn.it/~landnet/corea/proc/022.pdf (accessed 10 April 2006).

Kim, Andrew E. "History of Christianity in Korea: From Its Troubled Beginning to Its Contemporary Success." http://www.kimsoft.com/1997/xhist.htm (accessed 10 April 2006).

Kim, Il-sung. *With the Century*. Korean Friendship Association (KFA). Juche 92 (2003). http://www.korea-dpr.com/library/202.pdf (accessed 10 April 2006).

The Legacy of Korea: A 50th Anniversary Conference, Truman Presidential Museum & Library and the University of Missouri-Kansas City. http://www.trumanlibrary.Org/korea/nadel.htm#nadel (accessed 9 February 2007).

중국어 도서

大鷹.『支援軍戰俘記事』(Memoirs of the Chinese Volunteers). Beijing: 昆侖出版社, 1987.

高文俊.『韓戰憶往: 浴血餘生話人權』(Memoir of the Korean War: Human Rights of the POWs in the Contest of Bloody Survival). Taiwan: 生智文化事業有限公司, 2000.

劉朗.『流血到天明』(Bleeding till tomorrow). Hong Kong: Asian Press 亞洲出版社有限公司, 1955.

王建國. 『人海大悲劇』(The Tragedy of Human-wave Tactics). Hong Kong: Asian Press 亞洲出版社有限公司, 1955.

張澤石, ed. 『美軍集中營親歷記』(Personal Records in the American Prison Camps). Beijing: Chinese Archives Press 中國文化出版社, 1996.

한국어 도서

김홍수. 『한국전쟁과 기복신앙 확산 연구』. 서울: 한국기독교역사연구소, 1999.

김성준. 『韓國基督教史』. 서울: 한국교회교육연구원, 1980.

민경배. 『韓國基督教會史』. 서울: 대한기독교출판사, 1982.

이만열. 『韓國基督教와 民族意識』. 서울: 지식산업사, 1981.

한국어 학술논문

백학순. "북한에서의 '단일적 지도력'의 확립과 당、국가 건설." 『현대북한연구』 Vol.2, No.1 (1999): 9-62.

김홍수. "한국전쟁 시기 기독교 외원단체의 구호활동." 『한국기독교와 역사』 23 (2005): 97-124.

한국어 학위논문

김훈. "신사참배문제가 한국 교회에 끼친 영향 연구." 석사학위논문, 연세대학교 연합신학대학원, 2002.

이성재. "解放以後 北韓基督教會와 共産政權과의 關係에 대한 研究." 석사학위논문, 연세대학교 연합신학대학원, 1992.